釣魚臺是誰的？

釣魚臺的歷史與法理

黎蝸藤 著

五南圖書出版公司 印行

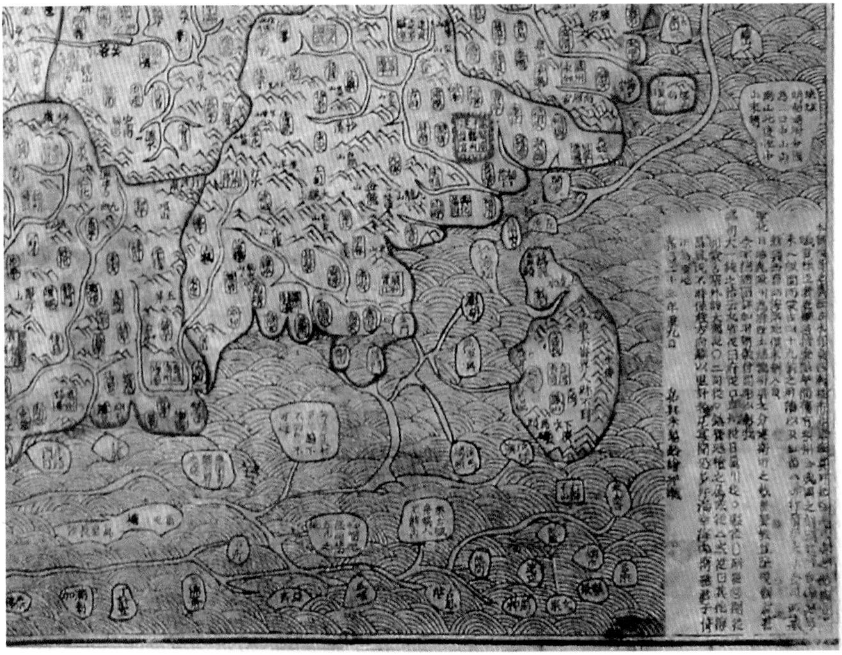

彩圖 1：1818 年《大清一統天下全圖》
在這幅上色並以顏色勾勒出中國邊境的圖中，並沒有釣魚臺。複製自周敏民《地圖中國》。

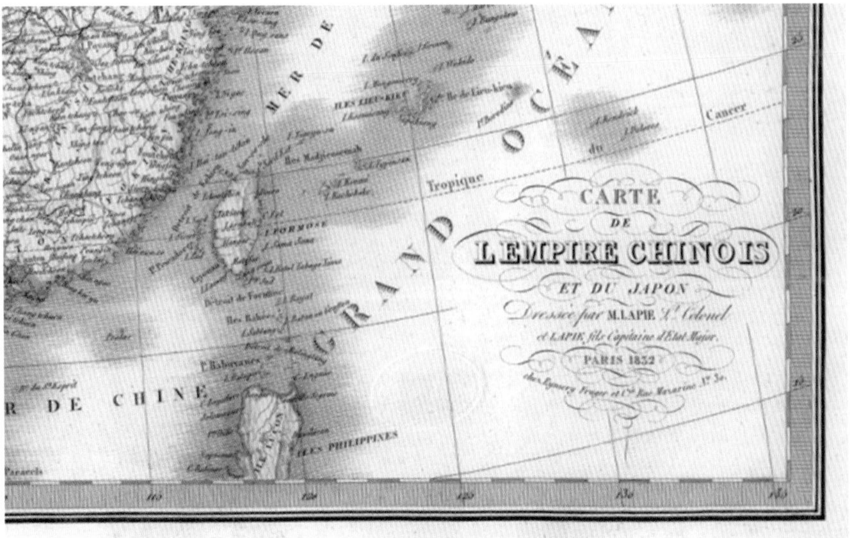

彩圖 2：1829 年拉比《中國與日本地圖》
這幅地圖內，中國、釣魚臺與琉球都是用紅色勾勒，無法從顏色上得出釣魚臺屬於中國的結論。複製自原圖。

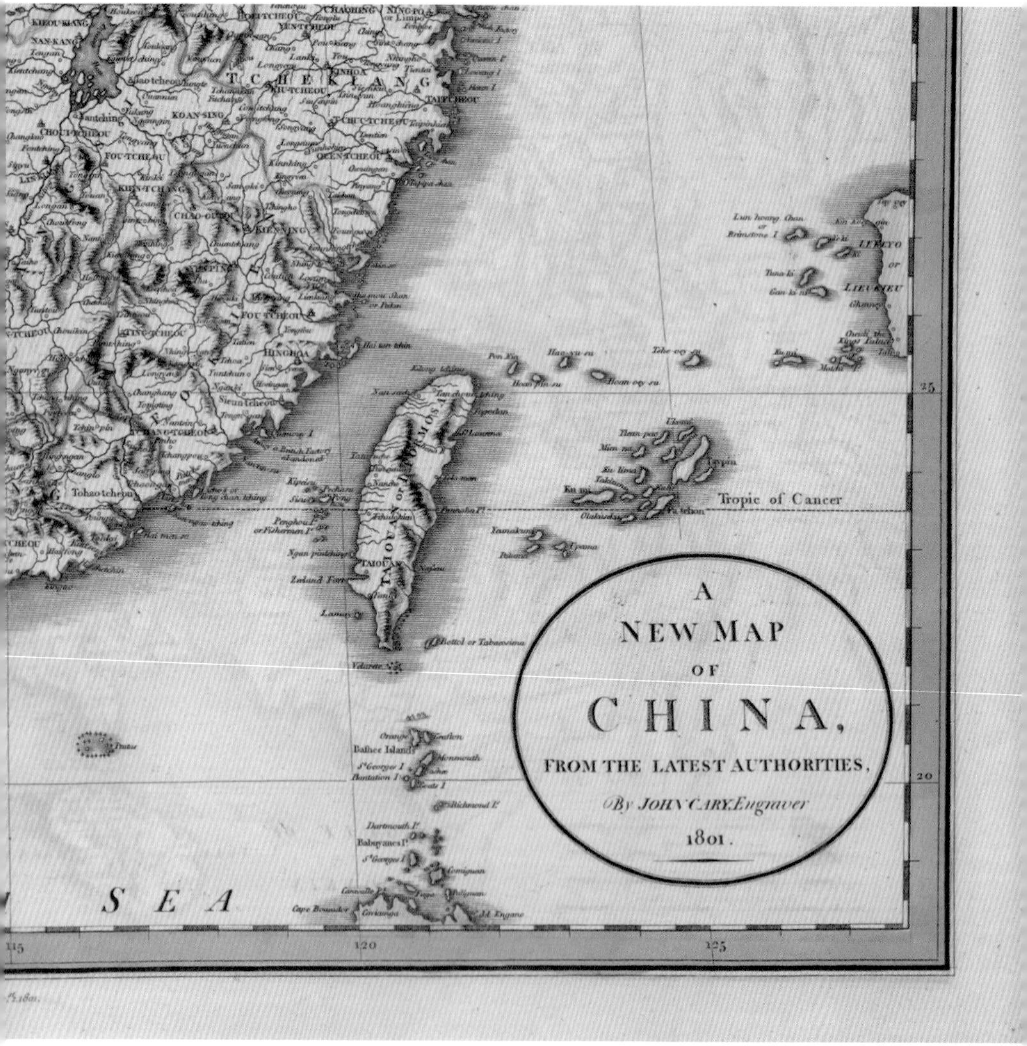

彩圖3：1801年英國凱瑞《最新中國地圖》
這幅地圖內中國、釣魚臺與八重山群島都有用黃色標記，無法從顏色上得出釣魚臺屬於中國的結論。複製自原圖。

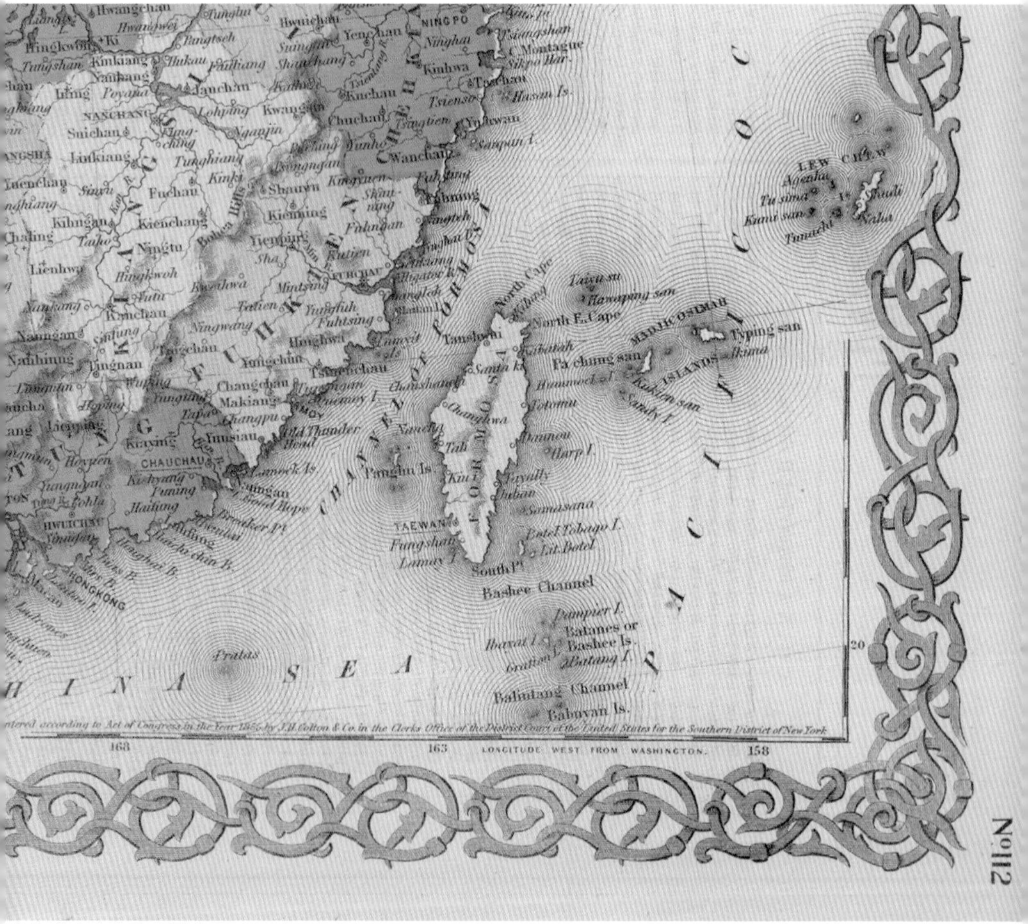

彩圖 4：1859 年美國柯頓《柯頓的中國》
這幅地圖中，臺灣、釣魚臺和琉球都沒有上色，顯然和大陸上色的情況有所區別。複製自原圖。

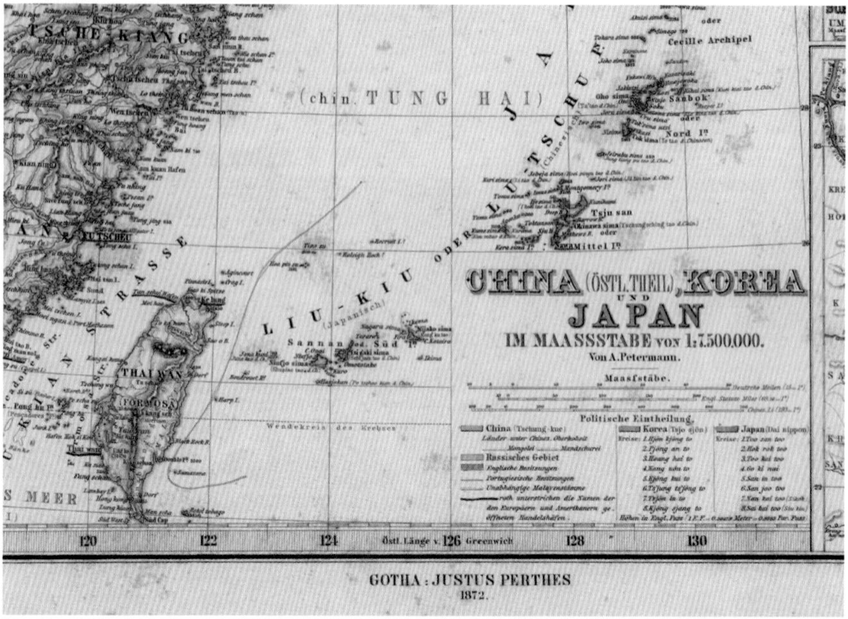

彩圖 5：1872 年德國彼德曼《中韓日三國地圖》
這幅地圖中用藍色線畫出了中國和日本之間的海上分界線，釣魚臺在日本一側。複製自原圖。

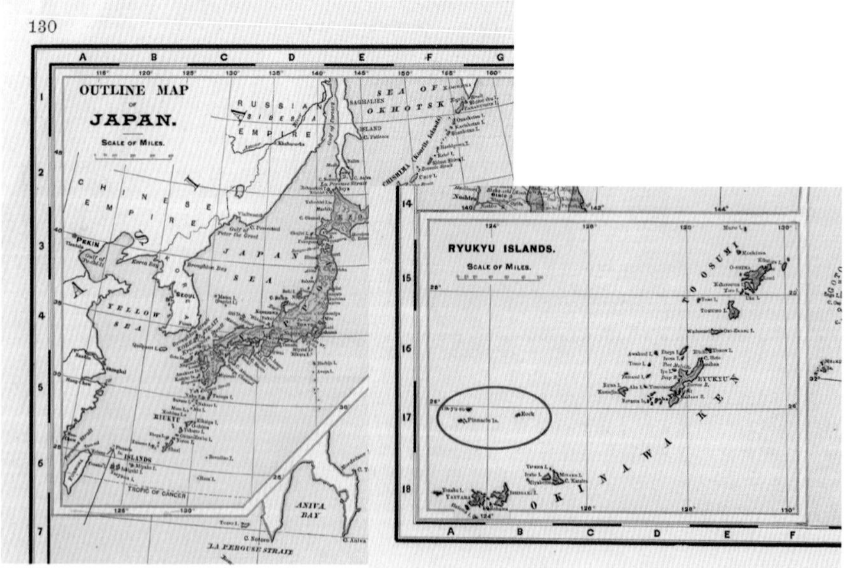

彩圖 6：1892 年美國《日本地圖》
這幅地圖的日本概圖中，釣魚臺和日本本土都是以黃色著色以和亞洲其他國家區分。琉球島嶼詳圖中則畫出了釣魚臺，並和宮古群島和八重山群島同以紅色著色。它們明確表示釣魚臺是日本沖繩的一部分。複製自原圖。

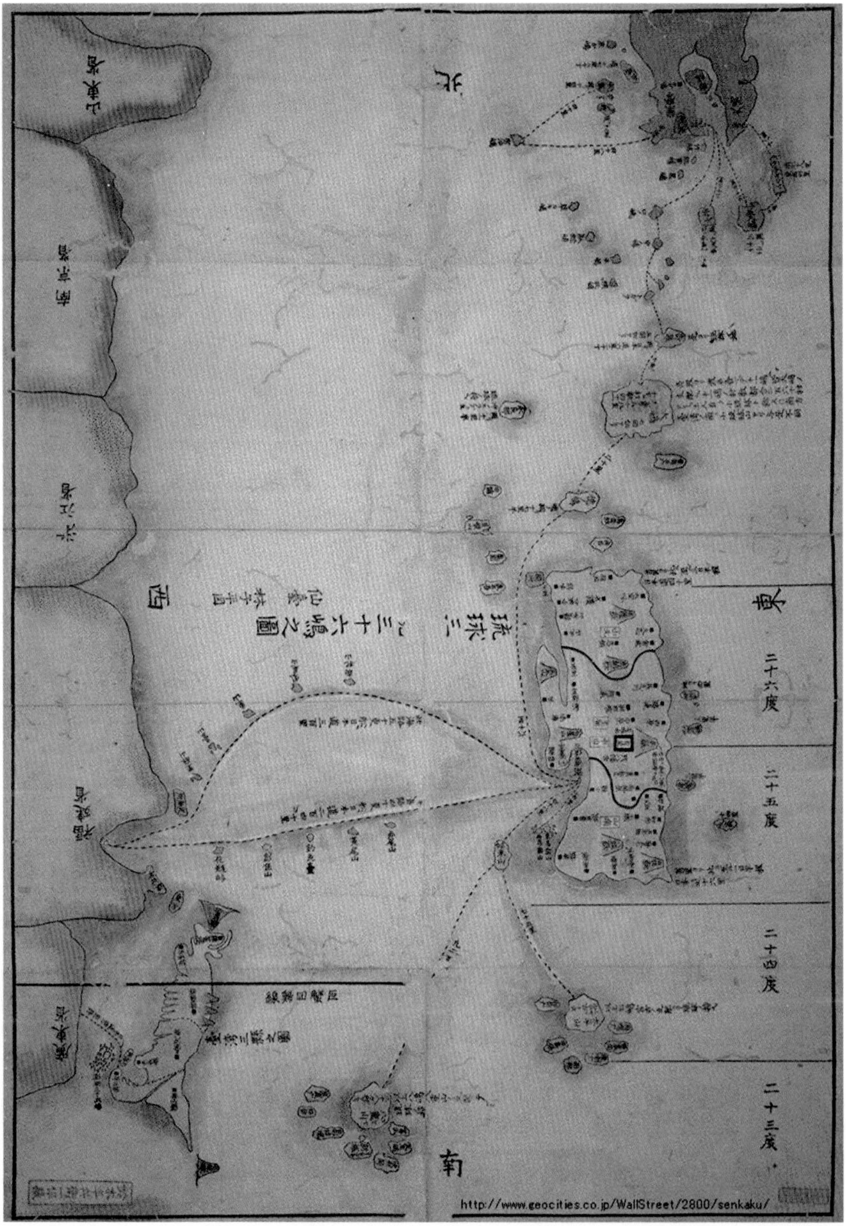

彩圖 7：1785 年林子平《三國通覽圖說》

此圖把釣魚臺和中國大陸用紅色標識，而臺灣和琉球用黃色標註。由於此書當時是日本禁書，故不能說明日本官方態度，但是仍然存在歷史價值。複製自日本內閣文庫版。

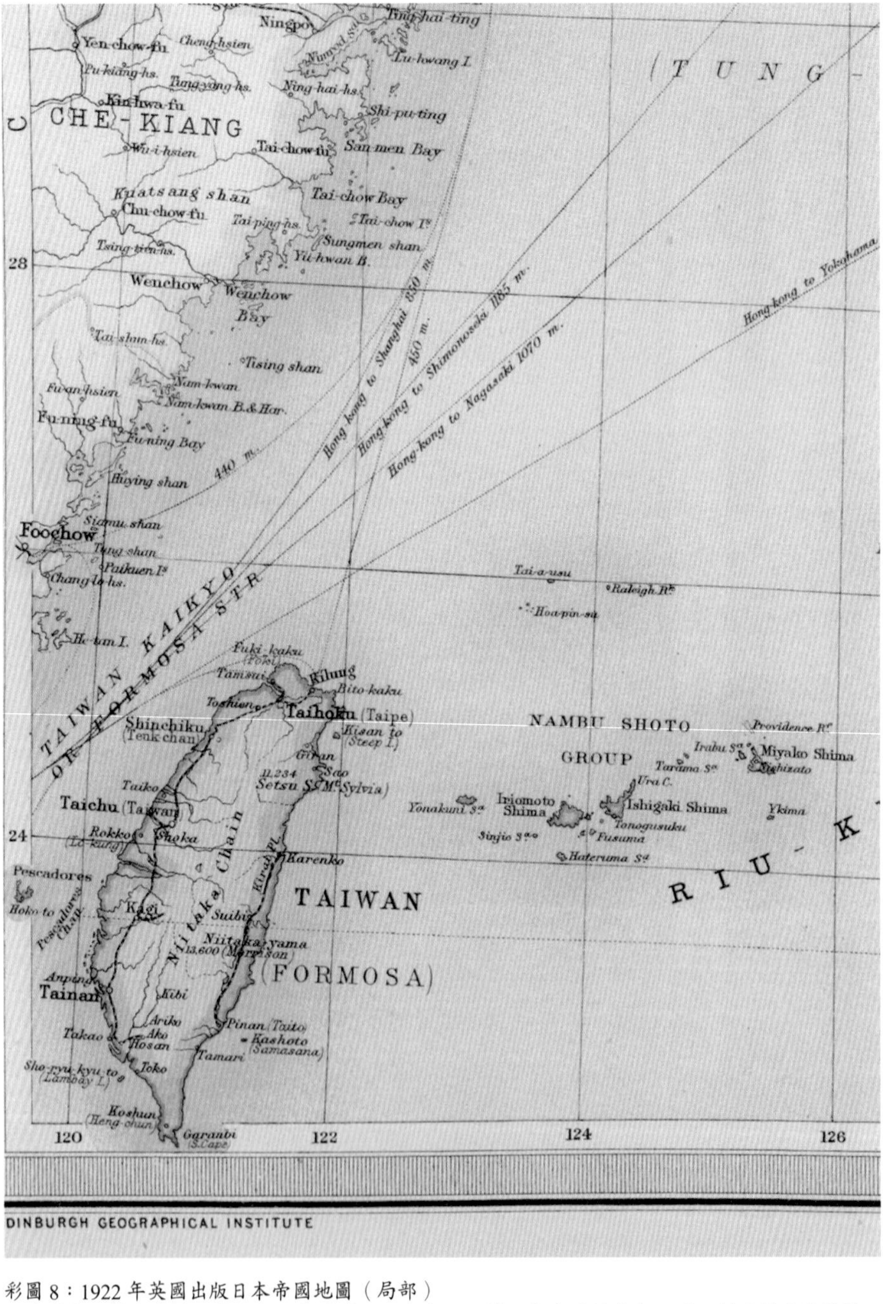

彩圖 8：1922 年英國出版日本帝國地圖（局部）

此地圖中，釣魚臺標註爲紅色，和臺灣及日本本土一樣，和中國的黃色不同。說明釣魚臺屬於日本。複製自原圖。

序 言

中國在戰後於東海和南海，都與鄰國有領土和領海糾紛。在東海與韓國有蘇岩礁之爭，與日本有釣魚臺之爭，在南海與越南、菲律賓、馬來西亞、汶萊和印尼有西沙、南沙和黃岩島之爭。這些爭議無疑都是非常複雜的，其複雜程度由北往南依次遞增。釣魚臺問題在二〇一二年以來，迅速超越南海問題，成爲中國與鄰國海疆爭議的最大熱點。與南海問題一樣，釣魚臺問題出現的主要原因有二：第一，這些無人居住的海島在古代普遍缺乏關注，因此地位非常模糊；第二，在二戰後，並沒有就如何處理這些海島的問題達成一致意見，以致越拖越複雜。當然，釣魚臺本身有其獨特的複雜性，加上中日之間有超過一百年的衝突歷史，中國在釣魚臺爭議中處於下風。這使得中國人對釣魚臺的反應，遠比對南海問題大。

釣魚臺成爲領土爭端，源於中國在一九七〇年美國把琉球交還日本之際，宣佈釣魚臺爲自己的領土。此前二十五年，它一直由美國琉球政府所統治，再往前五十年，則一直由日本統治。

釣魚臺問題非常複雜。釣魚臺本身只是幾個經濟意義不大的無人小島，島上的經濟價值大概在二十世紀初已經由日本人開發得差不多了。但是有幾個因素使釣魚臺的爭議大大超過其本身的價值。

首先，在六〇年代末，有報告指出釣魚臺附近海域蘊藏豐富的石油。儘管儲量有多丰富還沒有得到證實，但是東海海底有石油已經得到公認。

其次，釣魚臺位於沖繩海槽西側。中國提出的中日間在東海專屬經濟區和大陸棚劃界的分界線爲沖繩海槽，而日本提出的則是中日之間的中間線。如果釣魚臺爲日本所有，那麼日本提出的分界理據將會更加充分。

最後，中日之間在近代有長期的戰爭史。中國在甲午戰爭被日本擊敗，在二戰中被日本佔領，死亡人數以千萬計。儘管最後日本戰敗，但是在日本投降的一刻，中國絕大部分國土都未能收復。在二戰後，中國一直指日本「並未道歉」，而日本政治人物則一再參拜被中國視爲戰犯供奉地的「靖國神社」。自九〇年代以來，中國的反日情緒逐漸高漲，中國視釣魚臺爲甲午戰爭被日本搶去的領土。因此，釣魚臺在利益之爭外，更帶有深刻的歷史根源和政治社會因素。

有關釣魚臺的主權爭議的關鍵之處，如果按照時間順序，基本可以如此列出：

第一，一八九五年之前，釣魚臺是中國的領土還是無主地？如果是中國的領土的話，它是否爲臺灣的附屬島嶼？

第二，一八九五年，日本是如何佔領釣魚臺的？是割讓？還是竊佔？還是對無主地的先佔？

第三，一九四五年日本戰敗後，釣魚臺有沒有在國際條約體系中劃給中國？釣魚臺的法律地位是怎麼樣的？中國在一九七〇年前，有沒有主張過對釣魚臺的主權？

在領土爭議中，歷史與法理研究是極爲重要的一項。與南海問題一樣，如果只是看中國出版的相關書籍，讀者會覺得，釣魚臺屬於中國乃是極爲清楚明白的事，甚至會懷疑：日本在這樣明顯的不利證據的情況下，還要和中國爭釣魚臺，是不是太過無恥和無理取鬧了？其實有這樣懷疑的原因很簡單，因爲在中國大陸少有詳細而客觀的關於釣魚臺歷史與法理的分析。原因可能是顯然的，大部分大陸體制內的學者，都不願意與政府和自恃站在道德高位的「愛國主義」作對。當然，如果讀者讀的都是主流的日本關於釣魚臺的著作，也很可能會對中國爭奪釣魚臺產生類似的疑問。但與中國不同的是，在日本說出事實另一面的著作為數並不少，井上清、高橋莊五郎、村田忠禧等人的著作，都是從傾向中國方面的角度出發而寫的。這使日本人民有了從相對角度了解事實眞相的機會。這是日本史學界的驕傲，卻也同時令中國史學界感到羞愧。

為此，我本著客觀、全面、科學和歷史的原則，對釣魚臺的歷史和法理進行全方位的研究，寫成此書。所謂客觀，是指在態度上不偏不倚，不預設立場，既不偏向中國，也不偏向日本。因此，在這本書中，我既同意一些傾向中國的觀點，也反駁一些傾向中國的觀點；既同意一些傾向日本的觀點，也反駁一些傾向日本的觀點。所謂全面，是指檢視歷史證據的時候，不因為偏好而有所取捨。不能只挑選對自己論點有利的證據，而剔除對自己不利的證據。所謂科學，主要有三點：第一，對證據的分析要細緻而有說服力，比如不能看到某國一幅地圖上畫有釣魚臺，就確定釣魚臺是屬於某國的，還必須考慮地圖上釣魚臺的畫法是不是能夠說明其領土歸屬；第二，對證據的分析上，要採用相同而統一的標準，不能寬鬆對待有利於自己論點的證據，卻嚴格審視對自己論點不利的證據；第三，不過分強調單一證據，而是全面地以統計的意識看待證據。比如在檢視地圖證據的時候，即便有一幅地圖上明確畫出釣魚臺是某國的領土，也不能輕易斷言釣魚臺是該國的，而是必須同時審視同時代的其他地圖證據，看看類似的地圖多不多，是否有普遍性。所謂歷史，就是要把整個釣魚臺的證據放在歷史進程的框架下看。比如在一八九五年之前，無論中日，對釣魚臺的主權都是一個漸進的過程，而非一刀切的過程，只有認識到這點，才能更好地理解為什麼釣魚臺的地位會有爭議。

透過客觀、全面、科學和歷史的原則，對釣魚臺的史料和證據進行分析後，就不難發覺：其實無論中日，對釣魚臺都不乏理據。釣魚臺到底更應該屬於中國，還是更應該屬於日本，實在不是可以簡單下定論的。這可能會令人沮喪，但這本來就是複雜的歷史原貌。

本書共分八章：

第一章：簡單介紹釣魚臺的基本地理概況之後，就直接進入正題，探討中國在明朝時期對釣魚臺的主權證據。

第二章：主要分析中國在清朝時期對釣魚臺的主權證據。

第三章：分析琉球和日本對釣魚臺的認識和影響，並重點分析日本在一八八五年到一八九五年間佔領釣魚臺的前因後果和法理依據。

第四章：介紹和分析一八九五年到一九四五年間日本對釣魚臺的治理，我稱爲「第一次日治時期」。

第五章：介紹和分析一九四五年到一九七一年之間美琉政府治理釣魚臺時期，美、琉、日、中、臺各方對釣魚臺的影響，我稱爲「美治時期」。

第六章：分析釣魚臺在一九六九年到一九七二年之間，從缺乏關注一轉成爲各方爭奪對象的前因後果，中日建交時對釣魚臺的外交處理，以及一九七二年之後日本對釣魚臺時的治理（我稱爲「第二次日治時期」）。

第七章：從歷史與國際法的角度，分析釣魚臺的主權歸屬問題。

第八章：敘述和分析自一九七〇年至今，釣魚臺問題從保釣運動，到逐步激化，以致發生購島危機的來龍去脈，並就如何解決釣魚臺問題提出一些見解。

目錄

第三章　琉球與日本對釣魚臺的認識、勘查與佔領（一八九五年之前）

圖目錄

表目錄

第一章　清朝以前的釣魚臺

本書所討論的釣魚臺，是一組群島，正式名稱叫「釣魚島及其附屬島嶼」（中國大陸）、「釣魚臺列嶼」（臺灣）或「尖閣列島」（日本），指的是釣魚臺、南小島、北小島、黃尾嶼和赤尾嶼五個主要島嶼以及沖北岩、沖南岩和飛瀨等其他一些小礁石的總稱（圖 1）。在中國大陸，一般用主島釣魚島來指代這個群島，而在臺灣，則多用釣魚臺來指代。

在本書中，爲簡便和習慣起見，以及爲了避免混淆，「釣魚臺」一詞作爲釣魚臺列嶼的總稱。而釣魚臺列嶼的主島釣魚臺（即釣魚島）則用其古名「釣魚嶼」來稱呼。敬請讀者避免混淆。

這些島嶼散佈在北緯二十六度與二十五度四十分，東經一百二十三度與一百二十四度二十四分之間。它們綿延在臺灣北方三島與日本的沖繩群島之間，在日本八重山群島和宮古群島的北面。儘管赤尾嶼距離其他島嶼遙遠，但現在一般把它們視爲一個群島。主島釣魚嶼距離中國大陸最近三百零四公里，距離基隆一百八十六公里，距離彭佳嶼約一百五十公里，距離日本石垣島一百七十

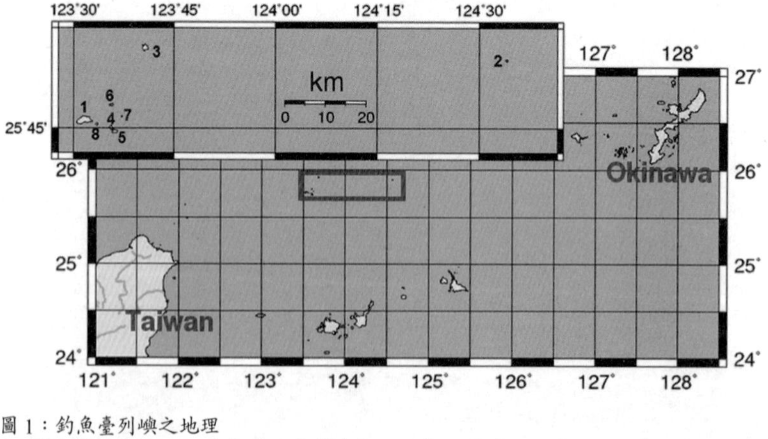

圖 1：釣魚臺列嶼之地理
(1) 釣魚臺（釣魚島，釣魚嶼，魚釣島）；(2) 赤尾嶼（大正島）；(3) 黃尾嶼（久場島）；(4) 北小島；(5) 南小島；(6) 大北小島（沖の北岩）；(7) 大南小島（沖の南岩）；(8) 飛瀨。圖引自維基百科。

公里，距離日本最近處鳩間島也爲約一百五十公里。自古以來，釣魚臺長時間是一群荒島，事實上，除了日治期間的古賀家族在一八九六至一九四一年之間對釣魚臺的開發之外，從來沒有人在釣魚臺上定居。

這些島嶼總面積只有六到七平方公里。主島釣魚嶼約四平方公里。南小島和北小島在釣魚嶼的東南方約五公里處，面積分別約零點四和零點三平方公里。歷史上，南小島和北小島經常被中國作爲釣魚嶼的一部分而不單獨提及。黃尾嶼位於釣魚嶼東北約二十八公里外，約一平方公里。赤尾嶼是最爲遙遠的島嶼，位於釣魚嶼東方約一百一十公里外，

表格 1：釣魚臺各島嶼之名稱及地理資訊

中國大陸	釣魚島及其附屬島嶼	釣魚島	南 / 北小島	黃尾嶼	赤尾嶼
臺灣及香港	釣魚臺列嶼	釣魚臺	南 / 北小島	黃尾嶼	赤尾嶼
日本	尖閣列島	魚釣島	南 / 北小島	久場島	大正島
英文	Senkaku Islands				
中國古稱	---	釣魚嶼 釣魚臺		黃尾嶼 黃矛嶼 黃毛嶼	赤尾嶼 赤嶼 赤坎嶼
日本 / 琉球古稱	---	魚釣島		久場島	久米赤島
古西方地圖		Hao-yu-su Tiaoyu-su		Hoan-oey-su	Tshe-oey-su
古中國譯名		好魚須		歡未須	車未須
沙馬朗號命名		Hoa-Pin-San (su)	Pinnacle	Ti-a-usu	Raleigh Rock
日本譯名		花瓶嶼 和平山	尖頭諸嶼	低牙吾蘇島	里勒爾岩
中國譯名		和平山		低牙吾蘇	爾勒里石
面積（km^2）		4.3	0.45/0.33	1.08	0.06
最高點（m）		383	149/135	117	75
坐標		25°46'N 123°31'E	25°45'N 123°36'E	25°56'N 123°41'E	25°55'N 124°34'E

僅僅有零點零六平方公里。

在歷史上，這些島嶼有著不同的名稱，現在中國大陸、臺灣和日本的名稱也有不同，不熟悉的讀者有時難免混亂。這些名稱和各島嶼的地理資訊，在表格一中列出，以方便查找。

從地質學上來說，二千萬年之前，太平洋板塊向西移動，與東海大陸棚邊緣形成皺褶帶，那是最早的釣魚臺隆褶帶。一千五百萬年前，太平洋板塊進一步西移，開始形成琉球島弧和沖繩海槽的雛形。五百萬年前，菲律賓板塊從東南向西北移動，楔入太平洋板塊和東亞大陸棚之間，最終形成琉球群島和沖繩海槽，而釣魚臺隆褶帶亦在這一系列過程中受力隆起，形成今天的釣魚臺隆褶帶[1]。

一・二　何人最早記錄釣魚臺？

何人在何時最先發現釣魚臺並不可考。有的中國學者（比如鞠德源）天馬行空地宣稱，中國最早記錄釣魚臺是在春秋戰國，依據是他在《山海經》中找到一句話：「列故射，在海河州中」。他認爲列故射就是釣魚臺列嶼，海河州就是黑潮[2]。但如何證明？他完全沒有解釋。《山海經》的內容很多都找不到依據，把它當作眞實的地理指南，本身就不足採信。何況，即便如他所說的，海河州就是黑潮，但海河州還可能是臺灣黑潮，所以即便列故射是黑潮中的島嶼，那麼它們也可能是澎湖列島。

鞠德源還認爲，中國在隋朝掠奪「琉球」的時候就經過釣魚臺，還宣稱這些史料中的「高華嶼」就是釣魚嶼，「黿鼊嶼」就是古米山（即沖繩久米島）[3]。這也是沒有根據的。這些說法源自臺灣梁嘉彬《琉球及東南諸海島與中國》一書[4]。但隋朝的時候，中國所謂「琉球」其實是臺灣，這早有定論[5]，中國一直以此作爲「臺灣自古以來就是中國的一部分」的證據[6]。高華嶼就是釣魚嶼這點，更是毫無依據。明朝時候的很多地圖和史料上，高華嶼和釣魚嶼都是同時出現而又明確區分的（參見一·三中列出的《鄭開陽雜著》的《琉球國圖》）。史學界早有定論，高華嶼就在澎湖列島之中[7]。

還有一些論者認爲，明初第一位出使琉球的使者楊載曾經登上釣魚臺[8]。有人認爲：「洪武五年（一三七二年）正月，明朝派遣使臣楊載持詔書出使琉球，當時只能憑藉中國航海人世代相傳的「針本」，經由釣魚島列島而至琉球。」因此，楊載也必定到達過釣魚臺[9]。然而，所謂楊載到過釣魚臺一事只是一種猜想，儘管有合理成分，但是無法證明。而至於楊載登上過釣魚臺的說法，更是全無半點原始史料的支持。楊載登上過釣魚臺的說法，是大約二〇〇〇年之後才出現的，儘管我找不到這個說法

---

[1] 謝世雄《釣魚臺列嶼之地質與資源》，程家瑞編《釣魚臺列嶼之法律地位》臺北：東吳大學法學院，一九八八，一一七頁。
[2] 鞠德源《釣魚島正名》，北京，昆侖出版社，五頁。
[3] 鞠德源《日本國竊土源流釣魚列嶼主權辨》，首都師範大學出版社，二〇〇一，四九二頁。
[4] 鄭海麟《鞠德源著〈釣魚島正名〉舉正》。
[5] 參見前引註4中的有關論述。另見田玨《臺灣史綱要》，福建人民出版社，二〇〇〇，二七頁。
[6] 例如《臺灣自古就是中國領土》，新華網，http://news.xinhuanet.com/ziliao/2003-01/24/content_705074.htm
[7] 參見前引註4中的有關論述。
[8] 例如武聖濤：《中國對釣魚島享有主權之歷史依據》，《內蒙古電大學刊》，二〇〇八年第十期。網上非正規學術文章中，出現更多。
[9] 萬明《從明清文獻看釣魚島的歸屬》，人民日報，二〇一三年五月十七日，http://world.people.com.cn/n/2013/0516/c1002-21497627.html

的可靠源頭，但幾乎可以肯定，這如果不是空想或者故意揑造的話，就是中國學者之間以訛傳訛的結果。

嚴謹一些的中國歷史學家的著作都認同，在現有的記錄中，中國明朝初年的《順風相送》是最早有關釣魚臺的記載[10]。該書的成書年代的上限一般被認爲是一四〇三年[11]，但也有各種不同的說法，有的認爲是在一五七一年之後[12]，有的甚至認爲成書在明末[13]。它是一本航海指南（中國稱爲針經），由中國學者向達在英國牛津大學圖書館鈔出（圖2）。內有：

> 北風東湧開洋，用甲卯取彭家山。用甲寅及單卯取釣魚嶼。正南風，梅花開洋，用乙辰，取小琉球；用單乙，取釣魚嶼南邊；用卯針，取赤坎嶼。[14]

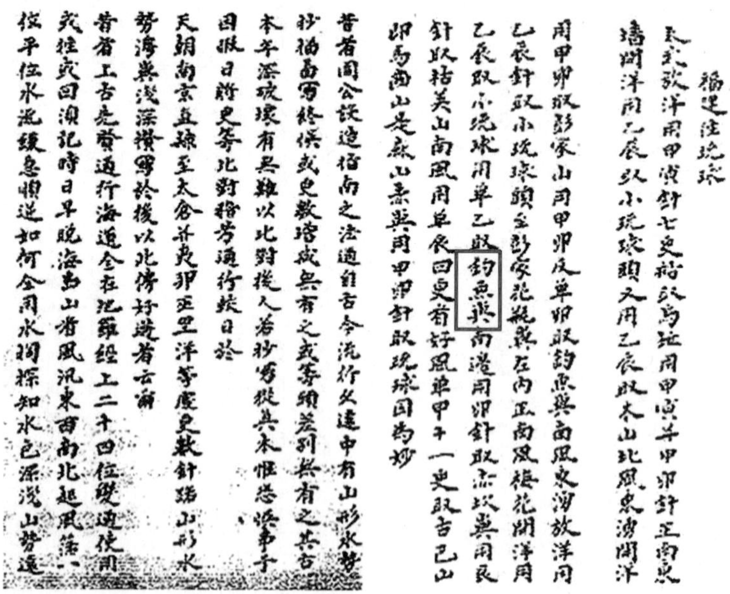
福建往琉球
太武放洋用甲寅針七更船取烏坵用甲寅并甲卯針正南東
墻開洋用乙辰取小琉球頭又用乙辰取木山北風東湧開洋
用甲卯取彭家山用甲卯及單卯取釣魚嶼南風東湧放洋用
乙辰針取小琉球頭至彭家花瓶嶼在內正南風梅花開洋用
乙辰取小琉球用單乙取釣魚嶼南邊用卯針取赤坎嶼用艮
針取枯美山南風用單辰四更看好風單甲十一更取古巴山
即馬齒山是麻山赤嶼用甲卯針取琉球國為妙
昔者周公設造指南之法通自古今流行久遠中有山形水勢
抄描圖寫終悞或更數增減無有之或筭差別無有之其古
本年深破壞有無難以比對後人若抄寫從其本惟恐悞事予
因假日將史籌比對稽考通行較日於
天朝南京直隸至太倉并夷邦巫里洋等處更數針路山形水
勢海嶼淺深攢寫於後以此傳好遊者云爾
昔有上古先賢通行海道全在地羅經上二十四位變通使用
或往或回須記時日早晚海島山嶼風汛東西南北起風落一
位平位水流緩急順逆如何全用水掏探知水色深淺山勢遠

圖2：明代古籍《順風相送》
《順風相送》成書年代約爲1403年，是現存最早記錄釣魚臺的書籍。方框圈出釣魚嶼。原本現存於英國牛津大學圖書館，本圖複製自浦野起央，劉甦朝，植榮邊吉《釣魚臺群島（尖閣諸島）問題研究資料彙編》，2001。

有人猜測，此書來源於元代的航海針經【15】。所以中國人大概在更加早的時候，已經知道了釣魚臺。釣魚臺這些名字也大概是中國人取的。

最近有人認爲最早記載釣魚臺的文獻是《三十六姓所傳針本》【16】。這個結論有些草率。因爲現在並沒有一本名爲《三十六姓所傳針本》的書，文中的根據是一七〇八年琉球人程順則所著的《指南廣義》中摘抄了十條航海記錄，裡面註明來自「三十六姓所傳針本」。《三十六姓所傳針本》到底是什麼並不清楚。有可能這是一本如同《順風相送》一類的成書，也有可能僅僅是像海南漁民所使用的祖傳的《更路薄》一樣的民間小手冊。而無論是哪一種，其成書的年代都很難確定。

文中還認爲《三十六姓所傳針本》的成書年代的下限，在明太祖一三九二年賜福建三十六姓移居琉球之時【17】。這是不可靠的，因爲在《指南廣義》摘抄的記錄中，其中一條寫道：

【10】吳天穎《甲午戰前釣魚列嶼歸屬考》，社會科學文獻出版社，一九九四，二五頁。

【11】鄭海麟《釣魚島列嶼之歷史與法理研究（增訂本）》，中華書局，二〇〇七，三一—一八頁。

【12】廖大珂《關於中琉關係中釣魚島的若干問題》，南洋問題研究，二〇一三年第一期，九五—一〇二頁。

【13】陳佳榮《《順風相送》作者及完成年代新考》，自《跨越海洋：海上絲綢之路與世界文明進程國際學術論壇文選》，寧波博物館及浙江大學出版社，二〇一二。

【14】向達《兩種海道針經》，中華書局，一九六一，九六頁。

【15】前引註10，二七頁。

【16】前引註9。引自陳佳榮《清琉球程順則〈指南廣義〉》，香港《國學新視野》季刊，二〇一二年夏季號。

【17】同上。

成化二十一年九月二十四日午時，古米山開洋，（用庚酉針）四更、（又乾亥針）三更、（又單乾針）四更、（又辛戌針）三更、（又單戌針）四更、（又辛酉針）十九更（見）臺山。

成化二十一年乃一四八五年，遠在一三九二年之後。可見《三十六姓所傳針本》如果是一本成書的話，其年代必在一四八五年之後。當然也有可能是後人不斷在針本上添加記錄。但這樣一來，就無法肯定到底哪些記錄出自什麼年代了。但無論如何，糾纏於到底在一四〇三年還是一三九二年有釣魚臺的記載，對於論證整個釣魚臺歷史和法理的幫助都不大，畢竟那不過是十年左右的區別而已。

文中又稱中國發現釣魚臺的上限爲宋代，即中國發明指南針之時。理由是有了指南針就可以有針經[18]。但是按照此思路，中國發現釣魚臺的上限可以在春秋時代，因爲那時已經有中國人乘船出海的記錄了，自然也不能排除他們發現釣魚臺的可能性了。可見這麼一個「上限」並沒有任何歷史學上的意義。

因此可以斷言，就現有的歷史記載看，中國最早發現釣魚臺。當然，這並不意味著中國人一定是實際上最早發現釣魚臺的人。歷史悠久，與釣魚臺距離更近，並且善於航海的琉球人也是一個可能的選項。但是琉球人的歷史記載不如中國的詳細，加上琉球的歷史書籍很多在二戰中被毀，現在並沒有發現更加早的關於釣魚臺的記錄。

一．二 明朝琉球冊封使的相關記錄

在《順風相送》中，沒有關於釣魚臺主權歸屬的記錄。中國方面提出的最早與釣魚臺主權有關的文字，出自明朝的琉球冊封使的記錄，這些記錄被中國專家視爲證明釣魚臺屬於中國的鐵證[19]。

琉球從明朝開始與中國有了官方聯繫。在明朝建國之初，皇帝朱元璋就派人四處往海外宣揚明朝已經取代元朝。其中上文提到的楊載就是前往琉球的使者。當時琉球分爲中山、南山和北山三國。三國都願意成爲明朝的屬國。自始，明朝每逢琉球新王上任，就派冊封使往琉球，宣佈明朝認可新王的統治。這個傳統延續到清朝晚期琉球被日本呑併爲止。表格2列出了從明到清所有留下著作的冊封使的資料（表格2）。

在楊載之後，明朝多次派出冊封使前往琉球。早期的冊封使的記錄都沒有被流傳下來，目前最早的記錄是一五三四年嘉靖時期的冊封使陳侃留下的《使琉球錄》（圖3），當中提到釣魚臺：

> 八日出海口……九日，隱隱見一小山，乃小琉球也。十日，南風甚迅，舟行如飛，然順流而下，亦不甚動，過平嘉山，過釣魚嶼，過黃毛嶼，過赤嶼，目不暇接，一晝夜兼三日之程。夷船帆小不能及，相失在後。十一日夕，見古米山，乃屬琉球者。夷人鼓舞於舟，喜達於家。[20]

---

[18] 前引註9。

[19] 這一點是絕大部分中國學者與部分日本學者的共識，請參見，前引註2，3，6，10，11等的相關論述。

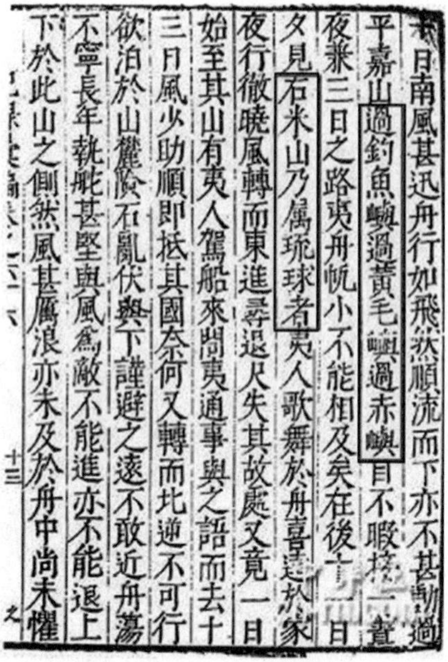
十日南風甚迅舟行如飛然順流而下亦不甚動過
平嘉山過釣魚嶼過黃毛嶼過赤嶼目不暇接一晝
夜兼三日之路夷舟帆小不能相及矣在後十一日
夕見古米山乃屬琉球者夷人歌舞於舟喜達於家
夜行徹曉風轉而東進尋退尺失其故處又竟一日
始至其山有夷人駕船來問夷通事與之語而去十
三日風少助順即抵其國奈何又轉而北逆不可行
欲泊於山麓險石亂伏於下謹避之遠不敢近舟蕩
不寧長年執舵甚堅與風爲敵不能進亦不能退上
下於此山之側然風甚厲浪亦未及於舟中尚未懼

圖 3：1534 年陳侃《使琉球圖錄》
最早有說明琉球邊界的史料，方框內爲涉及釣魚嶼等島嶼的文字以及說明琉球邊界的文字。此圖複製自《使琉球錄三種》，臺灣文獻史料叢刊，第三輯（55）。

表格 2：明清兩代出使琉球的冊封使及其著作

年　代	使　臣	書　籍
1534	陳侃	使琉球錄
1561	郭汝霖	重編使琉球錄
1579	蕭崇業 謝杰	使琉球錄 琉球錄撮要補遺
1606	夏子揚	使琉球錄
1663	張學禮	使琉球記
1683	汪楫	使琉球雜錄
1719	徐葆光	中山傳信錄
1756	周煌	琉球國使略
1800	李鼎元	使琉球記
1808	齊鯤	續琉球國使略
1838	林鴻年	續琉球國志略
1866	趙新	續琉球國志略

這裡描述的是陳侃從福州到琉球的路程。陳侃先經過小琉球（臺灣），再經過彭家嶼（平嘉山）、釣魚嶼、黃尾嶼（黃毛嶼）、赤尾嶼（赤嶼），再到達姑米島（古米山，今沖繩久米島）。陳侃形容姑米島「乃屬琉球者」。因此，中國方面認爲，之前的所有島嶼都不屬琉球，故而應該都屬於中國。於是，這就成爲了中國所認定的鐵證。

但是如果仔細分析一下，卻並不能得出這樣的結論。首先，陳侃出使琉球，是因爲琉球國王去世，新國王請封。那時琉球國已經和中國建立了朝貢的關係。在明清兩代中國派出冊封使的同時，琉球也往中國派出使者，而且次數還遠較中國的使者爲多。於是在中琉之間的航道上，琉球船隻來中國的多，中國船隻往琉球的少。在該書中，陳侃提到：

> 是月，琉球國進貢船至；予等聞之喜。**閩人不諳海道，方切憂之**；喜其來，得詢其詳。翼日，又報琉球國船至，乃世子遣長史蔡廷美來迓予等；則又喜其不必詢諸貢者，而有爲之前驅者矣。長史進見，道世子遣問外，又道世子亦慮**閩人不善操舟**，遣看針通事一員率夷梢善駕舟者三十人代爲之役；則又喜其不必藉諸前驅，而有同舟共濟者矣。[21]

[20]《使琉球錄三種》，臺灣文獻史料叢刊，第三輯（五五），十一頁。

[21] 前引註20，九頁。

簡而言之，陳侃奉命出使琉球，在福建打造了出使專用的新船，但是在中國卻找不到熟悉水道的船工。他形容為：「閩人不諳海道」、「閩人不善操舟」，乃至遲遲不能出發。最後恰好有琉球國的船隻到達，陳侃才高興地出發。因此，陳侃之所以能夠順利地到達琉球，全憑琉球船員指引。

可見，中琉兩國相比，琉球水手熟悉水道的多，中國水手熟悉水道的少。而琉球人也因此很可能比中國人更熟悉中琉航道上的各島嶼，包括釣魚臺。中國人對水道的熟悉比不上琉球人，但是中國製造的船隻在性能上卻更優勝。所以陳侃的船隻走得快，「夷船」速度較慢。這是造船技術的優勝所致，而非對水道熟悉之故。琉球人對中琉之間水道的熟悉不是偶然的。事實上，琉球人往返在中琉水道的次數遠遠比中國人要多。由於到中國做貿易以及「進貢」都是有利可圖的，琉球使節出使中國，遠比中國冊封使出使琉球為之頻密。

一些中國學者認為，中國到琉球是順風，而琉球到中國是逆風，所以理應中國往琉球多而琉球往中國少[22]。這些學者沒有意識到，中國人往琉球之後也還是要返回中國的，而琉球人同樣也會返回琉球，雙方所面對的困難和便利其實是一樣的。

其次，「見古米山，乃屬琉球者」表明到了古米山才進入琉球國界。這句應當沒有歧義。這也相當清楚地說明了在當時，釣魚臺並不屬於琉球。但是，這是否就意味著這些島嶼必定屬於中國呢？我認為並不能武斷地下如此結論。對此的具體分析，請見下一節。

在陳侃之後，還有幾本明代的出使琉球的記錄中提到釣魚臺。一五六一年的冊封使郭汝霖的記載較為有意思。他出使琉球冊封後，於一五六二年完成述職報告《琉球奉使錄》（又名《重編使琉球錄》）。其中記載：

> 五月二十九日，至梅花開洋……過東湧、小琉球。三十日，過黃茅。閏五月初一日，過釣魚嶼。初三日，至赤嶼焉。赤嶼者，界琉球地方山也。再一日之風，即可望古米山矣。[23]

這段文字中有趣的地方有兩個：一個是他經過臺灣之後就先到達黃尾嶼（黃茅），再往南折到達釣魚臺，其行程與其他冊封使有異；另一個，也是更重要的，是其他的出使報告一般把姑米山認爲是琉球的界山，但是郭汝霖卻記載赤尾嶼是琉球的界山。

「界」是指「地界，邊界」，這裡用作動詞，意思是「界定」。因此「赤嶼者，界琉球地方山也。」這句話的意思是赤尾嶼是界定琉球地界的山，也就是說赤尾嶼是琉球的邊界。中國方面的專家一般認爲，這個表述中指赤尾嶼是劃定琉球和中國的邊界的山，並認爲赤尾嶼屬於中國[24]。這個說法並沒有根據，這是因爲文中僅僅提到赤尾嶼是琉球的界山，而沒有提到這是琉球和中國的邊界，更沒有提到赤尾嶼屬於中國。

郭汝霖對赤尾嶼的認識，在他的另一部著作《石泉山房文集》表述得更爲明確（圖4），文中指出：「臣等滯留至嘉靖四十年夏五月二十八日始得開陽，行至閏五月初三日，涉琉球境界，地名赤

[22] 例如沙學浚《釣魚臺屬中國不屬琉球之史地根據》，學粹，一九七二，第十四卷第二期，十九頁。
[23] 《國家圖書館藏琉球資料續編》上，北京圖書館出版社，二〇〇二，五一頁。
[24] 比如前引註11，二二頁。

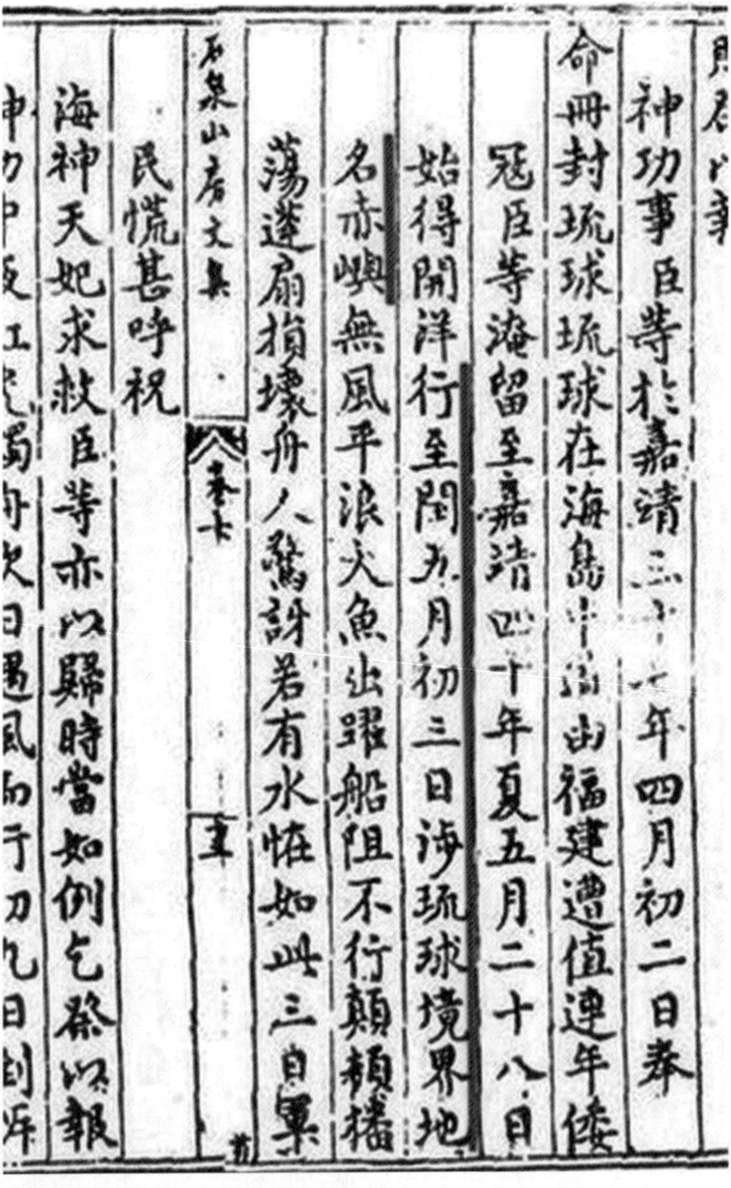

神功事臣等於嘉靖三十七年四月初二日奉
命冊封琉球琉球在海島中由福建遭值連年倭
冦臣等淹留至嘉靖四十年夏五月二十八日
始得開洋行至閏五月初三日涉琉球境界地
名赤嶼無風平浪大魚出躍船阻不行顛播
蕩遂扇損壞舟人驚訝若有水怪如此三日累
石泉山房文集　卷七　章
民慌甚呼祝
海神天妃求救臣等亦以歸時當如例乞祭以報
神功中夜工匠蜀舟史日遇風而行乃九日到所

圖 4：1561 年郭汝霖《石泉山房文集》
此史料說明赤尾嶼爲琉球疆界。此圖複製自《國家圖書館藏琉球資料三編》上，北京，圖書館出版社，2006。

嶼」[25]。「涉」在這裡是「進入」的意思。整句話的意思是：郭汝霖從中國出發，第一個到達他認爲是琉球的地方就是赤嶼（赤尾嶼）。這些互相印證的表述都表明了赤嶼，也就是赤尾嶼，屬於琉球的範圍。但無論如何，這些記載都只是表明了琉球的地界，而沒有表明中國的地界。

中國劉江永認爲，這裡的「涉」是「涉水前往」之意，而非「進入」或「到達」之意。[26]那麼這個「涉」到底是什麼意思呢？最權威的中文字典《漢語大字典》中，對「涉」的解釋有十三個[27]，沒有一個解釋是「涉水前往」的意思，倒是第六個解釋就是「進入」、「陷入」。換言之，「涉」這個字表示的是一種已經「進入」的狀態，卻不表示「將要前往」，或者「將要進入」這種趨勢。可見，無論從上下文意還是字意解釋，這裡所用的「涉」都說明了郭汝霖思維中，赤尾嶼是琉球的領土。這與《重編使琉球錄》中的說法是一致的。

一五七九年蕭崇業的《使琉球錄》附有《琉球過海圖》（圖5），註明了從中國福州到琉球所經過的一系列島嶼：小琉球、雞籠嶼、花瓶嶼、彭家山、釣魚嶼、黃尾嶼、赤尾嶼（赤嶼）、古米山、馬齒山直到那霸。圖中並沒有註明哪些島嶼屬於中國，哪些島嶼屬於琉球。[28]副使謝傑的《琉球錄撮要補遺》中則第一次記載了所謂滄水與黑水：「去由滄水入黑水，歸由黑水入滄水」[29]。這裡的黑水與滄

[25]《國家圖書館藏琉球資料三編》上，北京，圖書館出版社，二〇〇六，一七頁。
[26] 劉江永，《在釣魚島問題上到底誰站不住腳》，人民日報，七／二七／二〇一二。
[27] 徐中舒主編《漢語大字典》，四處辭書出版社、湖北辭書出版社，一九九〇，一六二一頁。
[28] 前引註20，五五頁。
[29] 前引註20，二七六頁。

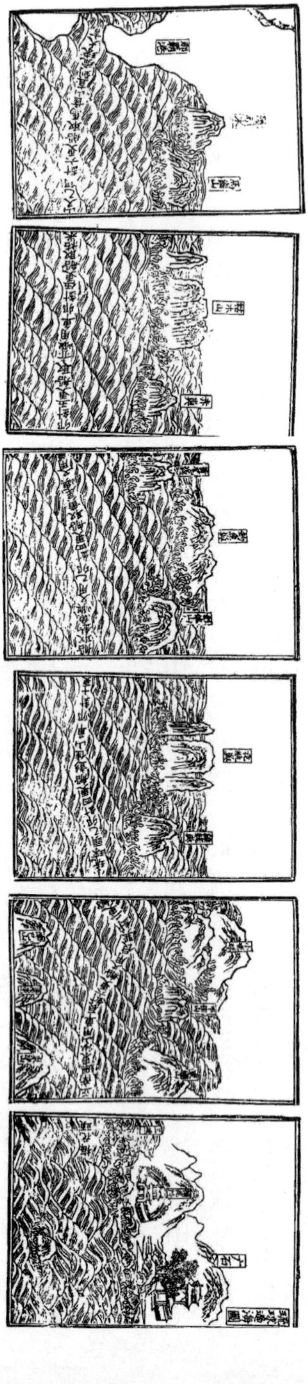

圖 5：1579 年蕭崇業《琉球過海圖》
第一張畫出從中國到琉球水路的地圖。此圖複製自《續修四庫全書》，上海古籍出版社，第七四二冊。

水被認爲是現在沖繩海槽的兩側。但是在這本書中，並沒有提及中琉的邊界問題。

一六〇六年夏子陽的《使琉球錄》中再有關於「黑水」和「滄水」的記載：

二十七日午後，過釣魚嶼。次日，過黃尾嶼。是夜，風急浪狂，舵牙連折。連日所過水皆深黑色，宛如濁溝積水，或又如靛色；憶前使補錄稱：「去由滄水入黑水」，信哉言矣！二十九日，望見古米山，夷人喜甚，以爲漸達其家。[30]

在返程時，他又記錄道：

二十九日早，隱隱望見一船；衆喜，謂「有船，則去中國不遠；且水離黑入滄，必是中國之界」。[31]

有人認爲，這句話說明中國與琉球的分界[32]。但這裡有兩點是值得懷疑的。第一，入了滄水必是中國，並不等於滄水與黑水的交界就是中琉之間的交界線。第二，即便認爲滄水與黑水是交界線，這裡

【30】前引註20，二二二頁。
【31】前引註20，二二六頁。
【32】前引註2，二七頁。

在返程時候所描述的交界線也和釣魚臺沒有直接關係。因爲當時中琉之間的往返路程是不一樣的，從中國到琉球是沿著釣魚臺等島鏈行船；但是從琉球回中國，卻是走另外一條路：從那霸港到古米山後，經過溫州南杞山、臺山、裡麻山到定海所，再到五虎門。返程根本不經釣魚臺。

日本學者對於明朝時期的冊封使著作主要有兩種質疑。第一種是質疑關於這些冊封使寫成的書籍的官方立場和史學價值。比如，綠間榮認爲：「連續多次的冊封使錄，均屬航海者個人的旅行記錄，而非中國的官方記載和聲明。」[33]這種質疑無疑是不能成立的。這些冊封使的書籍都在回國之後寫成，除了可能是因爲失火而消失的前幾任冊封使的書籍之外，從陳侃起，每個冊封使都留下記錄，或詳或略。而且，這些記錄都先交予禮部，再在史館留底。而新任冊封使都會研讀前任的記錄。因此這些記錄都是正式的公文性質的書籍[34]。第二種質疑是認爲有關「界」和「鎮山」，「屬」等文字的表述，不意味著界線的意思[35]。但正如我以上的分析，這些的記載中，都準確地表述了琉球的界線。

其實，這些記錄最大的問題在於，當時中國和琉球之間有一大塊無主地—臺灣。這個無主地的存在，大大削弱了這些文字記錄中關於當時國界的認定。

一・三　臺灣在明代不是中國的領土

以上的琉球冊封使的記錄，無疑都留下了關於釣魚臺的極爲有用的記載。它們都清楚地表明：釣魚臺位於從中國前往琉球的航道上，同時釣魚臺不是琉球王國的屬島。但是這些著作都沒有寫明釣魚臺屬於中國。那麼釣魚臺不是琉球的屬島，是否等同於當時釣魚臺屬於中國呢？這值得進一步探討。

以上的琉球冊封使的記錄，儘管幾乎否定了釣魚臺屬於琉球，但並沒有釣魚臺屬於中國的字眼。所以，在文中列出的釣魚臺的主權狀態，可能有三種：第一，屬於中國；第二，屬於其他國家；第三，是無主地。

有的中國學者據此認爲這意味著釣魚臺當時屬於中國。這種觀點的邏輯隱含了一個假設：即沿途經過的土地，如果不屬於琉球，就一定屬於中國。但這個假設是值得懷疑的。這個假設基於一個武斷的前提，即「中國人記錄的土地如果不是屬於外國的，就一定是屬於中國的」。這種邏輯部分地來自古書上「普天之下，莫非王土」的概念。在一些中國人的意識中，甚至連琉球、渤泥等外國也是中國的領土。然而那不過是一種自大而已，既不符合實際，也不與現代國際法的概念所吻合，已經被現代歷史地理學家批駁。[36]

最早提出疑問的是日本學者奧原敏雄。他注意到了中國資料中，這些「界」都是單指琉球的界，而沒有指出中國的「界」。他說：「在確定屬中國抑或琉球之前，也有可能出現不屬於兩國中任何一方的情況，問題就出在這裡。」[37]但中國專家卻反駁這一點。比如吳天穎認爲：「要說在作爲『屛

【33】綠間榮，《尖閣列島》，ひるぎ社，一九八四，五二頁。
【34】林田富《再論釣魚臺列嶼主權爭議》，五南圖書出版公司，二〇〇二，一六三頁。
【35】前引註33，五四頁。
【36】參見葛劍雄《統一與分裂》第一章「昔日的天下觀」，三聯書店，一九九四，九—二八頁。
【37】奧原敏雄《尖閣列島的領有權問題——臺灣的主張的批判》，沖繩季刊，五六號（尖閣列島特集），一九七一年三月，七九—九一頁。

翰』的琉球與中國之間，突然冒出來如釣魚島等島嶼海域那麼大一塊兩不管的眞空地帶，不啻癡人說夢。」[38]

但問題是，這並非癡人說夢，而是一個現實。因爲在中國和琉球之間的海道上，除了釣魚臺，還有一個臺灣島。當時臺灣島並不是中國的領土，它直到一六八三年才納入中國的版圖。所以釣魚臺更加可能與當時的臺灣島一樣，處於無主島的狀態。

關於臺灣島何時成爲中國領土這個問題，有很多爭議。臺灣的歷史比較複雜，這裡不過多涉及。但是最爲學界接受的說法是：臺灣島第一次建立起漢人的政權，是鄭成功在一六六一年趕走荷蘭人所建立的鄭氏政權。臺灣第一次正式併入中國版圖是在一六八三年，施琅爲大清攻下臺灣[39]。

中國大陸的史料，稱中國更早就統治臺灣的說法都不可靠。比如在三國吳朝，衛溫到夷州搶掠財產和人口的事被一些人認爲是中國對臺灣統治的開始。事實上那不過是吳朝對周邊地區的一次侵略和搶劫[40]。隋朝海軍曾經搶掠過「琉球」。這個「琉球」曾經有人認爲是現在的「琉球」，但現在史學界基本有了結論，這個「琉球」其實是現在的臺灣[41]。但即便是這樣，其性質也和吳朝的一致，都是對周邊地區的侵略和搶掠。再比如，設置於元代的澎湖巡檢司被有的人認爲是對臺灣統治的開始[42]。但是臺澎並稱爲臺灣地區只是近代以來（尤其是一九四五年之後）的事。在歷史上，澎湖和臺灣區分十分明顯。把澎湖巡檢司說成是治理臺灣的機構不是望文生義就是一種故意的歪曲[43]。更何況，在明初一三八四年實施海禁以後，澎湖巡檢司已經在一三八七年被撤銷，直到一五六三年才被恢復，但數年之後又再次撤廢[44]。在一五三四年，陳侃出使琉球的時候，根本沒有澎湖巡檢司這一個設置。

相反，有很多證據表明當時臺灣不是中國的一部分。大量公文、方志和文獻都顯示，明人認爲臺灣不屬中國，清人則認爲直到康熙年代臺灣才成爲中國的領土。這裡僅列舉五個例子：

第一個例子，明朝人茅瑞徵所著的《皇明象胥錄》（圖6），目錄中列明「祖訓不征諸夷：朝鮮、日本、大小琉球、安南……」[45]。該書是一本專門介紹外國的圖書，這裡的小琉球即爲臺灣，屬於「夷」，和琉球與日本等並列。

第二個例子，《明史》中，雞籠（臺灣）被列爲外國，在《列傳二百十一外國四》中，與琉球、呂宋、婆羅等並列：

> 雞籠山在彭湖嶼東北，故名北港，又名東番，去泉州甚邇。地多深山大澤，聚落星散。無君長，有十五社，社多者千人，少或五六百人。無徭賦，以子女多者爲雄，聽其號令。雖居海中，酷畏海，不善操舟，老死不與鄰國往來。[46]

【38】前引註10，一九九四，五三頁。
【39】可以參見李筱峰，《臺灣自古不屬中國》，自由時報，二〇〇一年一月七日，http://www.oceantaiwan.com/society/20010115.htm
【40】王泰升，《臺灣歷史上的主權問題》，月旦法學雜誌，一九九六年一月，第九期，五頁。
【41】參見4中的論述。
【42】張士丞，《我國對臺澎主權的法理依據》，中央文物供應社，臺北，一九七一，十六頁。
【43】Jonathan Charney and J.R. Prescott, "Resolving cross-strait relations between China and Taiwan". AJIL, no.94, 2000, p.453.
【44】前引註田珏《臺灣史綱要》，福建人民出版社，二〇〇〇，三二頁。
【45】茅瑞徵《皇明象胥錄》，江蘇廣陵古籍刻印社，一九八八。
【46】張廷玉《明史》列傳一七八，中華書局，八三七六頁。

第三個例子，《大清世憲宗皇帝實錄》（圖7）中記載，雍正帝在關於臺灣問題上說：「臺灣地方，自古未屬中國，皇考聖略神威，拓入版圖」[47]。這裡的皇考指的是康熙皇帝。

第四個例子，清代周文元《重修臺灣府志》：「臺灣自古爲荒服奧區，聲教所不及。今天子禦極之二十有一年，薄海永清，四方底定，荒服之地，亦入版圖。」[48]這裡的天子也是指康熙。

第五個例子，《大清一統志》（圖8）：「（臺灣）建置沿革：自古荒服之地，不通中國，名曰東藩。明天啓中爲紅毛荷蘭夷人所據，屬於日本。」[49]這裡甚至認爲臺灣原是日本的。不清楚臺灣歷史的讀者，可能會對此覺得不可思議。事實上日本人在臺灣的移民也確實較中國人爲早。周元文的《重修臺灣府志》寫道：「天啓

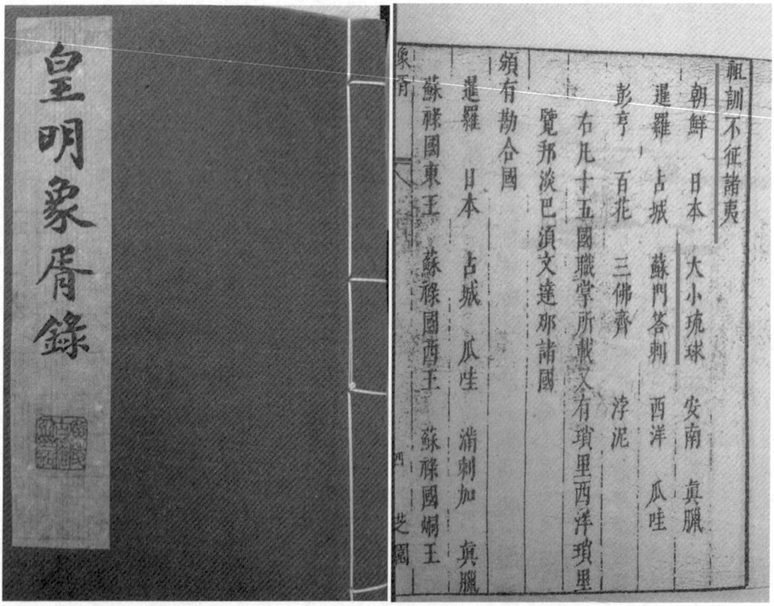

圖6：1629年茅瑞徵《皇明象胥錄》
此書把大小琉球列爲明朝永遠不征的國家。臺灣（即小琉球）被視爲和日本朝鮮等並列的外國。此圖複製自江蘇廣陵古籍刻印社，1988年版。

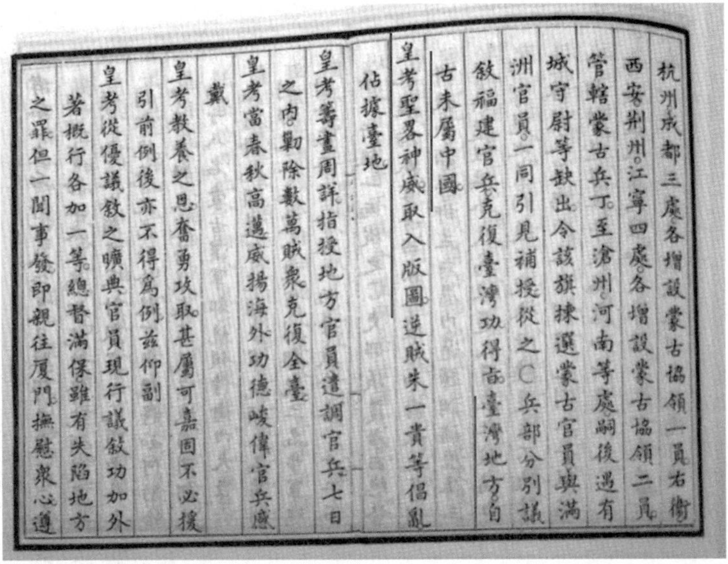

杭州成都三處各增設蒙古協領一員右衛西安荆州。江寧四處。各增設蒙古協領二員管轄蒙古兵丁。至滄州。河南等處嗣後遇有城守尉等缺出令該旗揀選蒙古官員與滿洲官員。一同引見補授從之○兵部分別議敘福建官兵克復臺灣功得旨臺灣地方自古未屬中國
皇考聖畧神威取入版圖逆賊朱一貴等倡亂佔據臺地
皇考籌畫周詳指授地方官員遣調官兵七日之內勦除數萬賊衆克復全臺
皇考當春秋高邁威揚海外功德峻偉官兵感戴
皇考教養之恩奮勇攻取甚屬可嘉固不必援引前例後亦不得爲例茲仰副
皇考從優議敘之曠典官員現行議敘功加外著概行各加一等總督滿保雖有失陷地方之罪但一聞事發即親往厦門撫慰衆心遵

圖 7：清實錄雍正元年
雍正帝親述臺灣的歷史，自古不屬中國。此圖複製自 1985 年中華書局版。

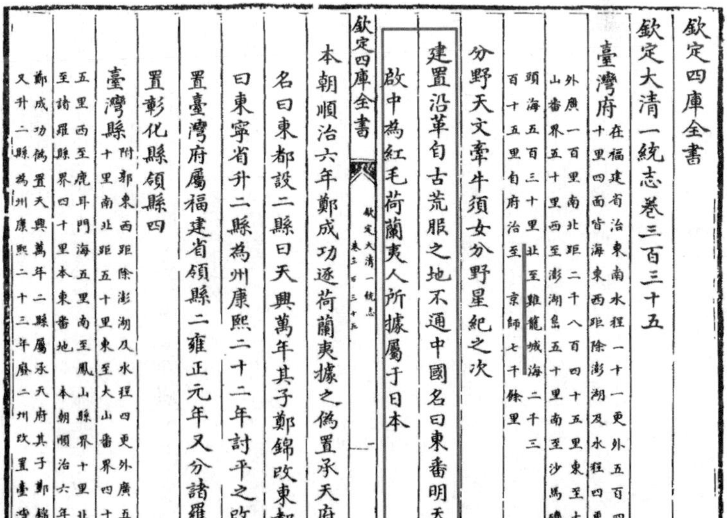

欽定四庫全書

欽定大清一統志卷三百三十五

臺灣府 在福建省治東南水程一十一更外五百四十里四面皆海東西距除澎湖及水程四更外廣一百里南北距二千八百四十五里東至大山番界五十里西至澎湖島五十里南至沙馬磯頭海五百三十里北至雞籠城海二千三百十五里自府治至京師七千餘里

分野天文牽牛須女分野星紀之次

建置沿革自古荒服之地不通中國名曰東番明天啟中為紅毛荷蘭夷人所據屬于日本

欽定四庫全書 欽定大清一統志 卷三百三十五

本朝順治六年鄭成功逐荷蘭夷據之偽置承天府名曰東都設二縣曰天興萬年其子鄭錦改東都曰東寧省升二縣為州康熙二十二年討平之改置臺灣府屬福建省領縣二雍正元年又分諸羅置彰化縣領縣四

臺灣縣 附郭東西距除澎湖及水程四更外廣五十里南北距五十里東至大山番界四十五里西至鹿耳門海五里南至鳳山縣界十里北至諸羅縣界四十里本東番地本朝順治六年鄭成功偽置天興萬年二縣屬承天府其子鄭錦又升二縣為州康熙二十三年廢二州改置臺灣

圖 8：《大清一統志》臺灣府
此書再次說明臺灣在明朝不屬中國。此圖複製自《文淵閣四庫全書》。

元年，顏思齊爲東洋國甲螺，引倭屯聚于臺，鄭芝龍附之，始有居民」[50]。可見，在明末天啓年代之前，除了原住民之外，臺灣只是海盜的據點，並不存在定居的居民。

所以，在明朝陳侃等使者出使琉球的時候，位於中國和琉球之間的臺灣就是一塊無主地。因此，眾多的中國學者，比如吳天穎等，認爲是理所當然的說法，恰恰是錯的。

冊封使出使的路線都經過臺灣（小琉球和雞籠）、臺灣的北方三島、釣魚臺列嶼、古米山、馬齒山等島嶼，它們構成了從中國福建到達琉球那霸的一長條島鏈。既然島鏈的第一節臺灣當時不是中國的領土，那麼也沒有理由確認在《使琉球錄》等冊封使的著作中關於釣魚臺的文字能夠作爲釣魚臺當時屬於中國的證據。

有人認爲，儘管臺灣當時不是中國的一部分，但是釣魚臺等島嶼卻屬於福建省的一部分[51]。因爲這些島嶼既在中琉航道上佔有重要地位，又畫在中國的海防圖上，而且爲保護中國的屬國琉球，中國不得不特別重視這些無人小島。

這種理論可以繞過當時臺灣不屬中國的尷尬，但得不到任何史料的支持。儘管中國可能會有需要保護這些小島，但是卻沒有史料證明中國確實這樣做了。況且，雞籠和小琉球都在這個航道上面，而它們都不是明朝的一部分。何況《大明一統志》以及明代福建各省府的方志都沒有釣魚臺[52]。而明代最廣爲流傳的分省地圖冊《廣輿圖》中，福建的地界也根本不含釣魚臺[53]。因此，認爲釣魚臺在明朝作爲福建的一部分因而屬於中國，只是一種一廂情願的猜想而已。

一・四　鄭舜功和《日本一鑑》

明朝還有一個關於釣魚臺的記載，那就是明朝出使日本的使臣鄭舜功在一五五五年寫成的《日本一鑑》。當中《桴海圖經》有《萬里長歌》（圖9）、《滄海津鏡》和《天使紀程》三卷。《滄海津鏡》是地圖集（圖10），其中第一幅就是從臺灣到琉球的地圖，裡面就有釣魚臺。從時間上看，這可能是第一幅中琉之間的水路圖。這個地圖起始的地方不是中國大陸，而是臺灣島。這不同於以後所有的冊封使所繪製的中琉水路圖。顯然這個地圖有著與它們不同的源頭。關於這些地圖的來源，吳天穎認爲是鄭舜功「參繪」了日本圖籍而成的[54]。可見在當時，日本已經有這種畫有釣魚臺的地圖了。

《萬里長歌》是用詩歌描述了從中國往日本的行程。在每句之下，鄭舜功都用一定的篇幅解釋了詩

---

[47]《大清世憲宗皇帝實錄》，卷十，中華書局，一九八五，《清實錄》第七冊，一八九頁。

[48] 周文元，《重修臺灣府志》，臺灣文獻史料叢刊，第一輯（三），大通書局，三頁。

[49]《清一統志》，臺灣文獻史料叢刊第二輯（二一），大通書局，一頁。

[50] 前引註48，四頁。

[51] 前引註34，一一二頁。

[52]《明一統志》，《文淵閣四庫全書》史部二三〇及二三一卷。臺灣商務印書館。

[53] 朱思本、羅洪先《廣輿圖》，學海出版社，臺北，一九六九，一六四—一六五頁。此書爲羅洪先根據朱思本的《輿地圖》改編而成，是最早和明代流傳最廣的中國分省地圖集。

[54] 前引註10，七七—七八頁。

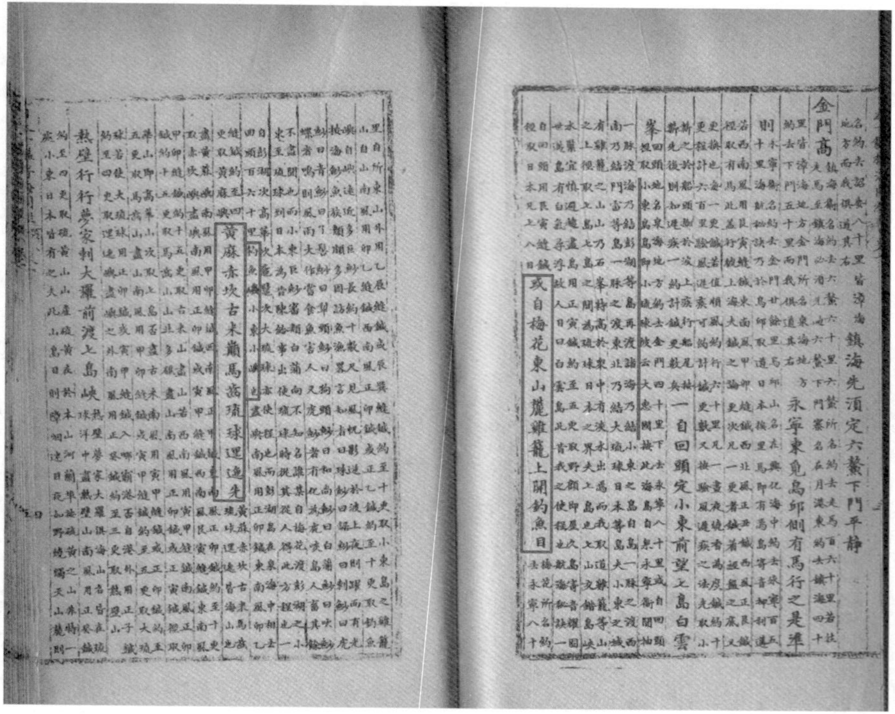

圖 9：1555 年鄭舜功《日本一鑑》之《萬里長歌》
此書記載釣魚臺爲臺灣（小東）的附屬島嶼。此爲中國史料上唯一的釣魚臺是臺灣附屬島嶼的記載。此圖複製自民國 28 年影印本。

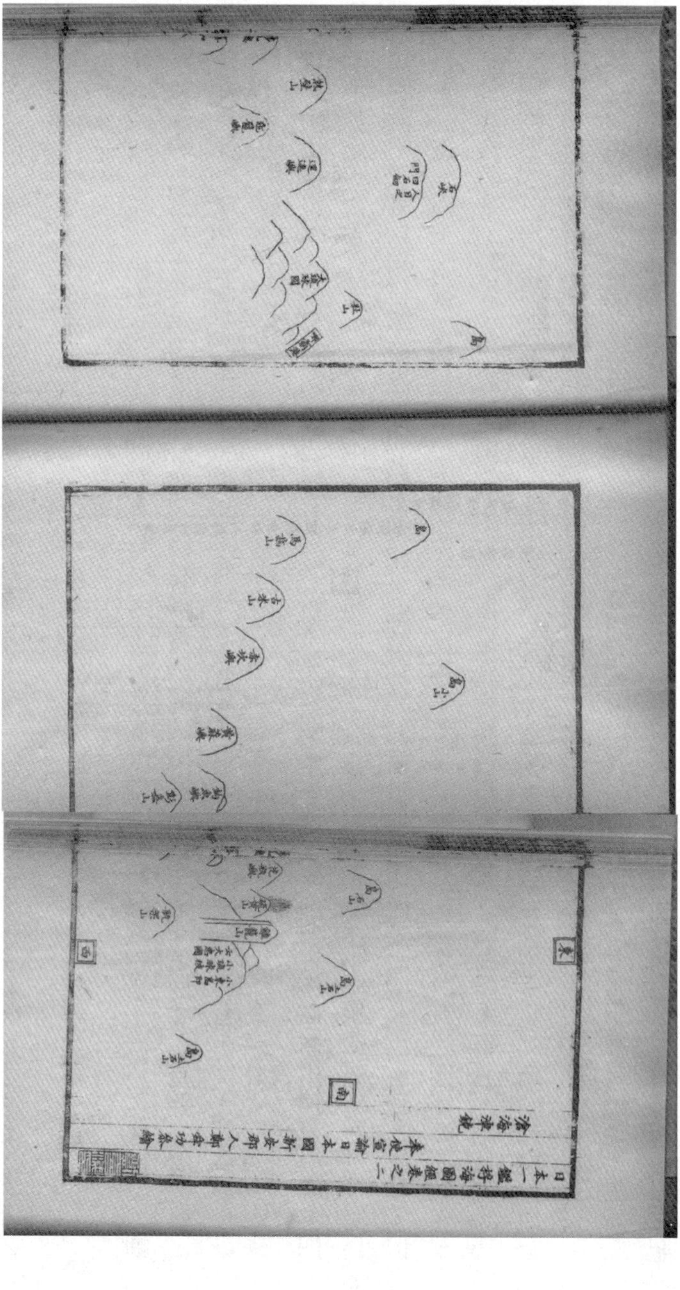

圖10：1555年鄭舜功《日本一鑑》航海圖
此圖爲中國現存最早的往琉球的水道圖。和一般的出自冊封使的航海圖不同，它的起點爲臺灣，很可能參考了日本當時的航海圖。此圖複製自民國28年影印本。

文。其中有幾句是這樣的：

> 一自回頭定小東，前望七島白雲峰。或自梅花東山麓，雞籠上開釣魚目。黃麻赤坎古米巔，馬齒琉球邐迤先。熱壁行行夢家剌，大羅前渡七島峽。[55]

在「或自梅花東山麓，雞籠上開釣魚目」之下有如此解釋：「釣魚嶼小東小（一作「山」）嶼也。」這裡的小東指臺灣，釣魚指釣魚嶼，黃麻指黃尾嶼，赤坎指赤尾嶼。這個文件重要之處在於，它是幾百年來，直到一九七〇年之前，中國方面唯一一個能夠出示的，能說明曾經有中國人認爲釣魚臺是臺灣一部分的證據。

鄭舜功出使日本之事史料語焉不詳，其身分也不是很明確。他在整部明史中僅僅出現過一次，即在《明史列傳二百十外國三日本》中。當時爲嘉靖年間，明軍正和倭寇作戰，根據這個記載，討倭總督楊宜派出鄭舜功到日本豐後島和島主議和，鄭舜功的頭銜很低，僅僅是一個「出海哨探者」。但在《日本一鑑》中，鄭舜功稱自己爲「國使」。有日本學者認爲，由於鄭舜功只是一個出海探哨者，況且在他撰寫該書的時候，由於胡宗憲的下臺，他也喪失了寫書的身分，因此這本書並不是官方的著作[56]。中國最先發掘出這個例證的方豪，也是這種見解[57]。這種論點遭到中國專家吳天穎的反駁。他認爲「國使」這個頭銜是屬實的，鄭舜功其實是嘉靖皇帝派往日本特使，移諭日本國王使之約束倭寇[58]。因此鄭舜功的著作，具備官方書籍的地位。這個問題一時難有準確答案。吳天穎的說法不無拔高之意，但是糾纏於官書還是非官書，其實意義並不大。《日本一鑑》本身資料詳盡，實爲當時有關日本記載的百科全書，即便非官書也是極有價值的。

儘管如此，在論證釣魚臺地位上，即便這本書是官書，其作爲證據還是不夠有力的，因爲當時臺灣根本不是中國的一部分，《日本一鑑》中的描述，其實只是說明了一種地理關係，而並非行政關係。同樣在《日本一鑑》中，鄭舜功說：「小東島，島即小琉球，彼云大惠國」[59]。事實上，當時臺灣根本是無主地，如果要說其主人，那麼只是當地的原住民。他們沒有建制，也自然難以說他們管轄了釣魚臺。所以，即便《日本一鑑》認爲釣魚臺屬於臺灣，也不等於釣魚臺屬於中國。這個道理是很明顯的。

釣魚臺在地質上和臺灣有聯結，這一點是有根據的，當代地理學者也有不少論證[60]。但兩個島嶼之間有地理聯繫卻屬於不同國家的例子非常常見，甚至也不乏同一個島嶼分爲兩個國家的例子。比如新幾內亞島就分屬印尼和巴布亞紐幾內亞，火地島就分屬智利和阿根廷。根據帕爾馬斯案例可知：（見第七章），地理上的聯結並不足以成爲聲索主權的根據。因此，鄭舜功這個說法在論證中國對釣魚臺主

[55] 鄭舜功《日本一鑑》，一九三九年影印本。另參見方豪《「日本一鑑」和所記釣魚嶼》，學粹，一九七一，第十四卷第二期。三〇—四〇頁。
[56] 芹田鍵太郎，日本の領土，一二一頁。
[57] 方豪，《日本一鑑與所記釣魚嶼》，臺灣《東方雜誌》一九七一年十月第五卷第六期。
[58] 前引註38，七三—七七頁。
[59] 這裡的「彼」，有說是日本人，故此，有人認爲萬里圖經中的有關知識，是鄭舜功從關在明朝牢裡的倭寇口中得知的。僅存一說。
[60] 前引註1。

權這個問題上並無幫助。

同時也應該看到，在鄭舜功眼裡，黃麻和赤坎這兩個現在被認爲是釣魚列島中的島嶼，與古米、馬齒、琉球、邏迤等琉球島嶼是並列的，那是否說明他認爲這兩個島是琉球的一部分呢？

一・五　明代海防中的釣魚臺

中國方面舉出的證據還有一五六一年鄭若曾編著的《籌海圖編》，那是一本明代的海防軍事集，其中有大量的海防圖。在《籌海圖編》的《沿海山沙圖》的福建圖中（圖11，圖12），有釣魚嶼、黃毛山、赤嶼等名字（以下統一簡稱爲釣魚臺）[61]。黃毛山被認爲是黃尾嶼，赤嶼被認爲是赤尾嶼。另外，橄欖山被一些人認爲是南小島與北小島[62]，此點存疑。這也被中國視爲在明朝對釣魚臺擁有主權的證據。

明代中期，倭寇（其實是中國和日本海盜聯軍）肆虐。鄭若曾既是軍事家也是地理學家，在一五六二年以幕僚身分協助胡宗憲抗倭的時候編成了此書，爲的是防禦從海上進攻中國的倭寇。這本書版本眾多，有的版本以胡宗憲的名義發行，一度讓人以爲該書是胡宗憲所寫。現在已經確認了，鄭若曾才是眞正的作者[63]。

應該說明的是，鄭若曾儘管是個很有成就的地理學家，但是他畫的海圖的錯誤成分很大，既有方位上的混亂，也有現在根本不知是什麼地方的島名（很有可能是道聽途說以訛傳訛的結果）。比如說，在這些圖中，釣魚嶼就錯誤地畫在了花瓶山（花瓶嶼）和彭家山之間。這種誤差極大的海圖，眞實地反映了當時中國在地理和地圖方面的不足，因而其實際能夠發揮的法律證據作用也很成疑問。

撇開鄭若曾所畫海圖欠缺準確不說，這個證據的效力也是有疑問的。第一，在這些圖上除了顯示釣魚臺之外，也有當時明顯不屬於中國領土的臺灣，如彭加山（彭佳嶼）與雞籠山（臺灣）。這證明在海防圖上畫出了某個島嶼，不等於中國在當時對這個島嶼有主權關係，因而也無法證明當時釣魚臺是中國的領土。

事實上，在中國古時的海防圖中存在把不屬於自己疆域的土地畫入圖中的做法，這也意味著「海防」的概念並不等同於「國土」。一般來說，中國古代海防圖所表示的軍事用圖所畫的範圍，大於其實際管轄的範圍。其中一個例子是同樣由鄭若曾編著的《鄭開陽雜著》（一五七〇年），其第八卷「萬里海防圖」中，把琉球也畫在圖上（圖13）。一六〇一年徐必達的《乾坤一統海防全圖》的海防圖範圍，同樣也包括了琉球。這種畫法是出於實際的軍事需要，因爲當時倭寇與中國海盜都以中國沿岸一帶的島嶼，甚至包括臺灣和琉球的島嶼作爲根據地。明朝海軍在防禦的時候，有時需要追擊到中國境外的島嶼處。因此，在這些海防圖上畫上不屬於中國的地區是必要的。

第二，更爲正式的政區圖並不包含釣魚臺。比如在《籌海圖編》卷四的《福建沿海總圖》以及各

【61】四庫全書，第五八四卷，《籌海圖編．鄭開陽雜著》。
【62】前引註2，一二七頁。
【63】汪向榮《〈籌海圖編〉的版本和作者》，讀書，一九八三，第九期，七七—七九頁。

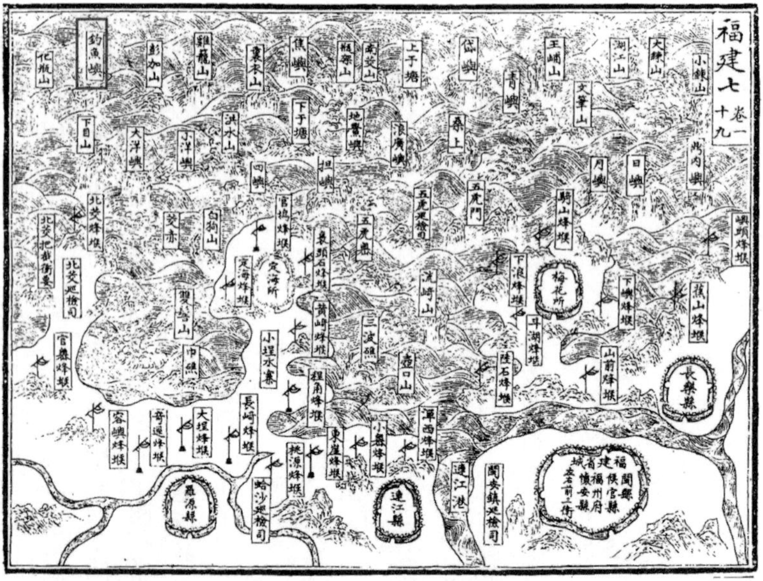

圖 11：1561 年鄭若曾《籌海圖編》之《沿海山沙圖》福建七

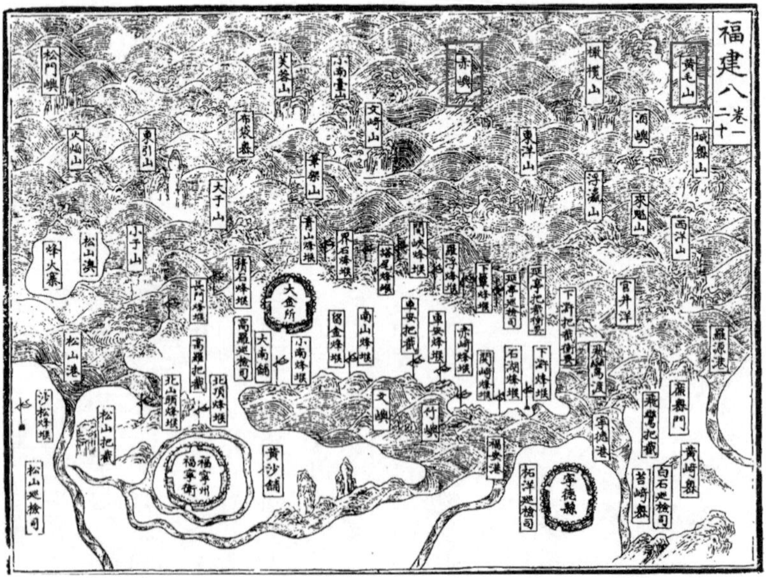

圖 12：1561 年鄭若曾《籌海圖編》之《沿海山沙圖》福建八

以上兩幅圖中畫有釣魚臺等島嶼，被中國視爲明朝已經把釣魚臺納入統治的證據。方框內爲釣魚嶼、黃尾嶼及赤尾嶼。兩圖複製自《文淵閣四庫全書》第五八四冊。

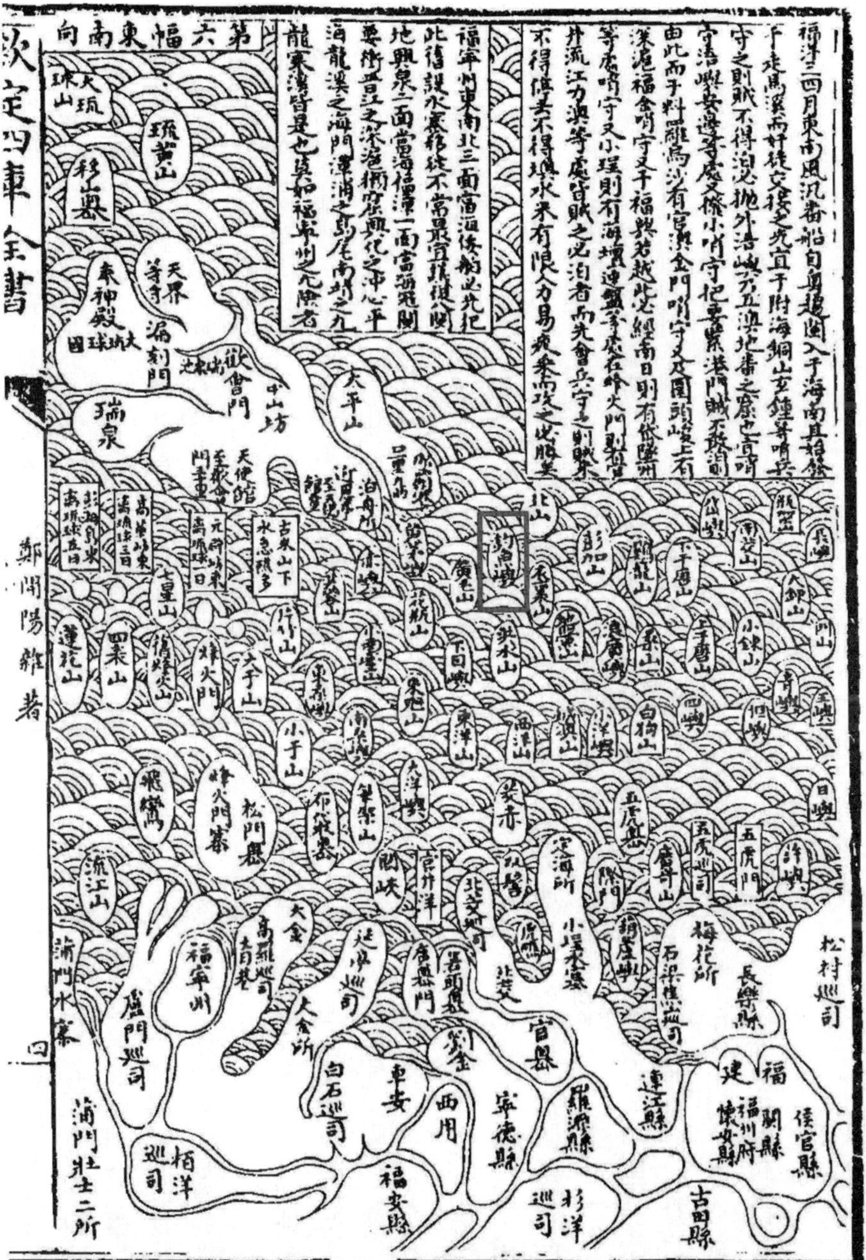

圖 13：1570 年鄭若曾《鄭開陽雜著》之《萬里海防圖》第六幅東南向
此圖把琉球亦劃入中國的海防區。方框內爲釣魚嶼。複製自《文淵閣四庫全書》第五八四冊。

個分府的地圖中都不包括釣魚臺。《福建沿海總圖》的名稱比《沿海山沙圖》更爲接近政區圖。在這幅圖中，福建的海上疆界止於澎湖，而在《沿海山沙圖》中出現的雞籠山、彭加山以及釣魚臺列嶼，都沒有在這張圖中出現。這與以上論證的明朝疆界不到達臺灣，以及以下要舉例說明的明朝海上疆界止於澎湖，是完全吻合的。顯然，該圖比《沿海山沙圖》更爲準確地表示了當時中國國境的眞實狀況。又比如在明朝流傳最廣的初版於一五四一年的羅洪先所著的政區地圖冊《廣輿圖》內，福建的地圖（圖14）中也不包括釣魚臺[64]。這再次證明海防圖和政區圖是不一樣的。

第三，在《鄭開陽雜著》的第七卷「琉球國圖」中，釣魚嶼畫在了琉球國的地圖中。在這個地圖中，釣魚嶼與琉球的姑米山以及彭家山和雞籠嶼等都以同一種方框表示（圖15）。「琉球國圖」這個名字比「萬里海防圖」或者「沿海山沙圖」之類，更加帶有主權的意味。類似這個的琉球國圖在《廣輿圖》中繼續被採用[65]，直至明末。若以同一標準，豈非證實釣魚臺屬於琉球國？

在《籌海圖編》之後，還有徐必達的《乾坤一統海防全圖》（一六〇五）、茅元儀的《武備志》（一六二一）和施永圖的《武備秘書》（明末）中的海防圖[66]。它們基本上都是沿襲鄭若曾的地圖，因此在論證釣魚臺主權的問題上也和《籌海圖編》一樣存在困難。如前文所述，《乾坤一統海防全圖》的海防圖範圍，同樣也包括了琉球，這進一步證明了海防圖並不限於中國的疆界。

順便說一句，在《籌海圖編》等一些地圖上，有一個叫做橄欖山的地方，它常被一些中國專家，如鞠德源，認爲是釣魚嶼附近的南小島和北小島[67]。但此說並無歷史根據，因爲在所有冊封使的航行記錄中，都沒有橄欖山這個名稱。鞠德源主要靠地圖上的位置猜測。但各種地圖上橄欖山的位置卻很難證明這一點，比如在鄭若曾《籌海圖編》的《福州沿海山沙圖》中，橄欖山的位置在赤尾嶼和黃尾嶼

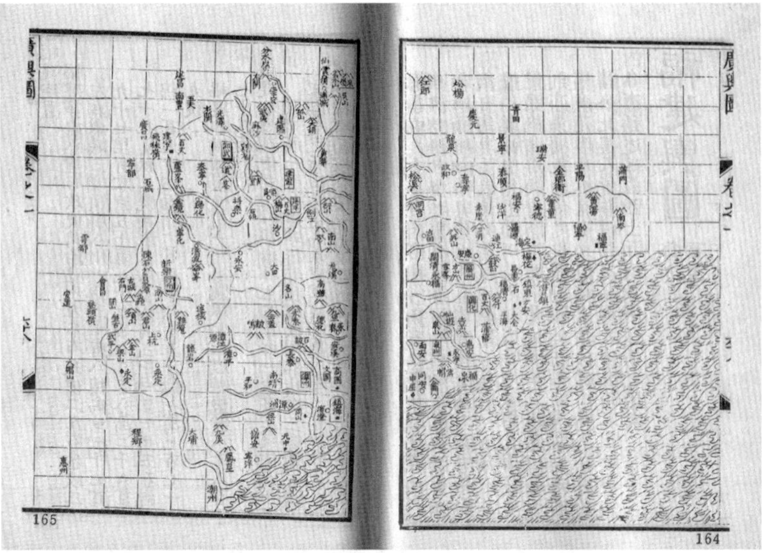

圖 14：1541 年羅洪先《廣輿圖》
在這本明朝的廣爲流傳的政區地圖冊中，並無釣魚臺。複製自學海出版社 1969 年的版本。

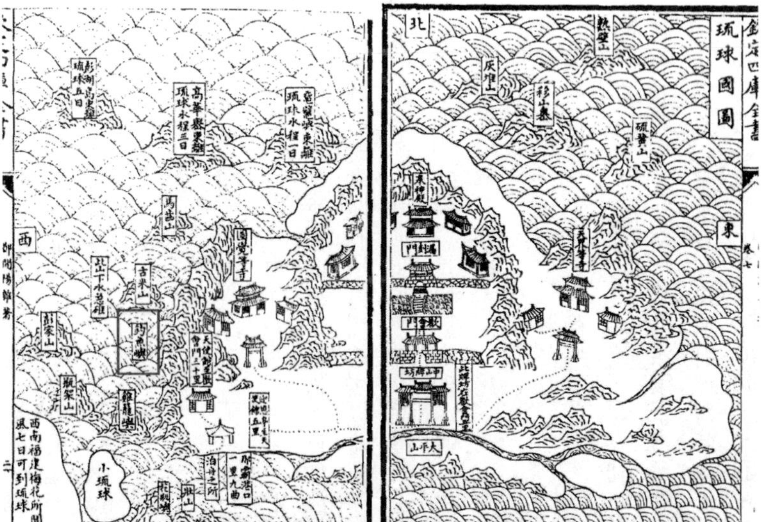

圖 15：1570 年鄭若曾《鄭開陽雜著》之《琉球國圖》
鄭若曾把釣魚臺列嶼也畫在了琉球的地圖上（方框內）。複製自《文淵閣四庫全書》第五八四冊。

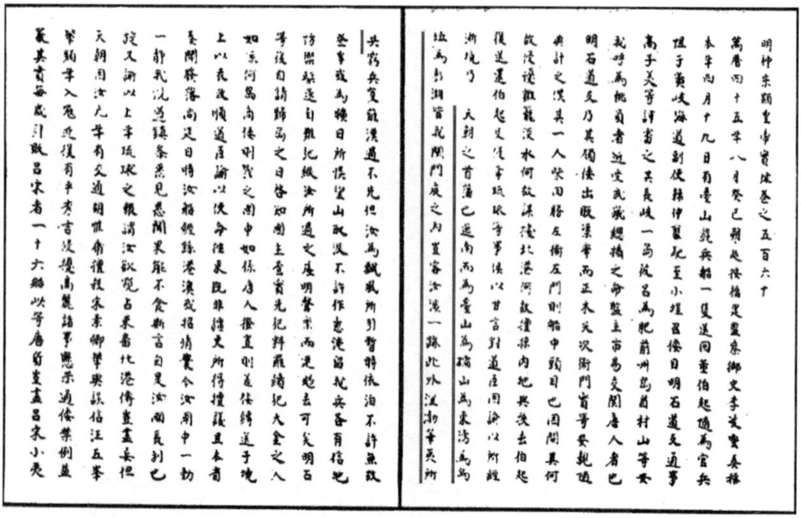
明神宗顯皇帝實錄卷之五百六十
萬曆四十五年八月癸巳朔巡按福建監察御史李凌雲奏稱
本年四月十九日有臺山兵船一隻送回董伯起隨為官兵
阻于黃岐海道副使韓仲雍取至小埕召倭目明石道友通事
高子英等譯審之其長岐一島沒名為肥前州島首村山等安
我呼為桃員者近受武藏總攝之命監主市易交關唐人者也
明石道友乃其頭倭出暇渠率而正木天次衛門資等安親遣
與計之漢其一人喚田將左衛左門則船中頭目也因問其何
故侵擾雞籠淡水何故謀擾北港何故擅掠內地與汝去伯起
復送還伯起及侵事琉球等事傳以甘言對道臣因諭以所經
浙境乃天朝之首藩也迤南而為臺山為礵山為東湧為烏
坵為彭湖皆我閩門庭之內豈容汝涉一跡此外溟渤華夷所
共窮兵寬龍漢過不先但汝為飄風所引暫時依泊不許無故
登岸或為曠日所誤望山取汲不許作意淹留犯兵吞有信地
防禦稍遠自難犯紙汝所遇之處明擊索而建炮去可矣明石
等復自請歸島之日各知國主查實先犯料羅搶犯大金之人
如系何島向後則戢之國中如係唐人擒置則差倭縛送于地
上以表汝順道屈諭以使令唯來既非諸夷所得擅議且本者
奏聞蔡落尚是日時汝船經錄港湧或招撫費令汝剛中一切
一靜我況亂鎮各處兒惡聞果能不食斬言自是汝國長利也
從又謝以上年琉球之報謂汝欲窺占東番北港傳送盡妄但
天朝自汝九年有交通朝貢備禮救朱素卿擊與誤信汪五峯
擊鎮年入寇近復有平秀吉波擾高麗諸事懲示通倭禁例益
嚴其貢每歲引數呂宋者一十六船此等唐船發盡呂宋小乘

圖 16：1617 年《明神宗實錄》第五六〇卷
此史料揭示了明代海疆管治範圍限於澎湖，澎湖以外爲華夷所共。複製自中央研究所 1962 年影印版。

的中間，和釣魚嶼相距甚遠。他的另外一個論點是南北小島的形狀像橄欖，所以叫橄欖山[68]。這種論證方式純屬先有結論再找解釋，並非科學的論證方法（見二・二）。

關於明朝時中國的海上疆界，還有一個絕好的說明。在《明神宗實錄》五六〇卷中記載（圖 16），在萬曆四十五年八月（一六一七），巡按福建監察御史李凌雲向皇帝報告：在浙江臺山抓到一幫倭寇（其實他們是專門送回以前被俘的明朝把總董伯起）。海道副使韓仲雍專門審問了這批倭寇。搞清楚他們的來意是好意之後，韓仲雍向他們宣示了明朝的政策，他說：

> 臣因諭以所經浙境乃天朝之首藩也，迤南而爲臺山、爲礵山、爲東湧、爲烏丘、爲澎湖，皆我閩門庭之內豈容汝涉一跡。**此外溟渤華夷所共**。窮兵芟薙漢過不先，但汝爲飄風所引，暫時依泊，不許無故登岸，或爲曠日所誤，望山取汲，不許作意淹

留。我兵各有信地防禦，驅逐自難弛縱，汝所過之處明聲稟而速揚去可矣。【69】

韓仲雍的這番話說明：明朝所認爲的海上疆界爲澎湖，而澎湖之外乃「華夷所共」。這進一步說明釣魚臺在明朝海上疆界之外。順便說一句，明朝時期的海防圖系統到了清朝時候戛然而止了。這可能與清朝初期的海禁有關，也與日本的海禁導致倭寇消失有關。

一・六　中國明代是否治理過釣魚臺？

中國在清代從來沒有治理釣魚臺的記錄，因此也沒有任何證據說中國在清代有效管轄過釣魚臺（見第二章）。在這種情況下，中國專家必須舉出明代的相關記錄，以添加中國對釣魚臺的主權證據。比如吳天穎指出：在洪武年間，張赫和吳禎分別追逐倭寇到琉球大洋，試圖以此說明釣魚臺在中國的

【64】前引註53。
【65】前引註53，四〇六—四〇七頁。
【66】前引註2，一二九—一三四頁。
【67】前引註2，一二七頁。
【68】前引註3，七一五頁。
【69】《明神宗實錄》，中央研究所，臺北，一九六二，一〇五五七頁。

管轄範圍之內[70]。關於張赫的記錄，在明史中是這樣記載的：

是時，倭寇出沒海島中，乘間輒傅岸剽掠，沿海居民患苦之。帝數遣使齎詔書諭日本國王，又數絕日本貢使，然竟不得倭人要領。赫在海上久，所捕倭不可勝計。最後追寇至琉球大洋，與戰，擒其魁十八人，斬首數十級，獲倭船十餘艘，收弓刀器械無算。[71]

關於吳禎的記錄，也在明史中：

（洪武）七年，海上有警，复充總兵官，同都督僉事於顯總江陰四衛舟師出捕倭。至琉球大洋，獲其兵船，獻俘京師。自是常往來海道，總理軍務數年，海上無寇。[72]

這兩個史料爲明初的抗倭戰爭提供了寶貴的訊息。但是推敲之下，從這兩個明初的例子並不能得出中國管轄釣魚臺的結論。

首先，所謂琉球大洋，其範圍不明。吳天穎說是以沖繩海槽爲界，但那不過是作者自己的猜測，並無任何證據支持。事實上，所謂沖繩海槽，也就是黑水溝的說法，最早出現在明後期一五七九年蕭崇業、謝傑的出使錄中，在明初根本沒有黑水溝的說法，更沒有黑水溝是中琉之界的說法。第一次有「中外之界」的說法是直到一六八三年清朝汪輯的報告才出現的。因此當時琉球大洋到底範圍在哪裡，以及到底這兩個將軍到達過什麼地方，根本無法考證，以此說明他們到過釣魚臺更是純屬猜想。

其次，儘管琉球大洋的界限不明，但幾乎可以肯定，琉球大洋不屬中國的領海，而是琉球的領海或者是公海。否則，就連琉球大洋甚至琉球也成爲中國的領土了。其實，這些追至琉球大洋的記錄，更像偶爾性的越界的追敵行爲。比如《明太祖實錄》中對張赫的記錄爲：「率舟師巡海上，遇倭寇，追及于琉球大洋中，殺戮甚眾，獲其弓刀以還」[73]，在《明書》中也記載：「（張赫）統哨出海，入牛山洋，遇倭，追至琉球大洋，擒倭酋，俘獲多人」[74]。此處牛山洋爲福建平潭島（又稱海壇島）[75]，是福州附近的小島。可見，張赫先在中國海域巡邏，在發現倭寇后，再追逐倭寇直到境外的琉球大洋，殲滅了倭寇後，再回到中國境內。

從境內開始追逐船隻到境外的事，即便是現今也並不罕見。比如，二〇〇九年俄羅斯就追逐中國的船隻直到俄羅斯領海之外，再在公海中，炮擊中國船隻。顯然，俄羅斯也無法因此而說自己對炮擊地點擁有管轄權。中國在陸上反擊外國入侵的時候，也常會深入對方的領土。比如一九七九年中越戰爭（中國稱對越自衛還擊戰）中，中國就深入了越南的諒山。但中國絕不會說自己對諒山行使了管轄

【70】前引註38，六九—七一頁。

【71】張庭玉，《明史》，卷一三〇，張赫傳。

【72】張庭玉，《明史》，卷一三一，吳禎傳。

【73】《明太祖實錄》，中央研究所，臺北，一九六二，三〇四〇—七〇四二頁。

【74】傅維鱗《明書》卷九五，張赫傳。轉引自前引注10，七〇頁。

【75】前引注10，七〇頁。

權。

張赫和吳禎的這種追捕行動的另一種可能的性質是協防琉球。比如吳禎追捕到琉球大洋，琉球方面的解讀為：「或頒兵弊國，堵禦日本，如前明洪武七年間，命臣吳禎率沿海兵至琉球防守故事，使日本不敢萌其窺伺。」[76] 按照這種說法，張赫和吳禎等的追捕行動似是一種軍事同盟，更加不能解釋為中國對這個地方擁有主權了。

另外一個例子不見於任何中國的釣魚臺文章，倒是見於日裔美國人 Sugamuma 的書中[77]。在嘉靖三十一年，有一個名叫武暐的臺州知事，在一個叫做「釣魚嶺」的地方戰死。在《明史》中記載：

先是，三十一年，臺州知事澟水武暐追倭釣魚嶺，力戰死，上官不以聞。其子尚賓訴於朝，乃贈太僕丞，而廕尚賓為國子生。[78]

這裡的釣魚嶺是否釣魚臺的主島釣魚嶼，並沒有其他的佐證。當時的書籍上記載這個島嶼時，都稱之為「釣魚嶼」，而沒有任何書籍稱為釣魚嶺。因此，Sugamuma 在毫無佐證的基礎上，就認為這裡的釣魚嶺就是釣魚嶼是武斷的。事實上，臺州現在就有個地方叫做釣魚嶺。考慮到武暉臺州知府的身分，這裡的釣魚嶺，很可能就是臺州的那個。更為熟悉中國地理的中國專家對此不加以引用，恐怕就是因為這個緣故。況且，即便這個釣魚嶺真的是釣魚嶼，從這句話來看，武暐所執行的任務，大概也是在擊退倭寇進攻之後乘勝追擊到境外的行為。

中國一直堅稱冊封使記錄了釣魚臺、把釣魚臺用於航標以及在航海圖上畫了釣魚臺，也算是一種治理的依據【79】。但我認爲這種說法是沒有道理的，因爲這些顯然不是「排他性」的主權行爲。誰都可以把釣魚臺記錄下來和畫在圖上，誰都可以把釣魚臺當作航標，事實上琉球人也都這麼做，比如在琉球人程則順的《指南廣義》中就詳細記錄了針路和畫出了包括釣魚臺的航海圖（見三・一）。關於這一點，在第七章中有更爲詳細的分析。

一・七　小結

綜上所述，中國從明代開始，就有確切的對釣魚臺的記錄。有人猜測在明朝之前，中國人已經發現釣魚臺，但這並無歷史根據。有證據顯示：琉球人在明朝的時候也已經知道釣魚臺並熟悉中琉之間的水道。沒有明確的證據說明，到底是中國人還是琉球人先發現釣魚臺，但根據中國首先記載釣魚臺這個目前能夠確認的事實，中國人先發現釣魚臺在法理上是成立的。

在一系列的琉球冊封使的記錄中都有記載釣魚臺，並且相當可靠地說明釣魚臺不在琉球的境內。

【76】《李文忠公全集・譯署函稿》卷九，二二—二三頁。轉引自前引註3，三四二頁。

【77】Unryu Suganuma, Sovereign Rights and Territorial Space in Sino-Japanese Relations, University of Hawaii Press, Honolulu, 2000, 66。

【78】張廷玉，《明史》列傳一七八，中華書局，七四四〇頁。

【79】前引註32。

但是這些記錄都沒有記載釣魚臺屬於中國。在明代，臺灣是無主之地。臺灣在中國大陸和釣魚臺之間，因此釣魚臺的狀態更可能是無主地而不是中國的領土。

明朝的中國海防圖也把釣魚臺畫在圖上。但海防圖並不是政區圖，除了釣魚臺之外，還畫有不屬明朝的臺灣甚至琉球。而在更爲純粹的政區圖如《廣輿圖》上，釣魚臺並不包括在內。因此這些海防圖並不能說明釣魚臺屬於中國。相反，當時中國出版的琉球地圖卻把釣魚臺畫在琉球境內，並明顯地與臺灣等顯然不屬琉球的地方作出區分。儘管這和冊封使的記錄相悖，但也更能說明釣魚臺無主地的性質。

明朝從來沒有在釣魚臺的管治記錄。「非排他性」的行爲，比如視爲航標，並不能算是一種管治記錄。而根據中國海防官員對倭寇的宣示，澎湖爲中國的最外界，之外爲「華夷所共」。這些也更進一步證明釣魚臺當時屬於無主島。

因此，在明代，根據現有的資料，只能證明釣魚臺不屬於琉球國的範圍，卻並不能證明釣魚臺屬於中國。種種證據顯示，明代時的釣魚臺更可能是無主島。

第二章　清朝時期的釣魚臺（一八九五年之前）

一六八三年，清朝呑併了臺灣，臺灣成爲中國的領土。這也清除了大陸和釣魚臺之間的阻隔，使得釣魚臺在清朝屬於中國的證據比明朝更可靠。在這一章中，主要分析在清朝時期，中國對釣魚臺的主權的證據。清朝時釣魚臺的歷史主要需要辨明兩個問題：第一，釣魚臺是否在中國界內？第二，如果釣魚臺是在中國界內，那麼它是否屬於臺灣所管轄？後者關乎釣魚臺是否由《馬關條約》割讓的問題。中國論證釣魚臺在清朝爲中國領土的論據，主要分爲四類：出使記錄、臺灣方志、中國地圖以及外國地圖書籍等等。以下一一論述。

二・一　清朝的琉球出使記錄

在清朝的琉球出使記錄中有記載著類似「中外之界」的字眼，這是中國方面最得力的證據[80]。但如果仔細分析這些記錄，其實有力的證據並不多。

一六六三年，**張學禮**出使琉球，他寫的《使琉球記》中的記敘與其前和其後的出使錄記敘都不同：

> 初九日，浪急風猛，水飛如立；舟中人顚覆嘔逆，呻吟不絕。水色有異，深青如藍；舟子曰：『入大洋矣』。頃之，有白水一線，橫亙南北；舟子曰：『過分水洋矣！此天之所以界中外者』。……海洋之水，綠、白、紅、藍，歷歷如繪；汲起視之，其清如一：不能解也。[81]

張學禮的航線中甚至沒有提及釣魚臺等島嶼構成的島鏈，而他這裡說的「分水洋」是否指沖繩海槽，也值得懷疑，因爲在歷來記敘的針路上，都沒有「綠、白、紅、藍」等多種顏色的海水的描述。這令人懷疑他出使的路線是否傳統的路線。因此，儘管他提到了船夫說的「過分水洋矣！此天之所以界中外者」的話，這也很難證明釣魚臺的歸屬。

第一條較爲有力的證據，出現在一六八三年冊封使汪輯寫的《使琉球雜錄》（圖17）中：

薄暮過郊，風濤大作，投生豬羊各一，潑五斗米粥，焚紙船，鳴鉦擊鼓，諸軍皆甲，露刃俯舷作禦敵狀，久之始息。問「郊」之義何取？曰：「中

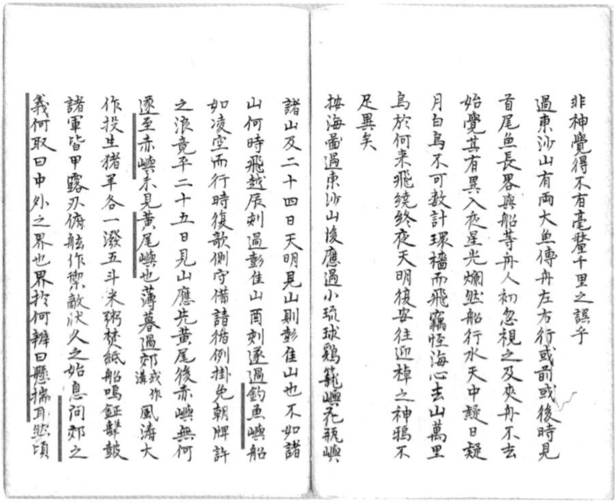
非神覺得不有毫釐千里之誤乎
過東沙山有兩大魚傳舟左右行或前或後時見
首尾魚長累與船等舟人初忽視之及夾舟不去
始覺其有異入夜星光爛然船行水天中疑日
月白鳥不可數計環檣而飛竊怪海心去山萬里
鳥於何來飛繞終夜天明復安往迎棹之神鴉不
足異矣
按海圖過東沙山後應過小琉球雞籠嶼花瓶嶼
諸山及二十四日天明見山則彭佳山也不如諸
山何時飛越辰刻過彭佳山酉刻遂過釣魚嶼船
如凌空而行時復歎側守備諸循例掛免朝牌許
之浪竟平二十五日見山應先黃尾後赤嶼無何
遂至赤嶼未見黃尾嶼也薄暮過郊（或作溝）風濤大
作投生猪羊各一潑五斗米粥焚紙船鳴鉦擊鼓
諸軍皆甲露刃俯舷作禦敵狀久之始息問郊之
義何取曰中外之界也界於何辨曰懸揣耳然頃

圖 17：1683 年汪輯《使琉球雜錄》
這是中國史料中最早關於沖繩海槽（即黑水溝）爲中外分界線的記錄。這說明中國在清朝開始，逐漸形成中琉之間分界線的概念。複製自日本淺草文庫版。

[80] 參見前引註10，五五—五九頁；前引註11，一九—四二頁。

[81] 《國家圖書館藏琉球資料彙編》上，北京圖書館出版社，二〇〇〇，六四八頁。

外之界也」。「界」於何辨？曰：「懸揣耳」。然頃者恰當其處，非臆度也。[82]

書中記載：汪輯出使琉球，在船隻經過赤尾嶼後，路過一個叫「郊」（溝）的界限，他詢問船工「郊」是什麼意思，船工答道：「中外之界也」。這是在中國文獻中，第一次提及了「溝」這個概念。據中國學者考證，這個溝是指沖繩海槽[83]。中國和琉球之間有一條東北到西南走向的最深達二千米的沖繩海槽。在海溝的西北面一側水淺，所以水爲綠色（滄），在東南面一側水深，所以水爲黑色（黑）。所以這條水溝又稱爲黑水溝。中琉之間的海域水色有變化，在明朝的一些記錄中已經提及，但那時都沒有提及溝的概念，更沒有提及黑水溝是「中外之界」一事。

作爲一個出使琉球的使者，汪輯並不清楚這條「溝」是什麼，需要詢問船工才知道，這被他們視爲「中外之界」。然而當他再問船工如何辨別這條界線的時候，船工回答：僅僅是靠猜。可見，當時的這條界線，儘管開始成爲一條習慣的分界線，但是還不明確。

一七一九年冊封使徐葆光著有《中山傳信錄》。這是一本名著，因爲這是中國出版的第一本詳細記錄琉球歷史、地理、制度和風俗的書籍，參考了琉球人的《指南廣義》，並在琉球大夫的協助之下完成。它可謂琉球百科全書，在以後被多次翻譯爲其他文字而流傳。這本書第一次詳細記載了琉球的三十六島，但釣魚臺並不在其中。這再一次說明了釣魚臺不是琉球的屬島。但是，這本書本身並沒有說明釣魚臺屬於中國。

這本書的針路記載爲：

二十七日（乙亥），日出，丁午風。日未中，風靜船停；有大沙魚二，見於船左右。日入，丁午風起；至二漏，轉丁風，用乙辰針二更半。天將明，應見釣魚臺、黃尾、赤尾等嶼，皆不見。[84]

這裡要注意的是，「釣魚臺」這個名稱第一次被用來稱呼釣魚嶼。徐葆光的行程很特別，無論是臺灣和北方三島還是釣魚臺都沒有見到。因此，他的針路記錄對於論證釣魚臺的歸屬沒有幫助。

徐葆光另在「福州往琉球」針路篇中，引用了琉球程則順的《指南廣義》，並在其中加註（即括號內的內容）：

【指南廣義云】福州往琉球，由閩安鎮出五虎門，東沙外開洋，用單（或作乙）辰針十更，取雞籠頭（見山，即從山北邊過船。以下諸山皆同），花瓶嶼、彭佳山；用乙卯並單卯針十更，取釣魚臺；用單卯針四更，取黃尾嶼；用甲寅（或作卯）針十（或作一）更，取赤尾嶼；用乙卯針六更，取姑米山（琉球西南方界上鎮山）；用單卯針取馬齒，甲卯及甲寅針收入琉球那霸港（福州五虎門至琉球姑米山，共四十更船）。琉球歸福州，由那霸港用申針放洋，辛酉針一更半，見姑米山並姑巴甚麻山；辛酉

【82】前引註81，八〇一頁。
【83】前引註10，五六頁。
【84】《國家圖書館藏琉球資料彙編》中，北京圖書館出版社，二〇〇〇，四二頁。

針四更，辛戌針十二更，幹戌針四更，單申針五更，辛酉針十六更，見南杞山（屬浙江溫州）；坤未針三更，取臺山；丁未針三更，取麻山（一名霜山）；單申針三更，收入福州定海所，進閩安鎮（琉球姑米山至福州定海所，共五十更船）。[85]

這句「取姑米山（琉球西南方界上鎮山）」亦是中方的一個證據[86]，用以論證姑米山爲琉球西南的邊界。但這裡的「鎮山」是否能解釋爲「界山」卻有疑問。在《漢語大辭典》中，鎮山的意思爲「山名，古稱一方的主山爲鎮。」[87]因此，這裡的鎮山是指琉球西南方向的主山，而不是界山。即便這裡的鎮山指的是界山，也只是說明了這裡是琉球的邊界，而沒有說明這是中國的邊界。道理和上一章所討論的是一樣的。

第二條和邊界有關的字句，出現在其後

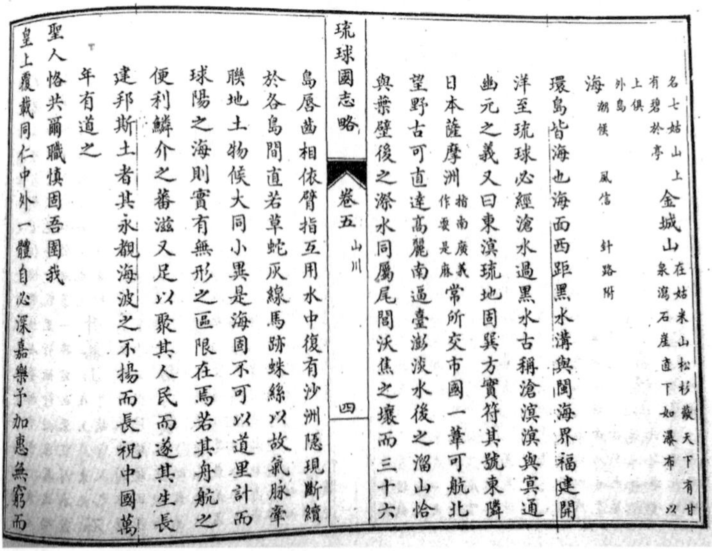
名七姑山上 金城山 在姑米山松杉蔽天下有甘泉瀉石崖直下如瀑布以
有碧於亭
上俱
外島
海 潮候 風信 針路附
環島皆海也海面西距黑水溝與閩海界福建開
洋至琉球必經滄水過黑水古稱滄溟溟與冥通
幽元之義又曰東溟琉地固巽方實符其號東鄰
日本薩摩洲 指南廣義作要是麻 常所交市國一葦可航北
望野古可直達高麗南逼臺澎淡水後之溜山恰
與葉壁後之漈水同屬尾閭沃焦之壤而三十六

琉球國志略 卷五 山川 四

島唇齒相依臂指互用水中復有沙洲隱現斷續
於各島間直若草蛇灰線馬跡蛛絲以故氣脈牽
聯地土物候大同小異是海固不可以道里計而
球陽之海則實有無形之區限在焉若其舟航之
便利鱗介之蕃滋又足以聚其人民而遂其生長
建邦斯土者其永覩海波之不揚而長視中國萬
年有道之
聖人恪共爾職慎固吾圉我
皇上覆載同仁中外一體自必深嘉樂予加惠無窮而

圖 18：1756 年周煌《琉球國志略》
這是另外一個可以解釋爲黑水溝是中琉分界線的官方史料。複製自《國家圖書館藏琉球資料彙編》。

一七五六年冊封使周煌著的《琉球國志略》的《卷五山川．海》（圖18）：

> （琉球）環島皆海也，海面西距黑水溝，與閩海界，福建開洋，至琉球，必經滄水過黑水，古稱滄溟，溟與冥通，幽元之義，又曰東溟。[88]

這段文字說明黑水溝是琉球海面與福建海面的交界。這個記錄並不如汪輯的記錄有力，因爲它沒有明確寫出黑水溝是中國和琉球的交界，而僅僅說是「閩海」和琉球海面的交界。而一般而言，某某海或者某某洋，只是表明一種和某某地相關聯的海面，而沒有領土或者屬地的涵義。比如日本海不是日本的領海，印度洋也不是印度的領海，印度洋上的島嶼也不一定都是屬於印度的領土。儘管如此，也不妨認爲這段話包含了福建海面以內的島嶼也是屬於中國的領土這個意思。

在周煌的另一部作品《海東集》的《海上即事四首》中（圖19），他敘述了從中國到琉球的歷程，中間卻有兩個重要的訊息。

第一，他寫道：「針路微茫日本經，寶於龜鑑座中銘」。這裡他用小字註解道：「海舶率用日本

---

[85] 同上，三九頁。

[86] 前引註10，四七頁。

[87] 徐中舒主編《漢語大字典》，四處辭書出版社、湖北辭書出版社，一九九〇，四二三八頁。

[88] 周煌《琉球國志略》，臺灣文獻叢刊第二九三種，大通書局，一三四頁。

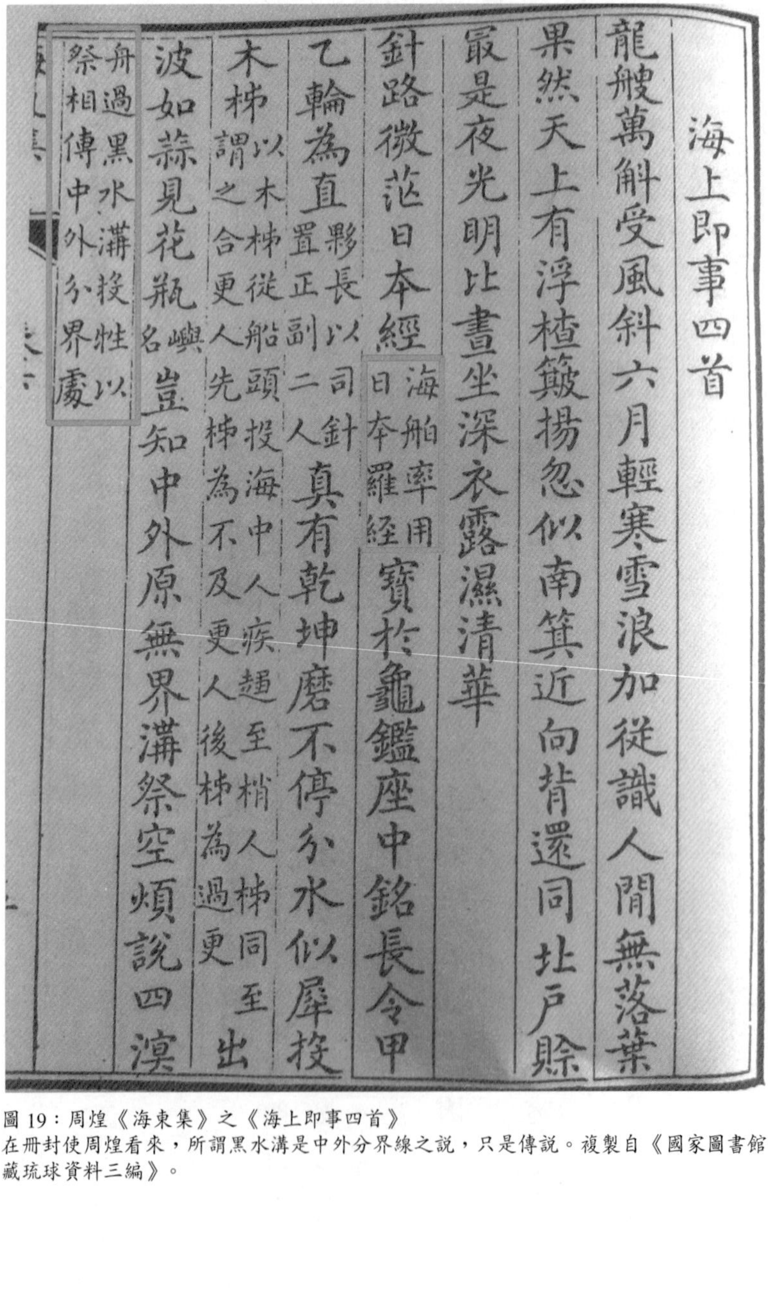
海上即事四首

龍艘萬斛受風斜六月輕寒雪浪加從識人間無落葉果然天上有浮槎簸揚忽似南箕近向背還同北戶賒最是夜光明比晝坐深衣露濕清華

針路微茫日本經（海船率用日本羅經）寶於龜鑑座中銘長令甲乙輪為直（影長以司針置正副二人）真有乾坤磨不停分水似犀投木柹（以木柹從船頭投海中人疾趨至梢人柹同至出謂之合更人先柹為不及更人後柹為過更）波如蒜見花瓶（嶼名）豈知中外原無界溝祭空煩說四溟（舟過黑水溝投牲以祭相傳中外分界處）

圖 19：周煌《海東集》之《海上即事四首》
在冊封使周煌看來，所謂黑水溝是中外分界線之說，只是傳說。複製自《國家圖書館藏琉球資料三編》。

羅經」[89]。原來，當時在中琉水道中行船，日本的針經是最通用的指南。可見，日本人早就對中琉之間的水道非常清楚，他們出版的針經是航線上首選的指南，這些指南上當然也包括了釣魚臺。中國一直認為日本在十九世紀之前對釣魚臺認識極少，這並不是一個事實。

第二，經過花瓶嶼之後，他寫道「豈知中外原無界，溝祭空煩說四溟」，在這句之下有小字註解「舟過黑水溝，投牲以祭，相傳中外分界處」[90]。在這句註解中，周煌認為黑水溝僅僅是一條「相傳」的中外分界線。這裡說明了，即便是冊封使周煌本人，也不能肯定黑水溝就是中國與琉球之間的界線，只能用「相傳」，因此這個所謂分界線到底有多正式，不言而喻。因此，基於周煌自己的看法，黑水溝是中琉分界線這個論點，受到很大質疑。

一七六四年，國子監官員潘相所著的《琉球入學聞見錄》也值得一提。這是潘相記錄在北京國子監琉球學生活動的書，裡面也有關於琉球的介紹。當中也記錄了中琉航道上的「黑水溝」。這些知識相信是他根據以前的冊封使的記錄綜合而成的。當中記錄道：

（琉球）環島皆海也，海面西距黑水溝，與閩海界，福建開洋，至琉球，必經滄水過黑水，古稱滄溟，溟與冥通，幽元之義。又曰：東溟琉地固巽方實符其號。而黑水溝為中外界水，過溝必先祭之。[91]

---

[89] 前引註25，三六一頁。
[90] 同上。
[91] 《國家圖書館藏琉球資料彙編》下，北京圖書館出版社，二〇〇〇，三六二—三六三頁。

從這段文字看，前面來自周煌的《琉球國志略》，後一句來自汪輯的《使琉球雜錄》。儘管在以上著作中，這個說法的語氣最爲肯定，但是從作者的身分來說，卻是最不可靠的一部。因爲潘相不過是一名學者，並沒有在中琉水道活動的第一手經驗，而他所依賴的素材正是前兩部作品。這兩部作品可算第一手素材，卻存在以上分析的種種不足。

總之，以上幾條證據顯示：清朝以後的黑水溝，有可能成爲了中國與琉球之間的分界，如果此事屬實，位於黑水溝靠近中國一側的釣魚臺，當時亦可能被視爲中國的領土。但從各種記錄來看，這是否能說成是國家認定的分界線仍然存在疑點。

這些冊封使著作中有關「中外之界」的說法基本出現在十九世紀之前。十九世紀開始，儘管一八〇〇年出使琉球的冊封使李鼎元的報告《使琉球記》和一八〇八年冊封使齊鯤的報告《續琉球國志略》都出現「溝」和「過溝祭」這些字眼，但沒有再出現任何關於「中外之界」的字句。

李鼎元的《使琉球記》中的記錄，值得注意：

初九日（庚寅），晴。卯刻，見彭家山，山列三峰，東高而西下。計自開洋，行船十六更矣；由山北過船。辰刻，轉丁未風，用單乙針，行十更船。申正，見釣魚臺，三峰離立如筆架，皆石骨。惟時水天一色，舟平而駛；有白鳥無數繞船而送，不知所自來。入夜，星影橫斜，月色破碎，海面盡作火焰，浮沉出沒；木華《海賦》所謂「陰火潛然」者也。舟人稟祭黑水溝。按：汪舟次《雜錄》：「過黑水溝，投生羊、豕以祭，且威以兵。」今開洋已三日，莫知溝所。琉球夥長云：「伊等往來不知有黑溝，但望見釣魚臺，即酬神以祭海。」隨令投生羊、豕，焚帛、奠酒以祭，無所用兵。連日見二號船在前，約去數十里。

初十日（辛卯），晴……彭家至此行船十四更。辰，正見赤尾嶼，嶼方而赤，東西凸而中凹……[92]

李鼎元的行程是先祭祀，再過赤尾嶼。而在他的行程中，祭祀的是琉球人。琉球人祭祀不關黑水溝的事（甚至不知道黑水溝），祭祀的標準是望見釣魚嶼。如果認爲祭祀即爲中外之界，那麼這說明在琉球人心中，赤尾嶼甚至釣魚嶼在中國界外，或是琉球一側。

齊鯤的報告《續琉球國志略》比較平淡：

十三日天明見釣魚臺，從山南過，仍辰卯針行船，二更午刻見赤尾嶼，又行船四更五，過溝祭海。……十五日黎明見姑米山，行船九更五，從山南過。[93]

這裡的行程中，儘管說了祭海，但是並沒有任何有關邊界的論述。

齊鯤在詩集《東瀛百詠》中說出了他對中外之界的看法，即雞籠山就是中華的界限。在該集的《航海八詠》的《雞籠山》篇，他寫道「猶是中華界」[94]。當然，這裡的「猶是」並不能否定比雞籠山更東的地

[92] 前引註23，七五一頁。
[93] 前引註23，四九一頁。
[94] 《東瀛百詠》，《國家圖書館藏琉球資料三編》，北京，圖書館出版社，二〇〇六，三二二頁。

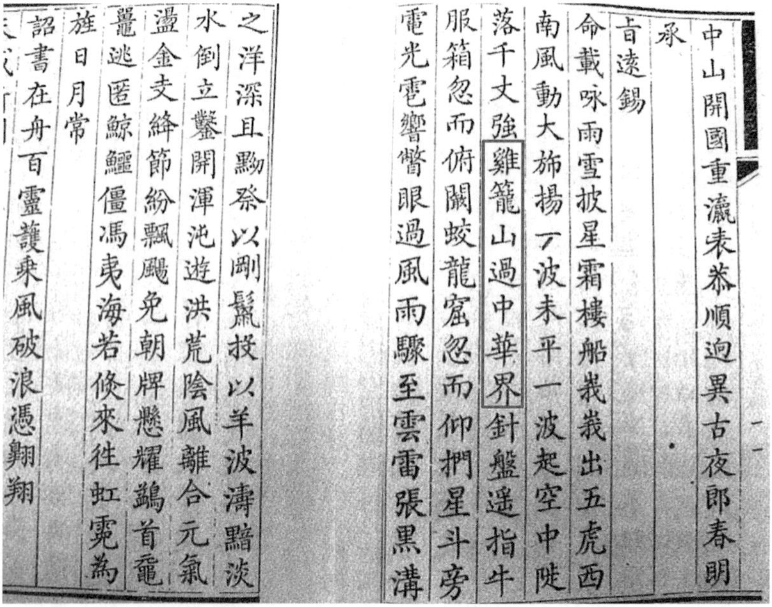
中山開國重瀛表恭順迴異古夜郎春明
承
旨遠錫
命載咏雨雪披星霜樓船峩峩出五虎西
南風動大旆揚丁波未平一波起空中陡
落千丈強雞籠山過中華界針盤遥指牛
服箱忽而俯闞蛟龍窟忽而仰捫星斗旁
電光雹響瞥眼過風雨驟至雲雷張黑溝
之洋深且黝祭以剛鬣投以羊波濤黯淡
水倒立鼇開渾沌遊洪荒陰風離合元氣
盪金支絳節紛飄颻兔朝牌懸耀鷁首鼉
鼉逃匿鯨鯢僵馮夷海若倏來往虹霓為
旌日月常
詔書在舟百靈護乘風破浪憑翱翔

圖 20：1808 年齊鯤《東瀛百詠》
在冊封使齊鯤看來，中國的國界是雞籠山（基隆）。複製自《國家圖書館藏琉球資料三編》。

方不是中國的國境。但在另一篇文章《渡海吟用西墉題乘風破浪圖韻》中（圖20），他寫道，「雞籠山過中華界，針盤遙指牛服箱。……黑溝之洋深且黝，祭以剛鬣投以羊」[95]。這句話的涵義更加清晰，他在記敘從中國到琉球的旅程，過了雞籠山（基隆），他就認爲已經過了中國國境。之後的黑水溝，自然就在中國國境之外。因此，基隆就是當時中國的界限。當然，可以認爲這只是他個人的見解。但是如果對比汪輯的記錄，汪輯僅僅記下了船工的見解，就被當作重要證據，齊鯤以冊封使的身分寫下自己的見解，顯然分量更重。

倒是隨同齊鯤出使琉球的費錫章的《一品集》中記有：「黑溝洋（中外分界處）」[96]。但和冊封使齊鯤互爲相反的記載只能表明中國在這個問題上的認識是相當模糊的。儘管《東瀛百詠》和《一品集》

都不是作爲官方著作的作品，但是它們在釐清當時中國對釣魚臺的主權的認識方面，仍然有著重要的歷史學價值。

一八三八年的冊封使林鴻年和一八六六年最後一個前往琉球的冊封使趙新的針路記錄，都在趙新所著的《續琉球國志略》中（圖21）。

林鴻年的針路記錄爲：

> 未刻，取釣魚山。申刻，取久場島。酉刻，巳風，用卯辰針。近晡，轉辰巳風。初更，轉午方，用卯辰針。初七日黎明，取久米赤島。酉刻，申酉風，仍用卯辰針。初八日黎明，西見姑米島。申刻，見馬齒山。酉刻，灣泊那霸洋面。初九日辰刻，進那霸港。[97]

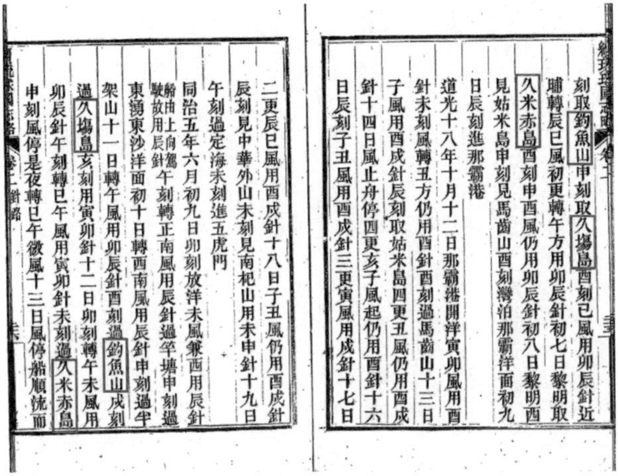
刻取釣魚山申刻取久場島酉刻巳風用卯辰針近
晡轉辰巳風初更轉午方用卯辰針初七日黎明取
久米赤島酉刻申酉風仍用卯辰針初八日黎明西
見姑米島申刻見馬齒山酉刻灣泊那霸洋面初九
日辰刻進那霸港
道光十八年十月十二日那霸港開洋寅卯風用酉
針未刻風轉丑方仍用酉針酉刻過馬齒山十三日
子風用酉戌針辰刻取姑米島四更丑風仍用酉戌
針十四日風止舟停四更亥子風起仍用酉針十六
日辰刻子丑風用酉戌針三更寅風用戌針十七日
二更辰巳風用酉戌針十八日子丑風仍用酉戌針
辰刻見中華外山未刻見南杞山用未申針十九日
午刻過定海未刻進五虎門
同治五年六月初九日卯刻放洋未風兼酉用辰針船由上向駕駛故用辰針午刻轉正南風用辰針過竿塘申刻過
東湧東沙洋面初十日轉西南風用辰針申刻過半
架山十一日轉午風用卯辰針酉刻過釣魚山戌刻
過久場島亥刻用寅卯針十二日卯刻轉午未風用
卯辰針午刻轉巳午風用寅卯針未刻過久米赤島
申刻風停是夜轉巳午微風十三日風停船順溜而

圖21：1868年趙新《續琉球國志略》
在林鴻年和趙新的記錄中，用琉球人取的名稱久場島和久米赤島，分別稱呼黃尾嶼和赤尾嶼。複製自《國家圖書館藏琉球資料續編》。

[95] 同上，三二六頁。
[96] 同上，四四〇頁。
[97] 前引註88，三三四頁。

而趙新的針路記錄爲：

> 酉刻，過釣魚山。戌刻，過**久場島**。亥刻，用寅卯針。十二日卯刻，轉午未風，用卯辰針。午刻，轉巳午風，用寅卯針。未刻，過**久米赤島**。[98]

他們都沒有進行過溝祭，更沒有提「中外之界」。最值得注意的是，他們對黃尾嶼和赤尾嶼的稱呼均爲琉球名：黃尾嶼稱爲久場島，赤尾嶼稱爲久米赤島。這種證據說明清朝的使者，當時對那條「中外之界」和釣魚臺的認知已經相當淡薄了。

有論著認爲林鴻年和趙新都被琉球的官員故意誤導[99]，這些論點並沒有證據支持。況且，即便是眞的，這些冊封使能夠被琉球官員所誤導，已經很能說明他們對這些島嶼不熟悉了，否則何以琉球官員說什麼就是什麼呢？

我認爲，在清朝中期，準確說是十九世紀之前，這條「中外之界」的界線曾經存在過。但這條界線是否爲官方認可的中外分界線，卻還有不少疑點。比如汪輯並不知道這條線，要靠水手告知。而周煌認爲這只是一條相傳中的界線。因此，這條界線更加類似民間的「傳統界線」，而非官方認定的界線。而到十九世紀後，至少在官方，這種意識已經開始淡薄了。在第三章，我將詳細討論從十九世紀開始，琉球對釣魚臺影響力的增強。那與中國對釣魚臺認知的減弱是一致的。而且在幾百年來的所有冊封使的文獻中，都沒有一句話說「釣魚臺屬於中國」或者「釣魚臺是中國領土」，這在國際法上是一個不利的因素。

二‧二　清代臺灣地理方志中的相關記載

在清代的一些關於臺灣的書籍中，提到了「釣魚臺」這個名詞，這經常被中國學者當作㈠釣魚臺屬於中國；㈡釣魚臺是臺灣的一部分的證據[100]。這種論據看似非常強，但這依賴於這些文件中的「釣魚臺」就是今天所說的釣魚臺這個假設。中國釣魚臺方面的學者，一般認爲這裡的「釣魚臺」就是指現在的釣魚臺，但是卻很少加以論證。事實上，這個觀點並不可靠。

在中國古代，地理名稱相同的情況並不少見。比如「雞籠山」這個名稱，臺北有，臺南有，安徽有，江蘇有，浙江也有。如果一看到雞籠山就以爲是臺北的那個，很可能就鬧大笑話了。「釣魚臺」在中國古籍上也並非爲釣魚嶼所獨有。比如中國學者向達指出：在中國與越南相交的北部灣海面上，也有一個釣魚臺，而對應現在哪個地點並不可考[101]。有人還總結了中國至少有十個以釣魚臺爲名的地方[102]。可見，釣魚臺並不是一個獨一無二的地理名稱。

因此，在「釣魚臺」是否就是釣魚嶼這個問題上，絕不能望文生義，而必須詳細研究這個假設是

[98] 前引註88，三三四頁。
[99] 前引註68，五四四—五六四頁。
[100] 前引註34，一三七—一四六頁；前引註3，七一九頁；前引註10，九二頁。
[101] 前引註14，二五三頁。
[102] 張書林，《我國十大釣魚臺》，湖南檔案，一九九二年第六期，二一頁。

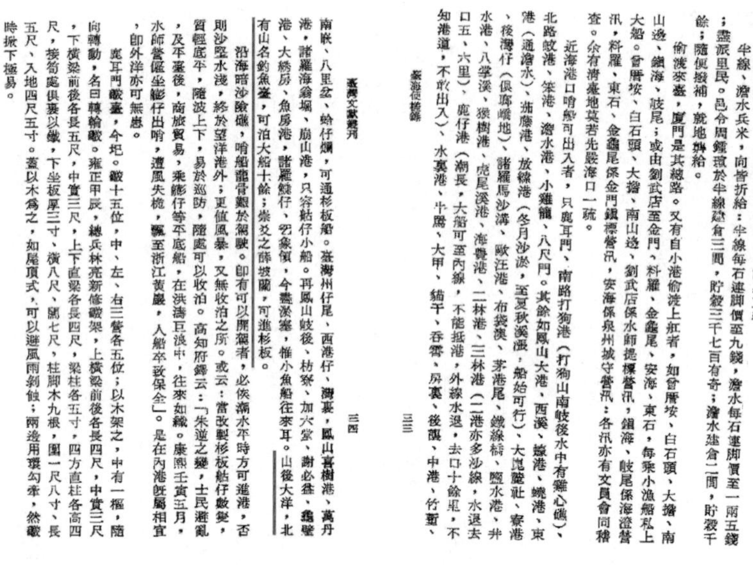

支給；安平水師，鳳山支給；彭湖水師，諸羅支給。

半線、澹水兵米，向皆折給：半線每石連脚價至九錢，澹水每石連脚價至一兩五錢；盡派里民。邑令周鍾瑄於半線建倉三間，貯穀三千七百有奇；澹水建倉二間，貯穀千餘；隨便撥補，就地辦給。

偷渡來臺，廈門是其總路。又有自小港偷渡上舡者，如曾厝垵、白石頭、大擔、南山邊、鎮海、岐尾；或由劉武店至金門、料羅、金龜尾、安海、東石，每乘小漁船私上大船。曾厝垵、白石頭、大擔、南山邊、劉武店係水師提標營汛，鎮海、岐尾係海澄營汛，料羅、東石、金龜尾係金門鎮標營汛，安海係泉州城守營汛：各汛亦有文員會同稽查。今有濟臺地莫若先嚴海口一疏。

近海港口哨船可出入者，只鹿耳門、南路打狗港（打狗山南岐後水中有雞心礁）、北路蚊港、笨港、澹水港、小雞籠、八尺門。其餘如鳳山大港、西溪、蠔港、蟯港、東港（通澹水）、茄藤港、放縤港（冬月沙淤，至夏秋溪漲，船始可行）、大崑麓社、寮港、後灣仔（俱耶嶠地）、諸羅馬沙溝、歐汪港、布袋澳、茅港尾、鐵線橋、鹽水港、井水港、八掌溪、猴樹港、虎尾溪港、海豐港、二林港、三林港（二港亦多沙線，水退去口五、六里）、鹿仔港（潮長，大船可至內線，不能抵港，外線水退，去口十餘里，不知港道，不敢出入）、水裏港、牛罵、大甲、貓干、吞霄、房裏、後壠、中港、竹塹、

臺海使槎錄　三三

臺灣文獻叢刊　三四

南嵌、八里坌、蛤仔爛，可通杉板船。臺灣州仔尾、西港仔、灣裏，鳳山喜樹港、萬丹港，諸羅海翁堀、崩山港，只容舢仔小船。再鳳山岐後、枋寮、加六堂、謝必益、龜壁港、大繡房、魚房港，諸羅鯤仔、象領，今盡淤塞，惟小魚船往來耳。山後大洋，北有山名釣魚臺，可泊大船十餘；崇爻之薛坡蘭，可進杉板。

沿海暗沙險礁，哨船龍骨艱於礙駛。即有可以擺礙者，必俟潮水平時方可進港，否則沙堅水淺，終於望洋港外；更值風暴，又無收泊之所。或云：當改製杉板舢仔數隻，質輕底平，隨波上下，易於巡防，隨處可以收泊。高知府鐸云：「朱逆之變，士民避亂，及平臺後，商旅貿易，乘艋仔等平底船，在洪濤巨浪中，往來如織。康熙壬寅五月，水師營僱坐艋仔出哨，遭風失桅，飄至浙江黃巖，人船卒致保全」。是在內港既屬相宜，即外洋亦可無患。

鹿耳門礮臺，今圮。礮十五位，中、左、右三營各五位；以木架之，中有一榣，隨向轉動，名曰轉輪礮。雍正甲辰，總兵林亮新修礮架，上橫梁前後各長四尺，中實三尺，下橫梁前後各長五尺，中實三尺，上下直梁各長四尺，梁柱各五寸，四方直柱各高四尺，接筍處俱裹以鐵，下坐板厚三寸、橫八尺、闊七尺，柱脚木九根，圍一尺八寸、長五尺、入地四尺五寸。蓋以木為之，如屋頂式，可以避風雨剝蝕；兩邊用環勾牽，然礮時掀下極易。

圖 22：1723 年黃叔璥《臺海使槎錄》
該書是清代方志系統中，唯一記敘「釣魚臺」屬於臺灣的原始資料，其他的資料都引用這句話。但是這裡的「釣魚臺」並不是今天的釣魚臺，而是臺東中部沿海一帶，可能是今天成功鎮的三仙臺。複製自臺灣文獻史料叢刊第二輯（21）。

否成立。特別是由於「釣魚臺」的原始出處僅有一處，缺乏其他史料的支持，所以僅僅想當然並不可靠。

在臺灣古籍中，儘管記載這個「釣魚臺」的著作不少，但其實它們的源頭都來自一七二三年黃叔璥的《臺海使槎錄》（又稱《赤坎筆談》，圖22）。在其第二篇《武備志》中，作者從北到南詳細介紹了臺灣各個地區的駐軍情況，當介紹完最南部的鳳山之後，作者加上一句：

> 山後大洋北，有山名釣魚臺，可泊大船十餘；崇爻之薛坡蘭，可進舢板。[103]

《臺海使槎錄》中出現這個釣魚臺僅僅一次。在以後一些臺灣的地方誌中，也在武備篇中以附考的形式引用過《臺海使槎

錄》，其中包括這段話。事實上，所有臺灣方志中提到「釣魚臺」，不是直接抄《臺海使槎錄》的這一句話，就是這一句話的異體。這句話在各本書中一抄再抄，長達一百六十多年的歷史中，沒有任何另外的一句獨立的與「釣魚臺」相關的描述。這裡有幾個疑點：

首先，這裡的「山」到底指什麼呢？中國專家（特別是大陸專家）一般不加解釋地默認：這個「山」是指整個臺灣[104]。中國古代確實有把小島叫做山的習慣，但是對於臺灣這麼大的一個島嶼，稱之爲山卻很罕見。其實，「山後」既可以是一個專有名詞，也可以特指某座山。如果是前者，在清朝，「山後」這個詞特指臺灣中央山脈以東的地帶。在潘繼道的《清代臺灣後山平埔族移民之研究》中，對「山後」的地理範圍有過詳細的解釋和總結：不同時代的著作中，山後的具體範圍有所不同，但都是指臺灣中央山脈以東沿海和臺北平原以南這一區域。廣義的範圍包括現在的宜蘭、花蓮和臺東三縣，從南澳到恆春。狹義的範圍則指現在的臺東一帶，即臺灣東海岸的中南部[105]。文獻中也有先說某座山，再說山後的情況。這是因爲臺灣的山專指整條中央山脈，但中央山脈又由從北到南的多座山組成。所以，有時先說某座山，再說山後，就是指中央山脈的某座山的東面，這樣所指的範圍就更爲明確[106]。具體到這裡，香港的保釣學者鄭海麟認爲，從文理看這裡的山，是指文中剛剛出現過的鳳山[107]。

【103】黃叔璥，《臺海使槎錄》，臺灣文獻史料叢刊第二輯（二一），大通書局，三四頁。
【104】前引註10，九二頁。
【105】潘繼道，《清代臺灣後山平埔族移民之研究》，稻香出版社，臺北，二〇〇一，一一二頁。
【106】同上。
【107】搜狐讀書會：釣魚島問題三人談，二〇一二年九月二十一日，http://book.sohu.com/s2012/diaoyudao/

鳳山在臺灣東南，如果這裡的山指的是鳳山的話，那麼「釣魚臺」就顯然不是現在的釣魚臺了。這種說法有一定的根據，因爲這裡描述的各個位置，按照從北到南的順序，在介紹完最南的鳳山之後，如果突然跳回到最北面的釣魚臺，邏輯上非常奇怪。

另外最重要的一點是，在原著和所有其他書籍的引用中，這個「釣魚臺」總是和「薛坡蘭」一起出現的，而「薛坡蘭」又常和另一個「崇爻」一起出現。顯然，它們之間的關係極爲密切，這證明作者和其他引用者認爲，這兩個地方是在相距不遠的位置。因此，爲了搞清楚這裡的釣魚臺的地點，最好先從正確解析薛坡蘭的地點入手。

一些中國的專家如鞠德源顯然也明白這個道理。但他把「薛坡蘭」牽強地解釋爲釣魚臺附近的橄欖山，也就是南小島和北小島。他的解釋是這樣的：

按照前文黃叔璥《臺海使槎錄》有關「釣魚臺」和「崇爻之薛坡蘭」的記錄，可以確實肯定，所指「崇爻之薛坡蘭」即爲釣魚臺附屬島嶼「橄欖山」之古名，具體所指爲釣魚臺東南方附近交叉錯落的小島群。案：崇，山大而高也。又含有聚也、衆也、多也、叢也等意。爻，交也、變也，含有交錯和變化之意。故「崇爻之薛坡蘭」，當解爲高崇衆多並交叉錯落的島群名薛坡蘭。此名較明初命名的黃茅嶼，及其後正式核定的橄欖山島名更爲古雅。又案：薛，爲古國名，周初分封的諸侯國之一。今山東省滕縣東南五十里有薛城，即其故地。又薛字爲姓氏。此處之「坡蘭」，又寫作「婆蘭」，爲古代船舶載重單位，引申爲船舶之代稱。故黃叔璥所稱之「薛坡蘭」亦即「薛婆蘭」，實際是用中國船戶薛姓大船之名，命名爲小島群的總括之名，以示紀念。據宋葉廷珪撰《海錄碎事》記載，泉州「市舶所錄有獨檣船，深五十餘肘；三木舶，深四十餘肘；又有牛頭金睛舶。其大者可載一千婆箇（蘭），方言二十兩爲一加底，二百四十加底爲婆箇（蘭）。」換算成普通重量單位，一千婆箇（蘭）約合三十萬宋斤，相當於噸。元馬端臨撰《文獻通考》載：「凡船舟之來，最大者爲獨檣船，能載一千婆蘭（夷人謂三百斤爲一婆蘭也），又據《宋史次日牛頭舶，比獨檣得三之一，次三木舶，次料河舶，遞得三之一也。」《食貨志下八》云：「夷人謂三百斤爲婆蘭，凡船舟最大者曰獨檣，載一千婆蘭。」據此可知，黃叔璥所指「釣魚臺」及其附近「崇爻」之小島群「薛坡（婆）蘭」，乃係自宋元以來，一直傳承沿用到清的民間慣用的島嶼名稱。根據上述所記的四種船名和載重能力來看，惟有「獨檣船」最大，能載一千婆蘭，總計等同於「薛獨檣」之名。所謂「獨檣船」，檣爲帆柱，獨檣，即單桅杆的船舶。今按此「獨檣船」即「薛婆蘭」之名，檢核釣魚嶼附近東南方之橄欖山以內的大蛇島（俗名「南小島」）及大鳥島（俗名「北小島」）之島形，從遠處觀之，酷似兩船舟航行之狀，尤以大蛇島爲最典型，島上東部屹立巨大的桅杆狀尖頭「帆柱」，頗似航行中的「獨檣船」，故宋元明各代中國人在當年先後命以「薛坡（婆）蘭」、黃茅嶼或橄欖山，均因島形及地理環境取義，頗能與此島群之景觀特徵十分相符。[108]

這段話很長，卻完全缺乏邏輯和根據。他把「崇爻」解釋爲「高大、交錯」，「薛」解釋成「姓薛的大戶」，「坡蘭」解釋爲「獨檣船」云云。說什麼南北小島形狀像大船之類故得名。然而，論高大

[108] 前引註2，一九九—二〇一頁。

（崇爻），釣魚嶼比南小島要高大得多（前者三百多米，後者一百多米），爲何用「崇爻」形容一個矮小得多的島呢？爲何要用薛姓命名這個島呢？載重單位爲何要和姓相連呢？這些牽強附會的解釋只能貽笑大方，對確定「釣魚臺」的位置毫無幫助。

其實，薛坡蘭眞有其地，就是指臺灣東岸中部的秀姑蘭溪入海口的小島，原住民阿美族稱爲「芝波蘭」，意思是「在河口」。後來一系列的書籍中記載爲「泗波蘭」，「薛波蘭」和「秀孤鸞」等。崇爻也眞有其地，它是薛坡蘭附近的山名。這條秀姑蘭溪在臺灣東岸的中部，離現在的釣魚臺距離甚遠。一七六八年余文儀的《續修臺灣府志》中的《卷一封域．山川》的鳳縣篇中，就有記載崇爻山：「崇爻山：在傀儡山後，不知里程遠近」[109]。這本書的鳳縣地圖（圖23）也有崇爻山[110]。一八五二年《噶瑪蘭廳志》（圖24）中在縣界外的地理進行描述時，對「崇爻山」和「薛坡瀾」都有非常詳細的記載，並寫明屬於鳳山縣界：「界崇爻山後傀儡大山之東」，「泗波蘭有十八番社，與奇萊連界。《府志》作薛波瀾，屬鳳山縣界，亦在崇爻山後文」[111]。因此薛坡蘭的地點是非常確定的。《噶瑪蘭廳志》中對宜蘭界外是這樣描述的：臺灣東岸，宜蘭位於最北，其南面是奇萊（今天的花蓮），再南面是薛坡蘭，再南面是卑南覓（卑南是臺灣一種原住民，分佈在臺灣東南部現在的臺東縣），最後是極南端的沙馬磯頭。後面三個地點當時都屬於鳳山縣。

在同一本書中還有「山後」這個方位的描述：「則山後諸地，自泖鼻至瑯嶠，大略與山前千餘里等爾」[112]。泖鼻是宜蘭縣的鼻頭山，瑯嶠就是屛東最南的恆春半島。所以山後，並不是指臺灣島的後面，而是一個特定名詞，指臺灣中央山脈以東，也就是臺灣東岸。

該書接著還引用了《臺灣縣誌》，而提到了釣魚臺：

> 《臺灣縣誌》謂：舟從沙馬磯頭盤轉而入卑南覓諸社，山後大洋之北，有嶼名釣魚臺，可泊巨舟十餘艘。崇爻山下薛波蘭可進三板船，則竟有至其地，可知也。[113]

這裡提到了「釣魚臺」，乃是和卑南諸社以及和薛坡蘭一併提及（也是引用《臺海使槎錄》）。可見在《噶瑪蘭廳志》以及所提及的《臺灣縣誌》的作者眼中，釣魚臺和臺灣南部的鳳山縣相距並不會太遠。從《臺灣縣誌》的航程來看，船隻從臺灣最南到達臺東中部的薛坡蘭，釣魚臺還應該在卑南覓和薛坡蘭之間，即薛坡蘭的南面。

據以上考據，再來分析這個「釣魚臺」的可能解釋。假定這個山後是指臺東，山後大洋自然指太平洋。從邏輯上，無法排除這個「釣魚臺」就是現在的釣魚臺的可能，畢竟釣魚臺也在太平洋之中，而且也比臺東要北。但這樣解釋顯然十分牽強，因爲照此不也可以說日本也在山後大洋北（太平洋中

---

[109] 余文儀《續修臺灣府志》，臺灣文獻史料叢書第一輯（四），大通書局，十四頁。
[110] 同上，六—七頁。
[111] 這幾條記錄都出自《噶瑪蘭廳志》，臺灣文獻史料叢書第一輯（十七），大通書局，四三三—四三四頁。
[112] 同上。
[113] 同上。

圖 23：1764 年余文儀《續修臺灣府志》之鳳縣地圖
鳳縣地圖上的崇爻山（圈內）。複製自臺灣文獻史料叢書第一輯（4）。

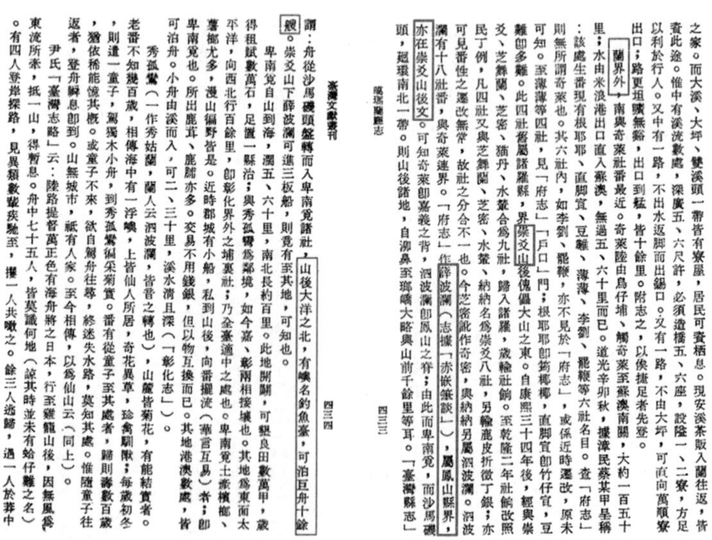

噶瑪蘭廳志　四三三

之家。而大溪、大坪、雙溪頭一帶皆有寮屋，居民可資棲息。現安溪茶販入蘭往返，皆査此途。惟中有溪流數處，深廣五、六尺許，必須造橋五、六座，設隘一、二寮，方足以利於行人。又中有一路，不由大坪，可直向萬順寮出口；路更坦曠無谿，出口到猛，皆十餘里。附志之，以俟捷足者先登。

蘭界外，南與奇萊社番最近。奇萊陸由鳥仔埔、觸奇萊至蘇澳南關，大約一百五十里；水由米浪港出口直入蘇澳，無過五、六十里而已。道光辛卯秋，據漳民蔡某甲呈稱：該處生番現有根耶耶、直脚宜、豆難、薄薄、李劉、罷鞭等六社名目。查「府志」則無所謂奇萊也。其六社內，如李劉、罷鞭，亦不見於「府志」，或係近時遷改，原未可知。至薄薄等四社，見「府志」「戶口」門；根耶耶即筠椰椰，直脚宜即竹仔宜，豆難即多難。此四社舊屬諸羅縣，界崇爻山後傀儡大山之東。自康熙三十四年後，經與崇爻、芝舞蘭、芝密、猫丹、水輦合爲九社，歸入諸羅，歲輸社餉。至乾隆二年社餉改照民丁例，凡四社又與芝舞蘭、芝密、水輦、納納名爲崇爻八社，另輸鹿皮折徵丁銀；亦可見番性之遷改無常，故社之分合不一也。今芝密訛作奇密，與納納另屬泗波瀾。泗波瀾有十八社番，與奇萊連界。「府志」作薛波瀾（志據「赤嵌筆談」），屬鳳山縣界，亦在崇爻山後文。可知奇萊即嘉義之背，泗波瀾即鳳山之脊；由此而卑南覓，而沙馬磯頭，廻環南北一帶。則山後諸地，自泖鼻至瑯嶠大略與山前千餘里等耳。「臺灣縣志」

臺灣文獻叢刊　四三四

謂：舟從沙馬磯頭盤轉而入卑南覓諸社，山後大洋之北，有嶼名釣魚臺，可泊巨舟十餘艘。崇爻山下薛波瀾可進三板船，則覓有至其地，可知也。

卑南覓自山到海，濶五、六十里，南北長約百里。此地開闢，可墾良田數萬甲，歲得租賦數萬石，足置一縣治；與秀孤鸞爲鄰境，如今嘉、彰兩相接壤也。其地爲東面太平洋，向西北行百餘里，即彰化界外之埔裏社；乃全臺適中之處也。卑南覓土產檳榔、薯榔尤多，漫山徧野皆是。近時郡城有小船，私到山後，向番擺流（華言互易）者；即卑南覓也。所出鹿茸、鹿脯亦多。交易不用錢銀，但以物互換而已。其地港澳數處，皆可泊舟。小舟由溪而入，可二、三十里，溪水濶且深（「彰化志」）。

秀孤鸞（一作秀姑蘭，蘭人云泗波瀾，皆音之轉也），山麓皆菊花，有能結實者。老番不知幾百歲，相傳海中有一浮嶼，上皆仙人所居，奇花異草，珍禽馴獸；每歲初冬，則遣一童子，駕獨木小舟，到秀孤鸞徧采菊實。番有從童子至其處者，歸則壽數百歲，猶依稀能憶其概。或童子不來，欲自駕舟往尋，終迷失水路，莫知其處。惟隨童子往返者，登舟瞬息即到。山無城市，祇有人家。至今相傳，以爲仙山云（同上）。

尹氏「臺灣志略」云：陸路提督萬正色有海舟將之日本，行至雞籠山後，因無風爲東流所牽，抵一山，得暫息。舟中七十五人，皆莫識何地（諒其時並未有蛤仔難之名）。有四人登岸探路，見異類數輩疾馳至，擄一人共噉之。餘三人逃歸，遇一人於莽中

圖 24：1852 年陳淑均《噶瑪蘭廳志》
此處清楚地説明了薛坡瀾和崇爻山的位置都在臺東中部。複製自臺灣文獻史料叢書第一輯（17）。

且比臺灣更北）嗎？退一步說，即便這樣能夠勉強解釋釣魚臺這個地名的問題，卻也無法解釋爲何所有的方志都把「釣魚臺」和薛坡蘭並稱的事實。薛坡蘭是臺灣東岸中部偏南的地方，與現在的釣魚臺相距甚遠。因此，更爲合理的解釋是：這裡的「釣魚臺」並不是指現在的釣魚臺，而是臺東中南部薛坡蘭附近某地。這樣一來「釣魚臺」和薛坡蘭都在臺東中南部鳳山縣不遠的地方，與書本與地理吻合。

中國專家常常單獨抽出這一句話而脫離上下文。其實，如果進一步從《臺海使槎錄》的上下文來看，就會更加傾向於這種觀點。這段的全文如下：

> 偷渡來臺，廈門是其總路。又有自小港偷渡上舡者，如曾厝垵、白石頭、大擔、南山邊、鎮海、岐尾；或由劉武店至金門、料羅、金龜尾、安海、東石，每乘小漁船私上大船。曾厝垵、白石頭、大擔、南山邊、劉武店係水師提標營汛，鎮海、岐尾係海澄營汛，料羅、東石、金龜尾係金門鎮標營汛，安海係泉州城守營汛：各汛亦有文員會同稽查。余有清臺地莫若先嚴海口一疏。
>
> 近海港口哨船可出入者，只鹿耳門、南路打狗港（打狗山南岐後水中有雞心礁）、北路蚊港、笨港、淡水港、小雞籠、八尺門。其餘如鳳山大港、西溪、蠔港、蟯港、東港（通淡水）、茄藤港、放（糸索）港（冬月沙淤，至夏秋溪漲，船始可行）、大昆麓社、寮港、後灣仔（俱琅嶠地）、諸羅馬沙溝、歐汪港、布袋澳、茅港尾、鐵線橋、鹽水港、井水港、八掌溪、猴樹港、虎尾溪港、海豐港、二林港、三林港（二港亦多沙線，水退去口五、六浬）、鹿仔港（潮長，大船可至內線，不能抵港，外線水退，去口十餘浬，不知港道，不敢出入）、水里港、牛罵、大甲、貓幹、吞霄、房里、後壠、中港、

> 竹塹、南嵌、八里坌、蛤仔爛，可通杉板船。臺灣州仔尾、西港仔、灣里，鳳山喜樹港、萬丹港，諸羅海翁堀、崩山港，只容〈舟古〉仔小船。再鳳山岐後、枋寮、加六堂、謝必益、龜壁港、大繡房、魚房港，諸羅冂仔、穵象領，今盡淤塞，惟小魚船往來耳。**山後大洋北，有山名釣魚臺，可泊大船十餘；崇爻之薛坡蘭，可進杉板**。
>
> 沿海暗沙險礁，哨船龍骨艱於駕駛。即有可以開駕者，必俟潮水平時方可進港，否則沙堅水淺，終於望洋港外；更值風暴，又無收泊之所。或云：當改制杉板〈舟古〉仔數隻，質輕底平，隨波上下，易於巡防，隨處可以收泊。高知府鐸云：「朱逆之變，士民避亂，及平臺後，商旅貿易，乘〈舟彭〉仔等平底船，在洪濤巨浪中，往來如織。康熙壬寅五月，水師營雇坐〈舟彭〉仔出哨，遭風失桅，飄至浙江黃岩，人船卒致保全」。是在內港既屬相宜，即外洋亦可無患。【114】

可以清楚地看到，這一段描述臺灣的海防駐軍的主要職責並不是要防止外敵入侵，而是要防止漢人從大陸偷渡往臺灣。清朝在早期一直對臺灣非常不放心，因爲它孤懸海外，容易成爲一個漢人反清的基地。因此當時對臺灣移民實行嚴格的控制，並有著名的「渡臺三禁」：渡臺者必須嚴格稽查，禁止私自到臺灣；禁止攜帶家眷到臺灣；禁止粵人到臺灣。於是，防止偷渡就成了臺灣海防的主要任務。可想而知，偷渡者既不可能以遠在臺灣東北方一百五十公里之外的杳無人煙的（現在的）釣魚臺作爲終點，也不可能以此作爲落腳點，再偷渡臺灣。因此，哨兵也自然不可能在那兒駐防。

事實上，在中國研究臺灣（而不是釣魚臺）歷史與移民的學者中，這個「釣魚臺」在秀姑巒溪一帶是一個共識。在白壽彝主編的《中國通史》的清朝卷的《臺灣的開發》一章中，就明確指出：釣魚臺即「臺東秀姑巒溪口」[115]。臺灣學者的見解也類似。在著名臺灣史專家程大學的《臺灣開發史》中，也明確寫道「釣魚臺」即臺東：

> 至於寄航地點，臺灣西部海岸的各港澳……，以及東部海岸的蛤仔難（宜蘭）及釣魚臺（臺東）等較大港口，潛渡琉民的足跡，幾已遍及各地。[116]

香港學者鄭海麟原先也認爲《臺海使槎錄》中的「釣魚臺」是現在的釣魚臺，但是最近他再次研究與我列舉出來類似的史料之後，亦改變了說法，認爲此「釣魚臺」非彼「釣魚臺」。這樣，他成爲了極少數的中國釣魚臺專家中，否認「釣魚臺」即現在的釣魚臺的人。他認爲，黃叔璥把地理搞錯了，把一個臺南的小島誤以爲是釣魚臺。他說：

> 臺灣沒有一幅地圖提到釣魚島。黃叔璥的《臺海使槎錄》裡面講的釣魚島是傳聞性，實際上臺灣山後沒有釣魚島。那個山是南部，我想他應該指的是小琉球。他現在爲了論證釣魚島是臺灣附屬島嶼，

---

[114] 前引註13。
[115] 白壽彝《中國通史》，上海人民出版社，一九九九，第一〇卷，三六六頁。
[116] 程大學《臺灣開發史》，眾文圖書公司，臺北，一九九一，一一四頁。

馬英九也如是説，他們也如是説，最早是吳天穎如是説。我看了《臺海使槎錄》，他指的是鳳山背後有一個釣魚臺，我的推論是這樣的。黄叔璥知道鳳山背後有一個小嶼，但是他沒有到這個地方，憑傳聞，以前鄭順公的記載，他寫的那個是臺灣南部鳳山，大洋北。南部跟釣魚島根本不在一起的。因此是臺灣北部，小基隆後面還有可能。我認爲他當時誤把小嶼誤認爲釣魚島。但是現在我們爲了論證釣魚島是中國，也就將錯就錯。有一點可以肯定，在中國人的印象中，釣魚島就在臺灣後面，但是具體位置在哪裡。黄叔璥那個肯定是錯的。[117]

現在在臺東固然沒有一個地方叫做釣魚臺，但是在臺東成功鎮，有一個小半島叫三仙臺。根據日本地理學家安倍明義的《臺灣地名研究》（圖25），三仙臺的古名也叫釣魚臺[118]。現在三仙臺上還有一個景點叫做釣魚臺。而三仙臺也在秀姑巒溪的南面，和《臺灣縣誌》的描述吻合。因此，這裡所說的釣魚臺，很可能就是現在的三仙臺。

有人可能會質疑安倍明義日本人的身分，但本書成書於一九三七年，還根本沒有釣魚臺爭議，不存在因此而作僞的需要。而且安倍明義是一個嚴謹的地理學家，成書多有實地調查的根據，因此沒有理由懷疑其研究的可信度。

現代臺灣地理學者也認同三仙臺古名爲釣魚臺的說法。比如「臺灣地名由來網」稱：「所謂『三仙臺』，即古時之釣魚臺，在白守蓮的東方海上，突起三個約二十餘公尺的岩嶼，故名。」[119]

綜上所述，無論是黄叔璥搞錯也好，還是當時臺灣東南部確有一個名叫釣魚臺的小島也好，還是這個釣魚臺就是指現在的三仙臺也好，這個「釣魚臺」和現在的釣魚臺根本不是同一個地方。

最近有中國個別專家提出了一份十九世紀七〇年代的文檔，裡面提到了釣魚嶼。這也被部分專家作爲釣魚臺屬於臺灣的證據[120]。這份文檔是方浚頤所寫的《臺灣地勢番情紀略》，裡面提到：

> 臺灣，南北徑二千五百里，東西或五百里、或二百里不等；其形橢似魚、連山若脊。……其地山川半之，未墾之田三、已成阡陌者十之二。人跡不到之區，陰霾蔚薈，瘴厲尤烈；中土之民，望而裹足，招徠匪易。煤、鐵、金、銀，富哉厥礦；近則臺北雞籠已伐山取石炭矣。海湧有定期，每歲以四月二十六日爲始，奔騰澎湃，乾坤震盪，至霜降乃平；謠曰「湧門開閉」，洵乎不爽。鹿耳門爲至險，其次則旗後口。初僅一小港，道光間，一夕風濤沖刷，口門忽寬；兩崖夾峙，中梗塊壘，象人之喉；旁皆暗礁，番船不能出入：其殆天之所以限華夷耶！**惟雞籠山陰有釣魚嶼者，舟可泊**；是宜設防。琅橋，云有火山。凡山之西平壤，獨隘山內暨山之東則盡生番；志分爲三，中曰秀姑巒、北曰岐萊、南曰卑南覓。番之種類不一，……[121]

[117] 前引註17。另見《黃叔璥〈臺海使槎錄〉所記「釣魚臺」及「崇爻之薛坡蘭」考》，海峽評論，二〇一三年五月，二六九期。

[118] 安倍明義《臺灣地名研究》，番語研究會，臺北，一九三七，三〇一頁。

[119] http://www.taiwan123.com.tw/local/name03-14.htm

[120] 韓結根《清代臺灣府方志文獻：明確將釣魚島列入版圖》，文匯報，九／二九／二〇一二。http://www.chinanews.com/cul/2012/09-29/4222687.shtml

[121] 羅景山《臺灣海防並開山日記》，光緒刻本。

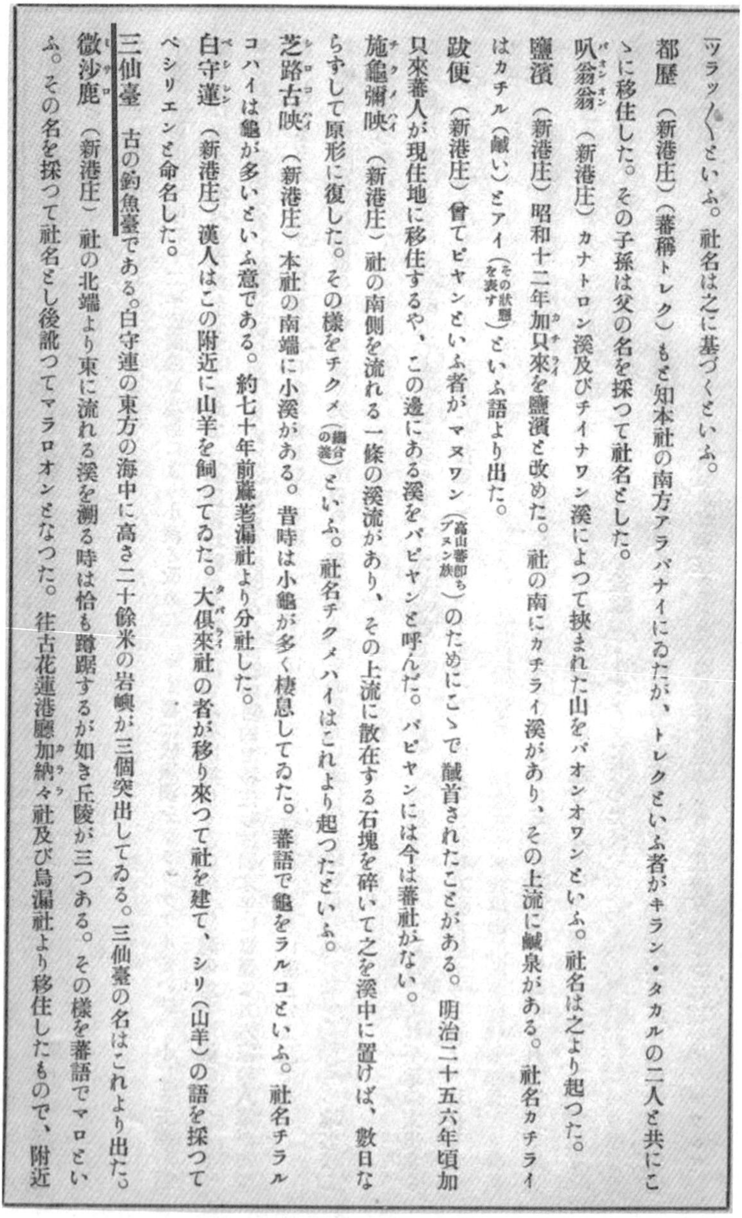
ツラッ〳〵といふ。社名は之に基づくといふ。

都歴（新港庄）（蕃稱トレク）もと知本社の南方アラバナイにゐたが、トレクといふ者がキラン・タカルの二人と共にこゝに移住した。その子孫は父の名を採つて社名とした。

叭翁翁（新港庄）カナトロン溪及びチイナワン溪によつて挾まれた山をバオンオワンといふ。社名は之より起つた。

鹽濱（新港庄）昭和十二年加只來を鹽濱と改めた。社の南にカチライ溪があり、その上流に鹹泉がある。社名カチライはカチル（鹹い）とアイ（その狀態を表す）といふ語より出た。

跋便（新港庄）曾てピヤンといふ者がマヌワン（高山蕃即ちブヌン族）のためにこゝで馘首されたことがある。明治二十五六年頃加只來蕃人が現住地に移住するや、この邊にある溪をバピヤンと呼んだ。バピヤンには今は蕃社がない。

施龜彌映（新港庄）社の南側を流れる一條の溪流があり、その上流に散在する石塊を碎いて之を溪中に置けば、數日ならずして原形に復した。その樣をチクメ（鋼合の義）といふ。社名チクメハイはこれより起つたといふ。

芝路古映（新港庄）本社の南端に小溪がある。昔時は小龜が多く棲息してゐた。蕃語で龜をラルコといふ。社名チラルコハイは龜が多いといふ意である。約七十年前麻荖漏社より分社した。

白守蓮（新港庄）漢人はこの附近に山羊を飼つてゐた。大俱來社の者が移り來つて社を建て、シリ（山羊）の語を採つてベシリエンと命名した。

三仙臺　古の釣魚臺である。白守蓮の東方の海中に高さ二十餘米の岩嶼が三個突出してゐる。三仙臺の名はこれより出た。

徵沙鹿（新港庄）社の北端より東に流れる溪を溯る時は恰も蹲踞するが如き丘陵が三つある。その樣を蕃語でマロといふ。その名を採つて社名とし後訛つてマラロオンとなつた。往古花蓮港廳加納々社及び烏漏社より移住したもので、附近

圖 25：1937 年安倍明義《臺灣地名研究》
這是最早指出古書中的釣魚臺爲三仙臺的文獻。複製自原書。

這份文件的時代背景，是一八七四年牡丹社事件之後（見三・五），中國深感臺灣東部的重要性，於是採用了沈葆楨等人的建議，對臺東進行「開山撫番」。臺灣東部即山後，在此前，從來沒有列入清朝建制。方浚頤本身和臺灣毫無關係，也從來沒有到過臺灣，但他和負責開山撫番南路的唐定奎有交往，於是把唐定奎告訴他的事寫成兩篇文章，這就是其中之一。

從文章來看，這裡的「釣魚嶼」並不是現在的釣魚臺。原因有五：第一，「惟雞籠山陰有釣魚嶼者，舟可泊」這一句出現在討論臺南地形，前後鹿耳門、旗後口和琅橋等都在臺南，沒有理由中間無故突然插入臺北的地點。第二，這裡討論到臺南的防守，沒有理由把距離臺北基隆二百公里之外的釣魚臺作爲防守臺南的基地。即便勉強把它說成是防守整個臺灣或者是臺北的基地，也顯然不現實。第三，方浚頤寫的兩篇文章都是關於臺南的，這和他的所知來自唐定奎有關，而唐定奎負責的是臺南的工作。因此，方浚頤極少涉及臺北的地名。在前面唯一提到雞籠的地方，他也專門加上臺北的定語，意指不是臺南的地方。因此這裡沒有定語的雞籠山，很可能是臺南的某地。第四，雞籠是一個很普遍的地名，在臺北就有兩個（大小雞籠山），在臺南嘉義也有一個雞籠山。因此，這裡的雞籠山可能是指臺南嘉義的那個，也可能是另有別處。第五，所謂山陰，就是指北面。釣魚臺儘管比基隆要更北，但基本上位於基隆的東面，而且距離基隆二百公里。很難認爲這個山陰應該指代釣魚臺。如果這個雞籠是基隆的話，那麼北方三島更加符合山陰的定義，也更加適合作爲防守臺北的基地。所以，方浚頤可能指的是另外一個地方，或者乾脆就搞錯了，這對於當時從來沒有到過臺灣的人毫不出奇。

最後，即便這個「釣魚嶼」眞的是釣魚臺的話，文中也沒有絲毫的證據顯示釣魚臺是中國的領土，最多是提出了一種防守的建議。而鑑於方浚頤本人當時已經退出政界，乃一介白丁，這種建議在討論釣魚臺主權的問題上，並無幫助。

二·三 中國的地圖資料

中國《釣魚島問題白皮書》列出了中國本國的地圖，能說明「中外地圖示繪釣魚島屬於中國」的為：蕭崇業所著《使琉球錄》中的「琉球過海圖」、一六二九年茅瑞徵撰寫的《皇明象胥錄》、一七六七年繪製的《坤輿全圖》、一八六三年刊行的《皇朝中外一統輿圖》[122]。這裡要分析的是有代表性的幾幅地圖。前面兩幅是明朝的。如前所述，「琉球過海圖」中只是標明了中琉之間的島嶼，根本沒有說明分界的問題。而《皇明象胥錄》是一本介紹外國的圖書，我查閱了江蘇廣陵古籍刻印社在一九八八年出版的版本，上面並無任何地圖，因此也無從討論[123]。這裡要討論的是清代的幾幅有代表性的地圖。

第一幅是由一七一九年冊封使徐葆光所著的《中山傳信錄》（圖26），這是一本名著，因為這是中國出版的第一本詳細記錄琉球歷史、地理、制度、風俗的書籍，可謂琉球百科全書。這本書另外一個特點是繪圖眾多，因此歷史價值極高。《中山傳信錄》中，同樣也描述了琉球的國界，釣魚臺不在琉球國界之內。最有價值的是他繪出了一幅中國往琉球的水路圖。儘管這不是最早的水路圖，但由於這本書翻譯為外文次數最多，因而影響也最為深遠。然而圖的本身沒有國界的分割，因此它也不能作為證明國界的證據，所以這裡不談。

儘管相較明朝以來的各個涉及釣魚臺的海防圖，徐葆光所繪的水路圖的準確性進步甚大（明朝各種海防圖的釣魚臺的方位，甚至東西順序都有誤），這幅圖還是有誤的。主要的錯誤有兩個：第一，島嶼的大小不正確，比如臺灣的大小就顯然遠遠小於實際的比例，這顯示作者對臺灣所知有限。第二，各個島嶼之間的距離不對，幾個重要的島嶼—臺灣、彭佳山、釣魚臺、黃尾嶼、赤尾嶼和姑米島—順序相鄰的兩個之間的距離都近乎等距，與實際不符。事實上雞籠到彭佳嶼僅僅六十公里，而彭佳嶼到釣魚嶼距離一百四十五公里，釣魚嶼與黃尾嶼之間距離爲二十六公里，黃尾嶼與赤尾嶼的距離爲八十五公里，赤尾嶼到姑米島的距離爲二百二十四公里。由於相當多的地圖都參考了這幅地圖，因此等距與否，就成爲了判斷以後地圖淵源的重要根據。

第二幅有代表性的地圖是一七六七年的法國人Michel Benoist（中文名蔣友仁）的《坤輿全圖》（圖27）。蔣是一名傳教士，一七六〇年他爲慶祝乾隆五十歲生日，按照西洋的方法畫出一幅世界地圖，取名爲《坤輿全圖》。經過莊親王、欽天監何國宗等中方要員以及其他在京的西方傳教士審定後，他在一七六七年再次畫出第二版[124]。這幅地圖一直居於深宮，無人知曉。因此雖然該圖糅合西方和中國的資料，卻一直沒有發揮出應有的作用。

《坤輿全圖》是世界地圖，儘管畫上了釣魚臺，但是在圖上卻沒有釣魚臺歸屬的標誌。鞠德源和鄭

【122】《釣魚島是中國的固有領土》，人民出版社，二〇一二。http://news.xinhuanet.com/2012-09/25/c_113202698.htm

【123】前引註45。

【124】前引註3，三六四頁。

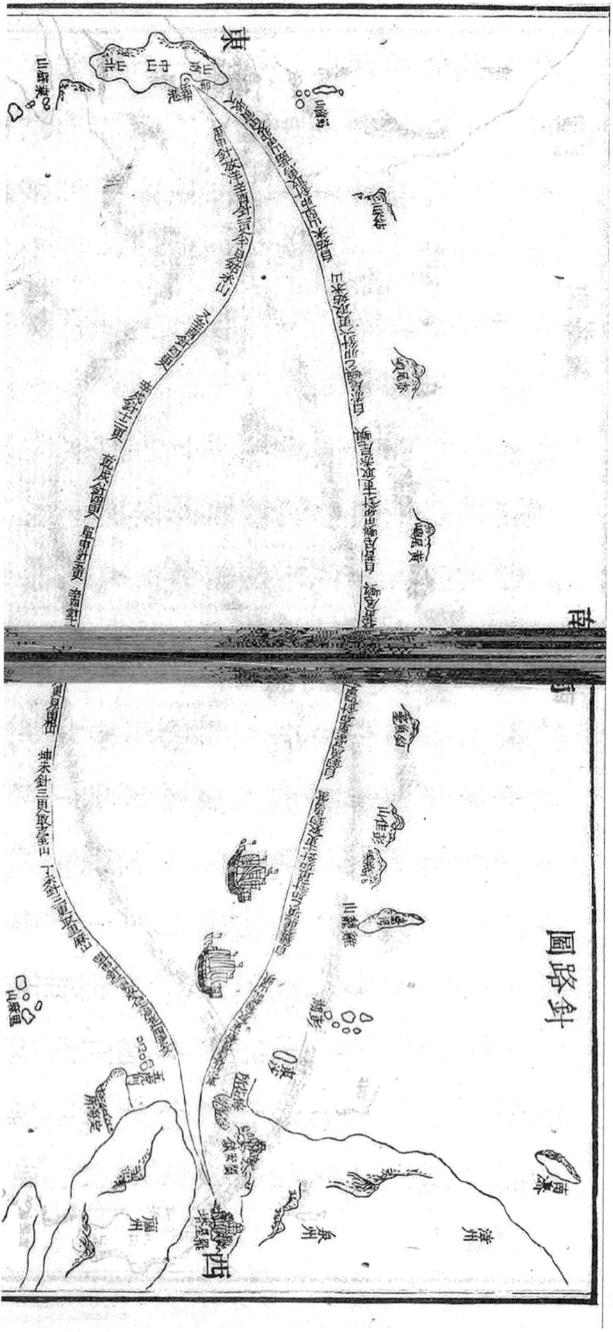

圖 26：1719 年徐葆光《中山傳信錄》之水路圖
此水路圖畫出了當時從中國往返琉球的兩條路線，是中國的代表性中琉水路圖。複製自康熙六十年版。

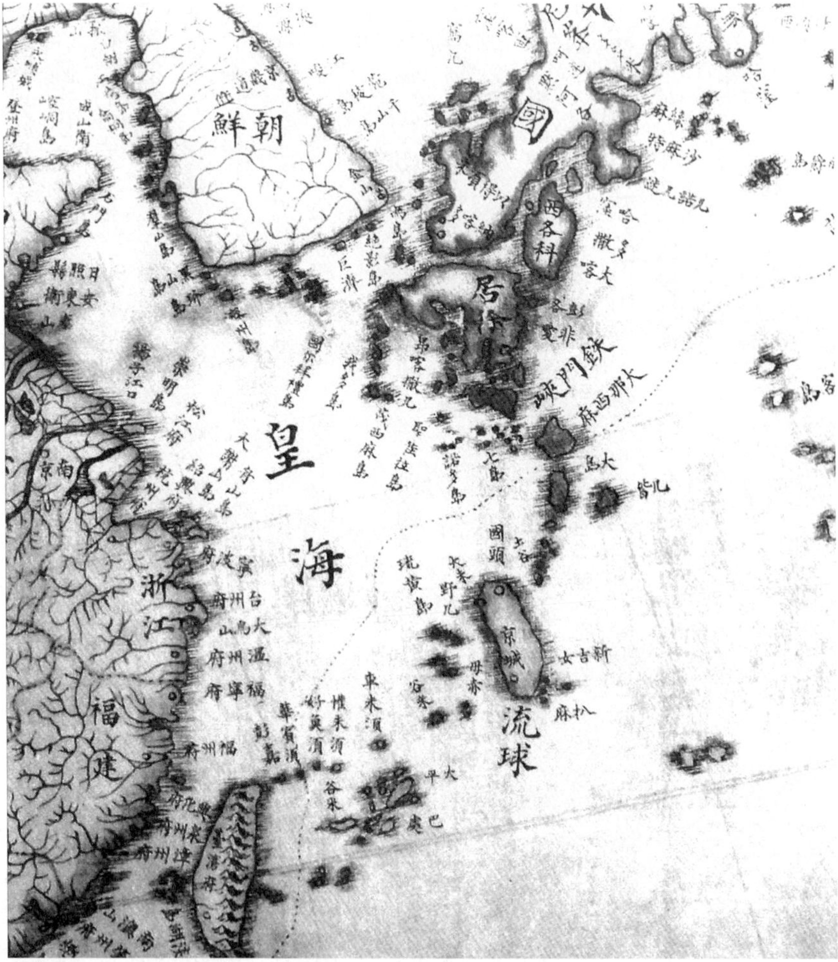

圖 27：1767 年蔣友仁《坤輿全圖》局部
此圖用福建話發音標註了釣魚臺列嶼。複製自鞠德源《日本國竊土源流》。

海麟都說該地圖以顏色把釣魚臺劃在中國界內[125]。但我沒看過該圖的著色版，因此無法下斷論。釣魚臺和附近島嶼在圖上均有命名，分別爲彭嘉、華賓須、好魚須、歡未須和車未須。除了彭嘉之外，其他島嶼都不是標準的官方名稱。

據鞠德源的說法，這些音都是來自福建話，華賓須、好魚須、歡未須和車未須分別對應花瓶嶼、釣魚嶼、黃尾嶼和赤尾嶼[126]。可是，這些島嶼一直以來都有正規的官方名稱。那麼爲什麼由當時朝廷權威人士審核通過的地圖，沒有用上這些中國標準的地名呢？鞠德源稱這份地圖吸收了以往各種中琉之間的針路圖[127]。若果真如此，那麼那些權威人士如果清楚確定那些島嶼是清朝的領土，就理應把官方的名稱標註在上面，而不是用福建話命名。因此，唯一的解釋就是當時中國官方地理學家對這些島嶼根本沒有認識。

那麼，蔣友仁是如何知道這些島嶼的呢？據鞠德源的說法，蔣友仁是根據另一位法國傳教士宋君榮（**Antoine Gaubil**）所節譯的《中山傳信錄》中的附圖畫成的[128]。這份地圖名爲《琉球地圖》（*Carte des Isles de Lieou-kieou*，圖28），出版於一七五一年[129]。（這裡不討論在《琉球地圖》上畫了釣魚臺是否意味著外國承認釣魚臺是琉球領土這個問題。）在這幅圖上，中琉水道上的各島嶼依次被命名爲**Kilougchau**（雞籠山）、**Poukiachau**（彭家山）、**Huapingsu**（花瓶嶼）、**Tiaoyusu**（釣魚嶼）、**Hoanoeysu**（黃尾嶼）和**Tcheoeysu**（赤尾嶼）。從名稱和島嶼的分佈看，這幅地圖確實可能參考了《中山傳信錄》，但是如果仔細看這幅地圖的畫法，鞠德源所認爲的這圖完全忠實於《中山傳信錄》的地圖的說法，很不可靠。

這幅圖的準確性大大高於《中山傳信錄》的地圖。這表現在：第一，臺灣的大小比例明顯比《中山傳信錄》的準確。第二，在臺灣東方畫上了八重山群島，此乃《中山傳信錄》所無。第三，島嶼次序不一樣，《中山傳信錄》中的花瓶嶼在彭家山和雞籠山之間，而該圖中彭家山在花瓶嶼和雞籠山之間。第四，島嶼之間的距離不同，《中山傳信錄》中釣魚臺和黃尾嶼以及黃尾嶼與赤尾嶼之間的距離幾乎相等，但該圖中，釣魚嶼與黃尾嶼之間的距離很短，而黃尾嶼與赤尾嶼之間的距離頗長，更加接近實際，但釣魚嶼與花瓶嶼之間的距離卻過近。

其實，關於宋君榮這幅地圖的來歷，在西方史學界早有研究[130]。宋君榮並沒有如鞠德源所說的去翻譯《中山傳信錄》，而是宋君榮爲了要幫助天主教傳播到琉球，決定寫一部關於琉球的書。其中一個任務是繪製一份準確的琉球地圖：宋君榮是西方第一個繪製專門的琉球地圖的人，在他之前並沒有專門的琉球地圖，而琉球的位置在其他地圖上非常不準確。爲此他參考了大量的著作，其中《中山傳信錄》當然是必備的參考。但是在畫圖的時候，宋君榮還參考了大量西方的著作。他首先參考了法國東方學

【125】前引註2，二三三頁。鄭海麟《釣魚臺列嶼之歷史與法理研究》，明報出版社，一九九八，八八頁。
【126】前引註3，三六五頁。
【127】同上。
【128】前引註2，二二三頁。鞠德源的著作中，把宋君榮的名字誤拼爲Ganbil。
【129】地圖可參見http://gallica.bnf.fr/ark:/12148/btv1b8494431q。
【130】Boleslaw Szcze niak, The Antoine Gaubil Maps of the Ryukyu Islands and Southern Japan, *Imago Mundi*, Vol. 12, (1955), pp. 141-149.

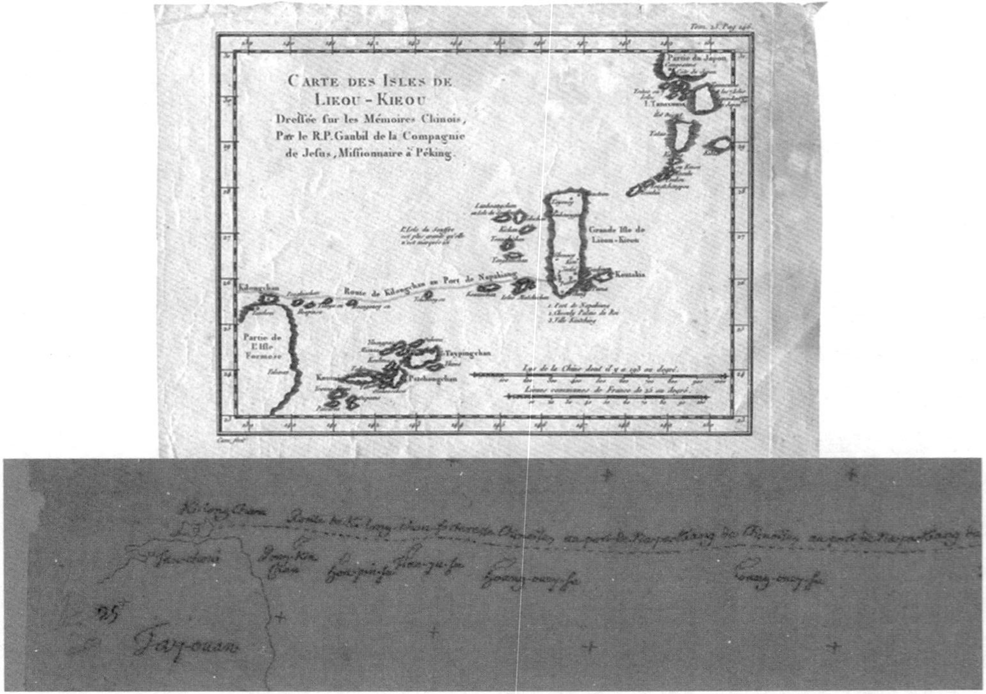

圖 28：1751 年宋君榮《琉球地圖》
此圖可能是蔣友仁地圖的參考版本，根據分析並不是來源於《中山傳信錄》，而是有獨立的起源。圖中以拉丁字母標註了釣魚臺列嶼，成爲以後西方系統中命名的標準。複製自 1884 年巴黎地理學會再版圖。

家達西（F. Dassie）所蒐集的大量東方地圖，特別是葡萄牙人所繪製的地圖，以確定琉球的大致位置。他還仔細研究了義大利天文學家瑞切奧利（Giovanni Battista Riccioli）的天文著作，以學習如何根據星象定位經緯度的方法，加上參考《中山傳信錄》等中琉著作的地圖以及針路和星野的記錄以確定各個島嶼的位置。這樣，他最後才成功地畫出了第一份西方式的琉球地圖。

該地圖中的島嶼名稱，倒是大致能和《中山傳信錄》一一相對，但是釣魚嶼在《中山傳信錄》中寫成「釣魚臺」，而這幅圖中寫成釣魚嶼（Su，即福建話中「嶼」的發音）。這進一步支持了這幅地圖並非來源於《中山傳信錄》的觀點。那麼，宋君榮爲何如此稱呼這些島嶼呢？由於其來源不明，還難以下定論。有可能宋君榮根據更早的冊封使的著作（比如汪輯的）來確定島嶼的名稱。至於爲什麼他用福建話的發音標註，則還是一個難以解答的問題。一個可能，是在更早的地圖上已經有了這些島嶼與注音，他是因循舊習。圖中琉球群島，特別是八重山群島中的許多地名，也都是按照類似福建話的發音而翻譯的，比如八重山就被翻譯爲Patchougchao。Chao就是福建話中的山。這些根據類似福建方言發音而翻譯的地名，也就是西方地圖家在未進行釣魚臺一帶勘測之前一直沿用的名稱。如果是那樣的話，地圖中用了類似福建話的名稱，就不一定是因爲作者認爲這些島嶼屬於中國之故。否則，連八重山也成了中國的領土了。另外還要注意到，八重山和與那國島的方言，受福建方言影響很大。不能排除在當地方言中，這些字也是如此發音的。若眞的如此，那麼這些島嶼的名稱的直接來源，甚至可能來自八重山人。

在我看來，比較有說服力的地圖，只有一部一八六三年由湖北巡撫胡林翼主持編撰的《皇朝中外一統輿圖》[131]。這也是一本世界地圖冊，以十九世紀的標準來衡量，它畫得非常粗陋，尤其是外國地方變形極大。儘管如此，這份地圖卻在標誌上有效地把釣魚臺和琉球區分開來。在地圖的南七卷中畫有釣魚嶼、黃尾嶼和赤尾嶼，也畫有琉球群島的島嶼。但是在畫法上有顯著不同。釣魚臺等只用圓圈示意，與彭家山等相若，而琉球群島的島嶼，除了用較爲長形的橢圓圈住之外，還有註解。因此這本圖冊是明顯地在地圖標誌上做了區分，可以令人信服這本地圖中，顯示了釣魚臺是屬於中國的島嶼。

值得注意的是，在這張圖中，幾個島嶼的互相之間的距離仍然不符合實際：基隆和彭佳嶼之間的距離，居然與彭佳嶼和釣魚嶼之間的距離幾乎一樣；而赤尾嶼和黃尾嶼之間距離，與赤尾嶼和姑米島之間的距離幾乎相等。而且幾個島之間劃上一條線。因此，它很明顯也是受到《中山傳信錄》等傳統過海圖的影響。

還值得一提的一幅地圖，是英國水文測量局編撰出版的《中國東海沿海自香港至遼東灣海圖》（*China-East Coast. Hong Kong to Gulf of Liau-Tung*）（圖

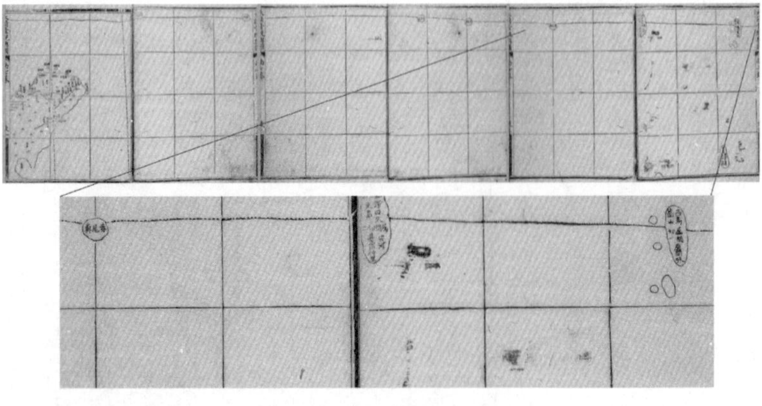

圖 29：1867 年胡林翼主編《皇朝中外一統輿圖》（南七卷）
這是中國人在清代出版的地圖中，唯一一幅能夠說明釣魚臺屬於中國的地圖。製作者在圖標中做出了令人信服的區分，赤尾嶼用圓圈圈住，而古米島則加上文字說明。複製自原圖。

30）。這幅地圖上準確地標識了釣魚臺，但並沒有標識釣魚臺歸屬。作爲當時最權威的地圖之一，它被翻譯爲多種文字，包括中文版和日文版。在中國王德均翻譯的金約翰（John William King）的《海道圖說》中，就有這幅圖。釣魚嶼（Hoa pin su）被譯作和平山，黃尾嶼（Ti-a-usu）被翻譯爲低牙吾蘇島，赤尾嶼（Raleigh Rk）被翻譯爲爾勒里石[132]。這放在現在，就是常凱申[133]和孟修斯[134]式的笑話，可見即便當時的學者，也對釣魚臺並不熟知。

最後，我極爲贊成《人民日報》中《釣魚島是中國領土，鐵證如山》的說法：「不能斷章取義地以某一版本的地圖來否定某國政府在領土問題上的立場，這是一個基本常識。」[135]所以我向來認爲全面分析某一個時期內的地圖，才是正確地使用地圖證據的方法。

儘管中國認爲釣魚臺屬於臺灣，但是在清代所有的臺灣地圖中，都沒有出現釣魚臺（見後）。而在中國人繪製的全國地圖或者世界地圖中，也僅僅有前文提及的胡林翼主持出版的地圖出現釣魚臺。其他的中國地圖中都沒有出現。比如一八一八年的朱錫麟繪製的《大清一統天下全圖》（圖31），這幅

【131】前引註2，二九三頁。

【132】我未見原書，轉引自前引註2，二八〇頁。

【133】北京清華大學歷史系副主任王奇，在學術著作中，討論西方學者的研究時，把蔣介石的英文 Chiang Kai-shek 翻譯爲常凱申，成爲學術能力低下的代表性笑談。

【134】北京大學教授王銘銘在校對 Anthony Giddens 的《民族 - 國家與暴力》（*The Nation-State and Violence*）一書的翻譯的時候，把 Mencius（孟子）翻譯成孟修斯。這是另一個經典的學術界笑話。

【135】國紀平，人民日報，10/12/2012，http://world.people.com.cn/n/2012/1012/c1002-19236078.html

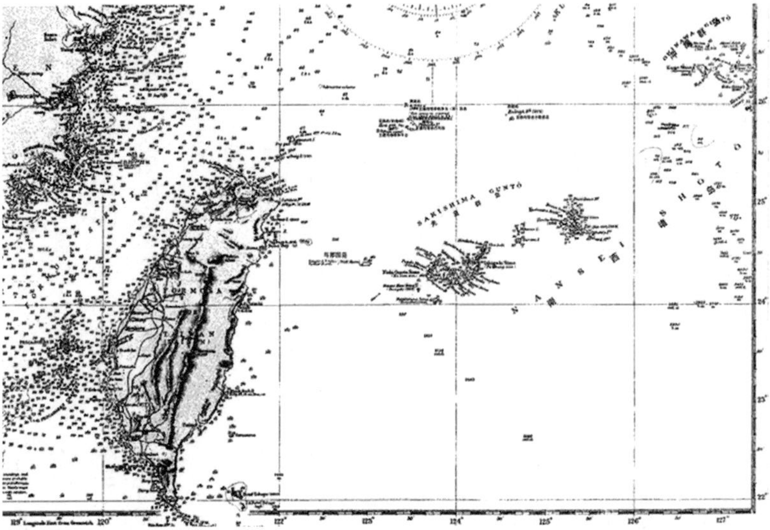

圖 30：1877 年英國水文局《中國東海沿海自香港至遼東灣海圖》局部
此爲英日對照的日文翻譯版，複製自原圖。

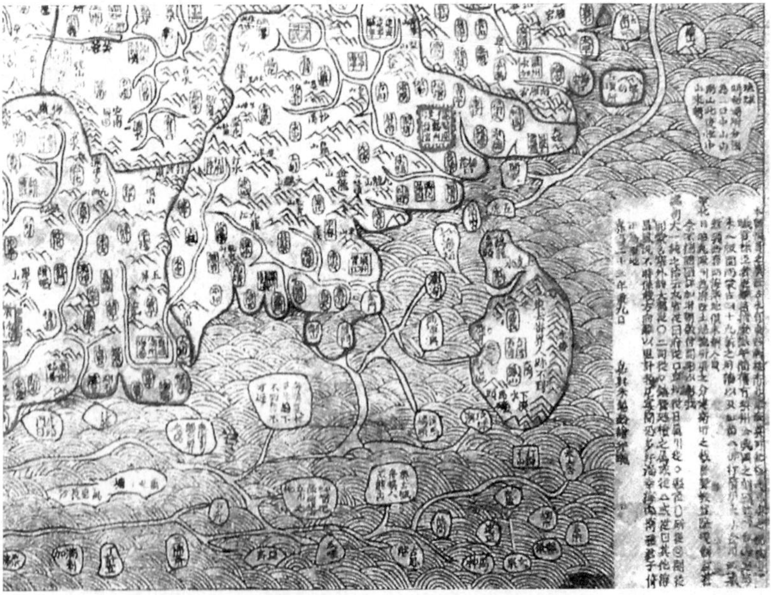

圖 31：1818 年《大清一統天下全圖》
在這幅上色並以顏色勾勒出中國邊境的圖中，並沒有釣魚臺。複製自周敏民《地圖中國》。（見彩圖 1）

圖是少有的有上色並且對國境以顏色進行勾勒的圖（見彩圖1），這幅圖上並沒有釣魚臺[136]。

再看看十八世紀最爲詳盡、最爲權威的中國地圖冊——乾隆二十五年的《清代一統地圖》（圖32）[137]。這本地圖冊是由乾隆御題詩的內府御用地圖，總共有一百零三幅圖，其權威性自然遠遠在胡林翼（僅爲一巡撫）主持的地圖之上。而其成書年代爲一七六〇年，距離《臺海使槎錄》和《琉球國志略》的時間都較近，因而也是最能反映當時國界的地圖，也是最能說明當時釣魚臺是否屬於中國的地圖。可是在圖上根本找不到釣魚臺這個地方。

因此，縱觀中國的地圖資料，可以發現僅僅有很少數地圖把釣魚臺畫在中國的版圖之內，而更多更權威的地圖則不認爲釣魚臺在中國版圖之內。這個事實削弱了中國在清朝擁有釣魚臺的這個論點。

二・四　外國相關的地圖資料和航海書籍

十八至十九世紀，西方出版的地圖中，大多都標註了釣魚嶼，並寫上「Hao-yu-su」等地名。中國白皮書《釣魚島是中國的固有領土》[138]中列舉了幾個，計有：一八〇九年法國地理學家皮耶・拉比等繪

【136】引自周敏民《地圖中國》，香港科技大學圖書館，二〇〇三，Plate 48。

【137】張其昀兼修，《清代一統地圖》，國防研究院，中華大典編印會，一九六六。

【138】《釣魚島是中國的固有領土》，人民出版社，二〇一二。http://news.xinhuanet.com/2012-09/25/c_113202698.htm

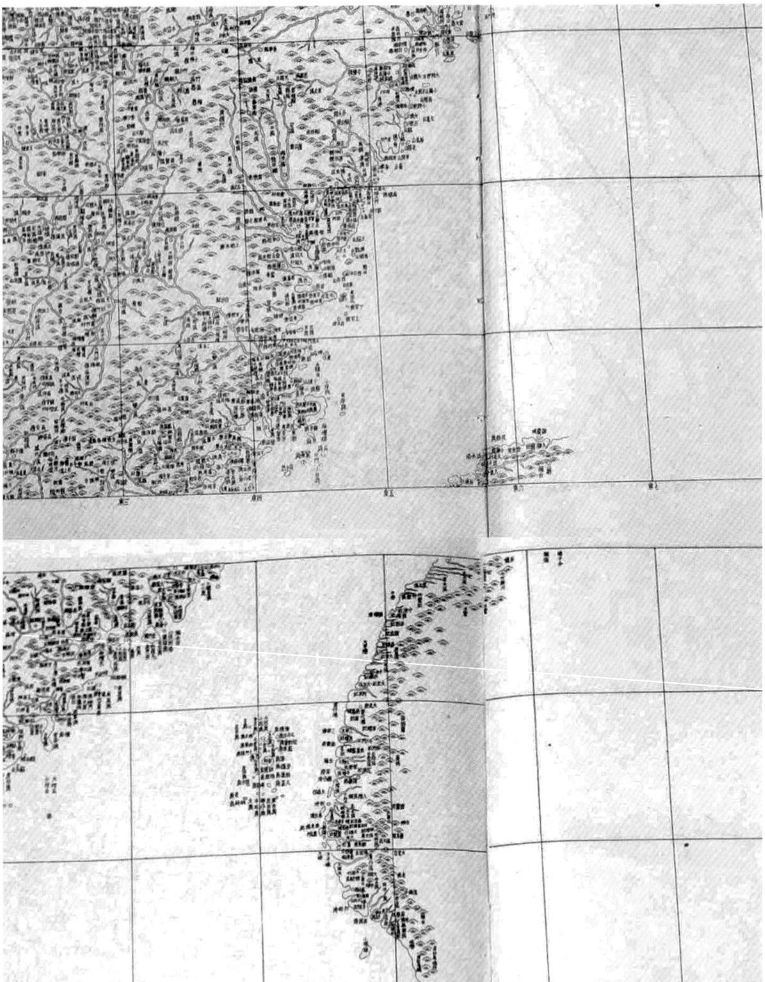

圖 32：1760 年《清代一統地圖》
在這幅最權威的中國地圖之中，也沒有釣魚臺。複製自張其昀《清代一統地圖》，1966 年。

《東中國海沿岸各國圖》、一八二一年英國出版的《最新中國地圖》、一八五九年美國出版的《柯頓的中國》、一八七七年英國海軍編制的《中國東海沿海自香港至遼東灣海圖》等地圖。中國一律認爲他們都把釣魚臺列入中國版圖。但在仔細分析之後，從大部分地圖都不能得到這個結論。

白皮書稱一八〇九年拉比（Pierre M. Lapie）的地圖「將釣魚島、黃尾嶼、赤尾嶼繪成與臺灣島相同的顏色」。這幅地圖我未能找到原裝大圖。鄭海麟的《釣魚臺列嶼之歷史與法理研究》中，複印了一幅一八〇九年拉比所繪的彩圖，不知道是否是白皮書所指的[139]。從這張複製的小圖看，釣魚臺的著色很難分辨，但是可以看到，臺灣島的邊緣用紅色勾勒，無論與中國大陸還是和琉球等的顏色都不一致。

在拉比的另一幅地圖——一八二九年《中國與日本地圖》（*Carte del' Empire Chinois et du Japon*，圖33）（見彩圖2）[140]上，整個琉球群島都和中國的顏色一樣。其眞實的涵義似乎和現實不一。當然也可以解釋爲中國的屬國都和中國同一顏色，比如朝鮮也是用紅色勾勒，但是同爲中國屬國的越南卻用了黃色勾勒。因此，這幅圖也無法在著色上區分釣魚臺是否中國的領土。

其他的地圖在區分國別上，都有各種的問題：英國凱瑞（John Cary）繪製的一八〇一年《最新中國地圖》[141]（圖34）中，臺灣、八重山和釣魚臺都勾勒上黃色（見彩圖3），而琉球的其他島嶼畫成

[139] 前引註125，Plate 3。
[140] 這幅地圖和以下幾幅外國地圖，都來自 David Rumsey Map Collection, http://www.davidrumsey.com。
[141] 同上。

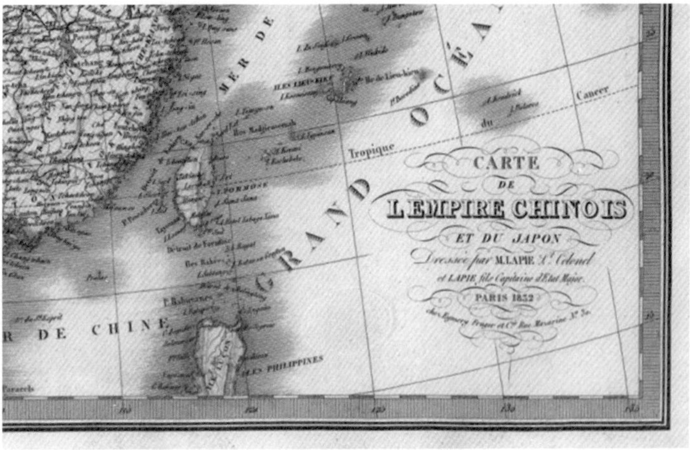

圖 33：1829 年拉比《中國與日本地圖》
這幅地圖內，中國、釣魚臺與琉球都是用紅色勾勒，無法從顏色上得出釣魚臺屬於中國的結論。複製自原圖。（見彩圖 2）

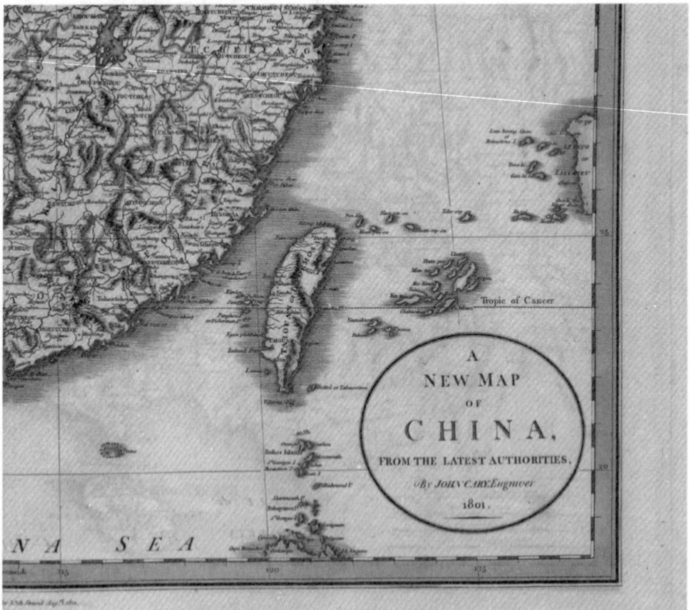

圖 34：1801 年英國凱瑞《最新中國地圖》
這幅地圖內中國、釣魚臺與八重山群島都有用黃色標記，無法從顏色上得出釣魚臺屬於中國的結論。複製自原圖。（見彩圖 3）

了綠色，那顯然與八重山屬於琉球不符。一八五九年柯頓（J.H.Colton）繪製的《柯頓的中國》[142]（圖35），臺灣和釣魚臺和其他所有的外國一樣，都是不著色的，與著色的中國有著明顯的分別。（見彩圖4）

我猜測，中國方面之所以認爲根據以上地圖可以證明當時西方認爲釣魚臺是屬於中國的原因，在於這些島嶼用類似福建話發音的拼音命名之故。但是在這些地圖中，在釣魚臺南方的八重山群島，也是以類似福建話式的發音標註的（Pa-tchon），而八重山群島卻是琉球的領土。前文已經討論過，用類似福建話發音稱呼，可能是因爲源於宋君榮的地圖。而在當時如何命名，並不能代表其歸屬，否則後來英國對這一帶探測後，在西方

[142] 同上。

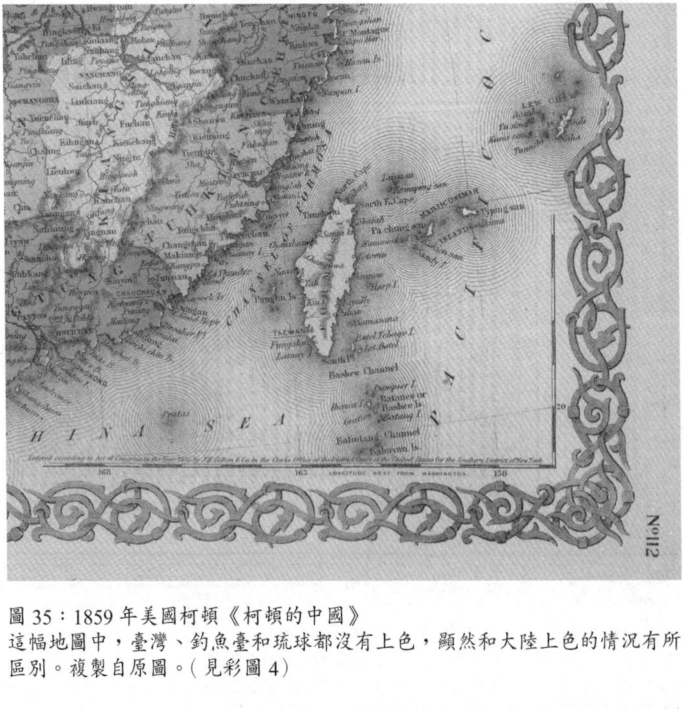

圖35：1859年美國柯頓《柯頓的中國》
這幅地圖中，臺灣、釣魚臺和琉球都沒有上色，顯然和大陸上色的情況有所區別。複製自原圖。（見彩圖4）

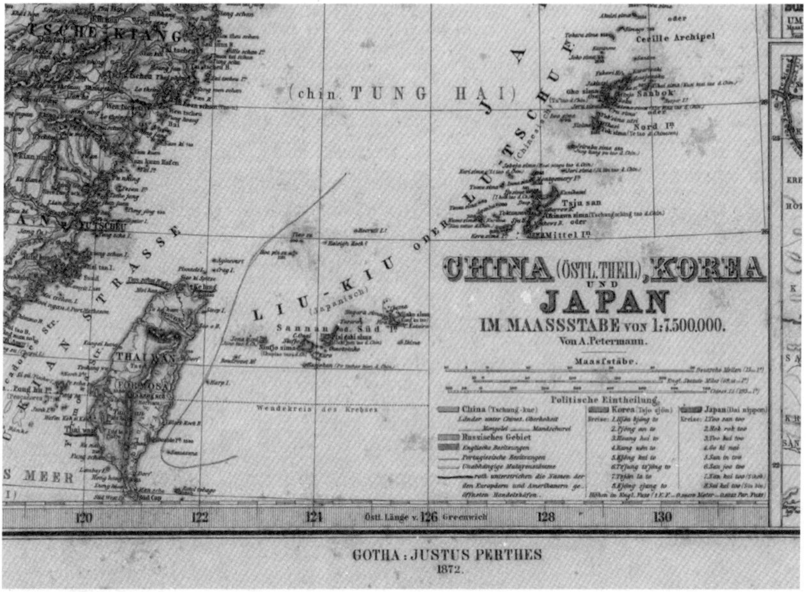

圖 36：1872 年德國彼德曼《中韓日三國地圖》
這幅地圖的日本概圖中，釣魚臺和日本本土都是以黃色著色以和亞洲其他國家區分。琉球島嶼詳圖中則畫出了釣魚臺，並和宮古群島和八重山群島同以紅色著色。它們明確表示釣魚臺是日本沖繩的一部分。複製自原圖。(見彩圖 5)

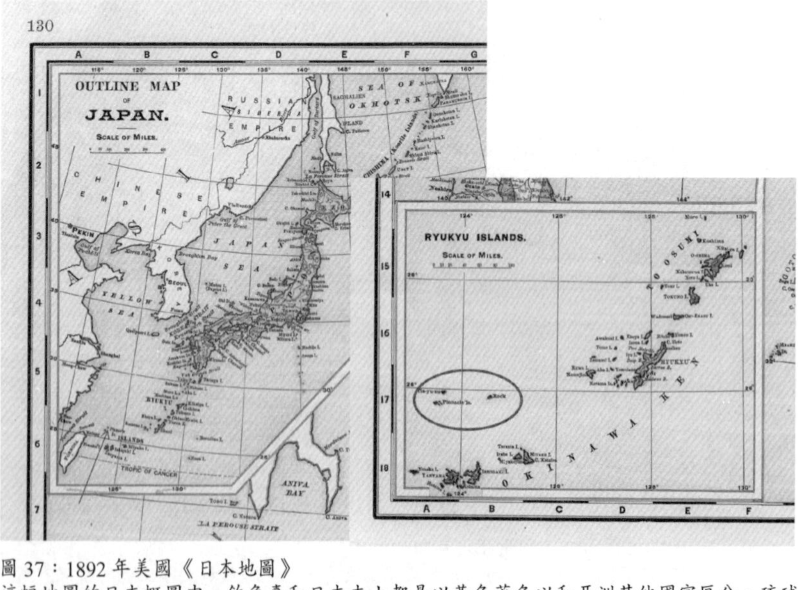

圖 37：1892 年美國《日本地圖》
這幅地圖的日本概圖中，釣魚臺和日本本土都是以黃色著色以和亞洲其他國家區分。琉球島嶼詳圖中則畫出了釣魚臺，並和宮古群島和八重山群島同以紅色著色。它們明確表示釣魚臺是日本沖繩的一部分。複製自原圖。(見彩圖 6)

地圖上把北方三島分別命名爲 Pinnacle Island、Crag Island 和 Agincourt Island，赤尾嶼命名爲 Raleigh Rock，豈不是表明這些地方是英國的島嶼？

另外，十九世紀七〇年代之後，甚至有外國地圖把釣魚臺畫入日本境內。比如一八七二年德國彼特曼（von A.Petermann）出版的《中韓日三國地圖》，釣魚臺被劃入日本之中。該圖中不同國家之間，用分界線作出區分，因此其涵義遠比上面列舉的明確。一八九二年，美國 Rand McNally & Company 公司發行的世界地圖（Indexed Atlas of the World）中的日本地圖，釣魚臺也在日本境內，並且和琉球同一種顏色（見彩圖5）。可見，十八、十九世紀的西方地圖，能夠確認釣魚臺屬於中國這一命題，並不成立。

在航海書籍方面，中國經常引用英國出版的《中國海指南》（*China Sea Direction*）來證明釣魚臺是臺灣的附屬島嶼[143]。《中國海指南》是一部英國水文測量局出版的關於西方到中國一帶水路的航海書與水文地理書，這是當時最權威的航海書籍。儘管名爲《中國海指南》，但是記錄的並不限於中國的海域，而是包括東南亞和東北亞，從印尼到庫頁島。中國的說法的理由大概是：該書的第三卷第五章是關於臺灣與鄰近島嶼以及海峽，裡面把臺灣北方三島和釣魚臺放在一起，統稱爲臺灣東北方的島嶼（Island north-eastward of Formosa）。

然而，《中國海指南》是純粹的航海書，絲毫不涉及主權問題，因此它的內容組合並不以國家和

---

[143] 前引註68，四九六頁。

行政區域爲單位。比如第三卷第五章的內容並不限於臺灣，共有東沙島、呂宋島北岸、巴布延群島、巴丹島、臺灣東岸、臺灣西岸、臺灣北岸、位於臺灣東北方的島嶼以及八重山群島與宮古群島等節【144】。因此，儘管該指南把這些北方三島和釣魚臺歸爲一類，並形容爲「臺灣東北方的島嶼」，但並不意味著英國水文測量局認爲這些島嶼是屬於臺灣的，更不意味著這些島嶼屬於中國，因爲書中並無任何涉及主權的字眼，也並無任何行政的意思。更何況，其實臺灣北方三島和釣魚臺在書中出現了兩次（圖38）。除了在第三卷中出現外，在第四卷第四章中又再次出現。這一次它們是作爲西南群島的一部分（Meiaco Sima Group）出現的，這個島群還包括八重山等【145】。如果以同一邏輯論之，那

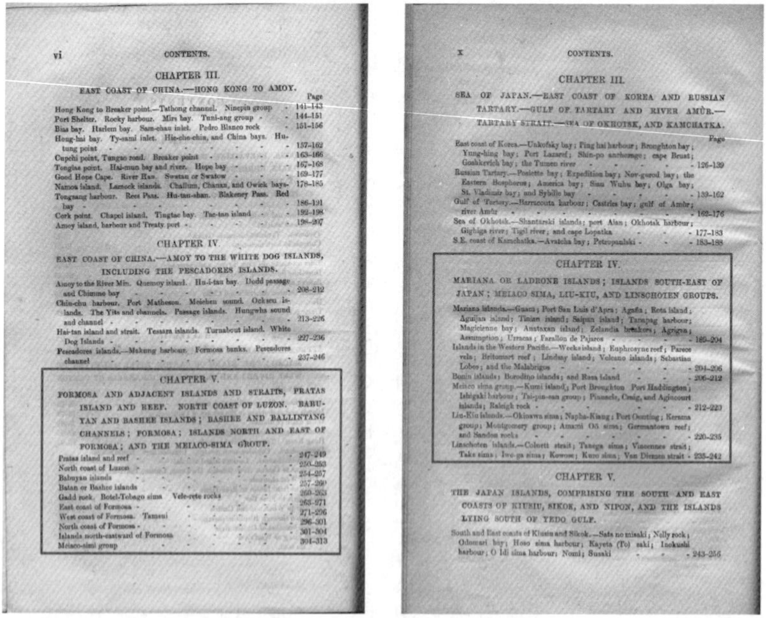

vi CONTENTS.

CHAPTER III.

EAST COAST OF CHINA.—HONG KONG TO AMOY.

Page

Hong Kong to Breaker point.—Tathong channel. Ninepin group - 141–143
Port Shelter. Rocky harbour. Mirs bay. Tuni-ang group - 144–151
Bias bay. Harlem bay. Sam-chau inlet. Pedro Blanco rock - 151–156
Hong-hai bay. Ty-sami inlet. Hie-che-chin, and China bays. Hu-tung point - 157–162
Cupchi point, Tangao road. Breaker point - 163–166
Tongias point. Hai-mun bay and river. Hope bay - 167–168
Good Hope Cape. River Han. Swatau or Swatow - 169–177
Namoa island. Lamock islands. Challum, Chanan, and Owick bays - 178–185
Tongsang harbour. Rees Pass. Hu-tan-shan. Blakeney Pass. Red bay - 186–191
Cork point. Chapel island. Tingtae bay. Tae-tan island - 192–198
Amoy island, harbour and Treaty port - 198–207

CHAPTER IV.

EAST COAST OF CHINA.—AMOY TO THE WHITE DOG ISLANDS, INCLUDING THE PESCADORES ISLANDS.

Amoy to the River Min. Quemoy island. Hu-i-tau bay. Dodd passage and Chimmo bay - 208–212
Chin-chu harbour. Port Matheson. Meichen sound. Ockseu islands. The Yits and channels. Passage islands. Hungwha sound and channel - 213–226
Hai-tan island and strait. Tessara islands. Turnabout island. White Dog Islands - 227–236
Pescadores islands.—Makung harbour. Formosa banks. Pescadores channel - 237–246

CHAPTER V.

FORMOSA AND ADJACENT ISLANDS AND STRAITS, PRATAS ISLAND AND REEF. NORTH COAST OF LUZON. BABUYAN AND BASHEE ISLANDS; BASHEE AND BALLINTANG CHANNELS; FORMOSA; ISLANDS NORTH AND EAST OF FORMOSA; AND THE MEIACO-SIMA GROUP.

Pratas island and reef - 247–249
North coast of Luzon - 250–253
Babuyan islands - 254–257
Batan or Bashee islands - 257–260
Gadd rock. Botel-Tobago sima. Vele-rete rocks - 260–263
East coast of Formosa - 263–271
West coast of Formosa. Tamsui - 271–296
North coast of Formosa - 296–301
Islands north-eastward of Formosa - 301–304
Meiaco-simi group - 304–313

x CONTENTS.

CHAPTER III.

SEA OF JAPAN.—EAST COAST OF KOREA AND RUSSIAN TARTARY.—GULF OF TARTARY AND RIVER AMÙR.—TARTARY STRAIT.—SEA OF OKHOTSK, AND KAMCHATKA.

Page

East coast of Korea.—Unkofsky bay; Ping hai harbour; Broughton bay; Yung-hing bay; Port Lazaref; Shin-po anchorage; cape Brust; Goshkevich bay; the Tumen river - 126–139
Russian Tartary.—Posiette bay; Expedition bay; Nov-gorod bay; the Eastern Bosphorus; America bay; Siau Wuhu bay; Olga bay; St. Vladimir bay; and Sybille bay - 139–162
Gulf of Tartary.—Barracouta harbour; Castries bay; gulf of Amùr; river Amùr - 162–176
Sea of Okhotsk.—Shantarski islands; port Aian; Okhotsk harbour; Gighiga river; Tigil river; and cape Lopatka - 177–183
S.E. coast of Kamchatka.—Avatcha bay; Petropaulski - 183–188

CHAPTER IV.

MARIANA OR LADRONE ISLANDS; ISLANDS SOUTH-EAST OF JAPAN; MEIACO SIMA, LIU-KIU, AND LINSCHOTEN GROUPS.

Mariana islands.—Guam; Port San Luis d'Apra; Agaña; Rota island; Aguijan island; Tinian island; Saipan island; Tanapag harbour; Magicienne bay; Anataxan island; Zelandia breakers; Agrigna; Assumption; Urracas; Farallon de Pajaros - 189–204
Islands in the Western Pacific.—Weeks island; Euphrosyne reef; Parece vela; Britomart reef; Lindsay island; Volcano islands; Sebastian Lobos; and the Malabrigos - 204–206
Bonin islands; Borodino islands; and Rasa island - 206–212
Meiaco sima group.—Kumi island; Port Broughton Port Haddington; Ishigaki harbour; Tai-pin-san group; Pinnacle, Craig, and Agincourt islands; Raleigh rock - 212–220
Liu-Kiu islands.—Okinawa sima; Napha-Kiang; Port Oonting; Kerama group; Montgomery group; Amami Oö sima; Germantown reef; and Sandon rocks - 220–235
Linschoten islands.—Colnett strait; Tanega sima; Vincennes strait; Take sima; Iwo-ga sima; Kowose; Kuro sima; Van Diemen strait - 235–242

CHAPTER V.

THE JAPAN ISLANDS, COMPRISING THE SOUTH AND EAST COASTS OF KIUSIU, SIKOK, AND NIPON, AND THE ISLANDS LYING SOUTH OF YEDO GULF.

South and East coasts of Kiusiu and Sikok.—Sata no misaki; Nelly rock; Odomari bay; Hoso sima harbour; Kayeta (To) saki; Inokushi harbour; O Idi sima harbour; Nomi; Susaki - 243–256

圖 38：1879 年《中國海指南》第三卷和第四卷目錄
釣魚臺列嶼在《中國海指南》中出現兩次。一次在第三卷，出現在臺灣東北方島嶼一節之下（左），第二次在第四卷，出現在先島群島一節之下（右）。複製自 1879 年版原書。

豈非說明英國認爲它們是八重山的一部分嗎？

二・五　釣魚臺是否爲臺灣附屬島嶼？

釣魚臺是否爲臺灣附屬島嶼這個問題，既與《馬關條約》相關，也與二戰後的一系列條約相關。附屬島嶼有兩個概念，一個是地理上的概念，一個是行政上的概念。現在討論的是行政上的概念。

在清朝的文字記錄中，極少把釣魚臺作爲臺灣管治的島嶼。在吳天穎的《甲午戰前釣魚列嶼歸屬考》中，能夠用於這個論點的證據只有一個，就是前面分析過的黃叔璥《臺海使槎錄》，它在武備篇中提到了釣魚臺這個地方[146]。《臺海使槎錄》的這一整段話，在多本臺灣的歷史地理書籍中都有引用，這些書籍包括范威《重修臺灣府志》、余文儀《續修臺灣府志》和李元春編輯的《臺灣志略》[147]。如前文所討論過的，這個「釣魚臺」基本不可能指現在的釣魚臺。即使再退一步，先暫且放下對「釣魚臺」地點的爭議，假定這個「釣魚臺」就是釣魚臺，也難以得出釣魚臺在行政上歸臺灣管轄的結論。因爲只要查閱這三本書，就會發現：首先，「山後大洋北，有山名釣魚臺，可泊大船十餘；崇爻之薛坡

【144】China Sea Directory, 2nd Edition, Hydrographic Office Admialty, London, 1879, Vol III, Chapter V.
【145】同上，Vol. IV, Chapter IV.
【146】前引註38，九二頁。
【147】前引註38，九二頁。

蘭，可進舢板」這句話並不出現在描述臺灣轄境的「封域」部分出現，而是在「武備」的部分出現。其次，即便在武備部分，這句話也沒有在正文之中出現，只是以「附考」的形式記載。而這些「附考」所說明的，是一些歷史上記載，並不是當時的情況。最後，在這些書所附錄的臺灣地圖中，也始終沒有出現過釣魚臺這個島嶼。

以上分析表明，即便這句話中的「釣魚臺」是指現在的釣魚臺，這些書籍的記載也有以下一些問題：第一，釣魚臺並不是臺灣府的正式轄區。第二，在這些書籍成書的年代，釣魚臺也並不是在當時的臺灣武備區域之內。「附考」充其量說明釣魚臺「曾經」在臺灣武備區域之內。我在前文已經論證過，在明朝時期，中國也曾把並不屬於中國的土地，列入武備區域。

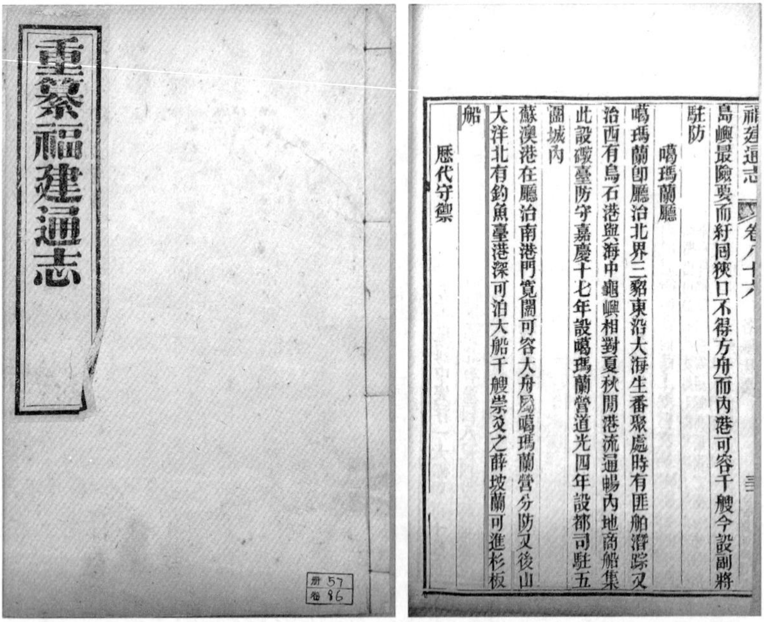

圖 39：1871 年陳壽祺等《重纂福建通志》
在這個史料中的釣魚臺，明顯引用自《臺海使槎錄》，因此也不是指現在的釣魚臺。這裡認爲它屬於噶瑪蘭廳的海防範圍，只是以訛傳訛的錯誤。複製自原書。

所以列入武備區，並不等於在行政上有從屬關係。

中國《釣魚島白皮書》稱「一八七一年（清同治十年）刊印的陳壽祺等編纂的《重纂福建通志》卷八十六將釣魚臺列入海防衝要，隸屬臺灣府噶瑪蘭廳（今臺灣省宜蘭縣）管轄。」[148]臺灣的邵漢儀也這麼認爲[149]。這本書（圖39）的海防編中，噶瑪蘭廳部分確實寫有：「又後山大洋北有釣魚臺，港深可舶大船千艘，崇爻之薛坡蘭，可進舢板船。」[150]

顯而易見，這也是根據《臺海使槎錄》而來的。而且，該書同樣只是在海防篇中引用了《臺海使槎錄》，而不是疆界篇，並不說明是行政關係。況且如果說釣魚臺是現在的釣魚臺，那它絕不可能如文中所說可容納千艘大船。

查閱一八五二年的《噶瑪蘭廳志》，就能發現當中的疆界篇明確寫道：噶瑪蘭廳的東面「以海爲界」，「北與淡水廳交界」[151]，其範圍根本沒有包括釣魚臺。如前所述，該書唯一提及釣魚臺的地方，就是在描述縣界外的地理的時候，和屬於鳳山縣的薛坡蘭一起提及。按照以上分析，這個「釣魚臺」其實在臺東秀芝蘭溪以南。而且據《噶瑪蘭廳志》，在噶瑪蘭縣根本沒有水師，更遑論海防一說了。所以把釣魚臺「劃分」給噶瑪蘭廳，很可能只是在編撰《重纂福建通志》時的一個誤筆。

【148】前引註138。

【149】邵漢儀《關於釣魚島，日本難以示人的眞相》，紐約時報，09/28/2012，http://cn.nytimes.com/opinion/20120928/c28shaw/

【150】陳壽祺等《重纂福建通志》第八六卷，和順齋，一八六八。

【151】前引註111，六頁。

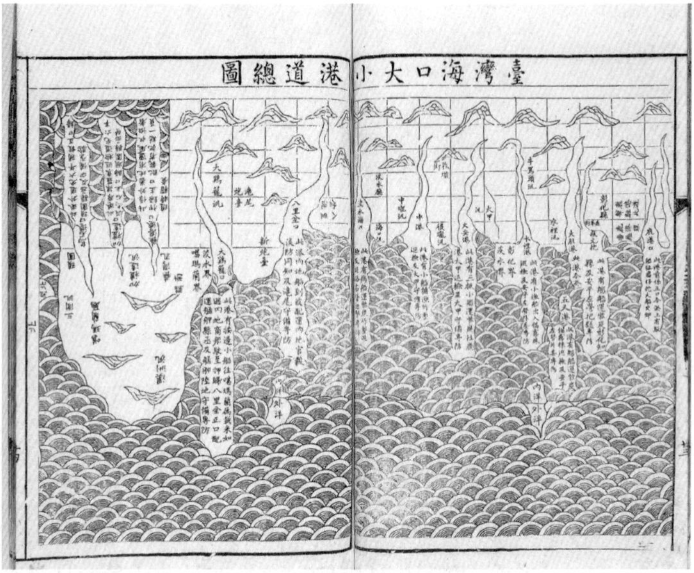

圖 40：1871 年陳壽祺《重纂福建通志》之臺灣海口大小港道總圖
這幅詳細的臺灣水路圖中，並沒有釣魚臺。證明釣魚臺並不在噶瑪蘭廳的範圍之內。複製自原書。

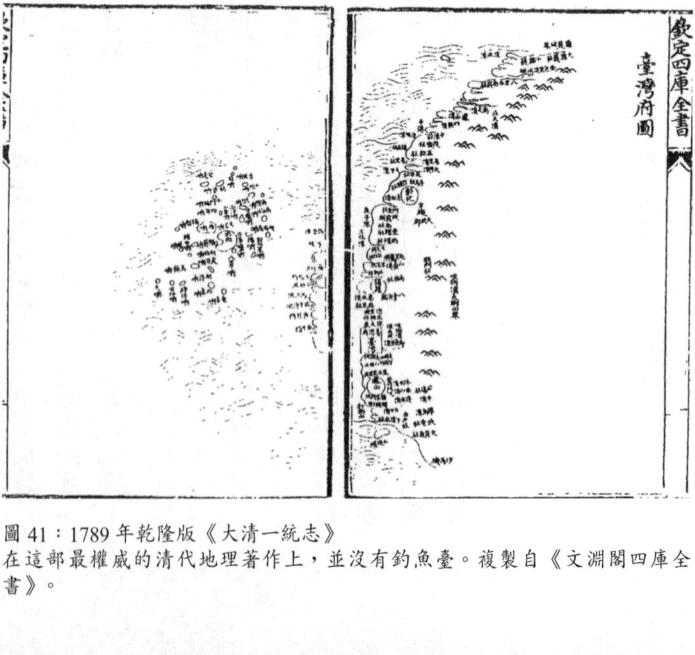

圖 41：1789 年乾隆版《大清一統志》
在這部最權威的清代地理著作上，並沒有釣魚臺。複製自《文淵閣四庫全書》。

其實如果多查閱幾本中國官方地理書籍，就會發覺釣魚臺與臺灣的關係更爲薄弱。比如最正式的官方地理書《大清一統志》中，釣魚臺就不在臺灣的範圍之中（這本書中根本沒有記錄釣魚臺）。在眾多清代臺灣書籍中，都有提及臺灣府的四至，它們都沒有到達釣魚臺。比如：《清一統志臺灣府》：「北至雞籠城海」[152]；《臺灣府圖志》：「北至雞籠城海」[153]；《全臺圖說》：「北至雞籠山」[154]。這些四至並不只是臺灣島的四至，而是臺灣府的四至，其最西面都是「西至澎湖島」。所以釣魚臺沒有在四至之中，正說明釣魚臺不在臺灣府的管轄範圍之中。

在甲午戰爭前，中國出版的臺灣地圖中，也沒有把釣魚臺畫在臺灣版圖之內。在剛剛提到的用作中方證據的《重纂福建通志》（圖40）的「臺灣海口大小港道總圖」上，也根本沒有釣魚臺[155]。乾隆版的《大清一統志》中也沒有釣魚臺（圖41）。其他臺灣方志上也沒有釣魚臺。一八七八年的《全臺前後山輿圖》（圖42）是一本由臺灣兵備道夏獻綸審定的全臺地圖，其中並沒有包括釣魚臺[156]。

一八八五年臺灣建省，重新整理臺灣的地理和行政區域，因此一八八五年之後的地圖應該最能反映臺灣的轄境。一八九二年刊行的《臺灣地輿全圖》（圖43）[157]，爲清朝第一幅用格林威治經緯度繪製

【152】前引註49，一頁。
【153】洪亮吉《臺灣府圖志》，臺灣輿地匯鈔，臺灣銀行，一九六五，四一頁。
【154】周懋琦《全臺圖說》，臺灣輿地匯鈔，臺灣銀行，一九六五，八二頁。
【155】前引註150，目錄卷。
【156】夏獻綸《臺灣輿圖》，臺灣文獻叢刊第四五種，臺灣銀行經濟研究室，一九五九，二—三頁。
【157】《臺灣地輿全圖》，臺灣文獻叢刊第一八五種，臺灣銀行經濟研究室，一九六三，二—三頁。

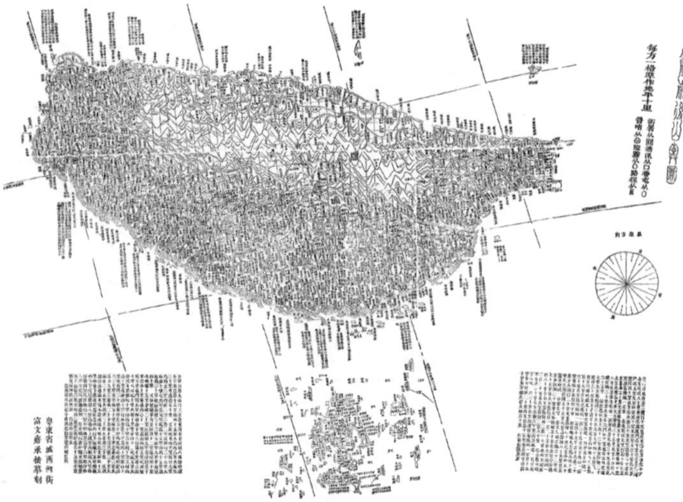

圖 42：1878 年夏獻綸《全臺前後山輿圖》
在臺灣開山撫番後，官方審定的臺灣地圖中也沒有釣魚臺。複製自夏獻綸《臺灣輿圖》，臺灣文獻叢刊第四五種。

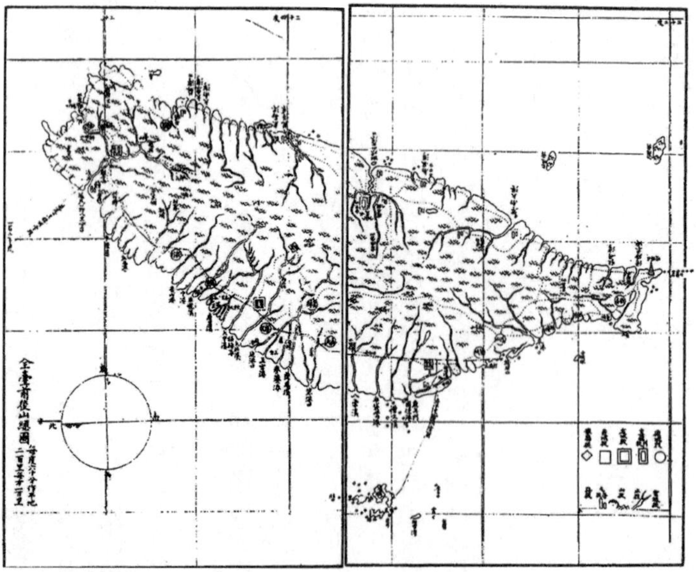

圖 43：1892 年《臺灣地輿全圖》之《全臺前後山輿圖》
臺灣建省後第一份帶有經緯度的的臺灣地圖上也沒有釣魚臺。複製自《臺灣地輿全圖》，臺灣文獻叢刊第一八五種。

的臺灣地圖。其中包括總圖一幅、分府圖四幅、分縣圖十四幅，當是最能反映當時臺灣行政區域的地圖，但當中也沒有釣魚臺。

這一期間的外國所畫的臺灣地圖，也都不包括釣魚臺[158]。比如：一八五六年美國船長佩里（Matthew C. Perry）《佩里之遠征》中的臺灣地圖（*Perry Expedition : The Island of Formosa*，圖44），包含了北部三島與東南部小島，但不包括釣魚臺。一八七五年，巴克斯（B.W.Bax）的《東方海洋》中的《臺灣島地圖》（*The Eastern Sea : Being a Narrative of the Voyage of H.M.S. Dwarf in China, Japan and Formosa, Island of Formosa*，圖45），包含了東南部小島，但是卻不包括釣魚臺。日本人出版的臺灣地圖中，也不包括釣魚臺，比如一八七三年日本海軍水路寮的《臺灣全島之圖》（圖46），當中包括澎湖列島，卻不包括釣魚臺[159]。請注意，這些圖幅中，不僅僅是在地圖中沒有標註釣魚臺，而是這些地圖根本沒有覆蓋釣魚臺所在的位置。

就我所知的唯一的例外是日本海軍水路寮在一八七三年出版的《臺灣水路志》（圖47），當中把釣魚臺列爲了臺灣的島嶼[160]。這是一本節譯自英國《中國海指南》的書。裡面的甫亞賓斯島即釣魚嶼，尖閣島即南小島和北小島，地亞烏斯島即黃尾嶼，刺例字岩即赤尾嶼。這無疑是一個對中方有利的證據。但需要指出的是：第一，當時日本並沒有兼併琉球，對釣魚臺的認識，主要從英國史料中得到。

[158] 這兩幅西方地圖都來自 David Rumsey Map Collection, http://www.davidrumsey.com

[159] 前引註176，http://www.geocities.jp/tanaka_kunitaka/senkaku/taiwanallmap-1873/

[160] 前引註176，http://www.geocities.jp/tanaka_kunitaka/senkaku/taiwancoastpilot-1873/

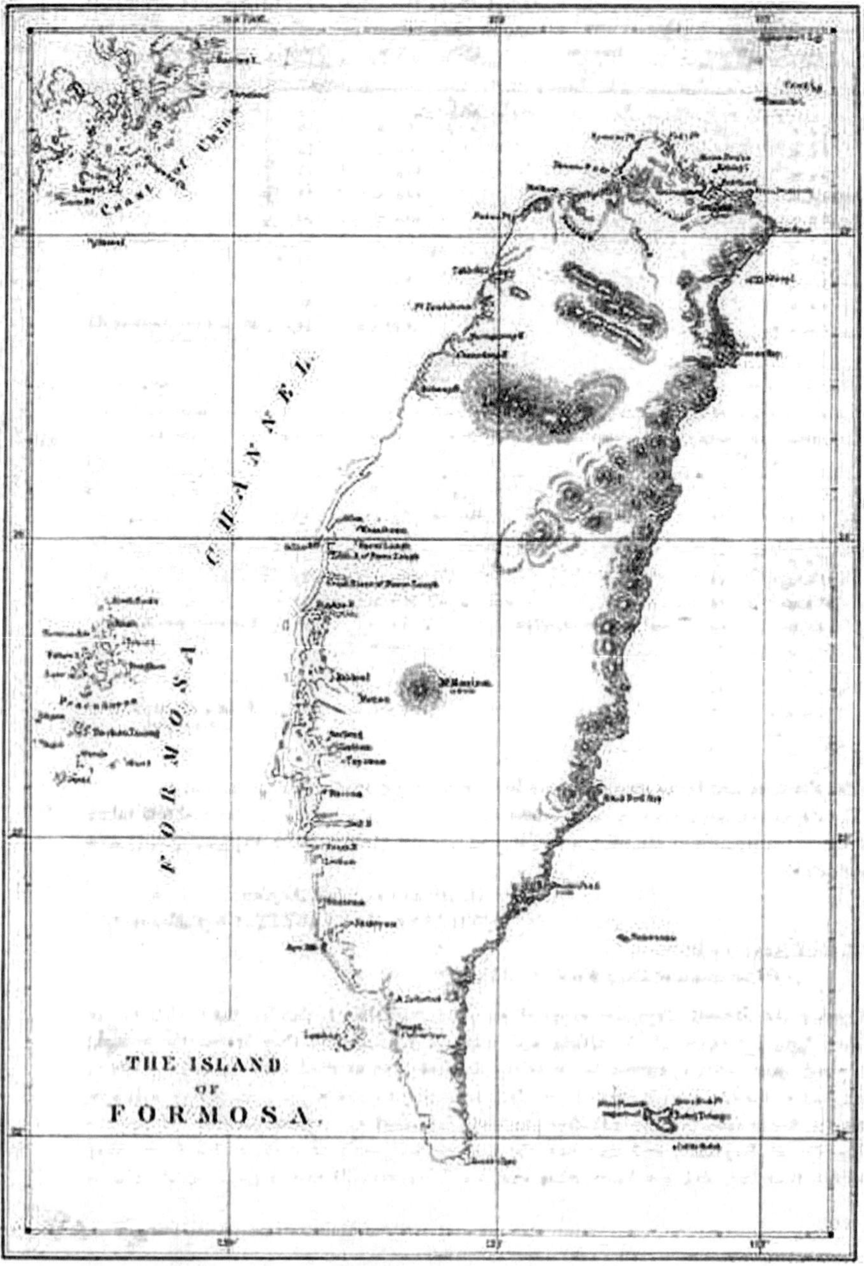

圖 44：1856 年《佩里之遠征》之《臺灣島圖》
在美國的臺灣地圖上，不包括釣魚臺。複製自原書。

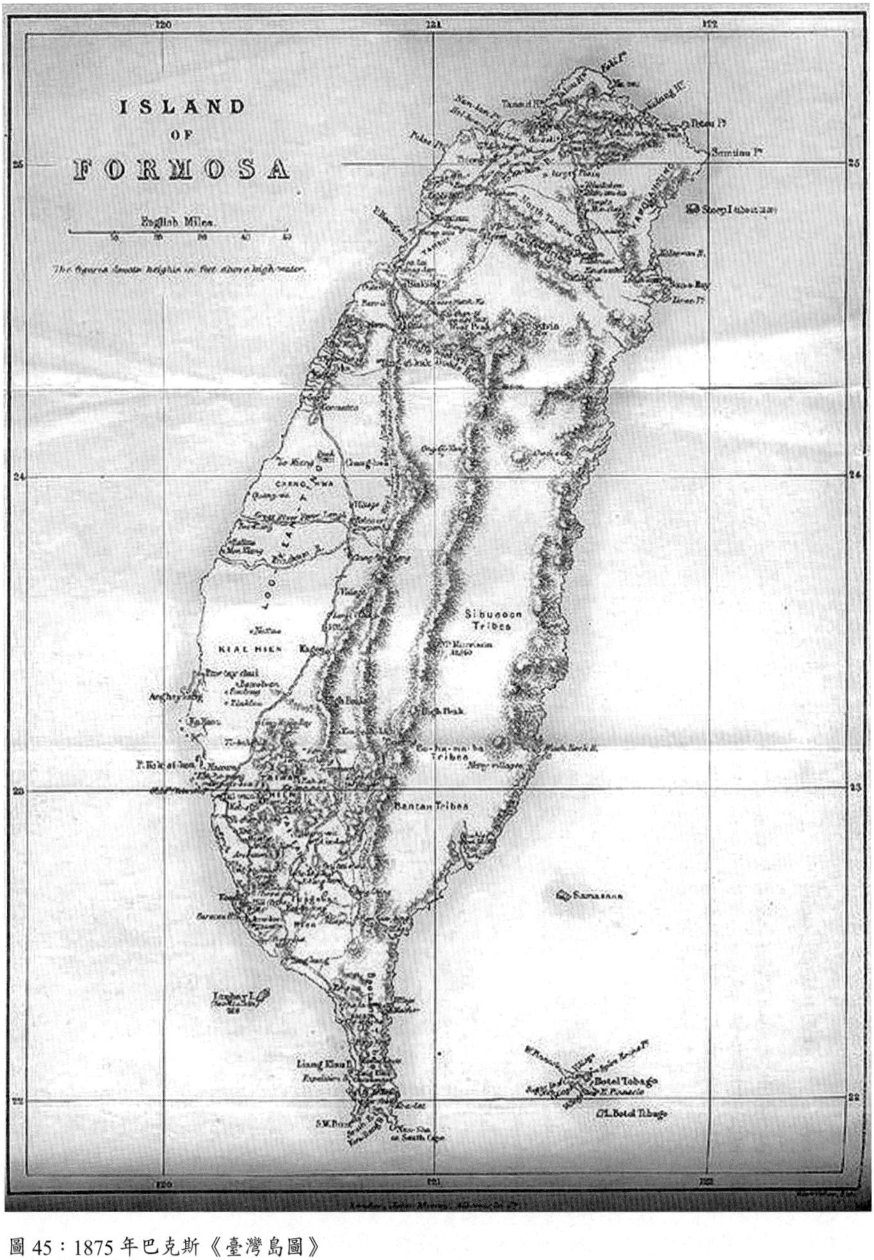

圖 45：1875 年巴克斯《臺灣島圖》
在英國的臺灣地圖上，不包括釣魚臺。複製自原書。

圖 46：1873 年日本水路寮的《臺灣全島之圖》
在日本人的臺灣地圖中，不包括釣魚臺。複製自原書。

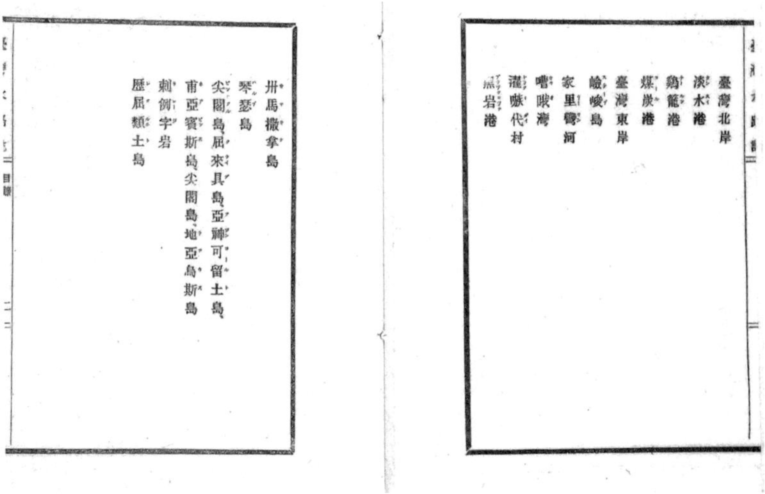
臺灣北岸
淡水港
鷄籠港
煤炭港
臺灣東岸
嶮峻島
家里鬱河
嘈哦灣
瀧蕨代村
黑岩港

卅馬撒拿島
琴瑟島
尖閣島、屈來具島、亞神可留土島、
甫亞賓斯島、尖閣島、地亞烏斯島
剌例字岩
歷屈類土島

圖 47：1873 年日本水路寮《臺灣水路志》
日本的這部著作中，把釣魚臺（英國的譯名）列入臺灣的水路之中。這是極少見的可以解釋爲承認釣魚臺是臺灣一部分的文獻。複製自原書。

而在一八七九年日本吞併琉球之後，凡是出現釣魚臺的地圖和水路志，都把釣魚臺列爲琉球的範圍之內。第二，這個例子僅僅是一個孤證，對比起數量眾多的臺灣不含釣魚臺的史料，這個史料的分量有限。第三，儘管《臺灣水路志》屬於日本官方的文件，但卻很難因此說明日本當時承認釣魚臺屬於中國。這是因爲在一八七三年的時候，日本還認爲中國在臺灣的統治限於臺灣島西岸，直到一八七四年牡丹社事件之後，日本才承認中國對整個臺灣擁有主權（見三・五節）。

可見，無論在中國還是在外國眼中，臺灣不包括釣魚臺，是一個普遍的共識。因此在一八九五年日佔之前，並沒有證據表明釣魚臺在行政上是臺灣的附屬島嶼。

二・六　慈禧太后賜島於盛宣懷的騙局

一直都缺乏清朝直接統治釣魚臺的證據，但

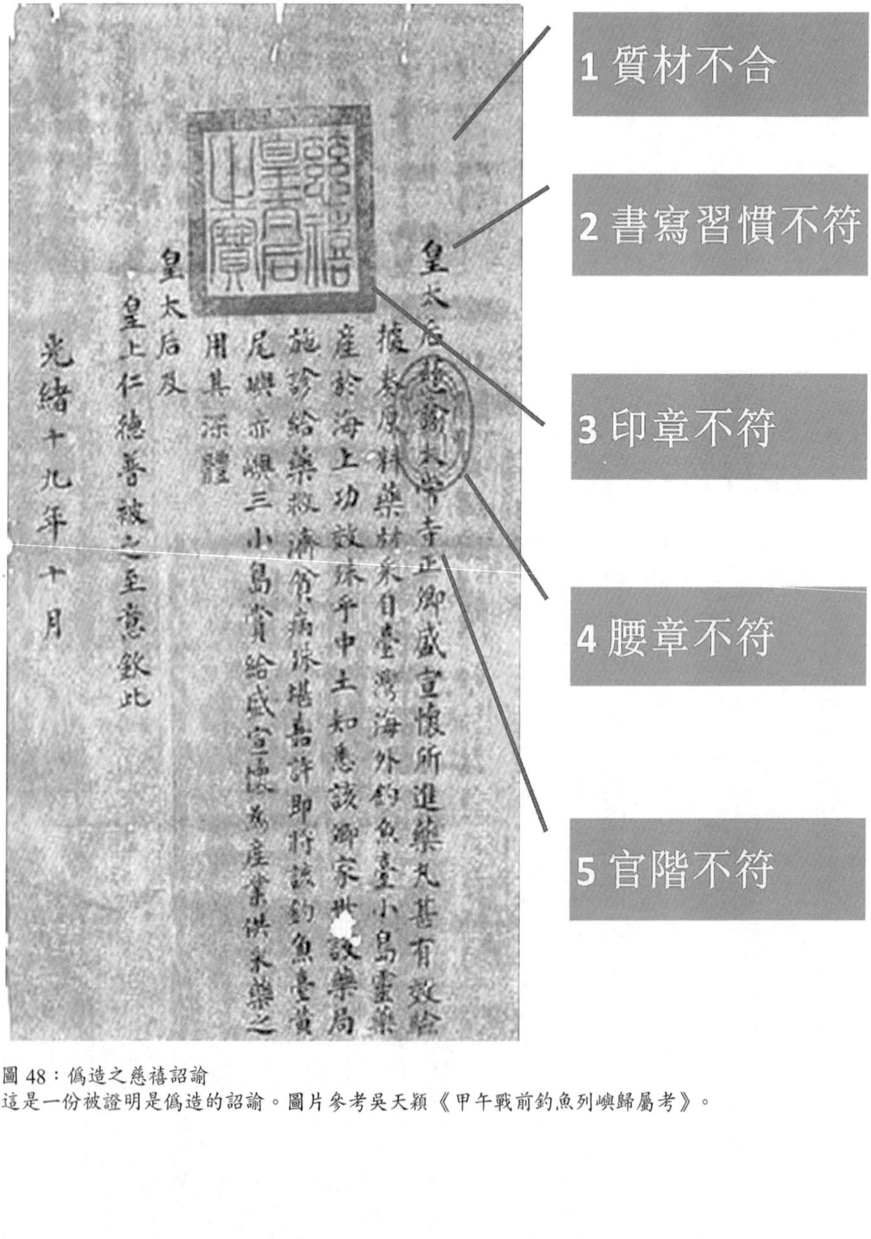

圖 48：偽造之慈禧詔諭
這是一份被證明是偽造的詔諭。圖片參考吳天穎《甲午戰前釣魚列嶼歸屬考》。

是在一九七〇年，中日釣魚臺爭議開始之後，突然出現了一份聲稱是一八九三年慈禧太后的詔諭（圖48），內容是把釣魚臺賞賜給盛宣懷。於是保釣人士莫不歡欣，認爲找到了最有力的證據。可是，最後證明這只是一個騙局。

盛宣懷和釣魚臺拉上關係，始於一個叫徐逸的美國華人，她在七〇年代初開始自稱本名爲「盛毓眞」，是盛宣懷的後人。她又聲稱當年盛宣懷的藥店所配製的風濕藥醫治好了慈禧太后的風濕病。因此慈禧太后在一八九三年，就下詔把釣魚臺賞賜給盛宣懷，以供其採藥之用。她還出示了一份「慈禧詔諭」。由於此詔諭出現在臺灣搜羅對釣魚臺的證據之時，徐逸頓時成爲臺灣、香港和美國華人界的大紅人。當時美國參議院要開琉球和釣魚臺問題的聽證會，「盛毓眞」甚至和楊振寧等著名人士一起受邀在國會作證。這份詔諭也因此存檔到國會會議記錄當中，甚至連北京也報導了這件事。從此，盛宣懷家族和釣魚臺的關係成爲臺灣最有力的證據，在七〇年代第一次保釣風潮的論文中，經常被引用[161]。

如果這件事是眞的，那對於中國方面無疑大大有利。可是騙局就是騙局。這份手諭本身有著諸多錯漏，很快就遭到諸多專家質疑。由於疑點過多，在學術界早已認定是僞造的。連盛毓眞這個身分也是假的，盛家眞正的後人，既從來沒有聽說過盛宣懷和釣魚臺有任何關係，也從來不承認盛家有過這麼一位「後人」[162]。

[161] 沙見林《慈禧太后詔諭與釣魚臺主權》，學粹，一九七一，第十四卷第二期，五三—五七頁。

[162] 宋路霞《盛宣懷家族》，上海科學文獻出版社，二〇〇九。另參見 http://view.news.qq.com/a/20120221/000036.htm

關於這個詔諭的造假，有很多文章專門討論。即便是中國方面的專家也這麼認爲。比如吳天穎的《甲午戰前釣魚列嶼歸屬考》就有專門的章節討論。這裡只簡述一下吳天穎一書中總結出的詔諭中的疑點[163]。

第一，材質不合。清代上諭，均爲普通白折紙寫成，沒有用棕紅色布料書寫的。

第二，書寫習慣不符。光緒時代，如果是光緒根據慈禧旨意發佈的詔諭，寫作「朕欽奉聖母（或慈禧端佑康頤昭豫莊壽恭欽獻崇熙）皇太后懿旨」；如果是慈禧直接發佈，當寫成「欽奉慈禧端佑康頤昭豫莊誠皇太后懿旨」。

第三，印章不符。「慈禧皇太后」大印，有異於清廷一般詔諭上所用玉璽，其有滿漢文，右側爲篆文，左側爲滿文。

第四，腰章不符。這份文件上的「御賞」腰章，不用於賞賜一類的文件，而用於書畫鑑賞一類的文件。

第五，寫錯了盛宣懷的官階。光緒十九年的時候，盛宣懷既非「太常寺正」，亦非「太常寺少卿」，更不是詔諭所寫的「太常寺正卿」。

另外，中國專家顧廷龍和夏東元翻查盛宣懷的八百包資料檔案，共十五萬件檔案，沒有發現盛宣懷和釣魚臺有任何關係。一份極爲詳細的《盛宣懷（杏蓀）行述》中，也沒有一字提及。[164]

因此，可以認定，徐逸不過是一個騙子，企圖在釣魚臺爭議之際，借助「愛國主義」來炒作一番和發一筆橫財而已。後來稍微嚴肅一些的釣魚臺著作，都不把它作爲一項證據，最多是一個花邊。

由於關於這個騙局的資料甚多，也已經成爲定論，我本來並不想提及。這裡要再提一下的原因，是在最近幾年，這個已經成爲定案的僞造證據，又被某些「專家」翻出來，堂而皇之地寫在論文裡。我以爲有什麼新的進展，原來根本沒有，這些「專家」還是引用七〇年代初的文章，而這些文章早就被學術界所拋棄。有的「專家」在中國混飯吃，對歷史本身所知就不多，這也可以理解。但我居然發現還有一些算是有身分的「專家」（比如復旦大學的潘忠岐）引用這個騙局爲證據，發表英文文章在國際學術期刊中[165]，令人目瞪口呆。

二・七　中國官方史料認爲釣魚臺屬於日本

晚清年間，一部分官員懷著變革救國的熱情，努力學習外國的知識。一八八五年，御史謝祖源上疏請求派員出洋考察，提出了向西方學習的建議。得到了朝廷首肯以後，便命總理各國事務衙門擬定《出洋遊歷人員章程》，並由總理大臣慶親王親自主持考試，選出出洋遊歷人員。這次考試共選取十二人，分別派往各國。考試名列第一的叫傅雲龍，原本是兵部候補郎中保補缺，是兵部推薦人員。他所前往的國家和地區爲日本、美國、秘魯、巴西、加拿大和古巴六國，並假道新加拉那大（即新格蘭納

【163】前引註38，一一一—一一二頁。

【164】前引註162。

【165】Zhongqi Pan, Sino-Japanese Dispute over the Diaoyu/Senkaku Islands: The Pending Controversy from the Chinese Perspective, *Journal of Chinese Political Science*, 2007, Vol.12 no.1, 2007, p.71.

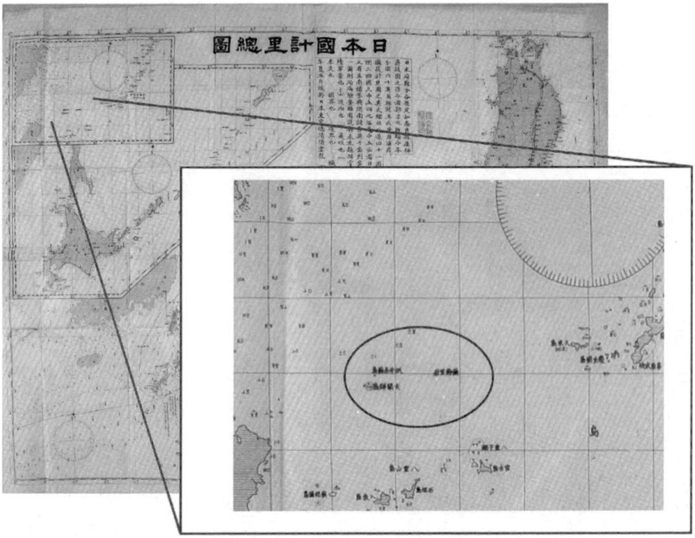

圖 49：1889 年傅雲龍《遊歷日本圖經》之日本地圖
這份清朝的官方材料把釣魚臺列入日本的國界之中。複製自原書。

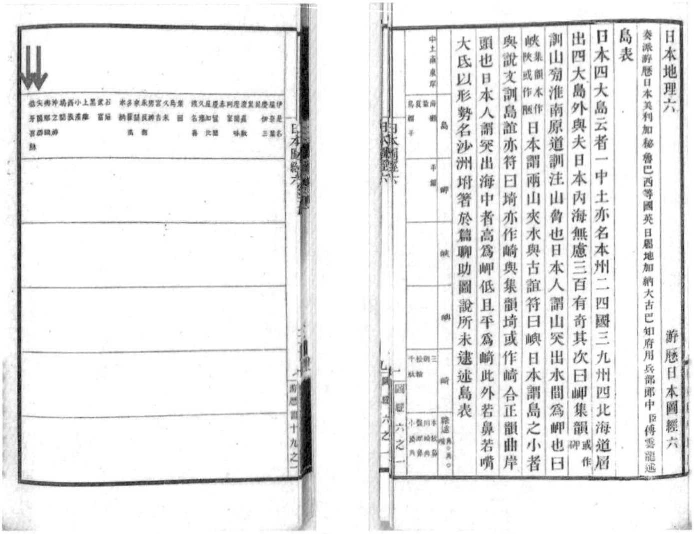
日本地理六　游歷日本圖經六

奏派游歷日本美利加秘魯巴西等國英日屬地加納大古巴知府用兵部郎中臣傅雲龍述

島表

日本四大島云者一中土亦名本州二四國三九州四北海道屆出四大島外與夫日本內海無慮三百有奇其次曰岬集韻或作碑訓山穷淮南原道訓注山脅也日本人謂山突出水間爲岬也曰峽集韻本作陜或作陿日本謂兩山夾水與古誼符曰嶼日本謂島之小者與說文訓島誼亦符曰埼亦作崎與集韻埼或作崎合正韻曲岸頭也日本人謂突出海中者高爲岬低且平爲崎此外若鼻若嘴大氐以形勢名沙洲埒箸於鶴聊助圖說所未逮述島表

圖 50：1889 年傅雲龍《遊歷日本圖經》之島表
這份清朝的官方史料把釣魚臺（尖閣群島）列入日本島表之中，更爲明確地認爲釣魚臺是日本的領土。複製自原書。

達國）、厄瓜多爾、智利、巴他峨尼國及丹麥五國。這次出國遊歷考察的目標非常明確，《出洋遊歷人員章程》第九、十兩條明確規定，要求遊員將各處地形要隘、防守大勢，及遠近里數、風俗政治、製造廠局、火輪舟車、水雷炮彈詳細記載，以備查考[166]。

傅雲龍在一八八七年開始考察，歷時二十六個月，是十二位遊歷使中最勤勉的一位。在考察之時和回國之後，他寫了一系列的有關各國的考察報告和地圖表格，總數達一百一十卷，約百萬字。他把這些書籍作爲正式報告，上呈光緒和總理衙門，得到「堅忍耐勞，於外洋情形考究尤爲詳確」的批語，並得到升官的嘉獎，他的書籍也隨即公開發表，由李鴻章親自爲書作序[167]。

傅雲龍對日本的報告名爲《遊歷日本圖經》，在一八八九年刊行。在他爲期兩年的行程中，有一年多是在日本。因此他對日本的考察特別詳細，而他的這本書在中日關係史上，也有極爲重要的價值。根據這本圖經，有理由相信傅雲龍認爲釣魚臺是日本領土的一部分。因爲在這本書的日本全圖（圖49）中，琉球群島專門以方框畫出，而當中就有釣魚臺各島嶼。其中釣魚嶼、南小島和北小島被稱爲尖閣列島，黃尾嶼被稱爲低牙吾蘇島，赤尾嶼被稱爲爾勒里岩[168]。相關的命名，顯然是從英國測量船沙馬朗號在一八四五年測量釣魚臺之後所作的英國海圖而來的（見三・四）。除此地圖證據之外，其中《日本地理六》一篇中的「島表」，把日本所有的島嶼一一列出（圖50）。在「州南諸島」部分（指

【166】王曉秋《三次集體出洋之比較：晚清官員走向世界的軌跡》，學術月刊，二〇〇七年六月，http://jds.cass.cn/Item/6666.aspx
【167】同上。
【168】傅雲龍《遊歷日本圖經》，上海古籍出版社，二〇〇三。

琉球群島等）列出了所有釣魚臺列嶼的島嶼。和地圖對照看，「尖閣群（島）」指釣魚嶼、南小島和北小島，「低牙吾蘇（島）」指黃尾嶼。這個島表對於「釣魚臺屬於日本」的表述，比地圖還要有說服力[169]。可見，地圖和圖表的證據，充分證明了傅雲龍，作為一名清國的特派官員，在一份官方的著作中，完全肯定釣魚臺是日本的領土。

關於《遊歷日本圖經》的官方公文書的性質和地位，可以類比歷代琉球冊封使在回國後寫成的《琉球國志略》等書。如果後者是有正式文件地位的，就無法否認前者的地位。值得指出的是，傅雲龍在出使時的官位是從三品，而清代琉球冊封使通常是翰林院修撰、檢討之類，為從六品或從七品官。可見傅雲龍的地位遠比琉球冊封使為高，其著作也自然更加有官方的權威性。《遊歷日本圖經》的官方性質，還很好地反映在清朝高層對之的態度上。書籍上呈之後，總理衙門評價為「於外洋情形考究尤為詳確」；光緒皇帝「側席慰勞，褒曰書甚詳」，在駐日公使黎庶昌回國後面聖之際，光緒帝再次讚揚了這本書。書的扉頁還有御覽的印章。而李鴻章更是親自為書作序，讚譽有加。因此，本書作為中國官方的性質無可置疑，代表了中國官方的態度。

那麼，《遊歷日本圖經》是否代表了傅雲龍自己的見解？是否算是有效證據？有人可能會認為，《遊歷日本圖經》在編撰過程中，參考了日本的資料，所以不能說明傅雲龍自己的態度。顯然，和所有的類似書籍（包括各種使琉球錄）一樣，《遊歷日本圖經》不是憑空產生的作品，而是參考大量書籍寫成的，但這並不代表內容不是傅雲龍自己的見解。原因如下：

首先，就文章的體裁而言，這本書是一部綜述性的著作，而不是一部翻譯的作品，也不是一部資料彙編。如果是後兩者，當然有理由認為內容只是反映了原作者的意見，而不是作者本身的意見。但作爲前者，他就應爲內容的正確性負責。

其次，傅雲龍並不是機械地摘錄他看過的資料，而是作出了很多分析和判斷。比如在日本地理方面，他就屢次指出了日本學者中根淑著作中的錯誤[170]。可見，他在篩選材料的時候，只會選取自己認爲是對的材料。

再次，在寫作過程中，他得到了駐日公使黎庶昌的鼎力相助。他形容爲「即疑即問，即譯即筆」，「非黎大臣導之，勖之，洞甘苦而慰勞之，幾何不疑懼交迸也」[171]。黎庶昌在回國述職面聖時，還向光緒帝極力推薦此書。可見書中資料的準確性，也是得到駐日公使的首肯。

再次，《遊歷日本圖經》得到了總理衙門「堅忍耐勞，於外洋情形考究尤爲詳確」的批語，「詳確」二字，表明了清廷對於該書的準確性是認可的。

最後，如果類比中國屢屢提及的對中方有利的資料：林子平的《三國通覽圖說》，就更加可以肯定這本書的意義。在《三國通覽圖說》中，作者也參考了大量的中國和琉球的著作，他畫的圖就是根據這些著作而來的，而中國方面並沒有因此認爲這個證據是無效的（相反日本倒是以此作爲這個證據無效的理據之一）。如果運用中方的同一標準，就無法因爲《遊歷日本圖經》參考了別國的資料，就

【169】同上。
【170】同上，序言。
【171】同上，序言。

否認其證據的有效性。必須指出的是，《三國通覽圖說》是日本私人的著作，並且當時是禁書，所以不能引申爲當時日本政府的意見，而《遊歷日本圖經》是官方著作，並得到了最高層的肯定。因而在作爲證據的價值上，《遊歷日本圖經》遠遠在《三國通覽圖說》之上。

另外還要注意的是，一八八九年是該書的出版日期，這個日期還在日本正式兼併釣魚臺之前（一八九五）。可見中國在一八九五年之前已經不認爲釣魚臺是自己的領土了。

那麼《遊歷日本圖經》是否在《馬關條約》的簽訂中起作用？對此，並沒有百分百肯定或否定的結論。但我認爲非常可能有。原因在於《遊歷日本圖經》是甲午戰爭之前中國最詳細的關於日本的書籍，乃是每個對日外交工作者的必讀參考書。無論光緒帝還是李鴻章都認眞讀過這本書，李鴻章甚至還親自作序言，駐日公使黎庶昌也洞悉書中的內容。很難相信，他們對這本書的第一頁畫出的日本地圖和日本地理一無所知。在《馬關條約》談判時，中國的主持者就是李鴻章和他的養子李經方，而李經方也是交接臺灣時的中方代表。李經方是黎庶昌之後的駐日公使，也和傅雲龍在天津共同工作，而傅雲龍也是李鴻章的心腹。考慮到雙方的密切關係和李經方的職務所在，也很難相信他沒看過這本書的這幅地圖。因此，《遊歷日本圖經》對簽訂《馬關條約》時的中國官員在認知方面的影響，應當是非常大的。

最後，《遊歷日本圖經》這本書並不是當時中國對釣魚臺影響力減少的孤證。書中的內容與其他證據是相吻合的，即十九世紀開始，中國對釣魚臺的影響力減弱和琉球對釣魚臺的影響力增強，詳細請參見三・三。這也再次證明了這本書中內容的可靠性與在史學上的意義。

二・八　小結

綜上所述，截至一八九五年，清代中國對釣魚臺的認識，來源於兩個獨立的系統：一個是各個前往琉球的冊封使寫的記錄。這個系統是比較詳細的，儘管這些記錄大都以琉球為主，但是在記錄中，幾乎都在航海的路線中提到了釣魚臺。所有這些記錄都沒有直接提到釣魚臺是中國的領土，但不乏間接地暗示了這一點的字句。比如一六八三年，汪輯記錄下船夫說「黑水溝」是「中外之界」的話，這算是有較為明確的說明釣魚臺在中國的界線之內的證據，儘管這個分界到底是不是中國官方認可的分界也有模糊之處。另一個系統是方志中的記載，這個系統是非常不可靠的。所有相關記載僅僅有一個來源，就是一七二三年《臺海使槎錄》中，海防篇裡提到「山後大洋北」的一句話。自此之後，沒有任何一篇獨立的原創史料提到釣魚臺。而根據前文分析，句中的「釣魚臺」其實並不是現在所討論的釣魚臺。

琉球冊封使記錄和方志這兩個系統沒有任何交集，在清代乃至民國，從來沒有人把這兩個釣魚臺聯繫在一起。清代的地理學家對釣魚臺的了解也非常不足，釣魚臺的名字以類似福建話的發音翻譯為外文，再從外文翻譯為好魚須、和平山和低牙吾蘇島等中文，這類「常凱申」和「孟修斯」式的學術笑話，正反映了中國地理學界的尷尬。不同的是，現在「常凱申」立即成為一個笑話，好魚須與和平山卻還在當代中國重新翻出來作為寶貝。

儘管有個別中國地圖把釣魚臺劃入中國的界內，但更多的中國地圖卻沒有把它畫入。這使得中國在清代對釣魚臺的主權更為模糊。清朝缺乏對釣魚臺的官方治理記錄，也缺乏對釣魚臺的行政規劃，更加缺乏把釣魚臺視爲臺灣附屬島嶼的證據。中國官方地理書從來沒有把釣魚臺編入臺灣的正式規劃之中。官方所編撰的臺灣地圖，也沒有把釣魚臺劃入轄境之中。外國也普遍不把釣魚臺視爲臺灣的一部分。

我認爲，以國際法來看，在十七至十八世紀，釣魚臺大概可以算是中國未整合的領土，也就是所謂的民間傳統領土，或者說是邊緣領土。這類領土的特徵是有中國人在這一帶活動，也可以說是被這些中國人視爲傳統活動地帶。但是中國政府卻沒有把它正式納入領土的範圍，也沒有被中國政府所關注。這類的領土其實在清朝是非常多的，幾乎所有的邊疆地區莫不如此。對清朝來說，很多這樣的領土屬於可有可無。身處遙遠的海疆無人居住的釣魚臺更是如此。

但是進入了十九世紀之後，中國對釣魚臺的影響力已經逐步減少。直至十九世紀末，甲午戰爭前，中國已經不把釣魚臺視爲自己的領土了。這個趨勢清晰地反映在十九世紀冊封使的記錄、傅雲龍的著作以及琉球對釣魚臺逐漸增長的影響（見第三章）之中。

第三章　琉球與日本對釣魚臺的認識、勘查與佔領（一八九五年之前）

日本在一八九五年正式把釣魚臺編入日本的領土之中。正如序言中所提出的：如何在國際法上界定這個佔領的性質是關於釣魚臺主權問題的關鍵之一。因此在這一章，我將從歷史的角度對日本佔領釣魚臺的過程，仔細地進行分析。日本和釣魚臺的淵源很大程度上源於琉球，在日本兼併了琉球之後，日本才開始產生對釣魚臺的主權意圖，進而才經過十年的考察與等待後，兼併了釣魚臺。因此，要釐清日本與釣魚臺的關係，還必須從琉球和釣魚臺的關係入手。

三・一　十九世紀前琉球人對釣魚臺之認識

與中國人一樣，來往於中國和琉球水道之間的琉球人，也很早知道了釣魚臺。由於明朝和清朝限制民間海外貿易，琉球和中國的貿易大多是以「進貢」的形式進行，即琉球派出船隻向中國進貢，而中國則回賜價值相當甚至更多的貨物，另外琉球亦趁此機會向中國出口和從中國入口其他貨物。這種進貢貿易只由琉球方面進行。而中國到琉球都是透過冊封使進行。因此，琉球在歷史上向中國派遣船隻多，而中國向琉球派遣船隻少。據日本人的統計，從明代到清代，琉球到中國方面的進貢船達到兩百四十一次，而中國方面的冊封船只有二十三次[172]。可以判斷，琉球人對中琉水路之熟悉，至少並不在中國人之下。從一系列中國使者的記載來看，琉球人亦確實對包括釣魚臺在內的中琉水道非常熟悉。比如前章已經提過，在明朝陳侃出使琉球時，因爲中國人不熟悉水道，還必須依靠琉球人帶路才能出發前往。在清朝，琉球派出接引大夫伴隨冊封使到琉球，這些接引大夫可能既有禮儀性的因素，又有引路的作用。這些記錄正印證琉球人對中琉水路非常熟悉的論點。

儘管很多明代的中國史料都認爲姑米島是琉球的界山，而這一點也爲清代的史料所重複。我在此提出兩個例外，而它們在第一部分中，也都被提過：

第一個是明朝鄭若曾對《鄭開陽雜著》中的第七卷「琉球國圖」中，釣魚臺被畫在琉球國的境內，而且與非琉球國的地方區分得非常明顯（參見一・五）。鄭若曾是《籌海圖編》的作者，從「琉球國圖」這個名字看，遠比《籌海圖編》的「沿海山沙圖」更能被確認帶有主權意義。

第二個就是冊封使郭汝霖一五六二年完成的出使述職報告《琉球奉使錄》。其中明確記載赤尾嶼是琉球邊界上的界山。結合郭汝霖的另一部著作《石泉山房文集》所說的：「涉琉球境界，地名赤嶼」，其意思就更爲清晰了。這句話是指：「進入了琉球的地界，這個地名是赤嶼」。因此，郭汝霖這兩個互相印證的表述都表明了赤嶼，也就是赤尾嶼，屬於琉球的範圍。（見一・二）需要指出的是，它們都只是表明了琉球的地界，並沒有一字一句提到中國的地界。當然，我認爲單憑此兩個證據，就認爲釣魚臺，或者至少是赤尾嶼屬於琉球的領土，仍然是不足夠的，因爲孤立的證據往往是歷史學和國際法中的大忌。

琉球本國極少留下清朝之前的文獻。現存琉球本國的文獻中，最早出現釣魚臺已經是中國清朝的事。該文獻是琉球王國執政官向象賢於一六五〇年所著的《琉球國中山世鑑》[173]。這部文獻裡沒有單獨提到釣魚臺，只是全文轉載了陳侃的《使琉球錄》，因而也記載了釣魚臺。第一部原創的資料爲一七

[172] 前引註33，五一頁。
[173] 井上清《尖閣列島——釣魚諸島的歷史解明》，東京，現代評論社，一九七二，五八頁。

○八年程順則的《指南廣義》[174]。《指南廣義》的配圖清楚顯示古米山是琉球之界，釣魚臺則在其外。一七二五年琉球人蔡鐸的《中山世譜》中的《琉球輿圖》（圖51）中畫出了琉球地界，當中也沒有釣魚臺[175]。

但需要指出的是，儘管一般說琉球的領土是「琉球三十六島」，但實際上，三十六島並不是琉球領土的全部。琉球的島嶼大約有七十餘個。不少島嶼並不在「三十六島」之內。因此僅僅因爲三十六島不包括釣魚臺，就認爲釣魚臺不屬琉球是一種不嚴謹的方法。綜合考慮各種因素，才能得出正確的結論。

綜合而言，特別是結合中國的史料來看（見第一章和第二章），在十九世紀之前，琉球人儘管知道釣魚臺，但基本不把釣魚臺視爲自己本國的領土。

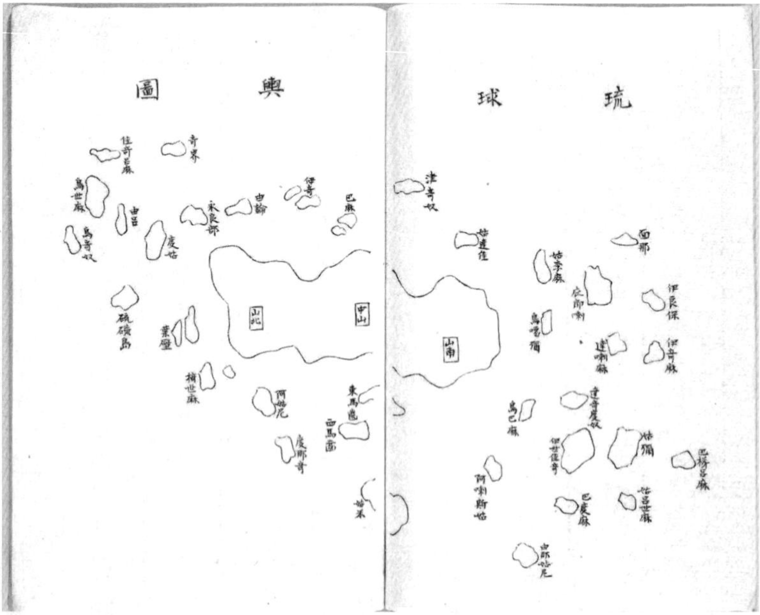

圖 51：1725 年蔡鐸《中山世譜》中的《琉球輿圖》
這本琉球的官方著作中，並沒有把釣魚臺列入琉球境界。複製自日本內閣叢書版。

三・二　日本人對釣魚臺的認識

目前沒有看到日本人在十八世紀之前關於釣魚臺的直接記錄。但可以推斷在中國明朝，日本人就已經知道釣魚臺。這有兩方面的證據。第一，明朝倭寇興盛之時，日本人在十六世紀，就開始以臺灣爲據點，也來往於臺灣到琉球的水道，他們很可能在當時就已經知道釣魚臺。中國爲了抵禦倭寇而畫的海防圖中，多有把釣魚臺畫在圖上，可能倭寇當時已經在這一帶活動。第二，更爲直接的證據是鄭舜功在《日本一鑑》中說，他所畫的海圖是參照了日本人的地圖，而這些海圖裡就詳細畫有釣魚臺（見一・四）。因此可以推斷日本人的海圖中也是有釣魚臺的。

在日本典籍中，最早出現釣魚臺的是一本名爲《和漢三才圖會》（圖52）的類書。《和漢三才圖會》在一七一二年出版，其構思來自中國明代的《三才圖會》。全書達一百零五卷之多，以圖解形式描述了當時社會的各方面，是繪圖類書的代表作。

《和漢三才圖會》中畫有「琉球國之圖」[176]。從圖的形式看來，應該與《籌海圖編》和《廣輿

[174] 同上。

[175] 《國家圖書館藏琉球資料續編》下，北京圖書館出版社，二〇〇二，二二—二三頁。

[176] 田中邦貴，尖閣諸島問題網站。這是一個專門數位化蒐集有關釣魚島資料的網站。所有材料都有原件的影本，似多是早稻田大學圖書館所藏的掃描本，並註明原件的來源。我對其中很多材料查看過原件，證明其準確性。故其材料高度可信。我在引用中列出此連結，以便條件不足的讀者能夠方便查看。此圖可見 http://www.geocities.jp/tanaka_kunitaka/senkaku/wakan-1715/

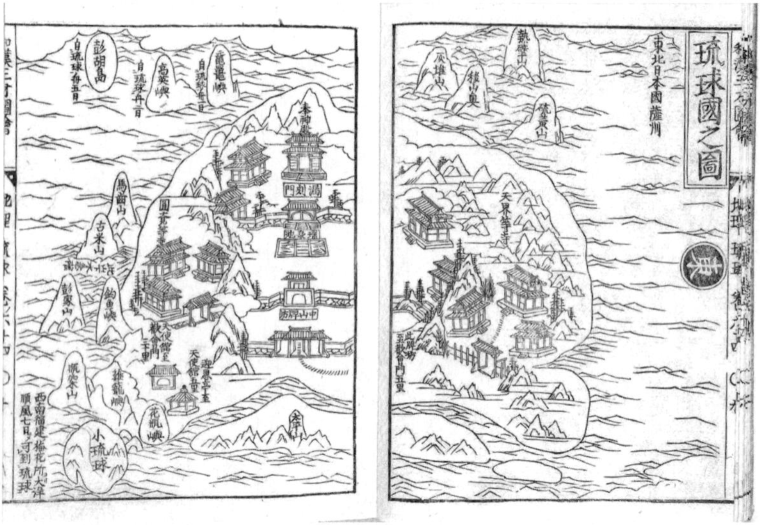

圖 52：1712 年《和漢三才圖會》之琉球國之圖
這是日本最早出現釣魚臺列嶼之文獻，相信和中國明朝的作品有淵源關係。複製自原書。

圖》有淵源。在圖中，釣魚嶼出現在琉球國領域。由於圖中還出現了不屬琉球國的小琉球（臺灣），因而不能僅僅憑藉該圖，就確認釣魚臺屬於琉球。但此圖再一次證明了釣魚臺在歷史上的模糊地位。而且根據圖名，其表達的主權意思比《籌海圖編》中的「沿海山沙圖」，更能被確認帶有主權意義。

十七世紀起，日本已經控制了琉球並從中琉之間的貿易中獲益，因此對中琉之間的水道也是相當熟悉的。一個證據就是在十八世紀中期，清朝冊封使周煌的《海東集》稱當時中琉水道所用的航海指南，都是用日本人的針經（見二・一）。可以推斷這些水手用日本人的針經而不是中國或者琉球的針經的唯一原因，就是日本的針經更爲詳細和準確。因此，日本人對這個地區的水道的了解，可能比中國和琉球人更多。

中國專家一般認爲，日本最早的有關釣魚臺的書籍是日本人林子平在一七八五年寫成的

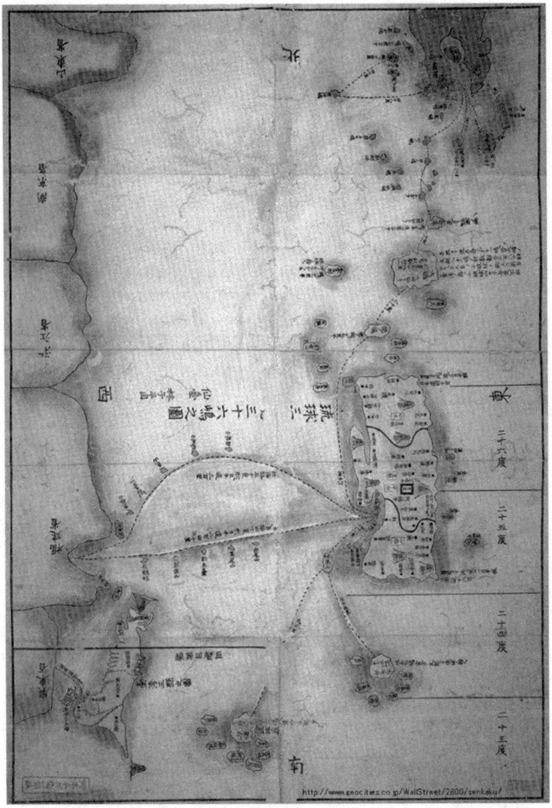

圖 53：1785 年林子平《三國通覽圖說》
此圖把釣魚臺和中國大陸用紅色標識，而臺灣和琉球用黃色標註。由於此書當時是日本禁書，故不能說明日本官方態度，但是仍然存在歷史價值。複製自日本內閣文庫版。（見彩圖 7）

《三國通覽圖說》（圖53）[177]。它經常被支持中國方的資料引用，以證明在當時釣魚臺是中國的一部分[178]。日本學者井上清也持同樣意見。《三國通覽圖說》的一大特點是上色，這在古代東方地圖中非常少見。而當中釣魚臺和中國大陸都採用了紅色（見彩圖7）。於是傾向中國的專家就認爲這「證明」了釣魚臺在當時是中國

[177] 鄭海麟《釣魚島列嶼之歷史與法理研究（增訂本）》，中華書局，二〇〇七，八頁。

[178] 前引註177，二一九頁。前引註34。一七四頁。前引註38，六三頁。

的一部分，更加「證明」了日本當時承認釣魚臺是中國的領土。

事實究竟如何呢？首先要說明的是，《三國通覽圖說》並不是日本官方的著作。林子平本人並不是日本的官員，而是一個日本學者與一個地方藩屬仙臺藩主的幕僚。他本人的意見並不能代表日本政府的意見。林子平的《三國通覽圖說》也並不是在日本政府命令或支持下寫的。當時的日本政府不但不支持，還把這本書在日本列爲禁書[179]。所以用《三國通覽圖說》來論證日本政府當時的態度，顯然是沒有說服力的。當然，我不同意日方所堅持的只有官方資料才有法理價值的看法。《三國通覽圖說》作爲一部地理學著作，仍然可以作爲當時人們如何看待各國歷史疆界的一項證據，是有歷史價值的史料，只不過它的內容不能代表當時日本政府官方的立場。

另外還有重要的一點需要指出的是，《三國通覽圖說》儘管上了色（見彩圖7），但是在釣魚臺歸屬中國的問題上，仍然存在缺點，因爲《三國通覽圖說》的著色是有問題的。按照現代的通常理解，在一張地圖上，同色代表屬於同一個國家，而不同色代表屬於不同國家。但是在《三國通覽圖說》中的《琉球三省及三十六嶼之圖》中，臺灣的著色是黃色，而不是與中國大陸以及釣魚臺一樣的紅色。臺灣的黃色反而與附近的琉球的顏色一致[180]。但實際上，在林子平時代，臺灣早就正式成爲中國的一部分了。又比如說在另外一幅圖上，當時屬於中國的庫頁島塗上了黃色，也和中國大陸的紅色相異，反而與地理位置接近的朝鮮一致，

中國專家和傳媒一般都迴避這個問題，僅僅提到了釣魚臺和中國大陸同色，卻不提臺灣和中國大陸異色。少數沒有迴避這個問題的中國資料認爲「當年林子平面臨的問題之一，是要把它所認爲屬於

某國而又與該國大部分領土有別的地方加以區分」，所以顏色不夠用了[181]。而事實上，在含有釣魚臺的圖中，僅僅用了三種顏色（紅黃綠），連四種顏色都沒有用完。

因此在我看來，最大的可能有兩種：一種可能是林子平的著色是隨意的，並不帶有區分國別的意味；更可能是林子平的著色確實有著自己對國別的看法，但他對國界的認知與實際並不一致，至少在臺灣與中國及琉球的關係這個問題上，與常識相悖。無論哪種可能，都降低了《三國通覽圖說》作爲對釣魚臺歸屬問題上的證據價值。

綜上所述，《三國通覽圖說》並不是日本的官方資料，也不爲當時的日本政府所贊成，不代表當時日本政府的態度。即便作爲一份民間的地理資料，林子平在地圖著色上的問題，也降低了這本書在證明「當時釣魚臺屬於中國」這個主題上的價值。反之，如果《三國通覽圖說》是有效的證據，那麼它就可以用來證明釣魚臺不是臺灣的一部分，因爲它們的著色並不相同。

[179] 前引註173，四七頁。很多中國的著作在提到這本書的時候，都不提當時這是一本禁書的事實。

[180] 《三國通覽圖說》由於在流傳過程中版本眾多，因此各個版本的著色還不一樣。在這裡附上的圖爲內閣文庫版。有的版本中，琉球是褐色，臺灣是黃色，這樣區分就甚爲明顯。但是，在各個版本中，臺灣的顏色和中國都顯著地不一樣。

[181] 前引註38，六五頁。

三・三 十九世紀時的琉球與釣魚臺

十九世紀開始，釣魚臺的形勢開始轉變。如果說，在十七世紀中到十八世紀中期左右，釣魚臺更爲傾向是中國的模糊領土的話，那麼自十九世紀開始，越來越多的證據顯示，釣魚臺更傾向是琉球的模糊領土了。這個轉變有幾項證據：

第一，在十九世紀之後，中國的冊封使的記錄中，已經不再出現能解釋爲「中外之界」一類的話了，甚至連姑米島是琉球界山之類的話也不見。在一八〇八年出使琉球的冊封使齊鯤的《東瀛百詠》中，指雞籠山爲中華界（見二・一）。

第二，琉球開始對釣魚臺列嶼中的部分島嶼，有了和中國不同的稱呼。他們把黃尾嶼稱爲久場島，赤尾嶼稱爲久米赤島。而這種稱呼在十九世紀中期，也開始得到了中國的認同。比如十九世紀最後兩個冊封使一八三八年的林鴻年和一八六六年的趙新所著的正式報告《續琉球國志略》中，對黃尾嶼和赤尾嶼的稱呼都用了琉球的名字（見二・一）。

關於這兩個琉球名稱的起源，尚沒有令人滿意的解釋。井上清認爲這兩個名稱最早不超過十九世紀中葉[182]，但鞠德源考據出這兩個名稱在十八世紀就出現了。在《琉球家譜》中的《金氏家譜》中，記載在一七〇九年：「次年己丑六月十三日同兩船五虎門開船，十八日見古米赤島。」[183]他認爲這裡的古米赤島可能是久米赤島這個名詞的異稱。在《麻姓家譜》中，記載在一七五〇年：「至於三十日夜益怒，舵被打壞即失，無計可施，無奈只得砍去大桅，隨風飄蕩，幾乎衝釣魚山礁，權作小柁，倖免其難，風浪尤未息，小柁又被打折不存，見船漸近久場島山而將危，驚慌無地……只任風漂流。至於二月初七日，幸見八重山」。在《鄭姓家譜》中也有與《麻姓家譜》中幾乎一樣的記載。[184]

在這兩個例子中，鞠德源都否認了文中的「久米赤島」和「久場島」是現在的赤尾嶼和黃尾嶼，而認爲它們是位於慶良間群島（Kerama Islands）中的阿嘉島（Akajima）和久場島（Kubashima）[185]。他同時認爲，琉球爲了竊取中國的島嶼，在十九世紀中，故意把這兩個名字套用到了赤尾嶼和黃尾嶼之上[186]。可是在文中，他只是一再強調名稱的相似，而沒有提出更爲實質的證據。

阿嘉島古稱爲赤嶼（阿嘉即紅色之意），又稱爲馬齒山，是中琉水道上一個重要的地點，它在歷史上從來沒有被稱呼爲久米赤島。鞠德源的邏輯是阿嘉島即有「赤」的稱呼，又靠近久米島，而日本又有把主島附近的島嶼命名爲「主島＋附屬島名」的習慣（他舉例在久米島附近的鳥島，又稱久米鳥島），因此阿嘉島就是久米赤島。但只要看看地圖就知道，阿嘉島距離久米島二十六海里，是慶良間群島的有人居住的五個主島之一，位於慶良間群島的中心位置，和久米島之間還橫亙著一些島嶼（同屬於慶良間群島的久場島就在此兩島之間），因此並非久米島的附屬島嶼。反觀，久米鳥島本身只是一個細小的無人島，和久米島之間沒有任何島嶼阻隔，距離只有十五海里，這個情況顯然和阿嘉島的完全

[182] 前引註173，六六頁。
[183] 轉引自前引註3，五六五頁。
[184] 同上，五六六頁。
[185] 同上。
[186] 同上，五四四—五八〇頁。

不一樣。因此在沒有其他證據的情況下，把阿嘉島認爲是久米赤島，是站不住腳的。

而在《麻姓家譜》等出現的久場島，幾乎可以肯定就是現在的黃尾嶼。因爲根據那個記載，船遇上風暴而從釣魚嶼漂流到久場島，這只是很短時間內的事情（大概在同一晚），之後漂流了六七天才到達八重山。顯然這個久場島與釣魚臺距離很近，只可能是和釣魚嶼相距十二海里的黃尾嶼，而絕不可能是遠在釣魚嶼之外二百零三海里處的慶良間群島的久場島。在歷史上，久場島之名源於島上所生長的檳榔，沖繩人讀作 Kuba 或者 Koba。據井上清考究，在黃尾嶼上也生長著這種這種樹[187]。因此，它們都有相同的名字並不爲怪。另外在歷史上，現在慶良間群島中的久場島很少被寫成「久場島」這三個漢字：《順風相送》中稱爲「古巴山」；《中山傳信錄》中，它被音譯爲「姑巴訊麻山」；周煌的《續琉球國志略》中也稱爲「姑巴訊麻山」；在十八世紀六十—七十年代的日本地圖中，以片假名稱爲コハ[188]；而琉球人自己寫的《指南廣義》稱之爲「姑巴甚麻山」[189]。因此，這裡以漢字記載的「久場島」，也極不可能是現在的慶良間群島中的久場島。

一個最爲直接的證據，就是成畫年代大約在十九世紀中葉的《琉球至福州航海圖》，鞠德源認爲是接引冊封使趙新的琉球大夫鄭秉均所著，但並無證據[190]。裡面的黃尾嶼和赤尾嶼除了用漢語的名稱標註之外，還以琉球名稱「久場島」和「久米赤島」同時標註。這證明了琉球人所說的「久場島」和「久米赤島」正是黃尾嶼和赤尾嶼。鞠德源認爲鄭秉均故意做手腳，誤導中國冊封使，從而實施「竊島」之舉。但是這個指控也沒有任何證據支持。

釣魚嶼在琉球稱爲「魚釣嶼」，即爲 Yukon 或 Yokon，琉球人也用 Yigun 來稱呼之。據井上清綜合各家的說法，在琉球語中 Yukon 是魚的意思，而 Yigun 是魚叉的意思。這個叫法不知出於何時，但大概不晚於十九世紀中葉[191]。根據鄭海麟的考證，他認爲 Yukon 和 Yigun 這兩個詞語，都是古琉球話對中國「魚」字的讀音，故此命名還是從中國的「釣魚臺」起源的[192]。

根據黑岩恆在二十世紀初的說法，「近年來，不知何故，釣魚嶼和黃尾嶼的名稱互相調換了，稱黃尾嶼爲 Yukon，而主島釣魚嶼被稱爲久場（Kuba）」[193]，井上清認爲這反映了琉球人對這些島嶼的不熟悉[194]。但我認爲這個說法不對，互相調換名字的事件發生在十九世紀末，正是日本吞併琉球和兼併釣魚臺的時期。這種混亂，其實更多地反映了在日本領土擴張時期的認識混亂，而不是琉球人的認識混亂。這個錯亂的情況，大概到了二十世紀一〇年代才糾正過來。

無論如何，琉球人在十八世紀開始，有自己對黃尾嶼和赤尾嶼的稱呼，並在十九世紀中，讓中國冊封使承認這些名字，表明了琉球人在釣魚臺影響力的增強。

第三，清朝的記錄中，也有疑似記錄把黃尾嶼視爲琉球的一部分。在《琉球歷代寶案》中記錄

【187】前引註173，六三頁。
【188】前引註3，附表《琉球馬齒山赤島島嶼名稱變異表》。
【189】前引註173，六四頁。
【190】前引註3，五五四頁。另見該書附圖四二。
【191】前引註173，六〇—六二頁。
【192】前引註11，七一—七三頁。
【193】轉引自173，五九頁。
【194】同上。

了一八一五年福建布政司的一份文件《福建布政司諮：移知遣發風漂臺灣鳳山縣轄番社難夷宮城等回國》（第二集卷一一七）[195]：

（嘉慶二十年五月初七日）查得臺灣府送到琉球漂風難番宮城等七名，又浙江臨海縣送到琉球漂風難番久場島等九名。

這裡提到了兩個名稱：宮城和久場島。鄭海麟認為這兩個都是人名[196]。但是宮城和久場島同樣是琉球的島名。宮城島位於沖繩群島之中，而久場島，正如上述，是琉球對黃尾嶼的稱呼。在日本，宮城固然是一個姓，但卻沒有久場島這個姓氏，只有久場這個姓。這裡固然可以解釋為前一句「宮城」用的是姓，而後一句「久場島」用的是全名。但是琉球島嶼並不多，恰好兩個人的姓或全名都和島嶼名稱一致，也未免過於巧合。

我認為，儘管從文義上看，這兩個名稱更像是人名，但是事實上，當時琉球平民普遍沒有正式的姓而僅有「童名」，而把地名作為類似姓氏的指代並非罕見。琉球在被日本兼併之後，才推行姓氏制度，而當時很多琉球平民取姓，就是直接用所在地的地名。因此把這兩個名稱解釋為地名亦未嘗不可，即這兩句分別指來自宮城的七個人和來自久場島的九個人。如果按照這個解釋，就是臺灣政府把七個來自宮城的遇上風暴的船員和九個來自久場島的船員送回琉球，那麼這就無疑是中國政府認為黃尾嶼屬於琉球的一個例證。當然，鄭海麟的解釋也有一定道理。故此這個證據可以算作存疑。

第四，琉球編年史《球陽》記錄：一八四五年六月，英國船隻沙馬朗號（HMS Samarang）要到八重山一帶測量水文，在事前專門向琉球國中山王駐福州琉球館的官員提交申請，允准後才前往測量。這件事的細節在下一節（三・四）專門討論。

第五，在一八七〇年後，逐漸有西方國家的地圖把釣魚臺劃歸琉球（或日本）（見二・四）。這甚至還在日本一八九五年佔據釣魚臺之前。這顯示，部分西方國家的地理學者認爲，釣魚臺是琉球的一部分。

以上證據均顯示：十九世紀開始，隨著清朝對釣魚臺不在意，琉球開始逐漸取得了對釣魚臺的模糊主權。需要指出的是，琉球這種對釣魚臺的模糊主權，也是不符合國際法對完全獲得主權的要求的。因爲沒有證據顯示琉球對釣魚臺進行過實質上的管理。而十九世紀七〇年代末，中日關於琉球爭議時對琉球的劃界中，釣魚臺也不包括在內。儘管如此，從這些證據中可以找到關於釣魚臺在中琉日三方歷史變遷中的線索。

三・四　英國船隻沙瑪朗號對釣魚臺的測量

一八四五年六月，英國船隻沙馬朗號（HMS Samarang）在巴切爾船長（Sir Edward Belchan）帶領

【195】轉引自前引註11，九六頁。
【196】同上。

下，到琉球一帶測量水文，留下了《沙馬朗號航海記》（*Narrative of the voyage of H.M.S. Samarang*）一書。這次測量前，英國專門向琉球國中山王駐福州琉球館的官員提交申請，允准後才前往測量，測量中包括了釣魚臺。這是歷史上首次有官方的船隻測量釣魚臺，其結果對於搞清楚釣魚臺的地理有莫大的幫助。

這一事件的背後交涉過程，最早爲鄭海麟在二〇一〇年十二月的《海峽評論》中的《中日釣魚臺之爭與美國的亞洲戰略部署》一文所發掘[197]。後來，鄭海麟說申請地不是福州的琉球館，而是日本的琉球館[198]。但是在二〇一三年五月二十九日的《中國青年報》的文章中，他又回到了之前的說法[199]。鄭海麟在這篇文章裡認爲：「在日本人吞併琉球以前，英國人想登陸釣魚島，事先必須透過福州的琉球館，向福建海防官（即布政司和都撫兩院）提交申請文書，即必須徵得中國政府的同意，而不是直接向琉球國中山王府提交申請，這清楚地表明釣魚島並非『無主地』，其主權屬於中國。」

其實事情的經過究竟是怎樣的呢？整件事要從一八四四年說起。當時英國剛剛在鴉片戰爭中打敗了中國，與中國簽訂了《南京條約》。福州乃屬五個開放口岸之一，於是英國在福州派駐了領事李太郭。其時，英國把下一個通商目標放在琉球。當時琉球在福州有琉球館，相當於琉球駐中國的領事館，琉球館的主事爲在閩存留通事魏學賢，即琉球外交代表。在一八四四年李太郭致信魏學賢，知會英國和中國已經簽訂了《南京條約》之事，《球陽》卷二十一中，相關記錄如下：[200]

道光二十一年九月二十四日奉朱批，俱照所議辦理。茲因大清大皇帝，大英君主，欲以近來不和之端解釋，息止肇釁，爲此議定設立永久和約。（其後爲南京條約全文）

同時，李太郭又向魏學賢說明了英國欲與琉球交好的意願（鄭海麟稱之爲給琉球國照會文書）：

> 爲與貴國兩相和好，本領事由盡心願施貴國官民之平安，但大英戰船常往趕海盜、**探水、度量地方畫圖**，恐貴國官民見戰船懼怕，今特賫來文憑一紙，若船官要水菜，均約價錢，公道交易，貴國官民不可拘禮，此照。

可見，英國人在測量這件事上，只是和琉球政府打交道，完全沒有和中國政府打交道，更談不上需要中國批准。

這裡要特別指出，在整個《球陽》的有關記錄中，都沒有明文提及釣魚臺，而只是提及在宮古島、八重山、與那國島和那霸等地區。因此英國人的「申請」是否包括釣魚臺，只能憑猜測與推想。當然，鑑於英國人當時確是把釣魚臺和八重山等一起測量，有理由相信在這個事件中，英國人的申請中也把釣魚臺包括在內了。這正是鄭海麟所強調的。而這本身也意味著釣魚臺屬於琉球，乃英國人的

[197] 鄭海麟《中日釣魚臺之爭與美國的亞洲戰略部署》，海峽評論，二〇一〇年十二月號，二四〇期。

[198] 前引註117。

[199] 鄭海麟《英艦申請登陸史料證明釣魚島主權屬於中國》，中國青年報，05/30/2013。本節中有關鄭海麟的意見均以此文爲準。參見 http://zqb.cyol.com/html/2013-05/30/nw.D110000zgqnb_20130530_1-04.htm

[200] 本節所有的琉球史料，均來自《球陽》第二一卷。

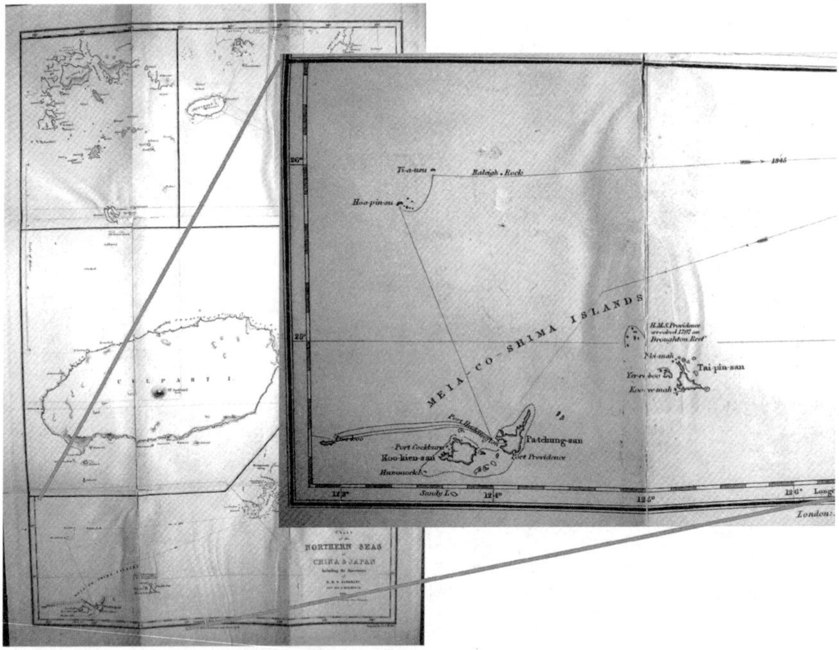

圖 54：1845 年《沙馬朗號航海記》附圖
沙馬朗號是第一次對釣魚臺進行測量的船隻，也是有史以來第一次有人登上釣魚臺的記錄，而且還是官方形式進行的登陸。這次測量對明確釣魚臺的地理位置和水文狀況有極大幫助。複製自原書。

看法。以下分析都按照「英國的申請中，包括釣魚臺」這個假設進行。

正如鄭海麟分析的那樣，由於時間上的吻合，有理由認爲，李太郭所指的測量是指沙瑪朗號的測量。根據《球陽》的記錄中，沙瑪朗號第二年（一八四五）五月初二到達與那國島，五月十五到達那霸，七月初二到達八重山，七月初九又到那霸，二十日才駛離琉球境地。

從英國人的記錄看（圖54），從八重山開往那霸的途中，正是英國測量釣魚臺之時。沙馬朗號這次測量的實際範圍包括了釣魚嶼、黃尾嶼和赤尾嶼。沒有證據顯示英國航海員把釣魚臺視爲與八重山和那霸等屬於不同的國家。[201]

英國到那霸之後，那霸地方官覺

得英國人的測量行動太過擾民，形容爲「英人雖經有禮，在於土民卻是心驚膽裂，拋棄素業，極其困疲」。於是請求英國停止這一舉動：「大人洞察小邦苦疲之可痛，俯垂大邦恤小之仁慈，停止巡國環島度量地方之舉」。英國人同意了這一請求。事後，在七月二十日的報告中，那霸地方官說道：

> 是年英吉利人來到本國，無有招災之事，具所爲恍似前年該國人來到八重山太平山取水量地。本年五月又到與那國取水量地。**又有駐福建省城大英國領事李太郭將文書一道交給在閩存留通事魏學賢**。內大英國戰船至趕海盜探水度量地方畫圖等。因是百官會議備略情察，曰停止遍巡本國屬島丈量地方等。因遣唐宋大夫通事等傳給文書於通事華人代爲轉送。乃曰：我等至於明年正月之間亦欲來到貴國，但不量其地，勿驚……。

可見，在那霸地方官看來，英國船隻的測量的合法性，是源於事先李太郭已經和魏學賢溝通好了，和中國沒有任何關係。那麼，此事件又如何與中國拉上關係呢？這記載在下一條「本年接貢船入閩之時，披陳英吉利國船來到本國事情，移諮於福建布政司」條中：

> 此年夏，貢船閩回之時，**存留通事魏學賢將駐紮福建大英國領事李太郭文書一道移報於國，內云該國與本國相結和好，度量地方等事**。且上屆癸卯年以來，英國船隻來到八重山、太平山兩島度量地方。

[201] Sir Edward Belchan, *Narrative of the voyage of H.M.S. Samarang, during the years 1843-46*, Reeve,Benham, and Reeve, 1848, p.294.

又英人經將該文書接給在閩存留魏學賢轉傳本國，有事有據。故該英人在國之時，披陳本國實情，備具文書一道，懇請停止其巡行本國暨屬島丈量地方，隨准所請。**又該存留魏學賢在閩，經將英人文書報明海防官，**若不將英人來到本國事情諮明福建布政司，誠恐事實不符。故百官會議，**備具英人來到本國事情諮明福建布政司，**轉詳都撫兩院。

這裡還附上給福建布政司的文書原文，日期為在事發之後的八月初四。顯然這是一份事後知會，絕非事前申請。而「又英人經將該文書接給在閩存留魏學賢轉傳本國，有事有據」的表述再一次表明，琉球官員認為的英國船隻測量的合法性，是因為李太郭給魏學賢的照會。因此，從以上對史料的分析可見，鄭海麟的說法是不成立的。理由如下：

第一，英國人始終只是和琉球人打交道，從來沒有就測量琉球一事向中國申請。這說明英國人認為釣魚臺屬於琉球。

第二，琉球本土官員認為，英國人測量的合法性只是源於李太郭給魏學賢的照會（即鄭海麟所說的申請），與中國無關。

第三，魏學賢確實「將英人文書報明海防官」。現在找不到這個報告的原文，也不清楚到底是什麼時候報告的。但沒有任何證據顯示「報」這個行為等同於「申請」，也沒有任何證據說，必須徵得中國同意，更沒有任何證據說中國已經同意了。「報」本身是「告訴」的意思，因此此處的「報明」更可能只是「通報」。而這個「報」的內容，極有可能是英國欲與琉球交好，並要測量整個琉球的事，因為這正是英國人給魏學賢的信的內容。另一方面，沒有理由認為魏學賢會專門把釣魚臺單獨列出來，因爲沒有證據認爲魏學賢知道英國人會到釣魚臺測量。

那麼，魏學賢爲什麼要把英國人和琉球之間的事情告訴清朝布政司呢？這不難理解，因爲即便是一般有良好關係的鄰國之間，外交上互相通報消息都非常很正常，何況琉球名義上還是中國的屬國，而英國還是如此陌生、強大和危險的國家。琉球政府事後向中國通報了英國人來琉球的事，主要也是因爲魏學賢之前已經向中國通報過了，所以要加上一份記錄呼應。

第四，即便極爲勉強地把「報」說成是「申請」，並一定要說「必須得到中國同意」，這個申請和同意也是針對整個琉球地區而言，並不是單指釣魚臺。當時琉球是一個獨立國家，因而無法因此而說琉球的主權屬於中國，也難以因此就認爲中國對釣魚臺有主權。更何況，這種說法本身就把釣魚臺視爲琉球的一部分，對中國更爲不利。

總而言之，如果考察整個過程並作出合理的分析之後，最可能的結論只能是：英國人認爲釣魚臺屬於琉球，因此事先向琉球說明（按照鄭海麟的說法是「申請」）。而琉球國批准了這個申請，也意味著琉球國對釣魚臺行使了主權。事實上，這種主權的展示方式，比中國舉出的對主權論證的例子還要有力。鄭海麟發掘了這個史料，可是沒有能夠正確地進行分析，於是得出了完全相反的錯誤結論。

如果站在偏向中國的預設立場的話，我則認爲，中國應該否認釣魚臺在英國人向琉球人申請測量的範圍之中。因爲確實存在這種可能，即英國認識到釣魚臺不屬琉球，因此在向琉球申請的時候，李太郭的腦海裡並不把釣魚臺視爲申請的一部分。但是在沙瑪朗號實際測量的時候，在測量琉球的同時，「順便」把釣魚臺也測量了一遍。這樣英國人測量釣魚臺就沒有經過任何申請了。這當然無法證明中國對釣魚臺的主權，但也無法證明日本對釣魚臺的主權。當然，這種說法沒有任何直接證據的支持，但理論上也無法否認李太郭在腦海裡有可能是這麼想的。從歷史學的角度來說，這種說法並不可靠，但這反而是最有利中國的立場。

另外，鄭海麟還有其他兩個相對不重要的理由來支持其論點：一、從英國軍艦愛德華艦長使用的海圖來看，釣魚臺列嶼的名稱全用閩南語發音的中國命名，可見發現、命名和使用這些島嶼的「原始權利」應是中國人而不是日本人。二、從英國軍艦所請導航為華人而不是日本人這點來看，足證中國人與釣魚臺列嶼淵源深厚且熟悉這一帶的地形。【202】

我認為這兩點都不能成立。就第一點而言，西方地圖中，釣魚臺各島嶼的發音來自閩南話，這是自十七世紀就開始的事，只能說是反映了一個傳統，並不意味著英國承認這些島嶼的主權屬於中國。而中國人先發現和命名釣魚臺，這並沒有任何爭議。就第二點而言，英國人用中國嚮導很自然，因為這艘船就是從南到北，先到香港再開往琉球的，請的嚮導也當然會是華人。何況請誰做嚮導並不能說明主權歸屬。我在第一章已經提過，中國冊封使陳侃出使琉球時，第一次記錄下釣魚臺，當時所用的嚮導還是琉球國人。況且從《球陽》的記錄看，這些嚮導的主要作用是負責與琉球人溝通，沒有任何證據顯示他們在測量釣魚臺的時候發揮了什麼作用。

關於這次英國測量船沙馬朗號對釣魚臺的測量，我還想多談幾點：

第一，英國的這次登島測量，是有史以來第一次有一個國家以官方名義登上釣魚臺的記錄，事實上也是第一次有人登上釣魚臺的記錄。

第二，這艘英國測量船進行的是世界上第一次準確測量釣魚臺的方位、地理和水文的工作。以前所有的釣魚臺地圖，其方位都是非常不準確的。直到這次測量之後，才產生準確的釣魚臺地圖，也就是之後被廣泛使用的英國海圖的標準。英國海圖當年是響噹噹的世界名牌，中國和日本都大量複製和翻版。

第三，這次英國的測量，包括了釣魚臺的所有島嶼，即釣魚嶼、南小島、北小島、黃尾嶼與赤尾嶼[203]。英國人對這些島嶼的命名，需要在此提一下。他們對釣魚嶼的命名有誤（或者說和傳統命名不一致），把它稱作了 **Hoa-Pin-San**，這可能是花瓶嶼的誤稱，也是以後再有中文和日文把釣魚嶼轉譯成「和平山」的原因。這個命名使得以後的地圖中有一連串命名混亂的情況，這裡就不深入討論了。

黃尾嶼被稱爲 **Tia-usu**，這倒有點像釣魚嶼的閩南話發音。日後在中文和日文中翻譯爲「低牙烏蘇」或「低牙吾蘇」島。南小島和北小島稱爲 **Pannacle Group**。這就是日後尖閣列島或尖頭諸島的來源。赤尾嶼稱爲 **Raleigh Rock**，後來被譯爲里勒爾岩。這兩個名稱都是按西方的命名習慣所起的。

第四，航海日記中寫道：在釣魚嶼上沒有發現任何人類活動的痕跡，倒是在南小島和北小島上發現一些痕跡。在這兩個小島上發現的痕跡，應是避難者曾經留下的，這些避難者不是歐洲人。但從文字中卻無法斷定是什麼地方的人[204]。

第五，在航海報告附錄的海圖中，釣魚臺畫在了主要爲琉球群島的圖上，這說明了船長很可能認

---

[202] 前引註197。

[203] Sir Edward Belchan, *Narrative of the voyage of H.M.S. Samarang, during the years 1843-46*, Reeve,Benham, and Reeve, 1848 , p.296。

[204] 同上，p.319。原文爲 "*Some distressed beings had evidently visited this island, not Europeans, as their temporary beds were constructed of materials which belonged to canoes, palmetto thatch, &c They had probably selected this cave as furnishing water by per colation from above, and were probably sustained by the bodies and eggs of the sea-birds which abound in the brush wood.*"

爲釣魚臺是琉球群島的一部分。但是這幅圖上也有日本南部的一些島嶼，因此按照我對地圖證據的統一標準，也不宜視爲具備法律證據上的意義。

三・五 日本吞併琉球國與琉球的法定地位

琉球國是一個存在幾百年的古國，從明朝開始接受中國的冊封，爲中國文化圈的一員，屬於中國的藩屬國。藩屬體系是古代東方的一種政治體系。如果以近代國際法視之，藩屬國實際上還是一個獨立的國家，只不過透過進貢和接受冊封，換取宗主國對其內政的不干涉，以及在必要時能夠得到宗主國的保護。不同的藩屬國與宗主國之間的關係，有著密切程度的不同。以琉球而論，無論在內政還是外交，它都是一個獨立的國家。

一六〇九年，日本薩摩藩進攻琉球，擄走國王、王子和主要官員。當時中國並沒有對這個藩屬國出手相助。最後琉球割讓奄美大島，並接受成爲薩摩藩屬國的地位。從此，琉球向日本和中國兩方稱臣，成爲「兩屬」。可是日本對琉球的控制是眞實的，透過官員常駐來監視琉球，而中國的宗主國不過是名義上的。

一八五三年，美國海軍在佩里（Matthew Calbraith Perry）的帶領下到達琉球，同年到達日本。次年，在美國武力威嚇之下，日本與美國簽訂了《日米和親條約》（*Kanagawa Treaty*）；同年美國與琉球簽訂《琉美修好條約》，開放那霸港口。之後，琉球陸續與法國和荷蘭簽訂《修好條約》。在此過程中，作爲宗主國的中國並無任何的表示。另一宗主國日本則對美國表示：琉球是一個遙遠的地方，自己不能爲之承擔責任（這和中國當時與英國交涉西藏問題的口吻何其相似）。

日本進行明治維新後，國力開始壯大。一八七一年，日本在全國實施廢藩設縣，薩摩藩被改爲鹿兒島縣，一八七二年原先薩摩藩的屬國琉球則被封爲藩王，琉球王國改爲琉球藩，琉球事務劃歸內務省管轄。史稱「第一次琉球處分」。

中國對此提出交涉。適逢一八七一年，一艘琉球船隻失事漂往臺灣，六十六名上岸的船上人員，有五十四人被臺灣當地原住民所殺。日方也就此事提出交涉，期間指出臺灣東部乃番界，是一塊無主之地。交涉中，總理衙門大臣毛昶熙答道：「生番係我化外之民，問罪與否，聽憑貴國辦理」[205]。於是日本在一八七四年六月派兵前往臺灣東部剿番。清朝方覺失言，並向日本表示臺灣東部也是中國領土。經過長達六個月的交涉，中國承認日本的行動是「保民義舉」[206]，並默認日本吞併琉球，日本也承認臺灣是中國領土[207]。是爲牡丹社事件。此事件在國際上造成了日本爲琉球保護國之表象。中國在警覺日本對臺灣的野心之後，在沈葆楨和丁日昌等等主持下，在臺灣東部推行「開山撫番」政策，才最終把臺灣東部納入清朝版圖。

日本於是在同年向琉球藩發出指令，提出琉球只使用日本年號、停止向清朝進貢和接受清朝冊

[205] 前引註3，五〇頁。

[206] 前引註3，五四頁。另見《中日北京專條》，http://zh.wikisource.org/zh-hant/%E4%B8%AD%E6% 97%A5%E5%8C%97%E4%BA%AC%E5%B0%88%E6%A2%9D

[207] 末光欣也《日本統治時代的臺灣》，辛如意／高益泉翻譯，臺北，致良出版社，二〇一二，三八—四二頁。

封、使用日本法律等要求。琉球國內的親中派前往中國，要求清朝干涉。此舉進一步激怒日本，最後在一八七九年，日本派兵前往琉球，宣佈廢除琉球藩，將其併入鹿兒島縣。史稱「第二次琉球處分」。從此日本正式吞併琉球。

日本在琉球廢藩，激起部分琉球人反對，發起了琉球復國運動。同時中國也對日本提出抗議。美國卸任總統格蘭特（Ulysses S. Grant）當時正在環球旅行中到達中國，他試圖調停中日矛盾。日本提出兩分方案：沖繩群島及以北歸日本，宮古群島和八重山群島割讓中國，這相當於中日瓜分琉球。中國則提出三分方案：北部的庵美群島歸日本，中部的沖繩群島歸琉球，而八重山和宮古群島歸中國，這相當於中日兩國聯手蠶食琉球國。一八八〇年九月，中國和日本達成平分琉球的協議（日本方案）。但是李鴻章極力主張拖延簽約，清廷也願意採取擱置的政策，於是協議一直沒有得到光緒皇帝的批准（其時光緒才十歲，大權在慈禧太后手中），也因此沒有正式簽署和確認。日本公使指責中方「欺弄」與「失信」，憤而宣告中日協議作廢[208]。最後琉球問題長期擱置，不了了之。日本最終吞併了整個琉球。

日本對一個獨立國家琉球的吞併，無疑是一種侵略行爲。那麼這個行爲在當時的國際法上，是否能得到承認呢？首先，不得不指出，在當時的國際社會，征服是一種主權的合法來源（見七・二）。各國（包括中國）也都承認（或默認）了日本吞併琉球這個事實。中國在清朝也透過征服，取得了很多新的領土。

有人認爲，當時清政府並沒有透過條約確認這一點，因此琉球屬於日本的地位不合法[209]。但琉球本身並非清朝領土，日本吞併琉球在法理上並不需要中國同意。有人爭辯說，琉球爲清朝藩屬國，而同爲藩屬的越南和朝鮮淪爲他國殖民地時，都有明確條約規定它們脫離中國藩屬地位，所以琉球被日本吞併也應該有清朝的確認[210]。但是與越南和朝鮮不同，琉球本身既是中國的藩屬，也是日本的藩屬，而且日本長期控制了琉球的事務，其影響力比名義上的中國更大。這種雙重屬國的身分與越南和朝鮮不一樣，也沒有先例可以援引。而且，中國雖然沒有條約承認，但是在以後的實踐中無疑承認了這一點，這在下面提及的中國領事給沖繩縣的感謝信中得到證明（見三・一二，四・三）。

鄭海麟認爲：儘管中日之間沒有經過換約確認，但是既然是日本提出分島協議，就意味著日本已經承認宮古群島和八重山群島等屬於中國。按照法理，日本在戰後應該按照日本所提出的分島方案，向中國「歸還」這些島嶼[211]。這個說法基於一個沒經確認的協議草案，草案本身毫無法律效力，這個說法也因此是無法成立的。而且草案本身是一個互相妥協的協議，日本所作出的領土方面的讓步條件，是中國讓日本享受與西方國家「一體均霑」的地位（所謂「加約」）作爲補償[212]。中國既然沒有批准條約，自然也不承認日本這個地位，這樣又如何能夠在事後，單單拿出一個領土條款要求日本遵守呢？

[208] 前引註205，一一三頁。
[209] 張毅《琉球群島法律地位的國際法分析》，北京科技大學學報（社會科學版），二〇一〇，第二卷第三期，七〇頁。
[210] 同上。
[211] 前引註177，一二八頁。
[212] 前引註208，九八—一〇二頁。

在琉球問題的談判中，還有一個細節，就是在中日所擬定的琉球領土範圍「三十六島」中，並不包括釣魚臺在內[213]。這表明當時釣魚臺既不在琉球國的範圍之內，也沒有在中日雙方的考慮之內。

有中國專家稱：日本公使在提出「兩分琉球」方案時，提出「大日本國將琉球南部宮古八重山兩島，屬之大清國管轄，以劃兩國邊界。」這相當於日本承認在宮古群島以西的釣魚臺屬於中國[214]。這種解讀並無依據，因爲當時雙方根本沒有討論過釣魚臺，「邊界」可以僅僅指宮古海峽而不向兩端延伸。何況，正如前述，這個方案根本沒有被批准。

因此，儘管日本吞併琉球是一個侵略行爲，但是這個行爲符合當時的國際法，得到國際社會的承認，因此二戰之前，琉球的法律地位並無爭議。

三・六　日本對釣魚臺的勘查

如前文所述，現有的歷史證據顯示，釣魚臺在一八七九年之前從來不曾（正式地）被視爲琉球的一部分。在十九世紀日本的本土地圖中，最早標識釣魚臺列嶼的是一八七〇年橋本玉蘭繪製的《大日本四神全圖》（圖55）[215]。這幅圖顯示了赤尾嶼，赤尾嶼左方有一文字方框。它一方面很明確地把赤尾嶼和中國大陸分隔開來，但另一方面卻把釣魚嶼及黃尾嶼覆蓋。因此，這幅圖大概顯示了赤尾嶼屬於日本的意思，但是卻不能說明日本對整個釣魚臺列嶼的主權意圖。另外，在二・五節中提到：一八七三年日本根據英國海軍測量局《中國海指南》而寫成的《臺灣水路志》中，也把釣魚臺列嶼列爲了臺灣島嶼的一部分。十九世紀六〇到七〇年代出版的好幾本琉球書籍中，如一八七三年大槻文彥的《琉球新志》[216]、一八七四年海軍水路寮的《南島水路志》[217]以及一八七七年伊知地貞馨的《沖繩志》（圖56）[218]等，都不包括釣魚臺。

因此，可以斷言日本在一八七九年吞併琉球之前，也沒有對釣魚臺有主權的意圖。一八八〇年中日之間關於琉球地位的談判中，琉球的地界也不包含釣魚臺。這可以被認爲當時雙方都不把釣魚臺視爲琉球的一部分。但是日本吞併琉球之後，就開始對釣魚臺有了兼併的野心。

日本對釣魚臺的最早佔有意圖出現在一八七九年[219]。該年三月由松井忠兵衛編制，由日本政府內務部審查通過出版的《大日本全圖》（圖57），把釣魚臺劃入日本的版圖中。其中不但列出了所有釣魚臺列嶼，還附上名字，釣魚嶼被稱爲「和平山」。這是最早一份把釣魚臺畫在日本版圖的地圖。

如果說該版地圖還屬於民間地圖（儘管經過審核），那麼同年十二月，由日本內務省地理局編制的一份《大日本府縣管轄圖》（圖58）就更爲正式[220]。這裡釣魚嶼被稱爲「花瓶嶼」。這個名字應該是從當時英國航海圖翻譯過來的，與「和平山」是同一來源（當時拼寫爲Hoa-pin-su，現在的花瓶嶼應

---

[213] 前引註205，一〇二—一〇四頁。
[214] 前引註38，九八頁。高橋莊五郎《尖閣列島》，青年出版社，東京，一九七九，一四〇頁。
[215] 前引註176，http://www.tanaka-kunitaka.net/takeshima/shjiinzenzu-1870/
[216] 前引註176，http://www.geocities.jp/tanaka_kunitaka/senkaku/ryukyushinshi-1873/
[217] 前引註176，http://www.geocities.jp/tanaka_kunitaka/senkaku/nantosuiroshi-1874/
[218] 前引註176，http://www.geocities.jp/tanaka_kunitaka/senkaku/okinawashi-1877/
[219] 《尖閣列島的日本領有權》，尖閣列島研究會，沖繩季刊，六三號尖閣列島特集第二集。
[220] 前引註176，http://www.geocities.jp/tanaka_kunitaka/senkaku/fukenmap-1879/

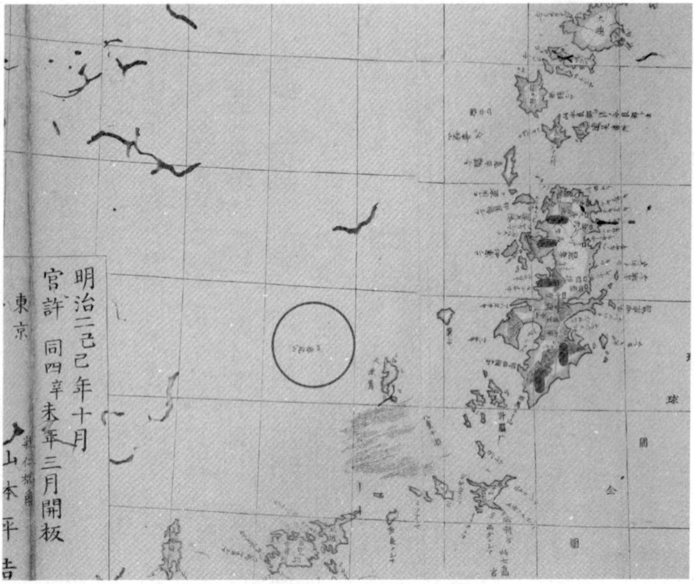

圖 55：1870 年《大日本四神全圖》局部
最早把赤尾嶼列入日本疆界的日本地圖。複製自原圖。

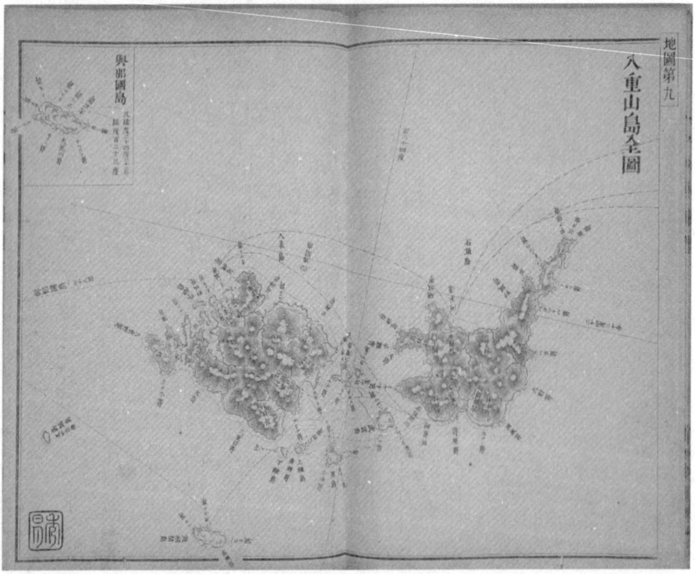

圖 56：1877 年伊知地貞馨《沖繩志》之八重山地圖
在這部 70 年代最詳細的琉球地理志中，並不包括釣魚臺。複製自原書。

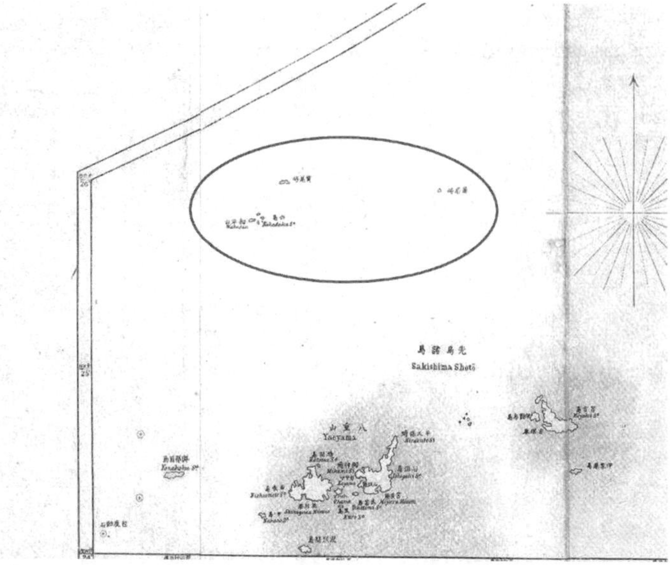

圖 57：1879 年 3 月，日本人松井忠兵衛編制《大日本全圖》
這是第一份把整個釣魚臺畫入日本的地圖。複製自原圖。

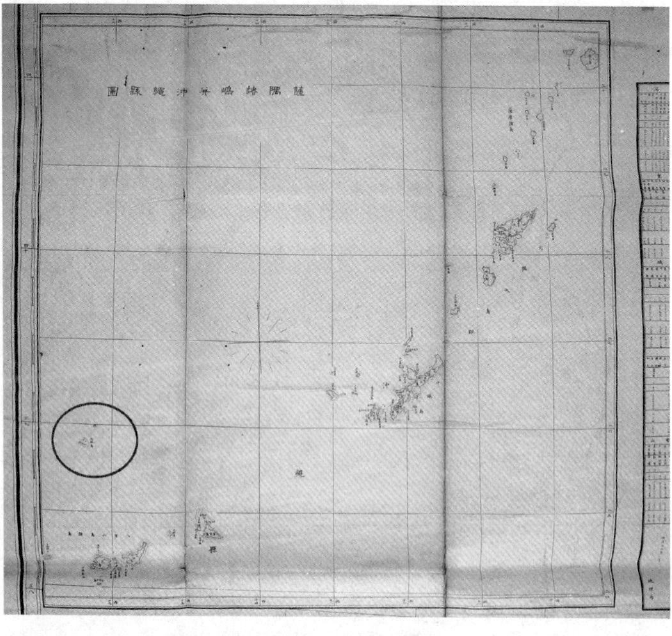

圖 58：1879 年地理局繪製《大日本府縣管轄圖》
第一份官方出版的把釣魚臺畫入日本的地圖，但只標註了花瓶嶼（即釣魚嶼）的名稱。複製自原圖。

該是臺灣的北部三島之一，在英國的航海圖中也存在，但是在這時期的一些航海圖中，長期把花瓶嶼這個名稱標註在釣魚嶼的位置）。

就這樣，釣魚臺第一次編入了沖繩管轄區域。目前沒有更多的資料能夠說明，內務省依據什麼把一向不屬於琉球的釣魚臺編入沖繩轄區，也不知道當初編入的過程。當時日本新近吞併了琉球，而中日之間關於琉球的交涉還在進行之中，當中並不涉及釣魚臺。可能內務省是根據琉球人所提供的資料，繪製了這個轄區。不管如何，這有爭議性地代表了日本第一次對釣魚臺的佔有意圖。

必須指出的是，當時相當多的日本地圖中，都不包括釣魚臺。比如一八八三年的星唯清繪製的《大日本全圖》（圖59）[221]。因此，並不能根據部分地圖把釣魚臺畫在界內，就斷章取義地認爲，釣魚臺當時已經是日本的領土。

日本在這時想把釣魚臺納爲己有，是有深刻的社會政治因素的。明治維新後，日本就從閉關鎖國走上擴張

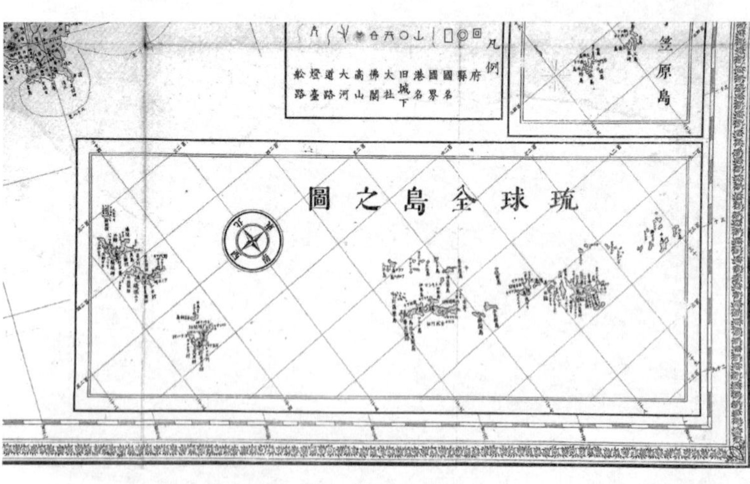

圖 59：1883 年星唯清繪製《大日本全圖》
這份地圖並沒有畫入釣魚臺。複製自原圖。

的道路。作爲一個海洋國家，日本的擴張空間有限，在把屬國琉球吞併後，最可行的方法就是兼併日本附近的無人島。在十九世紀八〇年代到二十世紀初，日本在大東島、硫磺島、南鳥島、釣魚臺、竹島以及東沙島和南沙群島等一系列島嶼，都做過調查和兼併的嘗試。釣魚臺只不過是其中的一個例子。對這些島嶼的兼併，有的是出於軍事戰略的原因，有的是出於經濟的原因。從釣魚臺的兼併過程看，經濟原因是第一位的。

一八八五年，日本開始想正式把釣魚臺編入行政規劃。日本對釣魚臺佔據的過程，在《亞細亞帝國版圖關係雜件》[222]中記載得非常詳細。

根據一般的說法，一八八四年（一說一八八五年，有關這件事的爭論，在四・一節中再詳細分析討論），日本人古賀辰四郎到釣魚臺探險，認爲其爲無人島。他還發現島上有豐富的鳥類羽毛資源，於是在一八八五年六月十五日，向日本政府申請開發釣魚臺。有說法指日本政府認爲古賀「發現」釣魚臺[223]。很顯然，所謂古賀「發現」了釣魚臺並不是事實，釣魚臺其實早已爲中國、琉球、日本乃至西方各國所知曉。但事實上，按照古賀自己在一八九五年《官有地拜借申請書》中的追述，他只是說自己當年在釣魚臺探險，「發現」了島上有信天翁的羽毛的資源[224]。十九世紀末到二十世紀初期的其他文

[221] 前引註176。http://www.geocities.jp/tanaka_kunitaka/senkaku/dainihonzenzu-1883/

[222] 外務省外交史料館，外務省記錄一門政治四類國家及領域一項亞細亞帝國版圖關係雜件。在前引註176中，有詳細的掃描本。

[223] 這個說法由來已久，難以查清最初的出處，但中國一些學者持續沿用這個說法並加以批駁，例如李先波、鄧婷婷，《從國際法看中日釣魚島爭端》，時代法學，二〇〇四年第三期。

獻顯示：當時的說法都是古賀到釣魚臺探險，從來沒有用到「發現」了釣魚臺這個說法。就我所知，最早出現古賀發現釣魚臺的說法是二十世紀三〇年代。這個說法大概是在以前他發現羽毛資源的報導的基礎上，以訛傳訛而成的。在一九七〇年，琉球政府發表的文章中也沿用了這個說法。但是在後來日本政府的見解中就不再存在這個說法。

一八八五年九月，日本內務卿山縣有朋，向沖繩縣下令調查這幾個小島，並在島上設立國標。這個指令並沒有找到原件，目前看到的只是沖繩縣的調查報告（三一五號文書）[225]，裡面只提及收到內務省的指令，而沒有提及內務省下指令的原因。所以對下達指令的前因後果並不清楚。我估計有兩種可能：第一，古賀氏提出了對釣魚臺的開發申請；第二，日本內務部本來就對這個小島有興趣，因爲早在幾年前，這個小島已經在內務部出版的地圖上了。這兩個因素並不互相排斥，有可能是日本內務部本來就有意調查釣魚臺，而古賀氏的申請則加速了這個行動。

這件事由沖繩縣令西村捨三委派石澤兵吾負責，他在九月提交了第一份報告。有很多書籍對於這個事件的整個過程的描述有誤，以訛傳訛。其實，這件事的具體過程都可以透過查閱原始文檔來得知。整件事記錄在《第三一五號文書》之中，裡面有縣令西村捨三的報告和石澤兵吾的調查報告。一種錯誤的說法是，石澤兵吾等在九月就登島調查[226]。但閱讀其報告，可知並非事實[227]。在九月二十一日的報告中，並沒有提到登島考察一事。事實上，當時石澤兵吾一方面查閱了文獻，另一方面向一個熟悉釣魚臺的人查詢。那個人是沖繩人大城永保，他曾經在沖繩和中國之間航海，因此熟悉航道上的釣魚臺，早在一八五九年（安政六年）就到過釣魚臺。從石澤兵吾的報告上看，他不僅路過和「目擊」了釣魚臺，還登上過釣魚臺[228]。另一種錯誤的意見認爲，大城永保是一八八五年登島考察的人[229]。其實根據報告書可知，大城永保是向石澤兵吾提供資料的人，而不是那時登島考察的人。

石澤兵吾正是根據大城永保的資訊和自己查閱的資料，總結出第一份報告書，附在縣令西村捨三向上級提交的報告，即第三一五號文書中。石澤兵吾經過調查發現幾個要點：第一，久米赤島、久場島和魚釣島都是無人島；第二，本縣人在沖繩與福州航行的時候，會經過那裡，但古代書籍對此記錄不多，這份報告主要源於曾經在一八五九年到過那裡的大城永保的說法；第三，這幾個島嶼也在英國的海圖中出現，分別命名為 Sia u see，Pinnacle 和 Hoa-pin-see（筆者，這點只能說大體正確）；第四，這幾個島和《中山傳信錄》上面記載的赤尾嶼、黃尾嶼和釣魚嶼是同一島嶼。

在一些書籍中，比如在《大日本地理辭典》的「釣魚臺」條，也保留部分大城永保提供的資料。裡面有一句是：

---

[224]《沖繩》季刊一九七二年第六三號。

[225] 第三一五號《久米赤島外二島取調ノ儀ニ付上申》。前引註176，http://www.geocities.jp/tanaka_kunitaka/senkaku/teikokuhanto/1885-09-22nishimura.html

[226] 前引註33，九六頁。

[227] 浦野起央《尖閣列島・琉球・中國》（增補版）三和書籍，東京，二〇〇五，一三一頁。

[228]《久米赤島・久場島・魚釣島・三島取調書》，前引註176，http://www.geocities.jp/tanaka_kunitaka/senkaku/teikokuhanto/1885-09-21ishizawa.html

[229] 前引註205，七二九—七三〇頁。

久米島距離百七八里，島程，嶺立松木樫木其他樹木繁茂且山中流水有之，濱足場廣大及船碇宿所有之模樣。【230】

這段文字既不見於石澤兵吾的報告書，也不見於西村捨三的報告書，亦不見於一八九四年日本人再次考察釣魚臺時所援引的資料，但在一九〇〇年黑岩恆的《尖閣列島探險紀事》中也被引用【231】。鞠德源認爲，這句話說明釣魚嶼上有碼頭（船碇）和房屋（宿所），因此是中國人活動的遺跡【232】。石澤兵吾等的登島報告（見後）並不見有關描述。由於大成永保在一八五九年到過釣魚臺，很可能在當時有建築，而到了石澤兵吾登島的一八八五年，已經沒有建築了。況且，即便島上眞有建築，也不能說明是中國人活動的遺跡。因爲石澤兵吾的報告指出，附近目擊有琉球的船隻出沒（卻沒有目擊中國船隻）。因此這些建築，如果眞有的話，也可能是琉球人留下的。石澤兵吾本身認爲釣魚臺和中國有一定關係，所以沒有理由認爲他會在報告中作假。另外，島上曾有人短暫居住之事，早在沙馬朗號的航海報告中就已提及，該報告也同樣不能確定到底是哪個國家的人（見三・四）。

西村捨三把石澤兵吾的報告，連同自己的結論，在九月二十二日一起上交（三一五號文書），稱：

關於調查散落在本縣與清國福州間的無人島一事，依日前在京的本縣森大書記官下達的密令進行調查，其概要如附件所示。久米赤嶼、久場嶼及魚釣島自古乃本縣所稱地名，又爲接近本縣所轄的久米、宮古、八重山等群島之無人島嶼，說屬沖繩縣未必有礙，但如日前呈報的大東島（位於本縣與小笠原島之間）地理位置不同，與《中山傳信錄》記載之魚釣島、黃尾嶼、赤尾嶼等，屬同一島嶼也不能排除懷

> 疑。如果是同一物，則其不但爲清國冊封舊中山王之使船所詳悉，還分別付之名稱，以作爲琉球航海的目標。故對此次是否與大東島一樣實地勘察並立即建立國標有所擔憂。預定十月中旬將雇汽船出雲丸號先行實地考察。至於建立國標之事，尚請指揮。[233]

可見，儘管西村捨三知道釣魚臺是無人島，但是對實地勘察和建立國標一事還是有所擔心。在文中沒有明確說明他擔心什麼，但可以推斷，他所擔心的是這些島嶼都在《中山傳信錄》中記載過，也早已有名字，亦被清人作爲航海標誌，因此可能是屬於中國的領土。他還報告準備在十月下旬，前往釣魚臺進行實地考察的計畫。

該報告到了內務卿山縣有朋之手，儘管不是從事外交出身（他本人是軍人出身，之前已經擔任過參謀本部長），他很快就看出其中的關鍵所在。於是他在總結的報告（官房甲第三十八號別紙乙號，

---

[230] 吉田東伍《大日本地理辭典續編．琉球篇》，富山房，東京，一九〇九，九四—九五頁。

[231] 黑岩恆《尖閣列島探險紀事》，地學雜誌，一九〇〇，十二輯。

[232] 前引註201，七二八頁。

[233] 以下的日本文書都出自《帝國版圖關係雜件》與《日本外交文書記載資料》，引自前引註176中，以毛筆字書寫的原始文件的複印本，連結見（http://www.geocities.jp/tanaka_kunitaka/senkaku/teikokuhanto/）。另文本可參考網站 http://senkakujapan.nobody.jp/page058.html。此件爲《三一五號久米赤島外二島取調ノ儀ニ付上申》http://www.geocities.jp/tanaka_kunitaka/senkaku/teikokuhanto/1885-09-22nishimura.html。另外可以參見前引註222以及前引註227，一二八—一三四頁。

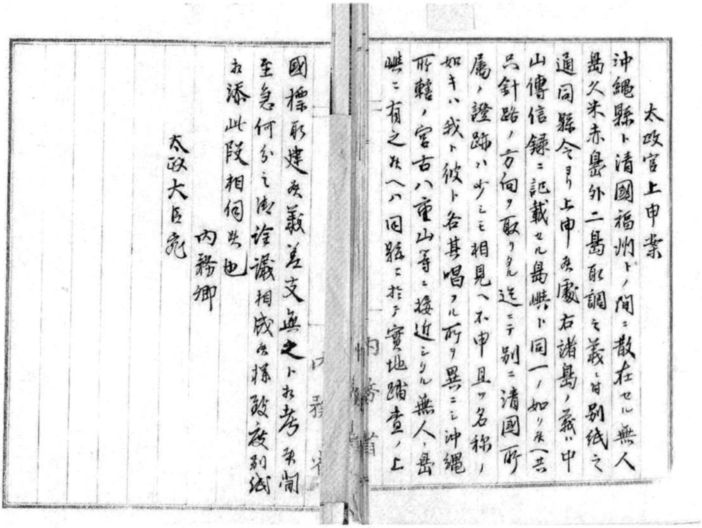

太政官上申案
沖縄縣ト清國福州トノ間ニ散在セル無人島久米赤島外二島取調之義ニ付別紙之通同縣令ヨリ上申候處右諸島ノ義ハ中山傳信錄ニ記載セル島嶼ト同一ノ如リ候ヘ共只針路ノ方向ヲ取リタル迄ニテ別ニ清國所屬ノ證跡ハ少シモ相見ヘ不申且ツ名稱ノ如キハ我ト彼ト各其唱フル所ヲ異ニシ沖縄所轄ノ宮古八重山等ニ接近シタル無人ノ島嶼ニ有之候ヘハ同縣ニ於テ實地踏査ノ上國標取建候義差支無之ト相考候間至急何分之御詮議相成候様致度別紙相添此段相伺候也
内務卿
太政大臣宛

圖 60：1885 年 10 月 9 日，內務卿山縣有朋致太政大臣（官房甲第三十八號別紙乙號）
山縣有朋認爲釣魚臺是無人島，而且沒有清國統治痕跡，所以可以正式兼併。複製自《帝國版圖關係雜件》。

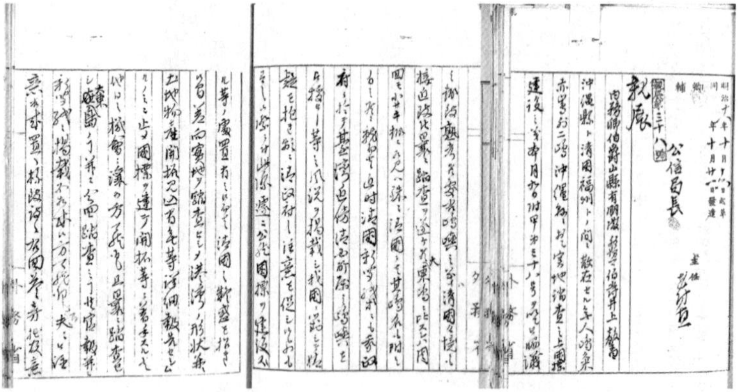

圖 61：1885 年 10 月 21 日，外務卿井上馨的意見（親展第三十八號）
井上馨認爲這些島嶼靠近清國國境，而且形勢敏感，向山縣有朋建議暫緩設立國標。複製自《帝國版圖關係雜件》。

圖60）中又提出了另外的觀點：

> 沖繩縣與清國福州之間散在的無人島久米赤島及外兩島的調查之提議，如別紙所附由同縣令上報提出，上記群島雖然與中山傳信錄所記載的島嶼爲同一之物，但這只是爲了掌握針路的方向而已，別無些許歸屬清朝之證跡。而且，一如島名，我與彼各異其稱，又是接近沖繩縣所轄宮古八重山等無人島，因此只要沖繩縣加以實地勘查，建立國標之事，當可無礙。情況至急，請給予指示。[234]

不得不說，山縣有朋的觸覺是非常敏銳的，他意識到，在國際法上，釣魚臺的地位可能是無主地，因爲島上並「無此許歸屬清朝之證跡」，而命名和當作航標並不等於實際的治理。他的這些觀點即便在今天，還是有力的論點。

由於可能和中國有關，山縣有朋於是和外務卿井上馨討論，適逢這時中國《申報》等報導日本在臺灣東北方小島上活動的事（見後），爲免引起中國的反對，井上馨向山縣有朋提出把在釣魚臺建立國標一事押後，並且不能公開聲張。他在一八八五年十月二十一日的《親展第三十八號回答書簡》（圖61）中說：

[234] 前引註176，http://www.tanaka-kunitaka.net/senkaku/teikokuhanto/1885-10-09dai38.html

經沖繩縣對散落沖繩與清國福州之間無人島——久米赤島及外兩島的實地調查，於本月九日以附甲第三八號就建立國標進行商議。幾經熟慮後，按此等島嶼接近清國國境，比以前勘查的大東島面積略小，而且清國已各定有島名。最近中國報紙等登載「日本政府想佔據臺灣近傍中國所屬島嶼」的傳聞，猜疑我國，頻頻催促中國政府注意此事，此際建設國標等措施若速而公然採行，必遭中國猜疑。目前只宜先作實地勘查，對港灣之形狀及土地物產開拓可能之有無作詳細報告，至於建設國標，著手開拓等事，宜讓他日另覓機會。再者前勘查大東島與此次勘查之事，在官報及報紙上均不可登載。請分別予以注意。[235]

在外務卿的回條中說得很清楚，他自己認爲這些島嶼接近中國國境，而不是屬於中國的島嶼。但是如果現在把這些島嶼公然佔有，就會引起中國猜疑。

中國專家指這句「中國報紙等登載『日本政府想佔據臺灣近傍中國所屬島嶼』」中的島嶼是指釣魚臺，而這裡的中國報紙指的是一八八五年九月六日《申報》的《臺島警信》[236]。這裡有兩個疑點，首先，《申報》的該報導是九月出版的，而沖繩政府人員在九月並沒有到釣魚臺上去，他們直到十月二十二日才出發。因此中國報紙到底指的是什麼事，現在無法定論。其次，在《申報》中的表述是「臺灣東北之海島」（見三·七），而不是「臺灣近傍中國所屬島嶼」。因此，我認爲井上馨所指的到底是哪一份中國報紙以及具體談及了什麼事，現在還不能下定論，有可能他提到的是《臺島警信》中所引用的《文匯報》的報導。同時，這是井上馨的轉述，並不等於井上馨承認這些島嶼是中國所有，因爲井上馨已經說明自己的看法是釣魚臺「接近清國國境」。

順便說一句，一些英文的論文中，把外務卿所說的國境翻譯爲Coast（海岸線）【237】，這是個容易引起誤解的翻譯錯誤。國境在此應該翻譯爲Border，如果翻譯爲Coast，就會失去了外務卿在表述上否認島嶼屬於中國的意義。

這裡井上馨所擔心的中國的「猜疑」指的是什麼呢？一種說法是擔心中國「猜疑」日本奪取中國的島嶼【238】。但這種說法不通，因爲如果按照這種說法，如果井上馨認爲釣魚臺確屬中國而日本貿然兼併，那麼他所擔心的中國的反應，就不會是「猜疑」這麼簡單了，而應該是中國的反對，用詞應該是「抗議」或「反對」。因此，井上馨這裡的擔心必定是另有所指。

其實，這和當時東亞的大背景有關。一八八四年十二月，朝鮮發生甲申政變。日本所支持的開化黨人發動政變，日軍與開化黨人相呼應，奪取了朝鮮王宮。開化黨人宣佈改革，主張朝鮮獨立以及廢除向清朝進貢等新政。但在舊黨的支持下，清朝軍隊在袁世凱等帶領下，迅速擊敗日軍和開化黨。開化政權僅僅存在了三天。日本儘管派出海軍與陸軍，但是無力和中國抗衡，最後只得撤兵。這被日本人視爲奇恥大辱，充滿挫敗感。於是在以後十年間，日本全力準備與中國的決戰。爲了這個戰略目標，

【235】前引註176，http://www.tanaka-kunitaka.net/senkaku/teikokuhanto/1885-10-21dai38.html

【236】前引註38，一〇六頁。

【237】Tao Cheng, The Sino-Japanese Dispute Over the Tiao-yu-tai (Senkaku) Islands and the Law of Territorial Acquisition, *Virginia Journal of International Law*, 1973-1974, Vol. 14:2, p.211-266.

【238】前引註10，一二〇頁。

日本一方面全力備戰，甚至天皇也節衣縮食以購買軍艦。另一方面則在國際上保持低調，避免引起中國的警覺。而且，這時適逢中國準備設立臺灣省，局勢非常敏感。因此，井上馨所擔心的「中國猜疑」，更可能指的就是中國警覺日本要與中國決戰的野心。

在這封回信中，井上馨要求報紙不刊登的並不止釣魚臺一事，還包括大東島。大東島明顯不是中國的領土，井上馨尚且如此謹慎。這進一步說明了以上的論點，即他提出暫緩設立國標的原因，並不是因爲他認爲釣魚臺是中國的領土，而是擔心會引起中國對日本的海外擴張的警惕。

對釣魚臺的實地勘察還是按照原計劃進行。石澤兵吾和同僚、員警，總共十多人，在十月二十二日出發前往釣魚臺，直到十一月一日才回到沖繩。石澤兵吾和其同僚登島的相關記錄是有史以來，中日琉球等東方國家之中的第一條關於官方人員登島的記載（英國軍方船隻沙馬朗號，在一八四五年已經在這一帶測繪）。

考察之後，石澤兵吾和當時的船長林鶴松都留下報告書。石澤兵吾在十一月四日提交報告《魚釣島外二島巡視取調概略》【239】。在這份報告中，他描述了自己帶領十餘人乘坐汽船「出雲丸」對這幾個小島進行考察的情況。他在十月三十日早上八時登上釣魚嶼。考察一番之後，再駛往黃尾嶼。他們計劃登島，但是風浪太大而沒有成功，只能在近旁觀察。到了晚上，他們再到達赤尾嶼，因爲它只是一塊岩石，他們也沒有登上去考察。

這次考察成果甚豐。石澤兵吾訂正了上一份報告書中關於這幾個島嶼的英文名稱的錯誤。對釣魚嶼，他詳細地描述了位置、港灣形狀、面積、地貌、動植物資源。他確認此處海產資源豐富，但認爲由於地形之故，現在開展農漁業並不方便。他特別注意島上的礦產資源，認爲當中有煤和鐵，因此他認爲這是一個「貴重的島嶼」。他甚至還帶回來礦石樣本以化驗（後來化驗結果也寫成了報告）。此外，他還特別以很大篇幅分析了信天翁羽毛資源，這可能與古賀氏提出開發羽毛資源的申請有關。

在釣魚嶼上，他看不到任何人煙，更沒有中國的統治痕跡，也沒有所謂的「船塢」和「宿舍」的記錄。他亦沒有觀察到任何中國船隻，反而記錄了附近海面有琉球廢棄漁船漁具的漂浮物出現，這說明當時可能已經有琉球漁民前往鄰近水域作業了。

在黃尾嶼，由於沒有登陸之故，只能觀察到島上的大致風貌，比如岩石、植被和海鳥等，他認爲情況基本與釣魚嶼相似。對赤尾嶼，他認爲只是一塊岩石，並無太大的經濟效益。

船長林鶴松的報告書【240】主要描述了這些島嶼沿岸的水文狀況和水資源。他們在幾個地點進行水文測量。他的報告和石澤兵吾的報告有互相補充的作用。

可見，這次考察是非常仔細的。它有幾個重要的成果：第一，釐清琉球、中國和英國對這些島嶼的不同稱呼；第二，了解島嶼的位置、地理和水文等基本情況；第三，探清島上沒有中國統治的痕跡，確認了無人島的事實；第四，了解島上的資源，明確這些島嶼有經濟價值。

西村捨三在閱讀報告之後，改變了上一次報告中猶豫的態度。在十一月五日，他把石澤兵吾報告上交的同時，要求正式將釣魚島納入沖繩縣：

【239】前引註176，http://www.geocities.jp/tanaka_kunitaka/senkaku/teikokuhanto/1885-11-02hayashi.html

【240】《魚釣、久場、久米赤嶋回航報告書》，前引註176，http://www.geocities.jp/tanaka_kunitaka/senkaku/teikokuhanto/1885-11-02hayashi.html

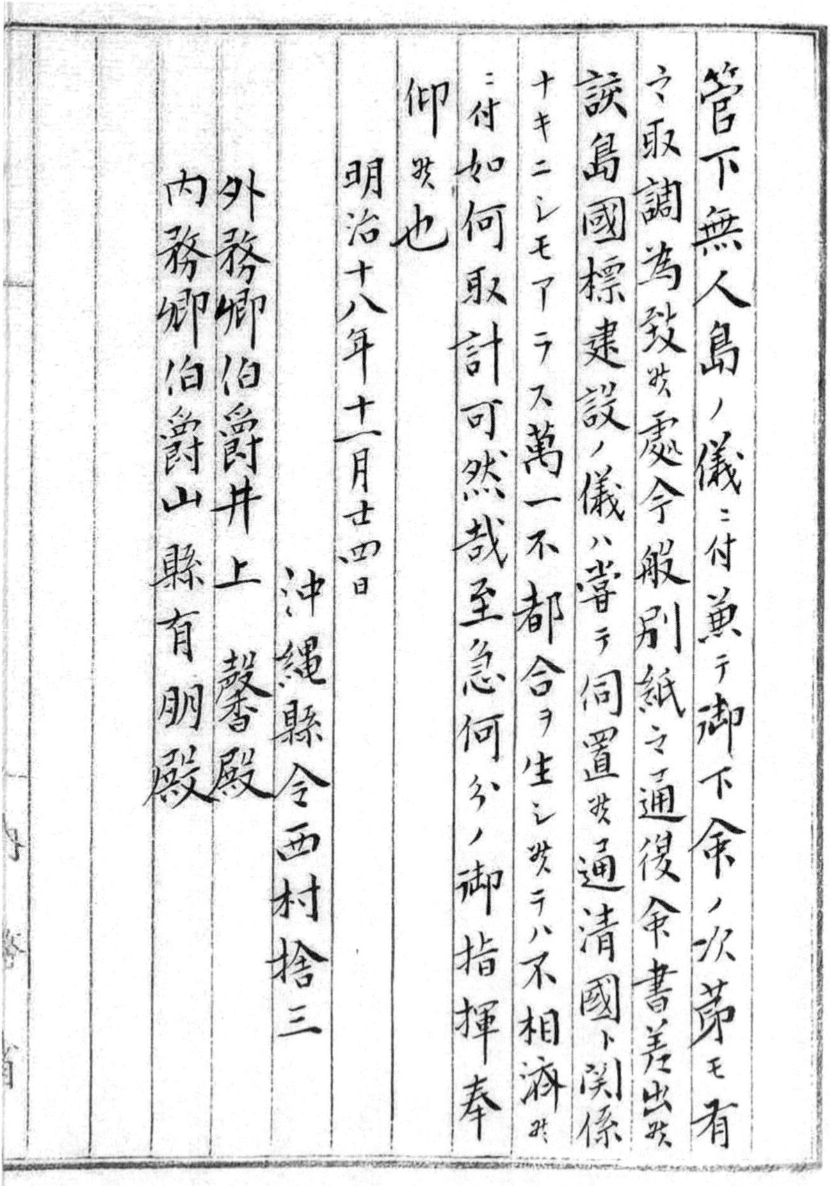

管下無人島ノ儀ニ付兼テ御下命ノ次第モ有
之取調為致候處今般別紙之通復命書差出候
該島國標建設ノ儀ハ嘗テ伺置候通清國ト関係
ナキニシモアラス萬一不都合ヲ生シ候テハ不相済候
ニ付如何取計可然哉至急何分ノ御指揮奉
仰候也
明治十八年十一月廿四日
沖縄縣令西村捨三
外務卿伯爵井上馨殿
内務卿伯爵山縣有朋殿

圖 62：1885 年 11 月 24 日，沖繩縣令西村捨三報告書
沖繩縣令西村捨三儘管認爲可以設立標誌，但仍然擔心清國的干預。複製自《帝國版圖關係雜件》。

最初考慮與清國接近，懷疑其所屬，不敢決斷。這次復命及報告書中，記載其爲貴重之島嶼，從地理上看，其在我縣八重山群島西北、與那兩島的東北，可決定爲本縣所轄。如果這樣，即引自大東島之例，在釣魚島、久場島建立我縣所轄之標識。[241]

儘管如此，沖繩縣令西村捨三還有所猶豫，在十一月二十四日連同《釣魚島礦石之情況的報告》一起上交的報告書中（圖62），他再一次向山縣有朋提出警告：

該島建設國標之事，正如以前之報告，並非與清國沒有關係，萬一兩國情況不對，則反不相宜，此事應當如何處理，請惠予指示。[242]

可見西村捨三的態度一直在猶豫之中，他感覺釣魚臺可能與中國有關，但是又覺得日本對之的佔領並非沒有理由。在三封公文中，很微妙地反映了他這種無法決斷的心態。

[241]《第三百八十四號ご魚釣島外二島實地取調ノ義ニ付上申》，前引註176，http://www.geocities.jp/tanaka_kunitaka/senkaku/teikokuhanto/1885-11-05dai384.html

[242]《沖繩県令の国標建設の書簡》，前引註176，http://www.tanaka-kunitaka.net/senkaku/teikokuhanto/1885-11-24.html

當然，決定權還在中央。這時這個申請以及內務卿和外務卿的意見已經呈送到太政大臣秘書處，經過研究，官房長久保田在十一月二十七日認爲關於此事「各有道理，現時暫緩較好」[243]。於是在十一月三十日，太政大臣三條實美給內務卿和外務卿下達指令：

由沖繩縣令提出，別紙所附之無人島國標建設之議案，爲右下記的具體意見——目前應緩建散落沖繩縣與清國之間無人島的國標。該案之涉及指令之官方記載及捺印之書類，望處理後返還。[244]

十二月四日，外務卿給內務卿發來意見書，表示同意太政大臣的意見[245]。於是在十二月五日，山縣有朋向太政大臣彙報，同意推遲國標的設立（圖63）[246]。同日，山縣有朋和井上馨聯名指示沖繩縣令，無需建設國標：「呈悉。所請一節目前無須建立。」[247]。

從以上討論可知，在日本政府系統中存在兩種意見：地方政府沖繩縣根據中國書籍記載，擔心這些島嶼是中國的領土，表現猶豫反復。但中央政府的內務省從一開始就認爲根據國際規則，不是中國的領土，因此兼併無妨。而外務省儘管也同意內務省的說法，但爲了免招中國懷疑，影響日本的戰略計畫（在朝鮮與中國決一死戰），建議暫且擱置釣魚臺事宜，並在事後要求不得向外公佈。最後太政大臣同意了外務省的意見，於是設置國標的工作就暫停下來了。

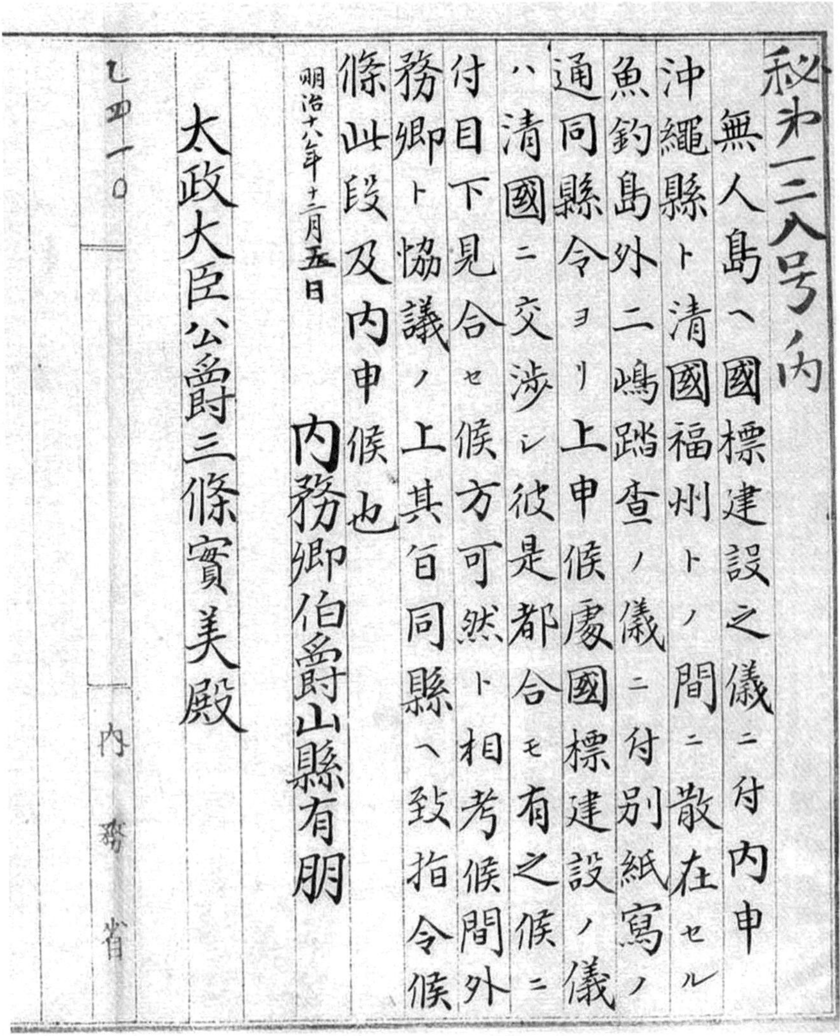
秘第一二八号ノ内

無人島ヘ國標建設之儀ニ付内申

沖繩縣ト清國福州トノ間ニ散在セル魚釣島外二嶋踏查ノ儀ニ付別紙寫ノ通同縣令ヨリ上申候處國標建設ノ儀ハ清國ニ交渉シ彼是都合モ有之候ニ付目下見合セ候方可然ト相考候間外務卿ト協議ノ上其旨同縣ヘ致指令候條此段及内申候也

明治十八年十二月五日

内務卿伯爵山縣有朋

太政大臣公爵三條實美殿

乙四一〇

内務省

圖 63：1885 年 12 月 5 日，內務卿山縣有朋向太政大臣報告（秘一二八號）
最後，山縣有朋決定聽從外務卿和太政大臣的意見，暫緩在釣魚臺上設立國標。複製自《帝國版圖關係雜件》。

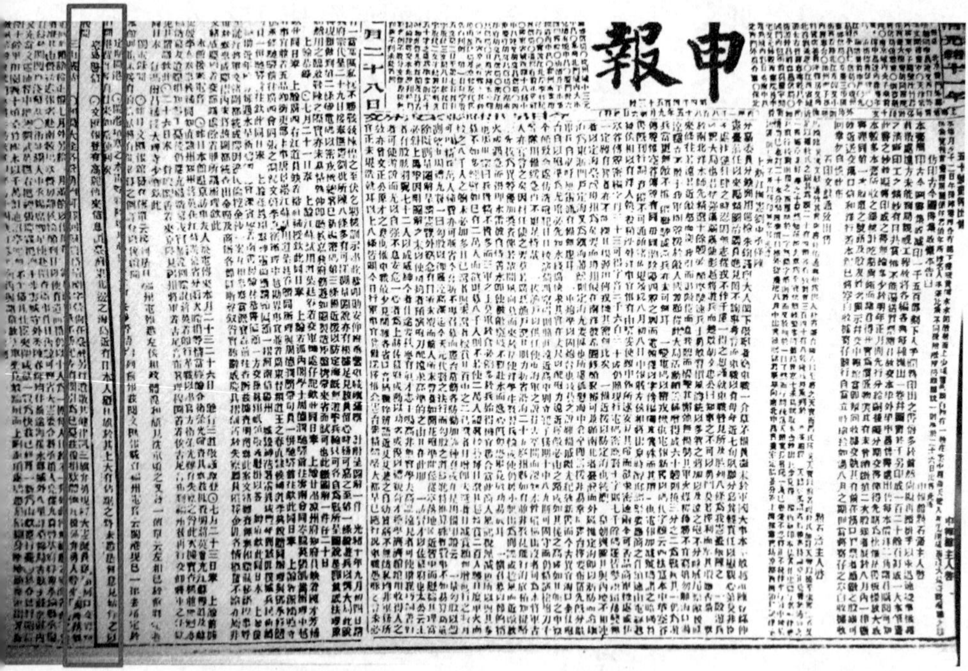
申報

圖 64：1885 年 9 月 16 日《申報》，臺海警信

這條報導指出有日本人登上臺灣東北的島嶼，呼籲當局需要注意。此事可能指古賀辰四郎的登島事件。這大概也是井上馨所提到的中國報紙的報導。複製自鞠德源《日本國竊土島源流》。

三・七　中國的反應

在上述日本對釣魚臺勘察這一進程中，並無證據顯示中國清朝政府對此作出過反應。日本對釣魚臺的勘查儘管沒有公告天下，但是並非無人知曉。一八八五年九月六日，上海《申報》（圖64）就刊登了一條短消息：

> 臺島警信，《文匯報》登有高麗傳來消息，謂臺灣東北之海島，近有日本人懸日旗於其上，大有佔據之勢。未悉是何意見，故錄之以矣後聞。[248]

根據《申報》報導和時間，這個事件並不是石澤兵吾的登島（登島發生在十月底，九月他沒有登

[243]《廻議案（太政官内申案及び外務卿照会案）》，前引註176，http://www.geocities.jp/tanaka_kunitaka/senkaku/teikokuhanto/1885-11-27.html

[244]《秘第二一八號之二》，前引註176，http://www.geocities.jp/tanaka_kunitaka/senkaku/teikokuhanto/1885-11-30hidai218no2.html

[245]《親展第四十二號》，前引註176，http://www.geocities.jp/tanaka_kunitaka/senkaku/teikokuhanto/1885-12-04shinten42.html

[246]《秘一二八號内》，前引註176，http://www.tanaka-kunitaka.net/senkaku/y18851205.jpg

[247]文件號不詳，原文爲「書面伺ノ趣目下建設ヲ要セサル儀ト可心得事」，見《日本外交文書明治十八年雜件》，五七六頁，另見http://senkakujapan.nobody.jp/page058.html。另見前引註10，一〇六頁。

[248]前引註38，九九—一〇一頁。

島）。到底這是指其他日本人的登上釣魚臺呢？還是這個海島根本不是指釣魚臺呢？目前還沒有定論。但我認爲很可能就是指古賀辰四郎在一八八四年或一八八五年的登島。因爲臺灣東北方的海島，除了北方三島就是釣魚臺，這時又沒有日本人在北方三島的登島記錄，而這個報導正好能和古賀氏的登島事件吻合。根據這份報導，日本人在那次登島行動中，豎起了日本國旗，實際上就等同一次宣示主權。

從《申報》的報導來源看，它並非唯一刊登這個消息的報紙，同在上海的《文匯報》比它更早刊登出消息，而《文匯報》又是從朝鮮方面獲得消息的，可見日本登島勘查這件事，實在算不上是什麼秘密。原始的《文匯報》的資料已經不可尋，所以未能得知文匯報的報導是如何，更不能從中求證這裡的海島是否指釣魚臺。從《申報》的這篇報導看來，儘管帶有「警信」二字，但也僅僅是「錄之以矣後聞」，這也和井上馨提到的「頻頻催促中國政府注意此事」有很大出入。

中國民間報紙已經報導了這件事，日本政府也知道了中國報紙的報導，很難認爲中國政府反而不知道這個報導。但中國政府對此卻毫無反應，既沒有提出抗議，也沒有派人去了解情況，從中央到地方都無動於衷。如果這些島嶼是指釣魚臺的話，那麼中國政府的這種做法，恰恰印證了山縣有朋的說法：在釣魚臺上，「別無些許歸屬清朝之證跡」。

吳天穎等認爲《申報》以警信的形式登出這條消息，代表了中國的抗議，「維護了中國對釣魚島的主權」[249]。這個說法顯然並不成立。《申報》是一份民辦的報紙，由英國人 Ernest Major 在一八七二年創辦，直到二十世紀初才被中國人買下。因此當時申報不但是民辦的報紙，還是英國人辦的報紙。即便是另一份《文匯報》，也是英國人辦的報紙。它是在一八七九年由英國人 J.D. Clack，C. Rivington 和 J.R. Black 三人在上海開創，一直爲英文報刊，直到一九三〇年結束。一九三八年才創立了中文的《文匯報》。試問，英國人辦的民辦報紙，怎麼能夠代替中國官方的抗議呢?遑論《申報》這條消息的文字，根本沒有半點抗議的意味。如果說有任何暗示的話，只能說是提醒一下中國人，日本正在勘查這個小島，中國政府要注意了，僅此而已。

三・八　一八八五年之後的日本登島記錄

從日本開始有意兼併釣魚臺開始，日本就非常留意中國對釣魚臺的反應。日本疑慮中國對釣魚臺有主權，而即便釣魚臺眞的是一個無主島，貿然兼併也可能會引起中國對日本在東海擴張的疑慮。加上一八八四年日本在朝鮮支持的甲申政變爲中國所挫敗，使日本不得不實行韜光養晦的戰略，準備日後再和中國決一勝負，於是在釣魚臺設置國標的事就暫且擱置下來。

儘管日本政府暫時中止了在釣魚臺上建立國標，但是日本軍界仍然對釣魚臺有企圖。在一八八六年的一份由海軍省水路局出版的《環瀛水路志》的《大日本沿海北西部 第一卷下》（圖65）編中，把釣魚嶼、黃尾嶼和赤尾嶼三島都劃入日本洲南諸島的界限中，分別稱爲「尖閣群島」、「低牙烏蘇島」和「里勒爾岩」，再一次顯示了日本對釣魚臺的主權意圖[250]。在一八九四年的《日本水路志》中也是

[249] 前引註38，一〇〇頁。
[250] 前引註176，http://www.geocities.jp/tanaka_kunitaka/senkaku/kaneisuiroshi-1886/

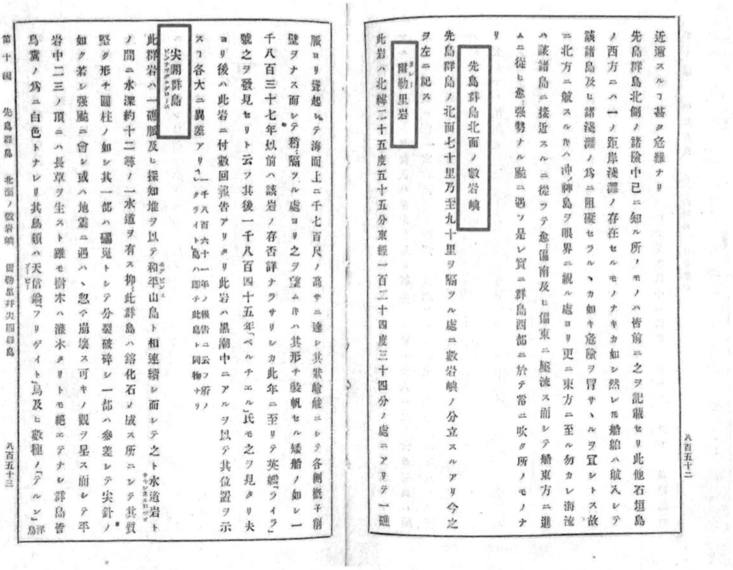

近邇スルコト甚タ危難ナリ
先島群島北側ノ諸險中已ニ知ル所ノモノハ皆前ニ之ヲ記載セリ此他石垣島ノ西方ニハ一ノ距岸淺灘ノ存在セルモノナキカ如シ然レモ船舶ハ航スレテ該諸島及ヒ諸淺灘ノ爲ニ阻礙セラル、カ如キ危險ヲ冒サ、ルヲ冝シトス故ニ北方ニ航スルモノハ沖ノ神島ヲ眼界ニ視ル處ヨリ更ニ東方ニ至ル勿カレ海流ハ該諸島ニ接近スルニ從テ愈偏南及ヒ偏東ニ駈流シ而シテ船東方ニ進ムニ從ヒ愈強勢ナル駛ニ遇フ是レ實ニ群島西部ニ於テ常ニ吹ク所ノモノナリ

先島群島北面ノ數岩嶼

先島群島ノ北面七十里乃至九十里ヲ隔ツル處ニ數岩嶼ノ分立スルアリ今之ヲ左ニ記ス

爾勒里岩

此岩ハ北緯二十五度五十五分東經一百二十四度三十四分ノ處ニアリテ一礁脈ヨリ聳起シテ海面上ニ千七百尺ノ高サニ達シ其狀稜峻ニシテ各側概子削壁ヲナス而シテ稍隔ツル處ヨリ之ヲ望ム片ハ其形チ裝帆セル矮船ノ如シ一千八百三十七年以前ハ該岩ノ存否詳ナラサリシカ此年ニ至リテ英艦「ライラ」號之ヲ發見セリト云フ其後一千八百四十五年「ベルチエル」氏モ之ヲ見タリ夫ヨリ後ハ此岩ニ付數回報告アリタリ此岩ハ黒潮中ニアルヲ以テ其位置ヲ示スコト各大ニ異差アリ（一千八百六十一年ノ報告ニ云フ所ノ「クライト」島ハ即チ此島ト同物ナリ）

尖閣群島

此群岩ハ一礁脈及ヒ探知堆ヲ以テ和平山島ト相連續シ而シテ之ト水道岩トノ間ニ水深約十二尋ノ一水道ヲ有ス抑此群島ハ鎔化石ノ成ス所ニシテ其質堅ク形チ圓柱ノ如シ其一部ハ礀崑トシテ分裂破碎シ一部ハ參差シテ尖針ノ如ク若シ強颱ニ會シ或ハ地震ニ遇ハ、忽チ崩壞ス可キノ觀ヲ呈ス而シテ平岩中二三ノ頂ニハ長草ヲ生スト雖モ樹木ハ灌木タリトモ絶ヱテナシ群島皆鳥糞ノ爲ニ白色トナレリ其鳥類ハ天信翁「フリゲイト」鳥及ヒ數種ノ「テルン」洋鳥

第十編　先島群島　北面ノ數岩嶼　爾勒里幷尖閣群島　八百五十三

圖 65：1886 年水路局出版《環瀛水路志》之《大日本沿海北西部 第一卷下》
此日本軍方出版的書籍，把釣魚臺列嶼列在了日本水路之下。複製自原書。

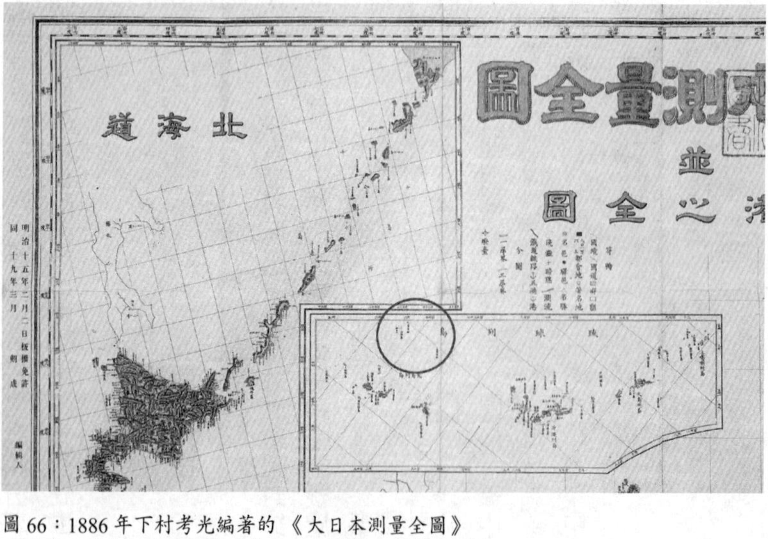

圖 66：1886 年下村考光編著的《大日本測量全圖》
此圖中，再次把釣魚臺列嶼畫在日本界內。複製自原圖。

如此描述[251]。一八八六年下村考光的《大日本測量全圖》（圖66）[252]和一八八八年《海軍海圖第二一〇號》[253]中，釣魚臺都在日本領土之列。軍方也繼續進行對釣魚臺的勘查。在一八八七年六月，日本軍艦「金剛」號對宮古島、八重山島和釣魚臺進行了調查[254]。在一八九二年八月，日本軍艦「海門」號對沖繩外海無人島進行調查。這次調查的報告書提及了釣魚臺。於是有人認爲這次調查也包括釣魚臺[255]。但其實這次調查只針對了大東島，並沒有直接調查釣魚臺，只是在討論時把釣魚臺也一併討論而已。[256]因此軍方在這十年間，對釣魚臺調查了一次。

在政界方面，地方政府也不耐煩了。進入九〇年代後，民間嘗試漁業者開始增多。而且沖繩縣令也換成了沖繩知事丸崗莞爾，他的態度轉向積極。在一八九〇年，他命令下屬縣屬塙忠雄對釣魚臺附近海域漁業進行調查。根據塙忠雄的調查，「久場島和魚釣島渡航的糸滿人總共七十八名，內有大丸號三十二名，鰹船二十六名，與那國二十名。」[257]同一份報告還有對久場島（黃尾嶼）和魚釣島（釣魚

[251] 前引註176，http://www.geocities.jp/tanaka_kunitaka/senkaku/hydrograph1894/
[252] 前引註176，http://www.geocities.jp/tanaka_kunitaka/senkaku/measuremap-1882/
[253] 前引註176，http://www.geocities.jp/tanaka_kunitaka/senkaku/navychart-1888/
[254] 前引註176，http://www.geocities.jp/tanaka_kunitaka/senkaku/kongo/
[255] 前引註227，一三一頁。
[256] 《軍艦海門の沖繩群島探検並びに復命書・無人島探検報告書》，前引註176，http://www.geocities.jp/tanaka_kunitaka/senkaku/kaimon-1892/
[257] 《八重山島文書類・久場島項》，一八九〇。轉引自尖閣諸島文獻資料編纂會，《尖閣研究，尖閣諸島海域の漁業に関する調査報告》，六三頁。

嶼）的地形和物產介紹。於是，丸崗莞爾在一八九〇年一月十三日，上報中央要求在島上設立國標：

關於鄰近本官管轄下八重山群島內石垣島的無人島——釣魚島及外兩島，明治十八年十二月五日，已於同年十一月五日第三百八十四號請示進行作業。上述島嶼爲無人島，迄今尚未確定其所轄。近年因管理水產業之需要，故八重山島官署報請確定其所屬。借此機會，請求將其劃歸本官轄下之八重山島官署所轄。【258】

但是這個申請並沒有得到正面的回應，內務省只是在二月七日，發回一份簡單的公文加以擱置：

本年一月十三日甲第一號的無人島貴縣所轄之提議，如明治十八年十一月五日貴縣之第三百八十四號之請求，已有十二月五日指令案的答覆，請在調查的基礎上參照，特此照會。【259】

一八九三年，新上任的沖繩縣知事奈良原繁再次提出對釣魚臺附近海域漁業進行調查。這次沖繩政府找到了熊本縣的士族野田正提供資料。野田正和其他一共十六人組成考察團往釣魚臺考察，得到的資料寫成《無人島海產業啓動要點》，收錄在《沖繩縣八重山島取調書》之中【260】。此事在一八九四年探險家笹森儀助的《南島探險》中亦有記載【261】。奈良原繁再根據這些資料，在一八九三年十一月二日寫了申請，再次催促中央政府准許其在釣魚臺上立國標，正式納入管轄範圍以管理漁業，裡面寫道：

近來有向該島嘗試漁業等等者，關於在取締上有不少關係之事，就如明治十八年之簽報，因想將之列入本縣所轄，建設國標之故，請火速指示。[262]

這裡的嘗試漁業者，中國專家有說是臺灣的漁民，但並無任何根據[263]。根據以上塙忠雄和野田正的報告，和以下要提及的日本漁民的活動，以及《臺灣的水產》對釣魚臺一帶漁業發展的描述（見四・二），這裡的嘗試漁業者，應該是沖繩人或日本人。

但中央政府仍然在拖延。一八九四年四月十四日，內務省再次下令調查釣魚臺有關資料，特別是港灣形狀、物產和土地開拓的可能、從歷史的角度屬於日本的證據、以及與宮古八重山等群島的關係[264]。

---

[258] 《甲第一号 無人島久場島魚釣島之義ニ付伺》，前引註176，http://www.geocities.jp/tanaka_kunitaka/senkaku/teikokuhanto/1890-01-13kodai1.html

[259] 《県沖第六号》，前引註176，http://www.geocities.jp/tanaka_kunitaka/senkaku/teikokuhanto/1890-02-07.html

[260] 《無人島海産業著手ノ主旨》《琉球八重山嶋取調書付録》，二〇〇七，法政大学沖縄文化研究所，四六—四七頁。另參見尖閣諸島文獻資料編纂會，《尖閣研究，尖閣諸島海域の漁業に関する報告》，十八頁，六五頁。

[261] 笹森儀助《南島探險》，一八九四，五一九頁。引自前引註176，掃描本 http://www.geocities.jp/tanaka_kunitaka/senkaku/nantotanken-1894/

[262] 公文《一一一號 久場島魚釣島へ本縣所轄標杭之義ニ付上申》，前引註176，http://www.tanaka-kunitaka.net/senkaku/teikokuhanto/1893-11-02kodai11.html

[263] 前引註34，二〇三頁。

[264] 《甲六九號文件 內務省秘別第三四號》，前引註176，http://www.tanaka-kunitaka.net/senkaku/teikokuhanto/1894-04-14ko69.html

五月十二日，奈良原繁回覆是：

久場島釣魚島港灣形狀及其他之件的秘別第三四號照會已經了解，自（明治）十八年中派縣屬員警勘查以來，就不曾再做實地勘查，因之難有確實情報。在別紙上附上當時的調查書和出雲丸號船長的報告書。……關於該島之舊記書類，以及屬於我國之明文佐證或口碑傳說等皆無。只是自古以來，本縣漁夫從八重山島到此渡航漁獵而已，特此申報。[265]

奈良原繁的回覆前後有點矛盾，他本人主張把釣魚臺兼併，儘管他可能不知道軍方的調查，但他自己也在一八九三年收到野田正的報告，而且他也理應知道在一八九〇年，沖繩縣塙忠雄已經做過調查。爲什麼他說在一八八五年之後，就不曾做過實地勘察呢？唯一可能的解釋，是在一八九〇年和一八九三年的報告中，調查人員都沒有登島，因此在他看來，這不算是實地勘查。

這個回覆說明，在政府系統，日本僅僅實地登島調查過釣魚臺一次。於是有的中國學者質疑一九七二年日本的《尖閣列島領有權的基本見解》中，「日本政府透過沖繩縣當局等途徑，多次對尖閣諸島進行實地調查，慎重確認尖閣諸島不僅爲無人島」[266]（見六．六）的說法不當。但這個回覆所說明的，僅僅是登島實地調查而已，如果把對附近海域的調查也算成調查的話，那麼日本政府系統的調查則不止一次，而是三次。外加上軍方系統有一次調查，因此，日本官方至少考察了釣魚臺四次，態度不能說不慎重。

這時中央派內務省書記官一木喜德郎往沖繩考察，他在考察後寫成《一木書記官取調書》，書中

《八重山島間切・行政・水產》一章亦有提到關於釣魚臺的問題。他讀取了塙忠雄和野田正的報告後，向日本政府提議，正式把釣魚臺納入行政範圍[267]。

但是中央政府對奈良原繁的申請和一木的建議，都沒有即時回應。我認爲最主要的原因在於：此時中央政府正準備在朝鮮，透過突襲的方式與中國決一死戰，爲免節外生枝，把地方的要求壓下（中日之間的甲午戰爭在七月就開始了）。

在民間方面，有記錄的登島、考察和作業更多。在一八九〇年，共同水產會社的松村仁之助，率領漁民到釣魚臺作業[268]。在一八九一年和一八九三年，伊澤彌喜太兩次往釣魚臺作業[269]。在一八九三年，沖繩官報三一九二號記載三名糸滿漁夫在久場島作業，歸航的時候在途中遇難[270]。在一八九三年，松村仁之助再次往釣魚臺採集鳥毛和夜光貝，此次有探險家笹森儀助隨行，並留下《南島探險》一書，其中繪有探險路線圖[271]。値得注意的是，他在書中記錄了在黃尾嶼還有其他琉球漁船出沒[272]。這也再次說

[265]《秘第十二號 内複第百五三號》，前引註176，http://www.tanaka-kunitaka.net/senkaku/teikokuhanto/1894-05-12hi12.html

[266] http://www.shanghai.cn.emb-japan.go.jp/cn/r-relations_cn.pdf

[267] 一木喜德郎，《一木書記官取調書》，沖繩県史第十四卷資料編四，一九六五，琉球政府文教局編。又見前引註260，六六頁。

[268]《南洋乃海產事》，沖繩青年會志，創刊號，一八九〇，十一至二四頁。轉引自前引註260，二三頁。

[269] 宮島幹之助《黃尾島》，地學雜誌，一九〇〇，一二輯，一四三卷。另見前引註227，一三一頁。

[270] 前引註260，二三頁。

[271] 笹森儀助《南島探險》，一八九四，引自前引註176影本。http://www.geocities.jp/tanaka_kunitaka/senkaku/nantotanken-1894/

[272] 同上。

明當地已經開始成為一些琉球漁民的漁場。相關的登島記錄並不完全，因此難以清楚知道他們到底登島了多少次。

總而言之，在一八八五年到一八九五年間，日本官方至少四次對釣魚臺進行調查：三次是沖繩政府，一次是軍方。而民間的登島次數難以準確統計，有記錄的至少有五次。而在這些事件中，都沒有證據顯示中國政府有任何抗議和行動。而且在這段時間中，也沒有文獻證明曾經有中國人到過釣魚臺。

這個時期出版的一些日本地圖也繼續包括釣魚臺，比如一八八六年五月，吉川秀吉編纂的《大日本與地全圖》[273]。但亦有相反的例子，比如一八八九年河崎幾三郎著的《日本九州及琉球精撰圖》[274]。

綜上所述，一八八五年到一八九五年之間的釣魚臺歷史有模糊之處。一方面，日本人大量活躍在釣魚臺一帶，日本本國和西方出版的日本地圖上，也多有釣魚臺，就連中國遊歷使傅雲龍的《遊歷日本圖經》也記錄了釣魚臺屬於日本。釣魚臺在這段時間內，已經幾乎是日本的勢力範圍了。但另一方面，日本中央政府出於對清朝的戰略考慮，還不敢在釣魚臺上豎立國標，因此也不能認定日本已經擁有釣魚臺的主權。

三．九　日本兼併釣魚臺

一八九四年，日本藉口朝鮮東學黨人出兵朝鮮，並在七月二十五日對運輸兵員的中國戰艦不宣而戰，從而開始了甲午戰爭。戰爭中，中國節節敗退，到了一八九四年底，中國軍隊已經全部撤出朝鮮，並在遼東失利。而日本正準備對威海衛發動進攻，殲滅中國的王牌北洋艦隊。

這時內務省開始採取主動了，在一八九四年十二月十五日，內務省提請在釣魚臺建立國標：

> 對釣魚島久場島相關地理等進行了逐次調查，不論如何，和平山及釣魚島二島，位於海軍省水路部二百十號地圖的八重山島東北方，其依照部員的口述，右二島從來都是屬於領土的範圍，其在地形上當然地被認爲沖繩群島之一部。[275]

於是內務大臣野村靖，在十二月二十七日向外務大臣陸奧宗光重提在釣魚臺建立國標之事（圖67）：

> 久場島魚釣島建設航標一事，如附件甲所示，沖繩縣知事已經呈報。關係此件之附件乙，係明治十八年時，與貴省商議之後以指令下達。惟今昔情況已殊，故擬另文，將此事提交內閣會議審議。[276]

日本認爲「今昔情況已殊」，不需要在釣魚臺問題上再顧忌中國的看法。一八九五年一月十一日，

---

[273] 前引註176，http://www.geocities.jp/tanaka_kunitaka/senkaku/yougosonyu-1886/

[274] 前引註176，http://www.geocities.jp/tanaka_kunitaka/senkaku/kyushuryukyu-1889/

[275] 《秘一三三號》，《久場島魚釣島へ所轄標杭建設之義上申》，前引註176。

[276] 《秘一三三號》，前引註176，http://www.tanaka-kunitaka.net/senkaku/teikokuhanto/1894-12-27hibetsu133.html

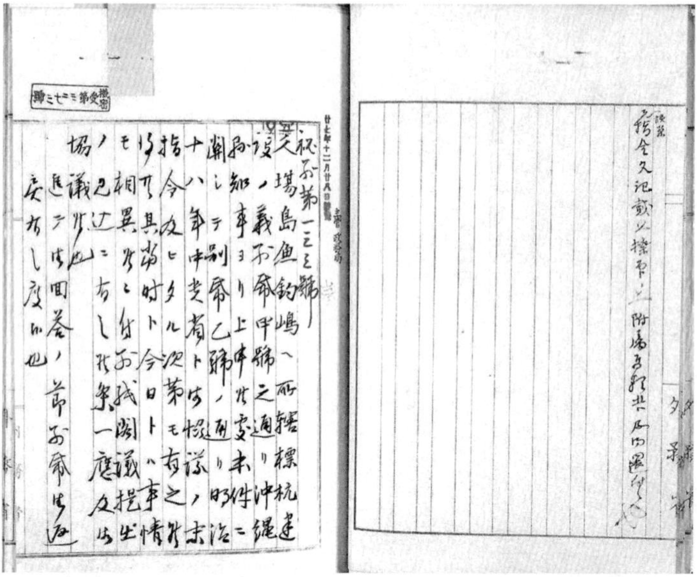
秘別第一三三號
久場島魚釣島ヘ所轄標杭建設ノ義ハ別紙甲號之通リ沖縄縣知事ヨリ上申候処本件ニ関シテ別紙乙號ノ通明治十八年中外務卿ト協議ノ末指令及ヒタル次第モ有之候へ共其當時ト今日トハ事情モ相異候ニ付別紙閣議提出ノ見込ニ有之候條一應及御協議候也
追テ御回答ノ節御返戻相成度候也

圖 67：1894 年 12 月 27 日，內政大臣請求建立國標（秘一三三號）
內務大臣野村靖認爲此時兼併釣魚臺時機已經成熟，於是再次請求在釣魚臺上設立國標。複製自《帝國版圖關係雜件》。

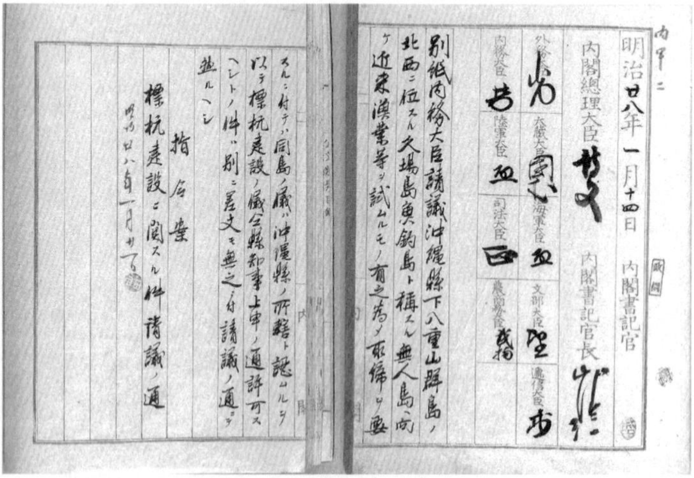
明治廿八年一月十四日 内閣書記官
内閣總理大臣 内閣書記官長
外務大臣 大藏大臣 海軍大臣 文部大臣 遞信大臣
内務大臣 陸軍大臣 司法大臣 農商務大臣
別紙内務大臣請議沖縄縣下八重山群島ノ北西ニ位スル久場島魚釣島ト稱スル無人島ヘ近来漁業等ヲ試ムルモノ有之為メ取締ヲ要スルニ付テハ同島ノ儀ハ沖縄縣ノ所轄ト認ムルヲ以テ標杭建設ノ儀同縣知事上申ノ通許可スヘシトノ件ハ別ニ差支モ無之ニ付請議ノ通ニテ然ルヘシ
指令案
標杭建設ニ関スル件請議ノ通
明治廿八年一月廿一日

圖 68：1895 年 1 月 14 日，內閣會議決定接受內務部申請（秘一三三號）
此乃正式把釣魚臺列嶼列入沖繩縣管轄之決議。複製自《帝國版圖關係雜件》。

陸奧宗光回覆對此並無異議。於是在一月十二日內務大臣野村靖擬定文件，在一月十四日的伊藤博文主持的內閣會議中提出申請：

> 位於沖繩縣下轄八重山群島之西北的久場島、釣魚島一直爲無人島，但近年有人試圖在該島從事漁業等，對此須加以管理之，故該縣知事呈報修建該縣所轄之界樁。懇請上述內閣會議批准歸由該縣所轄，准其修建呈報之界樁。[277]

會議即時通過申請，在一個星期之後（一月二十一日），伊藤博文正式發佈文件，批准了沖繩縣在釣魚臺列嶼建設航標的議案（圖68）。這個決議是正式把釣魚臺編入沖繩縣的文件（從提出申請到批准，都在文件秘一三三號中）：

> 內務大臣請議位於沖繩縣下八重山之西北，稱爲久場島、魚釣島的無人島事。近來至該無人島嘗試漁業者有之，爲取締之必要，承認同島爲沖繩縣所轄，因以建設標杭之事，當如同縣知事簽報，給以許可。本件因別無障礙，應當如議。[278]

[277]《標杭建設に関する件》，秘別一三三號，前引註176，http://www.tanaka-kunitaka.net/senkaku/2a11rui715-1895/1895-01-12.html

[278]《標杭建設に関する閣議決定》，秘別一三三號，前引註176，http://www.tanaka-kunitaka.net/senkaku/2a11rui715-1895/1895-01-14.html 另外可以參見前引註222。

一月二十二日，內務省向沖繩縣下達了建造航標的指令：「久場島魚釣島爲本縣所轄航標建設之文件，內閣決議通過，按此決定施行。」[279]

此後，內閣還發佈《久米赤島、久場島及魚釣島編入版圖經緯》，對整個過程做一回顧。這個文件沒有附在《帝國版圖關係雜件》之中，而是在《日本外交文書》十八卷中。此份文件寫於一八九五年一月[280]，據說是鹽崎領事官所補寫的調查總結書，無法確證[281]，也不清楚當時是否向外公佈。

散落在沖繩與清國福州之間的久米赤島（距久米島西南方約七十里，位於離清國福州近二百里處）、久場島（距久米島西南方約百里，位於靠近八重山島内石垣島約六十餘里處）及釣魚島（方位同久場島，僅比久場島遠十里左右）之三島，未發現所屬清國的特別證跡，且靠近沖繩所轄之宮古、八重山島等，爲無人島嶼，故沖繩縣知事呈請修建國標。上述審議在呈報太政大臣前，山縣内務卿於明治十八年十月九日，已徵詢井上外務卿的意見。經外務卿熟慮，鑑於本島嶼靠近清國國境，爲蕞爾孤島，當時我國政府因清國報紙刊載我佔據臺灣附近清國屬島等流言而敦促清國政府注意等理由，於十月二十一日答覆把建立國標、開拓島嶼之事延至他日時機爲宜。十二月五日内務、外務兩卿指示沖繩知事，對目前不修建國標望加諒解。明治二十三年一月十三日，沖繩縣知事向内務大臣請示，要求確定這些島嶼的管轄。請示提出本案島嶼一直爲無人島，未特別確定其所轄，近年因取締水產之需要，故八重山官署報請確定其所轄。進而明治二十六年十一月二日，當時有人試圖在本案島嶼從事漁業生產等，沖繩縣知事爲管理之，向内務、外務兩大臣呈報修建該縣所轄之界樁。内務大臣就本案提交内閣會議與外務大臣磋商，外務大臣未表示異議。於明治二十七年十二月二十七日提交内閣會議。明治二十八年一月二十一日，內閣會議決定由內務、外務兩大臣指示沖繩縣知事：報請修建界樁一事已獲批准。[282]

日本是否在一八九五年才把釣魚臺視爲自己的領土呢？從上面的分析看來，我認爲：豎立國標的決議只是最後明確日本對釣魚臺的領有，同時也確定釣魚臺屬於沖繩縣。釣魚臺從日本認爲的無主地到正式成爲日本的領土，事實上是經過了長時間的演進的。一八七九年，日本開始把釣魚臺編入地圖，形成了對釣魚臺的主權意圖。隨後，日本人越來越多地在釣魚臺上活動。一八八五年，日本第一次企圖把釣魚臺整合到日本國土中，但由於顧忌中國的反應，這個企圖被擱置。但之後十年，日本逐步事實上控制了釣魚臺，並很大程度上取得了國際的承認。一八九五年的內閣協議，不過是把這一系列進程最後固化的舉動。

曾有日本方提出，一八九六年的天皇敕令第十三號中，把釣魚臺編入八重山群島之中（圖69）。就我所知，這個說法最早來自二十世紀初《琉球新報》一九〇八年對古賀氏的報導[283]，在一九〇九年給古

---

[279]《秘別一三三號內》，前引註176，http://www.geocities.jp/tanaka_kunitaka/senkaku/teikokuhanto/1895-01-22naimuhibetsu133.html

[280] 浦野起央，劉甦朝，植榮邊吉《釣魚臺群島（尖閣諸島）問題研究資料彙編》，二〇〇一，勵志出版社（香港），刀水書房（日本），一七〇頁。

[281] 此乃田中邦貴的說法，但沒有出處。http://www.geocities.jp/tanaka_kunitaka/senkaku/teikokuhanto/

[282]《久米赤島、久場島及魚釣島版図編入経緯ノ件》，前引註176，http://www.geocities.jp/tanaka_kunitaka/senkaku/teikokuhanto/1895-01hennyu.html。另參見前引註260，一〇四頁。

[283]《琉球新報》1908/06/16，《尖閣列島と古賀辰四郎》（二）。

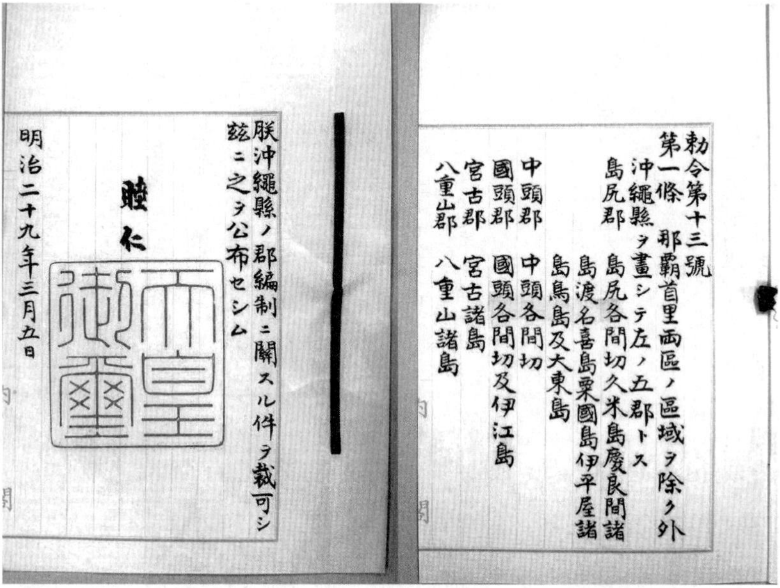
勅令第十三號

第一條 那覇首里兩區ノ區域ヲ除ク外沖繩縣ヲ畫シテ左ノ五郡トス

島尻郡 島尻各間切久米島慶良間諸島渡名喜島粟國島伊平屋諸島鳥島及大東島

中頭郡 中頭各間切

國頭郡 國頭各間切及伊江島

宮古郡 宮古諸島

八重山郡 八重山諸島

朕沖繩縣ノ郡編制ニ關スル件ヲ裁可シ茲ニ之ヲ公布セシム

睦仁

明治二十九年三月五日

圖 69：1896 年天皇敕令十三號

日本認爲此敕令是把釣魚臺編入沖繩之法令，惟在敕令上，並沒有釣魚臺出現。複製自原件。

賀辰四郎的授勳書也有此提法[284]，這種認識被琉球政府在一九七〇年發表《關於尖閣列島的領土權》所援引[285]。但如井上清所言，從文字上而言，這個說法並不令人信服[286]。十三號敕令第一條如下[287]：

第一條 那霸首里兩區之外，沖繩縣分爲左列五個郡

島尻郡 島尻諸島久米島慶良間諸島渡名喜島粟國島伊平屋諸島鳥島及大東島

中頭郡 中頭各村

國頭郡 國頭諸島及伊江島

宮古郡 宮古諸島

八重山郡 八重山諸島

此十三號敕令只是說到了沖繩縣的設置以及把沖繩縣那霸以外劃分爲五個區域，其中之

一則爲八重山，裡面沒有具體談到任何一個區域包括什麼地方。因此，敕令第十三號並不能直接說明釣魚臺的編入問題。浦野起央認爲在該敕令四月一日生效之際，沖繩縣知事將其編入八重山，但他並沒有舉出任何文件或政令來說明這一點[288]。

但全然否定第十三號敕令亦不完全正確。如前所述，認爲第十三號敕令把釣魚臺置於沖繩縣之下的這種說法，並不是在釣魚臺出現爭議的二十世紀七〇年代才開始的，而是早在一九〇八年就已經出現，可見在當時已經有這麼一種意見。很可能在第十三號敕令的同時，沖繩縣確實有一些法令、政令和措施去落實和細化這個敕令的內容（一個例子是在四・三節所討論的地籍登記），只是目前還找不到這類公文。

關於日本之所以在一八八五年不佔據釣魚臺，而直到一八九五年才佔據的原因，中國方面一般認爲唯一原因就是「日本得悉釣魚島爲中國領土」[289]。如白皮書所言：「當時日本政府雖然覬覦釣魚島，但完全清楚這些島嶼屬於中國，不敢輕舉妄動。」

這裡有兩個問題，首先日本是否「完全清楚這些島嶼屬於中國」。中方的論據主要有幾個，第一個

[284]《古賀辰四郎 藍授褒章下賜件》，沖繩季刊，第六三期，一三八頁。
[285]《關於尖閣列島的領土權》，轉引自明報月刊所載釣魚臺群島資料，明報出版社，一九七九。
[286]井上清《尖閣列島——釣魚諸島的歷史解明》，東京，現代評論社，一九七二，一二九頁。
[287]前引註176，http://www.geocities.jp/tanaka_kunitaka/senkaku/chokurei13-1896/
[288]前引註227，一三五頁。
[289]前引註38，九七—一一〇頁；前引註122；前引註177，一〇九—一二二。前引註34，一八五—二〇三。

是西村捨三在一八八五年的三一五號報告，第二個是井上馨對山縣有朋的回覆，第三個就是《臺海警信》。但正如我在前面所分析的，日本中央政府無疑是知道有「這些島嶼屬於中國」這個理論，它部分源自西村捨三的報告，部分可能源自中國報紙的言論，但這並不等於日本政府認可了這個理論。相反，日本內務卿和外務卿都否認了這個理論：山縣有朋認為這些島嶼是無主地，而井上馨認為這些島嶼「接近中國國境」，同樣認為不屬於中國。所以「完全清楚這些島嶼屬於中國」這句話有模糊的涵義，並沒有區分日本政府所「清楚」的是什麼。從史料看，日本政府所清楚的是存在「這些島嶼屬於中國」的理論，但卻否認這是一個事實。

其次，日本不敢輕舉妄動的原因是什麼？從上面分析可知，日本不在當時佔據釣魚臺的原因可能有幾個，儘管不能完全排除中國專家所堅持的日本顧忌「這些島嶼屬於中國」的原因，但更為重要的原因可能是日本顧忌這些島嶼鄰近中國，害怕輕易佔領，會引來中國對日本擴張戰略的警覺。井上馨要求連考察大東島的事也不能透露一事，就可證實日本在這個問題上的小心翼翼。到一八九五年中日開戰，雙方已經撕破臉之後，日本自然無須再顧忌中國的警覺。吳天穎認為，「今昔情況已殊」和「本件因別無障礙」等用語，指的是日本現在不需要理會「釣魚臺屬於中國」，而可以放心佔據釣魚臺。但它同樣可以解釋成一八八五年時，日本要隱藏自己的戰略意圖，而在一八九五年時不須再隱藏。鑑於日本中央政府在一八八五年對釣魚臺地位的態度，這種理論似更為可信。

綜上所述，一八七九年開始，日本開始對釣魚臺有主權的意圖，並在一八八五年就對釣魚臺進行了勘探與調查。由於外務省考慮到與中國決戰的大戰略，顧忌中國的反應，與內務省協商，暫時擱置在島上建立國標。在這過程中，儘管在中國出版的民間媒體有相關報導，中國官方卻沒有作出任何反應。一八九四年，中日戰爭爆發，在中國屢戰屢敗之際，日本不再顧忌中國的反應。日本內閣在一八九五年一月十四日以釣魚臺是無人地，將其編入沖繩縣管治。這發生在中日簽訂《馬關條約》的幾個月之前，也在日本於威海衛全殲北洋艦隊，取得決定性勝利之前。

三・十　日本以釣魚臺附近爲集合地進軍臺灣嗎？

甲午戰爭中國戰敗，在一八九五年四月簽訂了《馬關條約》。《馬關條約》在五月八日換文後，日本就開始交接臺灣的準備。五月二十九日，日本海軍開赴臺灣。在六月二日，中日雙方在基隆簽署《交接臺灣文據》。中國正式割讓臺灣與澎湖列島。

吳天穎在《甲午戰前釣魚列嶼歸屬考》中認爲，日本海軍在釣魚臺集結開赴臺灣一事，證明了日本認爲釣魚臺是臺灣的附屬島嶼[290]。因爲指令中寫的是：

> 各運送船隻之集合點，爲北緯二十五度二十分，東經一百二十二度，即尖閣島迆南約五海里處，各官員到該地點待命。

[290] 前引註38，一一六—一二〇頁。以下的資料源自《附記臺灣匪賊征討》，均轉引自該書。

而之前的一項命令爲：

> ……立即徑往臺灣淡水港北方約九十海里（小基隆之海面）之位置……

於是吳天穎認爲，日本把釣魚臺（即尖閣島）以南等同於淡水港北方約九十海里，故此認爲日本海軍眼裡，釣魚臺是臺灣的一部分[291]。

然而，釣魚嶼的位置在北緯二十五度四十分，東經一百二十三度三十分，顯然和指令中提及的位置不一樣。指令中的經緯度對應於花瓶嶼比較吻合。除了位置吻合之外，花瓶嶼在當時就被日本叫做「尖閣島」。這在日本地名大辭典（續編）中有明確記錄[292]。

釣魚嶼本身在日本從來沒有被命名爲「尖閣島」。尖閣諸島這個名稱，一說是一九〇〇年之後才有的，由當時沖繩師範學校教師黑岩恆命名[293]。「尖閣群島」這個名詞早在一八八六年的《環瀛水路志》中已經出現[294]。一八九八年七月十七日的《琉球新報》的一篇報導釣魚臺的文章顯示，一八九八年的時候已經有尖閣群島這個名詞了[295]。從《遊歷日本圖經》中看，「尖閣群島」這一名稱也在一八八九年就被用於這兩個小島（傅雲龍的知識是從日本方面而來）。但這些都是「列島」、「諸島」和「群島」，而不是「島」。

另外，當時也有把釣魚嶼南面的南小島和北小島稱爲「尖頭諸嶼」。尖頭諸嶼（釣魚列島中的南小島和北小島）和尖閣島（花瓶嶼）的英文名分別是Panicle Islands和Panicle Island，一個複數一個單數。這在日本的譯名中，通常有明確區別，即一個帶有「群」或者「諸」，另一個不帶，很少混爲一談。

根據日本方面記錄，日軍集結地點乃淡水外海，並非釣魚臺[296]。最近，在《甲午戰前釣魚列嶼歸屬考》的第二版中，吳天穎也坦然承認是自己搞錯：日本軍的集合地點是在花瓶嶼附近，不是釣魚臺附近。原來，他看錯了原文件上的字，把「大凡十海里」看成了「大九十海里」，於是把其翻譯為「約九十海里」。查釣魚嶼和淡水港之間距離確實約為九十海里，加上望文生義，就張冠李戴了。

三・十一 日本是透過《馬關條約》佔領釣魚臺的嗎？

釣魚臺如何被日本佔據？這個問題本來不是一個問題，史實是很清楚的。正如上述分析，儘管釣魚臺最後併入日本和甲午戰爭有關，但日本方面認為，釣魚臺並不是透過《馬關條約》取得的，而是根據一八九五年一月的內閣決議，以無人島（無主地）的方式佔領的。

---

[291] 同上。

[292] 前引註230，臺灣篇，二七頁。

[293] 前引註231；前引註173，七五頁。

[294] 前引註176，http://www.geocities.jp/tanaka_kunitaka/senkaku/kaneisuiroshi-1886/

[295] 尖閣群島事情，《琉球新報》，07/17/1898。參見前引註176，http://www.geocities.jp/tanaka_kunitaka/senkaku/ryukyushimpo-1898/

[296] 前引註207，五三頁。

關於這一點，在中國方面卻有不同的觀點。這主要由於兩個原因：第一，日本佔有釣魚臺與《馬關條約》的簽訂時間相距甚近：日本內閣決議在一月，《馬關條約》簽訂在四月；第二，釣魚臺在空間上也與臺灣相距不遠，而《馬關條約》規定，中國需把「臺灣全島及所有附屬各島嶼」以及「澎湖列島」割讓給日本。正是在時間和空間方面上如此接近，才引起了這個問題的爭議。但即便是在「釣魚臺是以什麼名義被日本兼併」這一問題上，中國大陸和臺灣專家中，也有兩種不同的說法：割讓說和竊佔說。

鞠德源撰寫的《釣魚島正名》[297]一書以及中國官方《釣魚島問題白皮書》都認爲：釣魚臺是透過《馬關條約》作爲臺灣的附屬島嶼割讓給日本的。這種說法對於中國方面的好處在於，根據《開羅宣言》，臺灣需要交還中國。如果釣魚臺是以臺灣附屬島嶼的身分透過《馬關條約》割讓的話，那麼釣魚臺自然也應該交還給中國（在此

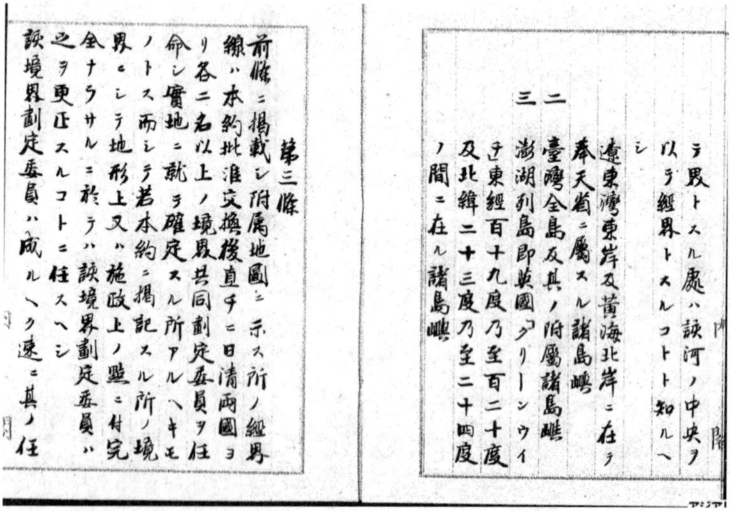
ヲ界トスル處ハ該河ノ中央ヲ以テ經界トスルコトト知ルヘシ
遼東灣東岸及黃海北岸ニ在テ奉天省ニ屬スル諸島嶼
二 臺灣全島及其ノ附屬諸島嶼
三 澎湖列島即英國「グリーンウィッチ」東經百十九度乃至百二十度及北緯二十三度乃至二十四度ノ間ニ在ル諸島嶼

第三條
前條ニ揭載シ附屬地圖ニ示ス所ノ經界線ハ本約批准交換後直チニ日清兩國ヨリ各二名以上ノ境界共同劃定委員ヲ任命シ實地ニ就テ確定スル所アルヘキモノトス而シテ若本約ニ揭記スル所ノ境界ニシテ地形上又ハ施政上ノ點ニ付完全ナラサルニ於テハ該境界劃定委員ハ之ヲ更正スルコトニ任スヘシ
該境界劃定委員ハ成ルヘク速ニ其ノ任

圖 70：1895 年 4 月，《馬關條約》（日文版）
《馬關條約》中並未直接提及釣魚臺。日本認爲兼併釣魚臺與《馬關條約》無關。此掃描件來自日本國立國會圖書館。

暫且不考慮《開羅宣言》的法律地位的問題）。

然而，這個說法有很大的缺陷。首先，日本早在簽署《馬關條約》之前，就已經從法律上兼併了釣魚臺（日本佔有釣魚臺發生在一月，四月才簽署《馬關條約》）。因此從日本的角度來看，這種說法是不成立的。

其次，《馬關條約》透過對割讓土地的範圍的經緯度規定和附屬地圖的形式，確定了中國割讓給日本的具體領土範圍。根據《馬關條約》（圖70）：

> 第二款
>
> 中國將管理下開地方之權，並將該地方所有堡壘、軍器、工廠及一切屬公物件，永遠讓與日本。
>
> 一、下開劃界以內之奉天省南邊地方……
>
> 二、臺灣全島及所有附屬各島嶼。
>
> 三、澎湖列島。即英國格林威治東經百十九度起、至百二十度止及北緯二十三度起、至二十四度之間諸島嶼。

---

[297] 前引註2，五九—六〇頁。

第三款

前款所載及粘附本約之地圖所劃疆界，俟本約批准互換之後……。[298]

根據《交接臺灣文據》：

差全權大臣所定和約第二款，中國永遠讓與日本之臺灣全島及所有附屬各島嶼併澎湖列島，即在英國格林威治東經百十九度起，至百二十度止，及北緯二十三度起，至北緯二十四度之間，諸島嶼之管理主權。[299]

可見條約中的經緯度是界定澎湖列島的，釣魚臺的位置在東經一百二十三點五度，北緯二十五點七五度，無論東西還是南北，都不在條約經緯度規定的界限中。因此中方的論點就在於爭辯：釣魚臺以「臺灣附屬島嶼」的名義爲《馬關條約》所包含。

在《馬關條約》中，由於沒有規定臺灣及其附屬島嶼的經緯度，也沒有列舉出所有的附屬島嶼，因此爲中國方面的論點留下空間。但是如前所述，中國缺乏證據顯示釣魚臺是臺灣的附屬島嶼。因爲在歷史方志中，釣魚臺並沒有在臺灣的行政規劃中，而且中國官方出版的臺灣地圖，也不包括釣魚臺。中國經常拿來作爲證據的日本人林子平的地圖中，釣魚臺的著色更顯著地與臺灣有所區別（見P7彩圖7）。而日本和西方出版的臺灣地圖中，也都沒有包括釣魚臺。可見無論從中國官方，還是日本官方，還是國際的認知來看，釣魚臺都不是臺灣的附屬島嶼。

除此之外，根據《馬關條約》第三款，條約中有粘附的地圖。一個臺灣人（網名「臺」）寫的博客《爲什麼釣魚臺是日本的》[300]中，認爲《馬關條約》的附屬地圖就是一八九五年東京地學協會發行的由山吉盛義繪製的《臺灣諸島全圖》（圖71）。這份地圖是一八九五年三月出版的，正在《馬關條約》簽訂之前。這本地圖除了三幅圖（臺灣全圖、澎湖和臺灣北部）之外，還包括了一份詳細的地名對照表。從時間和詳細程度看，確實有可能是日方當時參考的地圖。而這幅地圖上並沒有包括釣魚臺。如果眞的如此，中日雙方所同意的《馬關條約》，就明確沒有把釣魚臺包括入中國割地的範圍之內。

但是，並沒有可靠的證據顯示這幅地圖是《馬關條約》所粘連的附屬地圖。據說在日本保存的《馬關條約》原件中的粘附地圖，只有遼東地圖，而沒有臺灣和澎湖列島地圖[301]。我沒有看過這個原件，但這說法大致可信，因爲在網上日本檔案館中，查得的《馬關條約》掃描，也只有遼東地圖[302]。

[298] 王鐵崖《中外舊約章彙編》，三聯書店，一九五七，六一四頁。
[299] 王彥威《清季外交史料》，書目文獻出版社，一九八七，卷一一三，一九一四—一九一五頁。
[300] http://tw.myblog.yahoo.com/jw!ARR7CzOBSEbGZjQlIAbtkQ--/article?mid=1582。這個博客的內容廣爲流傳，也有不少有用的資料，但其對資料的分析和解讀，卻謬誤甚多，亦有錯誤或者無根據的史料，比如本條。
[301] 前引註68，一五二頁。
[302] 馬關條約原件掃描，見 http://dl.ndl.go.jp/info:ndljp/pid/2946833/8

鞠德源稱「事實上當年訂約之際，中日雙方都曾參經考過英國一八七七年出版的《中國東海沿海自香港至遼東灣海圖》，自然都清楚『臺灣全島及所有附屬各島嶼』一款必定包括『臺灣全島的附屬島嶼東北諸島』，而『東北諸島』則必定包括花瓶嶼、棉花嶼、彭嘉山、釣魚嶼、橄欖山、黃尾嶼、赤尾嶼等島嶼，絕不存在任何遺漏或例外。」[303]

鞠德源的論據，應該來自當時在談判中，李鴻章一八九五年四月九日提出的一份修正案：

澎湖列島，北至北緯二十四度止，南至北緯二十三度止，東至英天文臺東經一百二十度止，西至英天文臺東經一百一十九度止。應照英國海圖，該經緯度四線相交所成小正方形之內，茲特聲明，以免相混。[304]

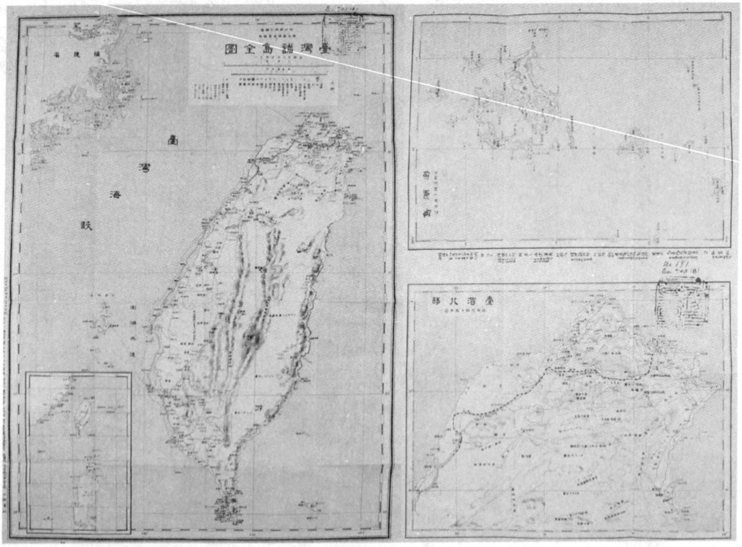

圖 71：1895 年山吉盛義《臺灣諸島全圖》
此乃《馬關條約》簽訂前後，日本出版的詳細臺灣地圖，裡面不含釣魚臺。惟此圖並非是雙方簽約時所粘連的地圖。複製自原圖。

但是這只是中方提議的參考地圖，也沒有說明是哪一份海圖，況且是關於澎湖列島的，與臺灣無關。沒有證據顯示日方對臺灣的劃界，確實是根據該份英國海圖。即便眞是根據那份英國海圖，也無法說明釣魚臺在條約規定的臺灣附屬島嶼之內，因爲那份英國海圖根本沒有任何的分界。

那麼《馬關條約》提及的臺灣領土到底是根據哪一份地圖呢？這大概沒有明確的答案。無論如何，正如前文已經討論過的，日本的臺灣地圖中都沒有包括釣魚臺；即便是中國自己的臺灣地圖，也不包括釣魚臺。從事後的進展看來，日本在簽約和交接臺灣前後所出版的臺灣地圖（比如以上提到的山吉盛義的地圖）沒有包括釣魚臺，而日本軍方爲交接臺灣而準備的軍事地圖中，也沒有包括釣魚臺。因此可以有把握地推斷，在談判時所用的臺灣地圖中，不包含釣魚臺。

關於其時清朝眼中釣魚臺歸屬，最爲直接的證據當屬第二章提及的遊歷使傅雲龍在一八八九年所著的《遊歷日本圖經》，當中已經列明釣魚臺是日本的領土（見二・七）。如前所述，此書是清朝官方的正式文件，可以視爲代表官方的立場，也是晚清最詳細的關於日本方面的書籍。李鴻章爲該書作序，傅雲龍在回國之後，長期是李鴻章所器重的心腹，李鴻章甚至爲其祠堂寫碑文。李鴻章與日本鬥爭多年，又參與了中日琉球劃界的談判，對中琉之間的島嶼非常熟悉。他既然看過這本書，就理應清楚釣魚臺並非中國領土。

[303] 前引註68，一四七—一五三頁。

[304] 王芸生《六十年來中國與日本》第二卷，上海書店，一九九一，二五七—二五八頁。

綜上所述，釣魚臺並不是透過《馬關條約》割讓的，儘管在這一點上存在一些模糊之處。矛盾的是，即使一些支持「割讓說」的文章，也經常採用「竊佔」一詞，並指責日本的行爲「偷偷摸摸」[305]。可是，如果日本是透過《馬關條約》佔領釣魚臺的話，就是堂而皇之的搶掠了，又何來偷偷摸摸呢？

三・十二　日本竊佔了釣魚臺嗎？

中國方面關於日本如何佔領釣魚臺的第二種說法，是日本「竊佔」了釣魚臺。所謂「竊佔」，就是偷偷摸摸，佔了但別人不知道。比如吳輝在《從國際法論中日釣魚島爭端及其解決前景》中就說：「日本是以一八九五年一月十四日的內閣決議形式，將釣魚島等島嶼編入本國版圖的。事先既沒有作佔領宣告，事後也沒有通知中國或明文寫入條約，因而整個佔領過程，具有明顯的竊佔特徵」[306]。張啓雄也是這個觀點，他的《釣魚臺列嶼的主權歸屬問題——日本領有主張的國際法驗證》中，認爲日本兼併釣魚臺，既不符合日本國內法，也不符合國際法。在國內法上，兼併領土需要有天皇的敕令，而儘管日方說十三號敕令是整合釣魚臺的文件，但這上面根本沒有提及釣魚臺。在國際法上，日本也沒有向國際社會公佈吞併釣魚臺這個事實[307]。

我在此進一步對以上這些觀點展開討論。首先分析國內法方面。正如中方所說，日本所說的第十三號敕令確實沒有列出釣魚臺（見三・九），而只列出了八重山群島。日方所言大概是指釣魚臺在內閣會議中劃歸八重山群島，而敕令中又包括八重山，所以就算是把釣魚臺列入領土了。日方這個邏輯顯然是難以成立的。日本在兼併其他一些領土的時候，確實發出過敕令或公告。比如一八九一年，對小笠原群島的兼併中，日本就發出了敕令一九〇號，詳細公佈這幾個小島的坐標。再如，一九〇五年，日本兼併竹島的時候，在內閣決議之後，也發出了內相訓令[308]。由此看來，日本對釣魚臺的兼併，確實沒有這麼多的公告文件。

但亦需指出的是，儘管日本在兼併其他一些領土的時候，發佈了敕令或公告，但日本的法律中並沒有規定獲得新領土後「必須」發出相關敕令。另外，從小笠原群島和竹島所發公告的形式（一爲敕令，一爲內相訓令）的不同來看，兼併新領土也沒有標準的成例。因此要說不符合慣例，可能較爲有說服力，但說到違法則不然。另外，如三・九節所述，釣魚臺是被第十三號敕令置於沖繩治理之下的說法，最晚在二十世紀初已經存在，很可能在當時有其他的法規去落實這個敕令，才導致當時的這種認識。關於這些法規存在與否，以及是否公開到足以令國際所知，值得進一步研究和討論，但無論如何，這至少證明，日本透過第十三號敕令兼併釣魚臺這種說法，並非是二十世紀七〇年代才出現的「狡辯」性的說法。

中國又指日本沒有在島上豎立國標。這是根據井上清的說法，他指出釣魚臺上現在的標誌物是

[305] 前引註10，一一三頁；前引註3，三二七頁。
[306] 吳輝，《從國際法論中日釣魚島爭端及其解決前景》，中國邊疆史地研究，二〇〇一，第十卷第一期，七五頁。
[307] 張啓雄《釣魚臺列嶼的主權歸屬問題——日本領有主張的國際法驗證》，近代史研究集刊，一二五頁。
[308] 前引註286，一三二頁。

一九六九年才豎立的[309]。現在釣魚臺上的標誌物確實是一九六九年才豎立，但在一八九五年當時有沒有豎立標誌物，卻很難考證，井上清也沒有提出說明。張啓雄說，儘管現在有內閣決定豎立國標的決定書，但是卻找不到內閣下達給沖繩縣的指令書，所以沖繩縣就沒有建[310]。這個說法是錯誤的，在《秘別一三三號內》裡，就有內務省給沖繩縣下達的指令書[311]。當然，下了指令也不一定眞的建了，但重點是，豎立國標只是一種宣示主權的方式，但不是唯一和必須的方式，即便當時眞的沒有建造國標，日本透過租借島嶼供開發、插上國旗、列入統計書、實施救助等多種方式，也足以宣示和行使了這個主權（見四・一，四・三）。從國際法來說，這些行爲遠遠比豎立一個標誌物來得有效。

在國際法方面，張啓雄等認爲，日本沒有向國際公示佔有了釣魚臺[312]，因此日本佔領了釣魚臺，但是中國和其他國家不知道，以致中國和國際社會以爲在這期間，釣魚臺一直是中國自己的領土。這種說法符合竊佔的定義，但是明顯不符合實際。

首先，日本佔領釣魚臺並不僅僅止於口頭上，而是有實際的治理和開發。其中最具有說服力的一點就是：日本政府在一八九六年八月，以免除使用費，限期三十年爲條件，把釣魚嶼、南小島、北小島和黃尾嶼租借給古賀辰四郎。一九二六年後，改以收取租金的形式續約。古賀辰四郎家族在一八九六年到一九四一年，長達四十五年的時間內，一直在釣魚臺上從事漁業開發的工作，建造了碼頭、工廠、宿舍等建築物，並種植了一系列農作物（見四・一）。

另外，日本雖然沒有正式官方的公告宣傳佔有釣魚臺，但是在公開發表的政府公文、書籍、報紙、地圖中，都有不少對釣魚臺的主權記錄（見四・三）。而這些也可以作爲日本對釣魚臺佔有的公開宣示的證據。

如果中國在一八九五—一九四五這五十年間，認爲釣魚臺是中國的領土，有過哪怕一次對釣魚臺行使過主權，那麼中國就應該知道日本在釣魚臺上的活動，也應該加以制止，或至少提出抗議，正如一九〇三年清政府對日本人在東沙群島開發提出抗議一樣。可是，中國政府無法找到哪怕一個證據來證明在此其間，中國政府曾對釣魚臺的主權問題提出過抗議。

其次，中國政府其實是知道日本佔領了釣魚臺。清朝遊歷使傅雲龍在一八八九年所著的《遊歷日本圖經》中，一早就列明釣魚臺是日本的領土。而一九一九年，一艘福建漁船在釣魚臺附近失事，船上眾人被當時在島上生活的日本人救起。爲此，在一九二〇年，中國駐長崎領事寫給沖繩縣政府一封感謝狀。感謝狀進一步證明民國政府也知道並認可釣魚臺是日本的領土（圖72）。

> 感謝狀：中華民國八年冬，福建省惠安縣漁民郭合順等三十一人，遭風遇難，漂泊至日本帝國沖繩縣八重山郡尖閣列島內和洋島，承日本帝國八重山郡石垣村雇玉代勢孫伴君熱心救護，使得生還故國，洵屬救災恤鄰，當仁不讓，深堪感佩。特贈斯狀，以表謝忱。中華民國駐長崎領事馮冕（華駐長崎領事印），中華民國九年五月二十日（中華民國駐長崎領事印）。[313]

---

[309] 前引註173，一二七頁。
[310] 前引註307，一二七頁。
[311] 《內務省秘別一三三号ノ內》，前引註176，http://www.geocities.jp/tanaka_kunitaka/senkaku/teikokuhanto/1895-01-22naimuhibetsu133.html
[312] 同上，一二六頁。
[313] 前引註227，一三九頁。

這封感謝狀亦澄清了另一個爭議點，即日治時期，釣魚臺是否屬於臺灣的問題，這裡先按下不表。單從這封感謝狀看，中國知道釣魚臺被日本所佔領，乃是不爭的事實。既然中國政府知道了這一點，卻又不去抗議，這就很難令人信服日本是「竊取」了釣魚臺。

第三，中國在二戰之前的，就我所知的，所有地圖上都沒有把釣魚臺視爲中國的領土。地理學家胡煥庸在一九四五年出版的《臺灣與琉球》中，也把釣魚臺視爲日本沖繩島一部分（見四・四）。甚至直到新中國成立之後，大陸出版的地圖也以「尖閣列島」稱呼釣魚臺（見五・一〇）。這被日本方面認爲是新中國當時承認釣魚臺是日本一部分的證據。中方的一種辯解是，這幅地圖是參考了二戰勝利前的《申報》所發行的舊地圖，因此名字不准，可以理解云云[314]。但即便如此，這也表明了中國當時並非不知道釣魚臺被日本所佔據。

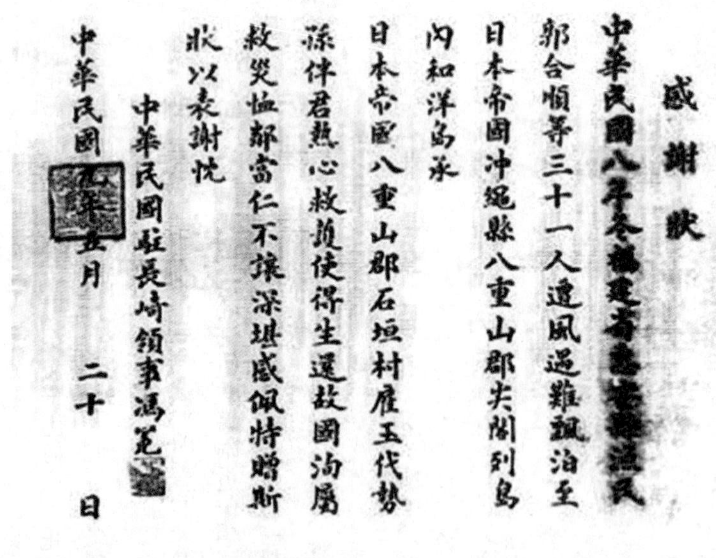
感謝狀
中華民國八年冬福建省惠安縣漁民郭合順等三十一人遭風遇難飄泊至日本帝國沖繩縣八重山郡尖閣列島內和洋島承日本帝國八重山郡石垣村雇玉代勢孫伴君熱心救護使得生還故國洵屬救災恤鄰當仁不讓深堪感佩特贈斯狀以表謝忱
中華民國駐長崎領事馮冕
中華民國九年五月二十日

圖 72：1920 年中國駐長崎領事的感謝狀
此感謝狀證明，中國知道並認可釣魚臺在日本的沖繩縣管轄之下。本圖複製自浦野起央，劉甦朝，植榮邊吉《釣魚臺群島（尖閣諸島）問題研究資料彙編》。

另一方面，國際社會也並非不知道日本領有釣魚臺。比如這份一九二二年英國出版的地圖集中的《日本帝國圖》（圖73），釣魚臺就清楚地標注爲紅色，與中國的黃色有顯著的不同[315]（見P8彩圖8）。所以，儘管日本當時沒有專門發出一份兼併釣魚臺的公告，但國際社會，包括中國，都認同釣魚臺是日本的一部分，沒有提出任何異議。因此，所謂日本「竊佔」了釣魚臺的說法，也是不成立的。

換另一角度考慮，當時甲午戰爭日方大勝，清朝毫無討價還價之力，連臺灣、澎湖甚至遼東，也要割讓給日本。日本如果要把釣魚臺堂而皇之地寫入條約中，要求割讓這幾個遙遠而無人的海島，中方又豈會不允？又何必故意偷偷摸摸地去繞過《馬關條約》或者在條約中故意做手腳，以便渾水摸魚地竊佔這幾個當時並無甚價值的島嶼？

三・十三 先竊佔後割讓的理論成立嗎？

關於日本是如何佔領釣魚臺，中國專家還有一種理論，就是日本先竊佔了釣魚臺，再故意利用《馬關條約》的模糊表述，誤導清朝談判人員，令他們誤以爲釣魚臺已經在《馬關條約》中割讓出去。這種觀點在王健朗寫的《釣魚島是被日本竊取的中國領土》中，表述得比較清楚[316]。他認爲日本故意採用「臺灣及其附屬島嶼」的條文，而不列明所有島嶼的名稱，是因爲日本要竊取釣魚臺。文中說：

> 日本政府在處理釣魚島問題上的「高明」之處在於：它利用清軍戰敗之際，在馬關條約訂立之前，

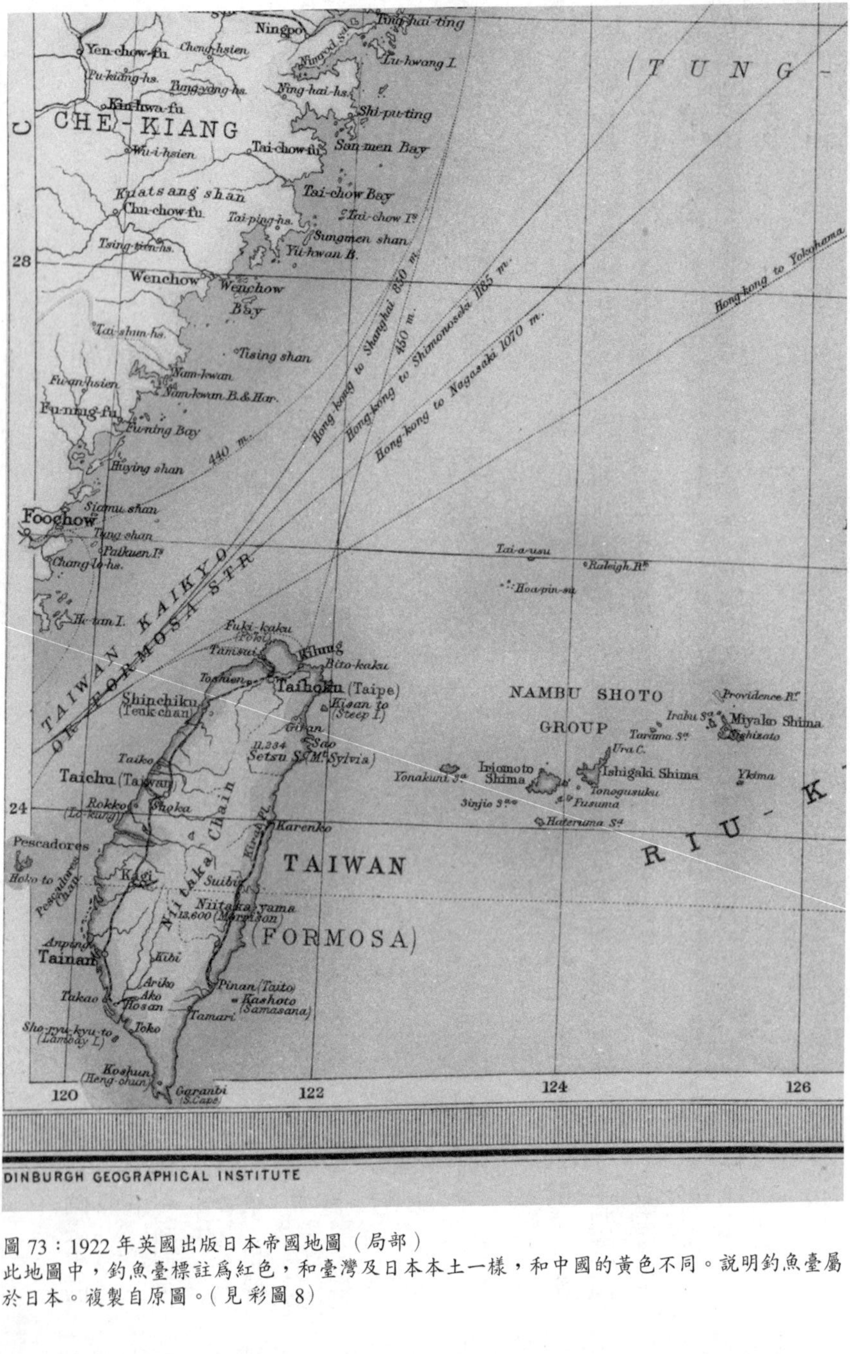

圖 73：1922 年英國出版日本帝國地圖（局部）
此地圖中，釣魚臺標註爲紅色，和臺灣及日本本土一樣，和中國的黃色不同。說明釣魚臺屬於日本。複製自原圖。（見彩圖 8）

悄悄將釣魚島編入沖繩；在公開的條約中，又採用割讓「臺灣全島及所有附屬島嶼」的模糊表述，使清政府官員產生臺灣所有附屬島嶼已盡數割讓的理解，使釣魚島的主權轉移，不引起任何人的關注。這樣，中國無從發現和抗議，而日本日後也可以聲稱，釣魚島非因馬關條約而割取。

這種理論試圖解決前文討論過的「割讓說」和「竊佔說」難以迴避的難題。它提出日本實際是竊佔了釣魚臺，但是中國（談判官員）誤以爲它是隨著《馬關條約》割讓出去。這個說法即可繞過割讓說的難題，把責任推到了談判官員的頭上，同時也可以解釋竊佔說的難點：既然已經誤以爲割讓出去了，也就不存在明知日本佔領釣魚臺而不抗議的詰難了。然而，儘管這個說法繞過了割讓說時間上的困難，又繞過了竊佔說中不抗議的尷尬，但它還是存在很多的問題。

首先，如前文所述，無論日本還是中國，都從來沒有把釣魚臺視爲臺灣的附屬島嶼。中國從來沒有把釣魚臺納入臺灣的行政區。從當時的日本、中國和國際的臺灣地圖可知，臺灣的範圍都不包括釣魚臺。因此，日本當時要把釣魚臺混入「臺灣附屬島嶼」中的說法，缺乏說服力。

其次，沒有理由相信，日本能預見到自己在五十年後戰爭失敗而需要交還臺灣。因此，也沒有理

[314] 前引註135。

[315] 地圖出自 David Rumsey Map Collection, http://www.davidrumsey.com

[316] 王健朗《釣魚島是被日本竊取的中國領土》，《人民日報》，05/23/2013 http://politics.people.com.cn/n/2013/0523/c1001-21580769.html

由認爲日本能預見到日後需要宣稱：「釣魚臺非因馬關條約而割取」。因此，日本這樣做顯然缺乏動機。事實上，釣魚臺在當時整個局勢中，只是微不足道的區區無人島。日本連臺灣都是明搶的，又何須在釣魚臺問題上小心翼翼。

再次，一八八九年遊歷史傅雲龍的官方著作《日本遊歷圖經》中，明確把釣魚臺（當時叫尖閣群島）列爲日本的領土。和日本談判的負責人李鴻章，就是這本書的作序者。副手是他的兒子李經方，他是黎庶昌之後的駐日公使，而黎庶昌在擔任駐日公使期間，對寫成此書貢獻良多，也是極力推薦此書的人。因此有理由相信，如果李鴻章等在談判過程中，曾經考慮過臺灣及其附屬島嶼的範圍的話，也一定不會認爲釣魚臺是在這個範圍之內。事實上，儘管李鴻章和李經方提出過臺灣和澎湖範圍的問題，其目的只是要確定日本不能把福建沿岸島嶼歸入這個範圍之中[317]，從來沒有考慮過釣魚臺。日本也因此用經緯度限定澎湖列島的範圍，就足以消除李經方的疑慮。

最後，從《馬關條約》簽訂到一九七〇年之間，中國清楚地知道釣魚臺屬於日本沖繩縣，但是從來沒有人認爲釣魚臺是透過《馬關條約》割讓給日本的。民國各種學術著作中，介紹臺灣和琉球的書籍，都明確地把釣魚臺視爲琉球的一部分，從來沒有提及釣魚臺曾是臺灣的一部分這個觀點，更沒有提及其透過《馬關條約》被割讓這個觀點。戰後中國接收臺灣時，並沒有接收釣魚臺，北京在解放初討論領土問題時，也沒有把釣魚臺視爲臺灣的一部分。這些證據都可以說明：從一八九五年到一九七〇年之間，都沒有「釣魚島是透過《馬關條約》割讓給日本」這個說法。因此，「中國當時認爲『釣魚島已經透過《馬關條約》割讓給日本』」這個說法，得不到歷史學上的支持。

那麼，應該怎麼解釋從一八九五年到二戰結束前，中國對釣魚臺不聞不問的態度呢？我認爲只有兩種可能：一種可能是清政府和民國根本沒有把釣魚臺視為中國領土的一部分。所以日本佔了就佔了，與中國沒有關係。另一種可能是釣魚臺在一八九五年之前，儘管在有些時間內（特別是十九世紀之前）可能被視為中國的領土，但是這種領土意識本身就較為模糊。釣魚臺既細小又不重要，從來沒有真正整合到中國領土之中，屬於較為「邊緣」的領土。到了十九世紀之後，中國在釣魚臺的影響力逐漸縮小，中國也越來越不把釣魚臺視為自己的領土了。於是到了《馬關條約》談判時，談判人員已經不認為釣魚臺是中國的領土。

因此，對一九七〇年之前的中國歷屆政府而言，中國承認了在一九四五年之前日本佔領釣魚臺的事實，卻沒有理會日本佔領釣魚臺的過程。直到釣魚臺附近發現石油，和美國歸還包括釣魚臺在內的琉球群島之時，釣魚臺的重要性凸顯，這才有人從歷史資料中想到，原來中國還可以用歷史性主權為理由，向釣魚臺提出主權要求。

總之，現在關於日本兼併釣魚臺的看法上，日本認為當時釣魚臺是無主島，中國認為釣魚臺是有主島，中國即是主人。但無論釣魚臺有主無主，如前文所討論的，我認為，釣魚臺並非《馬關條約》所割讓的說法更令人信服。

---

[317] 前引註304。

三・十四 小結

儘管琉球很早就知道了釣魚臺，但是在歷史上一直沒有明確地把釣魚臺視爲自己的領土的證據。但不可否認的是，從十九世紀開始，釣魚臺與琉球的關係越來越密切。在英國人一八四五年對釣魚臺的測量中，甚至事先向琉球知會或申請。琉球與釣魚臺關係的密切，伴隨著中國和釣魚臺關係的疏遠。日本大概最早在明代倭寇時期，就已經知道釣魚臺，但是現在只有從十八世紀開始的有關釣魚臺的記錄。在十八世紀，日本人出版了質量上乘的針經，成爲中琉之間航行的首選，可見日本人在十八世紀對釣魚臺並不陌生。

日本在十七世紀開始行使了對琉球的宗主權。從此琉球就處於對中國和日本的「兩屬」地位。明治維新之後，日本透過兩次「琉球處分」，在一八七九年吞併了琉球。中國和日本進行了琉球交涉，但是最後並沒有達成協議。琉球從此成爲日本的一部分。由於在當時，「征服」是一種合法獲得主權的方式，日本對主權國家琉球的吞併，沒有違反當時的國際法，也得到了國際的承認。

在吞併琉球之前，日本所畫的日本地圖或者琉球地圖中，都不包括釣魚臺，這證明了在一八七九年之前，日本對釣魚臺並無主權。但是從一八七九年開始，日本就有地圖把釣魚臺畫在日本的界內，這表明日本開始對釣魚臺有意圖。一八八四年，日本古賀辰四郎登上釣魚臺，發現釣魚臺有利可圖，便向日本政府申請開發釣魚臺。日本政府於是派沖繩縣令前往調查。沖繩縣令認爲釣魚臺與中國有關，但內務卿認爲釣魚臺是無主地，而外務卿認爲儘管釣魚臺不屬中國，但是靠近中國國境，如果貿然佔領，會引起中國猜疑。於是日本擱置了在釣魚臺設立國標的行動。但從此越來越多的日本人登上釣魚臺，以及在這一帶的海域活動。而中國政府在一八八五至一八九五年之間，沒有對日本人的行爲作出任何反應。

一八九四年，甲午戰爭爆發。日本再無需擔心中國對釣魚臺的反應，於是在一八九五年一月透過內閣決議，把釣魚臺正式納入日本的領土。在一八九五年四月，中日簽訂《馬關條約》，把臺灣與澎湖割讓給日本。五月日本正式接收這兩個地區。

由於日本佔領釣魚臺與《馬關條約》在時間上接近，而釣魚臺與臺灣又在空間上接近，因此釣魚臺在國際法上是如何被日本所佔據的問題上，存在巨大的爭議。日本認爲那是對無主地的先佔，與《馬關條約》無關。而中國則提出多種理論，認爲要麼是透過《馬關條約》割讓，要麼是日本「竊佔」，也有人認爲竊佔和割讓兼而有之。但是根據對史料的分析，我認爲中國方面的理論說服力不足。關於這個問題，我在第七章還會進一步詳細分析。

第四章　釣魚臺的第一次日治時期

（一八九五—一九四五）

在一八九五年到一九四五年的五十年間，釣魚臺第一次正式被編入一國的行政區域。日本人在島上進行開發，這也是歷史上所記載的，唯一一段在島上有人生活的時段。在這五十年間，日本有效地、無爭議地佔領和治理了釣魚臺。

四・一 古賀家族在釣魚臺的開發

一八九六年，日本內務省以免除使用費，限期三十年的形式，把釣魚嶼、南小島、北小島和黃尾嶼租借給古賀辰四郎，從此古賀家族就在釣魚臺進行開發。這也是有確切史料顯示的第一次有人在釣魚臺上生活和開發。

古賀辰四郎出生於一八五六年，本是福岡縣一個鄉村的平民，在一八七九年到達沖繩那霸創業。他開了一間「古賀商店」，從事夜光貝殼等產品的外貿銷售。由於經營得法，短短幾年，他的商店在八重山也開設了分店。一八八四年，他發覺釣魚臺島上資源豐富，特別是鳥類羽毛。於是向日本政府提出了開發申請，這個申請沒有得到批准。

關於古賀氏早期的經歷，學術界亦有爭論。一些以訛傳訛的聲稱古賀「發現」釣魚臺的說法是絕對不成立的。而他對釣魚臺的考察細節亦不無爭議。一種爭議是質疑他到底在一八八四年還是一八八五年到了釣魚臺。比如井上清就認爲古賀氏是在一八八五年才登上釣魚臺的。因此，他認爲古賀提交開發申請和日本政府發出調查指示沒有關係。另一種爭論是到底古賀是自己到過釣魚臺，還是派人到過釣魚臺。有一種說法是他並沒有自己到釣魚臺，而是派了其他人到釣魚臺。

這些質疑主要基於兩份主要的文檔——古賀在一八九五年寫的《官有地拜借御願》和他於一九〇九年接受藍綬褒章時呈遞的《履歷書》。這兩份文檔有部分內容上的矛盾。在《官有地拜借御願》上，他是這麼描述的：「明治十八年，在沖繩諸島巡航時，駕駛船隻停泊並登陸到八重山島北方九十海里處的久場島，發現有俗稱阿呆鳥的鳥群……當時就爲久場島經營提出申請書，但是久場島是否我國所屬未明，至今仍然抑制上述願望」[318]根據這個說法，他是在一八八五年到達久場島。這個久場島大概是黃尾嶼，但也不排除是釣魚嶼的可能，因爲當時命名比較混亂（見四．六）。

但是在《履歷書》上，描述卻是稍有不同：在明治十七年，他派人到尖閣列島實地探險，第二年派人到當地採集海產物[319]。按照這種說法，他似乎並沒有親自到釣魚臺考察，而僅僅是派人去了，年代是一八八四年，而且這份履歷上，沒有寫到他當時提出申請的事。《履歷書》上的資料，很可能也是古賀自己提供的。因此這兩份文檔存在顯著的矛盾。

井上清等都忽略了授勳文檔中另一份詳細的古賀辰四郎自己寫的《事業經營》，在這份文檔中，這些經過就說得很清楚[320]。在這份文檔的第四部分「尖閣列島之探險」和第五部分「尖閣列島開拓之認可」中，就較爲詳細地說明了他在一八八四年派人勘探釣魚臺和一八八五年招募人手到釣魚臺開發及提出開發申請之事。其子古賀善次在一九七二年的證詞中亦說明了一八八四年是最初探險的年分，

[318] 引文見尖閣諸島文獻資料編纂會，《尖閣研究，尖閣諸島海域の漁業に関する調查報告》，一〇三頁。
[319] 同上，一〇六頁。
[320] 同上，一〇七—一二〇頁。

一八八五年是提出申請的年分[321]。因此在年分上不存在矛盾問題：一八八四年是古賀第一次登上（或派人登上）久場島，發現有羽毛資源；在一八八五年，他又組織人到此處實地採集，之後才在一八八五年提出申請。古賀在一八九五年《官有地拜借御願》中，沒有寫到一八八四年的事，可能僅僅因為他認為不太重要而沒有提及而已。從《事業經營》中看，古賀在一八八四年並沒有親自登島，而是派遣人員前往考察，但是在一八八五年的實地採集中，古賀是親自前往的。

其實，以上提出的兩個質疑，對於理解釣魚臺的總體歷史，關係不大。無論在一八八四年，還是在一八八五年，都可能在日本政府考察之前提出申請。無論是他親自去也好，派人去也好，古賀氏是釣魚臺開發史上的最重要的人物，也是釣魚臺開發的主持人，自己去和派人去，並沒有分別。這些問題在歷史學上有研究的必要，但是對於法理卻沒有太大關係。

但是在二〇〇五年，日本學者平岡昭利卻認為：古賀氏可能在一八八四年既沒有到釣魚臺，也沒有派人到釣魚臺[322]。他的理由有兩個：第一，他認為所有在一八八四年古賀氏到釣魚臺的說法，都出自或者源於他在一八九五年寫的《官有地拜借御願》和一九〇九年藍綬褒章受章時的《履歷書》，而這些都是古賀的自述。

第二，他發覺在《履歷書》中，有些記述和一些報導不符。比如，在履歷書中，記敘他在一八八二年已經開始在八重山經營分店。但是在一九〇九年，即古賀氏被授勳的同一年發行的《石垣島案內》中亦稱「古賀支店 海產物商，於明治二十九年開業，從事尖閣列島開拓事業三十年」[323]。另外在一九三〇年一月八日的《先島朝日新聞》中，也報導了八重山分店是一八九六年才開設的。這份新聞標題為《古賀商店五十年紀念》，內有「八重山分店在明治二十九年（注：即一八九六年）五月開張」【324】。

又如，他認爲在一八八五年，日本政府的調查指出「島嶼素無人跡」，這和《履歷書》上他「派遣人員」登島不符。一些書籍認爲，古賀說當時所用的船隻是「永康丸」【325】，但根據《大阪商船株式會社五十年史》所載，永康丸是在一八九六年十一月才開始建造的。最後，他質疑既然古賀氏從一八八四年開始，已經在釣魚臺蒐集信天翁羽毛，而通常這些羽毛的產量在幾年後就急劇下降，那麼怎麼可能在一八九六年之後還繼續開採呢？他既然如此熟悉釣魚臺，何必還要在一八九六年聘請在一八九一和一八九三年登島的伊澤矢喜太呢？因此，他認爲古賀氏的說法不可信。

在此基礎上，我再補充幾個疑點：第一，現在找不到這份一八八五年的申請書；第二，在當時的公文來往中，也沒有提及申請書之事；第三，在一八九六至一九〇〇年之間的日本有關尖閣列島的報導（包括黑岩恆和宮嶋幹之助的論文）中，都沒有提及一八八四年的探險，而黑岩恆和宮嶋幹之助到尖閣

【321】古賀善次の証言 in 一九七二，《現代》雜誌一九七二年六月號。又見 http://www.tanaka-kunitaka.net/senkaku/kogazenji/index.html?utm_source=twitterfeed&utm_medium=twitter

【322】平岡昭利《明治期における尖閣諸島への日本人の進出と古賀辰四郎》，人文地理，東京，二〇〇五，第五七卷 第五號，四五—六〇頁。

【323】同上。案內，即指南。

【324】引文見尖閣諸島文獻資料編纂會，《尖閣研究，尖閣諸島海域の漁業に関する調査報告》，三〇頁。

【325】他舉例在前引註227第一三一頁中的論述。

列島的行程，都是古賀陪伴、資助和提供船隻的。就我所知，第一次提到一八八四年探險的資料，要到一九〇八年六月十五日—二十七日《琉球新報》記者「漏溪」所寫的十一篇《尖閣列島との古賀辰四郎》的第三篇才提到[326]。

這些質疑看上去都有一定道理，但是在推敲之下，卻仍然說服力不足。比如根據古賀的記述，他其實並沒有在一八八四年之後長期開採羽毛，部分的原因可能是因爲日本當局沒有批准他的申請。此後，他擱置下開發釣魚臺的計劃，繼續拓展他的海產生意，甚至轉向了對大東島的開發（但失敗了）。他爲開拓釣魚臺事業之故，聘請一個熟悉釣魚臺的伊澤矢喜太作爲「監督」，也並非不合常理。至於一八八四年古賀乘坐「永康丸」往釣魚臺的說法，浦野起央的書中確有此說法，但我不知道他的根據是什麼。縱觀古賀的原始文獻和十九世紀末到二十世紀初的記錄，並沒有提到他乘坐什麼船的事。他乘搭「永康丸」往釣魚臺是在一九〇〇年和黑岩恆及宮鳩幹之助赴釣魚臺時的事。因此這可能是後來的研究搞錯了。至於「島嶼素無人跡」的矛盾，就更好解釋了。古賀登上的是久場島，即黃尾嶼，由於一八八五年官方勘察之時沒有登上黃尾嶼，即便有蹤跡也無法得知。考慮到當時命名有一些混亂，這個久場島也不能排除是釣魚嶼的可能。但即便他登上的是釣魚嶼，如果有人短暫登島就立即離去，確實可能不留下顯著的痕跡，這並非不能理解。

關於八重山分店開業時間一事，可以從方法論和史料方面予以分析。從方法論來說，在同時期，絕大部分的材料都說古賀的商店是一八八二年開的，當然可能如同平岡昭利所言，都是古賀自己的敘述，但這只是一個猜想，並不一定是事實。而同時，平岡昭利所提出的兩個資料中的訊息，也很可能是古賀自己提供的。在沒有更多資料的情況下，很難斷定後者就是一定是對，前者就一定是錯的。最多只能說資料有矛盾，而不能就此認爲古賀在一八八二年在八重山開店是謊言，再透過質疑他的誠信而推翻他在一八八四年到釣魚臺探險的說法。

從史料上說，出現這個矛盾的原因亦可以合理地予以解釋。在《尖閣研究》中，就提出了兩項反駁的史料[327]。在《糸滿市史：資料編十二：民俗資料》中，記載在一八八一—一八八六年間，八重山糸滿漁民把夜光貝等海產賣給古賀。因此，古賀在一八八二年在八重山開設分店是完全可能的。而根據《石垣市史各論編民俗上卷》的記錄，在一八九六年，古賀分店周圍的糸滿漁民失火，火勢蔓延極大。因此，不排除在一八九六年，古賀分店亦遭遇火災，只能在火災後重建。因此在平岡昭利所提及的兩項資料料中，提到一八九六年古賀分店開張，可能都是指重建之後的古賀分店。

劉江永在一篇文章中，又舉了兩個證據[328]。他引用了一份登載在一九七一年八月二十九日，沖繩通信社創刊的《群星》第一期的文章，是伊澤矢喜太的長女伊澤眞伎的訪談錄。她說：「甲午戰爭時，其父伊澤彌喜太好像是個軍醫，其後移居那霸市行醫謀生。甲午戰爭後不久，在八重山的十幾艘三井物產漁船遇難，伊澤彌喜太曾作爲醫生隨搜救隊船隻出海，並來到這一無人島。但是，當時還不知道這些島嶼是清國的還是日本的，伊澤彌喜太立即返回九州，與政府聯繫。政府說是日本的。於是伊澤

[326]《琉球新報》，06/17/1908
[327] 前引註324，三〇頁及七九頁。
[328] 劉江永《日本登島人後代證明釣魚島應歸中國》，環球時報，01/16/2014，http://opinion.huanqiu.com/opinion_world/2014-01/4759182.html

彌喜太和古賀辰四郎等三人商議，決定提出開發申請。由於伊澤沒有資金，而由古賀出資，所以島嶼的權利在名義上屬於古賀，但古賀未在島上定居開發，開發事業則委託伊澤負責，從未聽說這些島嶼是古賀發現的。」

他又拿出了一份聲稱是伊澤眞伎在一九七二年一月所口述的《關於尖閣列島的證言》。這份證言除了以上的說法之外，又加上新的訊息：「……古賀於明治二十八年（一八九五年）向政府提交的開拓申請書上寫的是『明治十七年（一八八四）發現』，這是他托律師捏造的，絕對不是事實。……在我父親發現該島嶼的時候，就已經有中國人的遺體，而且當時的日本政府也知道中國早已經對該島嶼命過名，後來透過日清戰爭，將其與臺灣一同搶奪過來，並於明治二十九年（一八九六年）正式編入日本的版圖。」。[329]

這兩個證據都是出於伊澤眞伎的口述，伊澤眞伎出生於一九〇一年，她對一八八四年發生的事件，只可能是從別人（可能主要從他父親）的口中聽回來的。伊澤彌喜太在一九一四年去世，當時她只有十三歲，到了她七十多歲時，她的記憶中所認爲的事實有多少的眞確性值得懷疑。事實上，她的回憶也有很多和事實不符。比如她在訪談中說，自己的父親在一八九四年才知道釣魚臺，但事實上在一八九一年，他已經登上釣魚臺。比如她說他在一八九四年向政府查詢，政府說這個島是日本的，他才和古賀商量遞交申請。這也非常不可能。古賀第一次提交申請是一八九四年，這在日本政府決定正式兼併釣魚臺之前。從第三章的討論可知，日本政府對這個問題是極爲審愼的，很難相信他在一八九四年向政府查詢，會得出如此的結果。

從伊澤眞伎的訪談和證詞來看，她對古賀的印象較爲負面。比如古賀確實是老闆，她卻形容爲島嶼的權利「僅僅在名義上」屬於古賀。她亦誇大了其父親的貢獻，比如她說開發事業由伊澤負責，而實際上，古賀在釣魚臺的開發初期有兩個監理，一個是伊澤，另一個是古賀的外甥尾瀧延太郎。在十九世紀末和二十世紀初的報導中，尾瀧出現的次數都比伊澤多。招募人手由尾瀧負責，就連釣魚臺的地圖也是尾瀧所繪製[330]。她所提到的一八八四年古賀氏在久場島的考察是找律師僞造，以及在黃尾嶼上發現中國人遺體的事，在當時的記錄中都沒有出現過。對於這種非親歷的記憶，特別是找律師僞造一事，在歷史學上要持謹慎的態度，在作爲法理論證上，效力也不大，因爲同在二十世紀七十年代，也有古賀善次（古賀辰四郎之子）的證詞和回憶，當中聲稱一八八四年的考察確有其事，一八八五年的開拓申請亦確有其事[331]。古賀善次出身在一八九三年，在古賀辰四郎去世的一九一八年，已經成人，並立即接管了古賀的事業。從回憶的可信性來說，古賀善次的證詞似比伊澤眞伎的要更高。

儘管有一些疑點，我還是傾向相信古賀在一八八四年登上釣魚臺之事是眞的。這是因爲當時《申報》在一八八五年九月初說，臺灣東北的海島有日本人登陸（見三・七），而日本外務卿對內務卿的回覆中也提到了這些報導，並認爲這些報導和釣魚臺有關。儘管這些海島是否就是釣魚臺，還沒有百分百確認，但是臺灣東北方的海島，除了北方三島就是釣魚臺，這時又沒有在北方三島的登島記

[329] 同上。

[330] 前引註318，四四頁。

[331] 古賀善次の証言 in 一九七二，《現代》雜誌一九七二年六月號。又見 http://www.tanaka-kunitaka.net/senkaku/kogazenji/index.html?utm_source=twitterfeed&utm_medium=twitter

錄，因此提到的這些島嶼是釣魚臺的可能性是極高的。日本的官方登陸考察是在十一月，因此在九月初的報導，不可能是關於那次官方的考察，而只可能是日本民間的登陸行為，這正好能和古賀氏在一八八四年或一八八五年的登島相吻合。如《申報》所述，這些消息先傳到朝鮮，再從朝鮮傳到《文匯報》，再由《文匯報》傳到《申報》。考慮到當時的通訊條件與海島的偏僻，在時間上有些延誤是可以理解的。因此，我認為，古賀在一八八四年登島的事是可信的。但是他在當時有沒有遞交申請，卻仍然存在疑點，單憑現在的資料，還難以最後下定論。但是結合一八八五年石澤兵吾的勘查報告書，這個申請也很可能是真的。古賀聲稱在申請書中申請開發信天翁羽毛資源，而報告書中對信天翁羽毛資源進行了大篇幅的描述，這兩者之間甚為吻合。因此，古賀辰四郎和古賀善次的說法是可信的。無論如何，古賀在一八八四年是否登島及是否提出申請，這對於日本如何兼併釣魚臺的整體歷史和法理的關係都不大。

古賀辰四郎提出申請遭到拒絕，而且當時在釣魚臺開發的難度也很大，於是他就放棄了對釣魚臺的開發計劃。在一八九一年，他轉向開發大東島，但是這次開發並不成功。在一八九〇至一八九五年之間，日本漁民在釣魚臺一帶活動增多，於是從一八九四年起，他又重新燃起了開發釣魚臺的熱情。在一八九四年，他向日本政府提出對釣魚臺的開發申請，但日本政府出於對釣魚臺的謹慎，並沒有立即回應。在一八九五年他再次提出對釣魚臺的開發申請，這就是上面提過的《官有地拜借御願》。由於當時日本已經把釣魚臺正式兼併，這次申請很快就得到了日本政府的批准，並在一八九六年，以免費租借三十年的形式，把除赤尾嶼外的四個島嶼批予古賀開發。

最早期的古賀氏的產業是鳥類羽毛採集、海鳥標本、貝殼、海參和龜殼的採集，這是他的老本行，基地在黃尾嶼。在一九〇五年之後，由於漁業的發達，古賀氏開始了鰹魚的捕獵和鰹魚的製作，他把基地轉往釣魚嶼，在島上開設了鰹魚工廠，進行漁業加工，島上的人口也多了起來。古賀家族在釣魚嶼修建了碼頭、海產加工工廠和宿舍等建築物（圖74）。在一九〇九年的一份向內務省提交的報告中，移民共有九十戶，共二百四十八人，開墾面積六十多畝[332]。

除此之外，他還在島上進行了蔬果種植、養牛和養蠶、珊瑚採集以及鳥糞開採等等。可見，古賀氏在釣魚臺上的開發是非常成功的。也正因爲如此，古賀辰四郎在一九〇九年十一月二十二日獲得日本政府的獎章表揚[333]。一九〇八年六月十五日到二十七日，《琉球新報》一連十一期介紹古賀的業績[334]。一九一〇年一月一日起，《沖繩每日新聞》以連載的方式，一連九期介紹了古賀家族在釣魚臺的開發工作（圖75）[335]。

一九一八年，古賀辰四郎去世，其事業由其子古賀善次繼承。一九二六年，釣魚臺免租金租約結束，古賀開始向政府交納租金。到了一九三二年，古賀善次向日本政府購買了釣魚嶼、黃尾嶼、南小島和北小島，於是這四個島嶼從「國有」轉爲私人擁有（赤尾嶼仍然是國有），古賀家族每年向日本政府交納土地稅。其地契和繳稅記錄都保留在日本相關機構[336]。

[332] 以上資料見《明治四十二年公文雜纂》卷四，國立公文館，2A13。
[333] 琉球新報，12/25/1909。
[334] 琉球新報，06/15/1908-06/27/1908。
[335] 沖繩每日新報，01/01/1910-01/09/1910。
[336] 尖閣列島研究會，《尖閣列島と日本の領有權》，沖繩季刊，第六三號，尖閣列島特集第二集。

圖 74：1900 年代釣魚臺上居民合照
中間持棍者爲古賀辰四郎。引自網站尖閣諸島寫眞 http://senkakusyashintizu.web.fc2.com/

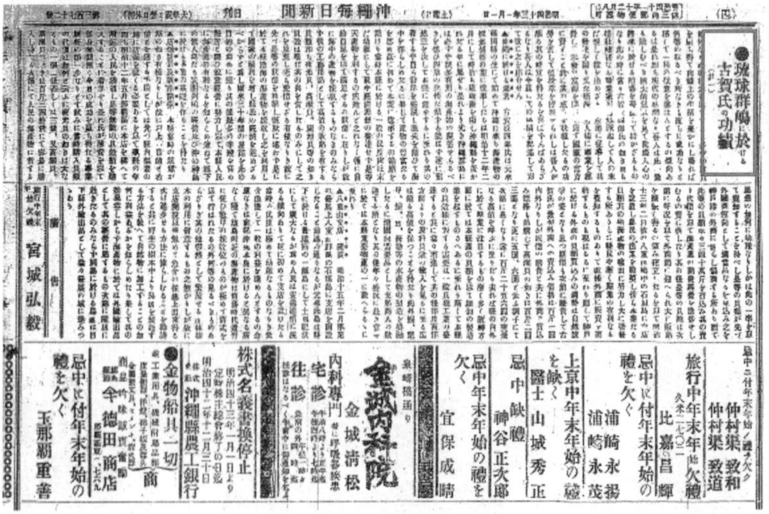

沖縄毎日新聞

琉球群嶋に於ける古賀氏の功績

忌中ニ付年末年始ノ禮ヲ欠ク
仲村渠致和
仲村渠致道

旅行中年末年始欠禮
比嘉昌輝

忌中に付年末年始の禮を欠ぐ
浦崎永揚
浦崎永茂

上京中年末年始の禮を缺く
醫士 山城秀正

忌中缺禮
神谷正次郎

忌中年末年始の禮を欠く
宜保成晴

金城内科院
金城清松
内科專門
宅診
往診

株式名義書換停止
沖縄縣農工銀行

金物船具一切
全德田商店

忌中に付年末年始の禮を欠ぐ
玉那覇重善

宮城弘毅

圖 75：1910 年 1 月，《沖繩每日新聞》介紹古賀氏的功績
複製自原件。

一九一九年，中國一艘福建漁船「金合號」遭遇暴風雨後，漂流到釣魚臺擱淺，古賀家族和釣魚臺居民救出了包括船主郭合順在內的三十一人，並護送後者經臺灣回到福建。爲了表示感謝，中國政府專門透過長崎領館，給沖繩縣送了一份感謝狀[337]。這在第三章中已經提過。

古賀家族一直在釣魚臺上居住和開發，直到太平洋戰爭爆發前夕的一九四〇年才撤離。撤離的主要原因是由於當時日本實行了「船隻燃料配給制度」，導致石油供應不足，生產成本大幅度提高，致使古賀商店的八重山分店倒閉[338]。無論如何，在一八九六年到一九四〇年這四十五年的時間內，古賀家族經營了釣魚臺，那是釣魚臺歷史中最繁榮的階段。直到今天，古賀家族開發釣魚臺的遺跡還保留在釣魚臺上。

四・二　釣魚臺成爲沖繩、臺灣和鹿兒島漁民的漁場

在小島一類的領土爭議中，漁民在附近海域捕魚都會被各聲索方提及。漁民捕魚儘管不能視爲一種官方統治的證據，但也可以作爲一種「初始權利」，來證明本國和該小島的聯繫。這種證據在西沙、南沙和黃岩島的主權爭議中一再出現，而在釣魚臺的爭議中也不例外。

[337] 前引註227，一三九頁。

[338] 前引註336。

可惜，由於缺乏記錄，很少可以證明相關國家的漁民是何時開始在這些地方捕魚的。中國愛說「世世代代」，西方愛說「從不可記憶的年代開始」（from immemorial time）。這些形容詞，會給人一個時間久遠的錯覺，但事實上，這些漁民到遠海捕魚都較晚。例如，中國一直提及的海南漁民的《更路簿》，現在發現最早的也是晚清同治時期的產物，也就是鴉片戰爭之後才有的[339]。中國漁民在南沙的捕魚行爲在晚清才開始，這一點也和西方的記錄相吻合[340]。

那麼臺灣漁民何時開始在釣魚臺海域捕魚呢？應該也不太早。中國方面經常說，臺灣漁民比琉球漁民更容易到達釣魚臺，因爲從臺灣到釣魚臺是順水，而從沖繩到釣魚臺是逆水之故。但這種說法有兩個問題：首先，漁民除了要從臺灣去釣魚臺，還要從釣魚臺返回臺灣，前者爲順水，後者即爲逆水，如果沖繩漁民難以逆水到達釣魚臺的話，那麼臺灣漁民也難以逆水返回臺灣。其次，琉球人不止是沖繩人，八重山和與那國人也是琉球人，他們面臨的水流條件和臺灣漁民並無太大差異。而且在中國的記錄中，也找不到二十世紀之前釣魚臺作爲臺灣漁民漁場的記錄。

最早記錄漁民在釣魚臺一帶出沒的資料，就是前面提過的石澤兵吾在一八八五年的報告書和一八九四年笹森儀助的《南島探險》等（見三·六，三·八）。這些資料都記錄了琉球漁民而不是臺灣漁民前往釣魚臺一帶捕魚。

沖繩人往釣魚臺從事漁業活動，最早始於一八八四至一八八五年，也就是古賀辰四郎對釣魚臺的考察與開發期間。但是當時船舶技術不成熟，事實證明往釣魚臺捕撈的成本太高，也具有危險性，加上日本政府對釣魚臺的態度也不明朗，因而古賀放棄了對釣魚臺的開發計劃。

但是當時外國對夜光貝等海產品需求很大，而在沖繩石垣島沿岸的夜光貝資源逐漸枯竭，因此漁民就需要到更遠的地方採集。這時以系滿村的漁民最爲積極。在一八九〇年，共同水產會社的松村仁之助率領漁民到釣魚臺作業[341]。同年塙忠雄的調查也顯示在黃尾嶼和釣魚嶼，都有琉球漁船出沒。在一八九一年和一八九三年，伊澤彌喜太兩次往釣魚臺作業[342]。在一八九三年，沖繩官報三一九二號記載三名系滿漁夫在久場島作業，歸航的時候在途中遇難[343]。在一八九三年，松村仁之助再次往釣魚臺採集鳥毛和夜光貝[344]，此次有探險家笹森儀助隨行，並留下《南島探險》一書，他在書中記錄了在黃尾嶼還有其他琉球漁船出沒。同年，熊本正也在黃尾嶼考察漁業資源。可見，在日本兼併釣魚臺之前，沖繩漁民已經逐步在開發釣魚臺一帶的水產資源。這使沖繩政府在一八九〇年和一八九四年，兩次要求對釣魚臺進行地位的明確，以加強管理。

一八九六年之後，沖繩人對釣魚臺海域的開發更爲積極。最初，古賀氏在釣魚臺海域的活動，限於貝殼和海鳥等產品。但到了十九世紀末，鳥羽的產量已經明顯下降，貝殼等海產品的產量亦在緩慢地減少。根據一九一三年《宮古郡八重山郡漁業調查書》有關釣魚臺部分的描述，古賀氏的鰹魚業是從

---

[339] 曾昭璿，曾憲珊《清〈順風得利〉（王國昌抄本）更路簿研究》，中國邊疆史研究，一九九六年第一期。

[340] 西方文獻最早在南沙發現中國漁民的記錄是在一八六七年。見 China Sea Directory, 2nd Edition, Hydrographic Office Admialty, London, 1879, Vol. II, p.61.

[341] 《南洋乃海產事》，沖繩青年會志，創刊號，一八九〇，一一—二四頁。轉引自前引註318，二三頁。

[342] 前引註231，269。

[343] 前引註318，二三頁。

[344] 前引註271，九八頁。原文的地點是「胡馬島（久場島共云）」。

他に紅藻類にては頭毛菜あり、ウシケノリ科に屬す。秋冬の候基隆、金包里附近の干滿潮間に採集す。本島人の嗜食する所なり。マクリ(海仁草)は紅頭嶼方面に產あるも極て少し。

ロ、褐藻類　基隆附近に「フクロフノリ」の附著を見るも利用するに在らす。

ハ、綠藻類　清海苔を基隆附近及西海岸河口附近に產す。

ニ、鹽藻類　琉球嶼に海髯菜を產す。本島人之を食用に供す。本島魚市場に見る髮菜は支那四川省產のものにして臺灣に產せす。

以上の如く海藻の生產は極て微々たるものにして、前記の如く本島西海岸の殆んと全部は殆海藻繁茂を見す。東海岸に在りても、蘇澳以南は殆んと不毛と稱するも不可なく、僅にソァイシグの如き無用の藻類を見るのみに過きす。

然れとも全島に產する各種海藻の總數に於ては相當多數に上れり。

二二

第二章　漁業

第一節　沖合漁業

(一)鰹漁業

本島鰹釣漁業は明治四十二年中宮崎縣の漁夫坂本某の試漁を以て嚆矢と爲し、其結果有望なるを認むると共に、翌四十三年沖繩縣に船籍を有する漁船二艘八重山より廻航し、又基隆漁業者の組織せる基彭興產合資會社は總督府の補助を得、二十五馬力の石油發動機船を建造し共に之れに從事したりしに、何れも相當の漁獲ありしを以て、翌四十四年には本漁業を目的とする臺灣水產株式會社を基隆に創設し、基彭興產合資會社を合併して、更に漁船を建造し內地より廻航せる數艘の漁船を傭船とし、鰹節製造工場を八尺門に設け鰹節を製造し製品三萬貫を得たり。

翌大正元年は鰹の廻游殊に夥しく從業船數も前年に倍加して十五隻に及ひしか不幸にも惡疫の流行を見、又稀有の大暴風襲來して斯業は多大の損害を蒙りたり。然れとも當事者は漁船の改良、鰹節製法の研究に專心し、著々其基礎の確立に努めたるを以て大正八年の如きは重ねて惡疫及暴風の災害に遭遇せるに拘らす業務健實にして漁船も二十八艘に上り、現に漁業界の樞軸を以て目せらるる至れり。

一、漁場　本漁業創始時代に於ける漁場は基隆を中心とし僅に五浬內外の範圍なりしも總て鼻頭角を中心とする三十浬の圈內と成り現今は基隆、彭佳嶼、黃尾嶼、赤尾嶼、與那國島、紅頭嶼、火燒島、烏石鼻を連結したる線內と成り、近きは五六十浬遠きは二百浬の沖合に擴張したり。今漁場の範圍と主要漁礁の位置を示せは左圖の如

二三

圖 76：1920 年《臺灣之水產》
此官方資料證明，臺灣漁民直到 1910～1920 年之間，才開始在釣魚臺一帶捕魚。複製自原書。

一九〇四年開始的[345]。根據統計，從一九〇四年開始，鳥類標本和鰹魚產量就開始上升。到了一九〇六年，這兩項就成爲了收入的大宗，而鰹魚的收入佔了總收入的一半左右[346]。根據當時新聞報導和檔案記述的總結，一九〇五年、一九〇七年和一九〇八年分別有三艘、四艘和三艘漁船在此地區活動作業[347]，這個數目肯定並不完整。

一九〇九年之前，在釣魚臺的鰹魚業可能以古賀氏的業務爲主。在一九〇九年，出生於宮崎縣的阪本，開始僱用沖繩人往釣魚臺海域捕魚。而與那國、石垣島、系滿和其他沖繩漁民亦在往後幾年紛紛在此活動，從此釣魚臺成爲很多沖繩漁民的漁場[348]。

釣魚臺何時成爲臺灣漁民的漁場呢?其實這有明文記載。相關文獻就是一九二〇年臺灣總督府所編寫的《臺灣之水產》一書[349]。這本書是臺灣殖產局的統計報告，當有非常大的權威性。根據書末的臺灣漁場分佈，釣魚臺附近唯一的漁業資源就是鰹魚。因此，除了從事鰹魚業之外的其他漁民不可能到釣魚臺附近捕魚。根據該書第二章《漁業》第一節《沖合漁業》的第一部分《鰹魚業》中的記載（圖76），在釣魚臺一帶開發鰹魚漁業的經過是這樣的：一九〇九年，宮崎縣的漁夫阪本氏在臺東到釣

---

[345] 《宮古郡八重山郡漁業調查書》，一九一三，前引註318，七二頁。

[346] 前引註322，五五頁。

[347] 前引註324，四七頁。

[348] 同上，四八頁。

[349] 殖產局出版第二六三號《臺灣之水產》，臺灣總督府，一九二〇。

魚臺一帶的海域上，成功嘗試捕撈鰹魚。一九一〇年，兩艘沖繩縣的漁船從八重山群島出發前往該海域捕魚。他們算是在這個海域捕魚的開拓者。在得知這個資訊之後，臺灣基隆漁業從業者組成「基彭興業產合資會社」，在總督府補助下，購買了石油發動機船，才開始這一帶的捕魚行爲。次年，它和臺灣水產株式會社合併，進一步擴大生產。書中記載：

在本漁業創始時代（指一九一〇年左右，筆者），漁場的範圍限於以基隆爲中心的五海里範圍內和以鼻頭角（在臺灣島極東，筆者）爲中心的三十海里以內。現在（指一九二〇年的成書年代，筆者），已經擴展到基隆、彭家嶼、黃尾嶼、赤尾嶼、與那國島、紅頭嶼、火燒島、烏石鼻所連接的區域之內。[350]

從這段記載可以得出幾個結論：第一，釣魚臺的鰹魚業是沖繩漁民開發的。這也與石澤兵吾和笹森儀助以及沖繩方面的記錄相吻合。第二，機動化船隻的應用是臺灣漁民前往釣魚臺捕魚的重要因素。考慮成本和技術的原因，在前機動化年代，遠離臺灣且水文複雜的釣魚臺也並不太可能成爲臺灣漁民的漁場。第三，在一九一〇年左右，臺灣的鰹魚捕魚業仍然限於近海，直到好幾年之後（一九一〇年到一九二〇年之間）才擴展到釣魚臺一帶。儘管到現在也是「世世代代」，但遠比想像中晚。第四，這個區域的漁業資源是臺灣和沖繩漁民共用的。這也與沖繩方面的記錄相吻合。

《臺灣之水產》還有一個一九二五年的版本，但我無法找到原始的文本，只能找到七〇年代第一代保釣人士沙學浚所引用的有關臺灣北部漁場的一段[351]。其內容和一九二〇版的相差不大。一九二〇年的版本較之一九一五年版本，無非是新增加了近幾年的資料。

除了沖繩漁民和臺灣漁民之外，從二〇年代開始，日本鹿兒島的漁民也在這一帶出沒捕魚[352]。

四・三　釣魚臺日治期間屬於沖繩而不是臺灣

一八九五年六月二日，中國向日本移交臺灣，雙方簽署《交接臺灣文據》，日本正式接管臺灣。七月十九日，日本就臺灣主權的變更向各國發佈公告，並把臺灣的地界向德、法、俄三國駐日公使通告。地界包括臺灣東北面的三小島（彭佳嶼、花瓶嶼和棉花嶼），三國均無異議。隨後，日本又透過與西班牙交換備忘錄，確認臺灣與西屬菲律賓之間的劃界，從而明確了臺灣東南面的蘭嶼屬於臺灣[353]。有個別證據顯示蘭嶼在晚清時期，已經屬於臺灣統治，但是北方三島正式劃入臺灣的政區還是從日治時候才開始的。在日治之前的臺灣地圖和臺灣政區劃分中，都不包括北方三島（見二・五）。

日本接收臺灣不久，臺灣總督府民政部就發佈了《臺灣總督府第一統計書（一八九九）》（圖77）。書上列明臺灣的極北爲彭佳嶼，而釣魚臺位置比彭佳嶼更北；臺灣的極東爲羊頭島（棉花嶼），

---

[350] 同上，十二—十三頁。
[351] 沙學浚《釣魚臺屬中國不屬琉球之史地證據》，學粹，一九七二，第十四卷第二期，二八頁。
[352] 尖閣諸島文獻資料編纂會，《尖閣研究，尖閣諸島海域の漁業に関する調查報告》，五四頁。
[353] 前引註207，八二頁。

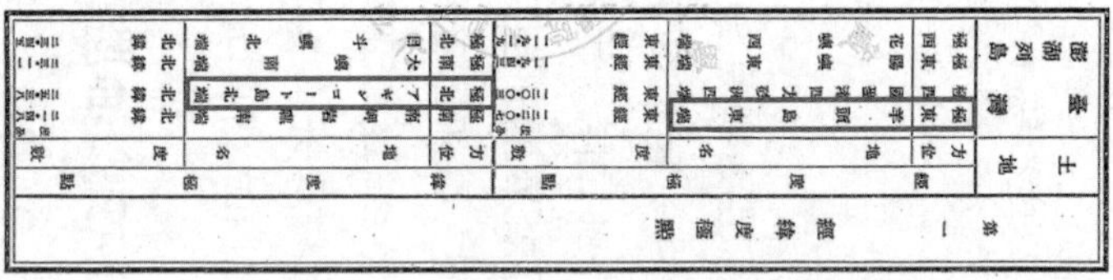

1899

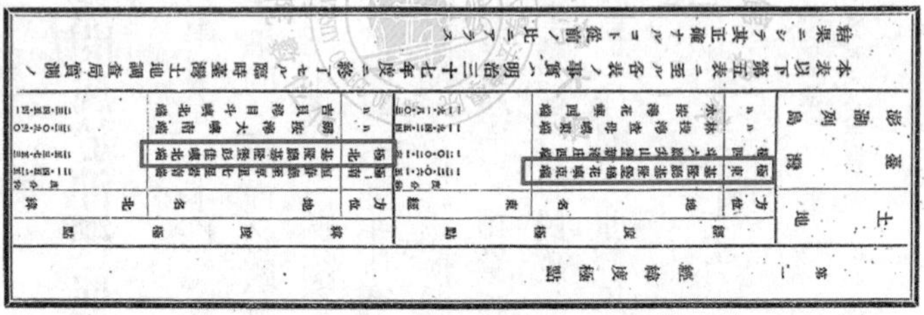

1905

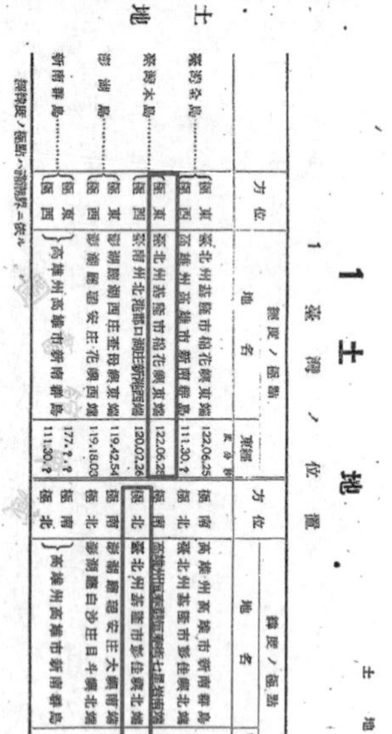

1944

圖 77：臺灣第一（1899）、第七（1905）和第四十六統計書（1944）這三個統計書說明臺灣的管轄範圍不包括釣魚臺。複製自原書。

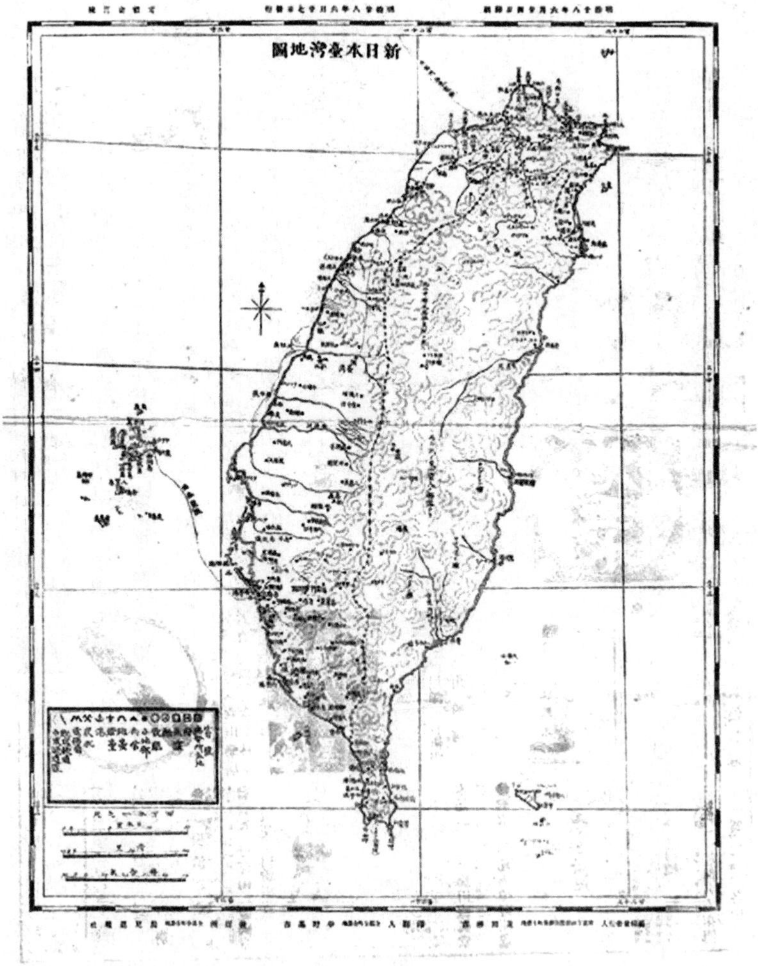

圖 78：1895 年 6 月 27 日發行《新日本臺灣地圖》
此地圖證明臺灣的範圍不包括釣魚臺。複製自鞠德源《日本國竊土源流》。

而釣魚臺比棉花嶼更東。顯然，釣魚臺不在臺灣的管轄範圍之內。之後的一系列的政府文件中，釣魚臺同樣都不在臺灣的管轄範圍之內（比如一九〇五年的第七統計書）。直到一九四四年，臺灣府出版的第四十六統計書（圖77），臺灣極北仍然是彭佳嶼，極東仍然是棉花嶼。臺灣現在認爲釣魚臺一直隸屬宜蘭縣[354]，但這一系列官方統計書中，宜蘭縣屬島中並沒有釣魚臺。在日治時期，所有日本出版的臺灣地圖中都不含釣魚臺，比如剛剛接收臺灣後的《新日本臺灣地圖》（一八九五年六月二十七日出版，圖78）和一九〇一年發行的《臺灣全圖》。可見，釣魚臺在日治時期不屬臺灣。

相反，有充分證據顯示在日治時期，釣魚臺是沖繩縣的一部分。這些證據包括：

(1) 在第三章提到的一八九五年一月十五日的內閣決議中，釣魚臺就歸屬沖繩。同年，內務省向沖繩發出指令，要求沖繩縣在釣魚臺建立國標。

(2) 一八九七年，天皇發佈《菸草專賣法》的一六九號敕令（圖79）[355]，裡面規定明治二十九年法律第三十五號《葉菸草專賣法》第三十條在以下地方實行：

……

沖繩縣管下伊平屋島……大東島、魚釣島。

這裡的魚釣島就是釣魚臺，因此這個敕令明確表示，釣魚臺屬於沖繩縣管下。

(3) 沖繩政府把釣魚臺列嶼透過法令編入沖繩政區。一九〇二年十二月，沖繩縣臨時土地整理事務局對釣魚臺群島實施實地測量，把釣魚嶼、南小島、北小島和黃尾嶼編入大濱間切登野城村。其地籍

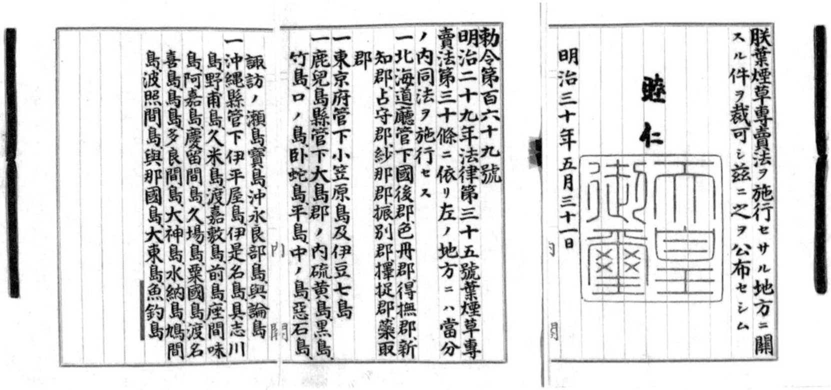
朕葉煙草專賣法ヲ施行セサル地方ニ關スル件ヲ裁可シ茲ニ之ヲ公布セシム

睦仁

天皇御璽

明治三十年五月三十一日

勅令第百六十九號
明治二十九年法律第三十五號葉煙草專賣法第三十條ニ依リ左ノ地方ニハ當分ノ内同法ヲ施行セス
一　北海道廳管下國後郡、色丹郡、得撫郡、新知郡、占守郡、紗那郡、振別郡、擇捉郡、蘂取郡
一　東京府管下小笠原島及伊豆七島
一　鹿兒島縣管下大島郡ノ内硫黄島、黒島、竹島、口ノ島、臥蛇島、平島、中ノ島、惡石島、諏訪ノ瀬島、寶島、沖永良部島、與論島
一　沖縄縣管下伊平屋島、伊是名島、具志川島、野甫島、久米島、渡嘉敷島、前島、座間味島、阿嘉島、慶留間島、久場島、粟國島、渡名喜島、島多良間島、大神島、水納島、鳩間島、波照間島、與那國島、大東島、魚釣島

圖 79：1897 年天皇敕令 169 號
此法令明確指出釣魚臺（魚釣島）屬於沖繩管轄。複製自原文件。

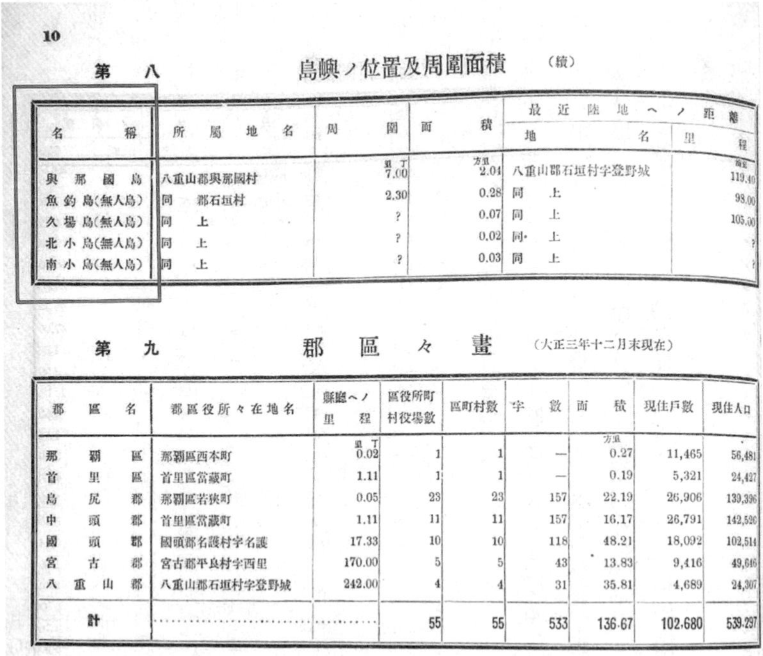
10

第　八　　島嶼ノ位置及周圍面積　（續）

名稱	所屬地名	周圍	面積	最近陸地ヘノ距離 地名	里程
與那國島	八重山郡與那國村	里 丁 7.00	方里 2.04	八重山郡石垣村字登野城	海里 119.40
魚釣島（無人島）	同　郡石垣村	2.30	0.28	同　上	98.00
久場島（無人島）	同　上	?	0.07	同　上	105.00
北小島（無人島）	同　上	?	0.02	同　上	?
南小島（無人島）	同　上	?	0.03	同　上	?

第　九　　郡區々畫　（大正三年十二月末現在）

郡區名	郡區役所々在地名	縣廳ヘノ里程	區役所町村役場數	區町村數	字數	面積	現住戶數	現住人口
那覇區	那覇區西本町	里 丁 0.02	1	1	—	方里 0.27	11,465	56,481
首里區	首里區當藏町	1.11	1	1	—	0.19	5,321	24,427
島尻郡	那覇區若狹町	0.05	23	23	157	22.19	26,906	130,396
中頭郡	首里區當藏町	1.11	11	11	157	16.17	26,791	142,526
國頭郡	國頭郡名護村字名護	17.33	10	10	118	48.21	18,092	102,514
宮古郡	宮古郡平良村字西里	170.00	5	5	43	13.83	9,416	49,646
八重山郡	八重山郡石垣村字登野城	242.00	4	4	31	35.81	4,689	24,307
計	…………	…………	55	55	533	136.67	102,680	539,297

圖 80：1919 年沖繩縣統計書八重山郡
此統計書證明釣魚臺屬於沖繩縣範圍。複製自原書。

分別爲：南小島：登野城村二三九〇號；北小島：登野城村二三九一號；釣魚嶼：登野城村二三九二號；黃尾嶼：登野城村二三九三號。一九二〇年十二月九日，二五〇七號官報把赤尾嶼正式定名爲大正島（字名設定）並編入石垣村（所屬地未定編入）。在一九二一年，赤尾嶼在地籍登記中，編入登野城村二三九四號[356]。這樣，整個釣魚臺列嶼除了極小的一些岩礁外，都有了正式的地籍編號。

(4)沖繩縣的實際治理記錄，包括與古賀家族的一系列租借授權協議。此外還有很多正式的行政記錄，顯示在行政關係上，釣魚臺在一八九五年後，一直是沖繩縣的一部分。這些記錄包括：

一九〇八年，沖繩縣農業專家登島考察當地磷酸鹽構成。

一九二八年，沖繩水產試驗場對釣魚臺一帶海域進行了海洋觀察，測定了潮流、水溫和浮游生物等和魚類活動數量的關係。

一九三一年，沖繩營林署對釣魚臺進行測量。

一九三九年，石垣市氣象站和農業省的工作人員登島考察。

一九四〇年，大日本航空內臺航線阿蘇號迫降釣魚臺，八重山警署救出十三人。[357]

(5)在一系列的政府統計資料中，釣魚臺也是沖繩縣的一部分。比如在一九一九年沖繩縣統計書中（圖80），明確把尖閣列島（包括釣魚嶼、黃尾嶼、南小島和北小島）列入沖繩縣八重山郡管理[358]。

在一九一九年日本海軍水路局編著的日本水路注第六卷《南西諸島・臺灣及澎湖列島》[359]中，釣魚臺（尖頭諸嶼）編在了第一編南西諸島中，而臺灣和澎湖列島編在了第二編。有一點值得注意的是，赤尾嶼在這本書中並不在尖頭諸嶼內，而是單獨列出。

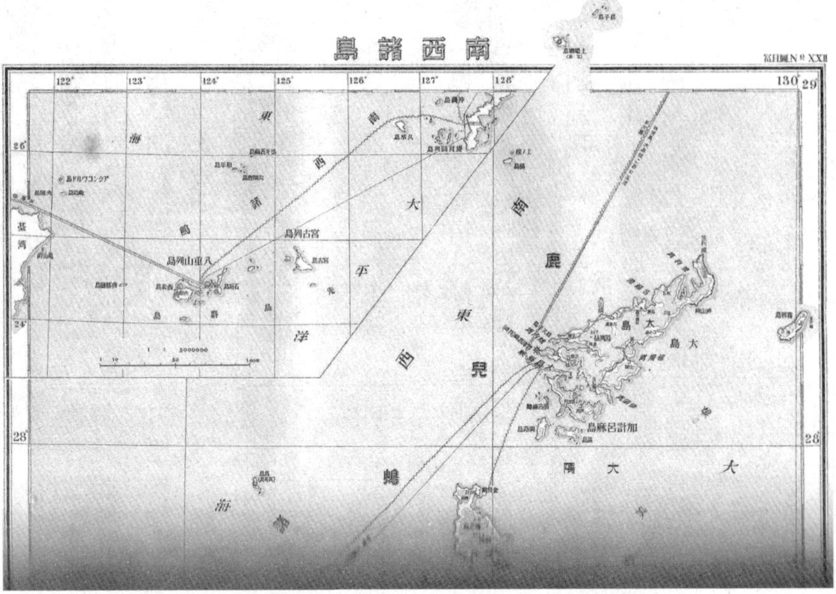

圖 81：1909 年《大日本地理辭典·琉球編》琉球地圖
此權威地理著作，把釣魚臺畫在琉球境內。複製自原書。

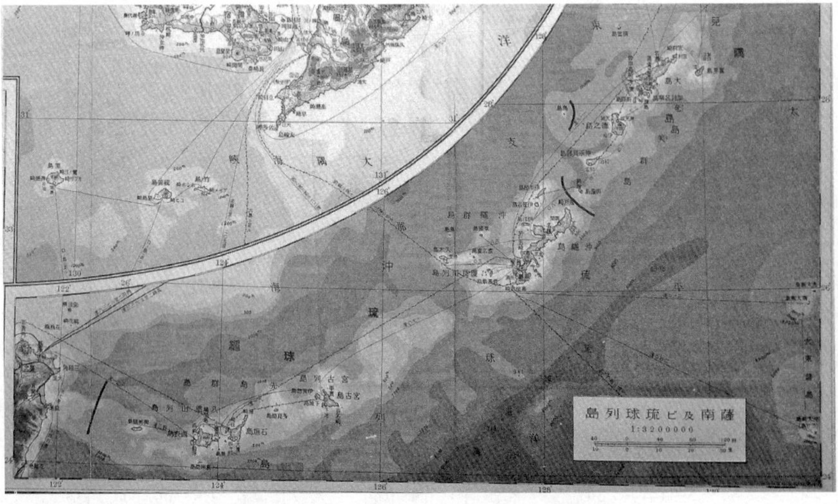

圖 82：1930 年《薩南及琉球列島圖》
此地圖中並沒有出現釣魚臺。複製自鞠德源《日本國竊土源流》。

一九〇九年的日本地理權威之作《大日本地理辭典》（圖81）把「尖閣列島」編入琉球，而附帶琉球地圖上也詳細畫出了釣魚臺[360]。

這裡必須指出的是，日治時期也有一些沖繩地圖不包括釣魚臺，比如一九三〇年由仲摩照久編著的《日本地理風俗大系》中的《薩南及琉球列島圖》（圖82）[361]。但也有不少包括釣魚臺，例如一九一〇年恆藤規隆的《南日本的富源》中以一整章的篇幅（第六章 沖繩縣下的無人島）介紹釣魚臺，並把它畫在《南日本及西南諸島總圖》之中[362]。這顯示釣魚臺的地位也並非完全能在所有地圖中得到反映。這可能是地圖製作者對釣魚臺的地位不知曉，但也可能是因爲釣魚臺太小而缺乏關注。無論怎樣，沖繩縣對釣魚臺有過實質性治理的行爲乃屬實，而實質性的管理和文書資料，當然是比地圖更有力的證據。

此外，琉球的報紙也有多篇關於釣魚臺一帶的報導。比如早在一八九八年七月十七日，《琉球新報》就有「尖閣列島事情」的文章（圖83）[363]。而前文提及的臺灣官方文件一九一五年版《臺灣之水產》（圖84）中寫道「然而在民國二年度，則對原來之漁場範圍不滿足，有的更出海至沖繩縣下之尖閣列島及與那國島附近打漁。」[364]這句話也可以證明當時臺灣政府也認爲尖閣列島是沖繩縣下轄的島嶼。

中國方面聲稱的日治期間，釣魚臺屬於臺灣管轄的唯一證據，是所謂在一九四四年，東京法院在處理臺北州和沖繩縣關於「釣魚臺附近海域」的漁權之爭時，把釣魚臺判給了臺北州[365]。整個事件都是根據一個叫做謝石角的基隆市漁會理事長在一九七一年的一個回憶[366]：

我記得在民國二十六年至二十九年間，臺民與琉球民在釣魚臺列嶼附近爲了漁捕及採珊瑚而發生糾紛，臺灣漁民受打傷，最後上訴到東京裁判所，結果判決將該區域（即釣魚臺列嶼）劃屬臺北州（即臺灣臺北州）。此後臺灣北部漁民亦經常至該列嶼揀拾鳥蛋（該列嶼上海鳥甚多）。至於琉球人民或許因受距離及洋流的影響，因此自始我就很少發現。[367]

但這個證據是一個烏龍證據，因爲這個判決並不存在。事實上根本找不到這份東京法院的記錄。

---

[354] http://tw.people.com.cn/n/二〇一二/0911/c104510-18975636.html

[355] 前引註176，http://www.geocities.jp/tanaka_kunitaka/senkaku/tabako-1897/

[356] 前引註352，九六頁。

[357] 以上史料均見於浦野起央《尖閣列島・琉球・中國》（增補版）三和書籍，東京，二〇〇五，一三八頁。

[358] 大正三年沖繩縣統計書，沖繩縣内務部，前引註176，http://www.geocities.jp/tanaka_kunitaka/senkaku/statistics-1919/

[359] 大正八年《日本水路志・第六卷》，水路部，前引註176，http://www.geocities.jp/tanaka_kunitaka/senkaku/nihonsuiroshi-1919/

[360] 前引註230，琉球地圖。

[361] 前引註3，六八七頁。

[362] 恆藤規隆，《南日本的富源》，博文館，明治四十三年。前引註176，http://www.geocities.jp/tanaka_kunitaka/senkaku/minaminihon-1910/

[363] 琉球新報，7/17/1898。

[364] 前引註351。

[365] 例如鐘嚴《論釣魚島主權的歸屬》，人民日報，10/18/1996。

[366] 《基漁會理事長談釣魚臺列嶼史實》，中央日報，08/30/1970

[367] 丘宏達，關於釣魚臺主權爭端之史實的一封信，《當代中國研究》，一九九七，第一期，http://www.modernchinastudies.org/cn/issues/past-issues/56-mcs-1997-issue-1/396-2011-12-29-17-45-11.html。

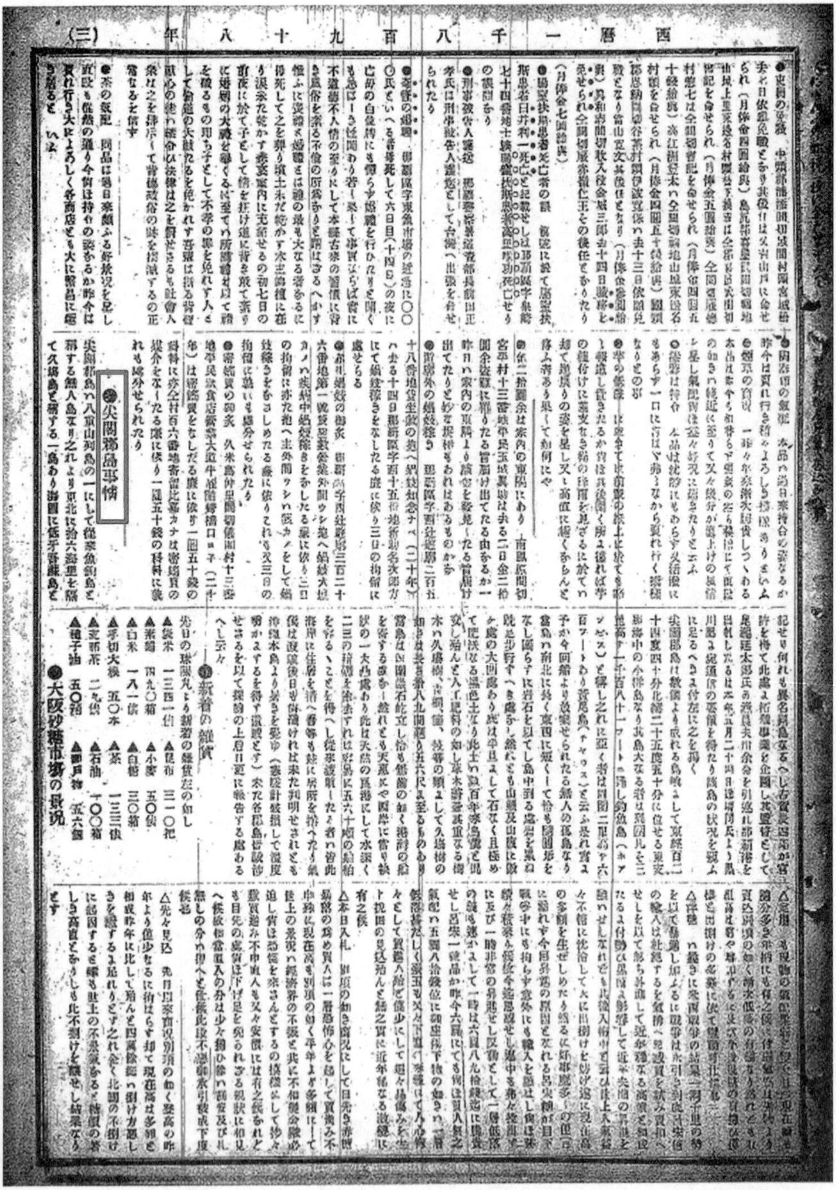
西暦一千八百九十八年 (三)

●尖閣籍島事情

尖閣籍島は八重山列島の一にして從來魚釣島と稱する無人島なり之れより東北に拾六海里を隔て久場島と稱する一島あり海圖に低牙普紙島と記せり何れも無名列島なるへし古賀辰四郎氏が官許を得て北島に拓殖事業を企圖し其監督として尾滝延太郎氏の漁夫川余名を引率れ那覇港を出帆したるは本年五月二十四日

尖閣籍島は數個より成れる島嶼にして東經百二十四度四十分北緯二十五度五十分に位せる東支那海中の小群島なり其島大なる者は周圍凡そ三

圖 83：1898 年 7 月 17 日《琉球新報》
報導尖閣列島的文章。複製自原圖。

（臺灣）北部漁場

㈠漁場之變遷及現況

北部漁場至宣統二年（日明治四十三年）爲止僅以基隆爲中心，北至彭佳嶼（三十七浬），東部至鼻頭角（參照第一圖），其範圍極爲狹小。至宣統三年（日明治四十四年）則因出海漁船數急增，勢必促進擴漁場，乃擴張至以鼻頭角爲中心之三十浬圈內及自蘇澳起東方二十浬以北之範圍。至民國元年（日明治四十五年，大正元年）則因基隆海洋潮流常常不良，鯧魚之洄游不多，並且魚餌鰻之漁獲亦減少，故多出海至鼻頭角以東之海洋打漁，上年度之漁場至爲寂寥，幾乎未見出海之漁船。然而在民國二年度（日大正二年），則對原來之漁場範圍不滿足，有的更出海至沖繩縣下之尖閣列島及與那國島附近打漁。民國三年後（日大正三年），近海之漁況，自初期起即比上年不好，因此都出海至尖閣列島及與那國島附近打漁，僅不堪從事前記遠航之小漁船，在近海漁場出海捕魚。關於此漁場之擴張及漁期之延長，則經常由凌海輪作必要之調查及試驗指導該業者。（註十六）

圖 84：1915 年《臺灣的水產》

臺灣的官方文件證實釣魚臺屬於沖繩。複製自《學粹》，1972 年第十四卷第二期。

於是一開始負責記錄這份回憶的郭明山先生重新翻查資料，在臺灣《日日新報》上找到了這個漁業糾紛的原始記錄，發覺謝石角先生記憶確實有誤。首先，臺灣和琉球之間的漁業糾紛發生在一九三九年，在一九四〇年解決，而非一九四四年。其次，發生糾紛的地點不是在釣魚臺附近，而是在石垣島、西表島和與那國島之間的海域，距離釣魚臺頗遠。第三，此事並沒有經由東京法院判決，而是在農林省和拓務省調停下，由臺灣和琉球雙方協商解決。最後，這個海域也沒有劃分給臺灣，而是雙方共同商定發生糾紛地點爲公海，雙方都有捕魚的權利。郭明山是臺灣丘宏達教授的助手，他把資料整理轉交給丘宏達，得到後者的贊同。丘宏達教授是位國際法專家，也是支持釣魚臺屬中國的著名人士，因此他的意見是可信的[368]。

綜上所論，在日治期間，釣魚臺租借給古賀辰四郎，在行政上屬於沖繩縣而不是臺灣。釣魚臺實際上也由沖繩縣所管轄。

四・四　中國在一八九五—一九四五年之間關於臺灣、琉球和釣魚臺的記載

中國在一八九五年到一九四五年之間，是否曾將釣魚臺視爲臺灣的附屬島嶼呢？答案仍然是否定，證據如下：

首先是前面（三・一二，四・一）提過的，一九二〇年中國外交官員寫給沖繩縣政府的感謝狀。裡面對釣魚臺的描述爲：「福建省惠安縣漁民郭合順等三十一人，遭風遇難，漂泊至日本帝國沖繩縣八重山郡尖閣列島內和洋島，承日本帝國八重山郡石垣村雇玉代勢孫伴君熱心救護，使得生還故

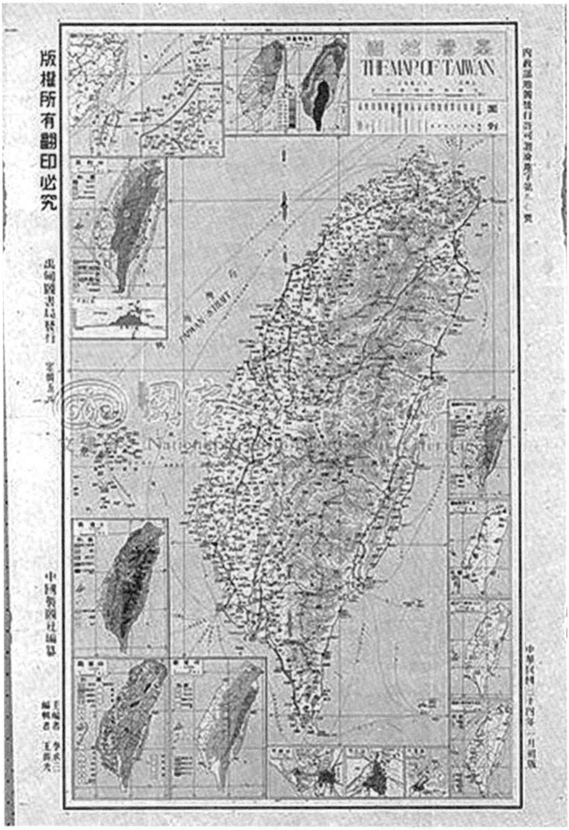

圖 85：1945 年 1 月，中國圖書出版社《臺灣地圖》
此臺灣地圖沒有包括釣魚臺。複製自原圖。

國……」[369]。這清晰地說明中國認為釣魚臺（即尖閣列島）屬於沖繩縣八重山郡。

其次是中國出版的地圖。在一八九五年至一九四五年的臺灣地圖中，就我所見過的範圍而論，全部沒有包括釣魚臺。這裡僅列舉一例，在一九四五年一月發行的這張中國圖書出版社出版的《臺灣地圖》（圖85）[370]。

第三，中國在此五十

[368] 同上，另見，郭明山《日據時期臺灣與琉球之新漁場紛爭事件始末》，前引註1，一七二—一七五頁。

[369] 前引註227，一三九頁。

[370] 中國圖書出版社《臺灣地圖》，一九四五年一月。

臺灣視察報告書

第一章 土地

(一)地勢 臺灣係合併臺灣本島澎湖列島及附屬各島嶼而成。起北緯二一度四五分終二五度三八分由東經一一九度一八分以至一二二度六分周圍三九八里(日里下仿此)面積二三三二方里其面積之數略與日本之九州等。茲就其經緯度之極點及周圍面積表示如左。

經緯度之極點

土地種別		方位	地名	極度
臺灣	經度之極點	極東	臺北廳棉花嶼東端	一二二度、〇六分、一五秒
		極西	嘉義廳尖山堡新港莊西端	一二〇、〇二、一六
	緯度之極點	極南	阿緱廳至厚里七星巖南端	二一、四五、二五
		極北	臺北廳彭佳嶼北端	二五、三七、五三

臺灣視察報告書 一

圖 86：1917 年汪洋《臺灣視察報告書》
此官方著作中，臺灣不不包括釣魚臺。複製自原書。

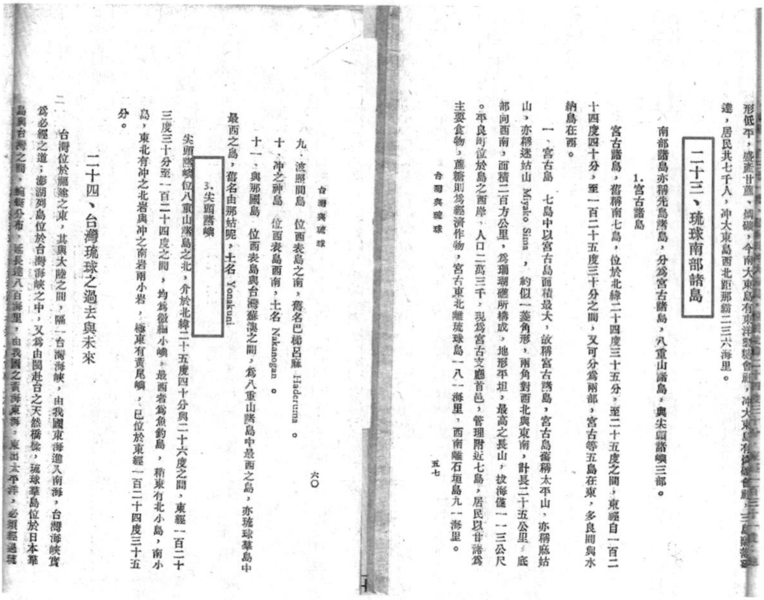
形低平，盛產甘蔗，燐礦，今南大東島有東洋製糖會社，沖大東島有[illegible]
遠，居民共七千人，沖大東島西北距那霸二三六海里。

二十三、琉球南部諸島

南部諸島亦稱先島諸島，分為宮古諸島，八重山諸島，與尖閣諸嶼三部。

1. 宮古諸島

宮古諸島，舊稱南七島，位於北緯二十四度三十五分，至二十五度之間，東經自一百二十四度四十分，至一百二十五度三十分之間，又可分為兩部，宮古等五島在東，多良間與水納島在西。

一、宮古島　七島中以宮古島面積最大，故稱宮古諸島，宮古島舊稱太平山，亦稱麻姑山，亦稱迷姑山 Miyako Sima ，約似一菱角形，兩角對西北與東南，計長二十五公里，底部向西南，面積二百方公里，為珊瑚礁所構成，地形平坦，最高之長山，拔海僅一一三公尺。平良町位於島之西岸，人口二萬三千，現為宮古支廳首邑，管理附近七島，居民以甘藷為主要食物，蔗糖則為經濟作物，宮古東北離琉球島一八一海里，西南離石垣島九一海里。

台灣與琉球　五七

台灣與琉球　六〇

九、波照間島　位西表島之南，舊名巴梯呂麻 Haderuma 。

十、沖之神島　位西表島西南，土名 Nakanogan 。

十一、與那國島　位西表島與台灣蘇澳之間，為八重山諸島中最西之島，亦琉球羣島中最西之島，舊名由那姑呢，土名 Yonakuni

3. 尖頭諸嶼

尖頭諸嶼位八重山諸島之北，介於北緯二十五度四十分與二十六度之間，東經一百二十三度三十分至一百二十四度之間，均為微細小嶼，最西者為魚釣島，稍東有北小島，南小島，東北有沖之北岩與沖之南岩兩小岩，極東有黃尾嶼，已位於東經一百二十四度三十五分。

二十四、台灣琉球之過去與未來

二、台灣位於閩浙之東，其與大陸之間，隔一台灣海峽，由我國東海進入南海，台灣海峽實為必經之道；澎湖列島位於台灣海峽之中，又為由閩赴台之天然橋樑，琉球羣島位於日本羣島與台灣之間，綿亙分布，延長達八百海里，由我國之黃海東海，東出太平洋，必須經過[illegible]

圖 87：1945 胡煥庸《臺灣與琉球》
地理學家胡煥庸認爲釣魚臺（尖閣諸嶼）屬於琉球。複製自原書。

年間，有學術著作提到臺灣、琉球和釣魚臺，但都沒有把臺灣和釣魚臺連結在一起，更有書籍明確把釣魚臺歸在琉球群島之下。

一九一六年，汪洋受福建巡按使許世英委派，前往臺灣考察，於一九一七年寫成《臺灣視察報告書》（圖 86），裡面臺灣地理位置的定義是：「臺灣係合併臺灣本島、澎湖列島及附屬各島嶼而成，起北緯二十一度四十五分，終二十五度三十八分，由東經一百一十九度十八分，以至一百二十二度六分。」臺灣島「極東臺北廳棉花嶼東端」，「極北臺北廳彭佳嶼北端」[371]，並沒有把釣魚臺包括在臺灣島的地理區域之內。

一九三五年，地理學家葛綏成著《朝鮮與臺灣》，裡面提到的臺灣地理界限與上述《臺灣視察報告書》一致：而臺灣的極東是棉花嶼，極北是彭佳嶼[372]。顯然釣魚臺也並不在其地界之內。

一九四五年胡煥庸在所著的《臺灣與琉球》（圖87）中討論臺灣地理時寫道：臺灣的極東爲「臺北棉花嶼東端」，極北爲「臺北彭家嶼北端」。釣魚臺也不在其中[373]。而在討論琉球地理時，他把「尖閣諸嶼」（即釣魚臺）列在了琉球南部諸島之中：「3，尖閣諸嶼。尖閣諸嶼位於八重山諸島之北，介於北緯二十五度四十分與二十六度之間，東經一百二十三度三十分至一百二十四度之間，均爲微細小嶼。最西者爲魚釣島，稍東有北小島，南小島，東北有沖之北岩與沖之南岩兩小岩，極東有黃尾嶼，已位於東經一百二十四度三十五分。」[374]裡面沒有提到釣魚臺原屬中國，也沒有提到釣魚臺爲《馬關條約》割讓等說法。

值得指出的是，葛綏成和胡煥庸這兩位學者在著作中都極力主張「收復」朝鮮、臺灣與琉球。之所以打上引號，是因爲朝鮮和琉球從來不是中國的一部分，因此他們所謂「收復」是根本不成立的，可見他們都是當時的「鷹派」人物。可是即便這些「鷹派」，同時又是民國期間最熟悉臺灣與琉球的學者，都不曾認爲釣魚臺屬於臺灣，也不曾認爲釣魚臺曾經是中國的一部分，亦不曾認爲釣魚臺透過《馬關條約》割讓。這更加說明「釣魚臺不屬中國，不屬臺灣」是當時的一個共識。

所以，綜合各種證據來看，日治期間，釣魚臺是屬於沖繩管轄的島嶼，乃是日本和中國的共識，各方並無異議。

四·五　尖閣列島的命名與赤尾嶼的法律地位問題

日本兼併釣魚臺的時候，各個島嶼的名稱還不甚固定，產生了一定的混亂。在一九〇〇年之前，尖頭列嶼和尖閣列嶼，經常被用來描述南小島和北小島，這是來源於英國的命名「Pinnacle Islands」（見三・四）。而釣魚嶼和黃尾嶼則有名稱錯亂的情況：本來久場島指黃尾嶼，但卻用在釣魚嶼之上，而魚釣島原指釣魚嶼卻用在黃尾嶼之上（見三・三）。而日本另有從英國命名法翻譯過來的一套系統，釣魚嶼的名稱翻譯爲太平山或花瓶嶼，黃尾嶼的名稱翻譯爲低牙烏蘇。英國的這個命名其實是錯誤的，「花瓶嶼」本是臺灣北方三島中的花瓶嶼的中國方言的英國譯音，而低牙烏蘇本來是釣魚嶼的中國方言的英國譯音（見三・四）。

有感於此種混亂，在一九〇〇年前後，沖繩縣師範學校教師黑岩恆提出了統一稱呼，把釣魚嶼、南小島、北小島和黃尾嶼統一稱爲尖閣列島。此事記載在他於一九〇〇年在日本《地質學雜誌》發表的《尖閣列島探險紀事》中[375]。自此，尖閣列島才開始被廣泛應用，釣魚嶼和黃尾嶼的西方譯名逐漸被捨棄，但漢語名和琉球名還長期並用。

在翻譯自英國的命名系統中，赤尾嶼被翻譯爲「爾勒里岩」，在琉球人的命名中，它被稱爲久米赤島，連同中國的命名赤尾嶼，總共有三個不同的稱呼。有的地圖中甚至稱之爲「嵩尾嶼」，乃當時

【371】汪洋《臺灣視察報告書》，中華書局，一九一七，一—二頁。

【372】葛綏成《朝鮮與臺灣》，中華書局，一九三五，七一頁。

【373】胡煥庸《臺灣與琉球》，京華印書館，一九四五，一—二頁。

【374】同上，六〇頁。

【375】前引註231。

赤尾嶼的變體。命名之混亂可見一斑。在一九二〇年，沖繩政府把它正式命名爲大正島。爾勒里岩和久米赤島的名稱逐漸少用，但赤尾嶼的名稱還被長期同時使用。

在釣魚臺問題中，赤尾嶼的法律地位是一個比較模糊的問題。它面積甚小，距離釣魚嶼又很遠，因此是相對獨立的一個島嶼。在日本日治期間的文件中，大部分情況提到「尖閣列島」時，都只包括了釣魚嶼、南小島、北小島和黃尾嶼，而沒有把赤尾嶼包括在內。在一八九五年一月的內閣會議文件中，只列有魚釣島和久場島（即釣魚嶼和黃尾嶼）。

儘管現在無論是中國還是日本都把赤尾嶼視爲「釣魚臺列嶼」或「尖閣列島」的一部分，但在歷史上並非如此。中國方面，一九七〇年之前，從來沒有釣魚臺列嶼這個名稱，言只稱「尖閣列島」。釣魚臺列嶼是在中國開始聲稱主權時才出現的名稱，也是從這時開始，赤尾嶼才歸到釣魚臺列嶼之中。日本方面，儘管赤尾嶼一直爲石垣市管轄，但是在一九四五年之前，似乎都是分列的島嶼。比如，在一九一九年《日本水路志》中，赤尾嶼就被單獨列出[376]。而古賀租借和購買釣魚臺時，也不包括赤尾嶼。因此，赤尾嶼一直是「國有」的。在相關的歷史記錄中也遠比其他幾個島嶼少。由此看來，赤尾嶼確實是釣魚臺列島嶼中較爲特殊的一個。

邵漢儀認爲日本直到一九二〇年才把赤尾嶼定名和編入，在《官報》二五〇七號中，還有「所屬未定地編入」的小標題，這表明日本對釣魚臺編入過程中有重大疏漏，這就「證明」了日本主張釣魚臺主權無效[377]。邵漢儀所說的兩個論據屬實，另外還可以加上上面所列舉的其他事實。這證明赤尾嶼的地位確實「例外」。但把這種問題誇大到日本主張釣魚臺主權無效的程度也是不正確的，日本對之領有並無可疑。

官報二五〇七號說的「所屬未定地」是一個特定的法律名詞，意思並不是指主權未定，而是指屬於哪一個政區未定。所有屬於日本，但是在行政上尚沒有具體劃分的離島，在日本都是這樣稱呼的。這個概念和美國領土中 unorganized territory 是一個意思，與主權隸屬並無關係。

關於爲何在一八九五年的內閣會議文件中沒有赤尾嶼這一點，琉球政府在一九七〇年的《關於尖閣列島的領土權》的聲明中，是這樣說明的：

> 沖繩縣知事在明治十八年至二十三年的呈文中，提到魚釣島和久場島時，往往言及久米赤島。查明治二十八年的內閣會議決定，係縣知事呈文原案的照準。而該呈文並無言及久米赤島應爲沖繩縣所轄。大概這是唯一理由，因此內閣決定並未包括久米赤島。
>
> 在彙集有關魚釣島和久場島編入始末公函的「日本外交文書」中，也收錄關於久米赤島的編入爲理所當然的文獻。【378】

因此，琉球政府認爲日本在一八八五—一八九五年的一系列調查行動中都把赤尾嶼視爲和釣魚嶼及

【376】前引註359。

【377】《釣島主權新發現　邵漢儀揭日官方證明屬中國》，中國評論新聞網 http://hk.crntt.com/doc/1029/6/9/4/102969419.html?coluid=217&kindid=0&docid=102969419&mdate=0113145156

【378】前引註285。

黃尾嶼一個整體的島嶼，因此在一八九五年的決議案中也應該被視爲被一起兼併。除此之外，也可能是因爲赤尾嶼實在太小，因爲同樣很小的南北小島也沒有在內閣會議決議中被提及，但沒有人因此懷疑南北小島也不被日本兼併。正如琉球政府的聲明中說的，因爲一直調查都有赤尾嶼，沒有理由認爲日本在兼併釣魚臺的時候會故意不要赤尾嶼。

赤尾嶼定名爲大正島和正式編入政區儘管比較遲，但是還是在一九二一年被沖繩縣國土廳編入登野城村二三九四號[379]。這說明法律程序最終還是完成了。一八九五年後的日本的官方文件，也把赤尾嶼列入沖繩縣境內，上面《日本水路志》就是一例。日本在其他地圖中也有將其列入，比如一八九八年的《大日本帝國全圖》[380]。而在戰後，赤尾嶼也作爲「國有地」，爲美國租借爲靶場（見五・五）。

事實上，由於赤尾嶼更加接近沖繩本島，歷史上與琉球的關係更爲緊密。比如明朝冊封使郭汝霖把赤尾嶼視爲琉球界山（見一・二）以及十九世紀清朝冊封使就以久米赤島稱呼它（見二・一）等等。

現在，無論中日都把赤尾嶼和釣魚嶼以及黃尾嶼等視爲同一整體，因此並無必要專門獨立去論述赤尾嶼的地位，除非是在考慮解決方法的時候涉及把群島一分爲二的方案，但這並非本書的討論範圍，故只略爲提及。

四・六　二戰中的釣魚臺

太平洋戰爭開始之後，古賀家族就從釣魚臺撤出。釣魚臺被劃分在沖繩戰區，由日軍中將牛島滿統帥三十二軍負責防禦。在戰爭大部分時間，釣魚臺都沒有戰事發生。直到一九四五年，美國發動沖繩戰役，釣魚臺才被戰火籠罩。

二戰中發生在釣魚臺的最有名事件，無疑是「尖閣列島遇難事件」。一九四四年開始，日本沖繩開始受到美軍轟炸，日本開始準備從部分局勢緊張的地區撤出。一九四五年六月三十日，兩艘日本船乘載約二百名日本人從石垣島出發前往臺灣。在七月三日下午路經釣魚臺的時候，被美國軍機發現。美軍隨即用機關槍對船隻進行攻擊。一艘船被擊沉，另一艘船「千早丸號」則失去動力，在釣魚臺附近海域漂浮到達釣魚臺。絕大部分船上的人都被擊斃、淹死或餓死，只有少數幾人最終生還[381]。戰後日本人一直希望在釣魚臺進行「慰靈祭」以拜祭死者，但是一直沒有實現，只得在石垣市拜祭。

沖繩戰役之後，琉球群島日軍向美國投降。美國從此控制包括釣魚臺在內的琉球群島，開始了琉球群島的美治時代。

[379] 前引註357。

[380] 農務部《大日本帝國全圖》，東京神田通新石町，明治三十一年。前引註176，http://www.geocities.jp/tanaka_kunitaka/senkaku/empiremap-1898/

[381] 前引註227，一四〇頁。

四・七 小結

釣魚臺在一八九五年至一九四五年間，有幾點值得特別注意的：第一，這是釣魚臺歷史上唯一一段有人長期生存的歷史。在此之前，釣魚臺大多只是作為航海上的目標而為人所注意，此外最多不過是有人上島考察。其他展示主權的有效程度都不如這五十年間所展示的有說服力。第二，這證明了釣魚臺是足以維持人類生存的小島，為日方在以釣魚臺為基線劃定東海分界線的理論提供了論據。第三，釣魚臺在這五十年間的歷史是釣魚臺歷史中最為清晰的一段，它是國際公認的日本領土，屬於沖繩縣管轄。要說唯一不夠清晰的地方，只是來源於中國的認識。中國認可了釣魚臺屬於日本，這在當時無異議。爭議之處是現在中方怎麼解釋「中國認可當時釣魚臺屬於日本」這件事，是因為中國承認釣魚臺透過《馬關條約》割讓給了日本呢？還是中國糊裡糊塗地承認了釣魚臺屬於日本呢？還是中國清晰地認為釣魚臺本來就是屬於日本呢？這牽涉到到底釣魚臺是如何被日本佔據的問題（見三・一一一一三）。如果是前者和中者，從這段時間中的中國文獻記錄理應能夠找到資料說明。可是，從目前的資料來看，似乎是後者的可能性更大。

第五章　釣魚臺的美治時期（一九四五—一九七一）

日本戰敗之後，美國全面控制了包括釣魚島在內的琉球群島，於是琉球群島開始了美治時期。在二戰之後，各國領土有了大洗牌的機會，而這對於釣魚臺主權的確定是至關重要的。中國當時有權提出所有她認爲應該屬於自己的土地，可是中國並沒有那麼做。如果當時中國明確提出釣魚臺屬於中國，那就沒有現在的釣魚臺問題了。

第二次世界大戰中，美英中三國在一九四一年，於開羅發表了《開羅宣言》，聲明日本在戰後必須歸還中國的領土。在一九四五年五月，美英中三國再次發表《波茨坦宣言》，蘇聯在八月亦簽署了這份公告。八月十五日，日本天皇宣佈接受《波茨坦宣言》的條件投降。日本戰後的條約，本來有望按照預定的軌道順利達成，可是戰後初期，國際關係風雲變幻。冷戰的形成，使盟國之間對日本的領土處理出現分歧，爲決定原日本領土處理方案的舊金山和談帶來陰影。更爲重要的是，中國在戰後不久就發生了內戰。到了一九四九年，中國事實上存在著兩個政府：北京的共產黨政府和臺北的國民黨政府。美國本來一直扶持中國，希望中國成爲東亞穩定的基石，直到北京政府成立之初還抱有如此希望，並有意與北京政府修好。但是北京政府在成立不久，就宣佈與蘇聯結盟，全面倒向蘇聯。幾乎同時，北朝鮮發動對南韓的侵略戰爭。爲了阻止共產主義擴散的危機，美國轉而繼續承認臺灣的國民黨政府爲中國的合法政府。英國出於對香港及東南亞利益的考慮，則承認北京政府。於是幾個大國，對於誰能夠代表中國參加舊金山會議無法達成共識，最後只能採用中國不參加會議，由日本單獨選擇與其中一方締結和約的方式處理。而最後，日本選擇與臺灣締結和約。中國因內戰而產生兩個政府的問題帶來的另一個影響，是中國二戰後在領土處理上的發言權被大大削弱了。爲了讓美國協防臺灣，需要對臺灣的法律地位模糊化處理，而臺灣也同意了美國對琉球的管治方案。北京在另一方面，爲了反對美國在琉球駐軍，與蘇聯一起強烈主張把琉球直接歸還日本。這就基本奠定了琉球返還日本的法律和政治基礎。值得指出的是，即使當時存在這些激烈的政治交鋒，釣魚臺也沒有被中國所考慮。由此造成了一系列的法律和歷史問題，導致釣魚臺的地位和南海諸島一樣模糊不清。本章將從法律與歷史的角度，對這個重要的時期作出詳細的分析。

五・一　戰後琉球群島的法定地位

一九四五年，日本戰敗，東亞的領土全面洗牌。二戰後，日本和中國的領土基本由幾個條約所規定，即《開羅宣言》、《波茨坦宣言》、《舊金山和約》和《中日和平條約》。在日治期間，釣魚臺是琉球群島的一部分。所以梳理了琉球問題，釣魚臺問題也就清楚了一大半。

最近中國國內有一種聲音，認爲中國對釣魚臺的理據，應該從「自古以來」向一個新思路轉變，即認爲日本佔有釣魚臺是日本侵華戰爭與第二次世界大戰結束後，未予公正處理的「遺留問題」，因而應以維護二戰後的秩序爲由，對抗日本對釣魚臺的佔有。在一些大陸學者的理論中，釣魚臺的問題可以擴大到琉球群島的問題，透過否認琉球群島屬於日本，從而否定釣魚臺屬於日本。比如李國強和張海鵬最近在《人民日報》上發文章，宣稱「琉球問題可以再議」[382]。其實這種思路並不新，臺灣在

[382] 張海鵬，李國強《論馬關條約與釣魚島問題》，人民日報，05/08/2013，http://news.xinhuanet.com/world/2013-05/08/c_124677463.htm

七〇年代就提出過。只是因爲那時大陸政府支持琉球屬於日本，所以這種思路不曾爲大陸所知而已。但是，如果認真考究，就會發現，這種質疑琉球地位的思路缺乏法理和歷史的支持，琉球群島的法律地位其實早已經決定。

首先，從琉球的歷史來看，日本吞併琉球，符合當時的國際法。琉球在一八七九年被日本吞併。儘管當時清政府並沒有透過條約確認這一點，但琉球本身並非清朝領土，日本吞併琉球，在法理上並不需要中國同意。而且事實上，在一八七九年到一九四五年之間，中國承認琉球是日本的一部分。證據包括前文多次提及的中國駐長崎公使在一九二〇年給日本沖繩縣政府寫過的感謝信。而在當時，征服是一種主權的合法來源，當時世界各國也都承認了日本吞併琉球這個事實，因此二戰之前，琉球的法律地位無爭議。

在二十世紀之前，征服一直是符合法律的一種主權的來源方式。例子包括：中國在十七至十八世紀透過征服的方法，獲得了西部的大片領土，以及俄羅斯在向中亞和東北亞擴張的過程中，滅國無數等等。當時的《奧本海國際法》中，明確闡述了征服（conquest）是一個國家對領土主權獲得（acquisition）的合法來源（見七．二）。事實上，直到二十世紀的《非戰公約》和《聯合國憲章》出現之後，國際社會才否定了征服作爲一種領土主權的合法來源。這當然是國際關係史上一個突破性的進步，但這個新的準則並不能追溯到從前。也就是說，以前的征服就算了，但二戰之後就決不能違反這個國際準則。領土問題上不可追溯這個準則，既符合法理，也符合國際政治現實。

有人爭辯說，中國藩屬的越南和朝鮮淪爲他國殖民地時，都有明確條約規定她們脫離中國藩屬地位，所以同爲清朝藩屬國的琉球，被日本吞併也應該有清朝的確認[383]。但是這種論點忽略了這樣一個事實：琉球與越南和朝鮮不同，琉球本身既是中國的藩屬，也是日本的藩屬。而且琉球內政長期被日本所控制，而中國只有形式上的宗主地位。因此，對琉球而言，日本的宗主地位遠比中國更爲重要。越南和朝鮮並不存在這種雙重屬國的身分，因此琉球爲日本所吞併的問題也沒有先例可以援引。另外，丘宏達也認爲：清朝長期既不作抗議也不做出保留權力的聲明，不能影響日本佔領琉球的合法性[384]。

又有人認爲：「在甲午戰爭後，中國連臺灣也割讓給日本，更無能力言及琉球」，以此作爲否認中國當時承認琉球屬於日本的合法性的理由。這種論點既沒有邏輯也不符合事實。從法理上看，中國割讓臺灣與承認琉球屬於日本是兩回事，並不存在因果關係；從現實說，中國當時對沒有能力控制的地區主張主權的做法並不少，比如，中國在二十世紀三〇年代，在沒有能力佔領南沙群島的時候，對南沙群島宣稱主權就是最好的例子。

其次，《開羅宣言》和《波茨坦宣言》並沒有把琉球群島摒除在日本領土之外。戰時和戰後有關日本的主要文件有《開羅宣言》[385]、《波茨坦宣言》、《舊金山和約》、《中日和平條約》、《中日聯合聲明》和《中日和平友好條約》。其中第三和第四份屬於臺灣承認而大陸不承認的條約，而最後兩份是大陸承認而臺灣不承認的條約。

---

[383] 張毅《琉球群島法律地位的國際法分析——兼論東海劃界問題的新思維》，北京科技大學學報（社會科學版），二〇一〇年第三期。

[384] 丘宏達《關於中國領土的國際法問題集》，十九頁。

[385] 《開羅宣言》的法律地位有爭議，有人認爲這只是沒有簽名的一份公告，沒有法律效力（見七・七節中的討論）。在這裡的討論中，我假設其法律地位得到肯定。

DEPARTMENT OF STATE
RECEIVED
DEC 3 1943
DIVISION OF COMMUNICATIONS AND RECORDS

CONFIDENTIAL　　CONFIDENTIAL　　CONFIDENTIAL

HOLD FOR RELEASE　　HOLD FOR RELEASE　　HOLD FOR RELEASE

PLEASE SAFEGUARD AGAINST PREMATURE RELEASE OR PUBLICATION.

The following communique is for automatic release at 7:30 P.M., E.W.T., on Wednesday, December 1, 1943.

Extraordinary precautions must be taken to hold this communication absolutely confidential and secret until the hour set for automatic release.

No intimation can be given its contents nor shall its contents be the subject of speculation or discussion on the part of anybody receiving it, prior to the hour of release.

Radio commentators and news broadcasters are particularly cautioned not to make the communication the subject of speculation before the hour of release for publication.

STEPHEN EARLY
Secretary to the President

- -

President Roosevelt, Generalissimo Chiang Kai-Shek and Prime Minister Churchill, together with their respective military and diplomatic advisers, have completed a conference in North Africa.

The following general statement was issued:

"The several military missions have agreed upon future military operations against Japan. The Three Great Allies expressed their resolve to bring unrelenting pressure against their brutal enemies by sea, land and air. This pressure is already rising.

"The Three Great Allies are fighting this war to restrain and punish the aggression of Japan. They covet no gain for themselves and have no thought of territorial expansion. It is their purpose that Japan shall be stripped of all the islands in the Pacific which she has seized or occupied since the beginning of the First World War in 1914, and that all the territories Japan has stolen from the Chinese, such as Manchuria, Formosa, and The Pescadores, shall be restored to the Republic of China. Japan will also be expelled from all other territories which she has taken by violence and greed. The aforesaid Three Great Powers, mindful of the enslavement of the people of Korea, are determined that in due course Korea shall become free and independent.

"With these objects in view the Three Allies, in harmony with those of the United Nations at war with Japan, will continue to persevere in the serious and prolonged operations necessary to procure the unconditional surrender of Japan."

- - - - - -

740.0011 E.W. 1939
note
740.0011 P.W.

740.0011 EUROPEAN WAR 1939/32623

FILED
JAN 19 1944

PS/LH

圖 88：1941 年《開羅宣言》原件複印
轉引自日本國會圖書館。

《開羅宣言》（圖88）規定：

三國之宗旨，在剝奪日本自一九一四年第一次世界大戰開始後，在太平洋上所奪得或佔領之一切島嶼，及日本在中國所竊取之領土，如東部四省臺灣澎湖列島等，歸還中華民國。其他日本以武力和貪欲所攫取之土地，亦務將日本驅逐出境。

The Three Great Allies are fighting this war to restrain and punish the aggression of Japan. They covet no gain for themselves and have no thought of territorial expansion. It is their purpose that Japan shall be stripped of all the islands in the Pacific which she has seized or occupied since the beginning of the first World War in 1914, and that all the territories Japan has stolen from the Chinese, such as Manchuria, Formosa, and The Pescadores, shall be restored to the Republic of China. Japan will also be expelled from all other territories which she has taken by violence and greed. [386]

琉球群島儘管是太平洋島嶼，但被日本在一八七九年吞併，這發生在一九一四年之前；而琉球群島也一向不是中國的領土。所以琉球群島並不屬於《開羅宣言》中日本必須放棄的土地。有人認爲琉球群島可以包括在「其他日本以武力和貪欲所攫取之土地」之中。然而，與之前兩個定義明確的說法不

[386] http://www.ndl.go.jp/constitution/e/shiryo/01/002_46/002_46tx.html

同，這個說法其實是一個籃子條款，並沒有明確的定義，只是爲以後處理領土問題（即舊金山會議）時，留下較爲寬泛的解釋基礎，並不能作爲剝奪琉球群島的依據。

《波茨坦宣言》第八條規定：

《開羅宣言》之條件必將實施，而日本之主權必將限於本州，北海道，九州，四國及吾人所決定其他小島之內。

The terms of the Cairo Declaration shall be carried out and Japanese sovereignty shall be limited to the islands of Honshu, Hokkaido, Kyushu, Shikoku and such minor islands as we determine.[387]

這裡的「吾人」，在波茨坦宣言第一條有明確的說明，是指：美國總統、中國國民政府主席及英國首相[388]。因此，根據《波茨坦宣言》，日本的領土並不限於四大島，其主權的範圍由美國、中華民國和英國所決定。而舊金山會議就是議定其主權範圍的一次會議。由於「吾人」並不包括蘇聯和其他國家，所以理論上說蘇聯等其他國家的態度對琉球問題並無影響（但實際上，蘇聯以及其他盟國都對日本的領土安排發表過意見）。

從面積來看，與日本四大島相比，琉球屬於小島嶼。而在美國的眼中，琉球也如是。在一九四六年六月二十四日，美國 SWNCC 59/1 號文件中指出：「琉球群島應該被視爲細小的島嶼」[389]。

一九四六年一月二十九日，盟軍最高司令部發佈訓令六七七號（SCAPIN 677），當中第三條規定，在本訓令中的日本疆域爲：

日本四個主要島嶼（北海道、本州、四國、九州）和以及鄰近的約一千個小島嶼，包括對馬群島和北緯三十度以北的琉球（南西）群島（不包括口之島）。以下地區不包括在內：(a)……(b)北緯三十度以南的琉球（南西）群島（包括口之島）、伊豆諸島、南方諸島、小笠原群島、硫磺群島、和其他週邊太平洋諸島（包括大東群島、沖之鳥島、南鳥島、中之鳥島）。(c)……

For the purpose of this directive, Japan is defined to include the four main islands of Japan (Hokkaido, Honshu, Kyushu and Shikoku) and the approximately 1,000 smaller adjacent islands, including the Tsushima Islands and the Ryukyu (Nansei) Islands north of 30° North Latitude (excluding Kuchinoshima Island); and excluding (a) Utsuryo (Ullung) Island, Liancourt Rocks (Take Island) and Quelpart (Saishu or Cheju) Island, (b) the Ryukyu (Nansei) Islands south of 30° North Latitude (including Kuchinoshima Island), the Izu, Nanpo, Bonin (Ogasawara) and Volcano (Kazan or Iwo) Island Groups, and all the other outlying Pacific Islands [including the Daito (Ohigashi or Oagari) Island Group, and Parece Vela (Okinotori), Marcus (Minami-tori) and Ganges (Nakano-tori) Islands], and (c) the Kurile (Chishima) Islands, the Habomai (Hapomaze) Island

[387] http://www.ndl.go.jp/constitution/e/etc/c06.html

[388] 第一條：(1) We, the President of the United States, the President of the National Government of the Republic of China and the Prime Minister of Great Britain……

[389] 原文 "The Ryukyu Islands should be regarded as minor islands to be retained by Japan and demilitarized.",SWNCC 59/1 文檔，轉引自 Kimie Hara, *Cold War Frontiers in the Asia-Pacific*, Routledge, London & New York, 2007, p.164.

Group (including Suisho, Yuri, Akiyuri, Shibotsu and Taraku Islands) and Shikotan Island.[390]

這條規定被部分中國學者解說爲琉球群島已經被剝離在日本的領土範圍之外[391]。可是，這個地界的規定只適用於該訓令，用於指示盟軍所接管日本範圍，而不牽涉到日本的最後領土。因爲該訓令的第六條明確指出：

本訓令的所有條文都不能解讀爲任何盟軍關於《波茨坦宣言》第八條中對小島嶼的最後決定的政策。

Nothing in this directive shall be construed as an indication of Allied policy relating to the ultimate determination of the minor islands referred to in Article 8 of the Potsdam Declaration.[392]

因此，盟軍訓令六七七號並沒有把琉球群島排除在日本的最終領土之外。

第三，**國民黨政府沒有提出對琉球的領土要求**。在開羅會議之前，中國外長宋子文在一九四二年十一月三日回答記者問時提出：「中國應該收回東北四省、臺灣及琉球，朝鮮必須獨立」[393]。開羅會議前，中國政府都有獲取琉球的考慮。但是在開羅會議上，羅斯福向蔣介石提出是否把琉球交給中國的問題，蔣介石拒絕了這一建議，提出中美共同管治琉球。這些談話內容並沒有正式記錄在美國的檔案中，中方也沒有正式的文檔去證明這一點。美國檔案中只有一段概述性的文檔：

總統就琉球群島問題不止一次地詢問中國是否願意接管琉球。大司令回答說，中國將會同意由中美共同佔領琉球，最終在國際組織的託管制度框架之下由兩國共同管理。

The president then referred to the question of the Ryukyu Islands and enquired more than once whether China would want the Ryukyus. The Generalissimo replied that China would be agreeable to joint occupation of the Ryukyus by China and the United States and, eventually, joint administration by the two countries under the trusteeship of an international organization.[394]

對此，蔣介石自己對琉球問題的解釋是這樣的：

琉球、臺灣、澎湖問題，當我沒有去之前，即向美國說明，琉球原來是我們的，爲太平洋重要的軍事據點，要美國特別的注意。在開羅會議的時候，如果我們硬要，美國也不會同我們爭；但是我們要來之後，第一，我們沒有海軍，就是戰後二三十年之內，我們在海上都沒有辦法；第二，要引起英美的

[390] 中野好夫，《戰後資料沖繩》，日本評論社，一九六九，三頁。
[391] 賈語《國際法視野下的中日釣魚島爭端》，人民日報，10/03/2010，第三版。
[392] 同前註390，四頁。
[393] 大公報，11/03/1942。
[394] Roosevelt-Chiang Dinner Meeting (1943/11/23), Foreign Relations of the United States, 1943, The Conferences at Cairo and Tehran, 1961, p. 324.

懷疑；所以我們對於收回琉球，不必過於堅決。不過因爲琉球是太平洋的重要軍事據點，我們不能不過問，無論如何不能讓日本佔領。至於臺灣澎湖，與琉球的情形是不同的，臺灣澎湖於一八九五年被日本佔去，琉球是在一八九五年以前即被日本佔去。所以我們對於琉球可以不收回，而臺灣澎湖，是決定要收回的。[395]

儘管中國曾經考慮共管琉球，但是中國在沖繩戰役中卻毫無貢獻。在根據戰爭末期發出的「一般命令第一號」（General Order No.1），美國是受降沖繩戰區的唯一國家，中國從來沒有對此提出異議。

從二戰末期到舊金山和談之前，在中國民間和政府內部對琉球有一定的討論。一部分意見支持取得全部和部分的琉球領土，但這個意見始終不是主流，而且這些討論侷限於民間和政府內部。其中最爲正式的一次是一九四七年十月十八日，行政院院長張群出席在國民參政會駐會委員會第七次會議上的談話：「琉球群島與中國民國關係特殊，應該歸還中華民國」。但他同時又說：琉球群島前途的解決，「不外乎中國收回，或中美共管，或聯合國託管三種方式，對於如何處理該問題，政府正密切注意」，但「無論如何必（須）反對該群島歸還日本」[396]。儘管張群是當時的行政院長，但國民參政會只是一個類似政協的諮詢機構。中國政府在戰後，從來沒有在外交場合中，提出過對琉球的主權要求。中國政府，特別是最高領導蔣介石和外交部，從來沒有在二戰後到《舊金山和約》前，在任何公開的外交場合提出過琉球問題[397]。

第四，《舊金山和約》規定日本對琉球有剩餘主權。一九五一年舊金山會議，有美國和英國等四十八個主要的對日作戰的盟國代表參加。一九五一年九月八日簽署的《舊金山和約》，有包括美國和英國等大多數與會國簽字，並匡正同意。這說明，對日本的領土的處理方法，在戰後不僅已經得到了美國、英國和中華民國三方中的大多數同意，也得到大部分對日作戰的盟國同意。在《舊金山和約》中，第三條規定琉球群島爲美國管治，而且美國爲唯一的管理當局。

日本對美國向聯合國提出的把北緯二十九度以南之西南群島（含琉球群島與大東群島）、孀婦岩南方之南方各島（含小笠原群島、西之島與火山群島），和沖之鳥島以及南鳥島等地置於信託制度之下，而以美國作爲唯一管理方的任何提議，都將表示同意。在此提案獲得提出和通過之前，美國對上述領土、所屬居民與所屬海域擁有行使一切及任何行政、立法及司法之權力。

Japan will concur in any proposal of the United States to the United Nations to place under its trusteeship system, with the United States as the sole administering authority, Nansei Shoto south of 29 deg. north latitude (including the Ryukyu Islands and the Daito Islands), Nanpo Shoto south of Sofu Gan (including the Bonin

---

[395] 《蔣委員長於國防最高會議第一百二十六次常務會議報告開羅會議有關我國領土完整等問題》。一九四三年十二月二十日。引自秦孝儀《光復臺灣之籌畫與受降接收》，中國現代史史料叢編第四集，中國國民黨中央委員會黨史委員會，臺北，一九九〇，三六頁。

[396] 《行政院院長張群向國民參政會駐會委員會作關於軍事政治方面報告》，中國第二歷史檔案館編：《中華民國史檔案資料彙編》第五輯第三編政治（一），江蘇古籍出版社一九九九年版，第一八六頁。

[397] 關於戰後對琉球問題的討論，參見侯中軍《困中求變：一九四〇年代國民政府圍繞琉球問題的論爭與實踐》，近代史研究，二〇一〇年第六期，五三—六四頁。

Islands, Rosario Island and the Volcano Islands) and Parece Vela and Marcus Island. Pending the making of such a proposal and affirmative action thereon, the United States will have the right to exercise all and any powers of administration, legislation and jurisdiction over the territory and inhabitants of these islands, including their territorial waters.[398]

美國代表杜勒斯在會議上對此條文的解釋爲日本對琉球群島擁有「剩餘主權」（residual sovereignty）：

條約第三條涉及琉球及日本南方及東南各島，此等島嶼自投降後即在美國單獨管理之下。有的盟國敦促條約應該規定日本放棄對這些島嶼的主權而把主權交予美國，有的盟國提議這些主權應該完全交還日本。面對盟國間不同的意見，美國覺得最好的解決方式是以美國爲管理當局，使其能夠被納入聯合國託管制度之下的同時，准許日本保留剩餘主權。

Article 3 deals with the Ryukyus and other islands to the south and southeast of Japan. These, since the surrender, have been under the sole administration of the United States. Several of the Allied Powers urged that the treaty should require Japan to renounce its sovereignty over these islands in favor of United States sovereignty. Others suggested that these islands should be restored completely to Japan. In the face of this division of Allied opinion, the United States felt that the best formula would be to permit Japan to retain residual sovereignty, while making it possible for these islands to be brought into the United Nations trusteeship system, with the United States as administering authority.[399]

這段話說明當時對琉球地位有不同看法，有的認爲琉球應該歸於美國，有的認爲應該直接交還日本。最後杜勒斯折衷一下：由美國管治，日本擁有剩餘主權。必須注意的是，在戰勝國中，根本沒有任何一方提出琉球應該獨立，更加沒有一方提出琉球應該交給中國。

包括美國和英國在內的絕大部分盟國，都對此贊成。此後日本和少數沒有參加舊金山和會的盟國分別簽訂和約（包括中國），琉球的處理問題也沒有異議。因此，在舊金山會議之後，琉球群島的法律地位就已經決定，即由美國作爲唯一管理當局的，日本擁有剩餘主權的美國管治地。

儘管剩餘主權的提法僅僅出現在杜勒斯的解釋中，但事實上，日本保有琉球主權的處理方法已經體現在《舊金山和約》中。這是因爲《舊金山和約》第二章是對日本的領土安排做出規定，而在第二條中列明了日本需要放棄的土地，但是琉球並不在放棄的土地之列。這就表明日本仍然擁有琉球的主權。第三條規定的是把行政、立法和司法的權利交給美國。也就是說，琉球問題的處理是主權和治權相分離，主權歸日本，治權歸美國。杜勒斯提出的「剩餘主權」的概念，乃是對這種主權和治權分離的處理方法的解釋。因此，「剩餘主權」的概念，得到了雙重的肯定：其一，杜勒斯的解釋是和約簽訂

[398] http://www.taiwandocuments.org/sanfrancisco01.htm

[399] American Foreign Policy, 1950-1955, Basic Documents, Vol.I, Washington, D.C. Government Printing Office, 1957, p.453.

前正式記錄的對條約的說明，得到簽約國的一致同意，具有法律效力；其二，這個概念已經隱含在條約之中，即便沒有杜勒斯的解釋，從條約本身也能得出這個結論。

必須在這裡指出的是，有的文章（包括一些專著）認爲美國對琉球群島的管制的權力來源於聯合國一九四七年七月二十四日通過的二十一號決議《戰略防區之託管決定》，即《關於前日本委任統治島嶼的協定》。這是錯誤的。因爲這個決議的第一條，對美國託管區域有明確的規定：

> 茲指定前由日本依據國聯盟約第二十二條受委統治之太平洋各島嶼爲戰略防區，並將其置於聯合國憲章所制定之託管制度之下。此等太平洋島嶼以下簡稱託管領土。[400]

所以，這個決議涉及的領土範圍，是指一戰後爲日本託管，但在二戰中爲美國所佔領的一戰之前德國在太平洋的領土。這與日本在一戰之前所佔領的琉球群島並無關係。這些領土在《舊金山和約》第二條第四款中另有規定。因此，美國對琉球群島的管治來源是《舊金山和約》，而非聯合國決議。

最後値得指出的是，儘管《舊金山和約》的第三條提及將要把琉球群島置於聯合國信託制度之下，但實際上，美國一直沒有向聯合國提出申請，其主要原因是因爲蘇聯一直反對美國託管琉球，因此在聯合國安理會中也肯定無法獲得通過。而和約的第三條和杜勒斯的解釋，也沒有規定美國必須提出這個申請。杜勒斯在考慮以什麼方式表述琉球的管治和剩餘主權的問題上，下了很大的功夫，目的是確保美國能夠根據形勢的變化，對琉球問題作出符合法律的靈活處理。因此，從條文表述來看，可謂無懈可擊。所以事實上，直到美國向日本返還琉球的時候，琉球一直處於美國的管治之下。美國對琉球的管治的法理根據一直是《舊金山和約》，而並非聯合國。

第五，中華民國同意琉球爲日本「剩餘領土」的決定。

儘管中華民國沒有參加舊金山會議，但是美國事先已經就和約與中國民國溝通。因此中華民國對琉球的處理方案非常了解並予以贊同。

一九五〇年十月二十日，美國國務卿杜勒斯向中華民國駐美大使顧維鈞提交對日和約七項原則，其節略譯文中寫道：「(三) 領土……（乙）同意將琉球及小笠原群島交由聯合國託管，以美國爲治理國。」一九五一年一月二十二日，顧維鈞回覆：「中國政府對於將置於聯合國託管制度之下，而以美國爲管理當局一節，在原則上可予同意」[401]。一九五一年三月二十八日，杜勒斯再次向顧維鈞提交《舊金山和約》草稿，其中對琉球群島的規定和最後的版本基本一致（僅有的差異是，草稿中寫的是「美國是管理當局」，而不是正式版本中「美國是唯一管理當局」，少了「唯一」二字）。中方譚紹華公使交付美國的回覆是「完全予以贊同」[402]。一九五一年七月六日，杜勒斯再次交給中方最新的草稿，在對琉球群島的規定中，加上了美國爲「唯一」管理當局的提法，這和最後的版本完全一致。中國方面未表示異議[403]。

[400] 聯合國決議案彙編，七—八頁。

[401] 中日外交史料叢編（八），中華民國外交問題研究會，臺北，一九六六，十五頁。

[402] 前引註401，十九頁。

[403] 丘宏達《關於中國領土的國際法問題論集》，臺灣商務印書館，一九七五，二三頁。

中華民國在其後的一九五二年四月二十八日，與日本簽訂《中日和平條約》也確認了中日之間有關主權範圍的安排。第二條規定：

> 茲承認依照西曆一千九百五十一年九月八日在美利堅合眾國金山市簽訂之對日和平條約（以下簡稱金山和約）第二條，日本國業已放棄對於臺灣及澎湖群島以及南沙群島及西沙群島之一切權利、權利名義與要求。[404]

中日和談的一項重要內容就是領土安排。因此，《中日和平條約》理所當然應該理解為中日之間已經解決了二戰之後的所有領土問題。事實上，在談判過程中，日本在一九五二年三月五日的會議中，向中方詢問「貴方約稿，未將金山和約第三條關於琉球等地之條文列入，願聞其說。」中方代表回答：「我方對此問題之立場一如前所提及者，即該地區為美國與日本國之間之問題，中國政府不擬表示意見」[405]。所以中華民國對較早前《舊金山和約》關於琉球群島的安排，完全同意，如前所述，那就是「美國作為唯一管理當局的，日本擁有剩餘主權的管治地」。

當然，中國的情況特殊，需要進一步分析。當時中國有兩個政府：臺北的民國政府和北京共和國政府。當時兩個政府都認為自己是中國的合法代表，但是實際上，民國政府才是聯合國的正式代表。所以從合法性而言，中華民國在當時才是更為合法的政府。更何況，在《波茨坦宣言》中，明確寫道了吾人所指的是「中華民國」。無論從哪一方面看，中華民國的確認都是合法的。

第六，北京政府一貫主張和承認琉球歸於日本的合法性。中華人民共和國政府不承認《舊金山和約》。但是一來，「吾人」中，美國和英國佔了兩席，中國只有一席。二來，北京政府並不是戰時簽訂《波茨坦宣言》和戰後討論日本領土問題上的合法代表，合法代表中華民國又已經同意。北京政府即便反對也無從改變《舊金山和約》相關規定的合法性和琉球群島的法律地位。

更進一步，北京政府儘管不承認《舊金山和約》，卻支持琉球群島是日本的一部分。北京政府總理周恩來在一九五一年八月十五日的公開聲明《關於美英對日和約草案及舊金山會議的聲明》中，反對美國託管琉球群島，認爲琉球群島應該交還日本：

第二，美英對日和約草案在領土條款上是完全適合美國政府擴張佔領和侵略的要求。草案一方面保證美國政府除保有對於前由國際聯盟委任日本統治的太平洋島嶼的託管權力外，並獲得對於琉球群島、小笠原群島、硫黃列島、西之島、沖之鳥島及南鳥島等的託管權力，實際上就是保持繼續佔領這些島嶼的權力，而這些島嶼在過去任何國際協定中均未曾被規定脫離日本。另一方面卻破壞了開羅宣言、雅爾達協定和波茨坦宣言中的協議，只規定日本放棄對於臺灣和澎湖列島及對於千島群島和庫頁島南部及其附近一切島嶼的一切權利，而關於將臺灣和澎湖列島歸還給中華人民共和國及將千島群島和庫頁島南部及其附近一切島嶼交予和交還給蘇聯的協議卻一字不提。後者的目的是企圖造成對蘇聯的緊張關係以掩

[404]《中華民國對日和約》，中日外交史料叢編（九），中華民國外交問題研究會，一九六六，三三三頁。

[405] 同上，五四頁。

蓋美國的擴張佔領。前者的目的是爲使美國政府侵佔中國的領土臺灣得以長期化，但中國人民卻絕對不能容許這種侵佔，並在任何時候都不放棄解放臺灣和澎湖列島的神聖責任。同時，草案又故意規定日本放棄對南威島和西沙群島的一切權利而亦不提歸還主權問題。實際上，西沙群島和南威島正如整個南沙群島及中沙群島、東沙群島一樣，向爲中國領土，在日本帝國主義發動侵略戰爭時雖曾一度淪陷，但日本投降後已爲當時中國政府全部接收。中華人民共和國中央人民政府於此聲明：中華人民共和國在南威島和西沙群島之不可侵犯的主權，不論美英對日和約草案有無規定及如何規定，均不受任何影響。[406]

可見，北京不但沒有否認日本對琉球群島的「剩餘主權」，甚至還主張日本對琉球群島擁有「完全主權」。在北京的邏輯體系中，類似的聲明是有法律效力的。比如在西沙和南沙問題上，中國認爲北越總理范文同在外交照會中表示贊同中國的領海聲明具有法律效力[407]。區區外交照會如是，更爲正式的政府聲明，由總理周恩來親自發出，理所當然更加具有法律效力。因此，北京政府早在一九五一年，已經承認日本應該擁有琉球群島的完全主權。

在一九七一年十二月三十一日《人民日報》發表的外交部聲明中，北京再次承認琉球屬於日本。它寫道：

中國政府和中國人民一貫支持日本人民爲粉碎「歸還」沖繩的騙局，要求無條件地、全面地收復沖繩而進行的英勇鬥爭。[408]

這個聲明主旨是北京反對釣魚臺歸還日本，但裡面也明確聲明了北京對琉球的態度，即北京支持琉球歸還日本。

除了以上的正式聲明，中國領導人還在多個不同場合，發表了支持琉球回歸日本的講話。其中包括毛澤東的談話。因此，在北京政府看來，琉球屬於日本是一個已經解決的問題，絕非「懸而未決」。

此外，北京政府一直以來，從來沒有對琉球屬於日本這一點提出異議。中國全國人民代表大會常務副委員長李建國，在二〇〇九年三月二十五日正式訪問了日本沖繩縣[409]。目前，中國在沖繩縣的事宜，由中國駐福岡總領事館負責，中國還非正式向日本提出在沖繩設置總領事館。種種文件和證據顯示，中國北京一向承認琉球群島是日本的一部分。如果中國政府眞的如一些學者所說的提出琉球問題再議，那就無異於完全違背了北京一直宣揚的「禁止反言」的原則（如北越在西沙問題上），純粹自打嘴巴。

第七，美國把琉球群島交還日本，符合《舊金山和約》關於日本擁有剩餘主權的原則。而美國交還琉球於日本的前夕，琉球進行了民主選舉，琉球前途是一個主要的議題。而主張琉球回歸日本的政黨成功當選，這本身就說明了民意，也符合聯合國關於託管地的地位由公民自決的大原則（儘管琉球

[406]《周恩來外交文選》，北京，中央文獻出版社，一九九〇，三八頁。
[407]《中國對西沙群島和南沙群島的主權無可爭辯》，人民日報，1980/01/31。
[408]《人民日報》，12/31/1971
[409] http://news.sina.com.cn/c/2009-03-17/224417426075.shtml

不是聯合國委託的託管地）。

現在，沖繩居民對自己是日本人的認同極高。比如，臺灣學者林泉忠所列出的資料中顯示，沖繩高達百分之七十一的居民認爲，一百三十年前併入日本是好事，而僅僅百分之七的人認爲是壞事【410】。這在一民主社會，可謂是一面倒的支持了。在琉球主張琉球獨立的合法政黨，在歷次的琉球國會議員選舉中的得票率都極低，最近一次只有百分之零點七。可見，琉球屬於日本符合琉球人民的意願和利益。

最後，唯一有利中國的史料，反而來自臺灣。臺灣曾兩次提出琉球問題。第一次是在一九五三年八月八日，美國決定把琉球北部的奄美大島歸還日本。一九五三年十一月二十四日，臺灣首次在外交上以備忘錄的方式，表示對美國歸還琉球的不滿：

> 自西元一三七二年至一八七九年約五百餘年間，中國在琉球群島享有宗主權，此項宗主關係僅因日本將其侵併使告中斷。中國政府對於琉球群島並無領土要求，亦無重建其宗主權之任何意圖；惟願見琉球居民之眞實願望完全受到尊重，彼等必須獲得選擇其自身前途之機會。在依金山和約第三條所規定之將琉球群島置於託管制度下之建議尚未提出以前，此等島嶼之現狀，包括其領土之完整，應予維持。
>
> 鑑於中國與琉球群島之歷史關係及地理上之接近，中國政府對於此等島嶼之最後處置，有發表其意見之權利與責任，關於此項問題之任何解決，如未經與中國政府事前磋商，將視爲不能接受，緩請美國政府就上述各項意見，對此事重加考慮。【411】

顯然，這個態度是臺灣在琉球問題上的改變立場【412】，在國際法上，有違反「禁止反言」原則之嫌疑。另外，儘管臺灣提出反對意見，但是其態度非常軟弱，只是請求美國加以考慮，也沒有進一步的行動。同時，聲明也稱「中國政府對琉球群島並無領土主張」，亦稱「惟願見琉球居民之眞實願望完全受到尊重，彼等必須獲得選擇其自身前途之機會。」而奄美大島歸還日本，正是島上超過九成居民的強烈要求。

在一九七一年六月十一日，臺灣政府在釣魚臺問題上發表過聲明，當中涉及琉球問題：

> 關於琉球群島：中、美、英等主要盟國曾於一九四三年聯合發表開羅宣言，並於一九四五年發表波茨坦宣言，規定開羅宣言之條款應予實施，而日本之主權應僅限於本州、北海道、九州、四國以及主要盟國所決定之其他小島。故琉球群島之未來地位，顯然應由主要盟國予以決定。

可是臺灣政府在一九七一年十一月，就失去聯合國的合法地位，由北京代替。鑑於中國北京政府一直承認琉球是日本一部分，即便臺灣能援引《波茨坦宣言》中，「吾人」指的是「中華民國總統」這一點，臺灣政府在當今現實中，也不太可能提出琉球問題，更何況還有美國加英國兩票對臺灣一票的障礙。臺灣的聲明大概也只是姿態性的，沒有任何後繼的行動顯示臺灣政府眞的對此有積極的態度。事

[410] 林泉忠《琉球獨立到底有多少民意基礎》，http://blog.ifeng.com/article/27256195.html

[411] 轉引自前引註403，二五—二六頁。

[412] 同上。

實上，臺灣的目標是釣魚臺（見六・三）。

對中國最不利的是：北京政府從根本上否認了任何四九年之後民國政府的任何外交活動，因此北京不可能以此作爲自己的主張。另外，現在的臺灣政府肯定也不會否認沖繩是日本的一部分，這等於民國已經放棄了之前關於琉球群島的主張。

可見，經過四十多年日本的實際統治，在沖繩支持琉球獨立的人已經少之又少。二戰結束已經快七十年，距離舊金山會議也已經六十多年，經過整整兩代人，琉球法律地位其實已經成爲一個定案，在國際主流社會上，根本不存在對琉球問題的異議。因此琉球獨立一事，既缺乏現實基礎也缺乏法理基礎。

五・二　從條約文本角度看釣魚臺的地位

相關的戰後條約在上一節已經詳細介紹過了。這一節主要從法律文本的角度，討論這些條約對釣魚臺的適用性，探討一下從中是否能夠找到釣魚臺歸屬的根據。從法律上看，四大文件中只有《開羅宣言》規定了日本需要歸還中國的領土。其中列明了臺灣是日本歸還中國的領土，但沒有明確寫出包括釣魚臺。《波茨坦宣言》並沒有提及日本需要歸還中國或放棄什麼土地，只是重申《開羅宣言》必須實現，並且規定日本的領土限於四大島和美英中三國決定的細小島嶼內。它並未排除釣魚臺作爲日本領土的可能性。《舊金山和約》和《中日和平條約》都規定「日本放棄對臺灣、澎湖等島嶼的一切權利、權利名義與要求」，但沒有規定日本放棄釣魚臺。可見，在四大文件中，都沒有明文提及釣魚臺。

這也正是釣魚臺的法理地位可供爭議之處。

如果與《馬關條約》相比，四大文件都有法律漏洞。首先，《馬關條約》中用了「臺灣及其所有附屬島嶼」這個名詞，但是在字字珠璣的這一系列條約中，都只用了「臺灣」一詞，而沒有提及「所有附屬島嶼」。即便是作爲正式條約出現的《舊金山和約》，以及中方親身參與的《中日和平條約》也是如此。這不能不說是一個巨大的漏洞。

其次，《舊金山和約》和《中日和平條約》中都只規定了日本「放棄」臺灣等地，而沒有規定日本「歸還」臺灣等地。這又是另外一個巨大的漏洞。爲暫且擱置爭議，對各方意見不統一且在《開羅宣言》中沒有提及的西沙和南沙作此處理，固然情有可原，但對在戰爭結束前，各方意見非常統一，在《開羅宣言》中也已經明確規定交還中國的臺灣也作這種處理，就實在令人遺憾了。這個處理的最重要原因，是中國發生內戰而民國政府失敗被迫遷臺。這時如果明確了臺灣屬於中國的地位，會給美軍協防臺灣帶來法律上的困難，而這一點也是臺獨人士主張臺灣法定地位未定論的主要論據。在此暫且不提。

戰後臺灣及附屬島嶼交還給中國的另外一個論點，是在《中日和平條約》第四條中提到：「茲承認中國與日本國間，在中華民國三十年，即西曆一千九百四十一年十二月九日以前，所締結之一切條約、專約及協定，均因戰爭結果而歸無效。」[413] 因此，在一八九五年簽訂的《馬關條約》已經被廢

[413] 前引註404。三三三頁。

除，所以透過《馬關條約》割讓出去的臺灣及其附屬島嶼以及澎湖列島，也自然因此交還中國【414】。

要詳細討論這個問題，需要深入分析「臺灣地位」的問題，這已經超越了本書的範圍，不擬詳加論證。因此，這裡暫且把標準放寬一些，認爲在這幾個法律文件中，臺灣和澎湖列島都屬於日本歸還中國的領土之列，也認爲臺灣的附屬島嶼也在歸還範圍之內。那麼從這四大文件可以得出釣魚臺歸還中國的最佳理據就是「釣魚臺是臺灣附屬島嶼」這一點。因此就很有必要探討，究竟有沒有證據證明釣魚臺是臺灣附屬島嶼。附屬島嶼有兩個概念，一個是地理上的概念，一個是行政上的概念。在此談論的顯然應該是第二種。

這個問題其實可以分爲四個不同的問題：第一，在日本佔領釣魚臺之前，釣魚臺是不是臺灣的附屬島嶼？第二，釣魚臺是不是作爲臺灣附屬島嶼的一部分，在《馬關條約》中割讓出去的？第三，在日本佔領釣魚臺之後，日本有沒有把釣魚臺視爲臺灣的附屬島嶼？第四，在日本佔領釣魚臺之後，中國有沒有把釣魚臺視爲臺灣的附屬島嶼？關於這幾個問題，其實已經在第二到四章討論過了，從種種證據看來，釣魚臺屬於臺灣附屬島嶼這一點是難以被支持的。這裡簡單綜述如下。

在一八九五年之前，釣魚臺沒有歸屬在任何一個行政區域當中，當然也不包括在臺灣政區當中；中國、日本和其他外國的臺灣地圖都不包括釣魚臺。可見在一八九五年之前，釣魚臺並不是臺灣的附屬島嶼。

在《馬關條約》簽署之前，日本已經佔有了釣魚臺；馬關條約也沒有提及釣魚臺；日本和中國當時以及稍後的臺灣地圖都不包括釣魚臺；一八八九年《遊歷日本圖經》中已經認爲釣魚臺是日本屬島。因此，釣魚臺不是通過《馬關條約》割讓出去的。

在一八九五年到一九四五年的日治期間，釣魚臺都是沖繩的轄區，而不是臺灣轄區。從日方記錄來看，釣魚臺從一開始就列入了沖繩縣；沖繩縣在編制統計文件時把釣魚臺列於八重山郡之內；沖繩縣在釣魚臺執行了好幾次公務；釣魚臺在二戰中編入了沖繩戰區。相反，釣魚臺從來沒有在臺灣的統計書中出現；臺灣所規定的極東和極北地界都沒有達到釣魚臺；日本出版的臺灣地圖中也不包含釣魚臺。因此，有堅實的證據顯示，日治期間，日本把釣魚臺編入了沖繩縣的管轄之內。

在當時的中國政府看來，釣魚臺也是屬於沖繩縣的。中國領事曾寫了一封感謝信給沖繩縣，感謝釣魚臺居民對失事中國漁船的救助；中國出版的臺灣地圖也全都沒有釣魚臺。而戰後，釣魚臺是屬於美國的受降區，而不是和臺灣一起的中國受降區。

還有一種意見是釣魚臺可以歸在《開羅宣言》中「日本在中國所竊取之領土」中。這也是中國爲什麼一直強調日本「竊取」釣魚臺的原因。但正如我在第三章中討論過的，日本並沒有「竊取」釣魚臺，因爲中國一直知道日本佔有釣魚臺，卻從來沒有對此提出反對。當然，我也認爲在《開羅宣言》中用竊取（stolen）這個用詞很怪，因爲臺灣和澎湖都是中國割讓的，談不上竊取[415]。

最後一種意見是釣魚臺可以歸在「日本以武力和貪欲所攫取之土地」中。這個用詞是一個籃子用語，目的是把所有沒有列舉的土地都包含進去。在當時的語境下，指的是日本侵佔的東南亞等地，

[414] 前引註403，六一頁。

[415] 這樣做的最大可能，是因爲《開羅宣言》的目的，是宣傳而不是正式的法律文件。

而釣魚臺並不在其中。固然可以說，日本因爲貪欲攫取了釣魚臺（哪個國家兼併領土不是因爲貪欲呢？），但日本佔領釣魚臺並沒有使用武力。

當然，追根究底，《開羅宣言》只是一個原則性的文檔，它無法仔細列明所有領土的處理。而這個處理是在《舊金山和約》和其他一系列雙邊條約（比如《中日和平條約》）中完成的。而中國偏偏沒有在這個時間內提出釣魚臺問題。

五・三　從立法原意角度看釣魚臺的地位

這一節主要是從歷史經緯的角度，探討在戰後初年簽訂條約之時，中國和各國政府有否將釣魚臺考慮在臺灣的領土之內而歸還中國。與前兩節不同，本節討論的多是草案。這麼做有兩個意義：第一，雖然從法律意義上說，這些草案都沒有法律效力，但是它們有助於還原當時對「琉球」和「臺灣」地理界限的認識，因此有重要的歷史學意義。第二，在釐清有模糊之處的法律時，探究立法原意是其中的一個重要的法理解釋的法則。中國非常強調法律原意的作用，在爲香港《基本法》釋法之時，中國一直強調立法原意是正確理解基本法的方法[416]。

在戰前和戰爭期間，中國所認識的琉球都包括釣魚臺，臺灣都不包括釣魚臺（見四・四）。在戰後初期，儘管有民間和官方提出了對整個琉球或者對琉球一部分的領土要求（見五・一及五・七），但是都沒有針對釣魚臺提出領土要求。在戰後，中國接管臺灣，並沒有接管釣魚臺，也沒有要求接管釣魚臺。其時美國控制了釣魚臺，而中國是美國的盟國，只要中國開口索取，美國很大可能會答應。但是中國並沒有這樣做。由此可見，中國並沒有把釣魚臺視爲臺灣的一部分。

在準備戰後條約的時候，中國完整地參與了整個起草的過程。從這些草案有關領土部分的流變中[417]，可以更加清晰地了解到，在當時國際社會和中國的眼中，釣魚臺是屬於「琉球」這個概念的一部分，而不是「臺灣」這個概念的一部分[418]。

在一九四七年三月十九日，美國擬出了第一份草案。裡面規定：

1. *The Territorial limits of Japan shall be those existing on January 1, 1894, subject to modifications set forth in Articles 2,3... As such these limits shall include the four principal islands of Honshu, Kyushu, Shikoku and Hokkaido and all minor offshore islands, excluding the Kurile Islands, but including the Ryukyu Islands forming part of Kagoshima Prefecture, the Inland sea, Rebun, Rishiri, Okujiri, Sado, Oki, Tsushima, Iki and the Goto Archipelago.*

2. *Japan hereby cedes to China in full sovereignty the island of Formosa and adjacent minor islands, including Agincourt (Hokasho), Menkasho, Kaheiso, Kashoto, Kotosho, Shokotosho, Shiohissigan and*

---

[416] 宋小莊，《立法原意是正確理解基本法的方法》，文匯報，http://paper.wenweipo.com/2010/02/21/PL1202210002.htm

[417] 各個草案見 Confidential U.S. State Department special files. Japan, 1946-1966。在草案中寫明文件後附有地圖，但是這些地圖都沒有收錄在微縮膠捲中。因此只能依靠經緯度，考究當時各個地理概念的範圍。

[418] 另參見 Kimie Hara, Cold War Frontiers in the Asia-Pacific: Divided Territories in the San Francisco System, Routledge, 2006, p.56-64.

Ryukuosho, and the Peseadores Islands. Japan hereby renounces all special rights and claims in or to the Liaotung Peninsula.

第一條規定，日本的領土限於一八九四年一月一日之前的領土，包括四大島，也包括琉球群島等。這裡值得注意的是：日本的領土包括琉球，但釣魚臺並沒有被明確寫出在領土範圍之內。而釣魚臺直到一八九五年一月，才被正式納入日本。因此嚴格地說，釣魚臺並不在這個草案的日本領土之中。第二條規定，日本把臺灣和附近的小島嶼割讓（cedes）給中國（其實應是歸還）。這個條款中，詳細列出了這些附近的小島嶼，包括北方三島、紅頭嶼、小琉球和澎湖列島等，並沒有包括釣魚臺。很明顯，釣魚臺並不在割讓給中國的領土之中。因此，嚴格地說，在這個版本中忽略了釣魚臺。但從以上的草案來看，釣魚臺應該被理解爲包括在琉球群島之內，盟軍，包括中國，大概都沒有意識到日本在一八九五年一月才正式佔領了釣魚臺。

在一九四七年八月五日，產生了該草案的第二版（圖89），第一條規定的日本領土所屬的島嶼中仍然包括琉球，但是也沒有具體談及釣魚臺。不過這次的草案中，去除了一八九四年一月一日這個定語。而更加重要的是，這次的條文中列明了具體的坐標。根據這個坐標畫出界限，釣魚臺被包括在界限之中（圖90）。

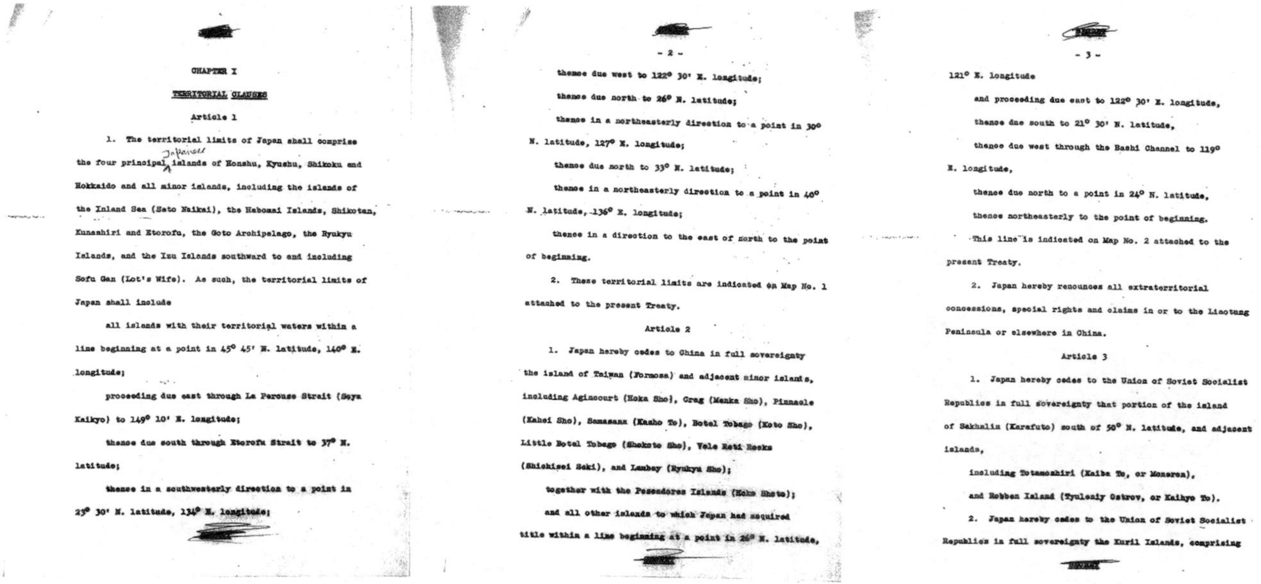

[redacted]

CHAPTER I

TERRITORIAL CLAUSES

Article 1

1. The territorial limits of Japan shall comprise the four principal Japanese islands of Honshu, Kyushu, Shikoku and Hokkaido and all minor islands, including the islands of the Inland Sea (Seto Naikai), the Habomai Islands, Shikotan, Kunashiri and Etorofu, the Goto Archipelago, the Ryukyu Islands, and the Izu Islands southward to and including Sofu Gan (Lot's Wife). As such, the territorial limits of Japan shall include

all islands with their territorial waters within a line beginning at a point in 45° 45' N. latitude, 140° E. longitude;

proceeding due east through La Perouse Strait (Soya Kaikyo) to 149° 10' E. longitude;

thence due south through Etorofu Strait to 37° N. latitude;

thence in a southwesterly direction to a point in 33° 30' N. latitude, 134° E. longitude;

[redacted]

[redacted]

\- 2 -

thence due west to 122° 30' E. longitude;

thence due north to 26° N. latitude;

thence in a northeasterly direction to a point in 30° N. latitude, 127° E. longitude;

thence due north to 33° N. latitude;

thence in a northeasterly direction to a point in 40° N. latitude, 136° E. longitude;

thence in a direction to the east of north to the point of beginning.

2. These territorial limits are indicated on Map No. 1 attached to the present Treaty.

Article 2

1. Japan hereby cedes to China in full sovereignty the island of Taiwan (Formosa) and adjacent minor islands, including Agincourt (Hoka Sho), Crag (Menka Sho), Pinnacle (Kahei Sho), Samasana (Kasho To), Botel Tobago (Koto Sho), Little Botel Tobago (Shokoto Sho), Vele Reti Rocks (Shichisei Seki), and Lambay (Ryukyu Sho);

together with the Pescadores Islands (Hoko Shoto);

and all other islands to which Japan had acquired title within a line beginning at a point in 26° N. latitude,

[redacted]

[redacted]

\- 3 -

121° E. longitude

and proceeding due east to 122° 30' E. longitude,

thence due south to 21° 30' N. latitude,

thence due west through the Bashi Channel to 119° E. longitude,

thence due north to a point in 24° N. latitude,

thence northeasterly to the point of beginning.

This line is indicated on Map No. 2 attached to the present Treaty.

2. Japan hereby renounces all extraterritorial concessions, special rights and claims in or to the Liaotung Peninsula or elsewhere in China.

Article 3

1. Japan hereby cedes to the Union of Soviet Socialist Republics in full sovereignty that portion of the island of Sakhalin (Karafuto) south of 50° N. latitude, and adjacent islands,

including Totamoshiri (Kaiba To, or Moneron),

and Robben Island (Tyuleniy Ostrov, or Kaihyo To).

2. Japan hereby cedes to the Union of Soviet Socialist Republics in full sovereignty the Kuril Islands, comprising

[redacted]

圖 89：1947 年 8 月 5 日《舊金山和約》草案
該版本草案第一次以清晰的經緯度規定了日本和臺灣的領土範圍，成爲以後各個版本的基礎。複製自微縮膠卷 Confidential U.S. State Department special files. Japan, 1946-1966。

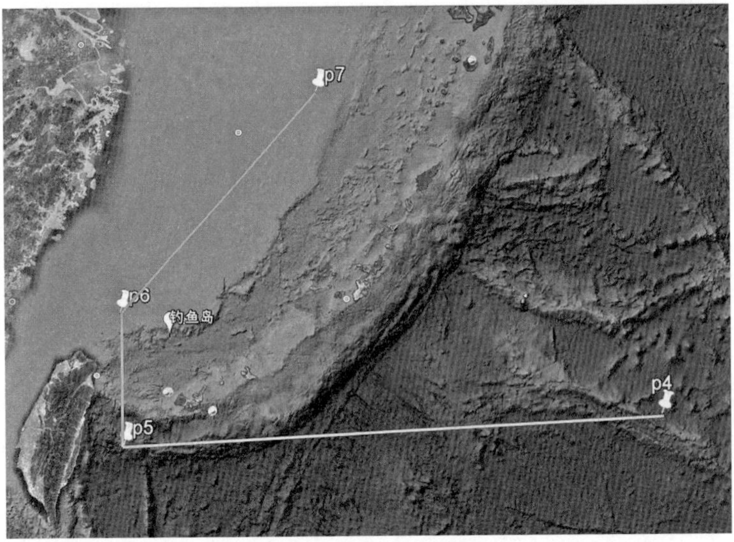

圖 90：根據草案坐標而畫出的日本西南方向界限圖
根據坐標，在 Google Earth 上繪出日本界限，釣魚臺在日本的範圍之內。

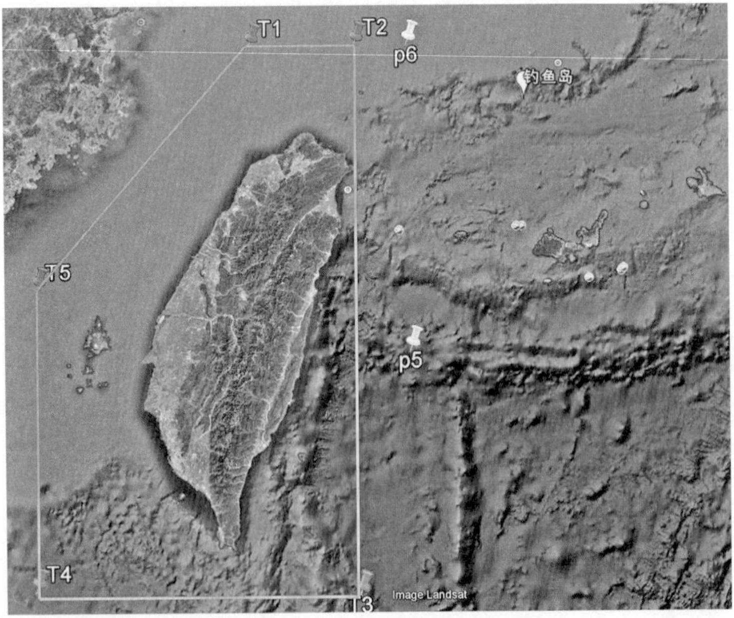

圖 91：根據草案畫出的臺灣界限圖
根據坐標，在 Google Earth 上繪出臺灣界限，釣魚臺在臺灣的範圍之外。

1. *The territorial limits of Japan shall comprise the four principal islands of the Honshu, Kyushu, Shikoku and Hokkaido and all minor islands, including the islands of the Inland sea (Seto Naikai), The Habomai Islands, Shikotan, Kunashiri and Etrofu, the Goto Archipelago, the Ryukyu Islands, and the Izu Islands southward to and including Sofu Gan (lot's Wife). As such, the territorial limits of Japan shall include: all islands with their territorial waters within a line beginning at a point in 45°45′ N. latitude,140° E. longitude; proceeding due east through La Perouse Strait (Soya Kaikyo) to 149° 10′ E. longitude; thence due east through Etorofu Strait to 37° N. latitude; thence in a southwesterly direction to a point in 23° 30′ N. latitude, 134° E. longitude; thence due west to 122° 30′ E. longitude; thence due north to 26° N. latitude; thence in a northeasterly direction to a point in 30° N. latitude, 127° E. longitude; thence due north to 33° N. latitude: thence in a northeasterly direction to a point in 40° N. latitude, 136° E. longitude;thence in a direction to the east of north to the point of beginning.*

第二條規定，把臺灣割讓給中國，與第一版草案一樣，也列明了附屬島嶼，更加上了英文名。這裡也同樣給出了經緯度的範圍，即如果以上這些島嶼未能盡列的話，那麼在這個範圍內的島嶼也屬於臺灣。無論是列舉的島嶼，還是在經緯坐標畫出的多邊形裡，都不包括釣魚臺（圖91）。因此很明顯，在這個草案中，釣魚臺並不屬於臺灣。

2. *Japan hereby cedes to China in full sovereignty the island of Taiwan (Formosa) and adjacent minor islands, including Agincourt (Hokasho), Crag (Menkasho), Pinnacle (Kaheiso),*

Samagana (Kasho to), Botel Tobago (Koto sho), Little Botal Tobago (Shokotosho), Vele Rest Rocks (Shiohissigan) and Lambay (Ryukuosho); together with the Peseadores Islands (Noko Shoto); and all other islands to which Japan had acquired title within a line beginging at a point in 26° N. latitude, 121°E.longtitude and proceeding due east to 122° E. longtitude,thence due south to 21° 30°N. latitude, thence due west through the bashi Channel to 119°N. longitude, thence due north to a point in 24°N. latitude, thence northesterly to the point of beginning.

到了一九四八年一月八日，該草案的第三版出現。這時日本的領土範圍出現了變化，只到北緯二十九度爲止。琉球大部分都不包括在日本領土之中。關於臺灣的條款和坐標則沒有變化。而琉球群島北緯二十九度以南的地區，在這個版本中寫明美國態度未定。出現這個變化的原因，主要和中國的局勢有關。國民黨政府在內戰中形勢不利，美國已經擔心中國會落入共產黨之手，而蘇聯對日本也虎視眈眈。美國擔心如果將琉球直接劃給日本，可能會導致琉球這個重要的戰略基地旁落，所以考慮以託管地的形式直接控制[419]。

此後幾版草案中，琉球群島北緯二十九度以南的地區，均被定爲美國託管。一九四九年十二月十五日，出現了一份相當正式的草案，日本的領土範圍還是如上所述，止於北緯二十九度。另有專門的前日本所放棄的領土協議（Agreement Respecting the Disposition of Former Japanese Territories）。第一條爲歸還中國的領土，當中的範圍和上述的範圍一樣，都不包括釣魚臺。而主要的不同在於：其中所用的字眼是 following territories shall be returned in full sovereignty to China，用的是「歸還」（returned），而不是

「割讓」（ceded）。直到一九五〇年十月之後，才把臺灣的地位從「歸還中國」轉變爲「日本放棄」。這裡不詳細討論了。

草案第五條規定，北緯二十九度以南的琉球爲美國所託管，儘管裡面沒有明確畫出琉球界線，但這應當理解爲，在一九四七年八月五日版本的日本國界線中，北緯二十九度以南的地區。

The Allied and Associated Powers undertake to support an application of the United States for the placing of the Ryukyu Islands south of 29°N, latitude under trusteeship in accordance with Article 77,79 and 85 of the Charter of the United Nations, the trusteeship agreement to provide that the United States is to be administering authority.

事實上，美國對於釣魚臺屬於琉球的態度，一直極爲清晰。在一九五〇年八月四日美琉政府頒佈的《群島政府組織法》中，釣魚臺已經清楚地處於琉球地界（見五・四）。一九五二年《舊金山和約》需要參議院的批准（ratification）。在參議院對《舊金山和約》的聽證會上，製作了一份詳細的領土變更地圖（圖92，圖93），裡面亦清晰地表明了釣魚臺屬於美琉政府的管轄範圍[420]。

【419】Frederick L. Shiels, America, Okinawa and Japan: case studies for foreign policy theory. University Press of America, Inc, 1980, p.56-72.

【420】United States, 82nd Congress 2nd session, SENATE, Executive Report No.2. 轉引自前引註389，十—十一頁。

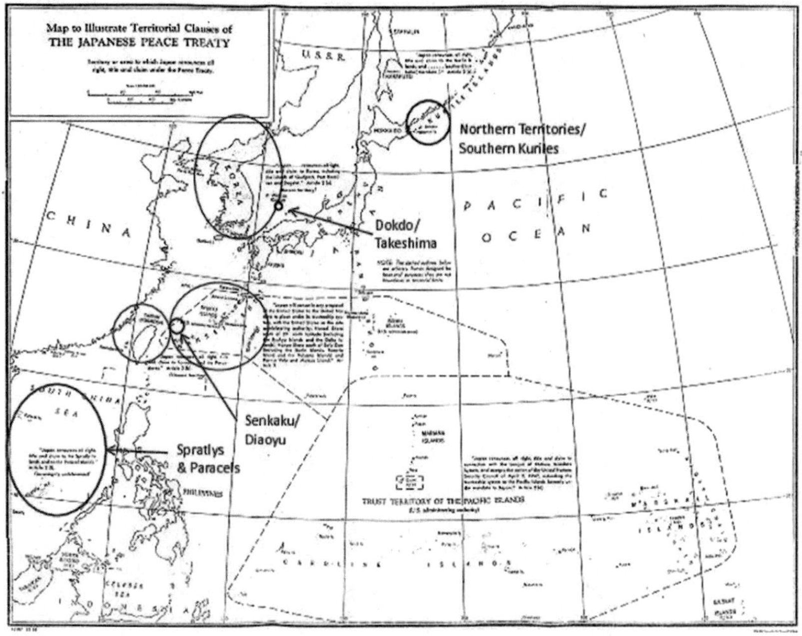

圖 92：1952 年，美國參議員報告中關於《舊金山和約》領土變更的示意圖
實線圈内爲現在有糾紛之地。轉引自 Kimie Hara,Cold War Frontiers in the Asia-Pacific。

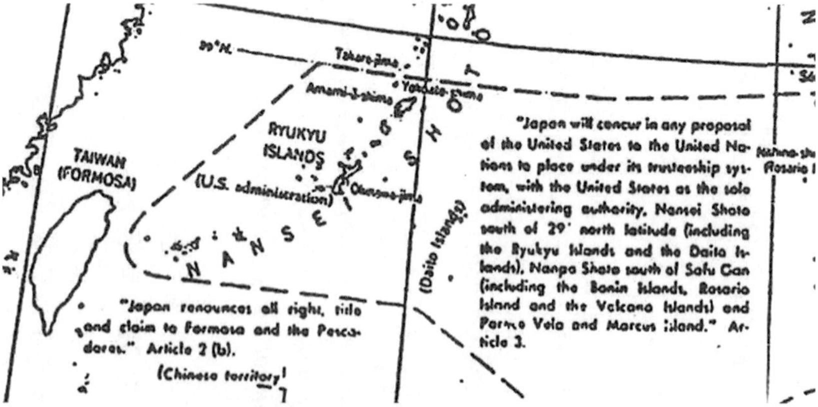

圖 93：1952 年，美國參議員報告中關於《舊金山和約》領土變更的示意圖之琉球附近
轉引自 Kimie Hara,Cold War Frontiers in the Asia-Pacific。

從一九四六年到一九五一年舊金山會議之前，美國一直把各個版本的草案向各國徵詢，再根據各國的意見進行修改。這些草案中，詳細地畫出了臺灣和日本的界線，清楚地顯示釣魚臺不屬於臺灣，而屬於日本或琉球。這證明了，民國政府當時對琉球這個地理概念包括釣魚臺是一清二楚的。儘管各個版本的草案對臺灣和琉球的地位有所修改，但是各方，包括中國民國政府（一九四九年十月以前爲唯一合法政府）都沒有對臺灣和琉球的地界發表任何不同意見[421]。

國民黨政府內部對於琉球地界的範圍也有所討論，在國民政府外交檔案中的《琉球群島及其他自日本劃出島嶼處置問題》中，對「琉球領土」的界定爲：

㈠琉球群島本部原分爲北中南三部，中部爲沖繩群島（包括伊平屋諸島及慶良間群島）；南部爲先島群島（宮古群島、八重山諸島、尖閣諸島位於東經一百二十三度至一百二十四度及二十五度三十分至二十六度間及赤尾嶼位於東經一百二十四度至一百二十五度北緯二十五度，三十分至二十六度之間）；在日本佔領時代合稱沖繩縣北部諸島，可分爲種子諸島、吐噶喇列島、奄美群島三部，過去均屬於九州之鹿兒島管轄。盟軍總部指令脫離日本之琉球群島範圍，係在北緯三十度以南包括口之島在內即爲琉球原有之區域。

[421] 參見前引註401中，顧維鈞與杜勒斯的各個對話中，有關琉球的內容，如十五，十九頁。

(二)琉球所屬東南之大東群島（北大東島、南大東島及沖大東島）距琉球約二百海里，爲琉球之前衛，在行政系統上原屬琉球島（尻）郡管轄，故仍應屬琉範圍。[422]

可見，民國政府充分了解在戰後所討論的琉球這個概念包括了釣魚臺。不但如此，事實上民國政府還在考慮領土問題時，曾經設想過把釣魚臺劃給中國的可能性。一九四八年中華民國駐日代表團，在提交外交部的內部檔案《關於解決琉球問題之意見》中提出：

（甲）本問題之焦點，在於八重山列島及宮古列島是否應劃入琉球之範圍。對於此問題，我方似可提出如下之意見；此二島昔當一八七八至一八八〇年間，中日交涉琉球問題時，日方因美總統格蘭特調停，曾建議將此二島割讓中國，因此二島位於琉球群島南部與中國領土相接近，歸我國似可，根據此點，要求將此二島劃歸我領土。

（乙）如八重山及宮古二列島未能劃歸於我，則尖閣諸島（位於東經一百二十三度至一百二十四度及北緯二十五度至二十八度之間）及赤尾嶼（位於東經一百二十四度至一百二十五度及北緯二十五度至二十八度之間）二地之劃歸問題，似亦值得注意。二地琉球史上未見記載，日本詳細地圖（如昭和十二年一月十日訂正發行之最近調查大日本分縣地圖並地名）雖亦載有該二地，然琉球地名表中並未將其列入，且該地距臺灣甚近。目下雖劃入盟軍琉球佔領區，但究能否即認爲屬於琉球，不無疑問。[423]

在這份政府內部文件中，提出了把八重山群島、宮古群島以及「尖閣列島」（即釣魚臺）劃給中國的可能性。裡面清楚提到了釣魚臺目前劃入琉球佔領區的事實，再次表明中國清楚知道，釣魚臺在當時屬於琉球地理範圍。另外，文件中還提到了幾個可能把釣魚臺劃歸中國的理據：琉球歷史未予記載、在一九三七年版地圖中沒有列入琉球地名表、以及距離臺灣很近等。

在負責戰後對日規劃事務的外交部亞東司第一科科長張延錚所擬就的《日本領土處理辦法研究》中，亦確認了釣魚臺屬於琉球：

> ㈠琉球問題……（乙）範圍……（丑）琉球群島本部，原分爲北中南三部。……南部爲先島群島（包括宮古群島、八重山諸島、尖閣諸島及赤尾嶼，在日本佔領期間，合稱沖繩縣。【424】

這些證據表明中國當時並沒有忽略釣魚臺。但是最終，中國也沒有向國際和日本要求釣魚臺的

【422】《琉球群島及其他自日本劃出島嶼處置問題》，見《盟總指定日本疆界》，臺灣中研院近代史研究所檔案館所藏，《外交部檔案》073.3/0006。轉引自李理《「收回琉球」中的美國因素與釣魚島問題》，清華大學學報（哲學社會科學版），二〇一二年第六期，二七—三七頁。

【423】《關於解決琉球問題之意見》，臺灣中研院近代史研究所檔案館所藏，《外交部檔案》419/0009。轉引自李理《「收回琉球」中的美國因素與釣魚島問題》，清華大學學報（哲學社會科學版），二〇一二年第六期，二七—三七頁。

【424】張延錚，《日本領土處理辦法研究》，《外交部檔案》072.4/0001。轉引自任天豪《從外交部檔案看釣魚島問題之由來》，沈志華，唐啓華主編《金門：內戰與冷戰》，九州出版社，北京，二〇一〇，三三九頁。張延錚官銜不高，但實際主管了民國政府戰後對日規劃和東京大審判的有關事務，故可視爲國民黨當時官方的態度。

主權。這只能說明中國經過內部研究之後，認爲釣魚臺劃歸中國理據不足，從而放棄了這個要求。同時，各種民間的學術著作，也都把釣魚臺劃歸琉球的地理界限，而不是臺灣的地理界限（見五．八）。

無獨有偶，在中國北京政府對釣魚臺問題也存在近似的討論。二〇一二年底，由日本時事通訊社披露的一九五〇年五月十五日的中國外交部檔案《對日和約中關於領土部分問題與主張提綱草案》（105-00090-05）（見五．九）中有：

> A，概況
>
> 琉球包括沖繩全部及……，位於北緯 24°-30°（包括口之島）東經 122°1/2 分 -129°1/2 分，分爲北中南三部。中部爲沖繩諸島（……），南部包括宮古諸島和八重山諸島（**尖頭諸嶼**），……。」
>
> ……
>
> C，琉球疆界問題
>
> ……
>
> (3) 八重山列島、宮本列島離臺灣近且中國有小島土著因地晉（近）臺灣，移民晉紳亦向臺灣，是否劃入臺灣亦須研究。」
>
> (4) 東經 123°-124°，北緯 25°30'-26° 間之**尖閣列島**及東經 124°-125° 北緯 25°30'-26° 間之赤尾嶼亦離臺灣甚近，是否應劃入臺灣亦須研究。

在「A，概況」中，中國定義了琉球群島的疆界，爲北緯二十四度到三十度，東經一百二十二度半到一百二十九度半之間的島嶼。從地圖中可以看出，這個疆域包括了釣魚臺。可見，在北京政府所認識的「琉球」的地理概念中，包括了釣魚臺。而在「C，琉球疆界問題」，中國在內部研究中，提出了需要研究釣魚臺（即文中的尖閣列島和赤尾嶼）和其他一些屬於琉球的島嶼是否劃入臺灣這個問題。但是從歷史進程知道，周恩來和蘇聯商議領土問題時，並沒有提出釣魚臺問題，而且一九五一年八月十五日，周恩來發表的聲明《關於美英對日和約草案及舊金山會議的聲明》中，也沒有提到釣魚臺問題。這表明，在北京內部的討論中，釣魚臺最後被確定爲應該屬於琉球的範圍。

綜上所述，在戰後初年，關於「琉球」這個概念所涉及的範圍包括釣魚臺是一個國際以及中國兩岸的共識，而「臺灣」這個概念並不包括釣魚臺。無論民國政府還是共和國政府，在戰後都考慮過釣魚臺問題，但都沒有向日本和美國提出對釣魚臺的主權要求，這只能表明，中國當時並不把釣魚臺視爲應當屬於中國的領土。因此，從立法原意的角度，戰時和戰後的安排中，釣魚臺都不屬於交還給中國的領土。

五・四　美國管治範圍包括釣魚臺

在二戰末期，釣魚臺在日軍的軍區設置中屬於琉球戰區，由日軍中將牛島滿統帥三十二軍防守。一九四五年四月一日，美軍在沖繩戰役中登陸沖繩島並成立美國琉球軍政府，麥克亞瑟擔任總督。日本投降後，根據戰後一九四五年八月十七日核准的《一般命令第一號》第一條第四款：「在日本委任統治各島，琉球、小笠原群島及其他太平洋島嶼之日本高級將領及所有陸海空及附屬部隊，應向美國太平洋艦隊總司令投降」[425]，美國就此把釣魚臺歸入美國琉球軍政府治理。

同時，該命令第一款中，劃定中國受降的區域爲「中國（滿洲除外），臺灣及北緯十六度以北之法屬印度支那」。中國和美國受降區有一點不同：第四款中包括的美國受降區，其實早已被美國所奪得，該區域的日軍早已向美軍投降；而在中國的受降區，絕大部分在發佈命令的一刻，還處於日軍的佔領之下。

一九四六年一月二十九日，盟國司令部發佈訓令六七七號（SCAPIN 677），其中第三條規定了日本的暫定疆界。第三條中，大致規定了美國琉球轄區的疆界爲：

北緯三十度以南的琉球（南西）群島

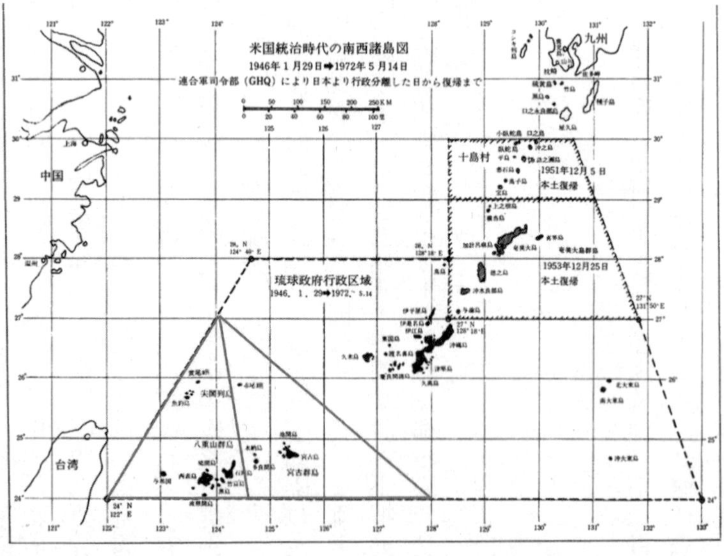

圖 94：根據《琉球群島組織法》和《琉球政府章典》坐標繪製的沖繩地圖
實線爲根據 1950 年《群島政府組織法》坐標繪製的八重山和宮古群島的管轄界線，黑色虛線爲 1953 年之後調整過的琉球界限，對八重山和宮古群島以及釣魚臺列嶼沒有影響。

（包括口之島）、伊豆、南方、小笠原、硫磺群島、和其他週邊太平洋諸島（包括大東群島、沖之鳥島、南鳥島、中之鳥島）。[426]

一九四六年七月一日，美國陸軍取代美國海軍，接管了沖繩的管治權。一九五〇年八月四日，美國琉球軍政府發佈了第二十二號令《群島政府組織法》，琉球需要從軍政府轉爲民政府，並把琉球分爲四個轄區。一九五〇年，美國依法在琉球舉行民主選舉，選出各群島的知事和議員。一九五〇年十二月十五日，美國把軍政府改組爲民政府，除了政府總督和副總督由美國委任外，地方政府首腦由民選官員擔任。《群島政府組織法》第一章第一條，正式規定了美國琉球政府的管治範圍。

第1条　第十軍本部1945年9月7日附降服文書所定の琉球列島及び北緯30度以南近海を4区域に分ち、各区域は爾今、これを群島と称する。

……

C. 宮古群島は、左の境界線内の島及びその低潮線より3海里の水域とする。北緯27度、東経124度2分を起点とし、北緯24度、東経122度40分の点及び北緯24度、東経128度の点

[425] http://en.wikisource.org/wiki/General_Order_No._1

[426] 見前引註390。

を経て起点に至る。

D. 八重山群島は、左の境界線内の島及びその低潮線より3海里の水域とする。北緯27度、東経124度2分を起点とし、北緯24度、東経122度の点、北緯24度、東経124度40分の点を経て起点に至る[427]

從圖94的實線中可以看到八重山群島（D）和宮古群島（C）的轄區。釣魚臺和黃尾嶼位於八重山群島轄區之內，赤尾嶼位於宮古群島轄區。該圖的虛線是按照一九五二年《琉球政府章典》（一九五三年修改版）所繪製的區域。在八重山和宮古區域，兩者基本一樣。

中國方面經常稱美國琉球政府第一次以法令形式把釣魚臺劃入琉球疆界，源自一九五三年的第二十七號令。這是錯誤的。早在在一九五〇年的《群島政府組織法》，就已經把釣魚臺劃入琉球疆界。《群島政府組織法》的頒佈在《舊金山和約》之前，甚至還在韓戰之前，可見美國對釣魚臺的正式統治，早在美軍奪得沖繩後就開始了。《舊金山和約》上規定的界線基本和《群島政府組織法》一致，其範圍也都包括了釣魚臺。

美國在一九五二年二月二十九日頒佈了美國琉球民政府第六十八號令的《琉球政府章典》，再一次規定了美國民政府的統治範圍。《琉球政府章典》第一條爲：

第1条　琉球政府の政治的及び地理的管轄区域は、左記境界内の諸島、小島、環礁及び領海とする。北緯 29 度東経 124 度 40 分の点を起点として北緯 24 度東経 122 度北緯 24 度東経133度北緯27度東経131度50分北緯27度東経128度18分北緯28度東経128度18分の点を経て起点に至る。（改正5）[428]

一九五一年十二月五日，美國宣佈把奄美群島中的吐噶喇列島返還日本。一九五三年八月八日，杜勒斯宣佈把整個奄美群島交還日本。一九五三年十二月二十四日，奄美群島正式歸還日本。奄美群島在歷史上與日本本土連結很深，因此絕大部分居民都支持回歸日本。

爲了適應新的領土轄區，美國琉球民政府在一九五三年十二月十九日再頒發第二十七號令《琉球政府之地理境界》，再次規定了琉球的境界，這個地界和修改後的《琉球政府章典》是一樣的，同樣包括釣魚臺：

第1条　琉球列島米国民政府及び琉球政府の管轄区域を左記地理的境界内の諸島、小島、環礁及び岩礁並びに領海に再指定する。

北緯28度・東経124度40分を起点とし、北緯24度・東経122度、北緯24度・東経133度、北緯27度・東経131度50分、北緯27度・東経128度18分、北緯

[427] 前引註227，一四一頁。另，目前查到的《琉球政府章典》的這個條文，都是一九五三年十二月第五次修正之後的結果。這條經過修改的條文，和一九五三年二七號令是一致的，以反映交還奄美群島後的領土變化。但對於討論釣魚島問題，沒有影響。

[428] 前引註390，八八頁。

28度・東経128度18分の点を経て起点に至る。[429]

從圖94可知，從第一份規定琉球地界的《群島政府組織法》起，到《琉球政府之地理境界》爲止，美國琉球政府的轄地變小了。主要的變動是奄美群島，並不涉及釣魚臺所處的區域。因此，即便是領土區域縮小了，釣魚臺仍然在虛線範圍之內。可見，從二戰後開始，釣魚臺就一直在美國琉球政府的統治境界之內，屬於八重山管轄。

釣魚臺琉球民政府的法令，只是明確了琉球的地界，並沒有超出或者「擅自擴大」美國琉球政府自二戰以來實際治理的範圍（反而縮小了），也沒有與任何之前的條約或決議有明確的牴觸。而且美國這三次以法令形式公佈自己的管轄範圍，都包括釣魚臺。這些法令的目的，只是把當時美國琉球民政府所治理的地方以法律形式列出。無論是之前還是之後，釣魚臺都是由美國琉球政府實際治理。這些公開的法令在頒佈的時候，都沒有受到臺灣國民政府和北京共和國政府的反對。《釣魚島白皮書》認爲這些法令「擅自擴大託管範圍，將中國領土釣魚島劃入其中。此舉沒有任何法律依據，中國堅決反對。」[430]但事實上，美國沒有「擅自擴大」自己的管轄範圍，而北京政府在一九七一年之前，也根本沒有反對，亦沒有任何行動表示反對的意思。因此北京的指控是站不住腳的。

五・五　琉球政府對釣魚臺的管治

美治期間，琉球政府對釣魚臺實踐了充分的主權。從一九五一年起，美國軍方把黃尾嶼和赤尾嶼作爲海空軍演習訓練場地，編號分別爲FAC6084和FAC6085，一直到今天（圖95）。一九五八年七月一日，美國分別向琉球政府和古賀家族租借赤尾嶼和黃尾嶼，美國向古賀家族每年付出的租金爲五千七百六十三點九二美元[431]。下面的一份美國訓練基地示意圖可以證明這點。在美國軍方的地圖Army Map Service網站查得，自一九五四年之後（此處查不到一九五四年之前），美軍在日本的防區一直包括釣魚臺[432]（圖96，圖97）。美軍在此兩處軍事演習之前，皆通知琉球政府，並在當地報紙發表告示（圖98）。

除了美國軍方之外，琉球民政府也對釣魚臺進行了實際的管治。這期間，釣魚臺四小島（釣魚嶼、南小島、北小島和黃尾嶼）的產權，一直在古賀家族手中（赤尾嶼屬於政府），琉球政府向擁有釣魚臺產權的古賀家族收取因爲釣魚臺而產生的土地稅。這就證明了琉球政府對釣魚臺的統治。

琉球政府自一九五三年起，每年都編寫統計書，每年的統計書上都有地圖示意琉球的疆界，這些示意圖顯示的範圍，都包括釣魚臺。琉球民政府出版的地圖上，也標記了釣魚臺，比如一九五八年美琉政府發佈的《琉球要覽地圖》（圖99）。

很長的一段時間以來，琉球政府對釣魚嶼和南北小島的管理並不嚴密，因爲那既是古賀家的私

[429] 前引註227，一四三頁。
[430] 前引註122。
[431] 前引註227，一四五頁。
[432] http://www.lib.utexas.edu/maps/jog/japan/, Series L506.

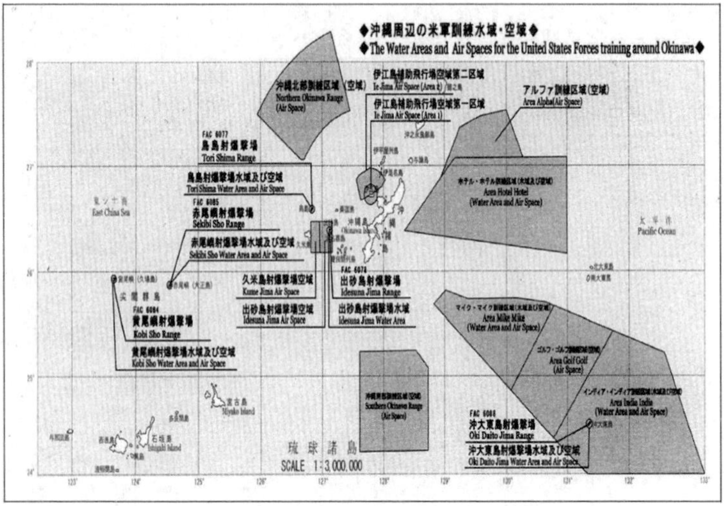

圖 95：美國空軍訓練空域示意圖
複製自尖閣諸島文獻資料編纂會，《尖閣研究，尖閣諸島海域の漁業に関する調查報告》。

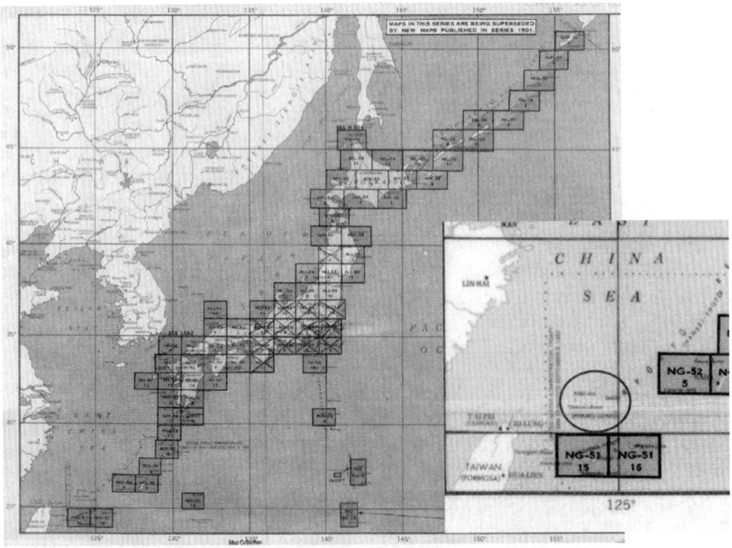

圖 96：1954 年以來美國在日防區總圖及釣魚臺附近局部放大
美軍在日本防區包括釣魚臺。在放大圖（右）上的虛線是防區的範圍界線，釣魚臺（圓圈內）在界線之內。出自 U.S. Army Map Service。

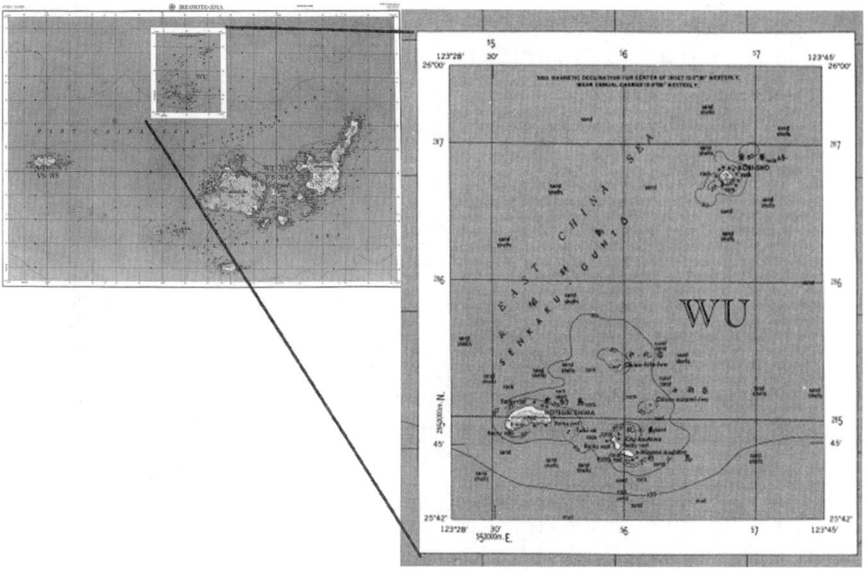

圖 97：1954 年以來美軍在日 NG51-15 防區及局部放大
1954 年以來釣魚臺被劃在 NG51-15 區，即八重山地區。白色方框内爲釣魚臺。右圖爲其細節圖。出自 U.S. Army Map Service。

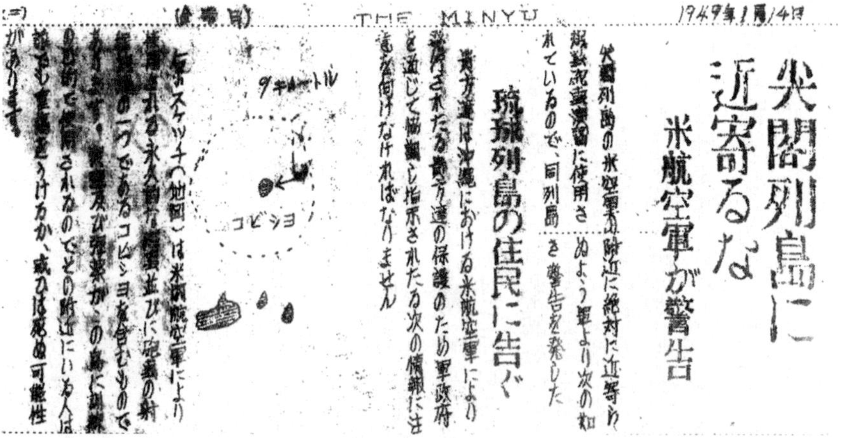

（二）（金曜日）　THE MINYU　1949年1月14日

尖閣列島に近寄るな
米航空軍が警告

尖閣列島の米空軍爆撃演習に使用されているので、同列島の附近に絶対に近寄らぬよう軍より次の如き警告を発した

琉球列島の住民に告ぐ

貴方達は沖縄における米航空軍により発行された貴方達の保護のため軍政府を通じて協議し指示された次の情報に注意を向けなければなりません

左のスケッチ（地図）は米航空軍により使用される永久的な爆撃並びに砲撃の射撃場の一つであるコビシヨを含むものであります。爆弾及び弾薬がこの島に訓練の目的で使用されるのでその附近にいる人は誰でも重傷をうけるか、或ひは死ぬ可能性があります。

圖 98：1949 年，美國在釣魚臺附近演習之警告通知
複製自尖閣諸島文獻資料編纂會，《尖閣研究，尖閣諸島海域の漁業に関する調査報告》。

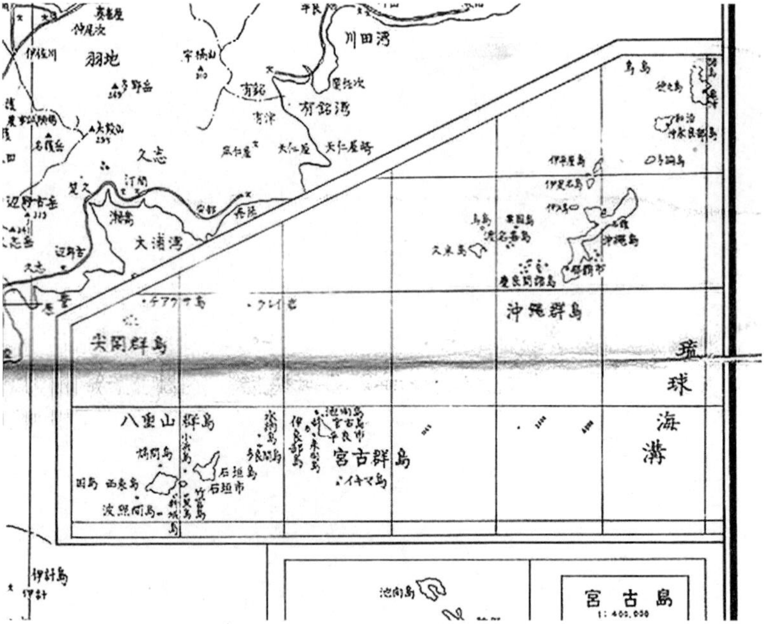

圖 99：1958 年，美琉政府發佈之《琉球要覽地圖》
釣魚臺列嶼在此地圖之內。複製自原圖。

產，當地既沒有人定居，也沒有被用於軍事用途。那裡沒有漁業保護，臺灣漁民可以和琉球漁民一樣在這一區域捕魚（理論上其他地方的漁民也可以）。除此之外，釣魚臺上還沒有常駐的警員，因此偶爾也有登島者。儘管如此，琉球政府至少進行了五種能夠展現主權的行動。

第一，琉球長期在釣魚臺地區進行漁業考察和科學考察。由於釣魚臺一帶自第一次日治時期開始，就是重要的漁場，在戰後，琉球政府多次對附近的海域進行漁業調查和海洋資源學術調查[433]。其中代表性的有以下幾次：

一九五四年七月六日到二十七日，由長崎縣水產試驗場和琉球水產研究所的人員乘坐「鶴丸號」調查船，進行了琉球近海鯖魚漁場聯合調查。調查項目包括海洋狀況和漁業狀況等。在一九五五年，由長

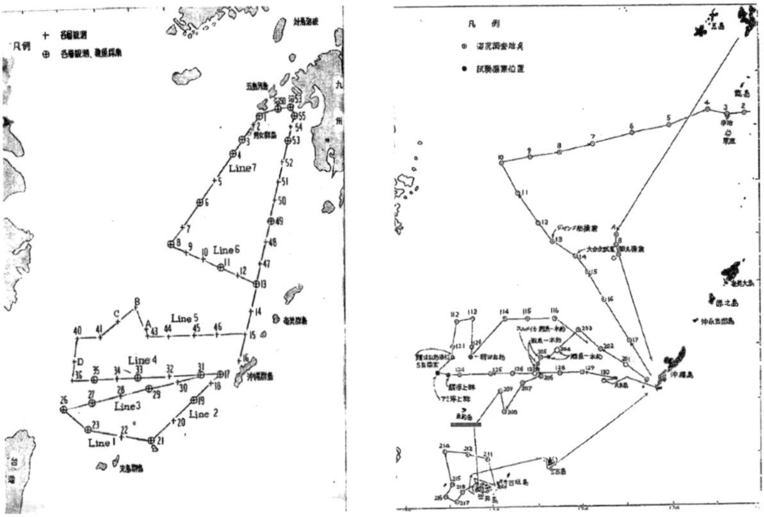

圖 100：1954 年（左）及 1956 年（右）之漁業調查地點圖
這兩份漁業調查地圖說明當時由琉球和長崎聯合進行的漁業調查，都包括了釣魚臺一帶的水域。轉引自尖閣諸島文獻資料編纂會，《尖閣研究，尖閣諸島海域域の漁業に関する調查報告》。

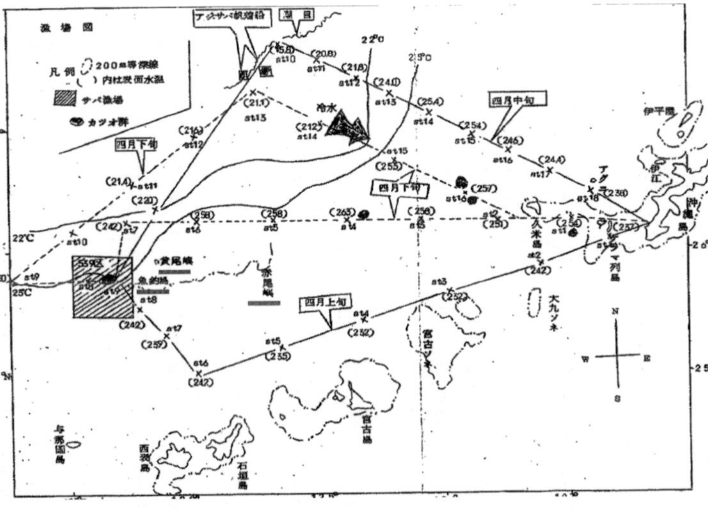

圖 101：1964 年之漁業調查地點圖
這份調查圖說明了當時琉球的漁業調查，包括了釣魚臺一帶的水域。轉引自尖閣諸島文獻資料編纂會，《尖閣研究，尖閣諸島海域の漁業に関する調查報告》。

崎水產試驗場出版的《琉球近海鯖魚漁場調查》的調查地點示意圖中，也包括釣魚臺（圖100）。書中多處也敘述了釣魚臺周邊的情況，比如在第二十二頁寫道[434]：

沖縄島以南では純粋な暖流系表層水で佔められ、北上するに従い中層水との混合が行われ……。特に大陸棚上及び魚釣島周辺では、地形による下層水の上昇により暖流系中層水の水深は暖流主軸部に比較すると非常に淺くなっている……

一九五九年二月二十一日到三月一日，長崎縣水產試驗場和琉球水產研究所人員，又乘坐「鶴丸號」到包括釣魚臺附近海域的東海南部進行調查。調查圖（圖100）上明確寫出了釣魚嶼（魚釣島）的名稱[435]。

一九六四年四月七日到十六日，琉球漁業組織人員乘坐「圖南號」，進行了專門針對釣魚臺周邊和久米島西北漁場的漁業和海洋觀察調查。調查報告內的調查圖（圖101），明確寫出了釣魚嶼（魚釣島）、黃尾嶼和赤尾嶼的名稱[436]。

以上僅爲有代表性的幾個例子，類似的調查在一九五〇至一九七〇年間，進行了至少十幾次。在琉球出版的各年度《琉球水研事報》中，記載了諸多的事例。

除了對釣魚臺附近海域的漁業調查和海洋科學調查之外，琉球還多次登上釣魚臺進行生態學考察。其中最有名的，莫過於從一九五〇到一九六八年之間，琉球大學教授高良鐵夫在琉球大學和琉球政府農林省等的資助下，曾經登上釣魚臺進行生態學調查（一九五〇，一九五二，一九五三，一九六三，一九六八）[437]。他的研究包括地理、動物、植物、水質、海洋學等科研專案[438]。除了每次考察都有詳細的報告書外，琉球報紙也多有報導。比如一九五〇年的《自由民報》和一九五二年的《琉球新報》（圖102）。

除了高良鐵夫的考察之外，還有其他學術組織的多次對釣魚臺的考察。在一九六一年，長崎海洋氣象臺和琉球氣象臺，對黑潮組織了共同考察。一九六八年，琉球氣象局再次在釣魚臺海域進行黑潮研究[439]。

漁業調查和海洋科學調查是一個國家的主權的象徵之一。國際法上認爲對島嶼實行科研，是行使主權的有效方式之一。因此，在這二十年間琉球對釣魚臺及其海域實行的科研，無疑證實了琉球政府對釣魚臺的有效控制。

第二，確定土地等級。一九六一年四月十一日，石垣島派出十一名職員到釣魚臺考察，確定土地等

[433] 尖閣諸島文獻資料編纂會，《尖閣研究，尖閣諸島海域の漁業に関する調査報告》，一五四—二一〇頁。
[434] 轉引自尖閣諸島文獻資料編纂會，《尖閣研究，尖閣諸島海域の漁業に関する調査報告》
[435] 同上。
[436] 同上。
[437] 外務省文化局「尖閣諸島について」轉引自尖閣諸島文獻資料編纂會，《尖閣研究，高良學術調查団資料集》。
[438] 前引註227，一四九頁。
[439] 前引註433，二〇四頁。

級，以確定租金和稅率。核定土地等級是一個政府的內政，無疑也是管治的標誌[440]。

第三，對第三清德丸事件的處理。一九五五年三月二日，釣魚嶼西方兩海里的地方附近海域，發生中國懸掛青天白日旗的船隻射殺沖繩船民的槍擊事件，是爲第三清德丸襲擊事件，導致二死四失蹤。八重山警方事後在現場搜索失蹤者和救護傷者（圖103）。後來調查清楚，第三清德丸襲擊事件是當時從大陳島撤退暫居釣魚嶼的反共愛國軍所爲（參見五．八）。

事後，琉球民政府連續三日召開會議，檢討漁場的安全問題。此事被記入琉球政府文書《船舶登録に関する書類》中。三月五日，琉球政府立法會通過了議員大灣喜三郎提出的決議案，重申了琉球對釣魚臺的主權，並把事件定性爲在琉球領海發生的「海賊」行爲，是對琉球人的生命和財產的重大侵害。立法院要求民政府採取措施保障領海內的航海安全，以及要求美國出面交涉[441]。事後，美國和中華民國交涉，最後國民黨軍隊撤出釣魚嶼。這件事證明了琉球政府在釣魚嶼一帶負責治安與救助的任務，無疑是一種管治的標誌。

此後，在釣魚臺海域偶有臺灣漁船出現的報告。在新聞和年度報告中，這些臺灣漁船均被定義爲入侵。在六〇年代後期，這類報告數量越來越多，琉球漁業組織的怨言也越來越大，這終於導致了一九六九年琉球在釣魚臺上豎立地標。

第四，對非法入境者的處理。一九六八年，一艘巴拿馬籍船隻在南小島附近觸礁擱淺，臺灣一公司（興南工程所）負責拆卸貨船。公司人員在沒有得到許可之下，登陸南小島進行拆卸工程，被琉球八重山員警巡視領海時發現，公司人員被拘留並遣返回臺灣。之後這些工程人員在臺灣申請，並獲得臺灣方面的出境許可以及美國駐華大使館批准，才再重新入境到南小島繼續未完的工程[442]（另見五．八及

センカク列島へ積極的な關心を
學究高良氏調査から歸る

1950年4月15日《自由民報》

尖閣の秘境を探る
琉大が学術調査隊派遣

1952年3月1日《琉球新報》

圖 102：琉球報紙對高良鐵夫科研之報導
轉引自尖閣諸島文獻資料編纂會，《尖閣研究，尖閣諸島海域の漁業に関する調查報告》。

二名射殺行方不明四名
脱出者三名が救援依頼
尖閣列島付近で漁労中
第三清徳丸襲わる
中國旗をたてた怪船二隻に
ほんとでしようか
悲報に驚愕する兄嫁
曳航を頼んで接近
悲惨事を語る金城さん
当局鋭意捜索中
所属不明のジャンク船を
馬天から出漁
乗組員は九名

圖 103：1955 年 5 月 1 日《琉球新報》對第三清德丸事件之報導
轉引自尖閣諸島文獻資料編纂會，《尖閣研究，尖閣諸島海域の漁業に関する調查報告》。

六・三）。

這個事件說明了三點：第一，琉球警員定期巡視釣魚臺領海，這顯然是主權的標誌。第二，臺灣人員受到遣返，並重新申請入境許可，這證明琉球政府對釣魚臺行使了出入境管理的權力。第三，臺灣官方接受遣返並再次批准出境許可，證明臺灣官方也承認琉球方面對釣魚臺的管治。

類似的事件還發生在一九七〇年，臺灣龍門工程實業公司在黃尾嶼，未經許可登島拆卸一艘巴拿馬船，同樣遭到琉球警方的驅逐。工作人員也重新向臺灣申請出境許可證和向琉球申請入境證再繼續工程。

第五，建立地標。由於一九六八年巴拿馬籍船隻擱淺的事件，琉球政府認爲應該加強釣魚臺一帶的管理，以杜絕非法入境者。在一九六八年九月三日，美國琉球民政官（即總督）致信琉球政府行政主席，稱因爲最近非法入境者增多（指上述事件和臺灣漁船的出沒），要求加強釣魚臺的巡視。他告知行政主席，美國軍方飛機正在釣魚臺上空巡航，所以琉球政府的警員應當知曉並與軍方保持聯繫。他還著重提議，在釣魚臺上設置永久的標誌，用英文、日文和中文三種語言寫成，明示可能的非法入境者[443]。十月二十一日：行政主席复信，完全同意民政官的意見[444]。經過預算之後，在一九六九年三月二十八日，由國民政府、公安局長和出入管理廳長三方，聯合發出在釣魚臺建立國標和警示牌的行政命令[445]。一九六九年五月九日，石垣市派出人員在釣魚臺列嶼各個島上都豎立標誌[446]。同時，琉球政府人員還在釣魚臺上設立紀念二戰末期「尖閣列島遇難事件」的慰靈碑。這批人員同時還參觀了當年古賀家族開發釣魚臺時留下的遺跡，很多照片都是當時拍得。他們返回後寫下詳細的報告，報告日期爲一九六九年五月十五日（圖104）。在一九七〇年七月，琉球政府再次在釣魚臺上設立更多的地標以及設立警告牌，明示禁止非琉球國人在非緊急情況下未經批准登陸釣魚臺的行爲[447]。

設立地標乃是明顯的行使主權的表現。設立地標這個事件從提出到實施，都在釣魚臺出現爭議之前，也在東海勘探報告之前（見六・一）。所以琉球政府建立地標與釣魚臺勘探和釣魚臺爭議無關。

除了有官方行使的主權行爲之外，琉球民間也長期在釣魚臺附近從事漁業活動。來自八重山、系滿、宮古等地的漁民，在這一帶活動尤多。歷年的琉球政府經濟局水產課編著的《琉球水產業概況》，都有不少相關記載。比如一九六三年的《琉球水產業概況》中的《琉球近海主要漁場圖》（圖105）就有釣魚臺[448]。在農林局編著的《漁業生產報告》中，也多有如此記錄[449]。在報紙上還有多條在

【440】前引註227，一五三頁。

【441】前引註390，《第三清德丸襲擊事件的調查要望立法院決議》，一二六頁。

【442】前引註227，一四六頁。

【443】《尖閣列島に　する警告板の設置に　する米琉往復書簡》，http://senkakusyashintizu.web.fc2.com/page013.html# 地積標柱 01

【444】同上。

【445】同上。

【446】同上。

【447】同上。

【448】轉引自前引註433，二五四頁。

【449】同上，二一三—二六九頁。

這一帶發生意外的琉球船隻的新聞[450]。這些事實足以證明琉球漁民在此作業之頻密、系統和成規模。儘管當時在釣魚臺海域亦有臺灣漁民出沒，但從記錄來看，關於這些臺灣漁民在該海域的活動，在臺灣方面多是私人的回憶，缺乏權威的記錄，亦甚爲零散，在數量上、系統性和權威性上，都大大不如琉球漁民的活動記錄。反倒是在琉球的新聞和年度報告中，有更爲系統的臺灣漁船「入侵」的記錄。不難想像，這些分別很大程度上是因爲雙方在這個海域的活動程度和主權意識上的差別所導致的。此外，該水域附近還有來自日本鹿兒島的漁民出沒[451]。

可見，在一九七二年之前，美國琉球政府一直有效地統治著釣魚臺。在美琉政府所有涉及地界的法令中，都覆蓋了釣魚臺，在政府出版統計物和地圖中也都有釣魚臺。由於一直是美軍訓練基地，政府對黃尾嶼和赤尾嶼管理較爲嚴密。琉球政府以科學考察、測量和管理土地、漁業管理、救援和調查、員警巡視、遣返非法入境者和批准入境以及豎立標誌等以政府爲主體的形式，對釣魚臺進行實質性的有效統治，而這些都在中國提出釣魚臺異議之前。由此可見在美琉政府統治期間，釣魚臺是琉球的一部分。不可否認，由於釣魚嶼屬於私產又無人煙，因此管理較爲鬆懈，臺灣漁船既可以在附近作業，也能偶爾登島。但這些私人性的行爲，遠遠不足以與琉球對釣魚臺的實際管轄相提並論。這也是一九七二年，美國向日本移交琉球的時候，也把作爲琉球一部分的釣魚臺一併移交給日本的原因。

五・六　日本對釣魚臺的態度

日本政府在這段期間出版的諸多日本和琉球的方志和地圖都包括了釣魚臺，但也有少部分地圖沒

圖 104：琉球政府在釣魚臺列嶼設立地標
1969 年，琉球政府在釣魚臺設立地標（左）；1970 年，琉球政府在釣魚臺設立警示牌（右）。轉引自日本外務省文化局 1972 年《關於尖閣列島》（尖閣諸島について）。

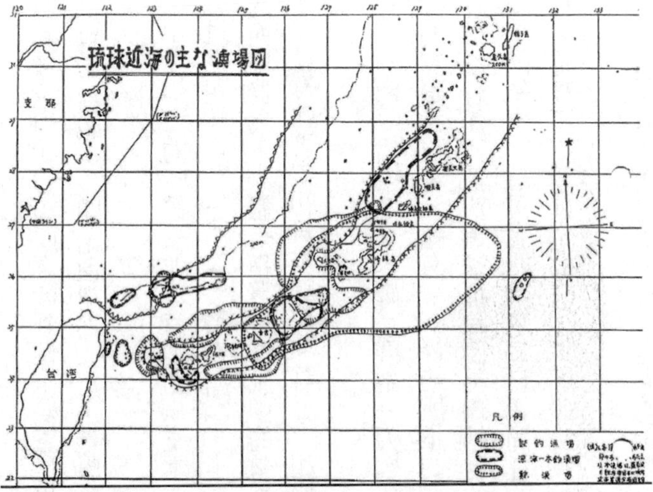

圖 105：1963 年《琉球水產業概況》之《琉球近海主要漁場圖》
琉球人的漁船包括釣魚臺。複製自尖閣諸島文獻資料編纂會，《尖閣研究，尖閣諸島海域の漁業に関する調査報告》。

有包括釣魚臺。因此釣魚臺的地位亦有一些模糊之處。但日本方面對釣魚臺的主權意圖，顯然遠較中國強。

在《舊金山和約》簽訂之後，日本朝日新聞社就發文對《舊金山和約》所牽涉到領土變遷作出圖文解釋（圖106），在所附的地圖上，就有釣魚臺[452]。這表明，日本從戰後一開始便認爲，釣魚臺屬於美琉政府。

香港學者鄭海麟認爲：日本的新聞社在當時解釋《舊金山和約》的時候，並沒有把釣魚臺當成琉球群島的一部分。他的根據是在東京每日新聞社刊登的《對日平和條約》（即《舊金山和約》）中，關於解釋第三條的字句如下：「歷史上的北緯二十九度以南的西南群島，大體是指舊琉球王朝的勢力所及範圍。」於是他認爲，因爲釣魚臺不屬琉球王國領土，所以就意味著當初日本解釋《舊金山和約》時，並沒有認爲釣魚臺屬於美琉轄區[453]。

這顯然是不成立的，因爲在東京每日新聞社的解釋中有「大體」兩字。「大體」就是「大致，大約」的意思，指的是一種不完全確定的關係。因此，這句話的實際意思是，還有一些條約所指的「西南群島」中的島嶼，不屬於舊琉球王朝的勢力範圍。這種解釋沒有任何把釣魚臺排除出美琉轄區的意思。且看同屬於琉球地界的大東群島，在歷史上也不屬琉球王國領土，這更表明東京每日新聞社的解釋，只是一個「大體」上的解釋，而不應該視爲精確的解釋。這種不完全確定的表述，顯然沒有朝日新聞社的詳細地圖來得準確。

在這之後的不同的日本地圖在處理南西諸島（即美國管治的島嶼）問題上，有兩種方法。第一種是嚴格按照日本實際治理的方式表示。在這種處理方法中，小部分五六〇年代的日本地圖，以奄美群

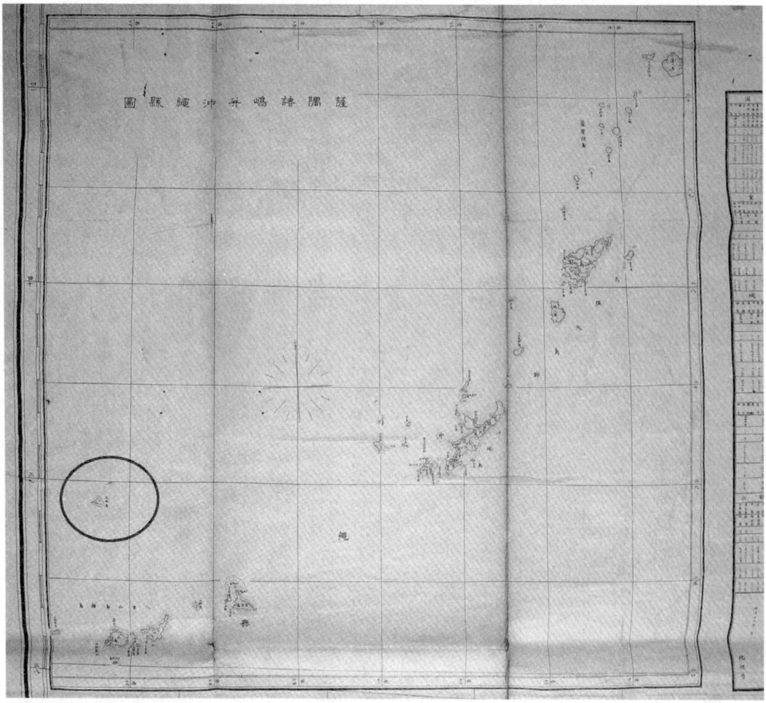

圖 106：1952 年日本朝日新聞社對《舊金山和約》的解釋地圖
《朝日新聞》對《舊金山和約》的解釋中琉球包括釣魚臺。轉引自鄭海麟《《釣魚島列嶼之歷史與法理研究》。

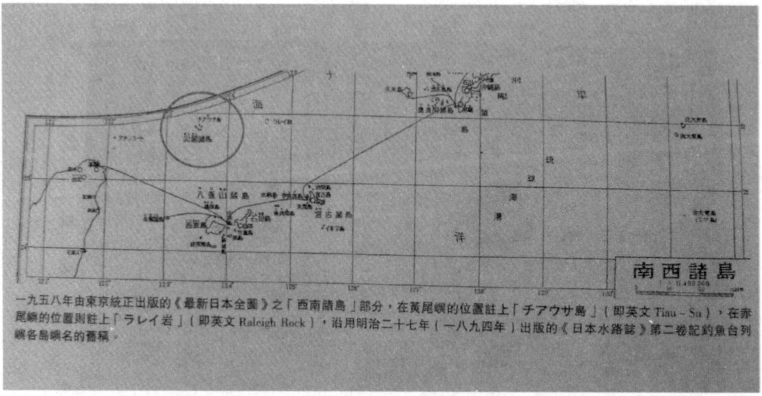

圖 107：1958 年東京統正出版社出版的《最新日本全圖》
此地圖包括釣魚臺。轉引自鄭海麟《《釣魚島列嶼之歷史與法理研究》。

島爲日本的南界，與琉球相對。這種地圖自然不能作爲日本對釣魚臺沒有主權意識的證據。第二種是基於剩餘主權，把琉球群島也視爲日本領土。這種地圖中，整個琉球群島都在日本的領土範圍之內。這類地圖佔的是多數。這類地圖顯然在對判定日本對釣魚臺的主權意圖有更加明顯的說服力。

在第二類的地圖中，大多數地圖都把釣魚臺以尖閣列島的名稱，畫於南西諸島或沖繩地區的地圖之中。比如：一九五八年東京統正出版社的《最新日本全圖》（圖107）中，尖閣列島在南西諸島地圖上[454]；一九六八年的《琉球列島概念圖》中，尖閣列島在琉球群島境內[455]；一九六二年日地出版株式會社的《最新日本分縣地圖》中，釣魚臺也在沖繩全圖之內[456]。

日本最權威和詳細的地圖，大概是由國際地學協會編撰的，每年都出一版的《大日本分縣地圖並地名總覽》。我翻查過五六〇年代三個不同年分的版本，上面的日本全圖都包含尖閣列島。比如這份一九六二年的版本（圖108）[457]。

也有一些不出現尖閣列島的地圖，比如：一九五六年，日地出版株式會社《新修日本地圖》（圖109）[458]，以及一九六一年《日本地理》第七卷《九州編》附《九州地方・南西諸島圖》[459]。但這屬於少數。

日本由於教科書是私人編寫的，因此各個出版社出版的和學校使用的教科書都不同。在琉球美治時代，日本教科書中地圖對於釣魚臺的處理也不一樣。有部分教科書的地圖中沒有包括釣魚臺。據Suganama 轉引高橋莊五郎的舉證，在戰後到一九七一年的二十六年之間，包括歷史、地理、政治和專用地圖在內的各類中小學教科書中，有十二種不包括釣魚臺[460]。這裡指的「不包括」，是指在日本地

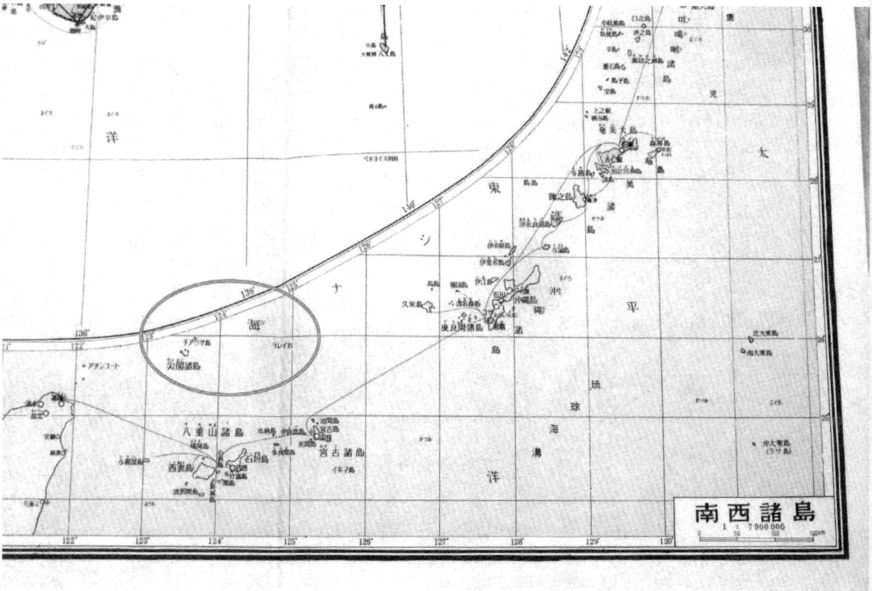

圖 108：1962 年國際地學協會出版的《大日本分縣地圖並地名總覽》
此地圖包括釣魚臺。複製自原地圖冊。

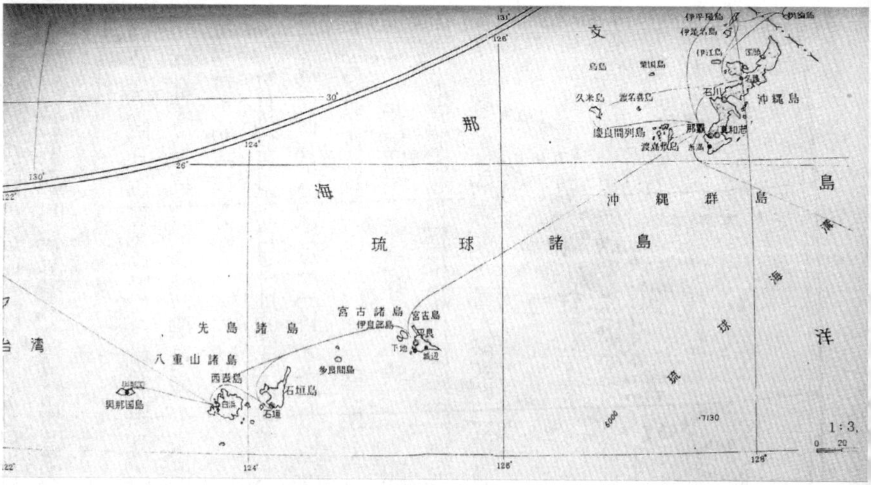

圖 109：1956 年日地出版株式會社出版的《新修日本地圖》
此地圖不包括釣魚臺。轉引自鄭海麟《釣魚島列嶼之歷史與法理研究》。

圖中不包括，或者沒有提及，但其中沒有一本地圖認爲釣魚臺屬於中國。這段時間內的教科書數量甚大，而作爲支持中方立場的高橋莊五郎，只能列舉出十二種不含釣魚臺的教科書，這意味著仍然有大部分把釣魚臺畫在日本疆界之內的教科書。

對地圖和教科書的考察說明，當時日本社會上對於釣魚臺的認知確實不統一。就我所知，沒有人對這個時期的日本教科書做過系統的量化分析，因此很難說哪種意見具體佔的比例是多少。但仍不難看出，日本佔主流的意識中，釣魚臺都是沖繩的一部分，也是日本的一部分。

中國專家鞠德源在《釣魚島正名》中，只選取小部分不含有釣魚臺的日本地圖，而無視大部分含有釣魚臺的日本地圖。經過這樣選擇性的處理之後，他試圖論證在五六〇年代「日本政府信守《舊金山對日和約》，『放棄』竊土『尖閣諸島』」[461]，以及「二戰前及戰後直到一九七〇年以前所有日本出版的《南西諸島》等圖，一般皆不包括日本竊取自中國的釣魚嶼、黃尾嶼、赤尾嶼等島嶼」[462]。顯然他的這個論斷，無論在方法上還是結論上都是錯誤的。爲了湊數，他甚至還列舉了諸如《小學館兒童百科事典》[463]之類的供兒童使用的商業性書籍作爲例子。同樣是中國方面的專家，鄭海麟的專著就較爲客觀，至少承認大多數日本地圖當時都畫有釣魚臺這個事實。

除了這些地圖證據之外，日本政府還多次對釣魚臺附近海域進行漁業和海洋科學考察。在上一節提到的，琉球對釣魚臺海域的考察中，大部分是由長崎縣水產試驗場和琉球水產研究所聯合進行的，而船隻都由長崎縣水產試驗場所提供，足以證明日本也是和琉球一起行使主權的一方。另外，日本民間和受官方資助的學術機構，在五六〇年代中日發生釣魚臺爭議之前，多次前往釣魚臺和附近海域進行海洋學，特別是海底資源的研究，這也反映了日本對釣魚臺的態度。關於這一點，在六．一節中再論述。

因此在戰後，日本一直把釣魚臺視爲琉球群島的一部分，在《舊金山和約》之後，就把它視爲自己擁有剩餘主權的領土。

【450】同上。
【451】同上，二三八頁。
【452】轉引自前引註11，二〇七頁。
【453】前引註177，一三一頁。
【454】轉引自前引註11，二〇五頁。
【455】轉引自前引註11，二〇六頁。
【456】《最新日本分縣地圖》，日地出版株式會社，一九六二。
【457】《大日本分縣地圖並地名總覽》，國際地學協會，昭和三十七年度版。
【458】轉引自前引註11，二〇八頁。
【459】轉引自前引註3，六九二頁。
【460】前引註77，一二八頁。
【461】前引註2，七一頁。
【462】同上，四〇六頁。
【463】同上，四一二頁。

五·七　中國政府錯失六次取得釣魚臺的機會

儘管前面分析過，根據四大文件，釣魚臺並不屬於日本歸還中國的領土之列的觀點更有說服力，但是對於釣魚臺這類身分模糊的島嶼，其法定地位有賴於詳細的界定。這個界定通常是依循習慣以及當時戰勝國之間的協商。特別是二戰後的大洗牌，很多事情都可以靈活操作。在一九四五年到一九七一年之間，中國有六次合適的場合，能夠在戰後取得釣魚臺，或者至少能夠聲稱擁有釣魚臺的主權，但是中國都沒有那樣做，這也成爲了中國在釣魚臺爭議中最大的硬傷。

首先，在二戰結束前，羅斯福總統（Franklin Roosevelt）詢問蔣介石是否願意接管琉球群島。但是中國政府明確地說不。當時釣魚臺由日本沖繩治理，如果蔣介石願意接管琉球群島或者要收回釣魚臺的話，就不存在今天中日釣魚臺之爭了。

其次，在二戰結束後，中國從日本手中收復臺灣，但一九七〇年之前，中國沒有提出過收復釣魚臺。按照今天中國大陸和臺灣的說法，釣魚臺在《馬關條約》中割讓出去，釣魚臺一直屬於臺灣宜蘭縣，那麼中國在收復臺灣的時候，就應該把釣魚臺也一併收復。但當時中國政府沒有那樣做，否則也不會有今天的釣魚臺問題了。

第三，儘管舊金山和會並無中方參與，但是《舊金山和約》的草稿和修改稿都在會前發布。中國兩個政府都得知草稿的內容。前面已經提過，美國對草稿和修改稿，都充分知會當時中國的合法政府國民黨政府（在聯合國代表中國），並得到國民黨政府的同意。如果國民黨政府提出釣魚臺問題，美國也多半會應允。在隨後的《中日和平條約》中，國民黨政府也承認了《舊金山和約》中有關於中日之間領土的處理方案，戰後中國和日本之間的領土問題因此而解決。然而國民黨政府還是沒有提出釣魚臺問題。

第四，儘管中國共產黨政府反對《舊金山和約》，但是周恩來的聲明中的第二點已經具體提到了中國共產黨政府關於戰後領土的處理要求，當中只提到琉球群島應當歸還日本，而沒有提到釣魚臺應該屬於中國。這份聲明的這個部分，就是北京反對《舊金山和約》領土安排而提出的最高要求。北京政府在一九七〇年前，沒有就琉球群島和釣魚臺問題發表過任何反對意見。

第五，釣魚臺正式列入美國管治的範圍之內，源於一九五〇年《群島政府組織法》，還在舊金山會議之前。舊金山會議之後的一九五二年《琉球政府章典》和一九五三年美國琉球民政府的第二十七號令所規定的修正之後的地界，也包括了釣魚臺。中國如果對釣魚臺有主權主張，在美國公佈琉球地界的時候，當是一個很好的機會。可惜中國並沒有那麼做。

第六，自此以後到一九七〇年之前，美國在多份公開聲明中重申：日本擁有琉球群島剩餘主權，並聲稱琉球群島（最終）將返還日本（六・二二）。這些聲明指的都是整個美國琉球政府的管治範圍，因此都覆蓋了釣魚臺。這也是中國提出釣魚臺問題的合適機會，但中國大陸和臺灣，都沒有對美國提出過釣魚臺的主權問題，更沒有向美國提出歸還釣魚臺。

因此，在一九七二年美國把琉球群島（含釣魚臺）正式歸還日本之前，釣魚臺的法定地位是非常明確的，即日本擁有剩餘主權的美國的管治地。當時沒有任何一方對這個法定地位提出過異議。這樣一來，問題就產生了。管治地的來源是戰敗國的領土，沒有聽說過戰勝國的領土被另外一個戰勝國管治的，尤其是這個戰勝國還對此一直沒有異議。這只能表明一點，就是當時中國並沒有把釣魚臺視爲中國的一部分。

五・八　民國政府對釣魚臺的態度

在戰時和戰後初期，確有學者和官員對琉球問題提出見解，提出把整個琉球或者是琉球的一部分劃入中國的意見。比如柯臺山一九四四年的《臺灣收復後之處理辦法芻議（政治大綱）》提到：「將北緯二十一度至二十七度間，東經一二〇度至一二七度間，臺灣東南領海間之巴坦群島、紅頭嶼、火燒島、先島群島等劃爲一特別海防區，或爲特別行政區，與澎湖群島及南海群島相等」[464]。這裡的先島群島是日本對宮古群島、八重山群島和釣魚臺的稱呼。又如胡煥庸在一九四五年的《臺灣與琉球》中說到：「臺灣、琉球之必須收復，不僅因其過去原爲我國之領土，不僅因有六百萬之華夏同胞，急待解放，而尤重要者，在其對於我國之軍事形勢，……」[465]。在戰後，這種「收回琉球」的聲音更多。張其昀代表中國地理學會發表的論文《對日和約中之琉球問題》建議：「我們希望同盟國能支持中國對於收回失地的正當要求」[466]。一九四七年，萬光《琉球應歸還中國》建議：「「政府應當早聲明，並且準備切實的資料和方案，以使在未來和會上提出，正式收回琉球。」[467]值得注意的是，在所有這些有關琉球和臺灣的討論中，釣魚臺都是明確屬於琉球地界，而不是臺灣地界。

關於臺灣地界的代表性資料，除了胡煥庸一九四五年的《臺灣與琉球》（見四・四），還有一九四六年臺灣省行政長官公署編印的《臺灣現勢要覽》，裡面極東位於基隆市棉花嶼東端，極北是基隆市彭佳嶼北端[468]。一九四六年宋家泰編著《臺灣地理》（圖110），稱「臺灣位於北緯二十一度

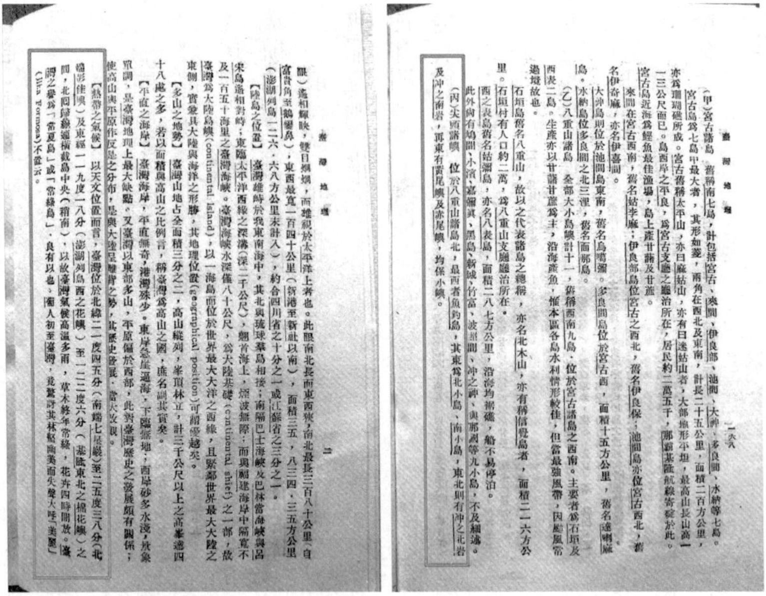
臺灣地理 一六八

（甲）宮古諸島 舊稱南七島，計包括宮古、來間、伊良部、池間、大神、多良間、水納等七島。宮古島爲七島中最大者，其形如菱，兩角在西北及東南，計長二十五公里，面積二百方公里，亦爲珊瑚礁所成。宮古舊稱太平山，亦曰麻姑山，亦有曰迷姑山者，大部爲形平坦，最高山長山高一一三公尺而已。島西岸之平良，爲宮古支廳之廳治所在，居民約二萬五千，那霸基隆航線寄碇於此。宮古島近海爲鰹魚最佳漁場，島上產甘藷及甘蔗。來間在宮古西南，舊名姑李麻；伊良部島位宮古之西北，舊名伊良保；池間島亦位宮古西北，舊名伊奇麻，亦名伊喜間。大神島則位於池間島東南，舊名烏噶彌。多良間島位於宮古西，面積十五方公里，舊名達喇麻島。水納島位多良間之北三浬，舊名面那島。

（乙）八重山諸島 全部大小島嶼計十一，舊稱西南九島，位於宮古諸島之西南。主要者爲石垣及西表二島。生產亦以甘藷甘蔗爲主，沿海產魚，惟本區各島水利情形較佳，但當最強風帶，因颱風常遇燬故也。

石垣島舊名八重山，故以之代表諸島之總稱，亦名北木山，亦有稱信覺島者，面積二一六方公里。石垣村有人口約二萬，爲八重山支廳廳治所在。西之表島舊名姑彌島，亦名八表島，面積二八七方公里，沿海均礁礁，船不易停泊。此外尙有鳩間、小濱、嘉彌眞、黑島、新城、竹富、波照間、冲之神、與那國等九小島，不及細述。

（丙）尖頭諸嶼 位於八重山諸島北，最西者魚釣島，其東爲北小島、南小島，東北則有冲之北岩及冲之南岩，再東有黃尾嶼及赤尾嶼，均係小嶼。

臺灣地理 二

眼）遙相輝映，雙目炯炯，而雄視於太平洋上者也。此眼南北長而東西狹，南北最長三百八十公里（自富貴角至鵝鑾鼻），東西最寬一百四十公里（新港至新社以南），面積三五，八三四．三五方公里（澎湖列島一二六．六八方公里未計入），約合四川省之十分之一或江蘇省之三分之一。

【陸島之位置】 臺灣雄峙於我東南海中，其北與琉球羣島相接；南隔巴士海峽及巴林當海峽與呂宋島遙相對峙；東臨太平洋西緣之深溝（深二千公尺），翹首海上，煙波無際；而與福建海岸中隔寬不及一百五十海里之臺灣海峽。臺灣海峽水深僅八十公尺，爲大陸基礎（continental shief）之一部，故臺灣爲大陸島嶼（continental island），以一海島而位於世界最大大洋之西緣，且緊鄰世界最大大陸之東側，實兼具大陸與海洋之形勝，其地理位置（geographical position）可謂優越矣。

【多山之地勢】 臺灣山地占全面積三分之二，高山縱列，峯頂林立，計三千公尺以上之高峯達四十八處之多，若以面積與高山之比例言，稱臺灣爲高山之國，庶名副其實矣。

【平直之海岸】 臺灣海岸，平直無奇，港灣殊少。東岸懸崖逼海，下臨深地；西岸砂多水淺，於象單調，是臺灣地理上最大缺點。又臺灣以東部多山，平原偏於西部，此對臺灣歷史之發展頗有關係；使高山與平原作反是之分佈，是與大陸呈離背之勢，其歷史發展，當大改觀。

【熱帶之氣候】 以天文位置而言，臺灣位於北緯二一度四五分（南端七星巖）至二五度三八分（北端彭佳嶼）及東經一一九度一八分（澎湖列島西之花嶼）至一二二度六分（基隆東北之棉花嶼）之間，北回歸線適橫截島中央（稍南），以故臺灣氣候高溫多雨，草木終年常綠，花卉四時開放。臺灣之譽爲「常夏島」或「常綠島」，良有以也。葡人初至臺灣，覩驚訝其林壑幽美而失聲大呼「美麗」（Ilha Formosa）不置云。

圖 110：1946 年宋家泰《臺灣地理》
此書中，臺灣不包括釣魚臺，琉球包括尖閣列島（釣魚臺）。複製自原書。

四十五分（南端七星岩）至二十五度三十八分（北端彭佳嶼），及東經一一九度十八分（澎湖列島西之花嶼）至一二二度六分（基隆東北之棉花嶼）之間。」[469] 釣魚臺都不在臺灣地界之內。

關於琉球地界的幾個論著，也都把釣魚臺列入琉球。除了胡煥庸和柯臺山的著作之外，宋家泰的《臺灣地理》附錄「琉球群島」中，對琉球的地理解釋爲：「南部諸島計包括宮古諸島、八重山諸島及尖頭諸島三部分，亦稱先島群島。」「（丙）尖頭諸島，位於八重山諸島北，最西者魚釣島，其東爲北小島、南小島，東北則有沖之北岩及沖之南岩，再東有黃尾嶼及赤尾嶼，均係小嶼。」[470] 一九四七年地理學家吳壯達編著的《琉球與中國》（圖111）對琉球地界的說明是：「七、尖閣諸島：魚釣島、尖頭諸嶼、久場島（或稱黃尾嶼、底牙島、吾蘇島）、赤尾嶼等。」[471] 值得注意的是，吳壯達注意到了傳統所說的琉球三十六島中，並沒有覆蓋了琉球的所有島嶼，他列舉的三十六島中，也不包括尖閣諸島和土噶喇群島。但他認為一些島嶼不包括在三十六島之內，只能說明三十六島是一個簡化的說法，並不能說明三十六島之外的島嶼不屬琉球[472]。儘管他認識到尖閣諸島不在三十六島之中，他並沒有提出尖閣諸島不屬琉球或者屬於中國。一九四九年，程魯丁的《琉球問題》中，對琉球地界的說明也是：「尖閣諸島：魚釣島、尖頭諸嶼、久場島（或稱黃尾嶼）、赤尾嶼等」。[473] 程魯丁的作品獨特之處，是他引用了冊封使對中琉航道的記載，知道了釣魚臺是屬於中琉航道的島鏈的一部分，但是他並沒有因此而認為釣魚臺在歷史上屬於中國[474]。

最為官方的書籍，要算一九四八年傅角今編著的《琉球地理志略》（圖112），它為內政部編印的內政部方域叢書之一。書中把「尖閣列島」和宮古群島及八重山群島等，並列為琉球八大群島之一而詳加介紹[475]。一九四七年行政院新聞局印行的宣傳文件《琉球》（圖113）中，在描述琉球地理時，並沒有提及釣魚臺（大概與其篇幅太小有關，全書僅僅十七頁），但在地圖中，也把釣魚臺畫在琉球的界限之內，儘管沒有標上名稱[476]。

一九四九年前出版的中國地圖和臺灣地圖也不包括釣魚臺。比如一九四八年，中國亞光輿地學社出版的《臺灣地圖》（圖114）。

由此可見，在當時無論是知識界還是外交界（見五・三），釣魚臺屬於琉球而不屬於臺灣，乃是廣泛共識。而以上所有著作中，沒有一部認為釣魚臺曾經是中國的領土，更沒有提到釣魚臺經由《馬關條約》割讓，應該隨臺灣歸還中國。

二四度半至二六度間的小島名大東諸島。在先島諸島的北方約一百海里外，東西散佈着一羣小島，名尖閣諸島。故琉球羣島總名下，其包括七組羣島。在日本的地圖上，大隅、土噶喇及大島等三組，亦統稱為薩南諸島或西南諸島；其餘諸島則稱琉球羣島或統稱沖繩諸島，其中的先島諸島亦稱為西南諸島。各組的詳細區分及重要島嶼如下：

琉球羣島
- 薩南諸島
  - 一、大隅諸島：種子島、屋久島等。
  - 二、土噶喇諸島：竹島、硫黃島、里島、口之永良部島及土噶喇七島等。
  - 三、大島諸島：奄美大島、加計呂麻島、喜界島、德之島、冲之永良部島、與論島等。
- 沖繩諸島
  - 四、沖繩諸島：沖繩島、伊江島、鳥島、伊平屋列島、慶良間列島、粟國島、久米島等。
  - 五、大東諸島：南大東島、北大東島、沖大東島等。
  - 六、先島諸島：宮古羣島：宮古、池間、伊良部、雙子、多良間、冰納等島。八重山羣島：石垣、西表、與那國、波照間等島。
  - 七、尖閣諸島：魚釣島、尖頭諸嶼、久場島（或稱黃尾嶼、底牙島、吾蘇島）赤尾嶼等。

依日本的行政區分薩南諸島的三組，隸屬鹿兒島縣；其餘各組，則為沖繩縣轄境的全部。

琉球羣島大小島嶼不下數百，僅就相當於沖繩縣全境的狹義範圍言，共有周圍（海岸）在一公里以上的島嶼，已達八十九處之多；周圍在一公里以下的小島多至三百八十四處。全部海岸線，延長至一千六百零八公里（註一）。至於薩南諸島，除北端的種子、屋久兩大島及其以西尚有若干較小島嶼外，屬奄美羣島（即大島

圖 111：1948 年吳壯達《琉球與中國》
此書中，琉球包括尖閣列島。複製自原書。

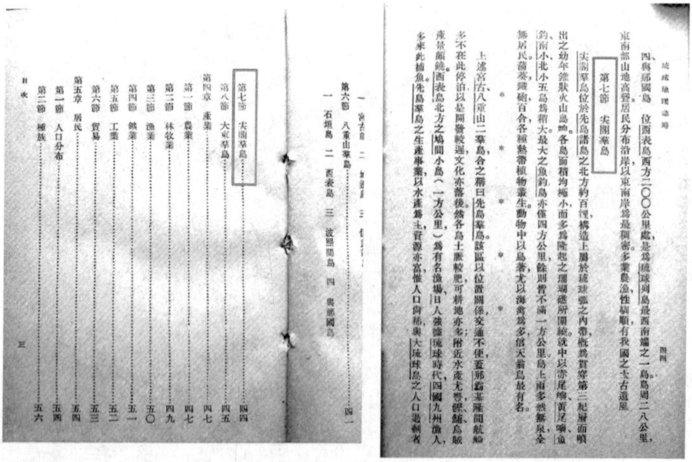

目次　三

琉球地理誌略　四四

四、與那國島　位西表島西方二〇〇公里處，是爲琉球列島最西南端之一島。島周二八公里，東南部山地高聳。居民分布沿岸，以東南岸爲最稠密。多業農漁，性馴順，有我國之太古遺風。

第七節　尖閣羣島

尖閣羣島位於先島諸島之北方約百浬，構造上屬於琉球弧之內帶，概爲貫穿第三紀層而噴出之幼年錐狀火山島嶼。各島面積均極小，而多爲隆起之珊瑚礁所圍繞。就中以赤尾嶼、黃尾嶼、魚釣、南小、北小五島爲稍大。最大之魚釣島亦僅四方公里，餘則皆不滿一方公里。島上雨多，然無泉，全無居民。蒲葵、鐵砲百合各種熱帶植物叢生。動物中以鳥著，尤以海禽爲多，信天翁鳥最有名。

＊　＊　＊　＊　＊

上述宮古、八重山二羣島合之稱曰先島羣島。該區以位置關係交通不便，蓋那覇基隆間航船多不在此停泊，以是開發較遲，文化亦落後。然各島土脈較肥，可耕地亦多；附近水產尤豐，鰹、鯖、烏賊產量頗饒。西表島北方之鳩間小島（一方公里）爲有名漁場，日人強據琉球時代，四國九州漁人多來此捕魚。先島羣島之生產事業，以水產爲主，資源亦富，惟人口尚稀，與大琉球島之人口過剩者

圖 112：1948 年傅角今《琉球地理志略》
此書爲官方出版物，琉球包括尖閣列島（釣魚臺）。複製自原書。

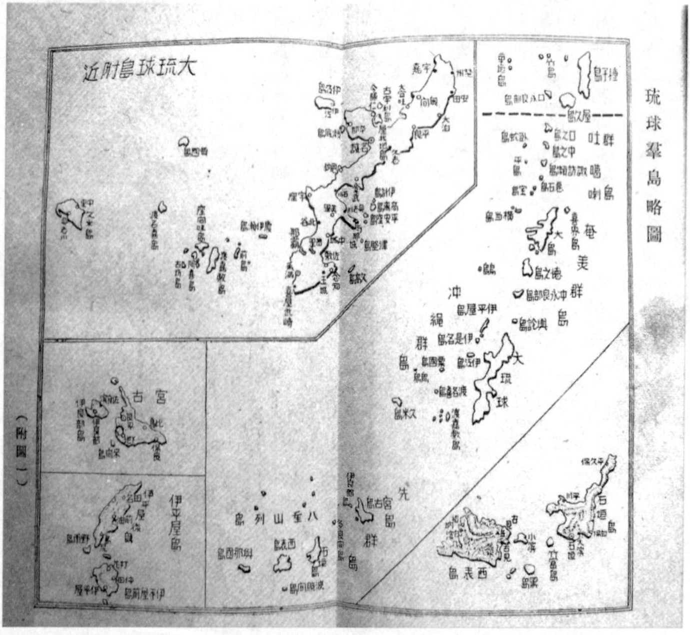

圖 113：1947 年中華民國行政院《琉球》
此書亦爲官方出版物，琉球地圖上包括釣魚臺，儘管沒有寫上名字。複製自原書。

由於這些「收復琉球」的呼聲，外交部在一九四七年九月四日，十五日和三十日三次召開座談會，邀請各界人士發表對琉球問題的建議，但會上「收復琉球」的主張並未佔據上風。如前所述，最後外交部也沒有把「收復琉球」當作中國的要求，向美國和國際提交（見五・一，五・三）。

中國現在有學者據此認爲，中國在戰後就要求釣魚臺的主權[477]。這明顯缺乏說服力。首先，那些學者都只是民間學者，他們提出的種種說法，只代表民間的意見。其次，所有這些意見都是關於整個琉

[464] 柯臺山《臺灣收復後之處理辦法芻議（政治大綱）》，自《中國現代史史料叢編第二集，臺籍志士在祖國的復臺努力》，國民黨黨史會出版，一九九〇，二八一頁。
[465] 胡煥庸《臺灣與琉球》，京華印書館，六〇—六一頁。
[466] 轉引自褚靜濤《知識精英與收復琉球、釣魚島》，http://www.taiwan.cn/plzhx/zhjzhl/zhjlw/201307/t20130729_4514677.htm
[467] 同上。
[468] 同上。
[469] 宋家泰《臺灣地理》，正中書局，一九四六，二頁。
[470] 同上，一六八頁。
[471] 吳壯達《琉球與中國》，正中書局，一九四八，二頁。
[472] 同上，十六—十七頁。
[473] 前引註466。
[474] 同上。
[475] 傅角今《琉球地理志略》，商務印書館，十八年，四四頁。
[476] 行政院新聞局《琉球》，一九四七。
[477] 褚靜濤《釣魚島與琉球歸屬》，江海學刊，二〇一二，第六期。

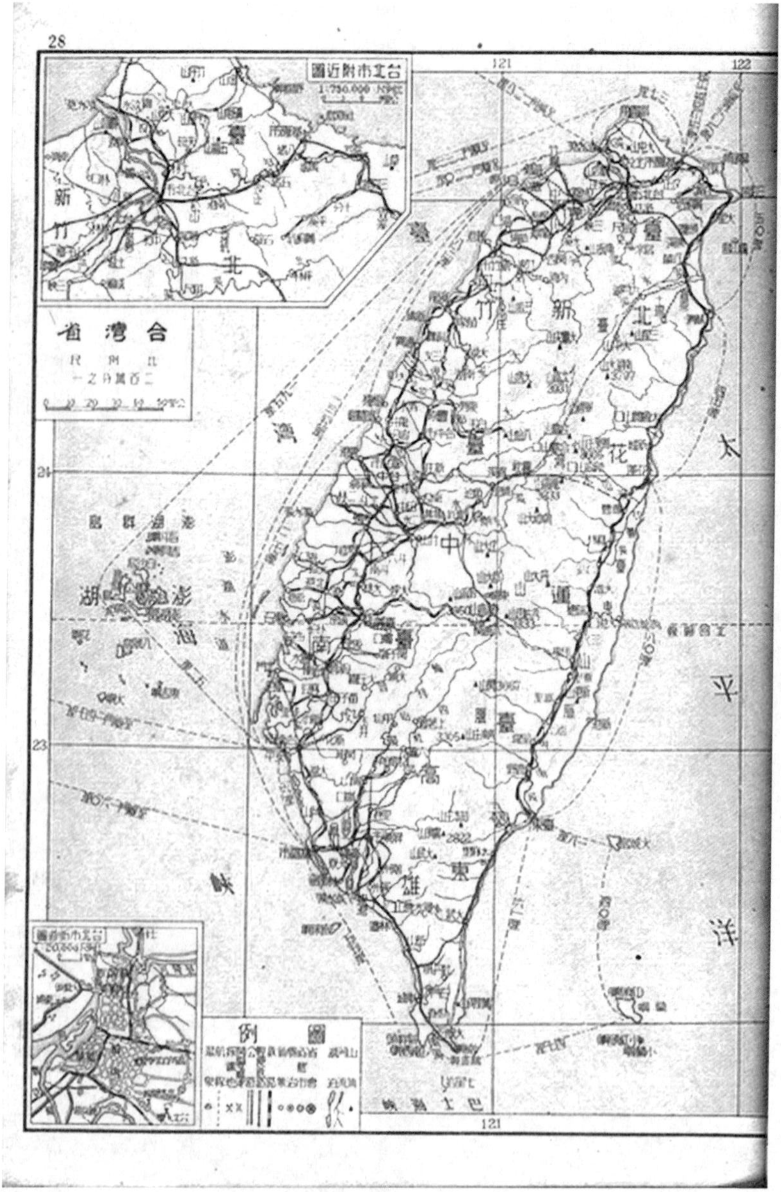

圖 114：1948 年中國亞光輿地學社《臺灣地圖》
此地圖臺灣不含釣魚臺。複製自原地圖冊。

球的歸屬，或者是琉球一部分的歸屬，而並不是專門針對釣魚臺。事實上，所有這些書籍，都明確指出釣魚臺是琉球的一部分，並沒有認爲釣魚臺應該是臺灣的一部分，應該隨臺灣的回歸而交還中國。第三，在二戰後期，國民政府內部也早有關於接管琉球的意見，這些學者的意見並沒有超出政府考慮的範圍（見五・一）。但以蔣介石爲代表的中國政府，並沒有提出接管琉球的要求。

因此，根據現有記錄，民國政府既知道釣魚臺位於國際所討論的琉球的地理範圍之中，也曾經在政府內部考慮過把釣魚臺劃歸中國的問題（見五・三），但是民國政府最後都沒有提出對釣魚臺的主張，這只能說明，民國政府當時並不認爲釣魚臺應該屬於中國或臺灣。

在民國政府收復臺灣和遷臺後，臺灣人民和釣魚臺的關係還相當密切。臺灣一九七〇年後提出幾項臺灣登島的記錄，力圖證明由於這些密切的關係，戰後釣魚臺實際屬於臺灣的領土。但只要細看這些記錄就不難發現，它們在論證臺灣擁有釣魚臺主權或曾進行管轄的說法上是相當無力的。

第一，一九五五年，從大陳島撤退的反共愛國軍曾短暫駐紮在釣魚臺。大陳島撤退的經過是這樣的：大陳島是舟山群島外的一個小島。在解放後初年，這些東南沿岸小島還在國民黨手中。一九五五年，共產黨對這些小島發動進攻，國民黨決定從大陳島撤退。這時美臺簽有《中美共同防禦條約》（一九五四年十二月二日簽訂，官方生效時間爲一九五五年三月三日[478]），於是在整個撤退過程中，美國第七艦隊是負責臺軍和居民撤退的主力，也主要負責航行路線。正是得到美國的幫助和共產黨的默

[478] 前引註390，七六頁。

許（在美國壓力之下），臺灣軍民在一九五五年二月八日到十二日這四天中，才得以安全撤退。

關於反共愛國軍駐紮在釣魚臺一事，我並沒有查到相關的原始資料或者有權威的稍微詳細的資料，也不知道所謂「短暫駐紮」實際上是多久，亦無法知道他們如何能夠到達釣魚臺。有可能當時釣魚臺沒人管，他們自己上去的，也有可能是美軍安排的一時的權宜之計。鑑於當時美臺的同盟關係，這並非不可能。

相關的稍微詳細的資料，來自一位臺灣記者劉永寧【479】，他是一九七〇年九月強登釣魚臺的臺灣記者之一，是一位保釣人士。根據他的說法，當年撤退後，駐紮在釣魚臺的部隊是反共愛國軍的女指揮張希敏手下的一個連。這支部隊有六艘機帆船，並配有六十門迫擊炮。停留在釣魚臺，應該是在二月中旬以後的事了。

根據劉永寧的說法，上面提到的琉球稱爲第三清德丸事件，正是這支軍隊的所爲（五・五）。在一九五五年三月二日，在釣魚臺山頂瞭望的一位排長，發現有一艘不明身分的大型船隻駛向釣魚臺。於是馬上透過無線電話聯繫泊在灣內的兩艘機帆船起錨，又叫迫擊炮準確定位射擊。結果當此船駛近釣魚臺時被第三枚迫擊炮射中船尾，擊起大浪，船上三人落水，此船當即開足馬力離去。當時由於逆風，「反共救國軍」的帆船無力追趕，再回來搜尋時，海面已無人跡。

事件發生後，琉球方面很快對此展開調查，矛頭指向臺灣國民黨當局。臺灣負責此案的是臺灣外事部門政務次長時昭瀛。根據劉永寧的說法：

時昭瀛用臺美協防條約中的架構，把美國琉球指揮部說服，很快就解決了這一案件，不但沒有賠

> 償，而且還得到琉球方面的承認，係該船擅自闖入釣魚島海域。從那以後，琉球漁民認爲釣魚島是屬於臺灣的，而再也不去那裡捕魚了。[480]

然而這個說法，想像成分太大。時昭瀛負責交涉並以美臺軍事同盟解釋反共愛國軍在釣魚臺的存在，大概是可信的。但雙方交涉後，國民黨軍隊短暫停留在美國琉球政府的島嶼之上並槍擊漁船的行爲，被琉球政府視爲海盜行爲。但可能鑑於美臺剛剛生效的軍事聯盟關係以及美國負責大陳島撤退的事實，爲了不影響美臺同盟的大局，最後事件以臺灣的軍隊撤出釣魚嶼的低調方式而告終。而在此之後，琉球漁船一直在釣魚臺附近打漁[481]（並見五．五）。因此，所謂琉球方面「承認，係該船擅自闖入釣魚臺海域。從那以後，琉球漁民認爲釣魚臺是屬於臺灣的，而再也不去那裡捕魚了」之類的說法並不可信。

這個停留的行爲可視爲美臺軍事同盟的表現，但並不能以此說明臺灣對釣魚臺行使了主權。否則，美軍在世界多個國家駐有軍隊，豈不是對駐紮地都有主權？反而，經過美軍交涉之後，國民黨軍隊撤出了釣魚臺，這個事實更能說明臺灣承認了釣魚臺不屬臺灣。事實上，我認爲，由於此事發生在

---

[479] http://news.chinatimes.com/reading/110513030８/112013030500587.html
[480] 同上。
[481] 前引註433，二二五頁。

《中美共同防禦條約》生效前後，定義爲雙方在軍事合作的磨合階段難以避免的誤解事件更爲合適。

另一個軍事方面的例證是五〇年代起，美國爲琉球和臺灣劃分的戰區，以及後來的防空識別區，都把釣魚臺劃在琉球的一側。鑑於臺灣直到今天還承認這條分界線，臺灣方面實在無法自圓其說，稱當時已經認爲釣魚臺屬於自己。

第二，臺灣廢船打撈公司曾經在六〇年代末在釣魚臺上短暫作業，打撈沉船。這個在五·五節中已經論述過了。事件結果是臺灣公司被琉球警方發現並遣返，最後須重新向臺灣交通部申請出境許可，和向美國駐華大使館申請入境許可，才能繼續工程。這恰恰證明了琉球政府的管轄權，以及臺灣對其管轄權的承認。

第三，臺灣漁船在釣魚臺一帶捕魚。這是實情，因爲當時琉球政府對釣魚臺一帶海面捕魚沒有管制，因此理論上說來，任何國家的漁民都可以在這一帶捕魚。琉球和日本鹿兒島的漁船也在這一帶捕魚。因此單純的捕魚行爲並不能說明任何的主權歸屬問題。如五·五節所討論，琉球漁船在這個區域的活動更爲頻繁，更有組織，也更有統計記錄，因此顯示的存在也更爲充分。

第四，臺灣中藥師曾登島採集中藥。這項證據來源於一個叫盛承楠的臺灣人寫的《釣魚臺列嶼採藥記》【482】。盛承楠是盛宣懷的曾孫。這篇文章就是在徐逸編造慈禧太后把釣魚臺賜予盛宣懷的謊言（見二·六）騙局沸沸揚揚大潮中出爐的，本身就已經有可疑。而且即便採藥此事是真的，也不過說明釣魚臺上疏於管理而已，何況即便在這篇文章中，也說在釣魚臺有日本的大學研究船在當地工作。

最重要的是，上述第二到第四項都是以民間的方式進行的。釣魚嶼及南北二小島及其海域，在美治的大部分期間疏於管理，大概是事實（黃尾嶼和赤尾嶼都是美軍的訓練基地），也使琉球人、日本人和臺灣人可以在此一帶進行漁業活動和登島活動。可是，這些民間方式進行的活動，並不能代表以國家爲主體的主權。在這期間，臺灣沒有任何一次在釣魚臺或者釣魚島海域進行公務的記錄。相反，琉球政府在釣魚島問題出現之前，就至少有多種對釣魚臺行使主權的記錄。因此這些民間活動的記錄，沒有一個能證明臺灣政府對釣魚臺的主權意圖和實際管治。

五・九　共和國政府對釣魚臺的態度

北京政府在戰後初期，對釣魚臺的態度的記錄，直到最近才由日本時事通訊社所發掘。這份中國外交部檔案的時間是一九五〇年五月十五日，名爲《對日和約中關於領土部分問題與主張提綱草案》（圖115），是出自外交部檔案館[483]。整份文件的影本並未公佈，目前只公佈了四頁。第一頁是卷首，印有日期與文檔編號，文檔編號爲105-00090-05 (1)，原文件號爲105-00063。另外的連續三頁爲正文內容的一部分，標題爲「2，琉球之歸還問題」。相信有關釣魚臺的所有內容，都在這三頁之中。

在「2，琉球之歸還問題」內分爲三個小節，分別爲「A，概況」，「B，歷史概述」和「C，琉球疆界問題」。這裡把提及釣魚臺的部分摘抄出來。由於這份文件的標點習慣和現在的不同，我在引

[482] 盛承楠《釣魚臺列嶼採藥記》，學粹，一九七二，第十四卷第二期，五八—五九頁。
[483] 《中國外交文件標明：尖閣隸屬琉球》http://asahichinese.com/article/china_taiwan/AJ201212280063

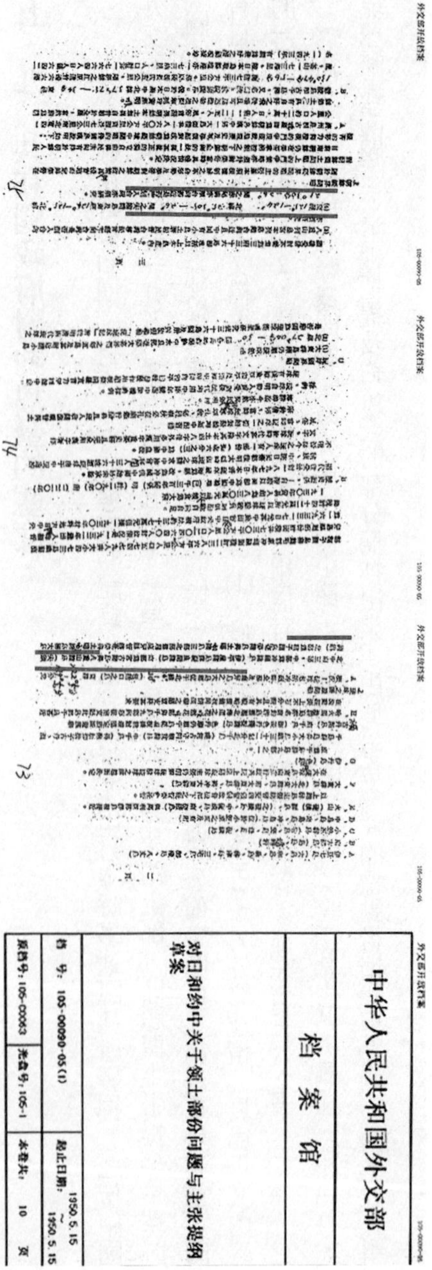
外交部开放档案
中华人民共和国外交部
档　案　馆
对日和约中关于领土部份问题与主张提纲草案
档　号：105-00090-05(1)
起止日期：1950.5.15 ~ 1950.5.15
原档号：105-00063
卷盒号：105-1
本卷共：10 页

圖 115：1950 年北京外交部解密檔案
此檔案揭示了中國北京政府在戰後初期對釣魚臺的態度。轉引自朝日新聞網。

文中自行加上標點。

A，概況

琉球包括沖繩全部及……，位於北緯24°-30°（包括口之島）東經122°1/2分-129°1/2分，分爲北中南三部。中部爲沖繩諸島（……），南部包括宮古諸島和八重山諸島（尖頭諸嶼），……。

……

C，琉球疆界問題

……

(3)八重山列島、宮本列島離臺灣近且中國有小島土著因地晉（近）臺灣，移民晉紳亦向臺灣，是否劃入臺灣亦須研究。

(4)東經123°-124°，北緯25°30'-26°間之尖閣列島及東經124°-125°北緯25°30'-26°間之赤尾嶼亦離臺灣甚近，是否應劃入臺灣亦須研究。

中國在事後從來沒有否認過這個檔案的眞實性，檔案在中國國內，如果是假的，中國理應一早拿出證據進行反駁。在中國專家的反駁文章中，則默認了其眞實性[484]。假設這份文檔是眞實的，這份文件

[484] 劉江永，《混淆視聽改變不了歷史》，人民日報海外版，2013/01/05 http://paper.people.com.cn/rmrbhwb/html/2013-01/05/content_1180516.htm

的歷史和法理價値相當大。

先簡略說明一下這份文件的歷史背景。一九五〇年各國正在籌備盟國對日本的和談。中國內戰後分裂爲臺灣的中華民國政府和北京的中華人民共和國政府。於是，哪一個政府代表中國參加對日和談，成爲一個難題。當時，蘇聯支持北京，英國也支持北京，美國還沒有決定對中華民國的政策（直到韓戰開始後才決定支持中華民國）。於是當時北京政府也積極準備對日和談。這份文件就是北京準備對日和談時，應該提出哪些領土要求和主張的草案。當然，到最後由於韓戰開始，美國確定了支持中華民國的策略。美英蘇三國對於哪個政權參加對日和談不能達成共識，導致兩個政權都沒有參與舊金山和談。此乃後話。這份文件的重要之處有四點：

第一，文檔用尖頭諸嶼和尖閣列島稱呼釣魚臺。這是最顯而易見的，無論中國和日本傳媒，都把重點放在了這一點上。這對於進一步說明當時北京政府認爲釣魚臺是琉球的一部分，是有很大幫助的，因爲這兩個稱呼都是日本對釣魚臺的稱呼，而不是中國對釣魚臺的稱呼。但是這一點，僅僅是不甚重要的一個論點。

第二，在「A，概況」中，北京定義了琉球群島的疆界，爲北緯二十四度到三十度，東經一百二十二度半到一百二十九度半之間的島嶼。從地圖中可以看出，這個疆域包括了釣魚臺。可見，在北京眼中的琉球群島，包括了釣魚臺。北京後來在釣魚臺問題上，一直指美國在一九五一年《舊金山和約》中「擅自擴大託管範圍，將中國領土釣魚島劃入其中。此舉沒有任何法律依據，中國堅決反對。」[485]。但是這份文檔顯示，北京早就知道，並且認同盟國在討論琉球群島的時候，其地界包含了釣魚臺。北京對於這一點的認識，甚至早於美國第一次發佈關於琉球地界的法律條文，即一九五〇年八月四日的《群島政府組織法》。因此，中國後來指責美國「擅自擴大託管範圍，將中國領土釣魚島劃入其中」，是沒有道理的。

第三，在研究北京戰後對釣魚臺的態度中，人們一直疑惑，北京在二戰後，不對釣魚臺提出主權要求，究竟是什麼緣故？是完全沒有考慮過釣魚臺呢？還是考慮過釣魚臺，但是沒有提出要求？這份文檔給出了答案：北京在準備領土主張的時候，確實是考慮過釣魚臺的，因此釣魚臺並不是被「遺忘」的領土。

可見，當時北京對釣魚臺的理據，並不是今天中國政府宣稱的那樣：「對釣魚島有無可爭辯的歷史性主權」，「釣魚島在歷史上是臺灣的一部分」；也不像白皮書所稱的：「釣魚島是在一八九五年《馬關條約》中，隨著臺灣割讓與日本的」[486]。文檔中，八重山群島和釣魚臺是並列的關係，而且陳述基本相似。中國對釣魚臺的理據，僅僅是釣魚臺離臺灣近。北京甚至對在歷史上毫無疑問是琉球的一部分的八重山群島，也有過企圖，其理據甚至比釣魚臺更多一些，包括離臺灣近以及當地官紳希望加入臺灣（此點成疑）。這種某個島嶼離某個國家近就應該屬於哪個國家的論調很常見，比如二戰後，菲律賓對南沙的領土主張的理據就是這樣的，而這恰恰是北京政府一直反對的。

[485] 前引註122。
[486] 同上。

可見，當時北京並沒有把釣魚臺當作中國的「自古以來不可分割」的領土，也沒有認爲釣魚臺是透過《馬關條約》割讓給日本的，所以應該在二戰後交還中國。而這幾點，應該是中國在七〇年代提出對釣魚臺的領土要求後，才組織出來的。

第四，也是最重要的一點，後來的歷史進程表明，北京對釣魚臺沒有提出領土主張。這一點有多項文件可以證明。周恩來和蘇聯方面，曾經詳細地討論了中國的領土要求及主張，但是在這些討論中，北京從來沒有向蘇聯提出過釣魚臺問題。這些討論，最後形成了一九五一年八月十五日周恩來發表的《關於美英對日和約草案及舊金山會議的聲明》裡面的第二條。如前所述，這份聲明所表述的對領土的要求和主張中，沒有任何地方提到對釣魚臺的要求（見五・二）。

既然北京清楚「釣魚臺屬於盟國討論領土問題中所提及的琉球群島」乃一國際共識（或者說是琉球群島的默認範圍），那麼如果北京認爲釣魚臺應該屬於自己，或者釣魚臺應該屬於臺灣，就理應明確地指出這一點。但事實表明，北京政府當時並沒有在國內或國際場合提及這一點。這只能說明當時北京最終沒有認爲釣魚臺屬於臺灣或中國。

由此可見，北京政府在考慮領土主張之始，在內部確實列出過很多選項，其中包括了尖閣列島（釣魚臺），甚至八重山群島。北京知道這兩個群島是屬於琉球的一部分，並且在稱呼上也用日本的名稱。但是，北京認爲這兩個群島由於和臺灣距離近，所以曾提出研究是否應該把這兩個群島劃入臺灣的範圍，從而佔領這兩個島嶼。但是經過詳細考慮後，北京卻沒有哪怕和蘇聯密談時，提及對釣魚臺的領土主張，更加沒有在公開聲明中提到釣魚臺。可見當時北京最終認爲，釣魚臺不是中國的一部分，對釣魚臺的主張和對八重山群島的主張一樣，於理不合，無以舉證，所以在內部討論中，就已經把這個選項否決了。

這份文檔所揭示的北京政府在五〇年代初對釣魚臺的態度，與大陸之後二十餘年在釣魚臺問題上的表現和作爲，是相吻合的。中國，從政府到民間，在一九四五年到一九七〇年之間，不認爲釣魚臺屬中國，這是一件有大量證據證明的事實（見五・一〇）。這份文檔除了進一步爲此提供證據，還證實了北京政府曾經考慮過對釣魚臺進行領土要求的可能性，但最終放棄了領土要求。在戰後，中國大陸民間在這段期間，沒有任何在釣魚臺活動的記錄，更談不上有任何官方的記錄。

五・十　中國在戰後二十五年間不把釣魚臺視爲中國的一部分

除了在國際活動中沒有提出過任何領土爭議之外，在一九七一年前國內的地圖、文件資料和教材中，中國也不把釣魚臺視爲中國或者臺灣的一部分。這類資料由於年代較近，故而汗牛充棟，日本政府作爲證據列舉出的一九五三年《人民日報》資料和一九五八年的北京地圖出版社出版的《世界地圖集》第一版的日本地圖[487]，不過是其中幾種，絕非孤立的個案。當然，不排除有個別例外，但至少現在還沒有能發掘出來。這裡限於篇幅，只能列出一小部分。

在五・八節中，已經列舉了很多中華民國在一九四九年前，關於臺灣和琉球的檔案和資料，證明當

[487] 劉江永《從歷史事實看釣魚島主權歸屬》，人民日報，01/13/2011 http://world.people.com.cn/GB/14549/13718208.html

時中國不把釣魚臺視爲中國的領土。同樣，在一九四九年到一九七一年間，臺灣也沒有把釣魚臺視爲中國領土。

臺灣在一九七一年之前的地圖上，都沒有把釣魚臺畫在界內。比如以下這份一九六五年的臺灣國防研究院與中國地理學研究所出版的世界地圖（圖116）中，就把尖閣列島（釣魚臺）畫在日本的境內。同一套書的臺灣地圖中，也沒有釣魚臺。

再如地理志：一九五一年，臺灣省文獻委員會編輯的《臺灣省通志稿》（圖117）中，把彭佳嶼視爲臺灣最北之地[488]。

政府統計文件：一九七一年出版的第三十期《臺灣省統計要覽》（圖118）[489]，標示臺灣的最北端是彭佳嶼，最東端是棉花嶼。

中小學教材：一九六二年出版的初中地理教科書（圖119）中，琉球群島的經緯度明確包括釣魚臺。

中國大陸也是一樣。比如在地圖方面：

一九五一年亞光輿地學社出版的《中華人民共和國新地圖》（圖122）中，沒有包括釣魚臺。這張全國地圖頗具代表性，在釣魚臺應該出現的地方，沒有出現任何標誌，在臺灣和琉球之間，以一條分界線相隔，分界線的走向，明顯把釣魚臺一帶水域排除開去。直到一九七一年之後，這個地方才有改變。關於這點，後面還會談及。

一九五三年地圖出版社的《中華人民共和國分省地圖》的臺灣省地圖，沒有包括釣魚臺。

一九五四年中華書局出版的《臺灣地圖》不含釣魚臺（圖120）。一九六二年北京地圖出版社發行的

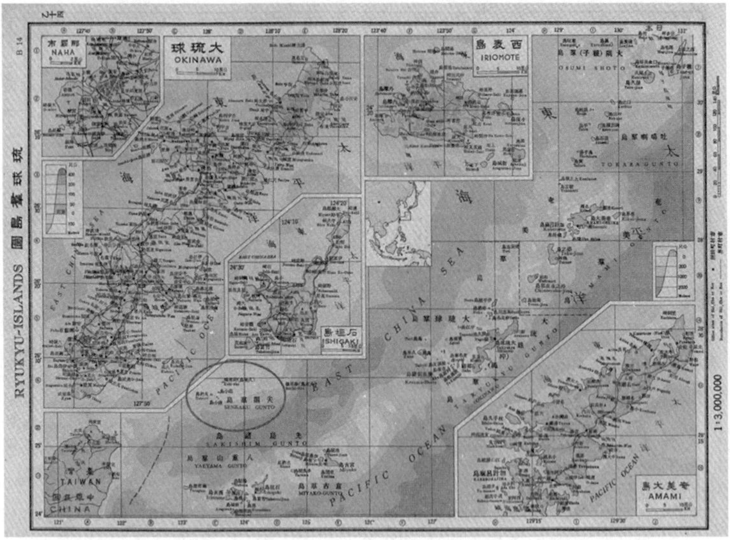

圖 116：1965 年臺灣國防研究院與中國地理學研究所出版的世界地圖
此地圖把釣魚臺畫入日本境內。複製自原圖。

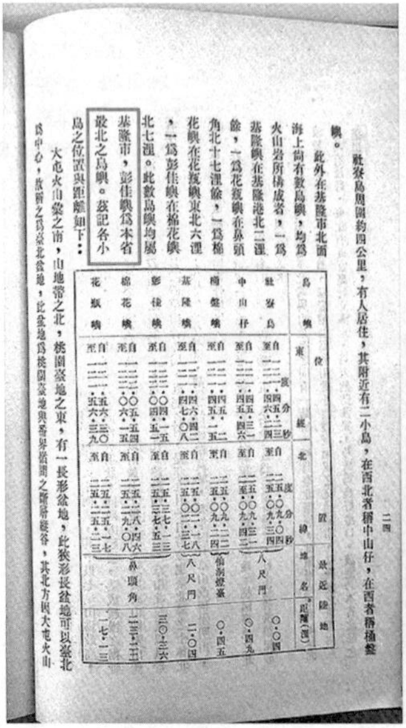
二四

社寮島周圍約四公里，有人居住，其附近有二小島，在西北者稱中山仔，在西者稱桶盤嶼。

此外在基隆市北面海上尚有數島嶼，均爲火山岩所構成者，一爲基隆嶼在基隆港北二浬餘，一爲花瓶嶼在鼻頭角北十七浬餘，一爲棉花嶼在花瓶嶼東北六浬，一爲彭佳嶼在棉花嶼北七浬。此數島嶼均屬基隆市，彭佳嶼爲本省最北之島嶼。茲記各小島之位置與距離如下：

島嶼	位置 東經	位置 北緯	最近陸地 埠名	最近陸地 距離（浬）
社寮島	[illegible]	[illegible]	八尺門	〇·〇四
中山仔	[illegible]	[illegible]	八尺門	〇·四九
桶盤嶼	[illegible]	[illegible]	仙洞燈臺	〇·四五
基隆嶼	[illegible]	[illegible]	八尺門	二·〇四
彭佳嶼	[illegible]	[illegible]	鼻頭角	三〇·三六
棉花嶼	[illegible]	[illegible]	鼻頭角	二三·二五
花瓶嶼	[illegible]	[illegible]	鼻頭角	一七·一三

大屯火山彙之南，山地帶之北，桃園臺地之東，有一長形盆地，此狹形長盆地可以臺北爲中心，故稱之爲臺北盆地，此盆地爲桃園臺地與番界嶺間之斷層縱谷，其北方與大屯火山

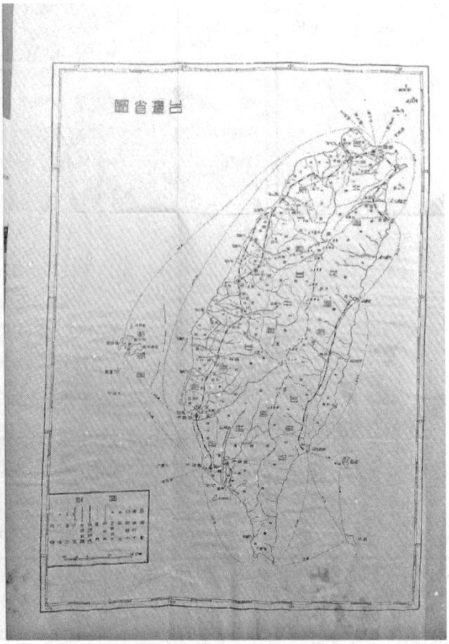

圖 117：1951 年臺灣省文獻委員會《臺灣省通志稿》
此政府出版物中，臺灣不包括釣魚臺。複製自原書。

2 土 地

I 土 地 LAND

表 1. 臺 灣 位 置

Table 1. Location of Taiwan

	經度 Longitude			緯度 Latitude		
	方位 Aspect	極點 Apex	地名 Locality	方位 Aspect	極點 Apex	地名 Locality
臺灣 Taiwan Area	極東 Eastern Point	122°06′25″	基隆市棉花嶼東端 Eastern tip, Mien Hwa Yu, Keelung City	極南 Southern Point	21°45′25″	屏東縣恆春鎮七星巖南端 Southern tip, Chi Hsin Yen, Heng Chuan Cheng Pingtung Prefecture
	極西 Western Point	119°18′03″	澎湖縣望安鄉花嶼西端 Western tip, Hwa Yu, Wong An Hsian, Penghu Prefecture	極北 Northern Point	25°37′53″	基隆市彭佳嶼北端 Northern tip, Peng Kwe Yu, Keelung City
臺灣本島 Taiwan Proper	極東 Eastern Point	122°06′25″	基隆市棉花嶼東端 Eastern tip, Mien Hwa Yu, Keelung City	極南 Southern Point	21°45′25″	屏東縣恆春鎮七星巖南端 Southern tip, Chi Hsin Yen, Heng Chuang Chen Pingtung Prefecture
	極西 Western Point	120°01′00″	雲林縣口湖鄉外傘頂洲 Wai San Tin Chou, Kou Hu Hsian, Yunlin Prefecture	極北 Northern Point	25°37′53″	基隆市彭佳嶼北端 Northern tip, Peng Kwe Yn, Keelung City
澎湖群島 Penghu Islands	極東 Eastern Point	119°42′54″	澎湖縣湖西鄉查母嶼東端 Eastern tip, Cha Mu Yu, Si Hu Hsian Penghu Prefecture	極南 Southern Point	23°09′40″	澎湖縣七美鄉南端 Southern tip, Chimei Hsian, Penghu Prefecture
	極西 Western Point	119°18′03″	澎湖縣望安鄉花嶼西端 Western tip, Hwa yu Wong An Hsian Penghu Prefecture	極北 Northern Point	23°45′41″	澎湖縣白沙鄉目斗嶼北端 Northern, tip, Mu Tou Yu, Pai Sa Hsian, Penghu Prefecture

說　明：位置以滿潮界爲準。
資料來源：根據臺灣省政府民政廳。
Note　: At flood tide.
Source　: Dept. of Civil Affairs, Taiwan Provincial Government.

圖 118：1971 年《臺灣統計要覽》
此統計書中，臺灣的地理範圍不包括釣魚臺。複製自原書。

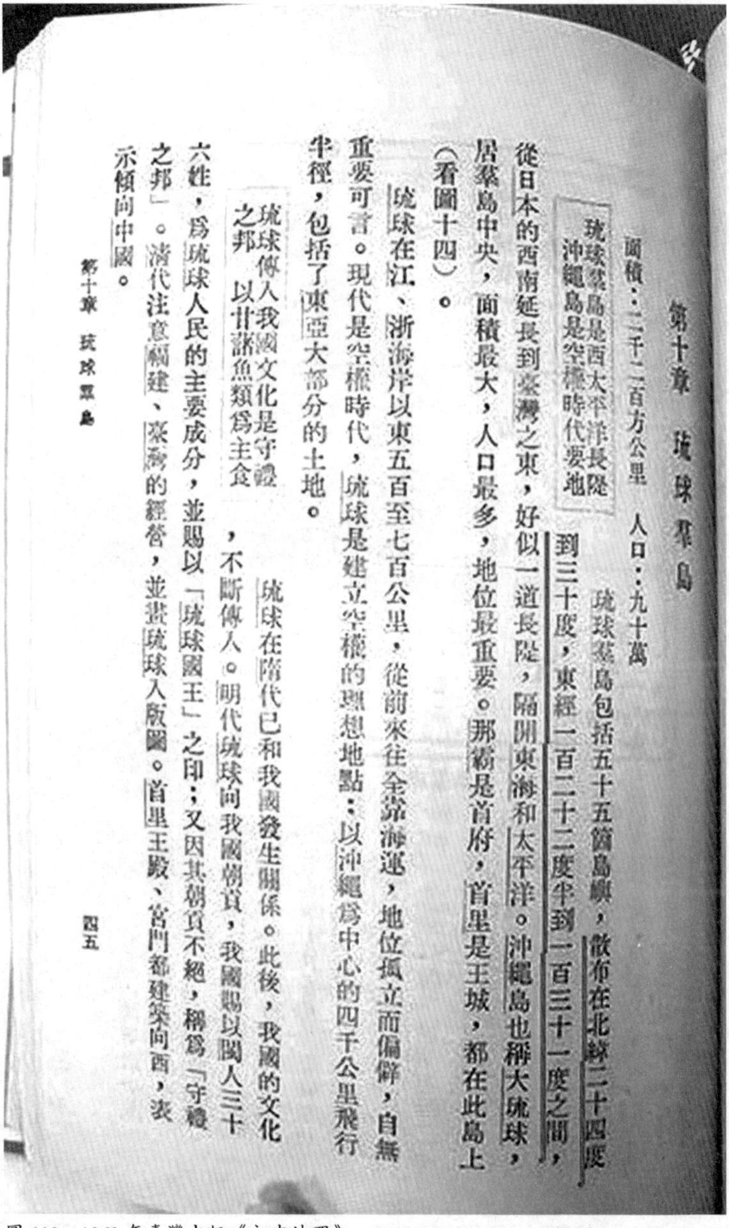
第十章　琉球羣島

面積：二千二百方公里　人口：九十萬

琉球羣島是西太平洋長隄
沖繩島是空權時代要地

琉球羣島包括五十五箇島嶼，散布在北緯二十四度到三十度，東經一百二十二度半到一百三十一度之間，從日本的西南延長到臺灣之東，好似一道長隄，隔開東海和太平洋。沖繩島也稱大琉球，居羣島中央，面積最大，人口最多，地位最重要。那霸是首府，首里是王城，都在此島上（看圖十四）。

琉球在江、浙海岸以東五百至七百公里，從前來往全靠海運，地位孤立而偏僻，自無重要可言。現代是空權時代，琉球是建立空權的理想地點：以沖繩爲中心的四千公里飛行半徑，包括了東亞大部分的土地。

琉球傳入我國文化是守禮之邦
以甘藷魚類爲主食

琉球在隋代已和我國發生關係。此後，我國的文化，不斷傳入。明代琉球向我國朝貢，我國賜以閩人三十六姓，爲琉球人民的主要成分，並賜以「琉球國王」之印；又因其朝貢不絕，稱爲「守禮之邦」。清代注意福建、臺海的經營，並畫琉球入版圖。首里王殿、宮門都建築向西，表示傾向中國。

第十章　琉球羣島　四五

圖 119：1962 年臺灣出版《初中地理》
此教材中，琉球的地理範圍包括釣魚臺。複製自原書。

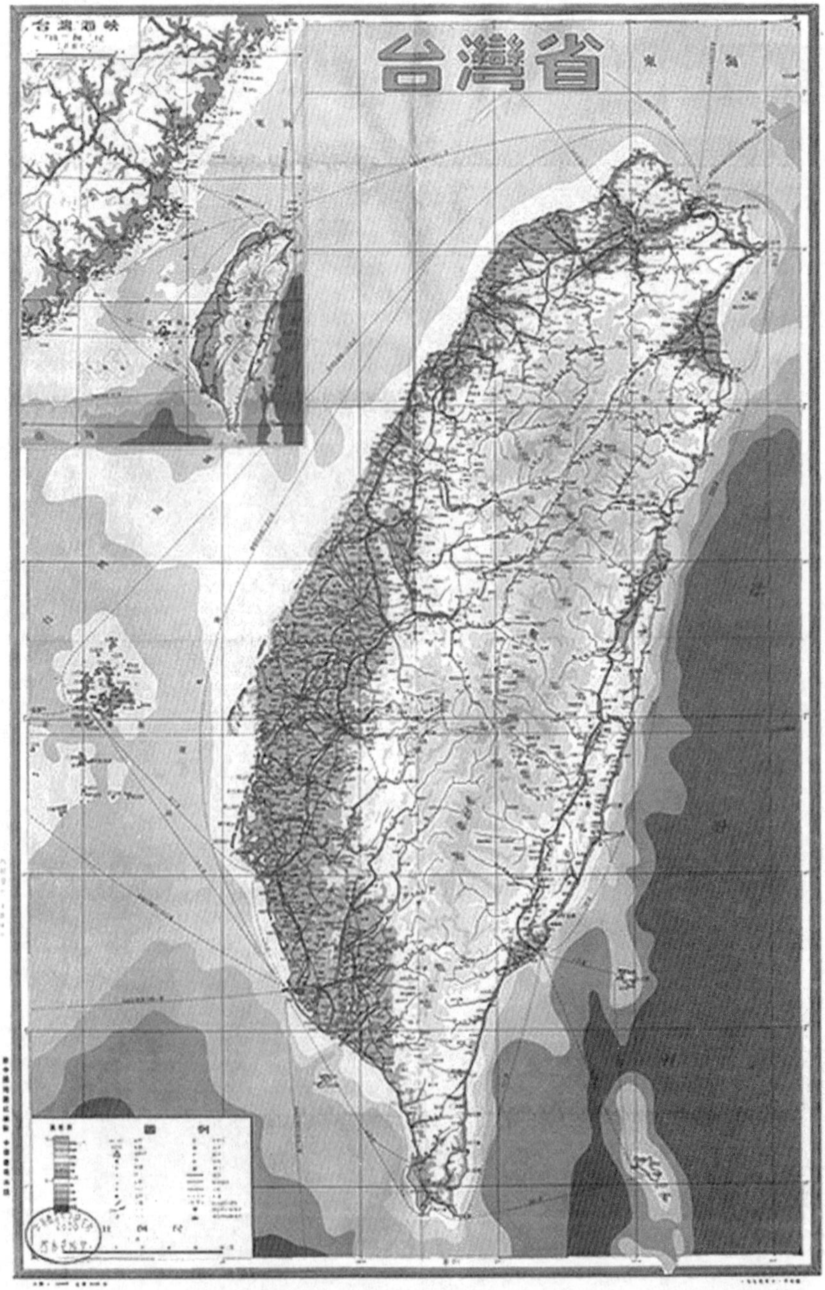

圖 120：1954 年 12 月，中華書局出版《臺灣省地圖》
此圖臺灣不含釣魚臺。複製自原圖。

《臺灣地圖》中，也不包括釣魚臺（圖121）。

一九五八年北京地圖出版社的《世界地圖集》之日本地圖，把釣魚臺劃入日本領土之內，並以尖閣列島標示（圖123）。

報紙：中共黨報《人民日報》一九五三年一月八日《琉球群島人民反對美國佔領的鬥爭》（圖124）一文中，明確寫到了琉球群島包括尖閣列島[490]。

學術書籍：著名歷史地理學家向達在一九六一年出版的名著《兩種海道針經》（圖125），當中對釣魚臺或釣魚嶼的註解寫明，釣魚臺乃「琉球群島中尖閣列島之魚釣島」[491]。

學校教材：一九五九年，商務印書局出版臺灣地理權威吳壯達教授編寫的《臺灣地理》（圖126），稱臺灣最北端是彭佳嶼，「與琉球群島內側的尖閣諸島遙對」[492]。

在香港出版的地圖也是如此。比如一九六一年的東亞輿地學社出版的《中國分省詳圖》中，臺灣省（圖127）也不包括釣魚臺。

一些中國的專家，爲個別證據作出辯護。比如說一九五三年《人民日報》的資料，被認爲是翻譯

---

[488] 黃純青監修，《臺灣省通志稿》卷首上，臺灣省文獻委員會，一九五一，二—三頁。

[489] 《臺灣省統計要覽》第三十期，臺灣省政府主計處，一九七一，二頁。

[490] 人民日報，01/08/1953。

[491] 前引註14，二五三頁。

[492] 吳壯達《臺灣地理》，商務印書館，一九五九，二頁。

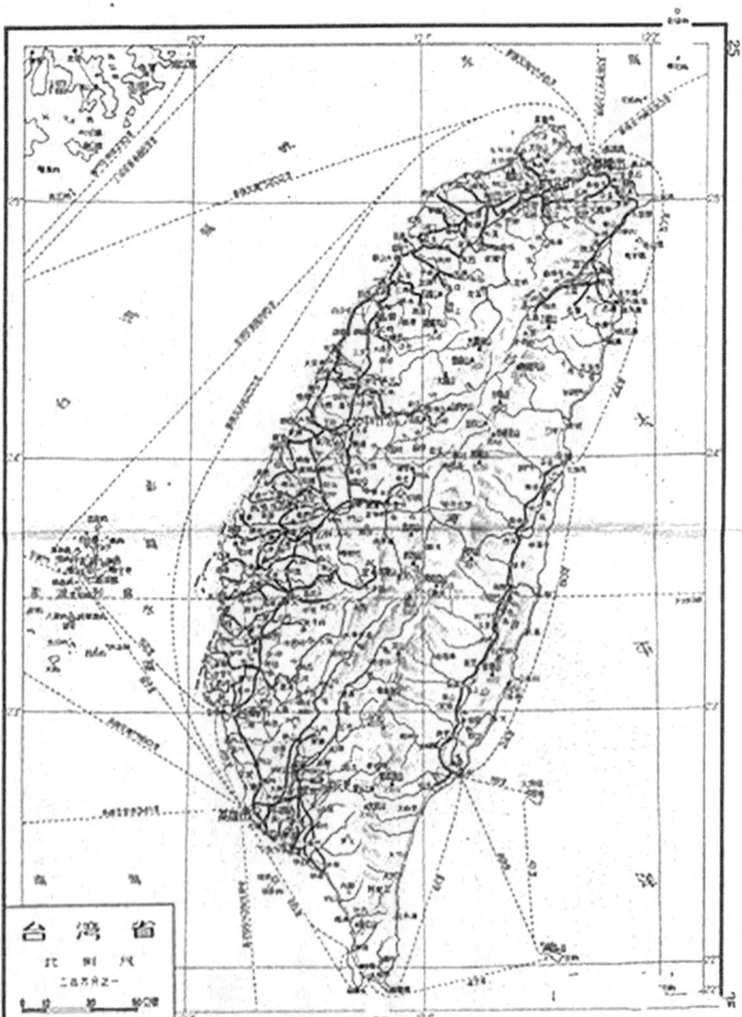

圖 121：1962 年，北京地圖出版社《臺灣地圖》
此圖臺灣不含釣魚臺。複製自原圖。

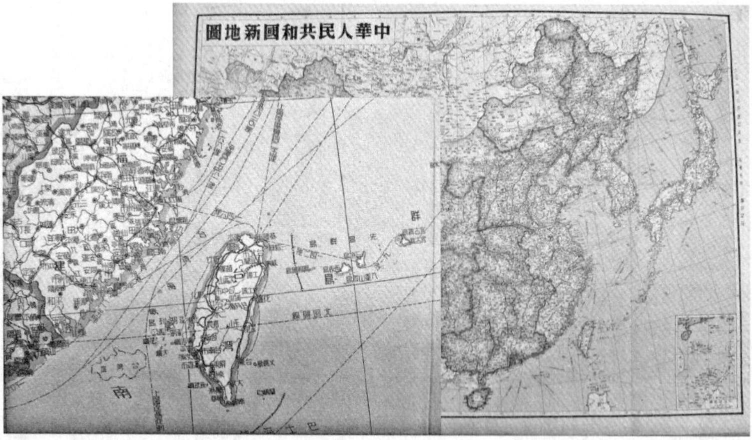

圖 122：1951 年亞光輿地學社《中華人民共和國新地圖》
此圖沒有出現釣魚臺，海上分界線走向，把釣魚臺排除出中國國境之外。複製自原圖。

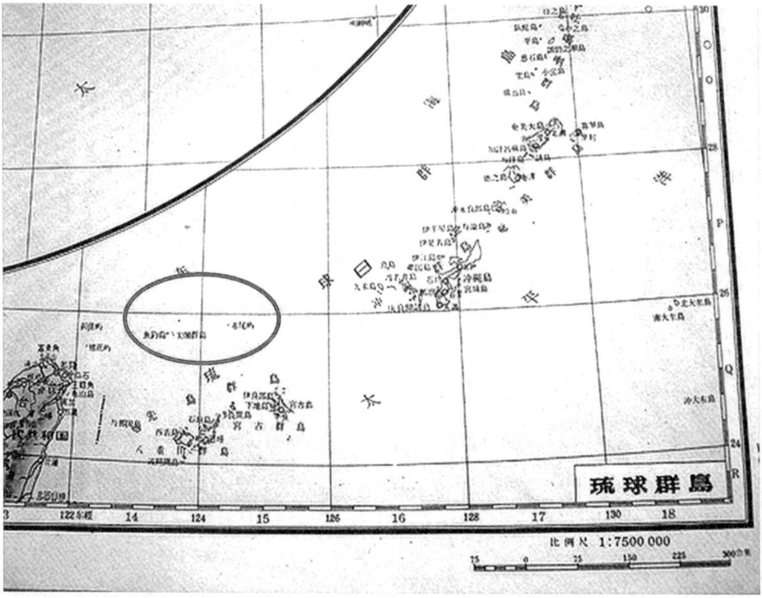

圖 123：1958 年北京地圖出版社《日本地圖》
此圖釣魚臺用尖閣列島標註，並畫入日本境内。複製自原圖。

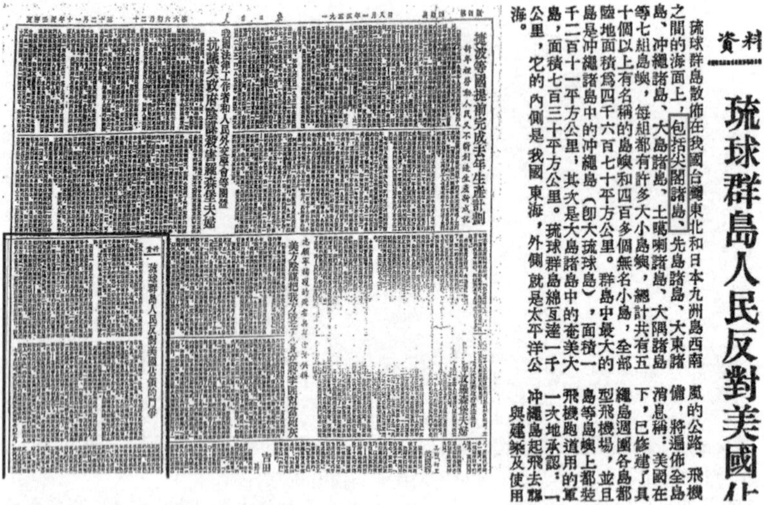

資料

琉球群島人民反對美國佔

琉球群島散佈在我國台灣東北和日本九州島西南之間的海面上，包括尖閣諸島、先島諸島、大東諸島、冲繩諸島、大島諸島、土噶喇諸島、大隅諸島等七組島嶼，每組都有許多大小島嶼，總計共有五十個以上有名稱的島嶼和四百多個無名小島，全部陸地面積爲四千六百七十平方公里。群島中最大的島是冲繩諸島中的冲繩島（即大琉球島），面積一千二百十一平方公里；其次是大島諸島中的奄美大島，面積七百三十平方公里。琉球群島綿亘達一千公里，它的內側是我國東海，外側就是太平洋公海。

風的公路、飛機……備，將遍佈全島……消息稱：美國在……下，已修建了具……繩島週圍各島都……型飛機場，並且……島等島嶼上都裝……飛機跑道用的軍……一次地承認：「……冲繩島起飛去轟……與建築及使用

圖 124：1955 年 1 月 8 日《人民日報》
中國最權威黨報認爲，尖閣列島屬於琉球群島。複製自原報。

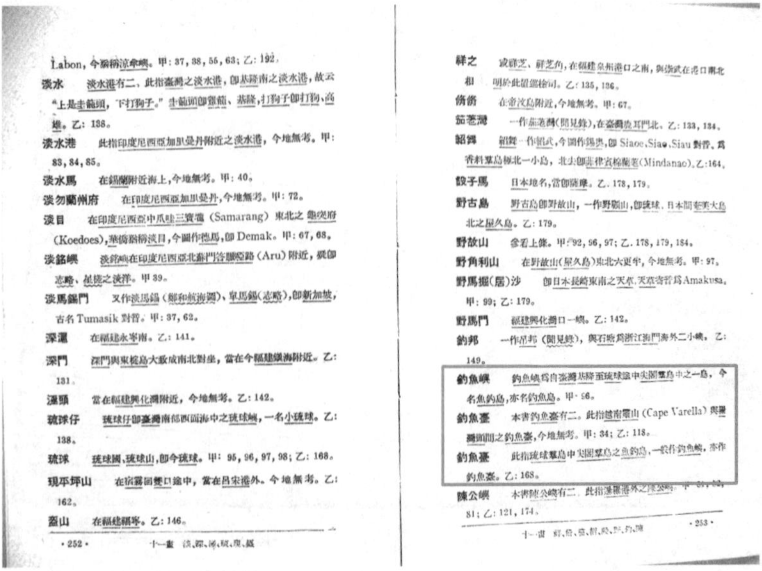

Labon，今猶稱涼傘嶼。甲：37，38，55，63；乙：192。

淡水　淡水港有二，此指臺灣之淡水港，即基隆南之淡水港，故云"上是圭籠頭，下打狗子。"圭籠頭即雞籠、基隆，打狗子即打狗、高雄。乙：138。

淡水港　此指印度尼西亞加里曼丹附近之淡水港，今地無考。甲：83，84，85。

淡水馬　在錫蘭附近海上，今地無考。甲：40。

淡勿蘭州府　在印度尼西亞加里曼丹，今地無考。甲：72。

淡目　在印度尼西亞中爪哇三寶壠（Samarang）東北之龜突府（Koedoes），華僑猶稱淡目，今圖作德馬，即 Demak。甲：67，68。

淡銘嶼　淡銘嶼在印度尼西亞北蘇門答臘啞路（Aru）附近，疑即志略、星槎之淡洋。甲 39。

淡馬錫門　又作淡馬錫（鄭和航海圖）、單馬錫（志略），即新加坡，古名 Tumasik 對音。甲：37，62。

深滬　在福建永寧南。乙：141。

深門　深門與東椗島大致成南北對坐，當在今福建鎮海附近。乙：131。

涵頭　當在福建興化灣附近，今地無考。乙：142。

琉球仔　琉球仔即臺灣南部西面海中之琉球嶼，一名小琉球。乙：138。

琉球　琉球國、琉球山，即今琉球。甲：95，96，97，98；乙：168。

現平坪山　在宿霧回雙口途中，當在呂宋港外。今地無考。乙：162。

盔山　在福建福寧。乙：146。

·252·　十一畫　淡、深、涵、琉、現、盔

祥之和　或祥芝、祥芝角，在福建泉州港口之南，與崇武在港口南北，明於此置巡檢司。乙：135，136。

脩脩　在帝汶島附近，今地無考。甲：67。

笳荖灣　一作笳荖灣（閩見錄），在臺灣鹿耳門北。乙：133，134。

紹舞　紹舞一作紹武，今圖作錫奧，即 Siaoe、Siao、Siau 對音，爲香料羣島極北一小島，北去即菲律賓棉蘭老（Mindanao）。乙：164。

殼子馬　日本地名，當即薩摩。乙．178，179。

野古島　野古島即野故山，一作野顧山，即琉球、日本間奄美大島北之屋久島。乙：179。

野故山　參看上條。甲：92，96，97；乙．178，179，184。

野角利山　在野故山（屋久島）東北六更半，今地無考。甲：97。

野馬掘（居）沙　即日本長崎東南之天草，天草寄音爲 Amakusa。甲：99；乙：179。

野馬門　福建興化灣口一嶼。乙：142。

釣邦　一作吊邦（閩見錄），與石塘爲浙江海門海外二小嶼。乙：149。

釣魚嶼　釣魚嶼爲自臺灣基隆至琉球途中尖閣羣島中之一島，今名魚釣島，亦名釣魚島。甲：96。

釣魚臺　本書釣魚臺有二。此指越南華山（Cape Varella）與羅灣頭間之釣魚臺，今地無考。甲：34；乙：118。

釣魚臺　此指琉球羣島中尖閣羣島之魚釣島，一般作釣魚嶼，亦作釣魚臺。乙：168。

陳公嶼　本書陳公嶼有二，此指暹羅港外之陳公嶼。甲：……81；乙：121，174。

·253·　十一畫　祥、脩、笳、紹、殼、野、釣、陳

圖 125：1961 年向達《兩種海道針經》
這本學術書籍認爲釣魚臺是日本的尖閣列島。複製自原書。

全区島嶼的分布：最东，是本島东北的棉花嶼，地距台北县瑞芳鎮东北的鼻头角約四十三公里；最西，是澎湖群島西南的花嶼，地距澎湖島馬公鎮的風櫃尾約二十九公里；最北，是本島东北的澎佳嶼，地距瑞芳鎮的鼻头角約五十六公里，与琉球群島內側的尖閣諸島遙对；最南，是巴士海峽上的七星岩諸島，地距恆春鎮的鵝鑾鼻約十五公里半，与呂宋島以北的巴旦列島遙对。

台灣本島在經緯綫上的位置：西起东經一百二十度二分十六秒，东至一百二十二度零四秒；南起北緯二十一度五十三分四十二秒，北至二十五度十七分四十八秒。东西約占經度兩度，南北約占緯度三度半。至于台灣全区四至点的經緯位置見下表：

表一 台灣全区的經緯位置

四極	島名	位置				滿潮面积（方公里）
		經緯	度	分	秒	
东	棉花嶼	东經	122	6	25	1.1413
西	花嶼	东經	119	18	3	0.0185
北	彭佳嶼	北緯	25	37	53	0.3239
南	七星嶼	北緯	21	45	25	1.4729

圖 126：1959 年商務印書館吳壯達《臺灣地理》
這本教材中，臺灣疆界不包括釣魚臺。複製自原書。

作品，而且僅僅是資料，不代表政府的意見。比如說一九五八年北京地圖出版社的地圖，有「部分中國國界是根據抗日戰爭前，申報地圖繪製」，因此並不說明問題。[493]

且不論證這些辯護是否能夠站得住腳，很顯然，如果僅僅是一兩項證據，或許說明不了問題，但是現在有壓倒性的證據，證明中國兩岸，無論是北京還是臺灣，在這一段時間內，都沒有把釣魚臺認爲是中國的領土：在國家層面，從來沒有提出過釣魚臺問題；臺灣和大陸出版的官方和民間地圖中，中國和臺灣的疆域一律沒有包括釣魚臺；釣魚臺不在中國的行政規劃內；釣魚臺也沒有寫入任何一份官方的行政管理文件；各種教科書中，也沒有把釣魚臺認爲是中國的領土；提到釣魚臺的文章和書籍，都認爲釣魚臺是琉球或者日本的領土。

因此不難得出結論：戰後到一九七〇

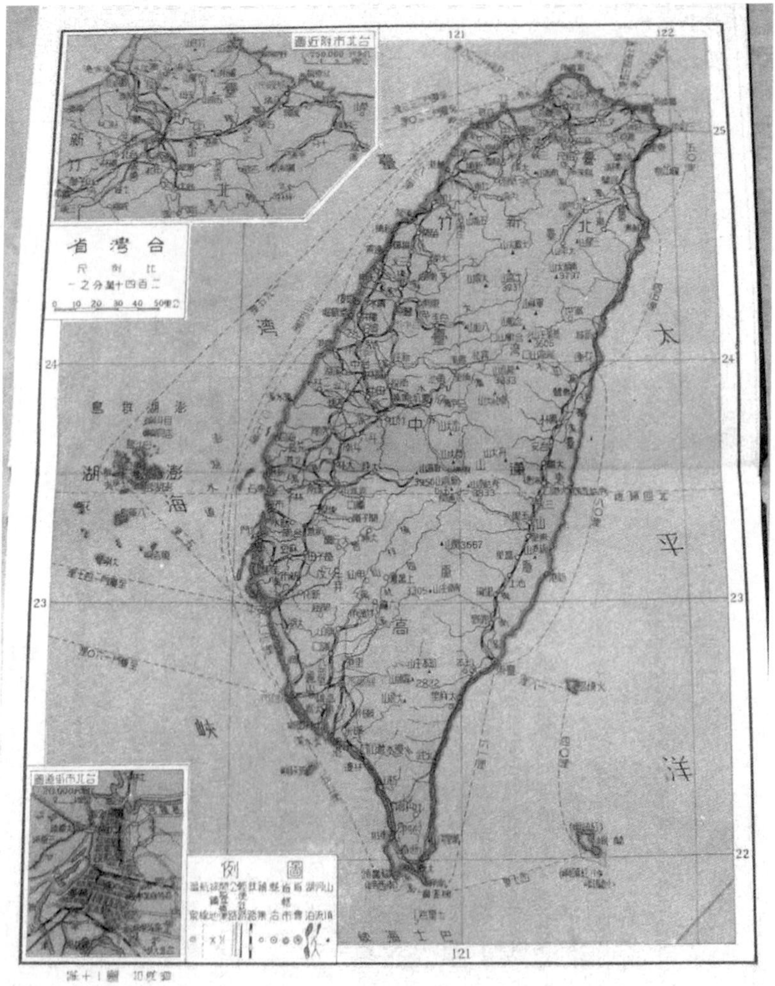

圖 127：1961 年香港東亞輿地學社《中國分省詳圖》之臺灣省
此圖中，臺灣不包括釣魚臺。複製自原書。

年，長達二十五年的歷史中，中國兩岸對美國琉球政府統治釣魚臺一事毫無異議。直到一九七〇年，釣魚臺問題才開始產生。

此外，在一九七一年之前，國際上的地圖都認為，釣魚臺是屬於日本的，或者是美國的，或者是美國—日本的，卻沒有標誌為中國的。這裡舉幾個例子[494]：

一九六三年，美國泰晤士世界地圖冊（Times Atlas of the World，圖128）的中國與西太平洋圖，釣魚臺以Senkaku gunto（即尖閣列島）命名，並以分界線和臺灣分開，顯示釣魚臺屬於日本。

一九六七年，蘇聯出版的世界地圖冊中的中國地圖以及琉球地圖（圖129），釣魚臺以Senkaku gunto命名，並標注為日本（Jap.）。

一九六七年，波蘭帕噶蒙世界地圖（Pergamon World Atlas）中的《東中國海》（圖130），釣魚臺以Senkaku-Shoto命名，並以分界線和臺灣分開。

就我所查閱過的五〇年代和六〇年代的多個國家出版的地圖中，還沒有找到一個聲稱釣魚臺屬於中國的例子。可見在當時的世界範圍內，包括共產主義國家的地圖中，釣魚臺是日本的領土這一點，得到了廣泛承認。

在中國官方關於南沙問題的證據之中，「外國地圖認為西沙和南沙是中國的一部分」[495]被中國政府

---

[493] 前引註487。

[494] 以下地圖都來自David Rumsey Map Collection，http://www.davidrumsey.com/

[495]《中國對西沙群島和南沙群島的主權無可爭辯》，中國外交部白皮書，1980/01/30。

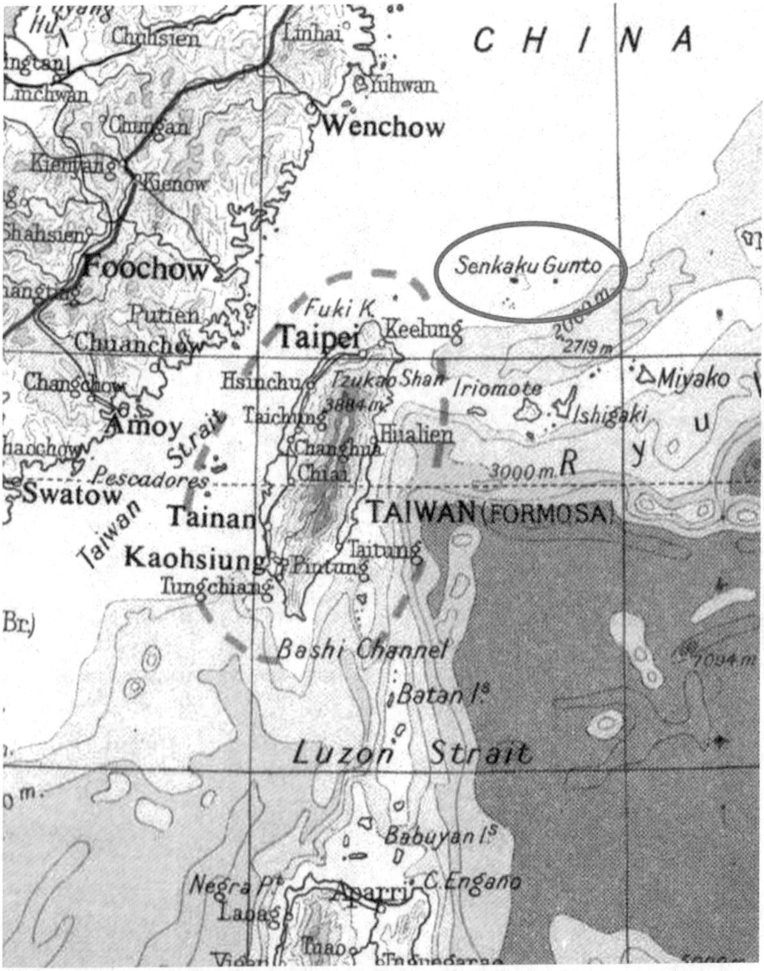

圖 128：1963 年泰晤士世界地圖冊《中國與西太平洋圖》此圖中，顯示釣魚臺屬於日本。複製自原圖。

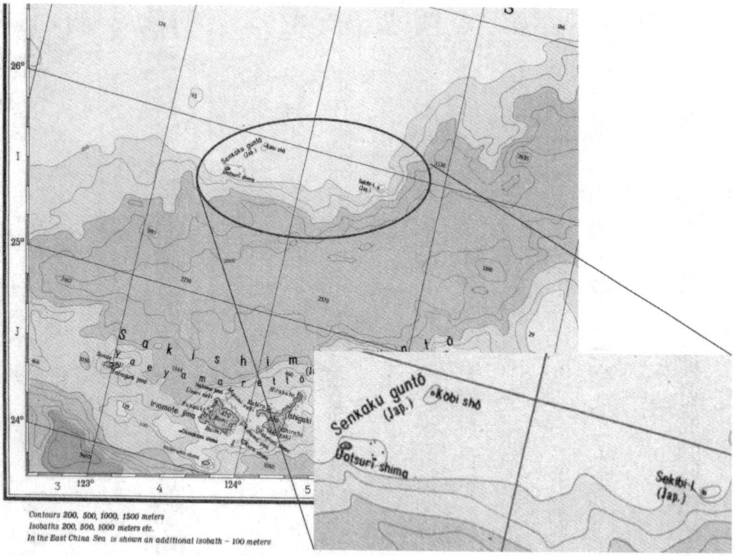

圖 129：1967 年蘇聯世界地圖冊《琉球群島》
此圖標註了釣魚臺屬於日本。複製自原圖。

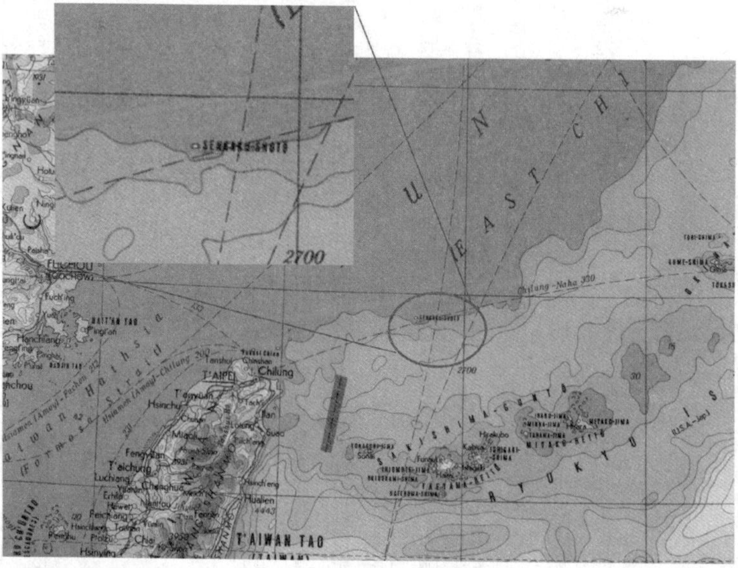

圖 130：1967 年波蘭帕噶蒙世界地圖《東中國海》
此圖顯示釣魚臺屬於日本。複製自原圖。

視爲一個重要的證據，儘管在這個問題上，中國僅僅挑選了對自己有利的地圖，而故意視而不見對其不利的地圖。但是在釣魚臺這個問題上，中國政府卻對外國地圖這種證據閉口不提，其原因是很顯然的。

五・十一 對中國承認釣魚臺狀態的解釋

如果從中國口中的日本「竊據」釣魚臺的年分一八九五年開始算，中國在長達七十五年的歷史中，都對釣魚臺不聞不問。特別是戰後的二十五年，中國作爲戰勝國，也沒有對釣魚臺提出主權要求。這在國際法庭一定是極爲不利的證據，也可以說是中國在法理上的最大硬傷。因爲法官肯定會質疑，如果中國認爲釣魚臺是自己的領土，爲什麼到了一九七〇年才對釣魚臺提出主權，而不是在戰後隨著臺灣一起收復她認爲「屬於臺灣附屬島嶼」的釣魚臺？爲什麼不是在《舊金山和約》規定琉球被美國管治之時？爲什麼不是美琉政府三次頒布琉球地界的法令之時？爲什麼不是美國多次宣佈最終將歸還琉球之時？爲什麼中國兩岸三地在一九七一年之後，才開始大規模修改地圖、文件和教科書？

這個問題甚至比解釋中國在一八九五到一九四五年之間的五十年間對釣魚臺的態度還要困難。後者或可以用「割讓」或者「竊佔」來解釋，儘管這些解釋也並不堅實，但總算是勉強有一定道理的解釋。

關於這個問題，有過幾種可能的解釋。中國大陸方面的解釋主要有四種：

第一種解釋是釣魚臺被美國佔據了，因此中國不敢提出。這是難以成立的，戰後中國是戰勝國，是美國在亞洲最堅實的盟友，也是聯合國五大國，看不出有絲毫「不敢」的理由。於情於理，只要中國提出了對釣魚臺的要求，美國斷然不會爲了一個（當時）沒有價值的小島和中國過不去。何況中國提出二戰後收復的領土要求還少嗎？何以單單對一個小小的釣魚臺就不敢了呢？

第二種解釋是在一九四九年後，北京和美國沒有建交，因此無法提出。這是可笑的。北京隔空罵美國，提出抗議再抗議的事例，比比皆是。沒法透過外交管道，難道連《人民日報》發個社論也不行？而且在一九七〇年，中國提出釣魚臺問題的時候（見第六章），中美也沒有外交關係。

第三種解釋是中國並沒有對釣魚臺保持沉默，因爲中國一直反對《舊金山和約》，這就相當於反對釣魚臺歸琉球[496]。這種肆意擴大的解釋，顯然是牽強和無法自圓其說的。因爲籠統地反對某個條約，並不等於反對條約的所有內容。而且這個理論，忘記了總理周恩來聲明中，要求把琉球（地理上包括釣魚臺）歸還日本，這個聲明同時亦明確了北京在領土分配上的態度。如果北京政府現在的理論是成立的話，那麼現在最害怕的，恐怕就是馬紹爾群島和北馬里亞納等幾個已經獨立的前美國北太平洋託管地了。她們也是美國在《舊金山和約》中規定的取諸日本的託管地而最後獨立的，以後難保北京又以「一直反對《舊金山和約》」爲由，要求把她們吞併了。同理，北京以後也可以反對朝鮮獨立，因爲朝鮮獨立也是在《舊金山和約》上規定的。

最後一種是如前所述，對一部分把釣魚臺認爲是日本或琉球領土的資料加以解釋，以證明中國當時

---

[496] 萬明《明人筆下的釣魚島：東海海上疆域形成的歷史軌跡》，《北京聯合大學學報（人文社會科學版）》，二〇一三年四月。

並沒有承認釣魚臺屬於日本或琉球。這種解釋是徒勞的，先不論這些解釋是否合理，即便它能解釋個別資料，它也不能解釋爲什麼所有資料都是如此。

臺灣方面的解釋則更爲詳細。臺灣的官方，以外長魏道明在七〇年代初的解釋爲代表，他有三個理由：(1)在二戰後，中國政府認爲美國對釣魚臺的軍事管理是互相防衛之目的的必須步驟；(2)遷臺後，中美訂立了巡邏協議；(3)此後漁民一直在此帶活動[497]。一九七一年三月十五日，臺灣駐美大使承認，在二戰後，美國根據《舊金山和約》佔領了釣魚臺時，臺灣因爲地區安全的考慮，長期沒有提出反對，但他認爲這並不表明臺灣對釣魚臺屬於琉球的默認。另外，他又認爲根據國際法，暫時性的軍事佔領，並不代表主權的最後歸屬[498]。

丘宏達的解釋主要有四個原因[499]：第一，中國在接受臺灣的時候，日本移交的手冊中，沒有釣魚臺（所以臺灣不知道釣魚臺屬於臺灣）。

第二，中國人（如漁民）在釣魚臺附近長期活動，一九六八年前，都沒有受到美琉政府干涉，臺灣人民把它當作本國領土一樣使用（所以中國不知道釣魚臺被美琉佔領或者臺灣沒有必要和美國交涉）。

第三，臺美之間有協防臺灣的協議，因此美國海軍在釣魚臺附近巡邏，中國覺得沒有交涉的必要。

第四，在臺灣的角度看，「對釣魚臺的主權由於《馬關條約》的廢除而恢復，不過由於該島嶼事實在美國佔領或管理下，在形式上仍未正式恢復，所以我國臺灣省的行政區劃分中，並未將其列入，地圖中也未列入，其原因在此。」

邵漢儀是另一位對此做出過詳細分析的臺灣學者，他認爲有以下理由[500]：

第一，對臺灣來說，同意琉球群島置於美國管治之下，只是一個戰略需要，並不等同承認琉球主權的處理。而在一九五三年八月八日，臺灣已經在美國交還奄美大島給日本時，提出這個觀點。

第二，由於臺灣和美國有軍事同盟關係，從臺灣到琉球到日本都由美軍巡邏。因此在釣魚臺一帶，臺灣和琉球兩地的界限並沒有嚴格管理。

第三，一九六八年之前，臺灣漁民在釣魚臺一帶能夠自由地活動，而釣魚臺由盟國美國巡邏，因此臺灣並不認爲這和主權有任何關係。只有當漁民活動受阻，以及美國把釣魚臺歸還日本的時候，臺灣才覺得有必要提出對島嶼狀態的抗議。

第四，邵承認，在二戰後，中國沒有取回釣魚臺是一個錯誤。在以後美國攻佔琉球和中國收復臺灣，以及舊金山和談等一系列事件中，都沒有糾正這個錯誤。而造成這一系列錯誤，有以下兩個原因：首先，在一八九五年後，日本把釣魚臺從臺灣政區轉到琉球政區，而在二戰結束之前，中華民國從來沒

---

[497] 引自 Han-yi Shaw, The Diaoyutai/Senkaku Islands Dispute: Its History and an Analysis of the Ownership Claims of the PRC, ROC and Japan. *Occasional Papers/Reprints Series in Contemporary Asian Studies*, 1999, No.3 (152). p.133。

[498] 同上。

[499] 丘宏達《釣魚臺列嶼主權爭執問題及其解決方法的研究》，前引註1，一五七—一五九頁。

[500] 前引註497，一一三—一二一頁。

有統治過臺灣（中華民國在一九一二年才建立，這時臺灣已經爲日據），因此民國只能依賴日本的管理資料來接受臺灣，而不是根據滿清的資料來接受臺灣；其次，在二戰時期，幾乎所有地圖上，釣魚臺都以尖閣列島標記，中國不知道那就是釣魚臺。

第五，邵還爭辯，臺灣對釣魚臺狀態的默認，並不影響臺灣對釣魚臺的主權聲索。因爲在《舊金山和約》中，並沒有規定釣魚臺的主權，而美國也承認對釣魚臺主權保持中立。

總結而論，臺灣方面對這個問題的解釋，主要有以下幾條：第一，由於歷史的原因，臺灣不知道釣魚臺是中國的領土，可稱爲「遺忘論」；第二，由於臺灣漁民一直在使用釣魚臺，因此臺灣不知道這個島嶼被美國佔領了；第三，臺灣知道美國佔領了釣魚臺，但是由於戰略上的需要以及臺美軍事協定，也因爲漁民能夠正常使用，所以並不認爲釣魚臺主權被侵害，也因此沒有交涉的必要；第四，臺灣認爲根據國際法，《馬關條約》廢除之後，釣魚臺主權已經屬於中國，也沒有必要向美國提出交涉。

以上這些解釋，除了第一條之外，都不成立，而且，這些原因彼此也是互相矛盾的，比如第一條說中國不知道釣魚島應該屬於臺灣，後幾條理由又說，中國認爲釣魚島已經屬於臺灣，因此沒有必要交涉。

第二條解釋，說臺灣當時沒有察覺釣魚臺被琉球政府佔據了，就是說臺灣還以爲釣魚臺是自己的，只是實際被美國佔領了。這根本無法自圓其說。這二十五年間，美國多次公開發佈了地界，美軍和琉球政府都在使用和管理釣魚臺，臺灣沒有在釣魚臺行使過一次主權，沒有一份官方和民間的資料認爲釣魚臺是中國的，臺灣還承認了琉球對釣魚臺的出入境管理。在這些證據面前，還又如何能說自己以爲釣魚臺還在自己統治之下？其實正是邵漢儀所說的第二點，反而更加有利琉球方面的主張。正因爲臺灣和琉球都由美軍巡邏，所以在很長一段時間內，美琉對於釣魚臺的管理並不嚴格。這樣才有臺灣漁民能夠長期在這一帶活動。

第三條解釋說中國因爲美國協防臺灣，所以就對美國佔領釣魚臺沒有必要交涉，這也是說不過去的。事實上，美國和盟國在東亞劃定了防區，爲臺灣協防而劃定的防區與琉球防區緊接在一起，而釣魚臺屬於琉球防區而不是臺灣防區（五・五）。很難想像一個主權國家會在從未和美國商量過的情況下把自己的領土劃入別國的防區之中。而且釣魚臺是由美琉政府所「管轄」，而不是僅僅由美國巡邏。臺灣難以解釋爲什麼自己的領土被其他國家管轄，也不覺得有必要提出抗議。而且美國在一九六九年前，多次宣佈要把琉球歸還給日本，臺灣也沒有提出抗議。甚至到了一九六八年，美琉開始嚴格管理釣魚臺，臺灣也沒有提出抗議。只有在一九六九年釣魚臺附近發現石油後，臺灣才考慮釣魚臺的問題。

第四條解釋也不成立，在戰後的領土討論中，中國內部還討論是否應該把釣魚臺劃歸臺灣（最後沒有提出這個要求），在草案對臺灣的地理規定中，還把釣魚臺明確畫在臺灣界外。《舊金山和約》和美琉政府的一系列法令，都把釣魚臺劃在琉球的界內。如此，中國怎麼可能在戰後就認定釣魚臺主權已經歸於中國呢？顯然，這只是一種法律上的辯解（還難以成立）而不是一種對歷史的解釋。

至於丘宏達所謂地圖、公文和書籍等，都只反映了「現狀」而不反映對主權的「承認」一說，更是荒謬。事實就是，在二十五年間，臺灣所有的文件、地圖和教材中，都沒有展現過所謂「釣魚臺主權已經歸臺灣」這一點，而只有表示「釣魚臺屬於日本和琉球」這一點。硬要說所有這些資料都僅僅是反映了一個「現狀」而非對「現狀的承認」，就等於否認了所有類似文書和地圖在國際法上的作用。根據這種荒謬的邏輯，中國也大可主張夏威夷是中國的，因為中國現在的文書和地圖，沒有把夏威夷畫在臺灣界內，而畫在美國界內，只是反映了這個現狀，不等於承認美國對夏威夷的主權。

對於第一個理由，即臺灣遺忘了釣魚臺，倒是一個很可能成立的原因。但正如邵漢儀所說的，這是一個錯誤。儘管他給這個錯誤找了一些理由，但這仍然是臺灣自己的責任，無法為其在國際法層面發揮出正面的作用。同時我也要指出，邵為中國這個錯誤找的責備日本的理由，也是不正確的。首先，在清朝的時候，釣魚臺從來不是臺灣的一部分，邵的唯一理據是臺灣方志上「山後大洋北」這句話，在二・二和二・五節中，已經分析過，這句話中的釣魚臺是臺東中南部某地，而不是釣魚臺。因此日本也並沒有像邵所說的，把釣魚臺從臺灣轉到琉球，而是把一個從來沒有編制的島嶼編入琉球。

另外，無論丘還是邵的理論都沒法解釋：為什麼在二戰後，對日和約的準備中，中國注意過釣魚臺的問題，卻沒有向國際提出？為什麼中國既然認為釣魚臺主權已經屬於自己，卻沒有在釣魚臺執行過哪怕一次公務？又為何在沒有和美國商議過的情況下，任由美琉政府管治自己擁有主權的島嶼？

無論丘作為一個國際法學者，還是邵作為一個歷史學者，他們都應該知道，要論證當時臺灣儘管認為釣魚臺屬於自己，但是基於他們列舉的理由（臺美軍事聯盟、漁民活動不受限制、他們認為琉球主權沒有定論以及釣魚臺主權已經歸自己）而不向美國做出交涉這一論點，是需要有證據支持，而不能靠事後編造理由。但丘和邵都沒有能為這些理由找到任何一個實質的史料證據，比如說是政府內部的公文，去支持他們的論點。相反，在下一章，我會透過對臺灣內部公文的討論，證明在一九七〇年之前，臺灣都沒有把釣魚臺視為自己的領土（見六・三）。

因此從歷史的角度，對此只能有一種符合邏輯的解釋，也就是：無論因為從來不把釣魚臺視為中國領土，還是因爲僅僅是忘記了釣魚臺是中國領土，在這二十五年間，中國兩岸都不把釣魚臺視爲自己的領土。

五・十二 小結

戰後中國本來有能力得到釣魚臺，但最終釣魚臺卻成爲了美國管治下的，日本擁有「剩餘主權」的土地。美琉政府有極爲有力的證據，證明自己在釣魚臺上的有效統治。儘管從事後看來，由於前文所提到的各種複雜的法律問題（在第七章有更爲詳細的分析），導致釣魚臺的法律地位出現可供爭議的地方，但歷史證據顯示，在戰後二十五年間，釣魚臺當時的法律地位一直都沒有受到爭議。中國，包括大陸和臺灣，一直默認了釣魚臺屬於美琉政府。因此，這些事後提出的爭議點，並不客觀地反映當時的歷史進程，而是一種爲證明歷史而找理由的行爲，而且，這些爭議點，整體而言，並不強有力。

究其原因，最合理的解釋只能是：中國方面當時確實沒有認爲釣魚臺是中國領土的一部分。原因可能有多種：可能是中國從來就不把釣魚臺視爲自己的領土；可能是中國在政權交替中，遺忘了釣魚臺；可能是由於釣魚臺太小而忽略了釣魚臺。由於有證據顯示，兩岸政府都曾考慮過釣魚臺的問題，所以忽略釣魚臺的可能性是最小的。中國民國政府和共和國政府確實有可能因爲從來沒有統治過臺灣之故，而遺忘了釣魚臺，但是到底是遺忘了，還是根本從來沒有視爲自己的領土，其實視乎對一八九五年之前的釣魚臺狀態如何分析。如果在一八九五年前，中國不把釣魚臺視爲自己的領土，那麼遺忘論就連基礎也不存在。如果一八九五年之前，中國把釣魚臺視爲自己的領土，那麼遺忘論還有一定的基礎。但從歷史的角度看，現在無法找到任何史料去證明，在一八九五年之後，清朝認為釣魚臺是被割讓出去的，或者是被強佔或是竊佔的。反而有史料指出，一八八九年中國已經有官方文件（《遊歷日本圖經》）認為，釣魚臺是日本的領土，這使「遺忘論」受到更大的挑戰。

即使「遺忘論」和「忽略論」看起來都是值得原諒的錯誤，但在國際法上，仍然使中國處於不利的地位。無論是「並非領土論」還是「遺忘論」還是「忽略論」，都構成了中國在這二十五年間，對釣魚臺狀態的默認或者承認。在國際法上，其效果都基本一樣，對中國大為不利。有關這一點，在第七章會有更加詳細的討論。

第六章　釣魚臺移交日本前後與第二次日治時期

（一九六九年以後）

一九六九年是釣魚臺的另一個轉捩點，聯合國發表了釣魚臺附近可能有豐富石油資源的報告，從而使戰後一直在美琉政府管轄下的釣魚臺，從以前的「不毛之地」，頓時變爲各方爭奪之地。歷史上第一次出現了關於釣魚臺的爭議。這時的美國和日本達成協議，把包括釣魚臺在內的琉球群島返還日本。在這兩個因素的共同作用下，臺灣首先提出了對釣魚臺的主權要求，北京在稍後也提出了主權要求。釣魚臺一下子成爲美國、琉球、日本、臺灣和北京五方的焦點所在。最後美國作出了把施政權交給日本，但不牽涉主權歸屬的政治決定。儘管在七〇年代初臺灣和香港都有聲勢浩大的保釣運動，但是由於中國大陸和日本的政治需要，釣魚臺問題並沒有成爲七〇年代中日建交的障礙。一九七八年，雙方在簽署《中日和平友好條約》時，達成了釣魚臺問題上的默契。在二〇一二年之前，日本都毫無爭議地實控著釣魚臺。

六・一　釣魚臺附近石油的發現

一九六八年，釣魚臺發生了一件可能決定其命運的大事，那就是美國、日本、韓國和臺灣的專家，對東海一帶進行地質學考察，提出了釣魚臺附近可能有石油的意見。這件事還須從源頭說起。最早在東海勘測石油的是日本和美國，那源於一九六一年五月在美國學術雜誌美國地理學會簡報（Geological Society of America Bulle）發表的公開論文《東中國海和南中國海淺海處的沉積岩》（*Sediments of Shallow Portions of East China Sea and South China Sea*）[501]。作者爲日本東京水產學校地質系教授新野弘（Hiroshi Niino）和美國麻省理工學院海洋地質系教授埃默里（K. O. Emery），後者起主要作用，前者爲日本方的合作者。這篇論文提及了東海的地質構造，當中猜測東海下蘊含有機碳。這一研究，引發了一系列後繼的勘察行動。

後繼的勘查有三股力量。一方面是美國海軍海洋測量局，繼續對這個地帶進行地磁學和地震波的持續研究，取得了相當大的進展和很多有用的資料。另一方面，新野弘也在努力推展日本在這一個區域的勘探考察。一九六七年，他發表論文，再次強調在釣魚臺海域可能有豐富的石油儲備。在他的推動下，日本商界和學界在一九六八年七月組織了第一個「尖閣列島考察團」，對釣魚臺一帶的地質進行研究。考察團歸來之後，在八月三十日舉辦了一次報告會，會議有多位官員到場。會後決定，對釣魚臺一帶的勘探由國家出資接手。但由於財政的問題，直到一九六九年六月，考察團才再次出發，此爲第二次「尖閣列島調查計畫」[502]。限於技術和財力，日本方面的研究成果不如美國的顯著。

另外，聯合國也推動了相關的聯合考察。聯合國在成立不久，就成立了一個遠東經濟委員會（ECAFE, Economic and Social Commission for Asia and the Far East，一九七四年改名爲亞太經濟委員會ESCAP, Economic and Social Commission for Asia and the Pacific），基於埃默里的考察成果，以及後繼的一些研究（主要是美國海軍的地磁資料），在美國的推動下，這個委員會在一九六六年成立了一個專門委員會，協調在東亞海域的石油礦物資源考察。一九六八年十月到十一月，在這個委員會的協調下，美

[501] Geological Society of America Bulletin, 1961,Vol 72, p.731-762.

[502] 《日人爲謀奪我釣魚島做了些什麼》，明報月刊所載釣魚臺群島資料，明報出版社，一九七九，一〇八—一一四頁。

By

K. O. Emery[1], Yoshikazu Hayashi[2], Thomas W. C. Hilde[3], Kazuo Kobayashi[2], Ja Hak Koo[4], C. Y. Meng[5], Hiroshi Niino[6], J. H. Osterhagen[3], L. M. Reynolds[3], John M. Wageman[3], C. S. Wang[7], and Sung Jin Yang[4].

ABSTRACT

A geophysical survey was conducted in the East China Sea and the Yellow Sea between 12 October and 29 November 1968 aboard R/V F. V. HUNT. Joint participation of scientists from the Republic of China, the Republic of Korea, and Japan with American scientists was provided through ECAFE (Committee for Co-Ordination of Joint Prospecting for Mineral Resources in Asian Offshore Areas). The survey covered a region that is about equal to the combined areas of Texas, Oklahoma, and New Mexico or of Southeast Asia (Vietnam, Laos, Cambodia, and Thailand).

The shallow sea floor between Japan and Taiwan appears to have great promise as a future oil province of the world, but detailed seismic studies are now required. Afterward, the final test must be made by offshore drilling.

Neogene in age. The age of at least the upper strata is indicated by the presence of Neogene rocks, generally folded, on islands of the Goto Group near Kyushu, on Senkaku Island, and on Taiwan. In addition, 27 dredge samples of the continental shelf between Japan and Taiwan contain fossils or rock types of Neogene age. Evidently, Neogene strata forms a thick blanket beneath the continental shelf of the East China Sea.

圖 131：聯合國之東海調查報告
此乃發表於 1969 年的聯合國東海調查報告的首頁與關鍵段落，報告指出東海含有豐富的石油資源，這成爲誘發釣魚臺爭端的重要原因。

國、日本、韓國和臺灣四方的聯合考察團對東海和黃海進行了更大規模的考察。儘管是聯合考察團，但美國顯然是爲首以及最重要的一方，首席科學家爲 John M. Wageman，其他主要科學家都是美國人，埃默里爲顧問科學家。船隻和儀器也全部由美方提供。行程分爲三段，長達一萬二千公里。每一段行程有相關國家的科學家參與。臺灣方面，在相關行程參與的，是來自國立臺灣大學的 C.S. Wang 和中國石油公司的 C.Y. Meng。

此次聯合考察的報告，發表於一九六九年五月，名爲《黃海及中國東海地質構造及海水性質測勘》（*Geological Structure and Some Water characteristics of the East China Sea and the Yellow Sea*），這就是通常稱呼的「聯合國一九六九年的報告」[503]。報告指出（圖 131）：考察團相信大陸棚和黃海海底有極大可能蘊含石油和天然氣，因此是最重要的地區；而日本和臺灣之間，即臺灣東北方大約二十萬平方公里的地方，則有成爲世界級的擁有豐厚儲量的產油區；「但目前所急需進行者，是進一步詳細地震測量工作及研究，再透過近岸鑽探去確認」。臺灣東北方的這個地點，位於下圖所示圈出的深色的「臺灣盤地」內，而釣魚臺則位於附近那一條稱爲 Taiwan-*Sinzi* 的折疊帶上（圖132）。按照文中描述，釣魚臺和這個可能的產油地距離甚近。文中在提及這個地帶的時候，還專門提到了釣魚臺（Senkaku Islands）。

在這個事件中，爲他人作嫁衣的美國人，不知道自己又做了一件躺著中槍的事。不知道是否巧合，從此釣魚臺進入了多事之秋。

六・二　美日關於歸還琉球群島的協議

美國琉球政府在一九六九年十一月達成協議，將於一九七二年把琉球歸還日本。這並不是一時興起，而是長期鬥爭的結果。

從《舊金山和約》開始，日本就擁有了對琉球群島的「剩餘主權」。這個剩餘主權，保證了日本日後可以重新收回琉球群島的權利。五〇到六〇年代，日本對琉球群島的剩餘主權，在多次聲明中反復提起。一九五七年六月二十一日，艾森豪和岸信介聯合聲明：「總理大臣強調日本國民對琉球及小笠

【503】 https://www.gsj.jp/data/ccop-bull/2-01.pdf

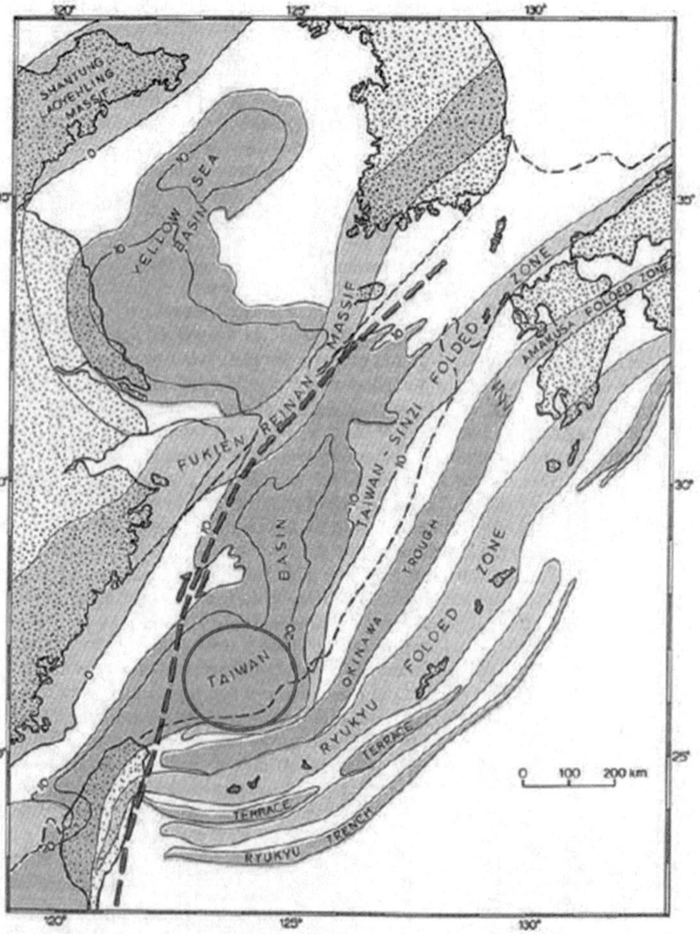

'igure 17. Generalized pattern of ridges and of troughs, basins, and trenches in the East China Sea and vicinity based upon the results of the cruise of R/V F. V. HUNT and previous information. Contours indicate sediment thickness (hundreds of meters) beneath the Yellow Sea and the continental shelf.

圖 132：1969 年 5 月發表之論文中談及釣魚臺一帶可能蘊藏石油
圖片來源與這份聯合國公開報告。

原群島的施政權歸還日本的強烈願望，總統再次重申日本對這些諸島擁有潛在主權這一立場，然而他指出只要遠東有威脅和緊張的狀態存在，美國將繼續對目前的狀態做必要的維持……」[504]。一九六一年六月二十二日，甘迺迪和池田勇人發表《日美聯合聲明》，再次提及琉球的前途：「總統和總理大臣就涉及美國管理之下，同時日本保有潛在主權的琉球和小笠原群島諸事項，交換了意見。」[505]這都證明美國一直遵守了《舊金山和約》的協定。

早在美國佔領沖繩開始，就有沖繩人組織的日本復歸促進期成會的建立（一九五一）。由於奄美群島在歷史上和日本九州關係密切，因此回歸日本的意願更為強烈。這導致在一九五三年，美國同意先把奄美群島交還日本。

一九六〇年，沖繩縣「祖國回歸協議會」成立，積極推動回歸日本。當時沖繩的前途有三種可能的選項：或繼續由美國統治，或回歸日本，或琉球獨立。當中以回歸日本派別聲音最為強烈。同時日本也在積極向美國爭取琉球回歸日本。甘迺迪政府時期發布的《凱森報告》（一九六一年）建議「發表承諾最終返還沖繩島聲明，但不採取以返還為前提的具體政策」。根據這份報告，一九六二年三月十九日甘迺迪聲明，公開「承認沖繩群島為日本領土的一部分」，「一旦自由世界的安全利益允許，將全面恢復日本的主權」[506]。

[504] 本節引用的史料，均引自崔丕《《美日返還沖繩協定》形成史論》，歷史研究，二〇〇八，第二期，一六四—一九二頁。

[505] 同上。

[506] 同上。

到了六〇年代中後期，琉球的反美情緒在增長，日本以積極支持美國的越南政策和承擔海外防務費用爲交換，希望美國儘快返還琉球。琉球的前途問題成爲不得不解決的問題。於是一九六七年十一月十五日，詹森和佐藤榮作的聯合聲明中，首次提到了返還琉球的時間表：「總理大臣強調，歸還沖繩施政權是日本政府和國民的強烈願望，這個問題，相信在日美兩國政府和兩國國民相互理解和信賴的基礎上，定能得到迅速而妥善地解決。總理大臣還強調兩國政府應該在最近兩、三年內，商定一個雙方均感滿意的歸還時間。總統說，非常理解日本國民要求這些島嶼復歸本土的迫切願望。」[507]

一九六八年，琉球進行的第一次由琉球居民直接選舉產生的行政主席選舉。行政主席是琉球本土權力最高的官員，權力僅僅在美國委任的琉球總督之下。這次選舉中，琉球的前途問題是最重要的議題，因此也被視爲對琉球命運的一次民意公投。結果支持琉球回歸日本的屋良朝苗當選。因此，琉球回歸日本在六〇年代末，已經成爲琉球社會的主流共識，琉球回歸也就成爲不可阻擋的趨勢。

六〇年代末，美國開始考慮把整個琉球交還日本的可能性。一九六九年十一月二十一日，尼克森和佐藤榮作的聯合聲明中，明確表示開始啓動沖繩返還的具體細節談判：「討論結果，雙方一致認爲，把沖繩施政權歸還日本的協定是符合日美兩國共同的安全保障利益的。因而，雙方商定，在不損害包括日本在內的遠東安全的情況下，兩國政府立即就具體達成早日歸還沖繩的協定進行協商。」[508]

美日雙方開始就返還的細節進行談判。從現有的資料看，美方最關心的有幾點：第一是延長《美日安保協定》，其次是在沖繩繼續保留駐軍，第三是核武器的儲存，最後是相關的費用問題。在談判早期（臺灣提出釣魚臺問題之前）並沒有提及釣魚臺問題。顯然，在美日談判的最開始，釣魚臺作爲琉球疆界中的一部分隨著琉球而返還日本，是一件不需要討論的事。

一九七一年四月九日，美國國務院聲明琉球將於一九七二年歸還日本。一九七一年六月十七日，美國和日本正式簽訂了把琉球群島返還日本的《沖繩返還協定》（*Agreement between the United States of America and Japan Concerning the Ryukyu Islands and the Daito Islands*）[509]，規定在一九七二年五月十五日，把美國根據《舊金山和約》第三條所得到的琉球地區的行政、立法和仲裁權返還給日本。在此之前，吐噶喇列島、奄美群島和小笠原群島已經相繼返還日本。在《沖繩返還協定》附屬文件中以經緯度的形式詳細規定了返還的琉球領土的地界，與一九五三年第二十七號法令的一樣，包含了釣魚臺[510]。至此，美國在二戰後管治的日本領土全部交還日本。

把琉球返還日本的決定，既符合《舊金山和約》中日本領有剩餘主權的原則，也代表了當時沖繩人民的意願。北京政府一直支持琉球返還日本，而民國政府在一九五三年，對美國返還奄美大島時候的備忘錄，也聲稱：「惟願見琉球居民之眞實願望完全受到尊重，彼等必須獲得選擇其自身前途之機

[507] 同上。

[508] 同上。

[509] 文本見 http://www.ioc.u-tokyo.ac.jp/~worldjpn/documents/texts/docs/19710617.T1E.html

[510] 原文爲："The territories defined in paragraph 2 of Article I are the territories under the administration of the United States of America under Article 3 of the Treaty of Peace with Japan, and are, as designated under Civil Administration Proclamation Number 27 of December 25, 1953, all of those islands, islets, atolls and rocks situated in an area bounded by the straight lines connecting the following coordinates in the listed order." 接著的列表中規定了詳細的坐標爲：(28°N, 124°40'E), (24°N, 122°E), (24°N, 133°E), (27°N, 131°50'E), (27°N, 128°18'E), (28°N, 128°18'E), and (28°N, 124°40'E)。UN Treaties and other International Agreements vol. 23, pt. 1 (1972)。

會」[511]。儘管琉球不是聯合國託管地，此舉符合聯合國關於託管地自決的原則，也符合國際社會關於琉球問題的共識。因此這個協定無疑是合法的。唯一提出異議的是中華民國。但是其語氣也是相當的保守，而且其目的並不是爲了琉球群島，而是爲了釣魚臺（見下一節）。

六・三　釣魚臺問題產生之始

日本方認爲，中國聲稱釣魚臺主權是因爲一九六八年在釣魚臺附近發現了油田。中國也稱，日方爲了釣魚臺的石油才聲稱釣魚臺主權。各方政府都不會承認自己爲了石油利益而爭奪釣魚臺，以免喪失道德高位，但這不妨礙依據歷史和檔案，對這一問題進行分析。

在聯合國的聯合勘查行動之前，日本民間在新野弘的主張下，已經對東海一帶的石油資源感興趣。在一九六九年五月報告公佈之後，日本政府進一步加強這方面的投入。在同年五月三十日和一九七〇年五月二十五日，接連進行了兩次「尖閣列島周邊海底地質調查」。一九六九年八月公佈的《第二次尖閣列島周邊海底地質調查報告書》指出，釣魚臺海域的沉積岩厚度甚至比預期中的厚，因此也提高了蘊藏石油和天然氣的可能性[512]。

日本是周邊國家除美國外，最早預言釣魚臺一帶有石油儲備的，也是除美國外，對這個地區勘探最多的國家。中國大陸、臺灣和韓國等，在東海石油勘探方面，都遠遠落於日本。日方顯然是因爲釣魚臺附近發現石油而對釣魚臺關注大增。但是，在發現石油之前，釣魚臺一直在美琉政府治下，日本也一向把釣魚臺視爲自己的（有剩餘主權的）領土。中國方面指責日本「因爲石油而聲稱對釣魚臺主權」並沒有任何道理。日本對釣魚臺的勘探，反而可以理解爲對本國領土資源開發的熱情。

儘管在一九六九年之前，臺灣從來沒有對釣魚臺一帶的石油資源開發進行勘探，但臺灣也關注著日本在釣魚臺附近的活動。一九六八年二月，外交部條約司副司長國剛撰寫了《尖閣群島與石油問題之研究》一文，他首先承認「（釣魚臺）自第二次世界大戰後，即由美國劃入其管理琉球之範圍內，我政府目前尚無主張該群島主權之有力證據……」；接著認爲琉球和釣魚臺之間，有琉球海溝（實是沖繩海槽），故在地理上，臺灣與釣魚臺的關係較琉球近；因此他強調這種地理關係，並從《大陸礁層公約》出發主張對釣魚臺一帶的大陸礁層的開發權利是政府的最佳選擇[513]。根據這份報告，臺灣政府從聲稱其爲領土、聲稱其在領海範圍內、以及主張大陸礁層開發權，這三個候選方案中挑選了後者[514]。可見，臺灣最早關注釣魚臺的問題，純粹是出於石油利益，而非主權關係。

臺灣自知在領土主權上證據不足，還可以從其內部會議的記錄中看出來。在一九六八年十一月七日，臺灣外交部和經濟部，召開應對日本在釣魚臺海域考察之會議，外交部亞東司副司長作了代表外交部的發言。他認爲「尖閣列島雖靠臺灣甚近，以往我對該島似無任何行政措施，除非內政部有具體

[511] 前引註411。

[512] 前引註502。

[513] 自《釣魚臺問題之項目報告及研究案》，《外交部檔案》，602/0020，頁二〇〇，六八一—六八三。轉引自任天豪《從外交部檔案看釣魚島問題之由來》，沈志華，唐啓華主編《金門：內戰與冷戰》，九州出版社，北京，二〇一〇，三四三頁。

[514] 《外交部檔案》，602/0020，二〇〇七六六頁。轉引自同上。

資料證明，我國主權曾在該地區行使，我自不能將此等島嶼與南沙西沙諸群島相提並論。」又承認在該年稍早，琉球政府曾透過美國駐華大使館，向臺灣交涉漁民越境捕魚和興南工程所在黃尾嶼打撈諸事，而其後，臺灣亦分別按照美方要求處理之事實。因此對釣魚臺的態度，要主張主權毫不樂觀，應該先進行調研和歸劃爲上。此觀點得到與會人員贊同[515]。

在此之後，臺灣在政府內部，開始對釣魚臺進行了正名活動，在公文和地圖中，尖閣群島的名稱被釣魚臺列嶼所正式代替。但即便如此，臺灣的態度仍然停留在爭奪資源開發權之上。在一九六九年七月十七日，發表開發大陸礁層天然資源的聲明，當中聲稱：

中華民國係一九五八年，聯合國海洋法會議通過之大陸礁層公約之簽約國，茲爲探測及開發天然資源之目的，特照該公約所規定之原則，聲明中國民國政府對於鄰接中華民國海岸，在領海之外的海床及底土，均得行使主權上之權利。[516]

儘管這裡還沒有提到釣魚臺，但其目的是非常清楚的。自始，臺灣積極開始準備在東海的開採事宜，並在法律和實踐上爲爭奪釣魚臺做準備。在法律上，臺灣雖然早在一九五八年就是大陸礁層協議的簽約國，但是長時間一直沒有立法批准。直到臺灣有意釣魚臺之後，才在一九七〇年八月二十一日，立法通過批准協議，成爲了第四十二個締約國。在實踐上，臺灣也和諸多外國公司談判，計畫聯合勘探東海海底資源。在一九七〇年九月三日，臺灣公佈《海域石油礦探採條例》，並批准中國石油公司和美國海灣石油公司等七間公司，在釣魚臺海域合作探勘開採石油，其核准合作探採的海域覆蓋了除釣魚臺三海里領海之內的釣魚臺海域。其中最接近釣魚臺的一個油井，距離釣魚臺只有四十海里。

由此基本可以肯定，臺灣對釣魚臺的興趣，完全源於石油資源。儘管臺灣辯稱對釣魚臺有意，是因爲美國要把釣魚臺歸還日本，與石油資源無關。但是早在五六〇年代，美國已經多次宣佈日本有琉球群島的剩餘主權，而且明確表示琉球群島最終會被返還日本。一九六七年，詹森總統甚至已經說明了返還琉球的時間表。這裡的琉球群島顯然都包括了釣魚臺。可見，臺灣一早就已經知道釣魚臺會隨著琉球歸還日本，但是在釣魚臺海域可能蘊藏石油的報告之前，臺灣從來沒有表示對釣魚臺的主權意圖。

日本得知臺灣對釣魚臺的舉動，於是在一九七〇年七月十八日照會臺灣外交部，聲稱對於中華民國在大陸礁層所設定的石油開發區域，日本認爲係中國政府的片面主張，在國際法上並非有效。八月十九日臺灣外交部答覆，認爲日本「對於臺灣以北鄰近我國海岸之大陸礁層上突出海面之礁嶼所作領土之敘述及主張，我政府不能同意，並認爲我政府有在該海域探勘與開採之權。」至始，儘管在外交公文紙面上都沒有明確提到釣魚臺，但是日本和臺灣之間對釣魚臺的爭議，已經非常明顯了。

這時民間的保釣力量開始對政府產生壓力。在七月，已經有民間人士和團體向政府去信，要求爭取對釣魚臺的主權。但此時，臺灣還是希望盡力避免外交爭端。在八月二十八日，外交部條約司擬就

[515]《外交部檔案》602/0020，五〇〇一〇四—一〇七。轉引自同上。

[516] 臺灣，外交部歷年來就大陸礁層問題之聲明一覽表，http://www.mofa.gov.tw/

的《尖閣群島案說帖》中，認爲釣魚臺問題「應該與琉球群島問題分開處理，不同意美國於一九七二年，將該群島移交日本」[517]但是仍然沒有提出釣魚臺主權屬臺灣的問題。一九七〇年九月二日，《中國時報》記者登上釣魚臺，這一事件大大地推進了釣魚臺問題的社會化。與臺灣的民主運動相結合，在北美留學生、臺灣和香港掀起第一次保釣運動（見八・一），給政府施加莫大的壓力。由此，臺灣政府的政策，不得不從爭奪資源轉爲爭奪領土主權[518]。

九月四日，臺灣外交部部長魏道明，在立法院秘密會議上，聲明釣魚臺屬於中國。統一認識之後，外交次長沈昌煥於九月十五日，向美國駐華大使館提交聲明，「就歷史、地理及條約各方面，說明釣魚臺列嶼與我國關係，否認日本對該列嶼的主權主張」。接著在十月二十三日，又對日本駐華大使說明「釣魚臺列嶼原係臺灣附屬島嶼之一，絕非日本領土」。這是中國第一次在外交場合，正式提出釣魚臺是中國領土的聲明。在十二月一日，臺灣外交部擬就另一份釣魚臺報告《關於釣魚臺列嶼（即日稱尖閣列島）主權問題之研析》[519]，第一次總結了臺灣對釣魚臺的主權證據，特別是加入了歷史證據和對戰後臺灣不主張釣魚臺主權的解釋，這也是外長魏道明在七〇年代初的說法的來源（見五・一一）。

可見，臺灣提出釣魚臺問題，主要經歷兩個階段，首先是因爲石油問題而對釣魚臺海底礁層產生興趣，但這時臺灣還不欲提出主權爭議。直到一九七〇年九月初，臺灣記者登上釣魚臺後，在民眾壓力之下，才把目標從資源轉向主權之爭。

在臺灣和日本出現釣魚臺紛爭之後，美國的態度就至關緊要。由於日本和臺灣都是美國的盟國，美國要盡力平息紛爭，但同時亦要避免給任何一方留下偏袒對方的印象。

一九七〇年八月三十一日，琉球立法院通過十二號和十三號決議，分別要求臺灣停止開發釣魚臺附近石油的計畫和要求美國維護琉球的利益。而同日琉球政府發表《關於尖閣列島的領土權》，聲明尖閣列島（即釣魚臺）是琉球領土，並表示它也屬於將來交還日本的領土之中[520]。同日美國召開的新聞發佈會，發言人回答了會上記者問的兩個涉及釣魚臺的問題。全文記錄如下[521]：

問：有報導稱中華民國的國旗在美國治下的琉球群島中的尖閣列島上升起。請問美國對尖閣列島以

---

[517]《外交部檔案》，602/0020，二〇〇八四七頁，前引註513。

[518] 任天豪，前引註513。

[519]《外交部檔案》，602/0020，頁二〇〇八二八—八三七。前引註513。

[520] 文本參見前引註502，一三四—一三九頁。

[521] 英文原文如下：

A: There have been news reports that the Republic of China flag has been raised over the Senkaku Islands which have been administered by the U.S. as part of the Ryukyu Islands. What is the U.S. Position regarding the future disposition of the Senkaku Islands?

Q: Under Article Ⅲ of the peace treaty with Japan, the U.S. has administrative rights over the "Nansei Shoto." This term, as used in that treaty, refers to all islands south of 29 degrees north latitude, under Japanese administration at the end of the second world war, that were not otherwise specifically referred to in the treaty. The term, as used in the treaty, was intended to include the Senkaku Islands. Under the treaty, the U.S. government administers the Senkaku Islands as a part of the Ryukyu Islands, but considers that residual sovereignty over the Ryukyus remains with Japan. As a result of an agreement reached by President Nixon and Prime Minister Sato in November 1969, it is anticipated that administration of the Ryukyus will revert to Japan in 1972.

A: What would the U.S. postion be if a conflict acrose over sovereignty over the Senkaku Islands ?

Q: With respect to any conflicting claims, we consider that this would be a matter for resolution by the parties concerned.

後的地位有何看法？

答：在《舊金山合約》第三條的規定下，美國擁有南西群島的管治權。這個地理名詞，在條約的應用中，指的是所有在北緯二十九度以南，在二戰結束之前被日本統治的而不另外特別規定的所有島嶼。這個地理名詞，在條約的應用中，有意識地包含了尖閣列島。在這個條約之下，美國政府管治了作爲琉球群島一部分的尖閣列島，但認爲日本保有琉球群島的剩餘主權。在美國尼克森總統和日本佐藤榮作首相在一九六九年十一月達成的協議中，琉球的管治權將在一九七二年返回日本。

問：美國政府在一旦發生有關尖閣列島的主權衝突時，將採取何種立場？

答：在有關主權衝突問題上，我們認爲這是有關方面自行解決的問題。

美國回答的主要觀點是：在《舊金山和約》第三條中所提及的「南西諸島」，包括了釣魚臺，根據該和約，美國把釣魚臺作爲琉球群島的一部分進行管治，但是美國認爲日本擁有琉球群島的剩餘主權。美國認爲有關的主權爭議，應該由各方自行解決。

顯然，這是一個表面上中立，但是實質上更加偏向日本的態度。首先，這個聲明承認根據《舊金山和約》，釣魚臺屬於南西群島，是美琉政府管治的一部分；其次，它承認琉球的管治權需要在一九七二年歸還日本；第三，它承認《舊金山和約》中，日本對琉球有剩餘主權。這三點足夠保證釣魚臺需要在一九七二年交給日本，並在主權爭議的國際法中讓日本佔據上風（因爲日本有剩餘主權）。當然，最後它表示美國在主權爭議中表示中立，應該由各方自行解決，自己不會插手。這算是美國給臺灣的一個臺階。

同時，美國也向臺灣和日本遊說。在美國調停之下，一九七〇年十一月，日本和臺灣雙方也達成了「共同開發」的共識。臺灣、日本和韓國達成了一項聯合開發黃海和東海的協定。

六・四 中國大陸加入爭奪釣魚臺

在這一輪紛爭中，中國大陸沒有加入。這並不難理解，北京政府在建國二十一年來，從來沒有提及過釣魚臺問題，而且大陸公民與釣魚臺也毫無關係（臺灣漁民等還在釣魚臺一帶活動），可以說二十一年來，北京和釣魚臺沒有任何交集。在釣魚臺附近發現石油資源和臺灣就釣魚臺向美日提出交涉之後，北京政府才開始關注釣魚臺問題。

據褚靜濤文章《竺可楨師徒兩岸共保釣魚島》[522]指出，北京最早開始關注釣魚臺的來龍去脈是這樣的：一九六九年十一月四日，北京《參考資料》第四十三頁，刊出了「日修機關報公然把尖閣島（釣魚島）群島說成是沖繩縣海區」的消息。（注意，這裡的《參考消息》並不是現在大陸的《參考消息》這份報紙，而是當時只有一定級別的人士才能接觸到的內參。）地理學家竺可楨看到了這份內參，於是在十一月十一日致函國務院總理周恩來：「釣魚島在東海大陸架上」，「國際慣例以海深二百

[522] http://news.ifeng.com/mil/history/detail_2010_09/27/17952371_0.shtml

公尺以內為大陸架，毗連國家有權可以在海底開採礦產。而釣魚島與沖繩之間，卻隔有一千－二千米深海，所以從深度和距離看來，釣魚島附近石油開採權統應歸我國範圍。日本覬覦已非一日……我們目前雖忙於開發大陸的石油，無暇顧海上資源，但不能不為長遠著想。」最後他建議：「似乎此時我們應作一消息，聲明釣魚島地區油田開採權應屬於我所有，以為日後有必要時作為外交部正式抗議步驟。」這封信引起了毛澤東和周恩來等的注意，於是要求外交部高度關注釣魚臺一帶的事件。

這裡還需要注意的是，竺可楨根本不知道後來中國政府所主張的「釣魚島自古就是中國一部分」，他只是根據地理關係，認為釣魚臺附近的海底資源應該由中國擁有。可見，從一開始，北京政府對釣魚臺的關注，就是源於釣魚臺海域的石油資源。

由於中國大陸的檔案還沒有解密，無法知道周恩來等在接到竺可楨報告後是如何下決定的。但是從周恩來和鄧小平在中日建交及簽署和約後的言論來看，不難看出，資源是一個首要的考慮（見六・八，六・九）。除此之外，由於國民黨治下的臺灣已經向日本提出了釣魚臺的主權問題，在主權問題上不能落後於國民黨，也可能是一個考慮。這些因素導致了北京也準備提出對釣魚臺的主權要求。

但是中國政府也需要找一個切入點，以免給人貿然談及釣魚臺的印象。很快，這個機會就到來了。一九七〇年十一月二十五日，日本發生著名的三島事件。三島由紀夫是日本作家，聲稱要以武士道精神保衛天皇。十一月二十五日，他劫持陸上自衛隊高級軍官，並以此向八百多名軍官發表演說，企圖鼓動兵變，但是沒有獲得回應。於是他選擇切腹自殺，最後由其同黨砍頭而死。在北京政府看來這是「日本反動派」企圖「復活日本軍國主義」的行為。於是《人民日報》接連發表文章，對日本（政府）進行一輪大規模的抨擊，在抨擊的同時，也藉機帶出了北京對釣魚臺的聲音。

北京第一次提出釣魚臺問題，是一九七〇年十二月三日晚，北京電臺廣播聲稱：「尖閣列島並非琉球群島的一部分，而係屬於中國大陸之中國領土」[523]。在十二月四日《人民日報》在整版的抨擊日本軍國主義的文章中，出現一篇新華社三日訊《美日反動派陰謀掠奪中朝海底資源》的文章，內有「佐藤反動政府還在美帝國主義的支持下尋找各種藉口，企圖把包括釣魚島、黃尾嶼、赤尾嶼、南小島、北小島等島嶼在內的屬於中國的一些島嶼和海域，劃入日本的版圖。」[524]鑑於新華社和《人民日報》的官方喉舌地位，這篇文章可以視爲北京第一次對釣魚臺表達主權意圖。

值得一提的是，在這篇文章中，北京完全沒有提及臺灣和日本在釣魚臺問題的紛爭，反而指：「日本軍國主義勾結蔣（介石）朴（正熙）集團，準備『合作開發』中國臺灣省及其附屬島嶼周圍海域……」蔣介石實在太冤了，因爲北京政府日後在和日本建交後提出的設想，也是「共同開發」而已。這篇文章也顯示了北京對釣魚臺的關注點，北京政府第一次公開提出釣魚臺問題，就和海底資源相連結。結合較早前竺可楨的信，基本可以確認，海底石油資源正是北京政府提出釣魚臺問題的主要原因。

[523] 這引自臺灣外交部情報司轉引日本方面情報的史料，而非電臺廣播原文。原文大概是七月四日《人民日報》所刊登的新華社文章。

[524] 《人民日報》，12/03/1970。

六・五 美國對中國大陸的讓步

美日、美臺和美韓都有軍事同盟，所以在根本上說來，都是「自己人」，衝突屬於可控範圍。但是中國大陸加入後，形勢爲之一變。儘管中國當時的軍事力量不足以對釣魚臺產生威脅，但美國認爲有可能拉攏中國對抗蘇聯，並不想在這時另起紛爭，於是爲了總體利益（對抗蘇聯），美國決定作出讓步。

讓步有兩個表現：第一，美國政府向本國石油公司施加壓力，使得諸石油公司紛紛退出和臺灣的合作計畫。臺灣不得不放棄在釣魚臺附近開採石油的計畫。日本和韓國也擱置了東海和黃海的開採計畫（在一九七四年，兩國另行簽訂協議）。第二，儘管琉球返還日本的談判還繼續進行，而釣魚臺也一直在計畫之中。但是美國作出了在釣魚臺問題上，琉球歸還計畫只牽涉管治權，而不牽涉主權的決定。

一九七一年六月十七日，美國和日本正式簽訂了把琉球群島返還日本的《沖繩返還協定》（*Agreement Between the United States of America and Japan Concerning the Ryukyu Islands and the Daito Islands*）。第一款爲：

(1)有關琉球群島和大東群島，如以下第二條中所規定，在本條約生效之日開始，美國放棄其在一九五一年九月八日所簽訂的《舊金山和約》第三條中規定的所有權利和利益並轉交日本。日本，在此日期之後，在這些島嶼的領土和居民，將繼承完整的責任與權利，以行使所有及任何行政、立法和仲裁的權力。

(2)在此協議當中，琉球群島和大東群島指的是除去根據美國和日本分別於一九五二年十二月二十四日和一九六八年四月五日簽署的協議而已經返還給日本的奄美群島和南方諸島以外的，根據《舊金山合約》第三條中所規定的由美國行使全部和任何行政、立法和仲裁的所有領土及其領海。[525]

(1) *With respect to the Ryukyu Islands and the Daito Islands, as defined in paragraph 二 below, the United States of America relinquishes in favour of Japan all rights and interests under Article III of the Treaty of Peace with Japan signed at the City of San Francisco on September 8,1951, effective as of the date of entry into force of this Agreements. Japan, as of such date, assumes full responsibility and authority for the exercise of all and any powers of administration, legislation and jurisdiction over the territory and inhabitants of the said islands.*

(2) *For the purpose of this Agreement, the term "the Ryukyu Islands and the Daito Islands" means all the territories and their territorial waters with respect to which the right to exercise all and any powers of administration, Iegislation and jurisdiction was accorded to the United States of America under Article 3 of the Treaty of Peace with Japan other than those with respect to which such right has already been returned to Japan in accordance with the Agreement concerning the Amami Islands and the Agreement concerning Nanpo Shoto and Other*

---

[525] http://www.ioc.u-tokyo.ac.jp/~worldjpn/documents/texts/docs/19710617.T1E.html

Islands signed between Japan and the United States of America, respectively on December 24,1953 and April 5, 1968.

第一條規定，從條約生效日開始，日本繼承美國在琉球群島和大東群島上的完全責任和權力，包括行政、立法和司法權，裡面沒有提主權字句。第二條規定，歸還的範圍是美國根據《舊金山和約》第三條而取得的擁有管治權的領土及其領海，其中包括釣魚臺。

一九七一年九月，美國參議院就釣魚臺問題舉行聽證會。國務卿羅傑斯（William Rogers）的助理斯塔爾（Robert Starr）在十月二十日給參議院的信中表示：

> 在琉球返回協議的條款中包括尖閣列島……美國相信把從日本手中接收的對這些島嶼的行政權歸還日本，並不影響有關的主權爭議。美國無法增加在日本把這些管治權轉交給美國之前的日本的法律權利，美國亦無法透過歸還從日本接收的（管治權），減少其他聲索國的權利。美國沒有對尖閣列島提出過主權要求，並且認爲有關主權的爭議，應該由爭議方自行解決。

" *the terms and conditions for the reversion of Ryukyu Islands, including the Senakus...The United States believes that a return of administrative rights over those islands to Japan, from which the rights were received, can in no way prejudice any underlying claims. The United States cannot add to the legal rights Japan possessed before it transferred administration of the islands to us, nor can the United States, by giving back what it received, diminish the rights of other claimants... The United States has made no claim to the Senkaku*

Islands and considers that any conflicting claims to the islands are a matter for resolution by the parties concerned." [526]

美方的意見如下：(1)釣魚臺包含在琉球返還協定的琉球群島之中。(2)美國只歸還琉球群島的行政權，美國不能增加也不能減少日本在之前和之後對這些島嶼的權利。(3)美國對釣魚臺沒有主權要求，有關爭議應由爭議方之間解決。其主張和一九七〇年十一月的發佈會上的基本一樣，新增的讓步是沒有提及剩餘主權，但也沒有否定日本的剩餘主權。在表達上算是再對中國退讓了一步。

參議院最後的報告指出：

> 中華民國，中華人民共和國和日本，就這些島嶼的主權發生爭議。美國國務院的立場爲美國在這些島嶼上的權利完全源於《舊金山和約》，美國從中獲得的，僅僅是管治權而不是主權。因此，美國把這些管治權利轉移給日本的行動，不構成主權的轉移，也不影響其他爭議方對此的主權主張。委員會重申美日之間的條約（即返還沖繩協議）並不影響各國對尖閣列島或釣魚島的主權主張。
>
> *The Republic of China, the People's Republic of China and Japan claim sovereignty over these islands.*

[526] Mark E. Manyin, Senkaku (Diaoyu/Diaoyutai) Islands Dispute: U.S. Treaty Obligations. Congressional Research Service. 2012. http://fpc.state.gov/documents/organization/198821.pdf

The Department of State has taken the position that the sole source of rights of the United States in this regard derives from the Peace Treaty under which the United States merely received rights of administration, not sovereignty. Thus, United States' action in transferring this rights of administration to Japan does not constitute a transfer of underlying sovereignty nor can it affect the underlying claims of any of [the] disputants. The Committee reaffirms that the provisions of the Agreement do not affect any claims of sovereignty with respect to the Senkaku or Tiao-Yu Tai Islands by any state.[527]

參議院的報告基本上按照國務院的論調：(1)根據條約，美國在琉球只有管治權而沒有主權；(2)美國向日本轉移的，是管治權而不是主權；(3)這個轉移行爲不影響各方對釣魚臺的主權要求。從這裡可以看出，美國確實對中國作出讓步。在實際上，美國施加壓力，令日本、臺灣和韓國擱置了東海和黃海的開採計畫；在口頭上，美國決定在表述上，只承認歸還管治權，而主權則不包括在內。但是，釣魚臺畢竟交給了日本，而且美國沒有否認日本享有的剩餘主權。

六・六　中日臺三方的反應

臺灣和北京都發表聲明，抗議美國和日本間的協定。臺灣在一九七一年六月十一日，美日簽訂協定之前發表聲明[528]。第一條關於琉球群島，「不滿」美國未經和臺灣協商，就把琉球交還日本。第二條關於釣魚臺，全文如下：

愕。

㈡關於釣魚臺列嶼：中華民國政府對於美國擬將釣魚臺列嶼隨同琉球群島一併移交之聲明，尤感驚

該列嶼係附屬臺灣省，構成中華民國領土之一部分，基於地理地位、地質構造、歷史連結以及臺灣省居民長期繼續使用之理由，已與中華民國密切相連，中華民國政府根據其保衛國土之神聖義務，在任何情形之下，絕不能放棄尺寸領土之主權。因之，中華民國政府曾不斷通知美國政府及日本政府，認為該列嶼基於歷史、地理、使用及法理之理由，其為中華民國之領土，不容置疑，故應於美國結束管理時交還中華民國。現美國逕將該列嶼之行政權與琉球群島一併交予日本，中華民國政府認為絕對不能接受，且認為此項美日間之移轉，絕不能影響中華民國對該列嶼之主權主張，故堅決加以反對，中華民國政府仍切盼關係國家尊重我對該列嶼之主權，應即採取合理合法之措置，以免導致亞太地區嚴重之後果。

北京在一九七一年十二月三十日，美日簽訂協定後半年才發表聲明，在《人民日報》十二月三十一日頭版頭條刊登[529]。在琉球問題上，北京的態度為支持美國返還琉球：

[527] 同上。

[528] 關於釣魚臺列嶼是中華民國領土之聲明，《中央日報》，06/12/1971。

[529] 中華人民共和國外交部聲明，《人民日報》，12/30/1971。

中國政府和中國人民一貫支持日本人民爲粉碎「歸還」沖繩的騙局，要求無條件地、全面地收復沖繩而進行的英勇鬥爭，並強烈反對美、日反動派拿中國領土釣魚島等島嶼作交易和藉此挑撥中、日兩國人民的友好關係。

關於釣魚臺問題上，全文如下：

釣魚島等島嶼自古以來就是中國的領土。早在明朝，這些島嶼就已經在中國海防區域之內，是臺灣的附屬島嶼，而不屬於琉球，也就是現在所稱的沖繩；中國與琉球在這一地區的分界是在赤尾嶼和久米島之間；中國的臺灣漁民歷來在釣魚島等島嶼上從事生產活動。日本政府在中日甲午戰爭中，竊取了這些島嶼，並於一八九五年四月強迫清朝政府簽訂了割讓「臺灣及所有附屬各島嶼」和澎湖列島的不平等條約——馬關條約。現在，佐藤政府竟然把日本侵略者過去掠奪中國領土的侵略行動，作爲對釣魚島等島嶼「擁有主權」的根據，這完全是赤裸裸的強盜邏輯。

第二次世界大戰後，日本政府把臺灣的附屬島嶼釣魚島等島嶼私自交給美國，美國政府片面宣佈對這些島嶼擁有所謂「施政權」，這本來就是非法的。中華人民共和國成立後不久，一九五〇年六月二十八日，周恩來外長代表中國政府強烈譴責美帝國主義派遣第七艦隊侵略臺灣和臺灣海峽，嚴正聲明中國人民決心「收復臺灣和一切屬於中國的領土」。現在，美、日兩國政府竟再次拿我國釣魚島等島嶼私相授受。這種侵犯中國領土主權的行爲不能不激起中國人民的極大憤慨。

中華人民共和國外交部嚴正聲明，釣魚島、黃尾嶼、赤尾嶼、南小島、北小島等島嶼是臺灣的附屬島嶼。它們和臺灣一樣，自古以來就是中國領土不可分割的一部分。美、日兩國政府在「歸還」沖繩協定中，把我國釣魚島等島嶼列入「歸還區域」，完全是非法的，這絲毫不能改變中華人民共和國對釣魚島等島嶼的領土主權。中國人民一定要解放臺灣！中國人民也一定要收復釣魚島等臺灣的附屬島嶼。

日本在一九七二年三月發出《尖閣列島領有權的基本見解》，解釋了日本在釣魚臺的主張和依據[530]。全文如下：

自一八八五年以來，日本政府透過沖繩縣當局等途徑，多次對尖閣諸島進行實地調查，愼重確認尖閣諸島不僅爲無人島，而且沒有受到清朝統治的痕跡。在此基礎上，於一八九五年一月十四日，在內閣會議（「閣議」）上，決定在島上建立標樁，以正式編入我國領土之內。

從那時以來，在歷史上尖閣諸島便成爲我國領土南西諸島的一部分，並且不包含在根據一八九五年五月生效的《馬關條約》第二條由清朝割讓給我國的臺灣及澎湖諸島之內。因此，尖閣諸島並不包含在根據《舊金山和平條約》第二條我國所放棄的領土之內，而是包含在根據該條約第三條，作爲南西諸島的一部分被置於美國施政之下，並且根據於一九七一年六月十七日簽署的日本國與美利堅合眾國關於琉球諸島及大東諸島的協定（簡稱爲沖繩歸還協定），將施政權歸還給我國的地區之內。上述事實明確

[530] http://www.shanghai.cn.emb-japan.go.jp/cn/r-relations_cn.pdf

證明尖閣諸島作爲我國領土的地位。

另外，尖閣諸島包含在根據《舊金山和平條約》第三條由美國施政的地區，中國對這一事實從未提出過任何異議，這明確表明當時中國並不視尖閣諸島爲臺灣的一部分。無論是中華人民共和國政府，還是臺灣當局，都是到了一九七〇年後半期，東海大陸棚石油開發的動向浮出水面後，才首次提出尖閣諸島領有權問題。

而且，中華人民共和國政府及臺灣當局從前提出過的，所謂歷史上、地理上、地質上的依據等各類觀點，均不能構成國際法上的有效論據來證明中國對尖閣諸島擁有領有權的主張。

一年後，美國正式把琉球交還日本。北京和臺灣又再發出一輪聲明。由於沒有新意，這裡就不收錄了。

一九六九年五月公佈釣魚臺海域附近發現石油儲備，一九六九年十一月美國決定把琉球交還日本，而釣魚臺作爲琉球群島的一部分，被包括在被美國返回日本的領土之內。一九七〇年九月和十二月，中國兩岸才分別提出釣魚臺問題。這是中國歷史上第一次聲明中國擁有釣魚臺的主權。這距離釣魚臺第一次被日本官方勘查已經八十五年，距離被日本佔領已經七十五年，距離日本戰敗也已經二十五年。

兩岸政府都沒有明確解釋，爲什麼到了一九七〇年才對釣魚臺提出主權要求，而不是在二戰後，或者在《舊金山和約》之後，也不是美琉政府發佈琉球地界的法令之後就這樣做。從以上的分析可以看出，一九六八年在釣魚臺附近海底探測到石油，肯定是其態度轉變的一個重要因素。

美國方面認爲這個協定只牽涉到行政權，而不牽涉到主權。在外交場合，這自然是爲了應付中國方面的壓力。但是在法律方面，這個做法也是無懈可擊的。因爲在法律上，美國並沒有琉球的主權，只有管治權，也就是行政權，所以要歸還，也只能歸還行政權。其實美國認爲琉球的主權問題，一早已經解決，也就是日本擁有剩餘主權。從美國政府和國會的發言看，美國一直沒有否認這一點。

但無論如何，美國不去淌這個渾水，這種不表態的表態，爲中日臺三方都留下了模糊的空間。儘管各方都不滿意，比如日本認爲美國太過中立，沒有完全杜絕中國對釣魚臺的要求，等於背棄了自己的朋友；而中國大陸和臺灣則認爲美國偏袒日本，把釣魚臺實際交還到日本的手上。可是，站在美國的立場，大概也很難想出比這個更加好的方法。這樣做，儘管讓各方都不滿意，但是也不至於讓任何一方完全絕望。這既不用過分得罪中日兩方，也留下中日間一個爭議點，對美中日三方都是一個相對有利而平衡的做法。

六・七　中國對領土資料的全面修改

在宣佈中國對釣魚臺擁有主權之後，海峽兩岸都對地理資料進行全面的修改，以把釣魚臺在紙面上納入自己的領土當中。縱觀所有相關的文件、地圖和書籍，中國大陸和臺灣把釣魚臺納入自己名義上的領土，都是一九七一年以後的事。

臺灣方面

修改地圖和教科書。在一九七二年新版的張其昀主編的《世界地圖》的日本地圖上，把琉球和臺灣之間的分界線變向，並標註了中國的名字（圖133）。在中國地圖上標出釣魚臺，並以括弧加註爲（宜蘭縣廳）。在臺灣地圖上，以方框小圖的形式加上釣魚臺（圖134）[531]。

修改統計書。在一九七一年前的各版的統計書中，臺灣四至的最北都是彭佳嶼，最東都是花瓶嶼[532]。在一九七二年的版本中（圖135），把臺灣四至中的最北改爲釣魚臺，最東改爲赤尾嶼。而一九七一年正好是中國提出釣魚臺爭端的年分[533]。

臺灣教育部在一九七二年一月十日，發出教育部令中字第〇八一〇號，通知全國教育廳、全國公私立以上學校、國立編譯館等單位，釣魚臺已經歸入宜蘭縣。所以，教科書上的臺灣地圖和地理資料必須一律作出更改[534]。此後的臺灣地圖上都加上方框，另外畫出釣魚臺（圖136）。

北京方面

修改地圖。最早期的做法是在釣魚臺位置，標上數字一和二，並在圖例中註明一：釣魚島；二：赤尾嶼；國界線等一律維持不變（圖137）。顯然這是地圖來不及修改而採取的臨時措施，後來才變成了直接加上釣魚臺。

修改學術書籍。一九七〇年之前涉及釣魚臺的書籍在再版中也受被修改。比如前面提及的向達的《兩種海道針經》中，關於釣魚臺和釣魚嶼等的解釋，在二〇〇〇年版就作了修改（圖138）。可笑的是，中國的權威書籍，呂一燃主編的《中國近代邊界史》中，還指鹿爲馬，把它作爲一九七〇年前中國認爲釣魚島屬於中國的一部分的證據（圖139），公然學術造假[535]。

六・八　中日建交和中國對釣魚臺問題的迴避

由於中國備受北方蘇聯的壓力，急需得到以美國爲首的西方陣營的支持，而美國也希望拉攏中國對抗蘇聯。於是自七〇年代初起，美中逐漸接近。應該說，美中關係的緩和是雙方都有得益，但中方的修好需求更爲迫切。在一九七二年二月，美國總統尼克森訪問中國並和中國聯合發表了《上海公報》。

在美中修好的大環境之下，日本和中國大陸的修好也勢所必然。一九七二年七月，田中角榮上臺，表示充分理解北京所要求的復交三原則，即北京是代表中國的唯一政府，臺灣是中國的一部分，以及終止一九五二年的《中日和平條約》。這爲田中角榮九月底北京之行鋪平了道路。在田中訪華期間，中日商議恢復關係，北京爲了和西方世界建交以及取代臺灣的國際地位，也爲了表示北京政府的「大度」（不能比臺灣「小氣」），不惜在與日本的談判中做出很多讓步，比如不要求日本對二戰表示最正式的

---

[531] Kuo-Hua Yap, Yu-wen Chen & Ching-Chi Huang, The Diaoyutai Islands on Taiwan's Official Maps: Pre-and Post-1971, Asian Affairs: An American Review, 2012, 39:2, 90-105.

[532] 前引註489。

[533] 《臺灣省統計要覽》第三十一期，臺灣省政府主計處，一九七二，七頁。

[534] 前引註531。

[535] 呂一燃《中國近代邊界史》下卷，四川人民出版社，二〇〇七，一〇二四頁。

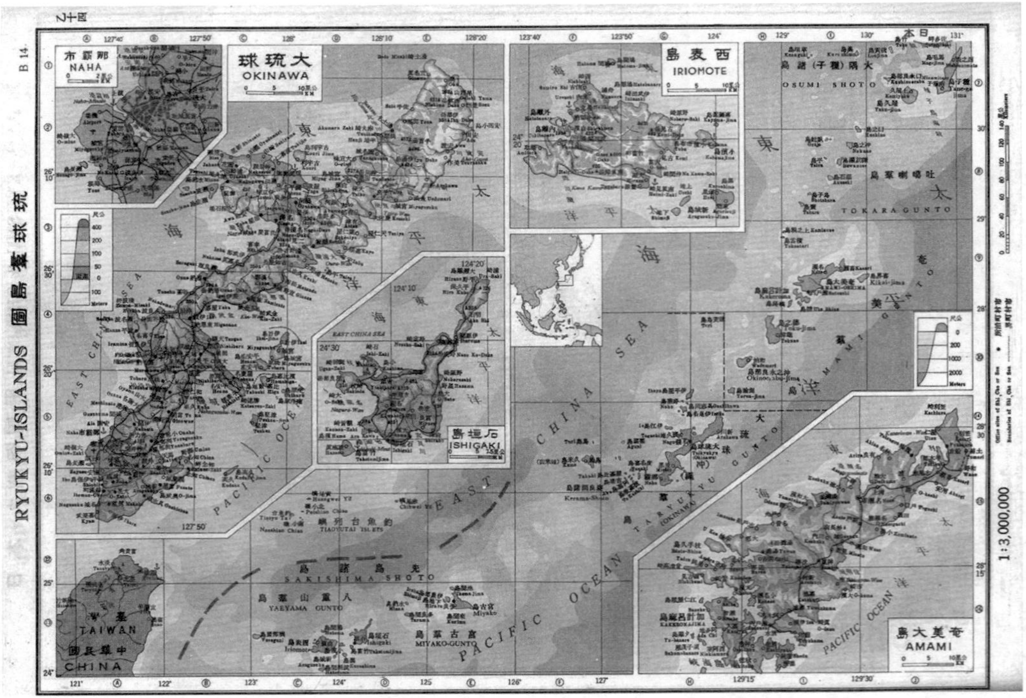

圖 133：1972 年臺灣國防研究院與中國地理學研究所出版的新版《世界地圖》這個版本把釣魚臺劃入中國國界（對照圖 116）。複製自原圖。

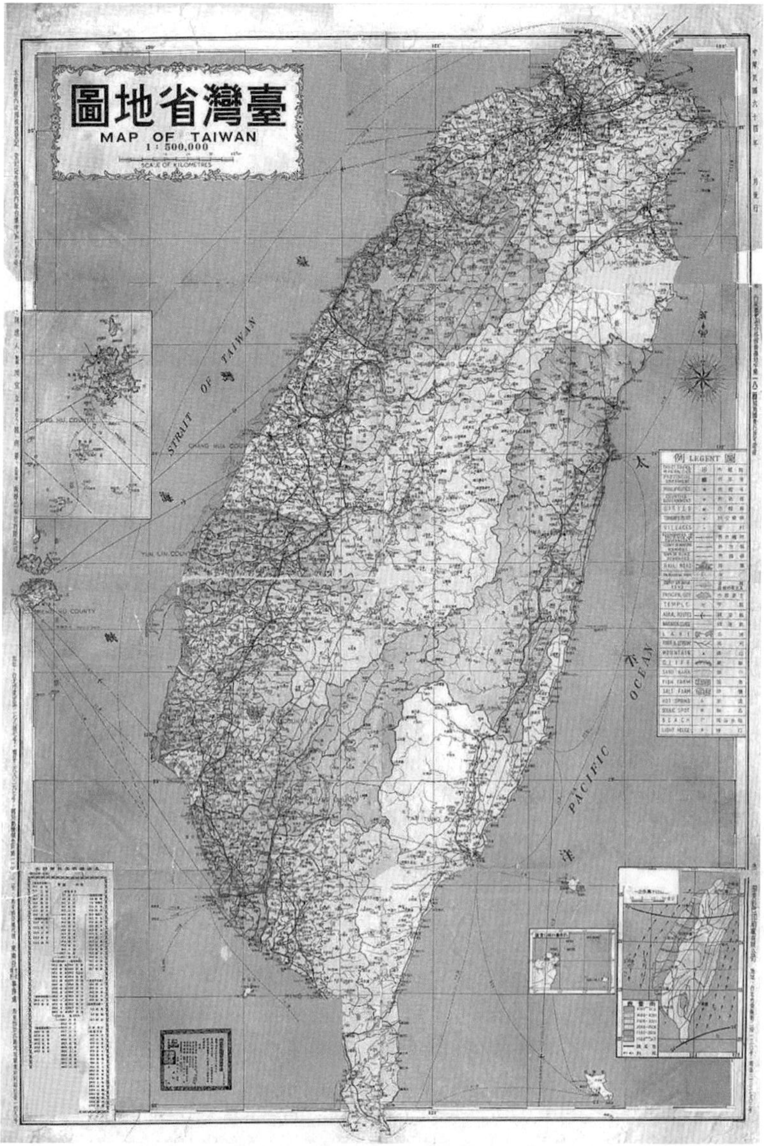

圖 134：1975 年中華民國南草出版公司出版之《臺灣省地圖》
這個地圖用方框把釣魚臺附在原臺灣地圖之上。複製自原圖。

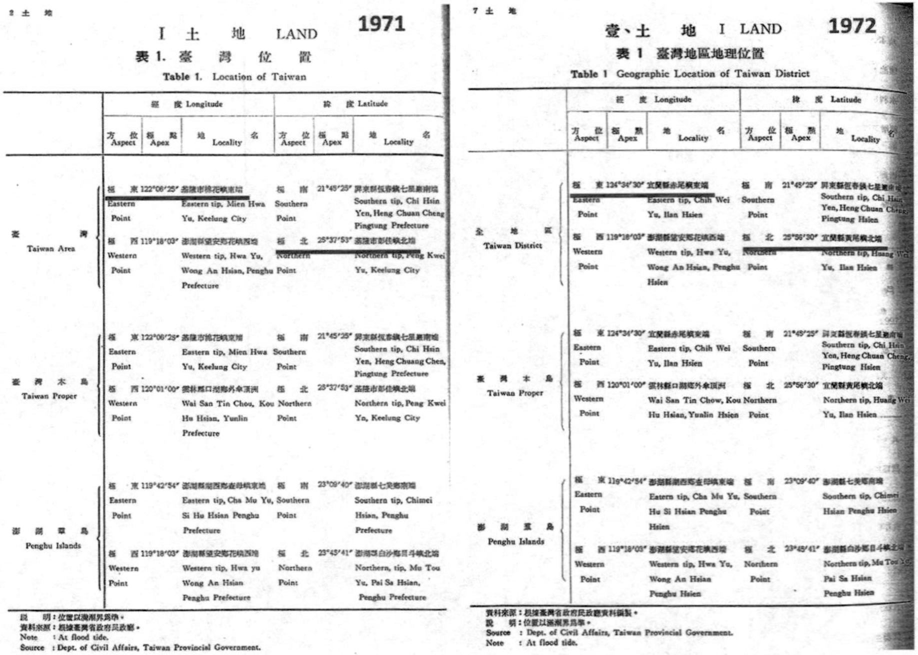

2 土 地

I 土 地 LAND **1971**

表 1. 臺 灣 位 置

Table 1. Location of Taiwan

	經度 Longitude			緯度 Latitude		
	方位 Aspect	極點 Apex	地名 Locality	方位 Aspect	極點 Apex	地名 Locality
臺灣 Taiwan Area	極東 Eastern Point	122°06′25″	基隆市棉花嶼東端 Eastern tip, Mien Hwa Yu, Keelung City	極南 Southern Point	21°45′25″	屏東縣恆春鎮七星巖南端 Southern tip, Chi Hsin Yen, Heng Chuan Cheng Pingtung Prefecture
	極西 Western Point	119°18′03″	澎湖縣望安鄉花嶼西端 Western tip, Hwa Yu, Wong An Hsian, Penghu Prefecture	極北 Northern Point	25°37′53″	基隆市彭佳嶼北端 Northern tip, Peng Kwei Yu, Keelung City
臺灣本島 Taiwan Proper	極東 Eastern Point	122°06′25″	基隆市棉花嶼東端 Eastern tip, Mien Hwa Yu, Keelung City	極南 Southern Point	21°45′25″	屏東縣恆春鎮七星巖南端 Southern tip, Chi Hsin Yen, Heng Chuang Chen, Pingtung Prefecture
	極西 Western Point	120°01′00″	雲林縣口湖鄉外傘頂洲 Wai San Tin Chou, Kou Hu Hsian, Yunlin Prefecture	極北 Northern Point	25°37′53″	基隆市彭佳嶼北端 Northern tip, Peng Kwei Yn, Keelung City
澎湖羣島 Penghu Islands	極東 Eastern Point	119°42′54″	澎湖縣湖西鄉查母嶼東端 Eastern tip, Cha Mu Yu, Si Hu Hsian Penghu Prefecture	極南 Southern Point	23°09′40″	澎湖縣七美鄉南端 Southern tip, Chimei Hsian, Penghu Prefecture
	極西 Western Point	119°18′03″	澎湖縣望安鄉花嶼西端 Western tip, Hwa yu Wong An Hsian Penghu Prefecture	極北 Northern Point	23°45′41″	澎湖縣白沙鄉目斗嶼北端 Northern, tip, Mu Tou Yu, Pai Sa Hsian, Penghu Prefecture

說　明：位置以滿潮界為準。
資料來源：根據臺灣省政府民政廳。
Note　: At flood tide.
Source　: Dept. of Civil Affairs, Taiwan Provincial Government.

7 土 地

壹、土 地 I LAND **1972**

表 1 臺灣地區地理位置

Table 1 Geographic Location of Taiwan District

	經度 Longitude			緯度 Latitude		
	方位 Aspect	極點 Apex	地名 Locality	方位 Aspect	極點 Apex	地名 Locality
全地區 Taiwan District	極東 Eastern Point	124°34′30″	宜蘭縣赤尾嶼東端 Eastern tip, Chih Wei Yu, Ilan Hsien	極南 Southern Point	21°45′25″	屏東縣恆春鎮七星巖南端 Southern tip, Chi Hsin Yen, Heng Chuan Cheng, Pingtung Hsien
	極西 Western Point	119°18′03″	澎湖縣望安鄉花嶼西端 Western tip, Hwa Yu, Wong An Hsian, Penghu Hsien	極北 Northern Point	25°56′30″	宜蘭縣黃尾嶼北端 Northern tip, Huang Wei Yu, Ilan Hsien
臺灣本島 Taiwan Proper	極東 Eastern Point	124°34′30″	宜蘭縣赤尾嶼東端 Eastern tip, Chih Wei Yu, Ilan Hsien	極南 Southern Point	21°45′25″	屏東縣恆春鎮七星巖南端 Southern tip, Chi Hsin Yen, Heng Chuan Cheng, Pingtung Hsien
	極西 Western Point	120°01′00″	雲林縣口湖鄉外傘頂洲 Wai San Tin Chow, Kou Hu Hsian, Yunlin Hsien	極北 Northern Point	25°56′30″	宜蘭縣黃尾嶼北端 Northern tip, Huang Wei Yu, Ilan Hsien
澎湖羣島 Penghu Islands	極東 Eastern Point	119°42′54″	澎湖縣湖西鄉查母嶼東端 Eatern tip, Cha Mu Yu, Hu Si Hsian Penghu Hsien	極南 Southern Point	23°09′40″	澎湖縣七美鄉南端 Southern tip, Chimei Hsian Penghu Hsien
	極西 Western Point	119°18′03″	澎湖縣望安鄉花嶼西端 Western tip, Hwa Yu, Wong An Hsian Penghu Hsien	極北 Northern Point	23°45′41″	澎湖縣白沙鄉目斗嶼北端 Northern tip, Mu Tou Yu, Pai Sa Hsian Penghu Hsien

資料來源：根據臺灣省政府民政廳資料編製。
說　明：位置以滿潮界為準。
Source　: Dept. of Civil Affairs, Taiwan Provincial Government.
Note　: At flood tide.

圖 135：1972 年版的臺灣統計書
這個版本的統計書，修改了臺灣的極東和極北點，以包括釣魚臺。複製自原書。

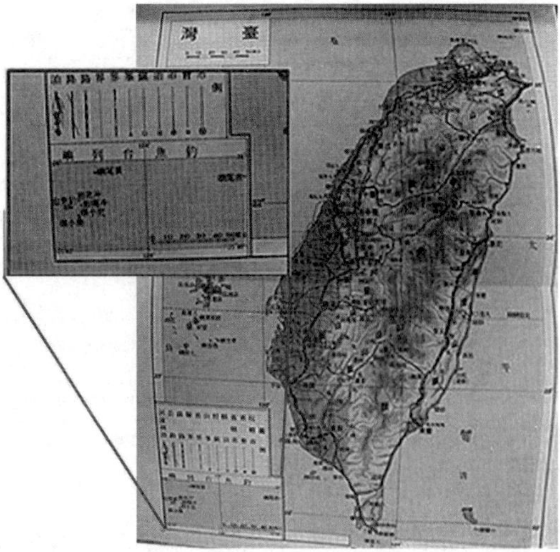

圖 136：1972 年臺灣中學地理教科書中的臺灣地圖
這個地圖用方框把釣魚臺附在原臺灣地圖之上。複製自原圖。

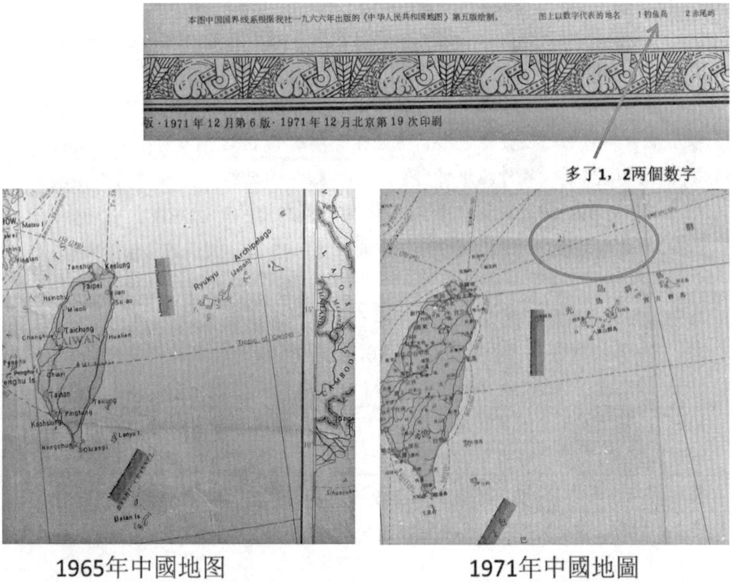

圖 137：1972 年中國大陸出版的全國地圖
與舊的全國地圖對比，1971 年版的地圖，在海上分界線上還沒來得及修改，僅僅在地圖上標註了 1，2 兩個數字，分別代表釣魚臺和赤尾嶼。複製自原圖。

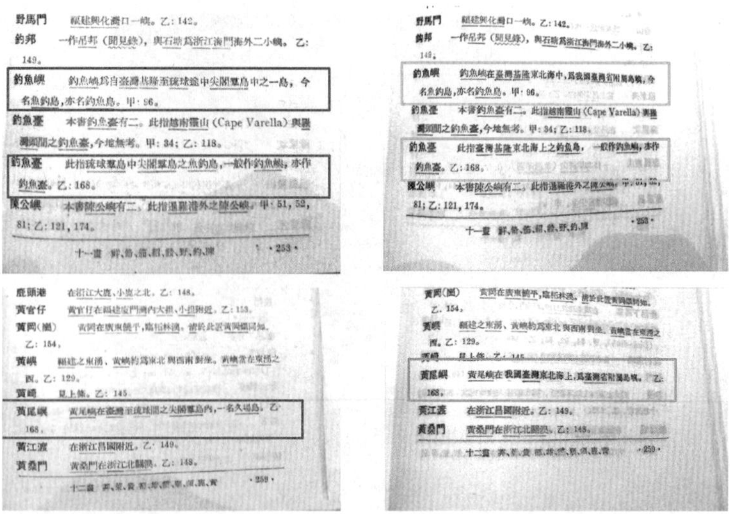

圖 138：中國修改學術書籍《兩種海道針經》
新版《兩種海道針經》修改了對釣魚臺的描述，從 1961 年版聲稱的日本領土變爲新版中的中國領土。複製自原書。

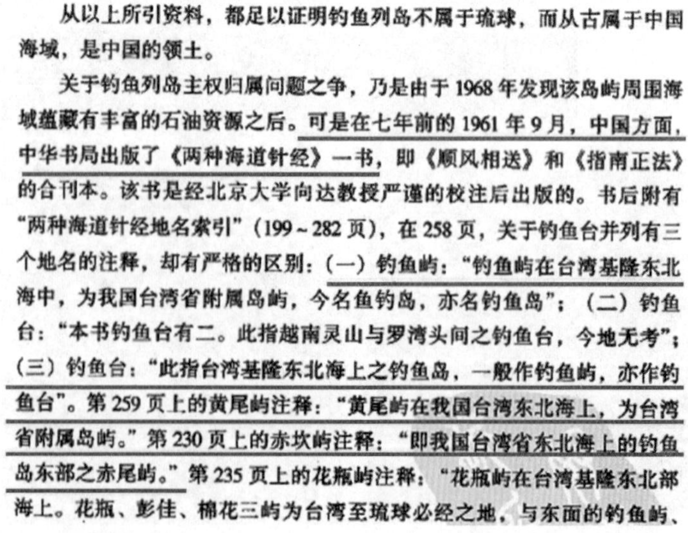

从以上所引资料，都足以证明钓鱼列岛不属于琉球，而从古属于中国海域，是中国的领土。

关于钓鱼列岛主权归属问题之争，乃是由于 1968 年发现该岛屿周围海域蕴藏有丰富的石油资源之后。可是在七年前的 1961 年 9 月，中国方面，中华书局出版了《两种海道针经》一书，即《顺风相送》和《指南正法》的合刊本。该书是经北京大学向达教授严谨的校注后出版的。书后附有"两种海道针经地名索引"（199～282 页），在 258 页，关于钓鱼台并列有三个地名的注释，却有严格的区别：（一）钓鱼屿："钓鱼屿在台湾基隆东北海中，为我国台湾省附属岛屿，今名鱼钓岛，亦名钓鱼岛"；（二）钓鱼台："本书钓鱼台有二。此指越南灵山与罗湾头间之钓鱼台，今地无考"；（三）钓鱼台："此指台湾基隆东北海上之钓鱼岛，一般作钓鱼屿，亦作钓鱼台"。第 259 页上的黄尾屿注释："黄尾屿在我国台湾东北海上，为台湾省附属岛屿。"第 230 页上的赤坎屿注释："即我国台湾省东北海上的钓鱼岛东部之赤尾屿。"第 235 页上的花瓶屿注释："花瓶屿在台湾基隆东北部海上。花瓶、彭佳、棉花三屿为台湾至琉球必经之地，与东面的钓鱼屿、

圖 139：中國學者呂一燃主編的《中國近代邊界史》中的造假
中國社會科學院中國邊疆史地研究中心主任呂一燃主編的《中國近代邊界史》，竟然聲稱在 1961 年版的《兩種海道針經》中，已經把釣魚臺視爲中國的領土。複製自原書。

道歉；不要求日本對中國在二戰中的損失進行賠償；最重要的是，在領土問題上，儘管釣魚臺爭端已經存在，臺灣和香港都有過規模龐大的保釣運動（見第八章），中國認爲釣魚臺這個領土問題和中日建交相比，屬於微不足道，無須在談判時提及。

當時周恩來和田中有關釣魚臺的談話，中國沒有正式記錄，而日本公開的記錄又被中國認爲有刪減，所以很大程度上，只能靠當事人的回憶還原。

根據中方官方的說法，釣魚臺的問題是日本主動提出的，但是被周恩來輕輕帶過。這種說法來自時任中國外交部顧問的張香山，說法如下[536]：

田中角榮：借這個機會，我想問一下貴方對釣魚島（日本稱「尖閣列島」）的態度。

周恩來：這個問題我這次不想談，現在談沒有好處。

田中角榮：既然我到了北京，這問題一點也不提一下，回去後會遇到一些困難。

周恩來：對。就因爲在那裡海底發現了石油，臺灣把它大作文章，現在美國也要作文章，把這個問題搞得很大。

田中角榮：好，不需要再談了，以後再說。

[536] 張香山，《中日復交談判記錄》，日本學報，一九九八，轉引《人民春秋》，二〇一二年一五〇期，謝國橋，http://news.sina.com.cn/c/2012-09-20/134625216430.shtml

周恩來：以後再說。這次我們把能解決的大的基本問題，比如兩國關係正常化的問題先解決，不是別的問題不大，但目前急迫的是兩國關係正常化問題。有些問題要等待時間的轉移來談。

田中角榮：一旦能實現邦交正常化，我相信其他問題是能解決的。

根據日本在二〇〇〇年解密的於一九八八年重新列印的「田中總理周恩來總理會談記錄」，當時只有三行對話[537]。

田中：您對釣魚島怎麼看？不少人向我提到這個問題。

周恩來：這次不想談釣魚島問題。現在談這個問題沒有好處。因爲發現了石油，這就成了問題。如果沒有發現石油，臺灣和美國都不會把它當回事。

根據日本當時會談者橋本恕事後的回憶，當時是這樣的[538]：

第四次會談快結束時，周恩來說『終於到此結束了』，田中說『不，還有要談的』，便提出了尖閣諸島（中國稱釣魚島）問題，周恩來說『如果談這個，雙方都有很多主張，首腦會談就完不了，所以這次不談這個』，田中說『那也是，那就另找機會談吧』，結束了建交談判。

這麼看來，中國政府代表周恩來在談判過程中，完全避免談及釣魚臺，甚至認爲會談「終於到此結束了」。這時日本田中角榮主動提出了釣魚臺問題，周恩來也以釣魚臺問題不重要而阻止了這一話題。顯然，如果田中角榮不提出，那麼在整個中日會談中都不會出現釣魚臺這個字眼。

由於在周恩來和田中角榮之間的這段話，中國沒有正式記錄，日本公開的記錄又被中國認爲有刪減，而根據某些當事人的回憶，雙方的說法也有差異。所以也很難考證到底實情如何。但是即便按照中方的說法，中國也是主動避免這個問題的一方。

這導致在一九七二年九月二十九日中日發表的《中日聯合聲明》——即《中日建交公報》——的上面，根本沒有提及領土的問題。日方所作出的承諾是：(1)承認中華人民共和國是中國的唯一合法政府，(2)理解和尊重中國政府「臺灣是中華人民共和國不可分割的一部分」的立場」，(3)和臺灣斷交，中止《中日和平條約》。由於日本在《中日聯合聲明》之時立即中止了《中日和平條約》，於是日方認爲這個聯合聲明是和《中日和平條約》同等地位的和平協議。

六・九 《中日和平友好條約》與擱置爭議政策的提出

《中日聯合聲明》之後，中日雖然已經恢復邦交，但是卻還沒有正式簽訂戰後和約。於是和約的問

[537] http://news.ifeng.com/history/zhongguoxiandaishi/detail_2013_06/14/26413966_0.shtml

[538] 《記錄與考證／日中國交正常化・日中和平友好條約締結交涉》，轉引自 http://www.bbc.co.uk/zhongwen/simp/world/2012/09/120912_jp_china_40_years.shtml

題被擺上時間表。

但是，中日簽訂和約並不一帆風順。中日之間四大協定中的漁業協定，遲遲不能達成協議（其他三項協定爲貿易、航空與海運協定，在一九七四年已經順利商定）。在一九七四年到一九七八年間，中日韓三方還爲日韓簽訂東海大陸棚開發協議而互相指責。而雙方的政治局勢和領導層，在此後又發生了巨大的變化：中國方面，負責談判的鄧小平在一九七五年下臺，而原來的領導人毛澤東和周恩來都在一九七六年去世，中國處於持續不穩定之中；而日本方面，田中角榮被爲激進派左右的三木武夫所取代。最大的障礙還是蘇聯問題，中國希望把反霸條款寫入和約當中，而日本害怕這個提法導致蘇聯對日本的敵意，因爲中國當時所稱的「反霸」是專門針對蘇聯。由於這些因素，和約一拖就拖到了一九七八年。那時，中國的鄧小平已經取得了實際的領導權，而日本的福田赳夫也取代了三木武夫。鄧小平急於完成對日的和約。中日友好協會會長廖承志，在一九七八年三月訪日進行商談，取得了不錯的進展。

與「反霸權」相比，釣魚臺的主權問題在當時中日談判當中，特別是中國方面看來，並不是一個重要的問題，但是也有日本政治團體認爲，日本應該一舉解決這個問題。比如青嵐會主張：「（四）確認尖閣列島爲日本之領土。若不能同時滿足這四個條件，則不應重開談判。」[539]日華關係議員懇談會主張：「尖閣列島，有關領土問題，不應在日中之間留下疑點。如果對領土問題留下不同之意見，而簽訂條約，對有關與其他第三國之關係，亦將發生重大之障礙。」[540]

但就在此時，發生了一件很意想不到的事。一九七八年四月十二日，總數超過一百艘之多的中國「漁船」接近釣魚臺海域，其中一部分甚至進入了日本領海。船上掛著中國國旗，配備機關槍，並有大字標語，宣稱釣魚臺是中國領土。儘管日本海上保安廳的巡邏船發出了退出領海的命令，但中國漁船並不予理會。

此事如晴天霹靂，令日本大爲詫異。內閣連夜開會後，提出三個方針：(1)尖閣列島是日本的固有領土，中國侵犯領海屬遺憾；(2)全力促使中國漁船駛離該海域；(3)根據中日聯合聲明，締結和約之方針不變[541]。中國副總理耿飆在四月十五日對此的聲明是：「此事並非故意，係偶然發生之事件」。一天之後，中國漁船撤退[542]。後來《明報》報導，上海一大字報指出，此事是上海市水產局的指示，後來在共產黨上海市委員會指示下撤退[543]。

這件事目前還沒有清晰的解讀。對這個事件有幾種說法：

第一，「誤入」說。這是中方的官方解釋。從耿飆的聲明中，可以說明這一點。另外，四月二十一日，中國亞洲局副局長說：漁船進入有問題之領海，係在追捕魚群時偶然發生的事件，並非有計劃的行動。再後來，廖承志表示「中國不打算再爭論這個問題，中國的漁船不再進入這個地區」[544]。這種說法是中國官方的辯詞，但誠不可信。要是誤入釣魚臺，怎麼還會高舉宣示主權的標語呢？

[539] 本節內容之史料如無另外註明，均引自林金莖《戰後中日關係之實證研究》，中日關係研究會，臺北，一九八四，四四五—四六一頁。
[540] 同上。
[541] 同上。
[542] 同上。
[543] 同上。
[544] 同上。

第二，中日之間漁業協定久久不能達成，中國故意宣示主權。這種理論，一方面得不到當時分析家的支持；另一方面在事後，中國也沒有堅持解決釣魚臺的主權。

第三，中國是有意進入這一水域，爲了促使日本加快與中國談判和平條約的進度。這種理論認爲：日本有團體認爲必須把尖閣列島問題加入條約中（意思是中國須在條約中，明示釣魚臺是日本的領土），阻礙了和約的簽訂。因此，中國需要以這種行動來促使日本在和約中不涉及這個問題，同時，也迫使日本在「反霸權」問題上讓步（實際上，這個因素佔的比重可能還更大）。其邏輯是：如果日本堅持糾纏釣魚臺問題，以及不在「反霸權」問題上退讓，中國就會進一步主張對釣魚臺的主權，因此日本還是避免談這個問題以及在「反霸權」問題上妥協爲上。

這種說法，得到了當時香港中資報紙《大公報》的支持：「自民黨內之亞洲問題研究會，在這兩三年來，一直反對中日友好條約，最近又對該條約提出十二項疑問，其中認爲必須在日中條約中，提及尖閣列島問題」。[545] 中立的《明報》也持這種觀點：「中共這樣做，是不是爲了和約談判不順利而行使壓力呢？據我們猜想，可能性頗大。不過我們並不贊成……」[546]

哪種說法更爲有道理，現在還無法斷言，似乎還是第三種可能性最高。總之，這是中（北京）日之間第一次在釣魚臺的衝突，最終以中國退出釣魚臺，並以偶發事件爲解釋而告終。在香港，中國的行動一時引起了民間保釣人士的歡欣雀躍。可是隨著中國漁船的撤出，計畫中的新一輪的保釣運動，還沒有開始就已經宣告流產。五月分，日本右翼組織「日本青年社」，在釣魚臺上興建了一座燈塔，作爲對中國行動的回應。

釣魚臺事件發生之後，日本內閣長官安倍晉太郎（現任首相安倍晉三的父親）堅持必須把中國承認日本對釣魚臺的主權，作爲簽訂和約的先決條件。但是外交部更堅持在中日和談中釣魚臺問題與和約問題分開的態度。最後，外交部的意見佔了上風。在一九七八年八月十二日，中日兩方簽訂了《中日和平友好條約》，從而正式締結了日本和中國北京政府之間的和平條約。在《中日和平友好條約》中也沒有涉及釣魚臺問題[547]。

《中日聯合聲明》和《中日和平友好條約》可以視爲中國和日本之間在戰後的和約，其地位理應等同於一九五二年的《中日和平條約》。在這兩份文件中，都沒有提到中國和日本之間存在領土爭議。這也是日本方面堅持中日之間沒有領土問題的法理來源。

條約簽字後，日本首相中曾根康弘表示：依日本的看法，中國當局已經承認釣魚臺實際上是在日本的管轄之下，這是因爲根據中日雙方的談判記錄，鄧小平曾向日本保證，今後釣魚臺事件不會重演[548]。

當時中國的實際最高領導人鄧小平在條約簽訂後，十月往日本換文，二十五日在記者會上回答日本記者提問時發言：

[545] 同上。
[546] 社評《外交部的答覆喪失立場》，明報，04/24/1978。
[547] 條約文本參見 http://news.xinhuanet.com/ziliao/2002-03/26/content_331587.htm
[548] 《釣魚臺和鄧小平的保證》，明報，08/16/1978。

「尖閣列島」，我們叫釣魚島，這個名字我們叫法不同，雙方有著不同看法，實現中日邦交正常化時，我們雙方約定不涉及這一問題。這次談中日和平友好條約的時候，雙方也約定不涉及這一問題。倒是有些人想在這個問題上挑一些刺，來阻礙中日關係的發展。我們認爲兩國政府把這個問題避開是比較明智的，這樣的問題擱一下不要緊，等十年也沒有關係。我們這一代缺少智慧，談這個問題達不成一致意見，下一代比我們聰明，一定會找到彼此都能接受的方法。[549]

這就是「擱置爭議」的最早版本。值得注意的是，在公開場合中，「擱置爭議」是由中國單方面提出的，在日本方面從來沒有說過「擱置爭議」這個說法。

關於這一個問題，有以下史料爲佐證。一九七八年十月十七日，日本和田春生參議員對外長園田直的質詢中，園田直回答：

我向鄧小平副總理提出的並非再發生上次之類的事件就麻煩，而是以尖閣列島之歸屬問題爲前提，主張日本之立場後，才提出今後再發生類似事件就麻煩，並強烈要求不要再發生那種事。鄧小平作出了上述的回覆（「依現況即可，不會再發生那種侵犯領海的事」），今後絕對不會再發生類似事件。我們日本並未認爲那是現在發生糾紛的地區，而採取那是日本固有之領土的態度。當時如果對方說不，你們說是日本的，但我們說是中國的。那就會互相爭論而變成糾紛。他並沒有承認那是日本的領土，也沒有主張是中國的領土。只說不會再發生那種事。我認爲同意這一點，比較符合日本的國家利益，所以我就回來了。[550]

由此看來，日本官方大概最多承認到「約定不涉及這個問題」。從字面上說，這顯然不等於「擱置爭議」，因爲要擱置爭議，首先就要涉及問題並承認存在爭議，既然問題還沒有涉及，那就不存在承認「存在爭議」這個議題了。

在八〇年代中，中國又提出了「共同開發」的口號。從此，「擱置爭議，共同開發」一直是中國在釣魚臺和南海問題中的方針。至於現在說的「主權在我」，不過是二〇〇九年之後，才出現的新說法。在八九〇年代，從來沒有出現過「主權在我」這個口號。作爲證據，可以回顧鄧小平在一九八九年五月十六日和蘇聯總統戈巴契夫的談話，當中再次談論了釣魚臺：

> 日本對中國的損害無法估量，單是死人，中國就死了幾千萬。所以，算歷史帳，日本欠中國的帳是最多的。**但是由於日本戰敗，中國收復了所有被它侵佔的地方，他在中國沒有佔去一寸土地。**懸案是個釣魚島，那是一個很小的地方，上面沒有人煙。我訪問日本時，記者提出了這個問題。我說，這個問題可以掛起來，如果我們這一代不能解決，下一代會比我們聰明一些，總能找到解決的辦法。對於這個問題以及同類的糾紛，後來我們提出了一種設想，就是可否採用共同開發的辦法加以解決。[551]

---

[549] 蘇臺仁《鄧小平生平全記錄》，轉引 http://v.book.ifeng.com/book/ts/2904/199934.htm

[550] 前引註539。

[551] 《鄧小平文選》第三卷，http://cpc.people.com.cn/GB/69112/69113/69684/69696/4950034.html

請注意當中「中國收復了所有被它侵佔的地方，他在中國沒有佔去一寸土地」的用語。這就是承認了日本佔據的釣魚臺並不是中國所堅持的領土，中國想爭取的，不過是共同開發的權利而已。所以現在說中國當年曾提出「主權在我」的說法，其實是在篡改歷史。另外還值得說明：當年中國和日本之間所達成的默契，除了中國強調的「擱置爭議」之外，還至少存在另外兩項。

第一，**中國大陸漁船和公務船隻不駛入釣魚臺海域，中國政府阻止中國公民登島**。

這個態度可以用以上引用的會談期間的實例說明。在一九七八年，中國大陸漁船靠近釣魚臺，引發了第一次中日之間的釣魚臺外交事件。在日方抗議之下，中日友好協會會長廖承志在訪日商談時說：「中國不打算再爭論這個問題，中國的漁船不再進入這個地區。」，同時國務院副總理耿飆表示：「此事並非故意，係偶然發生之事件。」而鄧小平和園田直會談討論到這個事件時說：「依現況即可，不會再發生那種侵犯領海的事。」

事實上，由於領導人的表態非常清晰，甚至不能認爲這是「默契」，而是一種公開的「承諾」。因此，大陸漁船和公務船不駛入釣魚臺海域這個當時中國的承諾，非常清楚地屬於當時中日協議的一部分。

中國政府是否承諾過阻止公民登島，沒有明確記錄。但是如果中國承諾了漁船不接近釣魚臺，那麼不讓大陸公民登島也是順理成章的事。事實上，在二〇〇三年之前，保釣運動的組織和參加者，都是臺灣和香港人。在一九九六年之前，中國都不允許大陸有保釣團體。直到二〇〇三年，大陸才有第一次的保釣行動（見第八章）。因此，中國政府阻止中國公民登島，很可能也是中日默契的一部分。

第二，**日本不派公務員登島，對釣魚臺不開發**。

同樣也沒有任何文字可以證明，在一九七八年簽訂和平條約之前，日本對中國作過如此承諾。但從此前後中日之間的互動，也不難得出如此的結論。在一九七九年，日本在釣魚臺修建直升飛機停機坪，引發了中國的抗議。當時中國外交部亞洲局局長沈平提出抗議，他說：「關於釣魚臺問題，中日兩國同意留待將來解決，日本的行爲明顯違反中日之間『同意事項』，希望日本以大局爲重，不要損害兩國關係」[552]。對此，日本外務省否認有此「同意事項」。不過日本隨後中止了對釣魚臺進行進一步的由政府主導的開發。因此，也可以認爲，在一九七九年中日之間，也很可能建立了日本政府不開發的默契。事實上，日本政府一直到現在，還是遵守這個默契。儘管中國一直認爲日本爲了釣魚臺下的石油才爭奪釣魚臺，但事實上，日本在一九七二年之後，從來沒有在釣魚臺海域進行石油探測。

值得注意的是，日本在當時並沒有做出日本公民不登島的默契。在一九七八年到二〇〇二年間，日本人登島次數頗多，還多次在島上建立燈塔。這表明，在日本政府理解中，日本人登島是中日默契範圍以外的事。但是，由於後來每次日本人登島都會引起中國的抗議，日本政府爲了避免外交紛爭，於是開始對日本人登島持反對態度。在一九九七年，日本石垣市議員和一名記者登島，日本海上保安廳曾經對他們勸告，理由是他們沒有得到島主（栗原家族）的允許，但是由於保安廳也沒有島主的授權禁止他人登島，最後也無法阻止議員和記者的登島行動。這表明，在當時的產權結構和法律框架下，日本政府無法阻止公民登島。日本政府最終在二〇〇二年租借釣魚臺，並在二〇〇四年，以租客的身分規

[552] 簾得瑰《試析中日關於釣魚島問題「擱置爭議」的共識》，太平洋學報，二〇一二年第十二期。

定，沒有日本政府允許，日本人不得登島。有了這樣的法律和產權保障，日本在其後多年間，沒有發生一起公民登島事件（除了登島逮捕來自中國的登島者）。由此可見，日本後來在事實上，對中國做出「默契」之外的讓步。

因此，透過對這段歷史的分析，可以得出如下結論：

第一，在中日談判中，中國是主動迴避釣魚臺問題的一方。

第二，「擱置爭議」是中國單方面提出的政策。日本確實既沒有這種說法，也未明確承認這種說法。

第三，日本和中國確實有默契。但是雙方對默契的內容認識並不一致。中方認爲默契的內容是「對釣魚臺主權問題擱置爭議」，但是日方認爲默契的內容是「不涉及釣魚臺的問題」。這兩點存在微小但明確的差別。既然是默契，也就是說沒有明文，也就是說，很難確證到底默契的內容是什麼。

第四，除了「擱置爭議」的默契之外，中日之間還達成了中國不在釣魚臺附近活動和日本不對釣魚臺開發這兩個默契。

很難說當時在和平條約中不提及釣魚臺問題，到底對誰更加有利一些。在日本一些人看來，當時急於簽約的是中國，日本在談判中是強勢的一方，沒有在談判的時候解決釣魚臺問題，是一個失敗。但是從法理上看，在中日建交的兩份文件中，迴避中日領土的爭議，使中國在法理上繼續處於不利的地位。由於這兩份文件是締結中日之間二戰後的和平條約，而釣魚臺問題，按照中國的解釋，是二戰之後遺留的問題，那麼和平條約上不提及這個二戰後遺留的領土問題，顯然是不合理的。假若當時能夠在條約中加上一句「釣魚島問題上存在爭議」之類的句子，就會使得中國現在在釣魚臺問題上的法理有利得多。

六・十　日本在一九七二年之後對釣魚臺的實控和管理

日本在一九七二年之後，實際控制和管理了釣魚臺，此乃國際共識，中日雙方沒有爭議。中國反對的是日本實際控制釣魚臺的合法性，而不是日本實際控制釣魚臺這個事實。有關日本在這個時期對釣魚臺的有效管理事例很多，主要有四個方面的表現。

第一，地籍、租賃與交易的管理。

一九七二年，日本接管釣魚臺後，日本繼續把國有地赤尾嶼租借給美軍使用。同時，日本保安廳向古賀家族租借黃尾嶼，交由美軍使用，租期爲二十年。一九九二年契約期滿，新約又續租二十年。

一九七二年，栗原國起向古賀家族買下南小島和北小島。在一九七八年古賀善次去世後，其妻子花子繼承了釣魚嶼和黃尾嶼。同年，栗原再次向古賀花子買入釣魚嶼。一九八八年，古賀家族向栗原家族贈與黃尾嶼。至此，四小島都在栗原家族手中。這些交易都得到日本政府的批准。

一九九六年之後，日本政府鑑於釣魚臺牽涉外交問題，而如果沒有合法的方式，難以阻止中國人，特別是日本人登島。也無法阻止栗原氏可能把釣魚臺出租給別人，於是爲了更良好地管理釣魚臺，在二〇〇二年四月，日本政府作出了以每年二千二百五十六萬日元的租金，向栗原家族租借釣魚嶼、南小島和北小島，爲期一年，每年續約。至此，釣魚臺所有島嶼都或以國有地的形式，或以租借的形式，爲日本政府所管理[553]。

日本政府租借釣魚臺，引起了第四次保釣行動。二〇〇四年三月，日本石垣議會通過決議，禁止未經批准的非法登島。二〇一二年，日本政府向栗原家族購買四小島，是爲引起最新一輪衝突的國有化事件。詳細經過見第八章。

第二，巡邏與執行公務。

日本在釣魚臺海域的巡邏，由日本海上保安廳十一管區負責（圖140），日本公務船每日都在該海域巡邏。

二十世紀七十年代起，香港、臺灣和大陸發起多次保釣運動，大部分都被日本警船阻擋。一九九六年香港保釣人士跳海游往釣魚臺，陳毓祥遇溺身亡，方裕源被日本直升機救起，送往石垣島醫院救治。這顯示了日本官方實踐了維持海上治安的權力和對遇險人士進行救治的義務。一九九六年之後，港臺保釣行動逐漸常態化，幾乎每年都有保釣船隻開往釣魚臺。這些船隻無一不被日本警方所攔截。偶爾的登島者也都被作爲「非法入境者」，被日本登島警方扣留和遣返。日本警方也在釣魚臺多次登陸，豎立標誌。

日本對釣魚臺的管理，除了阻攔保釣人士登島之外，還有對附近作業漁船的管理。一九九八年十月，八艘臺灣漁船在釣魚嶼附近作業，受到日本公務船驅離。二〇一〇年，中國漁船和日本巡邏艦在釣魚臺附近相撞，日方扣留船長詹其雄，並計畫以國內法對其進行起訴。儘管最後迫於中國壓力，未經起訴，就將其遣返。在二〇一二年，日本再次以妨礙執行公務罪，向詹其雄提出強制起訴。

反觀中國。儘管香港、臺灣和大陸有多次保釣人士前往釣魚臺，並有成功登島的事例，但是這些都是民間的行動，不代表政府，而且登島人士都被日本警方逮捕和遣返，反而證實了日本對釣魚臺的管治。儘管臺灣和大陸都偶爾有官方船隻在釣魚臺海域「宣示主權」或者是「巡航護漁」，但是這些行動都少有進入釣魚臺十二海里領海，而且都遭受日方攔截，更從來沒有官方登島的實例。這遠遠不如日本的實際控制的證據來得有力。

第三，登島與豎立建築。

右翼組織日本青年社是登島最爲活躍的組織。從一九七八年起，有記錄的登島至少有六次：第一次是一九七八年五月，源於受中國漁船進入釣魚臺海域的刺激；第二次是一九八八年六月，屬於主動建造燈塔，引發了第二次保釣運動；第三次和第四次是一九九六年七月和九月，也屬於主動建造燈塔，引發了第三次保釣行動。此三次建立燈塔的同時，青年社都向海上保安廳申請列爲航路標誌，但最後都被政府所拒絕。一九九七年六月，日本青年社登島維修燈塔，作爲對之前香港保釣人士嘗試登島的回應。二〇〇三年八月，日本青年社在日本海上保安廳同意之下，再次登島維修燈塔。

在二〇〇五年二月九日，日本政府宣佈把釣魚臺上的燈塔收歸國有，燈塔正式成爲了日本政府所有。此外，一九七九年五月，日本政府在釣魚嶼上修建了簡易直升飛機場。日本國會議員也數次登島，宣示主權。在二〇〇四年，日本宣佈禁止非法登島之前，所有的日本人登島都不需得到許可，也沒有受到阻攔。

[553] 前引註227。

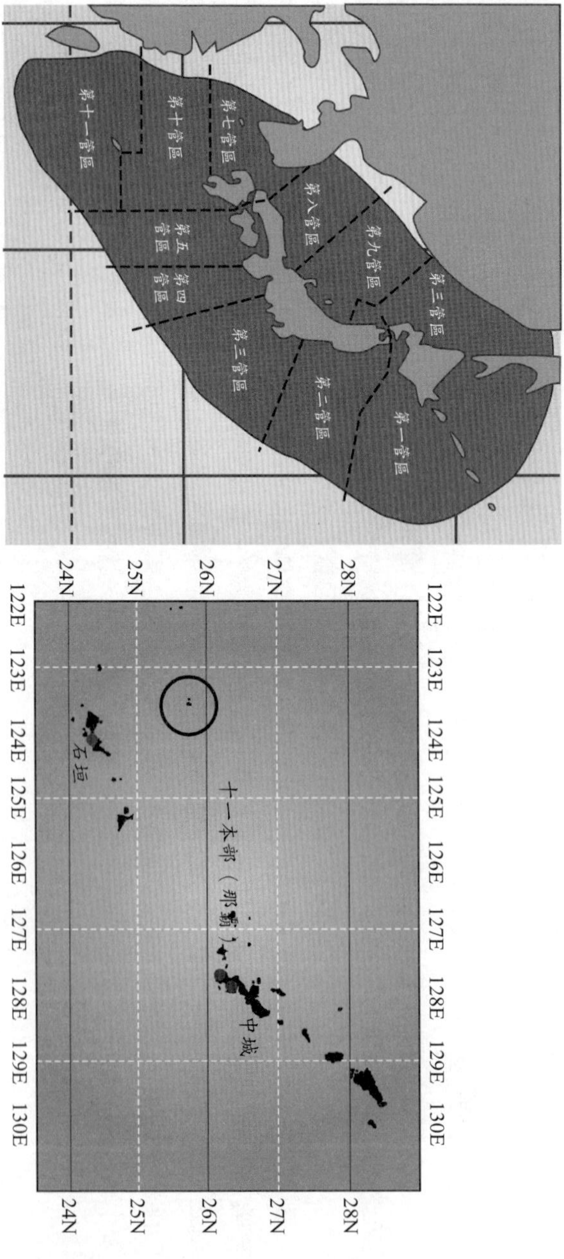

圖 140：在日本釣魚臺屬日本海上保安廳第十一管區管轄

第四，列入防空識別區。

防空識別區是一些國家爲了本土的安全，在其領海、專屬經濟區甚至公海上空所劃定的區域，要求通過此空域的飛行器，提出飛行計畫，以對其識別和確認位置。防空識別區是一種通行的做法，但並沒有公認的法律效力。一九六九年，日本劃定了防空識別區，其最西以東經一百二十三度爲界，與臺灣的防空識別區爲鄰，僅僅在與那國島附近，稍微向西突出，以包括與那國島。釣魚臺在日本的防空識別區之內，卻在臺灣防空識別區之外（圖141）。這顯示了日本而非臺灣，監控了釣魚臺一帶的空域。

綜上所述，日本在一九七二年之後到二〇一二年九月釣魚臺衝突之前，實際控制釣魚臺，乃是一個無可爭辯的事實，至今已有四十年。直到二〇一二年九月以來，中國才開始實施一系列措施，試圖顯示自己對釣魚臺有實際控制權（見第八章）。但是中國用確定釣魚臺基線、派海監船隻往釣魚臺海域巡航等等，來證明中國對釣魚島有實際控制權，都不過是單方面的說辭。這與越南聲稱自己在西沙群島設置政區和寫入憲法以「論證」自己對西沙行使主權一樣，根本不能和眞正實際控制的一方的證據相比。中國公民一次一次地試圖登島，中國漁監一次一次地在週邊往釣魚臺喊話，從國際法看來，儘管顯示了中國對釣魚臺有主權意圖，但也爲日本一次又一次地提供了展示在釣魚臺上實踐主權和實際控制的機會。

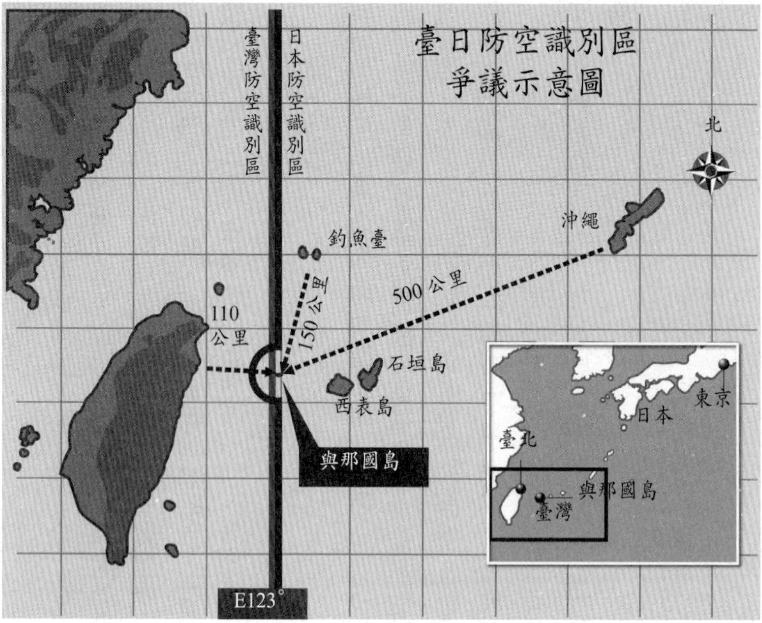

圖 141：臺日防空識別區示意圖

六・十一　小結

《沖繩返還協定》本身具備一定的爭議性。在中國兩岸政府，特別是大陸政府的壓力下，美國儘管把釣魚臺交給日本，卻承認這個協定並不牽涉主權移交的問題。這說明，如果日本對釣魚臺有主權的話，那麼這個依據只能在《舊金山和約》等條約中找尋。美國煞費苦心作出的決定，受到了中日雙方的抨擊，中國嫌美國偏幫日本，日本嫌美國過於中立。美國作出的這個決定，直接決定了釣魚臺問題在未來幾十年的基本狀態。

這段時期的另一個爭議點在於，到底中國提出對主權的要求，是因爲石油資源，還是因爲沖繩回歸。這個問題的答案，其實在國際法上產生的作用並不大。即使中國是因爲沖繩回歸以致釣魚臺的主權狀態可能發生變化而提出釣魚臺爭端可以成立，也無法爲在此前二十五年內保持沉默辯護。何況沖繩要回歸日本，並不是一朝一夕的事，而是經過十多年的醞釀。但這個問題對政治道德和輿論的意義比較重大，無論中日，都希望指責對方因爲對石油的貪念而對釣魚臺起意，從而在道德和輿論中佔據高地。如果從歷史學的角度分析，石油資源看起來是影響中國在釣魚臺立場上更爲重要的因素。

在一九七二年到二〇〇八年這三十六年之間，日本一直有效地治理著釣魚臺。在此期間，儘管有多次保釣運動，但釣魚臺的局勢並沒有因此而失控。這在很大程度上得益於北京對釣魚臺採取的「擱置爭議」的政策。擱置爭議政策的提出，是中國爲了和日本建交的大事而避免被當時相對不重要的釣魚臺所影響。對此，日本也有某種共識。但雙方對共識的具體內容卻有異議，中國堅持擱置的是釣魚臺的主權爭議，日本堅持擱置的是釣魚臺所引起的外交風波。由於這是一種默契而沒有文件說明，基本上雙方都各持己見，誰也說服不了誰。在九〇年代中期之後，中國對釣魚臺的興趣開始增強，加上中日之間出現的其他政治問題，釣魚臺越來越成爲影響中日關係的重要因素。這個矛盾在二〇〇八年之後迅速發酵，直至二〇一二年的釣魚臺危機。

第七章　釣魚臺問題的國際法分析

我在以上對歷史和法理證據的研究過程中，已經回答了在開篇時提出的問題，也能夠基本總結出對釣魚臺問題的結論。如果讀者閱讀過這些根據客觀、全面、科學及歷史的原則所描述出的釣魚臺歷史，相信多少已經有自己的看法。本章的目的在於運用國際法與國際判例，在國際法的框架之下，系統地審視和論證中日雙方在釣魚臺主權爭議上的論據和論點，從而得出客觀的結論。

需要說明的是，釣魚臺是誰的這個問題，肯定沒有一個百分百確定的答案。世界上能產生主權爭議的地方，各個爭議方多多少少有自己的理由。因此，我們所能討論的，不是釣魚臺屬於誰的問題，而是誰對釣魚臺的主權要求的理由，更加充分和更加具有說服力的問題。此點我必須在此強調。

七・一 中國大陸、臺灣和日本的主要觀點

在這裡，先列出各方的主要觀點，以便讀者有一個總體的印象。各方對他方的主張都有各種質疑。這些觀點和質疑所涉及的概念，以及各方論證這些觀點時的邏輯和證據，將在後面逐一詳細分析[554]。

中國大陸的官方觀點，主要由三份官方文檔所表達：一九七〇年十二月三十日的《人民日報》刊登的《中國政府的聲明》（見六・六）、一九九六年十月十八日《人民日報》以筆名「鐘嚴」發表的《論釣魚島主權歸屬》，以及簡稱爲《釣魚島白皮書》的二〇一二年九月二十八日國務院出版的《釣魚島是中國的固有領土》。中國大陸方的主要觀點爲：

(1) 釣魚臺最早爲中國所發現和命名，在中日琉的各種古代記載中，都載明這些島嶼爲中國領土。

(2)在地質構造上，釣魚臺是臺灣的附屬島嶼。

(3)從使用的角度，中國漁民長期在此海域捕魚，冊封使利用這些島嶼作爲航標，證明中國最先開發和管轄釣魚臺。

(4)日本透過《馬關條約》或者「竊佔」的手段佔據釣魚臺，戰後條約把釣魚臺劃歸中國。

臺灣的官方觀點，主要表述在一九七一年六月十二日中央日報的聲明之中（見六・六）。臺方的主要觀點可以歸結爲五點，前四點都和大陸的一致。增加的一個論點爲衡平原則與鄰近原則：國際法如無判定島嶼主權歸屬之依據時，應考慮糾紛發生前一段時間內，紛爭國與島嶼關係之親疏厲害輕重等事項，來決定主權歸屬。

日本的官方觀點主要由日本外務省一九七二年三月八日提出的《尖閣諸島の領有權につぃの解》（見六・六），以及一九七二年五月外務省文化局出版的《尖閣諸島につぃて》所表達。日方的主要觀點爲：

(1)日本在一八九五年對釣魚臺實行無主地先佔。

(2)在歷史地理上，釣魚臺是構成日本南西諸島的一部分，而不屬於臺灣，《馬關條約》不包括釣魚臺。

---

[554] 這些主要觀點綜合總結自各國的官方聲明，也參考了呂建良《日本的東海政策》第四章《釣魚島政策》，臺灣政治大學博士論文，二〇〇七；以及李先波，鄧婷婷，《從國際法看中日釣魚島爭端》，時代法學，二〇〇四年第三期，六頁。

(3) 戰後國際條約中確認釣魚臺屬於日本。

(4) 從一八九五年到一九七〇年，國際上對日本（包括美琉）統治釣魚臺均無異議，根據時效原則和禁止反言原則，中國無權提出領土主張。

整體而論，中國大陸方面和臺灣方面的觀點基本一致，因此在以下的討論中，基本把他們統稱爲中方。值得指出的是，在這裡和以下各小節中的中方學者和日方學者，應該理解爲支持釣魚臺屬中國的立場的學者和支持屬日本的立場的學者，而非按國籍劃分。因爲日本籍的學者中，也有支持中方立場的人，爲簡化起見，在這裡也把他們歸於中方學者一類。

從中日雙方的觀點來看，中日之間有關釣魚臺的爭論，可以歸結爲三個主要的歷史和法理問題：

第一，一八九五年之前，釣魚臺是中國的領土還是無主島？如果是中國領土的話，它是否爲臺灣的附屬島嶼？（見七・五）

第二，一八九五年，日本是如何佔領釣魚臺的？是割讓？還是竊佔？還是對無主地的先佔？（見七・六）

第三，一九四五年日本戰敗後，釣魚臺有沒有在國際條約體系中劃給中國？釣魚臺的法律地位是如何？中國在一九七〇年前，有沒有主張過對釣魚臺的主權？（見七・七）

此外還有兩個較爲次要的因素，主要爲臺灣方面所堅持。一個是地理因素，但地理因素並不能作爲主權爭議的理據，分析見七・四。另一個是衡平原則（equitable principle）。這個原則在《國際海洋法公約》（*United Nations Convention on the Law of the Sea*）中，被承認是劃分專屬經濟區和大陸棚的一個原則，但是從來不是判定領土主權的依據。因此，中日能夠以此作爲專屬經濟區、漁權以及大陸棚劃界的一個考慮原則，卻無法以此作爲聲索釣魚臺主權的依據。此外，儘管這個原則爲臺灣所提出，但事實上，日本在對釣魚臺的使用上，卻遠較中國和臺灣爲多，歷史上只有日本人在釣魚臺定居（四・二），戰後二十五年間，也主要是琉球管理釣魚臺（見五・五）。因此即使衡平原則有效力，根據這個原則，釣魚臺反而更應該劃給日本。

七・二　領土主權適用的國際法框架

主權是一個國家對其管轄地區所擁有的至高無上的排他性的政治權利，領土則是一個國家充分實施主權之下的土地。從歷史上說來，領土的概念和定義並不是一成不變的。種種不同的定義和概念，其實並沒有對錯之分，更加重要的只是在於這些概念是否和當前國際所承認的領土的定義相吻合，而這個定義也就是由現代國際法所規定的。

根據權威的《奧本海國際法》[555]，一個國家對領土主權獲得（acquisition）的來源，有五種情況：先佔（occupation）、時效（prescription）、割讓（cession）、征服（conquest）和添附（accretion）[556]。這

---

[555] Lassa Francis Lawrence Oppenheim, International Law,8th Edition, 1955。第八版由英國勞特派特（Hersch Lauterpacht）所修訂。這裡所引的中文譯文，來自王鐵崖和陳體強的翻譯本，《奧本海國際法》上卷第二分冊，商務印書館，北京，一九八九。該書被視爲國際法上的標準教科書。

[556] 同上，六七頁。

五種情況中，和釣魚臺直接相關的是先佔、時效和割讓這三種方式。另外，日本對琉球的獲得方式屬於征服。添附這種方式適用於自然增添的土地，與釣魚臺沒有關係。

先佔是一個國家的佔取行爲，透過這種行爲，該國有意識地取得當時不在其他國家主權之下的土地的主權。先佔必須符合幾個條件：第一，先佔的主體是國家，因此先佔是只能由國家並且以國家的名義來實行的。它必須是一種國家行爲，必須是作爲國家而實現的，或者必須在實行後由國家予以承認；第二，先佔的客體只限於不屬於任何國家的土地，即無主地，這種土地或者完全沒有人居住，或者雖然有土著居住，但該土著社會不被認爲是一個國家；第三，國家應該公開表示對該地有佔領的意圖，也就是奧本海稱爲的佔有（possessing），即以明確的方式，展示國家對領土的主權意圖；第四，佔領的方式必須是有效佔領，即國家應該對該地採取實際的控制，包括立法、司法、行政措施，建立機構和標示主權等適當的行動[557]。在佔領如何才算有效的方面，奧本海並沒有專門就無人島荒島（比如釣魚臺之類）作出專門的描述，但是在國際法有許多先例可以用來說明這個標準是什麼。

先佔這個方式在釣魚臺爭議中有非常重要的地位。無論中國和日本都宣稱自己透過先佔的方式取得釣魚臺。因此對先佔這種方式需要加以詳細討論，特別是需要結合實際的案例和釣魚臺的歷史進行討論。因此詳細的相關討論留在對釣魚臺的具體分析之中。

時效是另一種主權獲得的方式：在足夠長的一個時期內，對於一塊土地連續地和不受干擾地行使主權，以致在歷史發展的影響下造成一種一般信念，認爲事物現狀是符合國際秩序的，從而取得該土地的主權[558]。與先佔不同，在透過時效取得主權的方式中，這塊土地並不必須是無主地。換言之，即便這塊土地之前有明確的主人（第一國），但是只要另外一國（第二國）和平而有效地佔領了這塊土地足夠長的時間，而原先的主人不表示反對，這個國家也可以合法地擁有這塊土地的主權。時效這種取得領土的方式，可以比擬私法中的「逆權侵佔」（adverse possession）。在逆權侵佔中，房地產的非業主佔用者不經原業主同意，持續佔用對方土地超過一定的法定時限後，原業主的興訟時限即終止，該佔用者可以成爲該土地的合法新業主，不必付出任何代價。

值得注意的是：第一，在「逆權侵佔」中，非業主必須是善意的。但奧本海認爲透過時效而取得領土，其最初對領土的佔有方式並不需要是善意的，即便是惡意的（比如侵佔），只要佔領時間足夠長，也是可以滿足時效這個條件。這被奧本海視爲公法中的「時效」和私法中的「逆權侵佔」的本質不同。奧本海這個觀點與他當時所處的國際法體系相匹配，因爲當時透過武力而得到領土的「征服」和「割讓」的方式，還被國際社會認爲是合法的取得領土的方式。但是在二戰之後，透過武力而得到領土已經不被承認爲合法，於是也很難認爲二戰之後，惡意地侵佔領土能導致領土的合法化。

第二，奧本海認爲「不受干擾」的規定較爲嚴格，只要其他國家還繼續不斷地提出抗議和主張，主權的實際行使就不是不受干擾的，也就未造成所需要的認爲事物現狀是符合國際秩序的一般信念。從這個角度看，這個條件當是對「惡意侵佔」的一個制約。特別在現代社會，很難想像被惡意侵佔領土的國家會不提出抗議。

[557] 同上，七四頁。

[558] 前引註554，九〇—九二頁。

第三，多長的時間才是「足夠長」呢？這個問題並無公論，奧本海認爲不能一成不變地規定一個固定的年限。有的說法認爲一百年才足夠[559]；有的認爲是五十年就足夠[560]。後者爲一八九九年英國和委內瑞拉之間的疆界仲裁案中，委方援引一八九七年二月二日的《英委條約》所實踐，它規定：「不顧反對而繼續持有五十年，或經五十年時效期間，應產生有效的所有權」[561]。但在現在的國際實踐上，如果要符合「不受干擾」這個條件，那麼這個五十年的時間非常難以滿足。這些因素使得「時效」這種取得領土的方式，在二戰之後的現代國際社會中，儘管還有存在的可能性，但在實踐上卻很少出現。但是這並不等於其在處理歷史遺留的問題上沒有價值，而這一點也適用於釣魚臺。

在一九九九年，納米比亞和博茨亞納關於塞杜杜島（Sedudu Island，納米比亞稱爲凱西基利島）的領土爭議的訴訟中，時效就成爲納米比亞的主要理據。納米比亞認爲，自己對這個雙方邊界河流中央的小島有主權，她以「時效」的佔領方式爲核心，提出了四個理據：(1)它對這個小島的佔有是行使主權的行爲；(2)它在這個小島的佔有是和平而不間斷的；(3)它對小島的佔有是公開的；(4)它在這個小島的佔有時間足夠長[562]。博茨亞納接受了納米比亞對「時效」的這四個標準的理論，但是她認爲，納米比亞並不符合這些標準的第一條，因爲在小島上生活的是土著居民，而沒有任何證據顯示，納米比亞政府以國家的形式行使了主權。國際法庭一方面同意了納米比亞提出的四個標準，另一方面也贊同了博茨亞納對納米比亞行使主權不充分的論點，最後把塞杜杜島判給了博茨瓦納。這個案件說明，時效在實踐中被認爲是一種有效的獲得領土的方式[563]。

割讓是由領土所有國把國家領土的主權透過條約移轉給另一個國家。割讓是一種雙邊的行爲，因此它有兩個主體，即讓與國和取得國。割讓的客體是原屬另一個國家的領土的主權。而實行的唯一形式，是由讓與國和取得國以條約成立協議[564]。

儘管割讓聽上去總是和戰爭有關，但事實上，透過戰爭而導致割讓只是割讓的一種方式，在歷史上有很多透過和平的方式達成領土割讓的結果。比如購買，美國向俄國購買阿拉斯加；比如交換領土，美國和加拿大在邊境上交換領土；比如因婚姻關係而繼承，這在歐洲歷史上屢見不鮮。當然還有很多割讓的事例和戰爭有關。甲午戰爭之後，中國把臺灣割讓給日本就是一例。這也是我以後要重點討論的。

值得說明的是，在二戰後的現代社會，透過戰爭而取得領土的行爲被視爲不合法。因此即便在戰爭戰勝之後，透過簽訂條約的方式而得到領土，也會被國際社會視爲非法。二戰之後的領土安排，大概是最後一次承認爲合法的透過戰爭而導致的割讓行爲。

征服指一個國家透過征服敵國，從而取得了敵國領土的領土取得方式。征服可以得到整個國家的領土，這種情況是把這個國家滅亡了；也可以征服和兼併敵國的部分領土，比如下面討論的簡單停戰

---

[559] HUGO GROTIUS, THE RIGHTS OF WAR AND PEACE 111-12 (Archibald Colin Campbell trans. 1901).

[560] DUDLEY FIELD, OUTLINES OF AN INTERNATIONAL CODE, art. 52 (1876 ed.).

[561] 同上，九二頁註腳。

[562] Case Concerning Kasikili/Sedudu Island, (Bots. v. Namib.), 94, Dec. 13, 1999, http://www.icj-cij.org (Rezek, J., dissenting) (last visited Oct. 9, 2000).

[563] Seokwoo Lee, Continuing relevance of traditional modes of territorial acquisition in international law and a modest proposal. 16 Conn. J. Int'l L. 1 2000-2001

[564] 前引註554，六九—七〇頁。

的情況。如果一個國家征服敵國領土的一部分，再令敵國在和約中割讓被征服的領土，這種方式屬於割讓而非征服[565]。

在國際法上，正常地終止戰爭的方式是締結和約或交戰一方的滅亡，但是國際上亦存在所謂簡單停戰的情況（Simple Ceasation of war），即戰敗國僅僅是默示地屈服或者戰爭以簡停戰鬥而結束的。儘管這樣做一般是認爲不方便而且應該儘量避免的，但事實上存在諸多通過這樣的方式而在實際上非正式地使戰爭結束的例子。[566]在這些情況下，領土的問題應該如何處理呢？奧本海認爲停戰時存在的狀態因戰爭的簡單停止而默認，因此是雙方未來關係的基礎。這就是所謂佔領地保留原則（principle of uti possidetis）。在這種原則下，這一部分被佔領的領土，可以由佔領國吞併，因爲對方已經停止敵對行爲，可視爲已經放棄了它過去對該領土的一切權利[567]。

值得指出的是，在國際聯盟、聯合國憲章和非戰公約訂立之前，各國都承認征服是取得領土的一種方式。但是在聯合國成立之後（一九四五年），征服不再被視爲一種合法的領土取得方式。日本對琉球的兼併是一種典型的征服，但因它發生在十九世紀後期，所以屬於一種合法的方式。

領土可以獲得也可以失去。奧本海列出了六種失去領土的方式，分別爲：割讓、**放棄**、自然作用、滅亡（被征服）、時效和叛變。除了叛變（或者稱爲獨立）之外，其他五種方式與取得領土的方式割讓、先佔、添附、征服和時效一一對應[568]。

這裡要著重提一下放棄這種喪失領土的方式。如果所有國完全以永久退出領土的意思捨棄領土，從而拋棄對該領土的主權，這就屬於放棄。與先佔一樣，放棄也有兩個條件：首先要有放棄的意圖；其次要有實際捨棄的行動。如果單單有放棄的行動而沒有放棄的意圖，也不能構成放棄。[569]

七・三 經典案例：帕爾馬斯島仲裁案

要在國際法的框架下分析釣魚臺問題，首先要先了解歷史上按照國際法所仲裁的類似案件。國際法是一種普通法，案例在法律中的地位是非常重要的。而在類似的案件中，一九二八年國際法庭對美國和荷蘭關於帕爾馬斯島（Island of Palmas Case）的經典判決是最值得研究的一個。這個案件不僅是第一個關於領土爭議的仲裁，其情況還與釣魚臺非常類似，因此有極爲重要的參考價值。

帕爾馬斯島在菲律賓南部棉蘭老島和印尼納努薩島之間。它在一五二六年爲西班牙所發現，也被畫在了西班牙出版的地圖上。但是西班牙疏於管理，反而讓荷蘭人從一六七七年起在島上建立了統治。在一八九八年的美西戰爭中，西班牙戰敗，把菲律賓讓於美國。這個島在西班牙割讓的範圍內，作爲菲律賓的一部分割讓給美國。但直到一九〇六年，美國才發現，在圖紙上的這個島居然已經建立了荷蘭人的政權，於是與荷蘭交涉。雙方都堅信自己擁有這個島嶼的合法主權，但是她們都同意透過海牙的永久仲裁法庭（Permanent Court of Arbitration）採用國際仲裁的方式解決她們之間的領土爭議。一九二五

[565] 同上，八四頁。

[566] 王鐵崖，陳體強《奥本海國際法》下卷第二分冊，商務印書館，北京，一九八九，一〇五—一〇六頁。

[567] 同上，一〇七頁。

[568] 前引註554，九二頁。

[569] 同上，九四—九五頁。

年，兩國簽訂同意書，最後仲裁員胡貝爾法官（Max Huber）在一九二八年作出裁決[570]。

美國的理據有以下幾條：第一，西班牙最先發現取得該島的主權，有足夠的地圖和文獻證明西班牙對該島的主權；第二，在一六四八年，荷蘭和西班牙簽訂的條約中，帕爾馬斯島在西班牙一側；第三，主權一經取得，根據國際法就不會失去，而不在乎有沒有實際行使主權；第四，該島以《巴黎和約》透過割讓的方式轉移給了美國，美國以西班牙權利繼承者的身分取得了該島的主權；第五，美西簽訂《巴黎和約》的時候，曾經把和約通知荷蘭，荷蘭並沒有反對；第六，帕爾馬斯島在地理上是菲律賓連續的一部分，按照地理關係，應該屬於菲律賓。基於以上種種理由，帕爾馬斯島應該屬於美國。

荷蘭方面的理據則認爲：第一，西班牙發現該島的事實尚沒有足夠證據，也沒有任何取得主權的形式；第二，即使西班牙在某個時候對該島有過權利，由於西班牙長期沒有實際的統治，該權利早已消失；第三，荷蘭自一六七七年以來，就在該島行使主權，自始到美西《巴黎和約》簽訂時，該島是荷屬東印度的一部分，荷蘭有長期的實際治理證據；第四，地理上的連續並不能作爲主權主張的證據。因此，西班牙對該島的證據並不充分，而即使這些證據能夠成立，也不能認爲這些證據能夠產生主權。

常設仲裁法院院長胡貝爾作爲仲裁員，於一九二八年四月四日作出裁決，裁定「帕爾馬斯島完全構成荷蘭領土的一部分」。仲裁員認爲：領土主權的取得和構成主權的一個最重要因素，是有效佔領和持續性。佔領必須是有效的，行使領土主權必須是持續的（continuous）與和平的（peaceful），這樣才能產生領土主權。**單純的發現不產生確定的主權，只產生一種初始的權利**（Inchoate Title）。發現所產生的這種初始權利，必須在一個合理期間內，透過對所發現土地的有效佔領，才能完成從初始權利到完全主權的轉換。所謂有效佔領就是能對在該地區上的該國及該國國民的權利，給以最低限度保護的那種佔領。

仲裁員認爲，西班牙在十六世紀發現帕爾馬斯島是一個事實，但是如前所述，「發現」僅僅是一種初始的權利，並不能導致完全的主權。西班牙在發現之初，聲稱了對這個群島的主權，但是它沒有對該島實行有效佔領，也沒有行使主權的願望。因此其主權並沒有實現。美國列舉的地圖資料等，對於證明西班牙的有效佔領沒有幫助。

相反，後來該島被荷蘭佔領。自一六七七年起，荷蘭一直持續和平穩地對該島行使國家權力。她和當地居民協商條約，保護當地居民和拒絕其他國家染指，而西班牙長期以來，對此都沒有反對。如果一個國家連續、和平及公開地行使某地的主權，而該地的發現者並沒有提出異議，那麼前者對該地的主權理據當在後者之上。

在美西《巴黎和約》簽訂和生效時，以及這個領土爭端發生之時，該島一直是荷蘭的領土。西班牙無權把它所沒有的權利割讓給美國，美國作爲西班牙權利的繼承國，也自然無權因該和約的割讓而取得該島的主權。儘管荷蘭在得知美西《巴黎和約》時沒有反應，但這可以解釋爲，這個條約根本沒有對荷蘭在帕爾馬斯島上的統治有眞正的實際影響，因此它不構成荷蘭對此割讓的默認。

同時，仲裁員也指出，地理上的靠近和連續並不是取得主權的根據。地理上的靠近與連續，缺乏一

---

[570] 關於這個仲裁案的背景、理據和裁決，最好參考裁決書原文：THE ISLAND OF PALMAS CASE (OR MIANGAS) : UNITED STATES OF AMERICA V. THE NETHERLANDS, PERMANENT COURT OF ARBITRATION, 4 April 1928.

個精確的標準而難以作爲主權認定的依據，國際上從來沒有根據這個意見而制定的規則與先例，何況即便提出這個意見的國家，也經常在這個問題上有自相矛盾的意見，而國際上亦有諸多的反例證明這個意見並不可靠。

七·四　帕爾馬斯島案所確定的幾個原則

帕爾馬斯島的情況和釣魚臺有很多相似地方。在這個類比中，帕爾馬斯島類比釣魚臺，西班牙類比中國，而荷蘭類比日本。西班牙首先發現帕爾馬斯島，中國首先發現了釣魚臺，兩國都聲稱對各自島嶼有主權；荷蘭在帕爾馬斯島上有長期的統治，日本在釣魚臺上有長期的統治，而西班牙和中國都對這種統治長期承認或默認。因此，從帕爾馬斯案中，能夠得出的幾個重要的結論，對於分析釣魚臺問題有重要的幫助。

㈠地理的靠近和地質上的連續，不能形成主權的根據。

很多中國學者（尤其是臺灣學者）在論證釣魚臺屬於中國的時候，都把釣魚臺的地理和地質上與臺灣的連結作爲釣魚臺主權的依據[571]。在帕爾馬斯島案中，胡貝爾法官明確否認了地理和地質上的連結是聲索主權的證據。因此中國以這種理由主張對釣魚臺的主權並不可行。其實把地理上接近和地質上連續作爲主權歸屬依據的邏輯，即便是中國官方自己也是不承認的。在南沙群島的爭議中，南沙群島靠近菲律賓與馬來西亞，遠離中國大陸和海南島。菲律賓以這些島嶼靠近菲律賓爲理由，作爲聲索南沙的理據之一，而中國就反駁地理上的遠近不是島嶼歸屬的依據。而在地質上，南沙群島位於與越南相連的大陸棚上，中國反駁越南對南沙的要求時，也強調地質上的連續，不是主權的依據。

㈡時際法的應用，必須同時考慮主權創設時的法律和主權存續時代法律。

兩個和時間緊密相關的重要概念，在這份裁決書中被強調。第一個是**時際法**（intertemporal law）。它規定了有關領土爭議問題，應該適用什麼時期的法律。胡貝爾提出了兩點：

(1)一個法律事實必須依照與之同時的法律，而不是依照因該事實發生爭端時或解決該爭端時的法律進行判斷。

(2)至於在一個具體的案件中，在先後繼續的不同時期所實行的幾個法律體系中，應當適用哪一個的問題，應該在權利的創設和權力的存續之間作出區別。創設一個權利的行爲，受該權利創設時有效的法律支配，依照這同一個原則，該權利的存續，意即該權利的繼續表現，也應當遵循法律的發展所要求的條件。[572]

時際法的重要性，在於應該採用怎樣的法律來衡量中國在一八九五年之前和釣魚臺的關係。如果

[571] 楊仲揆《歷史上的釣魚臺列嶼》，前引註1，三—五頁。林金莖《國際法問題釣魚臺列嶼之國際法》，前引註1，一八九頁。
[572] 前引註570，中文翻譯引自前引註34，15頁。

採用一八九五年時的國際法爲標準，那麼就會對中國對釣魚臺的主權要求，產生極大的負面影響。相反，如果以大航海時代的西方國際慣例（當時甚至還沒有國際法一說）爲標準，那麼中國的理據就更強。

一般中國都注重第一點，而忽略了第二點。第二點中胡貝爾法官強調，權利能夠被創設，也需要被存續。在判斷創設是否合法的時候，可以根據創設當時的法律，而在判斷領土主權是否合法地存續的時候，就必須根據存續時的法律。這種情況下，各國需要與時共進地根據當時的法律，提升自己對領土的管治力度。比如在帕爾馬斯島案例中，即便西班牙在發現帕爾馬斯島時，可以說符合取得主權的法律，但是在日後，西班牙對帕爾馬斯島不聞不問，就說明了西班牙在領土的存續中，無法符合後來的法律中對領土必須有實質管理才能說明主權的要求。

(三)關鍵日期是爭議發生時的日期。

另一個和時間有關的重要概念是**關鍵日期**（critical date）。這規定了考慮領土問題的證據之時，應該以什麼時間範圍內的事實爲依據：在關鍵日期之前的事實，可以作爲仲裁的證據，而在關鍵日期之後的事實，則不能作爲證據。胡貝爾的對此的解釋是：

> 如果對領土一部分的主權發生爭端，習慣的辦法是審查哪一個提出主權主張的國家擁有所有權——割讓、征服、佔領等——優於其他國家所可能提出的主張。但是，如果爭議是建立在另一方已經實際展示主權的事實基礎上，那麼一方在那之前的某一時間已有效獲得該領土主權的事實，並不足以令該領地

的主權歸屬於它，它還必須展示該領土主權在那一時間之後持續存在，而且在爭議的關鍵日期時間點也仍然存在。這種展示體現在實際的國家行爲中，例如只與領土主權相關的國家行爲。[573]

關鍵日期存在的作用，在於它使關鍵日期之後各國所作出的行爲在主權爭議中不再具有法律效力，從而防止某一聲索方單方面地爲增強己方的理據而在爭議出現之後，採用一些固化主權的行動（比如入侵等）[574]。

儘管這裡胡貝爾指出了關鍵日期的概念。但是他沒有明確說出關鍵日期的選擇原則。他採用了一八九八年十二月十日爲「關鍵日期」，這是西班牙把菲律賓轉讓給美國之時，從而令帕爾馬斯島的狀態發生變化。根據國際法專家特里格斯（Gillian Triggs）的總結，關鍵日期通常可能在爭議發生之時產生，或當事方對領土享有主權得以明確化時確立。比如一國可把它透過時效取得他國原先擁有某些原始權利，但已被放棄的領土的主權的時間爲關鍵日期；或者當一國對某一領土宣稱主權時，另一方表達抗議之時爲關鍵日期。簡言之，關鍵日期是指當事方對領土主權提出競爭性主張之時，或領土主權歸屬已經得以明確化的關鍵時刻[575]。

在釣魚臺問題上，中日兩國對關鍵日期如何選取有不同的看法。中國一般認爲一八九五年一月是關

[573] 前引註570。
[574] Minquiers and Ecrehos Case, 1953, ICJ, 69.
[575] Gilhan D Triggs. International Law: Contemporary Principles and Practices[M].London: LexisNexis Butterworths, 2006: 227.

鍵日期，這個日期是日本把釣魚臺正式納入日本領土編制的日期。中國方面的理由是：在這一刻起，釣魚臺的主權狀態發生變化[576]。而日本所支持的關鍵日期是一九七一年左右，即中國正式提出釣魚臺問題的時候[577]。理由是是在這一刻才出現釣魚臺的爭議。

顯然，如果按照中國的說法，那麼一八九五年之後的歷史就完全不用考慮了，只需要證明在一八九五年之前，中國對釣魚臺有主權即可。但是如果按照日本的說法，那麼在一八九五年到一九七〇年之間的七十五年的歷史，對釣魚臺的歸屬就有重大影響，因爲在這期間中國沒有對釣魚臺提出任何的主張。

那麼哪種說法更加合理呢？如果參考帕爾馬斯案例，日本方面的主張是更加有道理的。在這個類比中，西班牙類比中國，而荷蘭類比日本。西班牙對帕爾馬斯島有發現和初始主權，而荷蘭則在其後長期無爭議地管治了帕爾馬斯島。如果按照中國方面的理論，那麼帕爾馬斯案件的關鍵日期，就應該設立在一六七七年，即荷蘭在帕爾馬斯島建立政權的一刻。但是胡貝爾法官並沒有那麼選取，而是選取了美國從西班牙手上取得帕爾馬斯島的一刻（一八九九年）。一八九九年儘管不是美國提出爭議的一刻，但在這個案例中，這個時刻卻是美國對該島產生潛在主權的一刻，而且從一八九九年到美國提出帕爾馬斯島爭議的一九〇六年之間並沒有任何重大法律意義的事實作爲法理證據去增強雙方的論點。因此，可以認爲，胡貝爾法官基本選擇了爭議出現的一刻作爲關鍵日期。

事實上，根據胡貝爾法官對主權既可以得到也可以丟失的觀點，把爭議出現的一刻作爲關鍵日期也更爲合理。如果僅僅把關鍵日期放在可能的主權狀態發生變化的一刻，那麼就意味著主權一旦得到就不會失去。因爲這樣選取關鍵日期就等同於只考慮第一個主權聲索國的證據，而不考慮第二個主權聲索國的證據。這樣對第二個主權國聲索國是極爲不利的，基本上就會得出完全傾向第一個主權聲索國的結論。在這種情況下，第二個主權聲索國，基本無法得到勝訴的可能。這和案例的邏輯相悖。

從以後的法律實踐來看，領土爭議的仲裁都把關鍵日期設在爭議出現的日期的附近，而並非第一次發生可能的主權狀態轉移的日期附近，因爲這樣才能充分考慮爭議雙方的歷史證據。一個例子是新加坡和馬來西亞關於白礁的領土爭議。白礁從十六世紀開始就爲柔佛蘇丹（現爲馬來西亞一部分）所管轄，但是案件的關鍵日期設在馬來西亞提出領土爭議的一九七九年，而不是新加坡（當時是英國新加坡政府）佔領白礁的一八五一年，即可能的領土主權狀態改變的一刻。

(四)單純的發現並不能形成主權，有效的佔領以及連續和平地行使權利，才是形成主權的決定性因素。

中國方面的專家一般認爲：釣魚臺最早爲中國所發現，根據時際法，在明朝時期，「發現」就是獲得主權的依據【578】。但這個說法並不準確。根據奧本海的解釋，即使考慮時際法，單純的發現，在十八世紀之前，也不能產生所有權。他指出：

【576】沈晶晶《釣魚島問題解決的新途徑研究》，法治視野，二〇〇九年第六期，八五頁。

【577】Yoshiro Matsui, International Law of Territorial Acquisition and the Dispute over the Senkaku (Diaoyu) Islands. Japanese Annual of International Law, No.40, 1997, p.8.174.

【578】劉文宗《從歷史和法律依據論釣魚島主權屬我》，海洋開發與管理，一九九七年第一期，四八頁。

現在，佔有和行政管理是使佔領有效的兩個條件，但在從前，這兩個條件並不被認爲是用佔領方法取得領土所必要的。雖然在大發現時代，**各國也並不主張發現一塊過去無人知悉的土地就等於發現者從事探險時所服務的國家已經用佔領方法取得了該土地**，但是佔有常常只是具有象徵行爲的性質。後來，眞正的實行佔有被認爲是必要的。但是，一直到了十八世紀，國際法作者才要求有效佔領，而且直到了十九世紀，各國實踐才與這種規定相符合。現在，雖然發現並不構成透過佔領而取得領土，但它卻不是沒有重要性的。大家一致認爲發現使那個爲其服務而發現的國家有一種不完全的所有權；在對被發現的土地加以有效佔領所需要的合理期間內，這種權利「有暫時阻止另一國加以佔領的作用」。如果這個期間滿了而發現國沒有作任何企圖將它的不完全所有權變爲透過佔領而取得的眞正所有權。這種不完全的所有權就消滅了，而這時任何其他國家就可以用有效佔領的方法取得該土地。[579]

從奧本海的這段描述中可以看到，即便在地理大發現時代（相當於明朝時期），儘管主張主權的標準比十八世紀之後要低，比如有效佔領並不是必須的，但是僅僅發現也不可以產生主權，而是必須要有象徵性的行爲去證明國家的主權意圖。而根據胡貝爾的判例，這個要求就更加嚴格了。因爲在判詞中明確提出：發現只是一種初始的權利，而不等於已經獲得主權，眞正的主權，必須在一個合理期間內，透過對所發現土地的有效佔領來完成。考慮到西班牙在十六世紀已經發現了帕爾馬斯島，與中國發現釣魚臺處於同一時代。可見無論根據國際法的案例，還是教科書的解釋，單純的「發現」都不是取得主權的來源。

其實，即便是中國自己，也不承認「發現」是主權的來源。比如根據最早的可靠的記錄，福克蘭群島（Falkland Islands，阿根廷稱馬爾維納斯群島）是英國人戴維斯（John Davis）在一五九二年發現的（很久之後才有證據顯示，葡萄牙人可能更早發現了這個群島，但這個發現沒有發表，葡萄牙人也從來沒有主張對福克蘭群島的主權）。英國人不但發現了福克蘭群島，也在福克蘭群島中實際建立了殖民地，有效地統治了福克蘭群島，其證據遠比中國對釣魚臺的強。但是中國在英國和阿根廷之間的福克蘭群島之爭中卻支持阿根廷。可見，最早「發現」與「開發」等同「主權」也並不是中國所一直支持的原則。

儘管由於時際法，對釣魚臺的佔有，並不需要符合「有效佔領」的要求，但是根據帕爾馬斯島案的判例，在維持這個主權時卻需要符合十九世紀時的國際法要求。簡單地說來，就是要與時共進。如果在十九世紀之後，中國長時間不符合「有效佔領」的要求，即便認爲中國在最初時取得了釣魚臺的主權，也會因此而喪失這個主權。顯示「有效佔領」的方法可以有很多種，比如軍隊巡邏、商業管理、開採礦產、官方的科學考察、罪案調查、法律仲裁、地籍登記、建造建築物、人口調查、維持人工的航海標誌物等等，中國只要滿足任何一種，都可以證明對釣魚臺的佔領是有效的[580]。事實上，儘管釣魚臺沒有人煙，但是達到這些要求的其中一種，並不能說是非常苛刻的。

---

[579] 前引註555，七七—七八頁。

[580] CARLOS RAMOS-MROSOVSKY，INTERNATIONAL LAW'S UNHELPFUL ROLE IN THE SENKAKU ISLANDS，29 U. Pa. J. Int'l L. 903 2007-2008.

當然，由於釣魚臺是沒有人煙的貧瘠小島，對於如何才算確立主權理應較可以居住的小島（比如帕爾馬斯島）更爲寬鬆。從這個意義上說，和釣魚臺更爲類似的例子是一九三一年法國和墨西哥之間關於克利珀頓島的案例（Clipperton Island Arbitration）。這是一個無人居住的珊瑚島，最早爲英國人所發現，但是英國並沒有主張對這個小島的主權。法國則在一七一一年，再次「發現」了這個島，並在島上進行了科學考察，可是之後卻長期沒有對這個島嶼進行管治。直到一八五八年，法國才正式把這個島嶼納入行政系統。一八九七年，墨西哥提出對這個島嶼的主權，她聲稱西班牙早在十五世紀，就發現了這個島嶼，而墨西哥在一八三六年，繼承了西班牙的權利。但是最後法官把島嶼判給了法國。理由是：儘管法國對這個島嶼的主權意圖和有效佔領的證據都非常薄弱，但是法國仍然作出了兩個行動證明自己的主權意圖：一是在一八五八年的時候，在夏威夷登廣告，宣佈對這個島嶼的主權；二是在一八九七年發現有美國採礦公司在島上活動的時候，對之加以干涉，並向美國提交抗議。反觀墨西哥，儘管西班牙發現島嶼可能是可信的，但是在關鍵日期之前，墨西哥對該島的管治意圖更爲薄弱，而且從來沒有管治的記錄。因此兩相比較，法國的理據更強[581]。

在這個案例中，值得注意的有四點：第一，在一七二五年的科學考察可以當作有效佔領的證據而幫助法國確立主權；第二，儘管法國長時間對島嶼疏於管理，但她在夏威夷的廣告卻可證實她有主權意圖，對美國採礦公司的干涉和對美國的抗議，可以表示他仍然對該島有有效佔領；第三，主權屬誰，是一個兩相比較的事，法國之所以贏得主權，並不是因爲他在關鍵日期之前的主權證據非常強，而是因爲墨西哥更弱；第四，「發現」在此再次被認爲不足以產生主權。

說明如何才算有效管治還可以參照的另一個案例是一九三三年的丹麥和挪威關於東格陵蘭的爭議。

法官裁決東格陵蘭屬於丹麥。丹麥能說明自己有效統治的證據有三個：第一，在一系列國際會議上，展示了對這個地區的主權；第二，批出貿易、捕獵、開礦和鋪設電纜等專屬權；第三：立法通過設立其附近領水的範圍[582]。此外二〇〇二年馬來西亞和印度尼西亞爭議的西巴丹島和吉利丹島爭議判決中，馬來西亞最終獲得此兩個小島的原因，是因爲她在歷史上對此兩小島實踐了頒發牌照、解決紛爭、建立燈塔和建立鳥類避難區等官方的舉動。[583]

㈤即使在某段時間中行使過主權，但是長時間不行使，就失去了連續性，主權也會因此而丟失。

這個意義很明確：即使一個國家在某個時段對某個爭議地區行使主權，但是如果此後對這個地區不聞不問，就有可能被視爲已經放棄了這個主權，特別是別國在此期間對這個地區行使了主權的情況下。

從這個案例中，可以看到在國際法上的兩個原則的應用。第一個相關的原則，就是透過**「時效」（prescription）的方法喪失（或獲得）主權**。根據國際法，任何國家若確信其國土被敵意佔有，便有責任提出正式抗議。若然超過了時限也沒作抗議或訴訟，國際法便不能宣稱該佔有爲非法，佔有國便自然成爲合法擁有者。這就是透過時效的方式喪失了對這塊土地的主權（另一國因而獲得了主權）。這個時間一般被說是五十年，但具體多長才合適，國際上並無定論。儘管有學者否認時效在主權獲得中的

[581] Clipperton Island Arbitration (Fr. V. Mex.), 2 R.I.A.A. 1105 (1931). http://www.ilsa.org/jessup/jessup10/basicmats/clipperton.pdf

[582] Legal Status of Eastern Greenland, 1933 PCIJ (Ser. A/B) No. 53 at p.122-26 (Apr. 5).

[583] Case Concerning Sovereignty Over Pulau Ligitan and Pulau Sipadan, 2002 ICJ Rep. 625, 683-85 (Dec. 17).

合法性[584]，但現在國際法的教科書中，還普遍把時效列爲有效的主權獲得的方式，而在司法實踐中，也被視爲獲取領土的有效手段。

就帕爾馬斯案的判詞而言，它所主張的領土喪失的原則，比「時效」的範圍更大，它認爲只要原主權國在一定時間尺度內沒有行使主權，就可以意味著主權的丟失，並不要求在這段時間內必須有另外的國家實行佔領，因此如果在這段時間內，原主權國沒有行使主權的情況下，如果也沒有另外的國家對這塊土地行使主權，那麼這塊土地可以被視爲無主地。這就是透過「放棄」的方式，喪失領土主權。在第一節中已經談到，「放棄」領土的標誌有兩個：第一個是放棄的事實，比如說西班牙長期不行使主權；第二個是放棄的意圖，在奧本海的意見中，這個比較嚴格，認爲必須原主權國明確表示放棄的意圖，才能算數。但是，這一點在實踐中幾乎不可能做到。於是在帕爾馬斯島的判例中，胡貝爾認爲，只要原主權國有足夠長的時間不表示對這個島嶼的主權意圖，比如不再行使主權，這就相當於放棄了對這個島嶼的主權。

㈥**地圖資料在法理上的價值低於實際治理的證據**。

在帕爾馬斯島仲裁案的仲裁中，胡貝爾法官認爲古地圖的意義並不能太過誇大。這主要有以下原因：第一，很多古地圖並不準確，很難根據這些地圖去確定這些島嶼的眞實性；第二，在古地圖中很難找到有明確主權關係的標誌；第三，古地圖主要爲私人所著，只代表私人的見解，可以把它視爲一種歷史上的看法，但是不應該等同於官方的意見。在國際法上，私人行爲對主權認定的意義，不能和官方的行爲相提並論。因此，官方的實際治理證據比地圖證據更能明確地反映官方的態度，也在國際法上成爲更有力的證據。

七・五 釣魚臺在一八九五年之前是不是中國的領土

結合帕爾馬斯案例的原則以及前面六章關於釣魚臺的歷史事實，我在此分析有關釣魚臺的三個問題。首先，清朝一八九五年之前對釣魚臺有沒有主權呢？中國方面一般認爲，中國在最早從明朝開始已經擁有對釣魚臺的主權，而日本方面認爲，直到一八九五年之前釣魚臺都是一塊無主地。這個問題的重要性在於：如果中國在一八九五年已經擁有釣魚臺的主權，那麼日本所堅持的「無主地先佔」論就無法成立，因爲「先佔」的客體必須是「無主地」。

㈠爲人所知的土地是否可能是無主地？

中方的第一個論據是在明朝的時候，中國與琉球之間的一系列島嶼已經爲中國和琉球所知，而這時，中琉之間的土地不可能是無主地[585]。

爲此必須先了解無主地的歷史。二十世紀之前，無主地是普遍存在的。古代中國有一句話，可以

[584] Zuxing ZHANG, A Deconstruction of the Notion of Acquisitive Prescription and Its Implications for the Diaoyu Islands Dispute, Asian Journal of International Law, 2012, Vol.2, p.323-338.

[585] 前引註38。

解釋遠古起，這個自認爲世界中心的王朝對領土的理解：「普天之下，莫非王土」。這句話出自《詩經》，是兩千多年前的一句話。這種領土觀念，顯然是自大而可笑的，中國再強大也不過是世界上諸多國家和民族中的一員，有什麼理由和權力，能夠把所有的土地都視爲自己的領土呢？

這句井底之蛙的話，在古代王朝也並不當眞，可是在現代，卻被一些人作爲否認中國和其他國存在無主之地的論據。張啓雄甚至認爲，「中華世界帝國」包括「華」與「夷」，無論華夷都屬於中國的版圖[586]。然而，即便在古代的實踐上，這種概念也既不符合實際，亦不可行。即便是中國最強大的時候，也不能否認其周邊有無主地的存在。

在中國周邊最好的反例就是臺灣，正如我在第一章所論述的，臺灣在清朝康熙以前從來不是中國的一部分（見一・三）。事實上，長期以來，臺灣儘管有原住民，也很早就爲中國所知，卻一直沒有建立起政權，按照國際法就被視爲無主地。即便還有著「中國中心」思維的明朝和清朝也承認，臺灣在康熙之前「自古不屬中國」。到了十七世紀二十年代，荷蘭人和西班牙人相繼在臺灣島南部和北部建立政權，這才第一次在臺灣建立政權。所以在那之前，臺灣一直是無主地。鄭成功在一六六二年擊敗荷蘭人後，才在臺灣第一次建立漢人政權，直到一六八三年，臺灣才併入中國版圖。

此外，中國陸上邊境也有很多無主地，比如西伯利亞在明清之際也一直是無主地，直到俄羅斯在十七世紀把它佔有爲止。上述這些是大片的土地和較大的島嶼，它們尚且無主，那麼面積細小、無人常居的釣魚臺也就存在無主地的可能性了。

事實上，在二十世紀之前世界上的土地並不緊張，並非所有的土地都已經有主。沒有被發現的固然不在話下，即便是已經被「發現」的土地，也有不少是無主地。特別是海洋中的小島，由於本身沒有什麼價值，因此也沒有必要佔領。在十九世紀之後，國際法要求主權國除了享有權利之外，也要承擔相應的義務，比如保障航道安全、救援、設置和維護燈塔等等，這些義務對聲稱荒涼小島主權的國家來說並非易事，加上在十九世紀的時候，也沒有所謂經濟專屬區和大陸棚資源的相關利益。因此，對於荒涼的小島，聲稱了主權未必有什麼好處，卻會帶來很多麻煩。這就是直到二十世紀上半葉，還有不少「無主地」存在的緣故。這用現代的領土愈多愈好的思維方式來看可能有點不可思議，但是在歷史上，發現一個島嶼卻不宣稱主權的例子比比皆是，即便是西方殖民主義國家也是如此。比如，西班牙最早發現科克群島（Cook Islands），也沒有聲稱對科克群島的主權。一四九二年（或一五〇二年）西班牙最早發現聖露西亞島（Saint Lucia），但是西班牙沒有宣佈主權，最後由法國人取得。前面也提過，英國人最早發現克利珀頓島，亦沒有主張主權。可見，「發現」但沒有聲稱取得主權的事例並不罕見。

因此，某個被發現的島嶼是否爲無主地並不能簡單地一概而論，它們可以是有主地，也可以是無主地。是否有主，主人是哪個國家，必須透過對歷史證據的論證來確定。

㈡單純的發現，是否能夠視爲已經取得主權？

中國有專家認爲根據時際法，在十五世紀，單純的發現已經可以作爲取得領土的依據。比如，劉文宗認爲「在十五世紀末，哥倫布等人發現新大陸時，就以『發現』作爲取得美洲大陸領土的根

[586] 前引註307。

據」[587]。這個問題在七．四節已經討論過了，即便在大航海時代，單純的發現也不能夠作為取得領土的依據。

㈢明朝時期，中國先佔的理據足夠嗎？

在論證一八九五年之前，中國對釣魚臺的關係的時候，我認爲應該區分兩個時期，大致以明朝和清朝爲界限，更準確的分界線，應該設在一六八三年。在這一年發生了兩件事，足以改變對釣魚臺主權的論證。第一件是中國吞併了臺灣，臺灣就不再是無主地，這樣就增強了中國對釣魚臺主權的證據。第二件是該年中國冊封使汪輯的記錄中，首次出現了沖繩海槽是「中外之界」的說法。在一六四四年明朝滅亡，到一六八三年之間，並沒有什麼有關釣魚臺的大事，於是爲了敘述上的方便，也因爲明朝和清朝朝代更換之故，我就簡單地把這個分界線，設立在明清交界的一六四四年。

正如七．三節中所論述的，單純的發現並不是獲得領土的依據。按照十八世紀以前的國際慣例，即便在不可能居住的荒島中也必須有象徵性的行動，去顯示某個國家對該島的主權意圖（animus occupandi）。這個象徵性的行動可以很簡單，比如「升旗」或者「建立燈塔」等等。

中國最先發現和命名了釣魚臺（最晚在明朝初期），中國無疑對之有初始的權利。明朝的冊封使所寫的文章中，儘管有琉球以古米山爲界的說法，但這種說法並不能反推出古米山以西的釣魚臺屬於中國。這是因爲在明朝，臺灣並不是中國的領土，因此在臺灣以東離大陸更遠的釣魚臺屬於中國的說法，並沒有堅實的基礎。

在明朝多張海防圖中出現了釣魚臺，但這些圖中，也同時出現了不屬明朝的臺灣；而且它們也出現在《琉球國圖》之中，按照標準一致的原則，僅僅根據這些地圖而言，把它們視爲琉球的領土甚至比視爲中國的領土更爲有力；在政區圖意義更爲明顯的地圖，如《廣輿圖》中，並沒有出現這些島嶼；而明代的方志中也沒有釣魚臺的蹤跡。對這些互爲矛盾的證據的綜合考量之下，只能得出一個結論，就是明朝時期的地圖並不能肯定中國擁有釣魚臺的主權（見一．五）。

如果按照大航海時期的國際慣例，發現了島嶼後必須做形式上的宣示，比如在島上升旗等，才可以證明該國對這個島嶼有主權意圖。但是在明朝，中國並沒有任何登上釣魚臺的記錄。

中國在明朝有追擊倭寇至琉球大洋的記錄，但是這類記錄反映的並非一種常規性的巡邏，而更像是偶爾性的出境追擊。而從琉球方面看來，則被解釋爲協助琉球的軍事同盟行爲。更重要的是這些記錄中都沒有明確記載釣魚臺。因此很難認爲這些記錄能夠說明中國在明朝對釣魚臺已經有了有效佔領的證據。而在明朝後期，中國海防官員明確地宣示：中國的海上疆界在澎湖，而在澎湖之外的海域屬於「華夷所共」。這進一步證實了明朝對釣魚臺並沒有主權意圖（見一．六）。

因此，綜合種種證據，在明朝，中國儘管發現了釣魚臺，卻沒有對釣魚臺的有效管治，甚至連主權意圖也沒有達到最低的標準。中國儘管把釣魚臺記錄下來，起了名，畫在地圖上，但是這些資料都不能證明中國對釣魚臺的主權。因此，釣魚臺在明代更加可能是無主地。換言之，在明朝，儘管中國取得了對釣魚臺的初始權利，但是終明朝一代，即便按照大航海時代的寬鬆標準，都沒有把這種初始的權利發展成爲實際的主權。

[587] 前引註578。

㈣清朝中國對釣魚臺的主權理據足夠嗎？

到了清朝前期，開始有一些冊封使的記載表示中琉之間以沖繩海槽爲分界，而且在一六八三年中國把臺灣納入自己的領土之中[588]，這爲釣魚臺屬於中國的理論增強了論據。可以認爲，在清朝前期，大概在一六八三年到一八〇〇年之間，中國在一定程度上，把釣魚臺視爲自己的領土，即存在一定的主權意圖。但是在這些論述之中，都沒有明確地提及釣魚臺屬於中國（比如冊封使的記錄中也沒有類似「釣魚臺屬於中國」的文字）。除此之外，中國也沒有更爲有力的證據顯示中國對釣魚臺有主權的意圖。比如，即便到了清朝，中國也從來沒有一次象徵式的儀式（比如升旗或登島等），顯示對釣魚臺的主權意圖，也沒有明確宣佈過釣魚臺是中國的領土。中國與琉球之間以黑水溝爲分界線，更像是民間的而不是官方的看法，因爲就連冊封使也認爲這條分界線，只是傳說中的（見二・一）。因此，中國對釣魚臺的主權意圖，仍然介於清晰和模糊之間。到了十九世紀，中國對釣魚臺的主權意圖開始減弱：在冊封使的記載中，沒有再出現過「中外之界」的說法；開始用琉球的名字稱呼黃尾嶼和赤尾嶼；冊封使自己認爲「中華界」在基隆。這些說明，中國對釣魚臺的主權意圖出現了斷層，連續性出現問題。

在「有效佔領」方面，中國的證據極爲薄弱。在內政層面，中國從來沒有把釣魚臺眞正地納入中國的行政區域之內。儘管在臺灣的方志系統上有過一個叫「釣魚臺」的地名，但是這個「釣魚臺」並不是現在的釣魚臺，而是在臺東海岸中南部的某地（很可能是現在成功鎮的三仙臺），是一個從大陸偷渡到臺灣的熱門地點。除了這個「釣魚臺」之外，臺灣和福建的所有方志記載中都沒有釣魚臺（見二・二）。釣魚臺從來沒有列入臺灣的轄區，在中國出版的臺灣地圖中也都不包含釣魚臺，甚至在一八八五年臺灣獨立建省之後也是如此（見二・五）。中國方面唯一可以證明「釣魚臺是臺灣一部分」

的證據，還是來自於明朝一五六三年的《日本一鑑》，而那時臺灣還不是中國的領土（見一・四）。用這樣的證據來證明在歷史上釣魚臺是臺灣的一部分，實在是太不足了。

中國聲稱中國最早利用和開發了釣魚臺[589]。中國所謂的「開發與利用」包括兩點：第一，把釣魚臺作爲航海的標誌點。但中國並沒有在島上建築航標，而僅僅把這個天然的島作爲航標，這並不是排他性的行爲，事實上琉球人和日本人也這麼做。這並不能作爲一種有效佔領的證據。第二，中國漁民在釣魚臺附近海域捕魚。可是臺灣漁民把釣魚臺作爲漁場還是一八九五年臺灣被日本統治之後才開始的事，並不能作爲清朝對釣魚臺的主權證據。況且，這個漁場還是琉球人首先開發的，也被臺灣人、琉球人和日本鹿兒島人所共同使用。另外，在某個海域從事漁業，只能算以私人形式的開發和利用，並不是官方的形式，因此只能構成初始權利，並不能算作「有效佔領」的證據。可見，這兩個證據都缺乏排他性，都不足以成爲以政府名義對釣魚臺顯示主權的證據。

除此之外，中國並沒有提出更多的對釣魚臺的有效佔領證據，比如記錄在釣魚臺執行過什麼公務。中國曾經提出的慈禧太后把釣魚臺賞賜給盛宣懷一事，原本是一個極好的證據，可惜一早就被拆穿是一個騙局（見二・六）。

一八八五年，日本人對釣魚臺進行勘查，並在釣魚臺上堅立了國旗[590]。這是明確展示主權意圖的行

---

[588] 中國當時對臺灣的管治其實很有限，僅僅在西岸一帶，並沒有管理整個臺灣。在這裡忽略這些細節。

[589] 前引註122。

動。在這一過程中，中國媒體也有報導。這時本來應該是中國展示主權意圖和有效佔領的最好時機。如果中國政府能夠在這時採取哪怕口頭上的行動，也能說明中國的主權意圖。如果中國政府能派人前往查看，這就能說明中國對這個島嶼的「有效佔領」。可是中國政府沒有作出任何反應（見三・七）。這時反而有一八八九年中國的官方資料《遊歷日本圖經》，承認釣魚臺是日本的領土（見二・七）。

儘管個別的中國地圖把釣魚臺畫在中國境內，但是更多的以及更加權威的中國地圖，卻沒有這麼做（見二・三）。況且根據帕爾馬斯群島案例，地圖本身作爲證據的能力很小，遠遠比不上實際的管治證據。而從地圖資料來看，在十九世紀，國際上對釣魚臺的歸屬也沒有統一的認識（見二・四）。因此，釣魚臺屬於中國也缺乏國際的承認。

因此根據國際法，參照七・四所列舉的帕爾馬斯島、克利珀頓島和東格陵蘭等案例，清朝，特別是十九世紀之後，中國和釣魚臺的關係，難以被認定達到國際法所規定的「有效佔領」的標準。

公平地說，考慮到釣魚臺的位置與古代的生產力，中國在十八世紀前期和中期對釣魚臺的證據還有一定的說服力，我認爲可以算在民間傳統邊界之列。我把這種中國對釣魚臺的關係稱爲模糊主權，其中還可以繼續細分爲政府無明確意圖和有明確意圖兩個層次。這種模糊主權，介於完全主權和完全非主權之間，如果強化了意圖和實踐，可以轉化爲完全主權，如果弱化了意圖，也可以轉化爲完全非主權（即放棄）。很可惜，到了十九世紀，歷史顯示的是後一種趨勢。

要特別指出的是，十九世紀是國際法發展的一個關鍵的時段。《奧本海國際法》指出，「到了十八世紀，國際法作者才要求有效佔領，而且，直到了十九世紀，各國實踐才與這種規定相符合」[591]。可見，到了十九世紀，國際法開始要求「有效佔領」才是取得先佔的方式。根據帕爾馬斯島的判例，只要原主權國有足夠長的時間不表示對這個島嶼的主權意圖，不再行使主權，就相當於放棄了對這個島嶼的主權。而在判斷領土主權是否合法地存續的時候，就必須根據存續時代法律。這種情況下，各國需要與時共進地根據當時的法律提升自己對領土的管治力度。因此，即便在十九世紀之前，中國已經取得了釣魚臺的主權，在十九世紀，中國也需要以「有效佔領」的要求去顯示主權的連續性。很顯然，按照以上的分析，中國沒有做到這一點。

那麼這種主權缺失的狀況，是否可以用暫時性的管治空缺（Time Gap）來解釋呢？Steven Su 在解釋中國對日本長期佔領釣魚臺而中國保持沉默的原因之時，曾經以此作爲有利中方的論點。他指出：國際法庭傾向容忍在一段時間內出現管治的空缺，特別是對於難以支持人類生活的小島。比如在克利珀頓島案中，法國在一八五八年到一八九七年之間都沒有對該島行使主權。而帕爾馬斯案中，一七二六年到一八二六年之間，荷蘭都沒有對該島行使主權。但是國際法庭都認爲他們行使了「和平而連續」的主權[592]。

但是 Su 的這兩個例子，都無法解釋清朝自十九世紀以來的管治空缺。在帕爾馬斯案中，荷蘭的管治空缺，大部分發生在並不要求有效佔領的十八世紀，而從一八二六年到一九〇六年，荷蘭的統治都是

[590] 中國報紙報導的具體事件還有疑點，這裡按照吳天穎的說法，見三・七節。

[591] 前引註555，七七頁。

[592] Steven Wei Su, The Territorial dispute over the Tiaoyu/Senkaku Islands: An Upadat, Ocean Development & International Law, 2005, 36:1, 45-61.

有效的。在克利珀頓島案中，法國的有效管治其實遭到了法官的質疑。可是由於墨西哥的理據更差，這樣法官才容忍了這個相當長的空隙，把克利珀頓島判給了法國。況且，法國的證據雖然少，但是總算能提供兩個有效的證據。反觀中國，在整個十九世紀，連一個證明「有效佔領」的例子都無法提供。因此用可以容忍的管治空缺來爲中國在十九世紀缺乏「有效佔領」的證據辯護，似乎也行不通。

七·六　日本佔領釣魚臺的性質

㈠對日本先佔論的分析

日本在一八八五年到一八九五年之間對釣魚臺的勘查、一八九五年的內閣決議以及在一八九五年到一九四五年間對釣魚臺的統治，基本符合了國際法中對「先佔」的規定的大部分條件。從主體來說，日本的一系列指令和實際管治，都是以國家名義下達和進行的；從主權意圖來看，日本政府透過決議把釣魚臺劃歸沖繩縣，因此日本有明確的管治意圖；從有效統治來看，日本在一八九五年後，把釣魚臺租借給古賀家族，在釣魚臺上執行多項公務（見四·三），日本的管治也符合有效佔領的標準。

唯一一個有疑問的地方就是對「先佔」的客體要求，即當時釣魚臺是不是「無主地」。這又歸結到兩個問題。第一，在客觀上，釣魚臺是不是無主地。第一個問題事實上就是七·五節中所分析的，結論就是在客觀上，釣魚臺是無主地的可能性很大。

在這裡要重點分析的是第二點，在主觀上，日本是否認爲釣魚臺是「無主地」。中方一直稱日本「明知」釣魚臺是中國的，卻以「無主島」的名義侵佔。因爲即便在客觀上透過國際法的審視，難以認定釣魚臺不是無主地，但是如果日本政府當時在主觀認識上判定釣魚臺屬於中國，卻仍然進行兼併，這在一定程度上也可以說是違反了無主地先佔的原則。

日本政府當時主觀上有沒有判定釣魚臺屬於中國，需要從歷史資料中找證據。從三・六—三・八中對史料的分析可以知道，在當時日本有兩種意見，沖繩的地方政府較傾向認爲釣魚臺屬於中國，而中央政府則認爲，儘管釣魚臺爲中國所記錄，但是卻沒有中國統治的痕跡，於是中央政府認爲釣魚臺是無主地。

日本中央政府的看法，可以用兩個證據來說明：第一，內務卿山縣有朋認爲釣魚臺是「無此許歸屬清朝之證跡」，是一個無人島，在該語境之下，即爲無主地；第二，外務卿井上馨認爲釣魚臺「接近中國國境」而不是屬於中國（見三・六）。

中國方面的意見有幾個證據：第一，沖繩政府已經確認了釣魚臺屬於中國；第二，井上馨的回覆中寫明「最近中國報紙等，登載日本政府想佔據臺灣近傍中國所屬島嶼」；第三，日本在一八八五年第一次考察了釣魚臺之後，並沒有立即佔領釣魚臺，而是顧忌中國的反應，直到一八九四年底，才重提佔領釣魚臺，這應該理解爲日本知道釣魚臺是中國領土而導致的反應；第四，在一八九四年底，內務大臣重提佔領釣魚臺的時候說「唯今昔情況已殊」，這表明日本是因爲在甲午戰爭中戰勝了中國，才不擔心中國的反應而佔領釣魚臺的。

中國方面的意見不能說全無道理，但也並非沒法解釋。無疑，沖繩政府認爲釣魚臺屬於中國，中央政府也肯定知道沖繩政府的意見，但是沖繩政府的意見肯定不能代表中央政府的意見。井上馨所言的「臺灣近傍中國所屬島嶼」是一個引述，而他本人的看法是這些島嶼「接近中國邊境」而不是「屬於中國」。日本在一八八五年，不立即佔有釣魚臺的原因，固然可以被解釋爲是顧忌它們是中國的領土，但也可以被解釋爲擔心中國察覺日本的擴張以及與中國決戰的戰略意圖而收斂。從歷史料來看，似乎後者更爲準確。「今昔情況已殊」在可以解釋爲中國無力反抗日本對釣魚臺的侵佔的同時，也可以被解釋爲戰爭爆發後，日本戰略意圖已經公開，日本無須再隱瞞。

在一八八五至一八九五之間的十年中，日本軍方和民間屢次登島，但中國都毫無反應，更沒有對釣魚臺哪怕一次行使過主權。日本用了十年時間觀察中國對釣魚臺主權意圖，得出的結論，就是釣魚臺並無清國管治的痕跡。有人批評日本對釣魚臺的考察不夠仔細，比如沖繩縣政府僅僅登島考察過釣魚臺一次。但事實上，沖繩政府考察過總共三次（一八八五，一八九〇和一八九三），只是後兩次沒有登島，而日本軍方在一八八七年，亦曾對釣魚臺進行實地考察，沒有理由認爲日本軍方的考察，不屬於日本官方的行爲。何況當時還有很多民間的開發與探險，他們反饋回來的訊息也進一步爲日本政府所採納，這才有沖繩政府兩次催促中央下決心的請求（見三・八）。因此，在日本的外交部聲明中用了「再三考察」一詞，確實沒有錯。

日本經過十年的時間考察釣魚臺夠不夠仔細呢？如果用國際法庭用於判決有關政權不連續的例子來衡量是不足的。比如上文剛剛提到，法國在克利珀頓島有近四十年的管治空缺。而且如邵漢儀指出的，日本的實地考察，偏重於地理和主權標誌方面，並沒有對歷史進行詳細的考據[593]，日本對釣魚臺歷史的考察，肯定沒有達到當代的學術水準，但這是否表明日本的考察達不到當時的一般水準呢？這也不見得。如果從爲佔領某塊領土的目的而作出調查所需的時間而言，十年已經是一個相當長的時間了。可以此對比中國在一九三五年對南海諸島納入領土時的表現，當時內政部僅僅憑藉外國的地圖和航海資料，就把南海諸島和黃岩島都劃入自己的疆界之中，連一次實地考察也沒有進行過，也對西班牙最早發現了黃岩島的事一無所知。這比起日本對釣魚臺經歷十年觀察的仔細程度實在有天淵之別。因此，說日本對釣魚臺的考察不仔細是過於苛求了。

㈡日本先佔釣魚臺，在法律上完備嗎？

儘管日本在一八九五年後，對釣魚臺的主權意圖和有效統治都證據充足，但仍然有人質疑，日本在兼併釣魚臺一事上的法律手續，無論在國際法和國內法，都不完備（見三・二二）。在國內法上，有人認爲日本兼併釣魚臺沒有天皇敕令，因而並不合法。但沒有國內法規定，新領土佔有必須有天皇敕令，日本在兼併竹島的時候，也只是發出了內相訓令而沒有天皇敕令。因此，沒有天皇敕令並不代表違法。

從另一方面說，中國自己也認爲「國內法未能完成的領土主權併入程序」並不影響在國際法上對主權佔有的認定。因爲中國學者也承認臺灣的收復，從國內法來看，存在程序瑕疵，這是「臺灣問題

---

[593] Han-yi Shaw, The Diaoyutai/Senkaku Islands Dispute: Its History and an Analysis of the Ownership Claims of the PRC, ROC and Japan. *Occasional Papers/Reprints Series in Contemporary Asian Studies*, 1999, No.3 (152), p.70-96。

未定論」的主要論點之一[594]。如果中國大陸方面不這麼認爲，那麼就等於爲「臺灣問題未定論」撐腰了。

有一些中國學者聲稱「日本至今找不出曾對釣魚臺實行有效管轄的足夠證據」。因爲他們認爲日本當時並沒有實際在釣魚臺上豎立國標，因此就不算「有效管轄」[595]。這種說法無法成立。豎立國標只是一種宣示主權的方式，但不是唯一和必須的方式。即便日本當時沒有豎立國標，日本透過租借島嶼供開發、插上國旗、列入統計書、實施救助等多種方式，都更爲明確地宣示和行使了主權。如果這都不算有效佔領，就沒有什麼行爲可以算了。

在國際法上，有人認爲在佔領前，日本既然懷疑釣魚臺和中國有關，理應詢問中國而得出答案，而不能僅僅靠自己的觀察和判斷。在佔領後，日本也應該通知別國[596]。

關於第二點，日本確實沒有發出一個專門的外交公告，宣佈自己佔有釣魚臺。但是，佔領後是否需要公告這一點，在國際法中有明確的說法。根據《奧本海國際法》，通知其他國家並不是「先佔」的必須程序：

> 國際法並沒有任何規則，使向其他國家發出佔領的通知，成爲佔領效力的必要條件。一八八五年在柏林召開的關於剛果會議公約的各締約國規定，關於在非洲海岸的一切未來的佔領，應將佔領的事實互相通知（通知的義務並不適用於其他國家或其他區域，原註）。但就一九一九年九月十日的聖歇爾曼公約的簽字國而言，這個公約已經被廢除。[597]

可見，通知別國從來不是一個被國際廣泛接受而上升爲國際法的必須程序。何況，日本在釣魚臺有實際的治理和開發，公開發佈的法令、公文、書籍和報紙中也有對釣魚臺的主權記錄。事實上世界各國，包括中國，都清楚知道並認可一八九五年之後釣魚臺屬於日本，並沒有因爲日本沒有公告而錯失了抗辯的機會。

關於第一點，必須肯定日本在沒有完全確定釣魚臺主權狀態的時候，向中國諮詢是更爲恰當的做法，但並沒有國際法對佔領前是否應該諮詢作出規定。根據上文對「事後公告」的討論，國際法的精神中也似偏向不需事先諮詢。從實例看，國際上確實有事前詢問的例子，比如法國在一九三〇年佔領南沙群島的時候就向英國詢問過。但是也有不詢問的例子，比如中國在二十世紀三十年代，把黃岩島列爲自己的領土的時候也沒有向菲律賓諮詢過意見。很難證明事前諮詢是一個必須的措施。況且，日本中央政府從一開始已經認定釣魚臺是無主地，而且從中國報紙報導了日本在釣魚臺的活動但中國政府卻無動於衷的反應來看，日本也有一定理由認爲，釣魚臺的主權狀態已經相當明顯。

[594] 傅崑成《「臺獨」主張的國際法謬誤——分析與批評》，臺灣研究集刊，二〇〇六年第四期，三八頁。
[595] 前引註306，554李先波等。
[596] 前引註307。
[597] 前引註555，七八頁。

(三)對割讓論的分析

中國不支持日本的先佔說，中國對日本兼併釣魚臺的解釋主要有兩種，一種是透過《馬關條約》割讓，我稱之爲「割讓說」；另一種是日本未經中國同意，竊佔了釣魚臺，我稱之爲「竊佔說」。介於割讓說和竊佔說之間，還有一些糅合了兩種說法的理論。我已經在本書第三章，對這些理論詳細分析過了（見三・一一到三・一三），在這裡再結合國際法，綜合簡述一下。

中國最希望把日本取得釣魚臺的方式，解釋爲割讓。根據這種說法，日本得到釣魚臺是符合國際法的。割讓說的好處是在二戰之後，中國可以透過戰後文件，比如《開羅宣言》中的關於臺灣的規定，把釣魚臺解釋爲「臺灣附屬島嶼」的一部分，這樣就可以在現成的法律文件當中，再次透過割讓的方式，從日本手上拿回釣魚臺。

但是割讓一說並不通。儘管日本兼併釣魚臺和中日甲午戰爭關係重大，日本是在甲午戰爭勝勢之下佔領釣魚臺的，但眾多證據支持釣魚臺並不在《馬關條約》的割讓範圍之內。這是因爲在時間上，日本在一八九五年一月通過決議把釣魚臺編入沖繩縣管轄，尚在中日談判之前，更在《馬關條約》簽訂之前。在空間上，釣魚臺一直不是臺灣的附屬島嶼。另外，中日談判中，也沒有涉及釣魚臺，而且李鴻章很可能早就透過讀閱《遊歷日本圖經》認爲釣魚臺是日本的。所以有理由相信，釣魚臺並不是由《馬關條約》割讓的（見三・一一）。

(四)對「竊佔」論和時效論的分析

中國也希望把日本取得釣魚臺解釋爲竊佔。根據中國的解釋，竊佔並不是一種合法的獲得領土的方式，而在《開羅宣言》中，還有一句是「日本必須歸還竊佔自中國的土地」。如果解釋爲竊佔就可以把釣魚臺作爲竊佔的土地而要求日本歸還。

在國際法中，本身並沒有對竊佔的定義，從這個意義來說，所謂的「竊佔」確實不是一種合法的取得領土的方式，但也因此缺乏把日本對釣魚島的兼併歸類爲竊佔的理據。國際法中對類似「竊佔」的行爲可以歸入「時效」的方式之中。在「時效」這個方式之下，一國不管最初得到領土的方法是否合法，是強搶也好、是「竊佔」也好，只要在足夠長的時間內實際統治了某地而又沒有別國的抗議，那麼也可以在國際法上取得對某地的主權。在二戰之前，日本佔領釣魚臺剛好五十年，在二戰之後，美琉政府在二十五年的統治中也都沒有受到中國的抗議，兩者合計是七十五年。儘管國際上並沒有一個公認的「足夠長」的時間的定義，但五十年是一個經常被作爲指引的長度，而日本的統治長達五十年或七十五年（視乎如何解釋日本在一九四五到一九七〇年之間對釣魚臺的「潛在主權」）的統治，卻在法理上對日本非常有利。

竊佔說的重點是「竊」，就是說日本佔領了釣魚臺，但是中國不知道。如果中國不知道日本佔領了釣魚臺，那麼或多或少可以解釋，爲什麼中國在長達七十五年中不提對釣魚臺的主權。有人認爲日本沒有豎立國旗和沒有公開聲稱，而用內閣決議的形式佔領釣魚臺，使中國無法得知日本佔領釣魚臺的事實，也無從做出反應[598]。

[598] 前引註592。

但在國際法上並沒有規定一國要透過「時效」這種方式獲得領土時，別國必須知道該國佔領了這塊土地。這不是沒有道理的，因爲如果一個國家在長達五十年的時間裡都不知道別國統治了這塊土地，那麼這個國家對這塊土地的主權還有多少理據呢？

況且，中國無法令人相信自己不知道日本佔領了釣魚臺，因爲一九二〇年，中國駐日本長崎領事寫給沖繩縣的信中已經明確表示了，中國對釣魚臺當時屬於日本是一清二楚的，而中國政府對此並沒有任何抗議與質疑（見三・一二）。事實上，在一八九五年到一九四五年之間，「釣魚臺是日本的一部分」和「釣魚臺屬於沖繩（即琉球）管轄」這兩點，都得到了當時中國和國際社會的承認。因此單純說日本「竊佔」了釣魚臺而中國不知曉並不符合事實。

在某個權利受到侵犯而應該抗議卻不抗議的情況下，可以視爲某個國家對這個權利的「放棄」行爲。在《奧本海國際法》中討論到國際交往行爲的時候明確提出了這一點，並舉例「例如，如果一個國家以佔領方法取得一個以前已由另一個國家佔領的島嶼，而如果後者在得悉其事後，不立即提出抗議，他就是默示地放棄了這個權利。」[599]

釣魚臺的情況和《奧本海國際法》中的舉例非常相似。因此，中國知道日本佔領了釣魚臺而不抗議這點是竊佔論是難以解釋的一個問題。爲了解釋中國爲何在五十年間承認了日本對釣魚臺的佔領，中國又有幾種新的說法。

第一種說法，認爲中國當時是敢怒不敢言，也就是說，中國知道日本佔領了釣魚臺，本來有意圖提出爭議，但是卻害怕日本人，最後就選擇沉默。這種說法缺乏證據的支持。首先，中國儘管對日本處於弱勢，但不等於對自己的島嶼就要拱手相讓。在一九〇七年，日本想要佔領東沙島，中國提出反對，最後日本承認東沙屬於中國。這說明中國在清末極爲衰弱之時，也有能力維護自己的領土。其次，在五十年中，沒有一份文件能夠證明中國有提出釣魚臺爭議的意圖。當時，中國在領土問題上敢怒不敢言的也有具體例子。在一九三三年法國佔領南沙之時，中國原先想提出抗議，但是後來知道日本已經提出抗議，所以就因爲顧慮激怒日本而放棄了正式抗議。但是這個事例有一系列的文件可以做證明，而釣魚臺問題上卻一片空白。

第二種說法認爲，日本儘管是「竊佔」了釣魚臺，但是中國誤以爲已經透過《馬關條約》割讓出去。這又可以分爲兩種情況。第一種情況是日本有意誤導中國，令中國相信釣魚臺已經由《馬關條約》割讓出去[600]。這種情況在三・一三節中已經分析過了，在歷史角度看並不成立：日本從來沒有認爲釣魚臺屬於臺灣；而且日本沒有這樣做的動機；清朝談判官員李鴻章很可能透過閱讀《日本遊歷圖經》，已經認爲釣魚臺屬於日本；從《馬關條約》簽訂時到一九七〇年前，中日兩國從來沒有提出釣魚臺透過《馬關條約》割讓這個觀點。

第二種情況，日本沒有誤導中國，但是中國一廂情願地認爲釣魚臺已經透過《馬關條約》割讓出去。比如丘宏達認爲：「在這種情況下，清朝如對日本佔據釣魚臺列嶼的行爲提出異議，在法律上已不具任何意義，因爲在地質構造上，該列嶼與臺灣島及其附屬島嶼相同，日方顯然可以認定該列嶼是

[599] 前引註555，三〇八—三〇九頁。
[600] 前引註316。

臺灣附屬島嶼，包括在和約割讓範圍內。事實上，清廷可能也是基於這種了解，所以未對日本竊據釣魚臺列嶼的行爲提出異議。」[601]邵漢儀認爲：日本從決議佔領釣魚臺到古賀到島上開發經過了兩年的空缺，中國也有理由相信釣魚臺是被《馬關條約》所割讓的[602]。這些說法，一來沒有史料的根據可以證明中國確實這麼認爲；二來，邵漢儀的說法是基於釣魚臺是臺灣一部分這個錯誤的假說之上（他的唯一根據就是錯誤地理解了「山後大洋北」這句話，見二・二，二・五）。事實上，當時無論中國還是日本，都沒有人把釣魚臺視爲臺灣一部分；三來，即便眞如丘和邵所說，中國根據自己的猜測而做出了錯誤的理解，那麼責任仍然在中國方面。

當然，也可能有其他的解釋，比如說在清朝時，中國沒有發現釣魚臺已經被日本所佔領，而在一九一一年後，由於政權的交替，民國政府就忘了釣魚臺的事。這種說法沒有歷史的根據，但確實是可能的。可是即便如此，責任仍然在中國一方，日本仍然可以用「時效」的方法，主張對釣魚臺的主權。

㈤小結

基於以上分析，從日本佔領釣魚臺的過程來看，日本確實有不夠光明正大之處。但日本的行爲也足夠謹慎，也基本符合國際法的要求。視乎中國是否能夠證明一八九五年之前的釣魚臺是中國領土，日本取得釣魚臺，可以用國際法的兩種方式進行解釋。如果能夠證明釣魚臺是無主地，那麼日本取得釣魚臺，可以用先佔的途徑。如果能夠證明釣魚臺是中國的領土，那麼日本可以用時效的途徑。從一八九五年到一九四五年正好五十年，期間日本持續而和平地管治了釣魚臺，沒有遭到包括中國在內的任何國家反對。割讓說對中國最有利，但是割讓說卻存在本質上的無法突破的困難。

七・七　戰後釣魚臺的歸屬

二戰之後對德國和日本的領土處理，大概是國際社會最後一次合法地利用戰爭的方式，改變領土歸屬的機會。在這之後，透過戰爭奪取領土被國際社會視爲不合法。因此，無論釣魚臺之前是中國的也好，還是日本的也好，在二戰之後，就有了一個重新洗牌的機會。戰時和戰後共有七份文件與日本的領土主權有關：《開羅宣言》、《波茨坦宣言》、《舊金山和約》、臺灣的《中日和平條約》、北京的一九五一年《外交部聲明》、《中日聯合聲明》以及《中日和平友好條約》，而這些文件中都沒有提及釣魚臺問題。因此，無論是中方還是日方，都沒有辦法直接從條約中得到釣魚臺歸屬的答案，而只能依賴對條文和歷史環境證據的分析。我在第五章和第六章中，已經詳細地討論了在戰後條約以及歷史證據中所體現的領土問題。這裡主要在國際法的框架之下做一個總結。

(一)各個文件的合法性分析

由於二戰結束後世界政治風雲變幻，對日和約受到多方面因素的影響從而變得極爲複雜。在正常

[601] 丘宏達，《釣魚臺列嶼主權爭執問題及其解決方法的研究》，十二頁。

[602] 前引註497，一一二—一二二頁。

情況下，戰後和約都是解決戰後領土爭議的最終決定。但是在二戰之後，共產主義國家與民主自由國家之間迅速形成冷戰的局勢。中國的情況尤爲特殊，她經歷內戰，分裂爲事實上共存的兩個政府。在大陸的共產黨政府佔據的地盤大，但在臺灣的國民黨政府在一九七一年之前，保留了在聯合國的地位。在戰後討論領土問題時，國際社會在到底哪個政府才能代表中國這個問題上，無法取得共識，以致在一九五一年舊金山和談的時候，沒有邀請中國出席，轉而由日本在會後自行選擇和談的對手。這使得戰後和約《舊金山和約》中沒有中國的參與。這大大地增加了戰後法律在釣魚臺問題上的複雜性。爲此需要逐一討論各個宣言和條約的合法性，才能爲釣魚臺的戰後法律地位的分析打下基礎。

《開羅宣言》與《波茨坦宣言》

《開羅宣言》的地位一直受到挑戰，最根本的原因，在於它只是一份沒有簽名的文件。爭論的焦點在於它到底是一份有條約性質的文件，還是僅僅是一份意向的新聞公告。《波茨坦宣言》也存在類似的挑戰，所不同的是，《波茨坦宣言》是一份有簽字的文件，在形式上比《開羅宣言》要正式，受爭議的程度也較低。

根據《奧本海國際法》，宣言這一個詞，有三種不同的意義。第一種是作爲一個條約的名稱（比如一八五六年的《巴黎宣言》），第二種是爲其他國家創造權利和義務的單方宣言（比如宣戰和中立宣言等），第三種是國家把自己過去某項行爲方針的理由和說明或它們對某些問題的見解和意向的解釋，通告其他國家或全世界。《奧本海國際法》中認爲《大西洋憲章》和《波茨坦宣言》都屬於第三類[603]。《開羅宣言》的性質和產生背景都和《大西洋憲章》相似，因此也應該屬於第三類。

《奧本海國際法》接著解釋：「這類宣言並不含有使其他國家產生權利和義務的交往行爲，除了發表宣言的國家以外，其他國家在法律上是不能依賴這類宣言的，而這類宣言在發表宣言的國家之間，究竟能發生權利和義務到什麼程度也是不確定的。對於這一問題的答案，大部分要看宣言中，措詞是否精確而定。僅是對政策和原則的一般聲明，是不能認爲有意產生嚴格意義的契約義務。另一方面，由國家元首或政府首腦簽署，用會議公報的方式把會議中所獲得的協議包括在內的官方聲明，可以按照這些協議所包含的明確行爲規則的程度而認爲對各該國具有法律拘束力。」[604]

由此看來，《開羅宣言》本身的法律效力確實不足：一來，開羅宣言本身措詞並不精確；二來，最重要的是，它並沒有經過國家元首簽署。英國前首相丘吉爾，在一九五五年的書面答詢中表示，開羅宣言僅僅是意向聲明[605]；而在當時草擬《開羅宣言》的美國霍普金斯（Harry Hopkins）認爲它只是一份宣傳文件；而在美國國家檔案館中，並不把《開羅宣言》歸類在國際條約的資料之中[606]。可見把《開羅宣言》定義爲一份對政策和原則的一般聲明較爲合適。

【603】前引註555，三〇六頁。

【604】同上。

【605】Statement by Prime Minister Winston Churchill, 536 Parl. Deb., H.C. (5th ser.) 901 (1955)，解釋道：Declaration was non-binding and “contained merely a statement of common purpose”。

【606】陳春生《臺灣的國際法地位》，臺灣日報，2006/04/17。
http://tw-state.blogspot.com/2006/04/blog-post_22.html

但《開羅宣言》本身的效力不足，可因爲《波茨坦宣言》的法律效力所彌補。在《波茨坦宣言》第八條中列明：「（八）開羅宣言之條件必將實施，而日本之主權必將限於本州、北海道、九州、四國及吾人所決定其他小島之內。」與《開羅宣言》相比，《波茨坦宣言》就正式得多，它先由美國、英國和中國三方簽署，再由蘇聯附簽，因此是「國家元首或政府首腦簽署」的官方聲明，具備一定的法律拘束力。由於得到了《波茨坦宣言》的背書，《開羅宣言》的法律地位，也應該提升到《波茨坦宣言》的級別。

《波茨坦宣言》在發佈之時，並不擁有約束日本的法律效力。但是在一九四五年八月十四日，由日本天皇親自宣讀的《終戰詔書》（玉音放送）中接受了《波茨坦宣言》：「茲佈告天下：朕已諭令廷臣通告美、英、支、蘇四國，願受諾其共同宣言。」[607]這意味著日本也受《波茨坦宣言》的約束。因此，從《開羅宣言》到《波茨坦宣言》到《終戰詔書》這三個文件之間的互相連結，可以得出結論：《開羅宣言》和《波茨坦宣言》都應該是有效的法律文件。

這兩份文件之所以被強調，是因爲目前大陸、臺灣和日本政府，都承認其合法性。儘管這兩份文件的條文都太粗略而不具備戰後和約的要求，但不應該忽視其在討論釣魚臺問題中的地位。

《舊金山和約》

儘管《開羅宣言》和《波茨坦宣言》都應該被視爲有效，但是它們卻不能直接等同於對日本的領土安排，這個安排在一九五一年簽訂的《舊金山和約》中才最後完成。

中國大陸方面從《關於美英對日和約草案及舊金山會議的聲明》開始，就認爲《舊金山和約》是

「非法的」「無效的」[608]，到現在也堅持這個觀點[609]。

中國的最主要理由是《舊金山和約》沒有中國的參與，所以不合法。但從國際法的觀點來看，中國這個看法並不準確。《舊金山和約》是一個國際性的和約，由參與對日作戰的五十二個國家出席，其中四十九個國家簽字（蘇聯、捷克和波蘭拒絕簽字），四十六個國家最後批准（哥倫比亞、印尼和盧森堡沒有批准）。顯而易見，這是一個有廣泛參與的國際性條約，並不是中方所認為的「美國和日本私下簽訂」的條約。由於中國大陸沒有參加會議，可以說這份條約對中國大陸無效，但並不等於這份條約是非法的。

另外，儘管中國大陸和臺灣都沒有出席會議，但是臺灣卻在隨後和日本簽訂了《中日和平條約》，在條約中確認了《舊金山和約》的合法性。當時臺灣是聯合國的中國代表，在國際得到大多數國家的承認，是中國的合法政府。從這個角度看，中國也承認了《舊金山和約》，因此就更加不能認為《舊金山和約》無效。

還有一些中方專家指《舊金山和約》違反了一九四二年《聯合國共同宣言》（*Declaration by United Nations*）中不得和日本單獨簽訂和約的規定，因而是不合法的[610]。這並不符合事實，《聯合國

---

[607] http://dl.ndl.go.jp/info:ndljp/pid/2962077/4

[608] 前引註406。

[609] http://www.fmprc.gov.cn/mfa_chn/wjdt_611265/fyrbt_611275/t1045556.shtml

[610] 前引註223。

共同宣言》的規定爲：「各個簽約國不謀求單獨和敵人停戰與和平」（Each Government pledges itself to cooperate with the Governments signatory hereto and not to make a separate armistice or peace with the enemies.）[611]。但在一九五一年，停戰與和平早已實現，因此並不存在《舊金山和約》的簽約國和日本單獨停戰與和平一事。而且，參加談判的是大多數國家，而不參加談判的只是少數。

事實上，《舊金山和約》不但合法，其法律效力比《開羅宣言》和《波茨坦公告》還要高。這表現在：

第一，《開羅宣言》和《波茨坦宣言》儘管有一定的法律效力，但是條文過於空泛，無法當作條約來執行。因此只能表示一種原則，而不可以代替眞正的條約的作用，並不能視爲最終的戰後安排。有人認爲即便更爲正式的《波茨坦宣言》也缺乏其他戰時更爲正式的文件所規定的法律約束力，因此它們更多只是像一個要約（Offer），即便日本接受了也相當於接受要約，而並不能代表正式和最後的決定[612]。而戰後各國進行和約談判的歷史發展，也說明了這兩個文件並不能視爲眞正的條約。所以，只有條文清晰細緻的《舊金山和約》才具備戰後和約可以被執行的要求，成爲眞正的和約。

第二，《舊金山和約》有五十二個國家出席，最後四十六個國家簽署並批准。從參與程度看，比《波茨坦宣言》僅僅四個國家參與要更爲廣泛。從程序的嚴格程度看，較之《波茨坦宣言》僅僅是元首簽署而沒有經過批准的文件，《舊金山和約》要更爲嚴格。因此，無論從參與度還是嚴格程度，《舊金山和約》才是更爲正式的條約。

第三，《舊金山和約》是根據《開羅宣言》和《波茨坦宣言》的精神，經過廣泛諮詢和長期準備而達成的條文清晰細緻的和平條約。從這個角度看，它應當被視爲對這兩個宣言的實現[613]。根據「特殊法優於普通法」（lex specialis derogat generali），以及「後法優於前法」（lex posterior derogat priori）的法律原則，《舊金山和約》的效力在《開羅宣言》和《波茨坦宣言》之上。

《中日和平條約》

在《舊金山和約》之後，日本和中華民國單獨簽訂了《中日和平條約》。當時中華民國雖然退居臺灣，但仍然是聯合國的中國代表，在國際也得到大多數國家的承認[614]，因此仍然是國際上代表中國的合法政府。因此，《中日和平條約》在當時，顯然是一個有效的條約。《中日和平條約》中，中國也承認了《舊金山和約》，這也是支持《舊金山和約》有效的依據。

在一九七二年九月二十九日，日本和北京建交而和臺北絕交。這樣，應該怎麼看待《中日和平條約》的有效性呢？關於《中日和平條約》的地位，在北京和日本建交的時候，是作為一個極為重要的問題而討論的。中國一開始堅持必須「廢除」《中日和平條約》，但是日本堅持《中日和平條約》

[611] http://en.wikisource.org/wiki/Declaration_by_the_United_Nations

[612] E. Lauterpacht, The Contemporary Practice of the United Kingdom in the Field of International Law. Survey and Comment. The International and Comparative Law Quarterly, Vol. 8, No. 1 (Jan., 1959), pp. 146-212.

[613] Seokwoo Lee, The 1951 San Francisco Peace Treaty with Japan and the Territorial Disputes in East Asia, Pacific Rim Law and Policy Journal, Vol.11 no.1, p.64-144.

[614] 在一九五一年底之前，和北京政府建交的有二十國，和臺北政府建交的有三十五個。根據維琪網站資料，中華民國外交詞條自行統計。

是有效的，這樣才能在法律上保證日本已經解決了戰後所需要承擔的領土和賠款之類的責任問題。最後，北京做出妥協，同意採用日本外相發表談話的形式，宣告該條約的結束，不再堅持「《日臺條約》是非法的、無效的、必須廢除」這一條單獨寫入聯合聲明之中。於是在簽訂《中日聯合聲明》之後，日本外相大田正芳在記者會上，對該聯合聲明的內容進行補充說明：「由於日中關係正常化的結果，中日和約失去存在的意義，可以認爲已經終止，此係日本政府之見解。」【615】

因此，《中日和平條約》並不是一個非法的條約，也不是一個被廢除的條約，而是一個被終止的條約。這也說明，在一九五二年到一九七二年之間，它是完全合法而有效的。

事實上，如果《中日和平條約》被視爲不合法，則會產生另外一個問題。在《開羅宣言》中，只是提出臺灣歸還，而沒有說臺灣的附屬島嶼歸還中國。這與《馬關條約》中，中國割讓「臺灣及其所有附屬島嶼」的說法不一致。因此如果要嚴格按照條文，臺灣的附屬島嶼是否歸還中國，還是一個未定的因素（見五．二）。而《中日和平條約》在第四條中規定，廢除一九四一年之前的所有中日之間的條約，正好爲日本歸還「臺灣及其所有附屬島嶼」提供一個保障（這個附屬島嶼是否包括釣魚臺，則是另外一個問題）。假如沒有這個條約的保障，那麼根據《奧本海國際法》，舊有條約不會單純因爲戰爭而廢除【616】，而中國在戰時單方面宣佈廢除的中日之間的一切條約的聲明在國際法上亦屬無效。中國在主張釣魚臺主權方面，則又要多一重障礙。

北京一九五一年外交部聲明

北京政府儘管不承認《舊金山和約》，但是總理兼外交部長周恩來在一九五一年八月十五日簽名發表了外交部聲明《關於美英對日和約草案及舊金山會議的聲明》。

根據《奧本海國際法》，以英國爲例，外交部所作的關於外交事務方面的某幾類事實問題的聲明，被法院認爲是有最後確定性的，這包括「另一個國家所征服的土地或者某些領土權利的變更，是否已經得到英國政府的承認，以及一般而言，某一塊領土是否屬於一個或另一個外國的主權的問題。」[617]而這份聲明也符合《奧本海國際法》中對宣言的第三類定義：「第三種是國家把自己過去某項行爲方針的理由和說明或它們對某些問題的見解和意向的解釋通告其他國家或全世界。[618]」如前所述，這種宣言對發表宣言的國家是有約束力的。

因此，北京的外交部聲明應該被視爲北京方面對領土問題的最高要求，對北京有約束力。其他國家可以不達到這個要求，但北京以後不能超越這個要求。

《中日聯合聲明》和《中日和平友好條約》

在一九七一年之後，北京政府，取代臺北政府成爲聯合國的唯一代表，成爲國際上中國的合法代表。因此這兩份文件當然都是合法的文件，這點應無異議。《中日和平友好條約》通常被中國大陸列爲

[615] 前引註541，三二四—三二五頁。
[616] 前引註566，一一九頁。
[617] 前引註555，二二八頁。
[618] 同上，三〇六頁。

中日關係四大文件之一[619]，但是它並沒有直接涉及領土處理問題。在《中日聯合聲明》的第三條中列明：

㈢中華人民共和國政府重申：臺灣是中華人民共和國領土不可分割的一部分。日本國政府充分理解和尊重中國政府的這一立場，並堅持遵循波茨坦宣言第八條的立場。[620]

這裡重申了《波茨坦宣言》第八條的效力，而這條所說的是：「（八）開羅宣言之條件必將實施，而日本之主權必將限於本州、北海道、九州、四國及吾人所決定其他小島之內。」

這個條款的原意是針對臺灣問題的，但是現在北京認為也和釣魚臺問題有關。北京的邏輯是：在中國不承認《舊金山和約》和《中日和平條約》的情況下，日本的戰後領土問題，並沒有得到處理；而根據《中日聯合聲明》的條約性質，應該根據《中日聯合聲明》來處理日本的領土問題；而根據這個《中日聯合聲明》，又只能以《波茨坦宣言》和《開羅宣言》來解決問題。這樣一來，由於《波茨坦宣言》中的「吾人」是美國、英國和中華民國[621]，而北京繼承了中華民國的權利，因此北京還保留了決定日本領土範圍的權力。

這個說法有幾個不足之處。首先，日本的戰後領土問題還沒有得到處理，只是中國單方面的意見，而不是中日在條約中所體現的共識。日本堅持《中日和平條約》不是「廢除」而是「終止」，就是為了確保《中日和平條約》在一九五二年到一九七二年之間的有效性，從而避免中國在「二戰問題未解決」這點的發難。中國清楚日本這個態度，最後也在條文中做出讓步。因此，從條約中並不能得出戰後領土問題未解決的結論。最多算是雙方沒有達成共識，無法要求日本遵守中國單方面解釋的約束。

其次，儘管現在中國認爲釣魚臺是中日雙方的問題，但是放在二戰之後日本領土安排的框架之下看，釣魚臺卻不僅僅是中日雙方之間的問題。就《波茨坦宣言》的條文來看，日本的領土是「吾人」，即美國、英國和中華民國三方所決定的，中國一方沒有單獨的決定權。而在以後的國際實踐中，決定日本領土的更不止這三方，後來簽名的蘇聯也是重要的參與者，而沒有在《波茨坦宣言》上簽名的國家在戰後日本領土的安排上也有很大的發言權。比如菲律賓就是強烈支持美國管治琉球的國家，因此日本戰後領土是由《舊金山和約》的簽約國所決定的。中國希望單方面憑藉《波茨坦宣言》就否定日本對釣魚臺的主權是不合理的。

第三，即便嚴格按照《波茨坦宣言》的規定，由「吾人」決定日本的地理範圍，中國也難以佔據上風。這是因爲在一九五二年，「吾人」美國、英國和中華民國已經取得共識，對日本領土做出處理。中華民國總統是《波茨坦宣言》所明文規定的「吾人」之一，而且當時中華民國還是國際社會中的合法的中國代表。

最後，北京政府即便繼承了民國政府，並否定中華民國在一九五二年的合法性，也無法重新再動用

[619] 北京所言的四大文件，除了這兩個還包括《開羅宣言》和《波茨坦宣言》。

[620] http://news.xinhuanet.com/ziliao/2002-03/26/content_331579.htm

[621] 中國其實還認爲應該加上蘇聯，但是在公告文本中並無提及蘇聯，蘇聯在附簽後也沒有更改文本。

《波茨坦宣言》再次決定日本的領土。因爲另外兩方，美國和英國早在一九五一年，就已經處理過日本的領土。這是三方中的大多數，波茨坦宣言沒有規定這個「決定」必須三方一致同意。已經處理過的領土在國際法上也沒有重新處理的法理依據。因此，儘管在《中日聯合聲明》中提到了日本遵守《波茨坦宣言》第八條，卻難以利用這點去重新界定日本的領土。

綜上所述，上面討論的這些文件都是有效的。在判定釣魚臺歸屬的時候，需要按照這些文件的條文，結合歷史背景的因素，才能得出結論。

㈡戰時和戰後文件中，對釣魚臺的規定

戰後所有文件中，都沒有包括釣魚臺，因此釣魚臺的法律地位如何，只能結合歷史證據，根據以上列舉的文件的條文分析而推導。如同五．一到五．三中的分析，絕大部分的證據，都更加有利於日本而不利於中國。

首先，戰後討論領土問題時，「琉球」這個地理概念都包含釣魚臺。這裡有四種證據：(1)在協商《舊金山和約》草案時，爲日本和琉球地理定義所畫出的經緯度界限中都包括釣魚臺，而中國都清楚並參與討論這些草案，但沒有對琉球地界做出反對。儘管在最終定稿的時候，這些經緯度都沒有出現，但不妨礙以此作爲對「琉球」這個地理概念的認識（見五．三）。(2)在中華民國一九四九年前，對琉球問題的討論中，民國政府的內部文件顯示民國清楚知道「琉球」這個地理範圍包括釣魚臺，甚至在內部討論中提出需要研究是否應該把釣魚臺劃給臺灣，但最後民國政府並沒有提出這樣的要求（見

五・三，五・八）。(3)共和國政府在四九年之後，也對琉球問題進行過研究，其中也在內部討論中提出需要研究是否應該把釣魚臺劃給臺灣，但最後也沒有提出這樣的要求（見五・三，五・九）。(4)美國政府在琉球受降的時候，就開始接管釣魚臺。在一九五〇年時頒發的《群島政府組織法》，就已經把釣魚臺劃入美琉政府的管治界限之內。在一九五一年舊金山和談之後頒佈修改過後的琉球管治範圍，釣魚臺也在範圍之內。幾次頒佈琉球界限的法令都沒有遭到任何反對（見五・四）。這說明在《舊金山和約》簽訂前後，釣魚臺都是作爲琉球的一部分。

其次，戰後討論領土問題時，臺灣的定義中不包括釣魚臺。這裡有七種證據：(1)在甲午戰爭之前，即便承認中國對釣魚臺有主權，釣魚臺也從來沒有成爲臺灣的一部分，而在日本和其他國家看來，臺灣的概念中也不包含釣魚臺（見二・五）。(2)在臺灣日治期間，釣魚臺屬於沖繩（琉球）管轄，而不是屬於臺灣管轄（見四・三）。(3)在臺灣日治期間，中國所理解的臺灣，並不包含釣魚臺（見四・四）。(4)在中國戰後接管臺灣的時候，接管範圍並不包括釣魚臺。(5)在《舊金山和約》一系列草案中，以經緯度的形式明確畫出了臺灣的界限，裡面並沒有包括釣魚臺，中國也沒有提出任何異議（見五・三）。(6)無論四九年前的中華民國還是四九年後的共和國，都在內部討論中，提出需要研究釣魚臺是否應該劃歸臺灣，但最後都沒有提出這個要求。這證明兩方都滿意當時國際上對「臺灣」這個地理範圍的認識（見五・三，五・八，五・九）。(7)戰後四九年前的中華民國、四九年到七〇年之間的臺灣、大陸及香港出版的所有公文書、地圖、教材等，都不把釣魚臺視爲臺灣的一部分，而把釣魚臺視爲琉球的一部分（見五・一〇）。

第三，《開羅宣言》和《波茨坦宣言》並沒有把包括釣魚臺在內的琉球排除在日本的領土之外。

《開羅宣言》明確規定的日本需要歸還給中國的領土，只有東北、臺灣和澎湖，釣魚臺或琉球並不在當中。而根據上面的討論，臺灣這個概念並不包含釣魚臺。釣魚臺和琉球分別爲日本在一八九五年和一八七九年取得，也不在「剝奪日本自一九一四年第一次世界大戰開始後，在太平洋上所奪得或佔領之一切島嶼」所規定的島嶼之內。《波茨坦宣言》中規定「日本之主權必將限於本州，北海道，九州，四國及吾人所決定其他小島之內」，並沒有否定日本對釣魚臺和琉球的主權，因爲釣魚臺和琉球都可以歸於「其他小島」之列（見五・一）。

第四，《舊金山和約》中，釣魚臺作爲琉球的一部分，並不在日本需要放棄的領土之中，而是作爲被美國管治的領土，美國享有行政、立法和司法的權利。這種表述，說明日本仍然享有對琉球的主權。而美國國務卿杜勒斯在會議中對條約的解釋，進一步明確日本享有對琉球的「剩餘主權」。美國和英國簽署和批准了這個條約。中國雖然沒有參加，但在草案擬定過程中，每一個版本都向中華民國徵求意見，中華民國對最後定案的琉球部分，沒有異議。（見五・一）

第五，中華民國和日本簽訂的《中日和平條約》在《舊金山和約》簽署之後，也支持了《舊金山和約》。中華民國對琉球問題的表態爲「即該地區爲美國與日本國之間之問題，中國政府不擬表示意見」（見五・一）。由於中華民國是當時的合法政府，因此對包括釣魚臺的琉球領土問題的處理，可以視爲美國、英國和中華民國在經過協商，取得一致後得出的方案，符合《波茨坦宣言》中規定「吾人」決定日本領土範圍的精神。

第六，中華人民共和國當時並不是被普遍承認的中國合法政府。但是周恩來在《關於美英對日和約草案及舊金山會議的聲明》中表示琉球應該劃歸日本。如前分析，這個聲明具備法律效力，並應該視爲北京對領土問題的最高要求。按照北京的要求，當時被北京視爲琉球一部分的釣魚臺應該屬於日本（見五・一）。

第七，中華人民共和國與日本建交公報以及簽訂和約的時候，都沒有涉及釣魚臺的領土問題，而日本堅持不作廢《中日和平條約》，只是終止該和約。這表明日本在條約中，認爲領土問題是一個已經解決的問題，從而在法理上，杜絕了北京重新劃定日本領土界限的權力。

對中國稍微有利的因素是：首先，中國大陸沒有簽署也不承認《舊金山和約》，因此從大陸的角度，有理由認爲該條約無效。但是正如前述，當時中國被普遍承認的合法政府——民國政府當時已經承認了這個條約，而周恩來的聲明中，又支持包括釣魚臺在內的琉球屬於日本。

其次，臺灣在一九五三年，曾經以備忘錄方式向美國指出，臺灣對琉球的地位有發表意見的權力，這表明臺灣並不支持琉球屬於日本。但這有兩個問題：第一，臺灣的表態違反了在一九五二年與日本簽訂和約時的立場，因此違背了「禁止反言」的原則，屬於無效。第二，臺灣在備忘錄中對琉球地位的主張爲：根據琉球居民的意願，而琉球重歸日本，正是當時琉球人的意願。

第三，在《中日聯合聲明》中，規定日本遵守《波茨坦宣言》第八條，算是在法律上留了最後一個機會。但是正如前文分析，日本堅持不作廢與臺灣簽訂的《中日和平條約》，因此在條約中，日本並不承認存在未解決的領土問題。即便中國認爲根據聯合聲明，自己可以規定日本的地界，也無法利用該文件要日本承擔此義務。

綜上所述，從戰後的法律文件來看，日本保留釣魚臺的主權的理據，較中國更爲優勝。

㈢對釣魚臺地位的默認

除了戰後法律文件對日本極爲有利之外，在戰後二十五年間，中國兩岸三地在釣魚臺問題上保持了長期的沉默。這也在國際法上爲日本帶來優勢。

戰後二十五年間釣魚臺都是琉球的一部分。戰後美國在釣魚臺取得統治權，釣魚臺作爲琉球群島的一部分爲美國所管治。在美國三次公佈的琉球地界中，釣魚臺都被包括在內。這表明美琉政府對釣魚臺的主權意圖。同時，琉球出版的統計書與地圖也包含釣魚臺（見五・四）。

美琉政府有效而和平地統治了釣魚臺。證據包括：⑴美國向琉球租借赤尾嶼，以及向古賀家族租借黃尾嶼作爲海軍訓練場；⑵一九六一年琉球政府派人員到釣魚臺考察確定土地等級，向古賀氏收取釣魚臺的土地稅；⑶琉球大學教授在一九五〇年到一九六八年間，多次前往釣魚臺考察生態；琉球水產局多次組織在包括釣魚臺的海域進行漁業和海洋學研究；⑷一九六八年，琉球警方驅趕了在南小島作業的興南工程所，工作人員重新向臺灣申請出國證並向琉球申請入境證才得以繼續工程；⑸一九六八年，美琉政府計畫在釣魚臺上建立國標和警示牌，在一九六九年五月實施。這些證據都屬於國際法規定的「有效佔領」的證據。

同時，日本政府，儘管並不管轄釣魚臺，也把釣魚臺視爲自己的領土：在大部分日本出版的本國地圖上，都包括釣魚臺（五・六）；日本長崎水產局在五六〇年代，多次和琉球水產局一起對釣魚臺海域進行科學考察（五・六）；而日本東京水產學校地質系教授新野弘在六〇年代多次組織、參與和推動在釣魚臺一帶的地質考察（六・一）。國際上也把釣魚臺視爲日本的領土（五・一〇）。

最關鍵的是，在此二十五年之中，臺灣不但從來沒有對釣魚臺的地位提出抗議，還有實際行動確認琉球對釣魚臺的主權：釣魚臺位於琉球防空識別區而不是臺灣防空識別區一側（六・一〇）；臺灣官方向興南工程所工作人員發放前往釣魚臺作業的出國證（五・八）。而中國大陸對釣魚臺則從來沒有關注過（五・九）。同時中國，包括兩岸三地，政府和民間都一直不把釣魚臺視爲自己的領土。大量的地圖、政府統計書、教科書、學術著作和報紙，無一不把臺灣的範圍限制在棉花嶼以西，把釣魚臺稱呼爲尖閣列島並指出屬於琉球或日本（五・一〇）。這種情況，直到一九七〇年九月之後，才突然徹底改變（六・七）。

因此，從國際法上說，中國在這二十五年對釣魚臺的態度，已經構成了對日本和琉球擁有釣魚臺主權的默認。中國難以回答：在戰後作爲戰勝國的大好局面之下，如果中國認爲釣魚臺是自己的領土，爲什麼到了一九七〇年才對釣魚臺提出主權？

如果從戰爭行爲的角度看，根據佔領地保留原則（principle of uti possidetis），沒有特別規定的領土應該按照停戰之前的默認狀態處理，則釣魚臺亦不屬中國。儘管簡單停戰的規定不能完全套用在釣魚臺問題上，但中國專家在論證同爲戰後領土處理問題上，亦用過這一原則來解釋臺灣已經歸屬中國[622]。因此若按照同一標準，該原則可以用於釣魚臺問題上。

關於中國在戰後釣魚臺的沉默態度，曾經有過幾種可能的解釋。中國大陸方面的解釋主要有兩

[622] 前引註384，九頁。

種：第一是釣魚臺被美國佔據了，中國雖然明知美國侵犯了主權，但是不敢或是無法提出異議；第二種乾脆否認中國對這個問題保持沉默。如前分析，中國並沒有不敢或者無法提出抗議的理由，因爲中國對美國提出抗議的行爲極多。而中國也無法把自己對《舊金山和約》的抗議，引申爲對釣魚臺問題的抗議，因爲中國明確要求把琉球（地理上包括釣魚臺）歸還日本（五・一一）。

臺灣的解釋主要有四種：第一，由於歷史的原因，臺灣不知道釣魚臺是中國的領土，可稱爲「遺忘論」；第二，由於臺灣漁民一直在使用釣魚臺，因此臺灣不知道這個島嶼被美國佔領了；第三，臺灣知道美國佔領了釣魚臺，但是由於戰略上的需要，以及臺美軍事協定，也因爲漁民能夠正常使用，所以並不認爲釣魚臺主權被侵害，也因此沒有交涉的必要；第四，臺灣認爲根據國際法，《馬關條約》廢除之後，釣魚臺主權已經屬於中國，也沒有必要向美國提出交涉。

說臺灣不知道美國佔領了釣魚臺是不具備說服力的，因爲臺灣清楚知道，在戰後領土的劃分中，釣魚臺屬於琉球群島。臺灣政府對往釣魚臺作業的工人也發放出國許可，這證明臺灣清楚知道釣魚臺在琉球行政管轄之下。臺美軍事協定並不能作爲臺灣不抗議的理由。因爲臺美軍事協定中的防區，並不包括釣魚臺，釣魚臺屬於琉球防區。臺灣沒有理由接受自己主權下的領土被歸到別國的防區之下。何況美琉政府並非僅僅對釣魚臺進行防衛，而是對釣魚臺進行行政管轄，有明確的行政管轄證據，這顯然不能用軍事協定來解釋。至於所謂自認爲根據國際法釣魚臺已經屬於自己，因此沒有必要與美國交涉，更不過是事後找藉口（五・一一）。因爲從一九六八年到一九七〇年之間，臺灣政府內部的公文中已經充分說明臺灣在七〇年之前都不認爲釣魚島是自己的領土這個事實（見六・三二）。

因此，符合歷史的解釋，只能是臺灣當時不認爲釣魚臺是自己的領土。但到底是從來都不這麼認爲，還是在清朝之時認爲是，但民國時忘記了，還是因爲釣魚臺太小而忽略了，這就難以說清了。但是從國際法上說，這都屬於對釣魚臺狀態的默認（其實說承認更爲合適，因爲有對往釣魚臺作業的工人也發出出國許可證的事例）。

那麼，即便不考慮歷史，而僅僅考慮法理，中國在這二十五年間，對釣魚臺的默認，是否會對中國聲索釣魚臺的主權產生負面影響呢？這是毫無疑問的。

即便中國認爲《舊金山和約》並未規定釣魚臺的主權（其實已經定義爲剩餘主權了），並認爲釣魚臺的主權因爲《馬關條約》的廢除或者《波茨坦宣言》已經劃歸中國，那也不能作爲對釣魚臺主權默認的理由。事實是，美琉政府從二戰之後就一直管理釣魚臺，如果中國擁有釣魚臺的主權，那麼美國的行爲就是對這個主權的侵犯。這在國際法中，屬於必須抗議的行爲。根據《奧本海國際法》「如果一國得悉某一行爲並認爲這一行爲在國際法上是非法而且破壞自己的權利，然而它卻不提出抗議，那麼在必須抗議才能保留權利的情形下，這種態度便是對上述權利的放棄。」[623]

在這二十五年之間，美琉政府在連續、和平和無反對的情況下統治了釣魚臺。在國際法上，並沒有公認的「時效」長度，但傾向是在現代社會中，對時效的長度的要求，應該比古代社會爲短，這是因爲現代資訊和交通發達之故。二十五年這個時間長度，在現代社會是相當長的一段時間。即便最初的佔有是不合法的，但長達二十五年的統治，也足以在很大程度上支持美琉政府對釣魚臺的主權。加

[623] 前引註555，三〇八頁。

上在一八九五至一九四五年之間的五十年，總共是七十五年間，中國都接受甚至承認釣魚臺的狀態，這就更加強了日方「時效」的證據。

綜上所述，中國在這段時間對釣魚臺狀態的默認甚至承認，是現在中國在法理上的最大硬傷，給中國對釣魚臺的理據帶來無法逆轉的傷害。

㈣美國的「中立」是否會影響釣魚臺的法律地位

美國在一九七一年之後，就一直堅持在釣魚臺最終主權問題上不站邊。這被中國大陸和臺灣視爲戰後條約中釣魚臺不屬日本的主要依據[624]，而邵漢儀更加以此作爲臺灣在二十五年間承認釣魚臺屬於琉球管轄的理由（在他看來，臺灣有理由因此認爲釣魚臺當時主權不屬美琉）[625]。對於邵漢儀的論點，我需要指出，美國在一九七〇年最開始關於釣魚臺的表態時，還是堅持釣魚臺的主權是屬於琉球的，只是到後來大陸加入爭議之後才改口的（六．五）。因此，邵以此作爲臺灣在一九四五至一九七〇年間不交涉的理由，實在沒有道理。

那麼美國的中立是否能影響釣魚臺的法律地位呢？這就要先分析美國的「中立」是指什麼。顯而易見，美國的表態是極度外交性的。美國的標準說法是：(1)釣魚臺包含在《沖繩返還協定》的琉球群島之中；(2)美國只歸還琉球群島的行政權，美國不能增加也不能減少日本在之前和之後對這些島嶼的權利；(3)美國對釣魚臺沒有主權要求，有關爭議應由爭議方之間解決（見六．五）。如前所述，這僅僅表示美國在琉球的管治過程中不牽涉主權的問題，並沒有表示主權不屬日本。而在之後一系列的表態中，美國的措詞也非常謹慎，比如美國國務卿凱瑞（John Kerry）的表態爲：

眾所周知，美國在釣魚臺的主權的最終歸屬上不設立場，但我們承認它們處於日本的治理之下。我們顯然希望各方透過和平方式處理領土爭議。

The United States, as everybody knows, does not take a position on the ultimate sovereignty of the islands. But we do recognize that they are under the administration of Japan. And we obviously want all the parties to deal with territorial issues through peaceful means.[626]

這裡用到的是一般現在時，這種時態是極具彈性解釋的。它可以解釋爲「現在」美國在釣魚臺最終歸屬問題上不設立場，也可以解釋爲美國一向對此不設立場。這種表述爲美國留下了最靈活的外交空間。但是這個表述，並沒有否認美國在《舊金山和約》簽訂時已經有立場，美國也從來沒有否認過在當時對琉球群島的立場，而美國當時的立場，才是影響釣魚臺主權歸屬法理的因素。事實上，歷史上的美國到了一九七一年九月之後，才轉變在這一問題上的立場（見六・五）。美國轉變後的立場對

[624] 前引註306。

[625] 前引註497，一二〇頁。

[626] http://www.state.gov/secretary/remarks/2013/04/207483.htm

「當時」的決議是沒有影響力的。如果把釣魚臺問題放上國際法庭，那麼美國現在的表態對雙方的理據都沒有任何幫助。因此美國現在的表態，僅僅是爲了表示在政治上的中立，對釣魚臺的法理沒有任何影響。

七・八 小結

在一九七〇年之前，國際上沒有任何一份條約和文件明確地規定了釣魚臺的地位，而主要當事國美國在當時的態度和後來的中立表態更使這個問題進一步複雜化。這也是爲什麼釣魚臺的國際法地位是如此複雜的原因。這爲爭議各方留下廣闊的爭議空間，並使得釣魚臺的法律地位必須透過對各種相關的歷史和法律證據仔細分析而確定。

不可否認，中國在歷史上最早記載了釣魚臺，也有一些證據顯示，在清朝的時候釣魚臺屬於中國人的活動範圍，但中國既對釣魚臺缺乏明確的主權意圖，更加缺乏政府對釣魚臺進行管治的證據。然而國際法注重實際的管治和控制證據，而並非最先發現的原始權利。所以中國「自古以來」的論點能夠得到的權重很小，更況且還有明確官方文件證明，晚清政府承認釣魚臺是日本的領土。在日本能夠證明佔領釣魚臺早於《馬關條約》和釣魚臺在之後爲沖繩管轄領土之際，中國既難以證明日本透過《馬關條約》割據了釣魚臺，也無法證明釣魚臺屬於戰後一系列條約中日本必須返還中國的領土。自日本佔領釣魚臺之後，中國在長達七十五年的時間內，都對釣魚臺不聞不問。尤其在東亞領土大洗牌的二戰之後，中國以戰勝國的身分，二十五年內都沒有對釣魚臺提出任何主權要求，而默認其被美國管治。這些都成了中國在釣魚臺爭議中在法理上極爲不利的地方。

相反，從日本開始有效統治釣魚臺到今天，已經達到一百一十七年，即便不算美治的二十六年（日本還擁有剩餘主權）也有九十一年。直到今天，釣魚臺還牢牢地控制在日本的手中。兩者相比較，在國際法框架之下，釣魚臺屬於誰更有說服力，相信並不是太難得出的結論。

最後，在盡量符合歷史的基礎上，我想列舉幾種可能來解釋一百多年來中國對釣魚臺態度的變遷。

第一種爲「並非領土論」，釣魚臺從來都不是中國的領土，在一九七〇年後，才因爲石油，而提出對釣魚臺的要求。

第二種爲「丟棄領土論」，釣魚臺曾經是中國的模糊而無明確意圖的領土，它被民間視爲中國的領土，但是大概因爲不重要，政府也不在意，於是它的地位一直沒有在官方得到明確。久而久之，中國到了十九世紀後，對其的主權意圖就在不斷減少。甲午戰爭後，更是無視之。這樣過了七十五年，直到發現石油才燃起爭奪之心。

第三種爲「遺忘領土論」。釣魚臺是中國的模糊但有意圖的領土，甲午戰爭時被日本佔了，久而久之，政府交替，就忘了這事。這樣過了七十五年，直到發現石油了，才想起來應該要去爭奪。

這三種可能對中國來說，都是尷尬的，因爲無論是哪一種，在國際法上都對中國極爲不利。但是它們都可以一定程度上解釋中國在整個釣魚臺問題的行爲，也能夠與釣魚臺的歷史大致相吻合。基於歷史證據，我比較傾向是第二種可能。

第八章　釣魚臺危機的起源、分析與展望

在沖繩返還日本之後，釣魚臺爭端已起，根據國際法中對關鍵日期的規定，發生在爭議已經存在後的事例，並不能作爲判斷主權歸屬的證據，例外的是大陸在七〇年代和日本簽訂的兩個文件，它們已經在第六章討論過了。本章的重點不在於釣魚臺的法理問題，而是更加注重於一九七二年之後的釣魚臺的爭議歷史，特別是二〇一二年釣魚臺危機的論述。

自從釣魚臺爭議開始之後，中國（包括臺灣）和日本的關係就一直爲釣魚臺問題所困擾，這種困擾很多時候都是隱性的，也不影響中日之間的關係。但是一到適合的時機，這種困擾就會加倍放大，成爲中日關係中不可迴避的問題。在一九七〇年到二〇一〇年之間，發生了四波保釣運動。前三次基本由臺灣和香港人所主導。中國大陸直到一九九六年，才開始允許保釣運動，因而第四次保釣運動就演變成兩岸四地的民間聯合行動。在二〇〇五年之後，保釣運動趨於常規化。自二〇〇八年之後，中日之間釣魚臺的問題逐漸激化，在二〇一〇年詹其雄事件之後，更是加速發展，最終導致二〇一二年的釣魚臺危機。日本在二〇一二年九月實現購島，中日矛盾驟然激化，雙方互不相讓，乃至一發不可收拾。在兩國相繼更換領導人之後，局勢不但沒有平和，反而陷入了持續而漸進的緊張之中，直至二〇一三年底，中國宣佈防空識別區和日本首相參拜靖國神社。二〇一三年就這樣在中日釣魚島危機到達高峰中結束。

釣魚臺是一個歷史遺留的領土糾紛，直到一九七〇年之後才成爲一個爭議。中日建交之後，釣魚臺一直處於日本的實際控制中，而中國承認了這個事實。長期以來，中國都以「擱置爭議、共同開發」作爲處理釣魚臺問題的政策，直到二〇〇八年奧運會之後，釣魚臺問題才驟然成爲中日之間的焦點問題。釣魚臺爭議迅速升溫的大背景是中國的海洋擴張戰略，直接的導火線是日本的購島計畫，火上澆油的是保釣運動和反日示威，最終導致雙方政府都沒有退路，並成爲雙方領導層用以達到自己政治意圖的工具。

中日之間釣魚臺的矛盾，儘管難以調和，但中日和平解決釣魚臺問題是唯一理性的選擇，既符合中日絕大多數人民的期望，也符合東亞及世界廣大愛好和平的人民的根本利益。在此前提下，透過國際法庭仲裁解決紛爭乃是最爲可取的方案。

八・一　從保釣運動到釣魚臺危機

在釣魚島爭議出現之後，中國民間就開始了轟轟烈烈的保釣運動。但在一九九六年以前，中國大陸並沒有保釣組織和保釣運動。事實上，在一九九二年之前，大陸方面的傳媒中甚至連釣魚臺也很少提及。因此，在七〇年代到九〇年代的保釣運動中，臺灣、香港和海外華人是保釣運動的主力。

一九七〇年八月，儘管臺灣官方還沒有正式宣佈對釣魚臺的主權，但是臺日間有關釣魚臺的爭議，已經在民間沸沸揚揚。這時，臺灣記者的登島行爲，加速了這個問題的公開化。一九七〇年九月二日，臺灣《中國時報》記者搭乘海洋探測船「海憲號」登陸釣魚臺，並豎立了青天白日旗，還在岩石上刻上「蔣總統萬歲」五個字。這次登島行動並沒有受到琉球政府阻攔。琉球政府員警在九月十五日登島取下民國國旗，並定義爲「拾得物」加以保管，最後在第二年四月二十七日送還臺灣[627]。這就揭

[627] 《臺記者四十二年前登島掀「保釣」浪潮》，http://history.huanqiu.com/globaltimes/2012-08/3083719.html

開了第一次保釣運動的序幕。

第一次保釣運動的主力有三方：北美臺灣留學生、臺灣和香港。在美留學生首先行動起來，在一九七〇年十二月，他們組成了「保衛中國領土釣魚臺行動委員會」。一九七一年一月二十九日，美國華人留學生在全美多個大城市發動一·二九大遊行，這也是第一次保釣行動的開端。在一九七一年三月，在美著名華人學者如陳省身、楊振寧等聯合發表聲明，呼籲臺灣政府抵抗日本侵略，並要求美國政府重新考慮釣魚臺的地位。部分由於這些示威和公開信，一九七一年九月，美國國會展開了關於釣魚臺問題的聆訊。聆訊中出席的華人有楊振寧等。

這裡還有一個插曲。一個名爲徐逸的美國華人，突然聲稱自己的本名爲「盛毓眞」，是盛宣懷的後人。她又聲稱當年盛宣懷的藥店所配製的風濕藥，醫治好了慈禧太后的風濕病，因此慈禧太后在一八九三年就下詔把釣魚臺賞賜給盛宣懷，以供其採藥之用。她還出示了一份「慈禧詔諭」。由於這出現在臺灣搜羅對釣魚臺的證據之時，她頓時成爲臺灣、香港和美國華人界的大紅人。在美國國會的聽證會中，盛毓眞甚至和楊振寧等著名人士一道受邀在國會作證。這份詔諭也因此存檔到美國國會會議記錄當中。盛毓眞風頭一時無二，甚至連北京也報導了這件事。盛宣懷家族和釣魚臺的關係，在當時成爲臺灣最有力的證據，在七〇年代第一次保釣風潮的論文中，經常被引用。可惜後來證實這個詔諭是僞造之作，而徐逸的「盛毓眞」的身分也非常可能是假的。盛家眞正的後人，既從來沒有聽說過盛宣懷和釣魚臺有任何關係，也從來不承認盛家有過這麼一位「後人」（有關此事，請參閱二·六）。

臺灣當時還在戒嚴時期，視示威爲洪水猛獸，一開始就嚴厲禁止示威。臺灣的學術界從一月開始，就不斷發掘釣魚臺的歷史和法理依據，並湧現了丘宏達等第一批釣魚臺學者。六月十七日，臺灣大學生不顧政府禁令，發起了「保釣大遊行」，其後保釣運動轉變爲爭取民主與自由的運動，引起了國民黨的恐慌，最後臺灣政府以反共名義，才把這一波運動打壓下去。

在香港，左翼教師學生組成的「香港保衛釣魚臺行動委員會」與右派組織《七〇年代》雜誌爲核心的「保衛釣魚臺聯合陣線」，再加上「專上學生聯合會」，形成三股保釣勢力。他們在一九七一年發動多次集會，要求日本歸還釣魚臺。一系列的示威行動到七月七日達到高潮。當日，香港專上學生聯合會在維多利亞公園展開大示威，受到香港警方用警棍，甚至槍械的強行驅散。事件引起嚴重衝突，多人被捕和多人受傷，其中包括多名記者【628】。由於三地中香港相對自由，於是香港成爲保釣運動的中心，《明報》及《明報月刊》分別成爲當時發表釣魚臺報導和學術資料的大本營。

當時的大陸還在文革之中，大陸民眾對此沒有直接的介入。但是由於當時正是左翼思潮興起之時，加上大陸文革和輸出革命，無論臺灣、香港和美國的示威，都有左翼分子插手的嫌疑。在臺灣，保釣行動最後都成爲「黨外人士」反權威反專政運動的一部分。在香港，它成爲左翼運動的一部分。後兩者都爲各自的政府所不容。有時很難分清在香港和臺灣的一系列事件中，到底保釣運動是一個目的，還是一種手段。

第一次保釣運動到了一九七二年之後就式微了。其原因大概有兩個：第一，顯然，民間的保釣運動既沒有也不可能達到「保釣」的結果，美國還是在一九七二年五月，把釣魚臺交給了日本。第二，在

【628】《保衛釣魚臺七七大示威》，http://www.xinmiao.com.hk/0001/20110707.02T.htm

臺灣，保釣運動爲政府所打壓。而在香港和海外，保釣運動最後都演變成左右之爭，最終大大消耗了參與者的精力，以致熱情無以爲繼。

但是，保釣運動也不是一無所獲的。除了表達對釣魚臺的意見和提高了釣魚臺問題的關注之外，它取得的最大的實際成果，就是促使美國進行了對釣魚臺的聽證，而這個聽證會上，國會作出了沖繩返回協議並不影響釣魚臺主權歸屬的結論。

在大陸和日本建交和簽訂和約時的一九七八年，大陸漁船曾經大規模進入過釣魚臺海域。但此事大概只是大陸促使日本儘快簽訂和約的手段。香港保釣人士僅僅興奮了一陣就歸於失望，而臺灣方面則沒有什麼波瀾顯見（見六・九）。

大陸和日本簽訂和約之後，中日關係進入蜜月期。雙邊政治經濟文化交流高速發展，中國把日本稱爲一衣帶水的鄰居。日本政府的日元貸款項目直接援助了大量中國基礎建設，而同時日本大量的私人投資也促進了中國經濟的發展。中國大陸掀起日本熱，有關日本的介紹、日語的學習以及日本影視作品大行其道。在這種背景之下，官方很少提及釣魚臺問題，因此釣魚臺問題長期沒有爲大陸人民所得知。而在臺灣和香港，保釣運動也陷於沉寂。

一九八八年六月，日本青年社再次在釣魚臺設立燈塔，並向海上保安廳申請列爲正式的海路標誌。一九九〇年九月底，海上保安廳準備發出許可，激發起臺灣和香港的第二次保釣運動[629]。

這時臺灣已經進入了民主時代。立法院甚至有人主張立刻用空軍對釣魚臺燈塔展開轟炸。十月二十五日，臺灣將展開區運會。高雄市長吳敦義提出要把聖火送往釣魚臺，並在釣魚臺上舉行升旗儀式。於是在十月二十一日，臺灣兩艘漁船出發往釣魚臺，中途被日本海上保安廳警船攔截，並驅逐出該海域。

這個攔截不出意外地在臺灣、香港和海外引發了新一輪的憤怒。在臺灣，大批民眾焚燒日本旗。臺灣威脅要武力解決。中國大陸外交部也多次進行抗議。最後，在多方的壓力之下，日本宣佈承認燈塔爲海路航標的時機並不成熟，否決了青年社的申請。保釣運動取得了階段性的成果。

一九八九年，中國發生六四事件。日本和其他西方國家一道對中國進行制裁。中日關係開始變差。儘管日本是率先與中國解凍的國家，但中日關係已經無法恢復到以前的狀態。九〇年代初，東海大陸棚的爭議開始成爲中日之間的問題。聯合國的《國際海洋法公約》（*United Nations Convention on the Law of the Sea*）在一九八二年通過，在一九九四年開始生效。這個公約規定經濟專屬區和大陸棚的劃分原則，並要求各簽約國根據這些原則提交自己的劃界主張。於是二十年前的東海資源糾紛又再起波瀾。

中國政府在一九九二年通過了《中華人民共和國領海及毗連區法》，明確宣佈了臺灣及其附屬島嶼（包括釣魚臺）位於中國領海基線之內，引起日本的抗議。這是中日之間，在一九七八年之後，首次就釣魚臺問題發生衝突。

而日本也在一九九六年六月通過了《聯合國海洋法公約》，七月二十日生效。同日，日本海上保安廳頒佈的專屬經濟區圖，把釣魚臺視爲日本領土的一部分，並賦予領海、毗連區、專屬經濟區和大陸

[629] 前引註227，一六九—一七一頁。

棚的權利。這引起了中國的抗議。同年日本青年社和石垣市議員多次登島活動。這一系列的事件引發了**第三次保釣行動**。

九月二十六日，香港全球華人「保釣大聯盟」乘坐漁船「保釣號」從香港出發，向釣魚臺駛去，意圖登島並拆毀燈塔[630]。在行動中，召集人陳毓祥決定以在釣魚臺水域游泳的方式宣示主權，但是不諳水性的他旋即遇難。他的死亡引起兩岸三地新一輪的反日行動。十月七日，臺灣、香港和澳門（首次參加）三方參與的保釣聯合小組，組織約三十艘漁船，駛向釣魚臺。日方無法盡數攔截，結果四人成功登上釣魚臺，並插上大陸和臺灣的旗幟。這是一九七〇年之後，第一次有中國人登上釣魚臺。

這次保釣行動最引人注意的是中國官方態度的變化。在各方壓力之下，中國除了以抗議和軍演等形式表達不滿之外，中共黨報《人民日報》還在十月十八日刊登以「鐘嚴」爲筆名寫成的《論釣魚島主權歸屬》的文章[631]。這也是中國第一次以政府的身分發表對釣魚臺問題的系統論述。在民間，中國第一次允許媒體對釣魚臺的大規模報導。最爲重要的是，中國批准了大陸的第一個保釣組織——由童增所領導的「中國民間保釣聯合會」。中國對日外交從政府一手包辦，轉向支持民間的受控制與有限度的參與。中國政府從中還體會到「民意可用」，逐步形成了以「民意」配合政府外交政策的手法。

一九九六年後，臺灣與香港的保釣運動成爲常規性的活動，已經不可用一次行動來形容。但是在二〇〇三年到二〇〇五年之間，保釣出現了新的高潮，那就是中國大陸民間人士首次參加了保釣行動，是爲**第四次保釣運動**。

一九九六年之後，中日關係持續惡化，釣魚臺問題和許多中日關係的其他問題交織在一起。

一九九八年，江澤民訪日，他在訪日期間，在天皇爲之而準備的宮廷晚宴上，公開指責日本的軍國主義，令日本人大爲震驚【632】。中日關係進一步惡化。小泉純一郎在二〇〇二年上臺之後，由於他堅持參拜靖國神社，加上朝鮮脫北者、中國核武器、臺灣、南京大屠殺、教科書、戰爭道歉、慰安婦、戰爭賠償、東海談判和日本入常等棘手問題，中日關係跌入谷底，進入長期的「政冷經熱」之中。釣魚臺問題也構成了中日「政冷」的一個主要的原因。

二〇〇二年四月，日本宣佈租借釣魚嶼、南小島和北小島三島，至此釣魚臺列嶼的所有島嶼，都直接或間接掌握在政府手中【633】。租借行動引起了中國方面的抗議。二〇〇三年六月，中國民間保釣聯合會和香港保釣行動委員會，連同臺灣人士等十八人，從浙江玉港出發前往釣魚臺，但被日本所攔截。這是第一次從大陸出發的保釣船隻。日本青年社則以登島維修燈塔作爲對抗。於是事件就迅速螺旋式升級了。十二月，中國民間保釣聯合會聯合另外幾個組織，在廈門舉辦「全球華人保釣論壇」，論壇上宣佈改組中國民間保釣聯合會（籌），並通過了《保釣宣言》。在二〇〇四年三月二十四日，經過多次嘗試失敗後，七名中國大陸保釣志願者終於成功登上釣魚臺，這是大陸人首次登上釣魚臺。登島者都被日本警方送往那霸警署問話。在中國外交部的交涉之下，登島者都被送還中國。此事件成爲第四

【630】有關香港保釣事宜，引自保釣行動委員會網站。http://www.diaoyuislands.org/

【631】鐘嚴《論釣魚島主權的歸屬》，人民日報，10/18/1996。可參見 http://news.xinhuanet.com/ziliao/2004-03/26/content_1386025.htm。

【632】羅伯特·勞倫斯·庫恩《他改變了中國——江澤民傳》，上海世紀出版集團。http://book.sina.com.cn/longbook/cha/1110249141_jiangzemin/148.shtml

【633】前引註227，二〇六頁。

次保釣運動中的高峰。

日本在二〇〇四年三月頒佈禁止非法登島的禁令，連同在二〇〇五年初的「西南島嶼有事」的對策方針，形成了一整套掌控釣魚臺的方案。儘管中國抗議日本這個做法，但臺灣表示歡迎。而事實上由於這個做法禁止日本人隨意登島，也確實在以後幾年減少了中日之間因爲釣魚臺而發生的矛盾。二〇〇六年，安倍晉三第一次當選日本首相之後，展開對中國的「破冰之旅」，中日關係好轉，保釣運動進入一個相對的沉寂期。

二〇〇八年是中日關係的一個轉折點。中國成功舉辦奧運之後，在國際上樹立起大國的形象，加上西方國家因爲金融風暴而陷入困境，唯有中國經濟一枝獨秀，就此中國立下了大國崛起和建設海洋強國的目標。

中國在南海和東海同時出擊。在宣傳上，中國以「主權在我，擱置爭議，共同開發」代替了以往二十年的「擱置爭議，共同開發」，作爲處理領土問題的口號；在軍事上，中國加緊建設海軍，裝備航空母艦。同時還大力整合海監、漁政、海事、邊防、海關這五支海洋執法部門，以準軍事的方式，推進「海洋維權」。在實踐上，二〇〇八年十二月八日，中國大陸官方的海洋監測船「海監四五」和「海監四六」，利用日本海上保安廳船隻交班時機，進入十二海里以內日本劃定的「絕對禁止區」。這是中國首次有公務船隻進入釣魚臺海域，正式宣告了中國意圖打破日本對釣魚臺實際控制的局面，也正式破壞了自一九七八年開始中日雙方達成的默契。

二〇一〇年九月七日，一艘名爲「閩晉漁五一七九號」的中國漁船，在釣魚臺海域北端黃尾嶼附近進行捕撈作業時，被日本海上保安廳十一管區所屬「與那國號」等巡邏船所驅趕與阻截。十時十五分許，兩船發生衝撞。船長詹其雄與其他十四名船員，隨後被帶返石垣島警署。根據日本法律，中國漁船首先涉嫌「現場檢查逃稅罪（立入檢查忌避罪）」，而衝撞巡邏船則涉嫌「公務執行妨礙罪」。經過調查之後，石垣簡易法院於十日批准扣留詹其雄十天，十三日釋放其他所有十四位船員和漁船。十九日，日本不顧中國反對，批准延期扣留詹其雄十天。九月二十一日，日本宣佈將以國內法起訴詹其雄。是爲「詹其雄事件」。

這一系列事件引起了中國的強烈反對。二〇一〇年九月七日晚間，中國駐日本大使就此事向日本方面提出嚴正交涉；同日，外交部副部長宋濤約見日本駐華大使丹羽宇一郎，要求日方停止攔截行動。日本宣佈拘留詹其雄之後，中國也把抗議行動升級。同日，中華人民共和國外交部長楊潔篪約見日本大使丹羽宇一郎，並要求「日本立即無條件放回包括船長在內的全體中國漁民和漁船。」十二日，國務委員戴秉國也召見丹羽宇一郎，並警告日本政府「不要誤判形勢，要有明智的政治決斷，立即送還中國漁民和漁船。」

迫於巨大壓力，日本那霸地方檢察廳在九月二十四日下午，釋放被扣中國船長詹其雄。檢察院發言人指顯然是中國船隻蓄意撞向日本巡邏艦，不過由於詹其雄並非有預謀，並解釋稱「考慮到了對我國（日本）國民的影響以及今後的日中關係」，所以不提出檢控，但日方保留對其個人的刑事處分。儘管日本已經放人，但事件尚未平息。中國繼續高調應對，甚至官方媒體環球網首次派出記者隨海監船前往釣魚臺海域做報導，這是中國大陸首次允許媒體前往釣魚臺海域。自此，中國海監船經常性地在釣魚臺海域出沒。

八・二 釣魚臺國有化事件

二〇一一年，民主黨內對華強硬的野田佳彥擔任日本首相，日本的對華政策也變得強硬。而中國在東海的活動日益增加，特別是海軍經常穿過宮古海峽到太平洋演練，以及愈來愈多的海監船在靠近釣魚臺海域遊弋，更加深了日本焦慮。日本以加緊離島命名作為對抗，而中國則高調宣佈釣魚島是中國的核心利益。中國同時對野田進行評估，得出的結論是野田佳彥既是激進的民族主義者，也有極強的功利主義【634】。

由於中國在南海以脅迫方式推進之勢日漸明顯，日本政界人士感到日本需要進一步加強對釣魚臺的實控。東京都市長石原慎太郎認為，日本政府為了避免外交風波，嚴格禁止日本人登島，以致明明是自己實際控制的固有領土，卻因為害怕外國的抗議，連自己的國民都不能登上去。這一切的根源在於日本政府對中國太軟弱。既然日本政府不能做，那麼就由東京政府做好了。於是在四月十六日出訪美國華盛頓的時候，他相當突然地提出由東京都購買釣魚臺的做法。

石原慎太郎聲稱，在二〇一三年四月，日本和島主栗原租約結束之後，他就預期可以進行購島計畫。四月二十七日，他公佈東京都的銀行募捐帳號，希望民眾捐款支援購島。石原的計畫得到大批政界人士的支持，日本民眾反應也極為熱烈，到六月一日，捐款已達十億日元之巨。

中國儘管表示反對，但是在七月之前，並不認為購島是石原的真實意圖，而是把它看作一場「鬧劇」，目的只是為了在日本年底的選舉中為自己和兒子拉選票。而日本政府意識到如果石原購島成功的話，局面將很難收拾。因為石原是一個民族主義者，而且一向是一個出位的「麻煩製造者」，很難預測他下一步會如何做。但是，只要石原和島主栗原達成協議，日本政府在法律上也無法阻止石原購島。於是，日本政府開始考慮替代方案。

因此，六月十四日，日本防衛副大臣渡邊周首次代表日本政府在電視媒體上出面表態：釣魚臺「本應由國家持有」和「國有化」。這是國有化釣魚臺構想的第一次正式提出。

日本政府的理由和邏輯是這樣的（至少在表面上）：

第一，日本政府無法以行政或法律的手段阻止石原與栗原的購島交易，而這種交易對日本來說是有害的。

第二，日本政府可以勸說栗原不要交易，但是栗原出售釣魚臺意志強烈。

第三，因此唯一的辦法，就是由日本政府出面購買。這樣，釣魚臺的所有島嶼都被國有化，使國家能夠最有效地管理釣魚臺，從而最大程度上阻止日本公民登島，這樣有助於避免中日因爲釣魚臺而發生衝突。

第四，日本政府認爲儘管釣魚臺的交易會引起中國不滿，但是有理由相信中國最終能夠接受。理由是：

(1) 釣魚臺部分島嶼早已國有化（赤尾嶼，釣魚嶼附近幾個小礁石等）。

(2) 國有化的實質是把釣魚臺的物權從私人轉到另外一個法人手中，只是後者恰好是日本政府而

---

[634] 楊中美《中國即將開戰》，時報出版，臺北，二〇一三，五七—五八頁。

已。因此，購買釣魚臺只牽涉國內法，其實就是等於產權的轉移，不屬國際法範疇，和主權問題無關。因此無論如何買賣，都不影響釣魚臺的國際法地位。

(3) 在一九七二年日本接管釣魚臺後，釣魚臺的島嶼也進行過買賣和租借，中國政府並非不能接受。

(4) 儘管買賣釣魚臺能夠增加日本對釣魚臺的主權證據，但是這類證據已經有很多，再多一個並不嚴重。因此中國政府可以如同以往一樣，聲稱「日本對釣魚臺採取任何單方面舉措，都是非法和無效的，都不能改變這些島嶼屬於中國的事實」之類的抗議，而雙方都不致於翻臉。

(5) 國有化釣魚臺，能夠最大限度地阻止因登島而引起的外交風波，對中日關係利大於弊。中國應該可以接受。

但是對國有化釣魚臺，中國的解讀有很大差異。中方的反應基本上是和之前對野田佳彥的不信任一脈相承的。基於這種不信任，中國方面認爲（至少在表面上）：

第一，國有化是意圖固化對釣魚臺的主權。因爲在中國看來，國有比民有更爲正式。

第二，日本在這時提出國有化釣魚臺，其實是和石原唱雙簧。中國甚至認爲這兩者早有默契（這時不提石原意在選舉了），是逼中國在兩個壞方案中，選擇一個較不壞的方案的行爲。

第三，中國認爲日本政府有能力用其他方式解決石原購島的行爲，但故意以法律作爲藉口。但是中國方面並沒有提到用什麼其他的方式。

第四，中國明確高調反對，但日本仍然一意孤行，因此是對中國的挑釁。

日本政府提出中央購島設想之後，中國反應強烈。外交部發言人聲明：「釣魚島及其附屬島嶼，自古以來就是中國的固有領土，中方對此擁有無可爭辯的歷史和法理依據。中國的神聖領土，決不允許任何人拿來買賣。中國政府將繼續採取必要措施，堅決維護對釣魚島及其附屬島嶼的主權。」【635】

八月十五日，在香港保釣行動委員會組織之下，香港保釣人士乘坐「啓峰二號」出海保釣。這次行動居然出乎意料之外的順利。由於香港政府在以往都阻攔保釣船隻出海，保釣人士預期這次也會如此，但香港政府毫無動作。根據以往經驗，日本亦會在釣魚臺佈防，阻止保釣人士登島。日方雖有二十多艘船隻阻攔，加上直升飛機監控，但保釣船仍然可以在近岸擱淺。最後七人成功登島，惟這時數十名日本警察已經在島上嚴陣以待，以非法入境罪逮捕登島者。此次行動如此順利，令人不得不懷疑雙方都有意讓保釣人士登島而擴大事件。而事實上，此事也成爲一個急劇加速中日關係惡化的推進劑。

日本首相野田隨即宣佈，按照日本法律嚴懲入境者。日本外務省發表聲明，稱將按照日本法律處理被捕的香港保釣人士。中國外交部副部長傅瑩緊急召見日本駐華大使丹羽宇一郎，並與日本外務省副大臣山口壯通電話，要求日本政府立刻無條件放人。中國民間也出現反日示威、抵制日貨，乃至對日本大使車輛拔旗行動。儘管日本政府最終在八月十七日決定，對十四人不追究刑事責任而強制遣返，但雙方民眾的怒火都成爲了政府對抗升級的推動力。

九月五日，日本政府宣佈正式和島主達成協議，以約二十點五億日元簽訂購買合同，購買釣魚

【635】http://big5.xinhuanet.com/gate/big5/news.xinhuanet.com/world/2012-07/07/c_112383755.htm

嶼、北小島和南小島，並宣佈將在首相官邸開會，確認釣魚臺國有化方針和使用預備費用購買等事宜。

九月九日，中國盡最後努力阻止日本購島。國家主席胡錦濤在出席俄羅斯符拉迪沃斯托克亞太經合組織第二十次領導人非正式會議時，同日本首相野田佳彥進行了交談，胡錦濤就當前中日關係和釣魚臺問題表明了中方立場：「近來中日關係因釣魚島問題面臨嚴峻局面，在釣魚島問題上，中方立場是一貫的、明確的。日方採取任何方式，所謂的『購島』都是非法的、無效的，中方堅決反對。中國政府在維護領土主權問題上立場堅定不移。日方必須充分認識事態的嚴重性，不要做出錯誤的決定，以維護中日發展大局。」【636】但是野田並沒有接受胡錦濤的警告，只是向胡再次解釋了日本政府購島的動機在於更良好地管理釣魚臺，以杜絕因爲登島所造成的中日衝突。胡錦濤並未接受這個解釋，兩人不歡而散。

九月十日，日本政府在總理大臣官邸召開的閣僚會議上，正式決定將釣魚臺國有化。會議確認了「尖閣列島國有化」的目的爲：(1)確保航行安全；(2)長期平穩安定地維持及管理尖閣列島。會上還決定由海上保安廳負責管理尖閣列島。九月十一日，日本政府正式和島主簽訂購島合約。

八・三　釣魚臺危機

日本一正式宣佈購島成功就立即遭到中國的強烈反應。中國當即推出多項反制措施。中國領導人和外交部等強烈譴責日本的行爲。中國亦隨之中止多項官方中日交流。中日之間多個友好城市之間的交流也被取消；爲二〇一二年中日建交四十週年而準備的一系列紀念活動也紛紛先是延遲，最後被取消。

中國在九月十日宣佈《關於釣魚島及其附屬島嶼領海基線的聲明》，公佈了釣魚臺各島嶼的坐標以及制定了釣魚臺一帶的海基線，從而爲推進釣魚臺「常態化」巡航，訂立了法律準備。而同時，中央電視臺的天氣預報中，也特別地加入了「釣魚島」這個地點。十六日，中國向聯合國大陸棚界限委員會提交了東海二百海里外大陸棚的劃界方案，把中國大陸棚主張延伸到沖繩海槽，包含了釣魚臺。二十五日，中國國務院新聞辦公室發表了《釣魚島是中國固有領土》的白皮書。這些文件不可能一夜之間就預備好，顯然是有備而來。

在民間，中國爆發了自六四以來最大規模的示威，也是建制以來最大規模的反日示威。在北京、廣州、西安、深圳和長沙等二十二個城市，都有大規模的遊行和暴力事件，例如攻擊日資商店和日式餐廳，毀壞日本品牌車輛，甚至攻擊日車車主等等。中國的反日行動，令多個日資企業被迫停業，而日本在華汽車業預期銷量下降三分之一。部分日本民眾也有激烈的反應，比如日本五個右翼分子在中國駐日大使館前抗議，要求「中日斷交」。但這些事件和中國示威的範圍和激裂程度相比不可同日而語。

---

[636] http://big5.xinhuanet.com/gate/big5/japan.xinhuanet.com/2012-09/10/c_131839223.htm

中國在釣魚臺附近水域開始了「常態化」巡航，頻率和與釣魚臺的接近程度，都大大超過國有化事件之前。據日本共同社統計，從釣魚臺國有化事件之後到二〇一三年七月底，中國公務船共駛入釣魚臺「日本領海」五十二次。據中國報導，中國海監船在二〇一三年二月十八日，距離釣魚嶼只有零點八海里。中國此舉乃意在造成「共同控制」之局面。爲此，中國多次宣稱成功「驅離」日本保安廳船隻和漁船，儘管日本方面否認這種說法。中國甚至還使出一些非常規的手段。比如在二〇一三年三月七日，中國海監船隻在赤尾嶼以西三十九公里的地方，把一條漂浮的中國「漁船」上的三個漁民帶上了自己的船隻。於是，這就成爲中國有史以來，第一次在釣魚臺「鄰近海域」行使「執法權」的事例了[637]。二〇一三年六月十七日，日本第十一管區，那霸海上保安本部巡邏機，在赤尾嶼東北約一百二十七公里海域，發現一艘巴拿馬籍海洋調查船「DISCOVERER 2」。該船未理會日海保警告，反而回應「我們處於中國海域，已經取得中國政府的許可」後繼續進行調查作業。後來得知，這艘船雖然掛著巴拿馬籍的旗號，但其實是一艘中國船，隸屬中國上海海洋石油局[638]。這個事例中，中國企圖造成「國際公認」之假象。但這種努力都並未使國際，特別是美國，認同「共同控制」的局面。美國國務卿凱瑞在二〇一三年四月十五日表示：釣魚臺「處於日本的有效控制之下，對任何想要改變現狀的單方面行動表示反對。」[639]

除了海監船的活動，中國軍方也在釣魚臺附近活動頻頻。中方運十二巡邏飛機，於二〇一二年十二月首次進入釣魚臺上空巡航。二〇一三年一月五日，中國海監的一架巡邏機在東海飛行，受到日本自衛隊飛機F15戰機攔截。這是雙方第一次出現飛機對峙的情況。由於存在撞機的危險，這個事件引起雙方的緊張[640]。

一月九日，日本首相安倍晉三召見內閣危機管理官米村敏朗及其他官員，指示日本防衛省和自衛隊，要求對釣魚臺海域的中國飛機和海監船，實施「曳光彈射擊警告」。這引起中國方面的強烈反應。解放軍少將彭光謙十四日表示，曳光彈就是實彈，打曳光彈就是一種挑釁，就是「打響第一槍」，就是實戰。中國應該不客氣地予以反擊，就不能讓他打第二槍[641]。美國擔心局勢進一步失控，十八日，國務卿柯林頓敦促中日避免擦槍走火，要求日本不要向中國飛機發射曳光彈，這次危機才告一段落[642]。

但是中國進一步升級了事件。一月十九日十七時許，日本軍用直升機遭到中國軍艦火控雷達瞄準的警告。一月三十日十時，日本「夕立」號護衛艦在東海公海海域遭中國護衛艦火控雷達瞄準，當時兩艦相距三公里。中國否認了使用火控雷達瞄準一事，並指日本散佈假消息抹黑中國。日本稱有證據，美國確認了雷達瞄準一事，但是反對日本公開證據。證據最後也沒有公開，理由是防止暴露情報蒐集能力和以免事件擴大化。最後，在美國的干預下，事件才平息。

中國飛機接近日本領空的次數也大爲增加。二〇一三年前半年，日本爲了應對中國飛機，總共緊

[637] http://mil.sohu.com/20130308/n368164066.shtml
[638] http://military.dwnews.com/news/2013-06-18/59233650.html
[639] http://news.ifeng.com/mainland/special/diaoyudaozhengduan/content-3/detail_2013_04/15/24217212_0.shtml
[640] http://news.qq.com/a/20130105/001419.htm
[641] http://mil.sohu.com/20130116/n363593164.shtml
[642] http://mil.sohu.com/20130120/n364049532.shtml

急升空二百一十五次，疲於奔命【643】。此外，中國艦隊也多次穿越宮古海峽進出太平洋。儘管該水域是公海，也引起了日本的緊張。中國潛艇也在日本沖繩附近活動，日本需要投放聲納系統以監視。

到了二〇一三年下半年，中國在東海的活動更爲頻繁。十月十八日到十一月一日，中國三大艦隊——東海、南海和北海艦隊——在西太平洋進行爲期十五天的「機動五號」演習【644】，規模之大，前所未有。並且在返程的時候，還穿越了沖繩群島中諸多水道，包括不常用的水道，軍艦甚至進入了日本的領海毗鄰區。日本也還以顏色，派軍艦在中國軍演附近區域近距離觀察和監視。在中國軍演之後，日本隨之在沖繩群島附近展開總軍力達四萬人的奪島軍事演習，參加演習的軍力佔日本總軍力的五分之一。儘管兩國都說不針對特定的國家，但其中顯露出來的意義世人皆知。兩個針鋒相對的演習下來，雙方的對立愈加尖銳，最終導致十一月底中國設立防空識別區。

十一月二十三日，在成立國家安全委員會後十天左右，中國國防部就突然單方面宣稱，設立東海防空識別區【645】，從而激起了了新一輪的東海矛盾。中國成立的防空識別區有四個重要特徵。第一，中國成立識別區相當突然，事先沒有與任何一個國家做過溝通；第二，中國的識別區和鄰近國家和地區的識別區重疊。其中與日本的防空識別區大面積重疊，離日本最近處只有一百三十公里，亦覆蓋了釣魚臺；與韓國的防空識別區也有重疊，覆蓋了蘇岩礁；與臺灣的識別區亦有重疊。第三，也是更重要的，與美國以及鄰近國家和地區的監視性的防空識別區不同，中國的防空識別區是管轄性的，要求飛越識別區的所有飛機，向中國提交飛行計劃，並接受中國武裝力量的管理，這違反了國際公共空域的國際法。第四，宣佈之初，中國官方極爲高調聲稱防空識別區的意義重大，突破了第一島鏈；有軍方少將還聲稱，對於進入識別區而不服從管理的外國飛機中國有權擊落【646】。這種做法等同於把防空識別區視爲禁飛區，令世界震驚。

這種做法不出意外地受到世界各國的一致反對。美國、日本和韓國，甚至臺灣，都反應劇烈。美國宣佈不承認中國單方面設立的防空識別區，並派出了B52轟炸機在東海上空飛行。美國軍方強硬地提出三不政策——不會提交飛行計畫，不會預先無線電通告，不會提供頻段註冊。日本、韓國和臺灣，相繼高調不事先通報而進入中國防空識別區。澳洲、英國和菲律賓等，紛紛明確表態不承認中國的識別區。其他大國如俄羅斯、印度和歐洲國家的輿論，也紛紛表示擔憂。美國、韓國和日本還高調地以實際行動展示了對中國防空識別區的否定。東海局勢驟然升溫。

在世界各方一致批評和打臉（snap in the face）之下，中國只得大幅調低調門，由外交部出面滅火，宣稱防空識別區不是領空，無權擊落外國飛機云云，這與最初趾高氣揚的態度，判若雲泥。但中國始終不肯答應各國的要求，把違反國際法的部分進行修改。

對於中國的軍事威脅，日本採取的策略是以「修憲」和「擴軍」抗衡。安倍稱之爲「積極和平主義」。修憲指的是修改日本憲法第九條，即：

---

[643] http://mil.sohu.com/20130711/n381262486.shtml

[644] http://topics.gmw.cn/node_46541.htm

[645] http://www.apdnews.com/news/48245.html

[646] 《空軍少將：對方不聽警告進入防空識別區可擊落》，京華時報，http://politics.people.com.cn/n/2013/1127/c1001-23665731.html

日本國民衷心謀求基於正義與秩序的國際和平，永遠放棄以國權發動的戰爭、武力威脅或武力行使作爲解決國際爭端的手段。爲達到前項目的，不保持陸海空軍及其他戰爭力量，不承認國家的交戰權。[647]

此部憲法稱爲「和平憲法」，是世界各國中唯一一部不承認「交戰權」的，也是唯一一部不承認「集體防衛權」的憲法。日本右翼組織一直有修改此條的意願，因爲他們認爲沒有交戰權，即日本不能成爲正常國家。修憲之目的，在於把自衛隊升格爲國防軍，並賦予日本自衛權。由於修憲關係重大，在日本國內也有很大的反對聲音。因此安倍政府決定先修改修憲的門檻，從現在的三分之二降到過半數，再根據情況進行對第九條的修憲。在二〇一四年七月，安培政府以通過內閣決議而解釋憲法的形式，初步解禁了部分集體自衛權。

另一個問題是加強國防。在二〇一三年的防衛報告書中，日本把朝鮮和中國列爲對日本安全的威脅。在這樣一份公開的報告書中直接點名中國，還是多年以來的第一次。在中國單方面設立防空識別區之後，日本在十二月十七日，更一口氣推出「安倍三箭」，即《國家安全保障戰略》、《防衛計劃大綱》以及《中期防衛力量整備計劃》。在十餘年來，首次增加國防預算，購備新式武器，並把軍力向西南方向增加配置[648]。

在外交和國際輿論上，雙方也進行了針鋒相對的較量。日本堅稱釣魚臺沒有領土爭議，而中國對日本的以大欺小的脅迫的做法違反國際法。而且中國一方面堅持中國對釣魚臺有充分的歷史和法理依據，一方面卻堅決拒絕透過國際法庭解決釣魚臺問題。因此，日本這種宣傳得到一眾處境相同的東南亞國家以及重視國際規則的國際輿論的同情。

中國則把輿論重點放在了「否定二戰成果，恢復軍國主義，違反《開羅宣言》和《波茨坦宣言》，破壞戰後秩序」之上，並且攻擊日本為復興軍國主義。但是這種宣傳口號，除了和韓國有共鳴之外，對其他國家收效不大。

日本在安倍晉三上臺後，努力與東南亞及印度一起打造「亞洲自由之弧」，利用東南亞國家和中國在南海上的領土爭議，以及印度和中國在領土與戰略上的衝突，試圖與之連成一線。在日本的努力下，日本和菲律賓基本上達成了戰略上的一致。中國宣佈成立防空識別區後，日本和東盟十國在東京召開特別峰會，發表聯合聲明，表示將一致應對航海和航空的自由與安全問題[649]。日本和印度也完成了軍事聯合演習，印度《德干先驅報》指出，這「發出了一個新的戰略軸心形成的信號」[650]。

而中國，一方面在緩和與東盟及印度的緊張關係，一方面也加強和俄羅斯與韓國的聯繫，這兩國都和日本有領土糾紛。中國和俄羅斯的關係達到如膠似漆的地步，而中國也給予韓國總統朴槿惠最高規格的待遇，甚至答應為韓國「志士」安重根豎立塑像。

總之，在中日的外交爭奪戰中，周邊國家的處境可以用「中日相爭，鄰國得益」來形容。當中日都意識到釣魚臺爭議是一個最重要的外交問題時，雙方就會透過給鄰國好處或讓步，來爭取他們的支

---

[647] http://japan.people.com.cn/2001/03/14/riben20010314_3036.html

[648] http://news.takungpao.com.hk/military/exclusive/2013-12/2124320_4.html

[649] http://www.bbc.co.uk/zhongwen/trad/world/2013/12/131214_japan_china_asean.shtml

[650] http://news.xinhuanet.com/mil/2013-12/19/c_125882021.htm

援。從這個意義上看，這些國家都樂見中日這種狀況的持續。

釣魚臺國有化事件發生之初，儘管形勢一度非常緊張，但雙方民眾都對中日關係的好轉有著期盼。原因是當時雙方的政府都面臨換屆的問題，大家有理由期望中日關係緊張只是一種政治語言，在新一屆政府之後，就能夠對舊政府的政策作出調整。

中國方面，二〇一二年十一月召開了十八大，習近平接替胡錦濤，成爲中共中央總書記和中共軍委主席。在二〇一三年三月人大會議上，習近平全面接班，正式開始新一屆的政府。

日本方面，儘管野田佳彥擺出強硬姿態，卻無助民主黨的敗勢。二〇一二年十二月，民主黨在一片哀聲中，以極大的劣勢慘敗在自民黨手中。自民黨在十二月組成了新內閣，安倍晉三成爲了日本的新首相。二〇一三年七月，日本參議院選舉中，安倍所領導的自民黨和公明黨聯盟贏得了參議院的大多數。這樣，日本走出了長期以來執政黨不能同時掌握兩院的「扭轉政局」。

中國一開始對安倍晉三還是有所期待的。因爲安倍儘管是一個右派，但是在二〇〇七年第一次當首相的時候，就立即出訪中國，一舉打破了小泉政府時中日之間的僵局。因此，中國認爲安倍既是一個右派，也是一個務實派，能夠期待他以務實的態度，解決釣魚臺的爭議。

但事實證明，雙方都沒有法子讓中日關係緩和。新政府上臺後，中日關係反而越來越差，乃至不可收拾。中國一方面加緊對釣魚臺的准軍事和軍事的脅迫，一方面對日本進行文攻武衛。而日本一方面繼續擺出強硬的姿態，堅持「釣魚臺不存在主權爭議」，並屢屢提出日本修憲和軍事正常化的言論，一方面在外交上頻頻出擊，對中國造成極大壓力。雙方政府都毫不退讓，行動逐步升級，以致事態日益嚴重，難以挽回。顯然，中日釣魚臺問題存在深層次的糾葛，絕非原先所想像的政治語言。

目前，釣魚臺問題陷入類似第二十二條軍規（Catch 22）的僵局，日本要求和中國談判，中國說可以，但是必須先承認領土爭議，但日本堅決否認領土存在爭議。中國爲了讓日本承認領土爭議，只能採取軍事或者準軍事的脅迫方法。可是美國發話了：不許使用軍事方法和脅迫的方法，只能採用和平手段。中國想用和平手段，但是和平手段又無法讓日本承認領土爭議。於是中日美三方，始終只能在這個僵局內打轉。

八・四　臺日漁業協定的簽訂

無論在中國大陸，還是在臺灣的宣傳中，釣魚臺都是屬於臺灣的一部分。從地理上看，臺灣是最接近釣魚臺的中國土地，而兩岸也基本同意釣魚臺透過《馬關條約》以臺灣附屬島嶼的名義割讓給日本。又認爲在二戰後，應該用歸還臺灣的方式附帶回歸中國。從歷史上看，儘管臺灣從來沒有管治過釣魚臺，但是最先提出釣魚臺問題的就是臺灣的國民黨政府。保釣運動最早就是從臺灣開始的。因此，臺灣在釣魚臺問題上，理應是舉足輕重的。

但是到了李登輝和陳水扁時期，臺灣大大淡化了釣魚臺的爭議。儘管在民間還有保釣運動，但是官方的聲音已經大爲減少。除了各種客觀原因之外，領導人的意識發揮了相當大的作用。比如總統李登輝根本不認爲釣魚臺屬於臺灣。他在卸任後多次表示：「釣魚臺沒有主權問題，只有漁業問題」，

[661] http://taiwan.huanqiu.com/news/2012-09/3112410.html

「收購釣魚臺這件事與我們無關，這是日本人的事」【651】。

這個態度在馬英九當政的時期有所調整。這和馬英九本人有很大關係，因爲馬英九自己本身是一個保釣人士，早在七〇年代已經參加保釣運動，而他本人也是有關釣魚臺問題的學者。因此馬英九上臺後，臺灣政府重新重視釣魚臺問題，並大力扶持民間保釣運動。臺灣的保釣運動再度活躍。二〇〇八年六月十日，臺灣「聯合號」漁船故意前往在釣魚臺六海里外的海域「釣魚」，遭日本巡邏船撞沉。爲抗議事件，六月十五日十二名臺灣保釣人士搭乘「全家福號」漁船，前往釣魚臺宣示主權，臺灣海巡署罕見地派出「和星艦」、「連江艦」等六艘巡邏船護航。「全家福號」在釣魚臺海域繞島一周後返航。日本政府最後對「臺灣侵犯領海」表示遺憾之餘，亦正式爲撞船事件道歉，並承諾賠償。

在整個日本國有化釣魚臺事件中，臺灣的聲音卻相對地低調。在日本購島前，總統馬英九八月五日就釣魚臺問題提出《東海和平倡議》：

東海和平倡議一共有五點，就是相關各方：第一，應該自我控制，不升高對立行動。第二，相關各方應該擱置爭議，不放棄對話溝通。第三，相關各方應遵守國際法，以和平方式處理爭端。第四，相關各方應尋求共識，研訂東海行爲準則。第五，相關各方應建立機制，合作開發東海資源。【652】

日本購島前夕的九月九日，馬英九乘直升飛機往彭佳嶼視察，「宣示」對釣魚臺的主權。另外一些宜蘭縣的議員提出往釣魚臺宣示主權，但都無疾而終。在日本購島之後，臺灣政府第一時間向日本提出抗議，並召回駐日代表。宜蘭縣「釣魚臺護漁委員會」隨之發起了保釣行動。九月二十四日，集結了五十八艘漁船向釣魚臺出發，而臺灣海巡署也派出了十二艘艦隻護航，臺灣軍方則在第二線擔任後備的角色。保釣船隊在二十五日到達釣魚臺海域，日本派出二十一艘公務船進行攔截。臺灣艦艇和日本艦艇在釣魚臺海面上發生了水炮互相射擊事件。臺灣船隻儘管不能達到繞島一周的目的，但到達釣魚臺最近距離只有二點一海里的海域。最後臺灣船隻撤離釣魚臺海域。是爲九二五臺灣保釣行動，是臺灣政府最爲激烈的一次舉動。

但除此之外，臺灣的民間反應卻遠遠沒有大陸激烈。臺灣政界人士認爲根本不應該和日本爭奪釣魚臺的主權。基本上，反應較爲強烈的只有宜蘭的漁民和宜蘭縣的民眾，這是因爲在釣魚臺的漁權涉及他們的自身利益。

臺灣的低調，有幾個重要的原因：

第一，臺灣曾經受日本五十年的統治，而戰後臺灣和日本長期作爲盟友，中日建交後，臺灣繼續與日本友好，因此在臺灣，並不存在類似大陸和日本之間的長期對立情緒。

第二，自從臺灣開放黨禁以來，臺灣就是一個多元化和言論自由的地區，長期以來，民眾對釣魚臺問題能夠接觸雙方的聲音，因此民眾之間，並非一面倒地認爲釣魚臺就是中國（臺灣）的領土。

第三，在中日衝突中，臺灣的地位非常尷尬。一方面，馬英九希望保釣，但是另一方面，中國大陸和臺灣在理論上仍然處於敵對狀態。臺灣不能接受被「矮化」的待遇。因此臺灣無法和大陸步伐一

[652] http://news.ifeng.com/taiwan/1/detail_2012_08/06/16580117_0.shtml

致。

第四，臺灣的實力不足與日本爲敵，甚至和日本沒有正式的外交關係，因而在主觀上和客觀利益上，既不願、也無法因爲釣魚臺而和日本翻臉。由於臺灣不是一個正常的國家，釣魚臺本身對臺灣並無大利益，而最爲臺灣關心的，是直接的漁業利益。

因此，臺灣明智地把定位放在「擱置主權爭議，爭取漁權利益」之上，而日本在和中國僵持之後，也不願多樹敵，願意以漁權換取臺灣的親善。

中國大陸和日本在一九九六年達成了漁業協議，規定了北緯二十七度以北的漁業範圍（圖142）。但是北緯二十七度以南的漁業區域，則一直沒有劃分。臺灣和日本從一九九六年開始，就進行北緯二十七度以南的漁業區域的談判，但是十七年來，進行了十六次談判，都一直沒有進展。其癥結主要有二：第一是釣魚臺的主權問題和由此產生的權利；第二是劃分經濟海域的原則，日本主張中間線原則，而臺灣主張衡平原則。

由於日本希望臺灣在釣魚臺爭端中對日保持親善而不和大陸聯手，於是決定對臺灣作出讓步。在二〇一三年四月十日，經過第十七次談判後，雙方達成了《臺日漁業協議》[653]。在協定中，日本和臺灣達成了擱置釣魚臺十二海里之內的水域漁業問題，而把北緯二十七度以南，除釣魚臺十二海里內以外的地區，大部分全部列爲重疊專屬經濟海區（圖143）。協定內容列入「免責條款」，確認協議各項規定不損及雙方原本各自主權及海域主張等相關國際法各項問題的立場與見解。

這個漁業協定爲臺灣取得了最大利益。一來，在法理上無損於臺灣在釣魚臺上的立場，二來，爭取了漁民的最大限度的權益，他們既可以安心作業，也擴大了作業的範圍。反而日本沖繩漁民對此意見很大，認爲對臺灣讓步過大。沖繩知事向中央提出抗議[654]。但是從整個日本的利益來看，簽訂這個協定有助於簡單化釣魚臺的局勢，對日本也是利大於弊。三月十二日，臺灣方面就明確聲稱：絕對不會兩岸聯合保釣，並禁止保釣船隻攜帶五星紅旗[655]。

大陸官方沒有明確反對臺日之間的漁業協定，但民間對此則極爲不滿，認爲臺灣爲了蠅頭小利而放棄了民族大義。這種思維其實並不太經得起推敲。一來，這些對於臺灣並不是蠅頭小利；二來，臺灣也未放棄對主權的要求；三來，臺灣本來也不可能和大陸聯手抗日。

總之，在購島事件中，儘管臺灣處於相對低調狀態，但是卻利用中日之間的矛盾，爲自己爭取了相當不錯的實際利益，是釣魚臺危機中的贏家。

八・五　美國在釣魚臺問題上的關係和態度

在中日釣魚臺爭議當中，美國的態度是相當重要的，美國直接牽涉入釣魚臺問題之中，而不是無關的國家。原因有三：

[653] http://www.mofa.gov.tw/Official/Home/Detail/cdcd1f5d-6332-4274-86d6-72b147208705?arfid=88ce0e14-af13-4a76-8015-83fe91b55db0&opno=fe15c741-bf77-468b-bb7d-0f7eff7b7636

[654] http://tchina.kyodonews.jp/news/2013/04/50174.html

[655] http://mil.sohu.com/20130312/n368548808.shtml

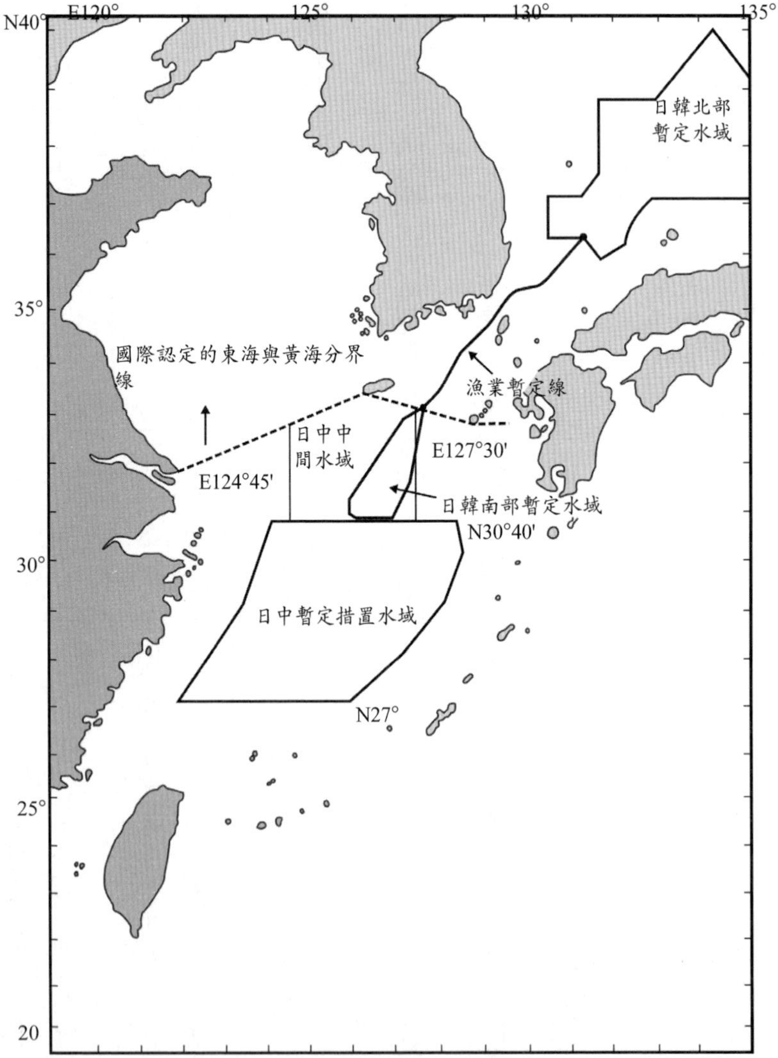

圖 142：1997 年《中日漁業協定》示意圖

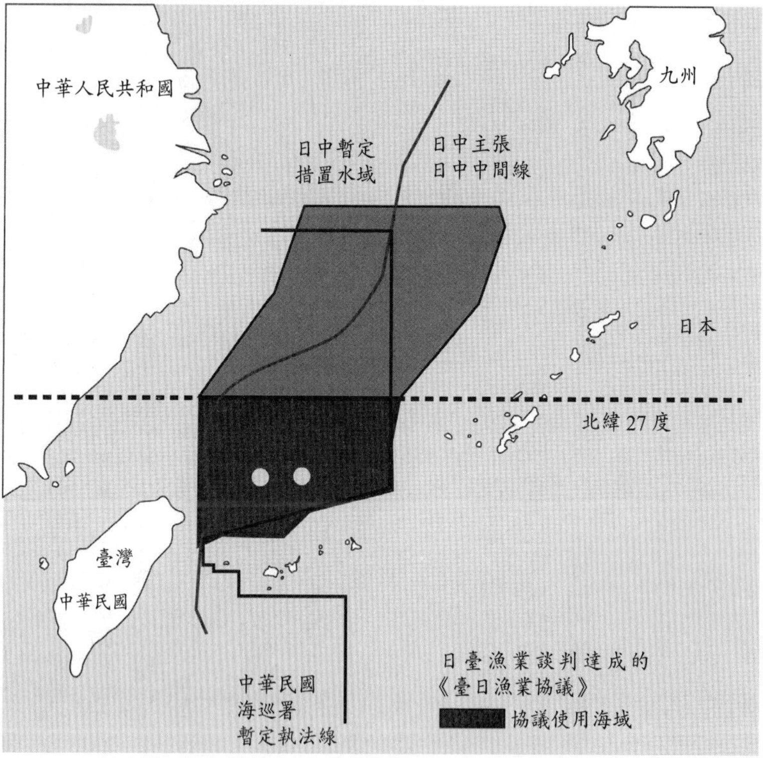

圖 143：2013 年《臺日漁業協定》示意圖

㈠美國在一九七二年把釣魚臺透過《沖繩返還協定》交給日本而不是交給中國，是產生釣魚臺問題的最直接原因。這個問題上，中國一直在指責美國是「始作俑者」，意思是美國故意把「屬於中國」的釣魚臺交給日本，是存心挑起中日之間的矛盾。但這個指責並不公平。因爲在美國要把釣魚臺交給日本的時候，中國並沒有充分的證據表明它是中國的領土（現在也不充分）。而美國已經表明立場，這個管理權的轉移，並不影響釣魚臺的法理。事實上，美國在中國交涉之後，還偏向了中國，在公開場合不提杜勒斯的「剩餘主權」之說。

㈡美國一直租借了釣魚臺中的黃尾嶼與赤尾嶼作爲軍事用地。美國戰後一直向美琉政府租借這兩個島嶼。一九七二年向日本政府續租，租約在一九九二年再次延長二十年。二〇一二年之後的租約狀態沒有公佈，大概美國還繼續租借。儘管美國在一九七八年之後，就沒有在這些島嶼上進行軍事演練，但在理論上，這兩個島嶼都是美國在日本沖繩軍事基地的一部分。釣魚臺戰後也一直在美軍的防區之內。

㈢《美日安保條約》，覆蓋了釣魚臺。

美國雖然一再聲明對釣魚臺的主權歸屬持中立態度，但是美國卻不能對武力改變釣魚臺現狀的行爲沉默。這主要是受約於在一九六〇年簽訂的《美日安保條約》（*Treaty of Mutual Cooperation and Security between the United States and Japan*，一九六〇）。條約的第五條規定：

締約各方承認在日本國管治下的領土上，任何一方遭受的武力攻擊都是對本方的和平與安全威脅，並宣誓會依照憲法規定和程序採取行動對付共同的危險。任何上述的武力攻擊和爲此而採取的全部措施，必須按照聯合國憲章第五十一條的規定立即報告聯合國安理會。這些措施在聯合國安理會已經採取了必要的重塑和維持國際和平與安全的措施時必須停止。

*Each Party recognizes that an armed attack against either Party in **the territories under the administration of Japan** would be dangerous to its own peace and safety and declares that it would act to meet the common danger in accordance with its constitutional provisions and processes. Any such armed attack and all measures taken as a result thereof shall be immediately reported to the Security Council of the United Nations in accordance with the provisions of Article 51 of the Charter. Such measures shall be terminated when the Security Council has taken the measures necessary to restore and maintain international peace and security.*[656]

因此，在日本管治的領土上，對任何一方的軍事攻擊，將被視爲對另一方的安全的危害。儘管在簽訂時，沖繩群島還在美國的統治之下，但是後來，沖繩群島的地位以附件的形式，加入到條約中。注意，在條文中說的是「管治」（administration）而不是主權。釣魚臺符合這個定義，因爲根據美日在一九七一年簽訂的《沖繩返還協定》，日本對釣魚臺享有管治、立法和司法權。

美國政府在歷史上多次反復強調釣魚臺屬於《美日安保條約》的覆蓋範圍內。早在一九九六年，美國國防部助理（Deputy Assistant Secretary of Defense）坎貝爾（Kurt Campbell）在第三次保釣運動

[656] http://www.mofa.go.jp/region/n-america/us/q&a/ref/1.html

時，首次就《美日安保條約》的覆蓋範圍表態，聲明尖閣群島（即釣魚臺，下同）是該條約的適用對象，美國負有防衛義務[657]。當時美國的立場有點模糊，因爲駐日大使蒙代爾（Walter Mondale）在稍後的談話中，卻聲稱安保條約沒有強制美國介入釣魚臺爭端[658]。但是美國在釣魚臺的立場，隨著釣魚臺局勢的發展而日益明確。在二〇〇四年中國大陸保釣人士登島後，美國國防部再次聲明「《日美安保條約》適用於日本管轄的領域，也適用於尖閣群島。」二〇〇五年，美國國務院也再次重申了這個態度。

二〇一〇年，詹其雄事件發生之後，美國副總統拜登（Joe Biden）、國務卿希拉蕊．柯林頓（Hillary Clinton）以及參謀長聯席會議主席邁克爾·馬倫（Michael Mullen）都重申了安保條約適用於釣魚臺。二〇一二年購島事件之後，希拉蕊多次表明安保條約適用於釣魚臺。美國參議院在十一月二十九日決定：在二〇一三年《國防授權法案》中增加一個附加條款，明確規定美國對日防衛義務的《日美安保條約》第五條適用於釣魚臺[659]。二〇一三年一月三日，總統歐巴馬（Barrack Obama）在法案上簽字，正式把釣魚臺爲安保條約所覆蓋列入了國內法。至此，《日美安保條約》覆蓋釣魚臺已經是無可置疑的了。

對於釣魚臺國有化事件，美國一再向日本提出警告，但日本漠視了美國的建議。比如美國前助理國務卿坎貝爾（Kurt Campbell）接受訪問時，說明了當時日美之間的交涉。美國警告日本：如果堅持購買釣魚臺，將會引發中日衝突。坎貝爾說，美國當時發出了非常強烈的建議（very strong advice not to go in this direction）。但是他形容，儘管美國提出了這個警告，野田政府仍然認爲這是化解釣魚臺危機（指東京都購島）的最佳方法，也有信心中國能夠最終接受這個做法[660]。中國有陰謀論者認爲，美國是釣魚臺國有化事件中的幕後黑手，但這毫無根據，並已經被坎貝爾和日本政界披露的訊息所否定。

自釣魚臺交給日本之後，美國對釣魚臺的態度一直非常清晰，即美國對釣魚臺的最終主權歸屬中立，但是釣魚臺問題應該和平解決，不允許武力改變釣魚臺的現狀。在釣魚臺危機時，美國亦是這個態度。

美國的態度被兩方面因素所影響：一方面是美國和中國的關係。中國改革開放之後，特別是鄧小平南巡之後，美中經濟緊密地連結在一起，雙方在經濟上的合作，是世界經濟增長的重要動力。東亞局勢的穩定就是對美國最大的利益。因此儘管中國和美國在國內都有敵視對方的勢力，但美國並不願意僅僅因為一個無人小島而和中國翻臉，成為東亞不穩定的因素和中美交惡的導火線。

但是另一方面，美國也受日美關係的影響。首先，日本是美國的盟國，《美日安保條約》是美國在西太平洋地區最重要的一條軍事協定，可以說是西太平洋地區穩定的基石。《美日安保條約》的作用，可以從四方面看。第一，《美日安保條約》保障了日本的安全。第二，《美日安保條約》是制約日本軍

---

[657] Alan D. Romberg, “American Interests in the Senkaku/Diaoyu Issue, Policy Considerations”. http://www.stimson.org/images/uploads/research-pdfs/Romberg-ADR_paper_8-3-13.pdf

[658] An Asian Mini-Tempest Over Mini-Island Group, New York Times, 09/16/1996, http://www.nytimes.com/1996/09/16/world/an-asian-mini-tempest-over-mini-island-group.html

[659] http://world.people.com.cn/n/2013/0104/c1002-20077446.html

[660] http://www.japantimes.co.jp/news/2013/04/10/national/u-s-warned-government-against-buying-senkaku-islands-campbell/

事化的必要條件。日本在二戰後受制於《和平憲法》，不能擁有軍隊，其安全的保障就是《美日安保條約》。萬一《美日安保條約》遭受破壞，美國不能保障日本的安全，日本修改《和平憲法》就勢在必行。這將會使日本重新走上軍事化的道路。第三，日本還是美國在西太平洋最重要的軍事同盟。美國在西太平洋地區有一系列的軍事同盟：美日、美韓、美菲和美澳新等。日本是美國在東亞地區最大和最重要的盟國，其地理位置也決定了它在西太平洋整個戰略體系中的核心地位。《美日安保條約》規定美國在日本可以擁有軍事基地，其軍事覆蓋面可以覆蓋東亞主要地區。在歷史上，它阻止了共產主義的擴張，在當今，它也是東亞地區和平的保障。美日同盟一旦受到破壞，將影響到美國在整個西太平洋地區的戰略佈局。第四，尤其重要的是，軍事實力與軍事同盟，是美國在世界範圍內長期保持主導地位的基石之一。美日同盟一旦遭受到破壞，也就意味著美國無法爲自己的盟國提供安全保障。這將導致美國在整個世界範圍內的信心危機。這更加是美國無法容忍的。因此，美國絕對不會輕易放棄對日本的軍事承諾。

因此，美國在國有化事件之下，就一直力圖平衡中日之間的關係。比如美國一方面對安倍政府刻意冷淡，一方面又對習近平說「日本是美國的友好盟國，希望中國能夠明白這一點。」

但作爲世界上唯一對中日兩國都有足夠影響力的國家，美國在阻止中日交惡這一點上面，做的還是相當不足。美國在這個矛盾中，應該如何發揮應有的影響力，讓中日和平處理這個問題，值得各方深入討論。

八・六　釣魚臺的價值與東海大陸棚劃界

釣魚臺首先是一塊領土，領土本身就有象徵性的意義，都被中日視爲國家的尊嚴。由此而來，它還有所謂戰略價值，即誰能爭贏了釣魚臺，誰就能改變東亞的戰略格局。如果中國贏了，那麼她就能把美國趕出西太平洋，如果日本贏了，那麼她就能重新成爲「正常國家」，在東亞政治中重新發揮巨大影響力。這個意義在下一節討論。這裡要討論的，是釣魚臺除卻戰略意義以外的實際價值。這些價值可以分爲四個：自身的價值、漁業價值、軍事價值以及石油資源價值。

(一)自身的價值

釣魚臺本身面積小，缺乏淡水，也缺乏其他資源，距離其他較大的島嶼路途遙遠，不宜居住。在幾百年歷史中，只有區區約五十年的開發歷史就是明證。而早期開發的信天翁羽毛與鳥糞資源，也很快就被開發完畢。因此到開發後期，主要的生產轉向漁業加工。但與其他島嶼比較，在釣魚臺上設置加工場並無太大的經濟優勢。這也是在一九四一年，古賀家族撤出釣魚臺的重要原因。現在，釣魚臺本身作爲一個捕魚的臨時掩護站和停泊點可能是最現實的經濟利益。

(二)漁業價值

釣魚臺附近的漁業資源是臺日之間最爲關注的利益。從二十世紀初起，臺灣和琉球的漁民已經把釣魚臺一帶作爲一個重要的漁場，直到現在還有可觀的產出。但是漁權和主權並不是不可分離的，主權有排他性，漁權卻沒有。根據最新的《臺日漁業協定》，臺灣的漁船可以在除釣魚臺周邊十二海里之外的地區自由地捕魚。以後不管釣魚臺主權屬於誰，只要援引這個協定的精神，各方漁業的利益都基本可以得到保障。

㈢軍事價値

釣魚臺的軍事利益是常常被中國所提及的。這裡簡要分析一下。軍事利益分兩種，一種是進攻上的利益，一種是防衛上的利益。釣魚臺距離日本近，距離中國大陸遠，要論軍事防衛上的利益，對日本遠比對中國的意義重要。

美國和日本控制釣魚臺多年，其中戰後二十五年，釣魚臺地位都沒有爭議。當時中（北京）美處於敵對狀態，但美國從來沒有嘗試在釣魚臺上建立任何基地或設置軍事裝置。這證明釣魚臺並沒有針對中國的軍事部署上的價値。

在和平時期，如果中國擁有釣魚臺，可以把中國合法戰略前沿向東推進幾百公里，從而能夠對日本產生威脅。但是釣魚臺本身太小，距離大陸太遠，既缺乏資源，又並非良港，因此以之作爲海軍基地並不現實。比較可行的，是在島上設置雷達站之類的情報基地。但在現代科技之下，雷達站的功用很大程度被衛星和偵察機，甚至無人機所取代。因此儘管有一定的價値，但是價値有多大，値得懷疑。而在戰時，釣魚臺本身細小，極易受到攻擊，現代的導彈可以輕易把島上的軍事設施摧毀，因此其在戰時的作用基本可以忽略不計。

中國一直宣稱釣魚臺是「第一島鏈」的橋頭堡，是「第一島鏈」中的最重要一環，日本控制了釣魚臺就可以阻止中國自有進出太平洋。但其實釣魚臺自身的領海只有十二海里，加上毗連區也不過二十四海里，之外就是公海，軍艦可以自由通行。在和平時期，中國根本上就不存在「衝出第一島鏈」的問題。事實上，釣魚臺在日美手中多年，中國的艦隊一直能夠自由進出宮古海峽，顯見釣魚臺對中國的航海自由的影響，並不如宣傳中的大。

釣魚臺在戰時的通道作用同樣值得懷疑。釣魚臺還沒有眞正面對太平洋，眞正通往太平洋的水道入口是宮古海峽，而日美可以輕易透過封閉宮古海峽，阻止中國艦隊進出太平洋。這樣，中國依舊無法突破「第一島鏈」。

因此，釣魚臺在軍事上到底有多重要，恐怕並不能輕易下定論。在我看來，其價值是被高估了。但我同時也承認，釣魚臺在軍事上的潛在價值還在於它處在中國大陸和臺灣之間，若大陸取得釣魚臺，那麼在軍事上就能夠形成對臺灣兩面夾攻之勢，可能令臺灣難以應付【661】，只是這種潛在價值究竟有多大，仍舊值得懷疑。

㈣石油資源價值和在東海劃界上的價值

其實，釣魚臺眞正的價值還是在東海的石油。在一九六九年聯合國報告中，釣魚臺及東海的油田就成爲各方關注的焦點。事實上，周恩來早就指出：「因爲發現了石油，這就成了問題。」【662】

【661】龍村倪《釣魚臺的歷史與戰略的重要性》，海軍學術月刊，二〇〇四，第三八卷第七期，一〇頁。

【662】前引註537。

由於東海最寬處僅爲三百六十海里，如果兩國均主張二百海里經濟專屬區，則必定有重疊區域。根據國際法，應該先由兩國談判解決。但是在東海專屬經濟區和大陸棚劃界問題上，中日分歧頗大。

中國主張以大陸棚自然延伸原則，把大陸棚主張劃到沖繩海槽處，包括了釣魚臺（釣魚臺位於沖繩海槽西側的邊緣）。中國稱自己的劃界方案符合《聯合國海洋法公約》第七十六條關於大陸棚外部邊緣從測算領海寬度的基線量起，不超過三百五十海里的原則[663]。

而日本則主張根據海岸等距中間分界線的原則，把專屬經濟區和大陸棚的主張劃到了「中日中間線」。日本認爲沖繩海槽（深二千米）並不是大陸棚的自然終止，而只是一個偶爾的下陷，琉球群島東側的琉球海溝（深九千米）才是眞正的大陸棚邊緣。日方的要求並非無理，因爲根據《國際海洋法公約》第七十六條第五項的規定，二千五百米的深度是大陸棚認定的標準。根據不同的數據來源，儘管沖繩海槽最深的地方達到二千二百[664]到二千七百米[665]之間，但是這只是極個別的點，絕大部分水深只有九百米到二千米之間，符合二千五百米以下的標準。當然，如何劃界這個問題相當複雜，這裡不擬深入討論。另外，值得注意的是，在日本方案中，釣魚臺作爲日方基點之一，在日本主張的分界線中發揮出部分的作用。

根據《聯合國海洋法公約》，兩種劃分的方法都可以接受。因此東海的具體劃界，需要由雙方談判而落實。

事實上，在雙方沒有達成協議之前，中國已經在東海開採石油氣。中國在東海有五個油氣田，分別爲平湖、殘雪、斷橋、春曉和天外天，它們都位於緊靠著日本主張的中線的中方一側。春曉油氣田是最早投產的天然氣田，在二〇〇五年十月已經建成。但是據報導，在建成之後六年，沒有產出一滴油【666】。從理論上說，儘管中國專屬經濟區沒有定案，但它們都位於沒有爭議的地區。但是日本的看法是，由於油田是一個整體，中國在這邊抽油，原本「理應」屬於日本的資源會從日本一方流向中國一方，導致日方的損失。於是二○○五年，日本批准帝國石油公司在緊靠日本主張線的日方一側進行勘探。但是在中國的強烈抗議之下還無法進行。二○○八年，中日達成在日本主張分界線附近，劃出一小塊油氣田進行聯合開發，而日本也可以參與到春曉油氣田的開發之中。但是在二○一○年詹其雄事件之後，所有的共同開發協議都陷於停頓。

釣魚臺在東海劃界上有重要的地位。如果釣魚臺屬於中國，則中國的方案更爲合理。因爲即便按照等距中間線原則，分界線也會在釣魚臺與琉球群島之間，與現在日本提出的方案相比，將大大地向日本本土推近。但是如果釣魚臺屬於日本，則日本也有理由根據釣魚臺而認爲自己的領土也在大陸棚上，從而增加了依據等距中間線劃界的理據。

儘管東海的油氣資源是釣魚臺的最大實際價值，但是有兩點是需要指出的：

第一，釣魚臺在劃界中的價值，是基於釣魚臺能夠作爲經濟專屬區劃界基點的情況下而言的。如果中日雙方有足夠的智慧，大可約定釣魚臺不作爲經濟專屬區的劃界基點，如此一來，就會大大減低

【663】中國代表在海洋會議第九期後期會議上的發言，人民日報，08/25/1980。

【664】Donald R. Allen & Patrick H. Mitchell, "The Legal Status of the Continental Shelf of the East China Sea, 51 Or. L. Rev. 791, (1971-1972).

【665】趙海理《海洋法問題研究》，北京，北京大學出版社，一九九六，八○頁

【666】http://www.ccin.com.cn/ccin/news/2011/09/22/200356.shtml

釣魚臺在東海劃界中的作用。

這樣的做法未必不可行，根據《國際海洋法公約》第一百二十一條，無法維持人類生存的島嶼，不具有申請專屬經濟區的資格[667]。儘管釣魚臺的面積和資源符合申請專屬經濟區的標準，但事實上，釣魚臺在歷史上絕大部分時間都是無人的荒島。此外，中國官方一直認爲釣魚臺不能享有劃界的效力。絕大部分中國學者，都否認釣魚臺能享有大陸棚和專屬經濟區的劃界效力[668]。而大部分臺灣學者，如現任總統馬英九也認爲，即便釣魚臺有劃界效力，這種效力也將非常小，甚至只有象徵性[669]。而部分日本學者也認爲釣魚臺不應有劃界效力[670]。因此，只要雙方有意願這麼做，不難找到法律根據。

第二，東海油田是不是眞的有豐富的石油含量，也很値得懷疑。

在一九六九年的聯合國報告中，東海油田被稱作有潛力成爲世界級的大油田。但東海的油田到底有多大的量呢?從來沒有一個可靠的資料，而且不同來源的數據差別很大。馬英九在一九八六年指出，由於大部分政府和公司的資料都秘而不宣，具體的含量難以估計，東海在位（In place）油氣潛力總量，據估計不同，而在十八點四億桶到九千七百零四億桶之間[671]，上限和下限相差過五百倍。

近年的資料有公開統計的不多，各種對東海油田儲量的估計差別依然很大[672]。二〇〇五年《國際先驅導報》稱「中國宣稱擁有開發權利的大陸棚上的天然氣儲量，大概在五萬億立方米，至少是沙烏地阿拉伯發現天然氣儲量的八倍，是美國天然氣儲量的一點五倍。而這一大陸棚的原油儲量，則大概爲一千億桶，與之相比，沙烏地的原油儲量大概是二千六百七十一億桶，美國的原油儲量則只有二百二十億桶。」[673]這是一個驚人的數字。

但在二〇〇八年《文匯報》中的說法卻有很大差異：「文匯報報導，根據中國和日本政府的資料，春曉油田已探勘原油蘊藏量爲六千三百八十萬桶，而整個東海油氣蘊藏量可能有三十二億六千萬桶（約合四點三五億噸），相當於中國新探明的冀東大油田儲量的百分之四十三點五。與總儲量高達五十七億噸的中國第一大油田——大慶油田相比，東海油氣田的蘊藏量亦不算大。」[674]

而根據二〇〇八年《紐約時報》的說法，這個數字進一步縮水，只有不到一億桶原油，僅僅夠日本三星期的使用。「Despite the attention, the reserves under the East China Sea are relatively small, with some estimates putting them at the equivalent of 93 million barrels of oil, about three weeks of Japan's energy needs.」[675]

從一千億桶到不足一億桶，這個一千倍的差別實在太大。如果有一千億桶油的話，那當然是巨大的寶藏，但是如果只有一億桶油的話，實在看不出有多大的經濟利益。要記住，這還是在遠洋海底產

---

[667] http://www.un.org/zh/law/sea/los/article8.shtml

[668] 李先波、鄧婷婷，《從國際法看中日釣魚島爭端》，時代法學，二〇〇四年第三期。張東江　武偉麗《論中日東海海域劃界問題及其解決》，世界經濟與政治，二〇〇六年第四期，三五—四二頁。

[669] 馬英九《從新海洋法論釣魚臺列嶼與東海劃界問題，正中書局，臺北，一九八六，一二一—一五七頁。

[670] 同上，一五三—一五四頁。

[671] 同上，三三頁。

[672] 參見網友于野《東海到底有多少石油？判若雲泥的數字》http://www.geekonomics10000.com/217

[673] http://news.sina.com.cn/c/2005-07-25/11437317574.shtml

[674] http://www.zhgpl.com/crn-webapp/doc/docDetailCreate.jsp?coluid=7&kindid=0&docid=10067802

[675] http://www.nytimes.com/2008/06/19/world/asia/19sea.html?ref=world&_r=0

油，成本遠高於沙烏地之類的油田。二〇〇二年，中國學者劉文宗《石油資源與釣魚臺爭端》中也認爲，東海油田是「另一個波斯灣」的說法，需打上一個大問號[676]。從中國投產春曉油田六年都不產一滴油的事實來看，更令人相信油田的實際蘊藏量並不是那麼大。

因此，綜合種種分析，釣魚臺儘管重要，但是否重要到無與倫比，卻很有疑問。我傾向認爲釣魚臺的實際價值在各種宣傳中都被高估了。

八・七　中日釣魚臺之爭激化的原因

在二〇〇八年以來，中日釣魚臺之爭突然激化，逐漸上升爲中日關係的主要障礙。其中的理由是多方面的。這些原因有戰略上的、心理上的，也有實際利益上的因素。

從戰略上看，二〇〇八年對中國來說，是極其重要的轉折年分。三月，西藏發生暴亂。四月，在奧運火炬傳遞中，海外藏人發起了搶奪聖火的行動。海外中國人則發起了保護聖火的行動。在這個過程中，中國人的愛國主義熱情被大大激發。五月，中國發生了四川大地震，傷亡慘重。但民間救災反應極爲迅速而有效。這個事件大大激起了民眾的自豪感和愛國熱情，以及提升了社會責任感，得到了「多難興邦」的評價。八月，中國成功地舉辦了盼望多年的北京奧運會。北京奧運的成功，使中國一下子成爲世界眼裡的大國。中國自信心極度高漲。同時，由於中國在奧運會之前，一直要爲奧運會顧及國際形象，很多計畫不能在奧運會之前實施。奧運會之後，中國就大可放手展開自己的計畫。

國際形勢也對中國有利。二〇〇八年，以美國金融海嘯爲開始，世界範圍內發生了嚴重的經濟危機。而中國卻能獨善其身，一下子成爲挽救世界經濟的希望。各方溢美之詞不絕於耳。中國也從之前的「發展中國家」轉眼之間成爲「大財主」。財大氣粗之下，中國自信心更爲高漲。

在此背景下，中國訂立了海洋大國的戰略，作爲民族復興的標誌。中國傳統上是一個陸地國家，對海洋關心甚少。在中共建國後，部分由於實力不足的原因，陸地權益還長期是中國軍政界所最爲關心的問題。但進入二十一世紀之後，海洋權益一步步成爲中國所關心的問題。二〇〇八年之後，中國進一步提出了成爲海洋強國的決心。這被總結爲四個任務：「一是要能維護祖國統一和領土完整，捍衛國家海洋權益，並擴大我國海洋防禦的縱深；二是要確保對我國民經濟至關重要的海上通道暢通和商船自由航行；三是保衛我國日益擴大的海外利益與投資利益；四是擔當維護世界和平和海洋安全的任務。」【677】建設海洋強國的任務被寫入了十八大的報告之中。

但中國更爲實際的目標是任務的第一點，即「維護祖國領土完整，捍衛國家海洋權益」。中國有長達一萬二千公里的海岸線。中國在東海和南海上，都與海上鄰國有領土或領海的爭議，其中釣魚臺和南海矛盾最爲尖銳。這些問題的核心，就是中國認爲所有存在爭議的地區「自古以來」都是自己的，而現在處於被侵佔的狀態。因此奪回被侵佔的土地，就成爲中國海洋雄心的第一步。

此外，中國作爲大陸國家，在地緣上，所有海上的出口都爲周邊的島嶼所包圍（唯一的例外是臺

【676】劉文宗《石油資源與釣魚島爭端》，中國邊疆史地研究，二〇〇二年第一期，九二頁。

【677】紀明葵《維護海洋權益實現海洋強國夢》，人民日報，二〇一三年五月十日，http://world.people.com.cn/n/2013/0510/c14549-21439706.html

灣島）。中國沒有一個不受控制的直接通往大洋的海道，這成爲了中國成爲海洋大國的心病。二〇〇八年底，中國海軍駛出中國鄰近海域，到亞丁灣護航。這被視爲中國「第一次打破第一島鏈」，實現了海軍走向世界的起步。但這種突破是在和平時期的，在戰時絕無可能。因此中國把奪得釣魚臺視爲打破第一島鏈的第一步。但正如在上一節分析的，釣魚臺仍然不是直接面對大洋，因此，奪得釣魚臺，繼而「統一」臺灣，才能滿足這個要求。從這種意義上說，臺灣將會是中國奪得釣魚臺後，面臨威脅最大的地區。

中國有傳統的反美思維。美國被視爲中國崛起的最大阻力。而日本，既是美國的盟國，又是東亞唯一實力上能和中國爭雄的國家。因此壓倒日本，就能當東亞的老大，把美國趕出太平洋西岸。在這種思維之下，部分中國人心目中認爲，這是中國崛起前必不可少的一戰。

除了要實現海洋大國的目標之外，中國的國內因素也不可忽視。在中國經濟高速發展的同時，也產生了令人震驚的貧富懸殊，中國基尼係數高於所有西方主要國家，中國國內的矛盾也達到了爆發的邊緣，存在著建制派、左派和右派之爭。三派勢力的爭鬥，從二〇〇八年開始進入了激烈的交鋒期。其後幾年，中國的內政外交，無不有著三派衝突的影子。這三種政治勢力中，建制派處於統治地位，但是面對左右派不同方向的攻擊，也需要玩弄拉攏一派平衡一派的政治手腕。而民族主義恰恰就是其最方便操縱的一種利器。中國民族主義開始高漲，有以下幾方面的因素：

第一，中國經濟總量上成爲世界頂級強國，民族自豪感高漲。

第二，中國近代歷史上長期受侵略，解放後又長期敵視西方，現在還是極少數自稱「社會主義」的國家。現在冷戰結束，中國也在經濟上融入世界，但是在精神上，還覺得自己是世界體系中的異端，還是受到不公平的對待甚至欺負。

第三，中國古代長期是中央帝國，中國的崛起，使得民族主義者認爲，應該恢復中華帝國的政治體系。

第四，中國長期宣傳周邊領土——主要是釣魚臺、南海和藏南——都是受侵略的地方，這種根深蒂固的單邊認識，並沒能得到澄清。

第五，儘管國際社會已經進入了文明時代，但是很多中國政要和精英，還固守過時的「叢林法則」，堅信武力才是解決問題的最佳選擇。

第六，中國長期有指控「漢奸」和「賣國賊」的傳統，給對手安上「漢奸」的帽子，總能在道德上佔據上風。

第七，左派是堅決的民族主義者（矛盾的是，他們推崇的毛澤東，事實上給鄰國送出了大片的土地）。而建制派透過鼓動民族主義，就能拉攏左派對抗右派，以抵消二〇一二年薄熙來事件後左派的反彈。

第八，鼓吹民族主義也能轉移國內矛盾，有利於社會的「維穩」。

於是，中國政府既有願望也有需要，透過在南海與東海上的「收復領土」，作爲自己邁向海洋大國的踏腳石。中國原先的目標是先南海再東海，但是這一進程被日本購島所打斷，於是釣魚臺成爲中國的首要目標。

日本方面也有自己的戰略背景。在經濟上，日本長期是第二經濟大國，但是在九〇年代之後，經濟一直不景氣。而中國實力大增，國內生產總值在二〇一〇年超越日本，而成爲世界第二，而且雙方距離還在不斷地被拉大，而中國在南海咄咄逼人的姿態，更令日本擔憂。另一方面，日本儘管長期為世界經濟做出巨大貢獻，但是在政治上卻永遠低人一等，至今還難以稱得上是一個「正常國家」。而阻礙日本發揮與經濟貢獻相稱的政治影響力的主要障礙，就來自中國，因為中國一直在阻止日本入常。日本對此早有怨言。隨著日本經濟被中國超越，日本深感失落，而守著自己實控的「領土」，就是守衛其大國尊嚴的底線。

從心理上看，中日雙方都有因為歷史因素而造成的惡感。在中國來說，在八〇年代的蜜月期之後，大眾對日本的觀感就不斷下降。很多二次大戰時期的歷史被重新挖出來審視，南京大屠殺的死亡人數問題、日本的道歉問題、教科書問題、慰安婦問題、戰爭賠償問題、靖國神社問題，以及現實中的東海劃界問題和釣魚臺問題，一步一步地降低了中國民眾對日本人的好感。除了中日之間固有矛盾之外，日本在中美關係中所扮演的角色，也成為中國人敵視日本人的原因。一些中國人認為，日本是美國圍堵中國的幫兇。還有一些中國人耿耿於懷在二戰中，中國並沒有眞正打敗日本，而是搭了美國的便車。這種恥辱的感覺，令這些人充滿憤怒。在各個網路論壇上，各種反日的發言川流不息。反日言論在各種「專家」與「學者」的筆下，也比比皆是。反日在中國有極高的人氣，甚至被視為「政治正確」的一種。

而釣魚臺問題正是直接涉及到民族主義興起之後中國外交上最為敏感的領土問題，與中國的國家尊嚴和政府合法性息息相關，而且由於甲午戰爭以來飽受日本侵略欺凌的屈辱歷史和悲情記憶，加上政府長時期的單方面宣傳，民眾難以獲得客觀全面的訊息，最終不可避免地導致在這個問題上，一觸即發。

反觀日本，對中國的觀感也在近年每況愈下。如一名旅日中國學者在《中日兩雄的心理距離有多遠》中所指出，日本在一九九八年江澤民訪日時，要求日本道歉就開始反感。日本人自覺已經道歉過無數次，而中國不斷打歷史牌，過於糾結於歷史，乃是一種居高臨下的無理取鬧，就連親中的政治家和記者，也感到不滿。日本人感覺中國總不能以平等的姿態對待鄰國，充滿對鄰國「王道」式的天朝大國的欲望。而中國人在各類反日示威中的激進行爲，又使日本人覺得中國人不可理喻，無法和民主社會溝通【678】。

從實際利益看，釣魚臺自身的利益相當有限，島上資源在二十世紀上半葉已經開發得差不多了。但是釣魚臺還有附帶的漁業資源、軍事意義，以及在東海劃界上的地位。這使得雙方都不能輕易放棄。但我認爲，這些實際利益在很大程度上被誇大了。中日兩國在釣魚臺問題上，已經從島嶼的利益之爭，轉變爲戰略之爭。

具體的釣魚臺國有化事件，可以有兩個角度的解讀：

第一種是善意的「誤解論」。即雙方，無論是政府還有人民，存在太多誤解和錯判。在一系列的事態發展之中，日本的國有化可能是最關鍵的一步。但對於這個國有化，雙方的解讀有很大差異，以致產生誤判。

石原慎太郎的購島計畫，無疑是有意讓日本固化對釣魚臺的主權，但是野田佳彥的國有化政策，

【678】 http://star.news.sohu.com/20130711/n381295671.shtml

是不是眞的和石原演雙簧，卻有疑問。從種種跡象看來，並不能排除民主黨政府眞的希望能夠透過國有化而減少中日之間釣魚臺衝突的可能。在日本這個法治國家，這是在法律層面唯一可行的阻止石原的方案。況且在法律上看來，國有化僅僅是把釣魚臺的物權，從私人轉到另外一個法人手中，而後者恰好是日本政府而已，這與私人購買島嶼和政府租借島嶼一樣，都是屬於國內民法層面，並不能影響到島嶼在國際法上的地位。而這種購島和租島行爲，在一九七〇年後，也出現過多次，都沒有引起中國過分的強烈反應；國有化之後，日本政府能夠更妥善地處理釣魚臺問題，對中日關係利大於弊。

但是缺乏外交經驗的民主黨政府卻低估了「國有化」這三個字對中國來說完全不能和私人擁有相比的政治意義。在日本，政府和私人是平等的法人，但在社會主義中國，「國有」這兩個字意味著國家的無上權威，是遠遠高於私人的另一層次的主體。如果釣魚臺屬於私人產業，那麼中國還可以接受，但一旦國有化，就意味著日本完全改變了島嶼的屬性，視爲對中國不可接受的挑釁。因此不能排除這種可能：民主黨政府在外交上經驗不足，無法了解到中國的觀感，在中國和美國一再警告之下，仍然覺得這個做法是利大於弊。特別是港人登島之後，更加強化了加強管理的決心，於是不顧胡錦濤的最後警告而一意孤行。

中國無法承認「國有化」釣魚臺，而且日本不顧中國的警告，直接掃了中國的面子。於是中國只能高調應對。而反日的打壓行動，則進一步加深了日本對中國的負面態度。就這樣，在邁出第一步之後，就有面子（國家尊嚴）的問題，以致逐漸無法後退。中國的劉源上將就認爲：「現在中日在釣魚臺的僵局，一定程度上是面子問題，在意氣頭上較勁」[679]。

如果這種善意的猜測是對的話，那麼釣魚臺問題其實並不像看上去那麼無法挽回，因爲雙方畢竟還沒有產生軍事衝突，沒有人員傷亡，也就是說，雙方還在和平狀態。如何消除這些誤解，如何減少進一步的錯判，可能是邁向解決釣魚臺問題的第一步。只要有一方能夠走出這第一步，解決了這個面子的問題，危機很可能就此找到平息的突破口。

第二種是惡意的「**戰略論**」。即中日雙方都有意造成釣魚臺的緊張局面，也就是所謂的「大戰略」的角度。對中國而言，正如安倍指出的，在國內中國政府有深刻的內在需要對亞洲鄰國的領土提出領土爭端，因爲共產黨需要利用這些爭端，獲取國內的支持，而擴張領土和擴張軍備（從中國的角度看是收復領土，視乎你從哪個角度看）。在國際關係中，中國需要崛起成爲海洋強國，奪得「日本侵佔的釣魚臺」是一個最好的標誌。它既能壓服日本，又能把美國從西太平洋趕出去，並可以順利地「統一臺灣」，令南海一眾國家在南海問題上無法和中國抗衡，從而重塑中國在東亞的獨大和主導性地位。因此，中國是故意讓日本進入這個釣魚臺的圈套，從而找到和日本攤牌和發難的機會。

而對日本而言，政府需要擺脫美國而成爲眞正的正常國家，但卻缺乏說服民眾和美國進行修憲和擴大軍事自主權的理由。日本也無法不正視中國在釣魚臺問題上的步步進逼，更無法忍受日本在東亞政治中淪爲二流國家。因此抗衡中國，擔當在東海和南海問題上阻止中國擴張的旗手，正是一石三鳥的戰略考慮。

[679] 鳳凰網《劉源：釣魚島之爭是面子問題，中方已掙足面子》http://news.ifeng.com/mainland/special/2013lianghui/yanlun/detail_2013_03/16/23179550_0.shtml

從這個解讀出發，日本的石原和野田，真的是在演雙簧，其目的就是固化釣魚臺的主權。而中國則早有意思改變釣魚臺的現狀，於是順水推舟，讓釣魚臺國有化成功之後，立即宣佈反制措施，乘機高調透過脅迫的方式爭奪釣魚臺。只是中國沒有想到日本這麼強硬，才一時無法得手。而日本亦乘勢開始進行自己的計劃。

當然，還有其他中間的版本，比如日本是無意的，而中國是有心的，或者日本是有心的，而中國是被迫的。諸如此類。在現階段，實在難以確證，到底哪種解讀才是最符合中日各自的本意。這大概要等更多的解密檔案出來之後，才能得到確切的答案。

但是有一點需要指出的是，即便最初的情況是出於誤解，在購島發生之後，特別是中日都更換了政府之後，雙方都有理由故意讓緊張關係持續至少一陣子，讓「大戰略」繼續推進一段。總之，箭已經射出，就很難改變軌跡。購島事件既然已經發生，也很難阻止雙方的少數政客利用事件去達成自己的目的。中國的媒體就不諱言：釣魚臺之爭，中國不怕讓它維持一陣子，並使它成爲國家意志和國家力量的比拼[680]。

八・八 應當和平地解決釣魚臺問題

釣魚臺問題的解決方法有三種：第一種是不解決，讓釣魚臺危機長期存在；第二種是短期內透過戰爭的方法解決；第三種是透過和平的方法解決。

第一种方法實際上是不解決問題，而僅僅把問題推後。中國有媒體在鼓吹讓釣魚臺危機長期存在。如果是這樣，雙方的惡感持續上升，最後的結局恐怕還是不可避免地訴諸武力。從目前的情況看來，這種可能性是最大的。這種長期對峙，甚至比短期內就開打，即第二種方式，更爲糟糕。因爲如果是現在打，雙方都沒有準備好，現在的衝突將會是小規模的。但是如果雙方經過長期準備，那將會是更大的災難。以戰爭解決得到中國很多好戰分子的支持，他們認爲釣魚臺問題發展到這個地步，中日之間除了一戰之外，別無他法。

我認爲這種說法是不正確的。眾多的原因我在以上章節已經討論過：第一，釣魚臺的主權並不清晰。釣魚臺爭議已經出現了四十多年，因此釣魚臺不是現時一國侵略另一國的問題，而是一個歷史遺留的領土糾紛。第二，在釣魚臺爭議出現後四十多年，中國長期承認日本實控的現實，而日本長期保持在釣魚臺上不開發的克制狀態。雙方不但沒有糾結於領土之爭中，反而建立了外交關係，雙方關係極大發展，這證明釣魚臺問題並非中日之間無法繞過的死結。第三，釣魚臺國有化，僅僅牽涉到國內物權法律，而不牽涉國際法地位。釣魚臺的國際法地位並不因此而改變。國有化事件引致如此局面，很可能是雙方出現誤解和誤判。第四，釣魚臺的實際價值，並非如想像中的高。

這裡我要論證第五點，即戰爭解決是一個非法的、代價極大的、而且沒有勝利者的做法。它只會給東亞人民帶來無止的苦難，而不會達到好戰分子的目的。

---

[680] http://news.xinhuanet.com/world/2013-12/24/c_118690001.htm

㈠戰爭不再是解決領土問題的合法方法。

十九世紀末以來，世界各國爲了改變國際秩序中弱肉強食的叢林法則而不斷修正國際法。國際法的一方面體現了大國間的平衡和意志，但另一方面，也是更重要的，保障了弱國和小國的利益。儘管它是大國所主導的，但是爲弱國創造了一個遠比叢林法則優越的有序的法治環境。此後，大力推動國際法體系，成爲愛好和平人士的首要目標。

一戰期間，英國外長格雷（Edward Grey）提出了國際聯盟的構想。這個設想受到美國總統威爾遜（Woodrow Wilson）的大力支持，他提出的《十四點和平原則》的最後一點指出：「成立國際聯合組織，各國互相保證彼此的政治獨立、領土完整。」[681]。在威爾遜的推動下，國際聯盟在一九一九年成立。威爾遜爲此獲得諾貝爾和平獎。可惜的是，威爾遜沒法說服美國國會放棄孤立政策，美國最終不批准加入國際聯盟，加上國際聯盟的設計不盡合理，這使國際聯盟在維持世界秩序上，心有餘而力不足。

在二十世紀二〇年代，美國和法國在國際上大力推行《非戰公約》。一九二八年，這份全稱爲《關於廢棄戰爭作爲國家政策工具的普遍公約》的國際公約在巴黎簽訂，也因此稱爲《巴黎非戰公約》（Pact of Paris）。它規定：放棄以戰爭作爲國家政策的手段和只能以和平方法解決國際爭端或衝突[682]。由於該公約本身是建立在理想主義的國際關係理論下，在當時的國際現實下未能發揮實際作用，但是該項公約是人類第一次放棄以戰爭做爲解決外交問題手段的規定，在人類文明史上有劃時代的意義。美國國務卿凱洛格（Frank Kellogg）因此倡議而獲得一九二九年度諾貝爾和平獎。

非戰公約和國際聯盟由於沒有實際的約束力的維繫，因此無法阻擋戰爭。在二戰中，美國總統羅斯福等痛定思痛，決心創立聯合國，取代國際聯盟，成爲眞正維繫世界和平的力量。《聯合國憲章》第六章規定：「任何爭端之當事國，於爭端之繼續存在足以危及國際和平與安全之維持時，應儘先以談判、調查、調停、和解、公斷、司法解決、區域機關或區域辦法之利用、或各國自行選擇之其他和平方法，求得解決。」[683]

在聯合國成立之後，領土爭端應該透過和平方式解決，戰爭不再被國際法視爲得到領土的合法方式。中日兩國都是聯合國成員國，中國還是常任理事國。兩國理所當然應該遵守國際法，不透過戰爭來獲得領土。這也意味著，即使任何一方透過戰爭而獲得了釣魚臺，它也將不被國際社會視爲合法的領土。

㈡中日之間有《中日和平友好條約》。條約中第一條就規定，中日必須以和平方法解決一切爭端。

第一條

締約雙方應在互相尊重主權和領土完整、互不侵犯、互不干涉內政、平等互利、和平共處各項原則

[681] http://www.ourdocuments.gov/doc.php?flash=true&doc=62

[682] http://www.yale.edu/lawweb/avalon/imt/kbpact.htm

[683] http://www.un.org/zh/documents/charter/

的基礎上，發展兩國間持久的和平友好關係。

根據上述各項原則和聯合國憲章的原則，締約雙方確認，在相互關係中，**用和平手段解決一切爭端，而不訴諸武力和武力威脅**[684]。

中國和日本理應把條約視爲對人和對己都有約束力的文件，並且眞心實意地履行，而不應該把條約當作緩兵之計，國力不足的時候要求對方遵守，國力強大的時候就當成一張廢紙。儘管《中日和平友好條約》中有條約廢止的條款，但這必須在一年之前，以書面形式通知對方。我相信中日也不至於走到這一步。

㈢**日本沒有作戰權，和平是日本的唯一選擇**。戰後，日本實行了和平憲法，第二章第九條規定：

日本國民衷心謀求基於正義與秩序的國際和平，**永遠放棄以國權發動的戰爭、武力威脅或武力行使作爲解決國際爭端的手段**。爲達到前項目的，不保持陸海空軍及其他戰爭力量，不承認國家的交戰權。[685]

此項規定，禁止了日本以武力作爲解決國際爭端的手段。日本在戰後百分百地遵守和平憲法，和平既是日本解決國際爭端時所追求的目標，也是其唯一的方式。從現實說，日本目前並無發動戰爭的能力，更加不可能主動「侵略」中國。儘管日本首相目前企圖推動修憲，但是在目前的形勢下，只要中國沒有進一步的緊逼，修憲並不可能實現。

㈣和平崛起是中國對世界的莊嚴承諾。

中國在一九五三年最早提出了和平共處五項基本原則，裡面規定「互相尊重主權和領土完整、互不侵犯、互不干涉內政、平等互利、和平共處」。這個基本原則在中共建國後，一直是中國外交的基石。五項基本原則更被寫入一九八二年憲法。

> 中國堅持獨立自主的對外政策，堅持互相尊重主權和領土完整、互不侵犯、互不干涉內政、平等互利、**和平共處**的五項原則，發展同各國的外交關係和經濟、文化的交流；堅持反對帝國主義、霸權主義、殖民主義，加強同世界各國人民的團結，支持被壓迫民族和發展中國家爭取和維護民族獨立、發展民族經濟的正義鬥爭，爲維護世界和平和促進人類進步事業而努力。[686]

一九八八年，鄧小平明確提出以和平共處五項原則爲準則，建立國際政治經濟新秩序的主張。八十年代以來，中國又多次宣稱不稱霸，即使將來強大了也永遠不稱霸。面對歷史上遺留的邊界問題，中

[684] http://news.xinhuanet.com/ziliao/2002-03/26/content_331587.htm

[685] http://www.digital.archives.go.jp/gallery/view/category/categoryArchives/0100000000/default

[686] http://www.people.com.cn/GB/shehui/1060/2391834.html

國政府一直主張根據「尊重歷史、維持現狀」的原則，以和平的方式解決。對於東海南海等有爭議的領土和領海，中國也反對訴諸武力，主張擱置爭議、共同開發。

二十一世紀之後，中國提出了「和平崛起」的發展道路，宣稱中國將堅定不移地走和平發展的道路。二〇〇三年，主席胡錦濤在紀念毛澤東誕辰一百一十周年座談會上說：「要堅持走和平崛起的發展道路，堅持在和平共處五項原則的基礎上，同各國友好相處，在平等互利的基礎上，積極開展同各國的交流和合作，爲人類和平與發展的崇高事業作出貢獻」[687]。二〇〇四年，總理溫家寶在十屆人大記者會中，重申了和平崛起的路線：「中國的崛起不會妨礙任何人，也不會威脅任何人。中國現在不稱霸，將來即使強大了，也永遠不會稱霸。」[688]胡錦濤在二〇〇七年中國共產黨第十七次全國代表大會的政治報告中，談及中國「始終不渝走和平發展道路」，「安全上相互信任、加強合作，堅持用和平方式而不是戰爭手段解決國際爭端，共同維護世界和平穩定」[689]。

二〇一一年，中國發表了《中國的和平發展》白皮書。文件中以五個章節，全面論述了中國的和平發展總路線：一、中國和平發展道路的開闢；二、中國和平發展的總體目標；三、中國和平發展的對外方針政策；四、中國和平發展是歷史的必然選擇；五、中國和平發展的世界意義。裡面提到：

——和平發展。中華民族是愛好和平的民族，中國人民從近代以後，遭受戰亂和貧窮的慘痛經歷中，深感和平之珍貴、發展之迫切，深信只有和平才能實現人民安居樂業，只有發展才能實現人民豐衣足食，把爲國家發展營造和平穩定的國際環境作爲對外工作的中心任務。同時，中國積極爲世界和平與發展作出自己應有的貢獻，**絕不搞侵略擴張，永遠不爭霸、不稱霸**，始終是維護世界和地區和平穩定的堅定力量。

堅持通過對話談判處理同鄰國領土和海洋權益爭端，以建設性姿態提出「擱置爭議、共同開發」的主張，盡最大努力維護南海、東海及周邊和平穩定。[690]

這份白皮書是中國國務院頒發的正式文件，也是中國對世界的莊嚴承諾。可見，和平崛起作爲中國的一項帶有根本意義的國家戰略，既是中華民族發展的需求，也是中華民族對世界的貢獻。透過和平，而不是武力，去解決歷史遺留下來的領土紛爭問題，是中國應該採用的方法。

㈤中日友好是東亞和平與發展的重要基礎。

二〇〇八年，胡錦濤主席訪日與福田康夫首相簽署《中日關於全面推進戰略互惠關係的聯合聲明》，裡面規定：

中日關係對兩國都是最重要的雙邊關係之一，兩國對亞太地區和世界的和平、穩定與發展有著重要影響，肩負著莊嚴責任，長期和平友好合作是雙方唯一選擇，中日兩國必須共同努力，實現中日兩國和

【687】http://cpc.people.com.cn/GB/69112/70190/70193/14286125.html

【688】http://www.china.com.cn/chinese/zhuanti/hpdl/1125363.htm

【689】http://news.xinhuanet.com/newscenter/2007-10/24/content_6938568.htm

【690】http://www.gov.cn/jrzg/2011-09/06/content_1941204.htm

平共處、世代友好、互利合作、共同發展的崇高目標[691]。

自中日建交以來，中日關係得到極大發展。雙方在經濟上，已經成爲密不可分的經濟夥伴。中日之間幾十年的和平，成爲東亞幾十年經濟增長的保證。雙方的經濟交流和人員交流頻繁，已經達到你中有我，我中有你的緊密程度。

目前，中國、日本和韓國正在進行自由貿易區的談判，一旦談判成功，東亞經濟的一體化將邁入新紀元。經濟一體化之後，政治上的一體化也不是一種奢望，歐共體不就是這樣發展爲歐盟的嗎？而要達成這個偉大的目標，中日之間的和平是不可或缺的基石。一旦中日之間爆發戰爭，東亞的局勢將驟然變色。不說東亞一體化，就算要維持現有的兩國和平發展都不可能，東亞幾十年來和平發展的局面將一去不復返。

㈥戰爭不可能有完全勝利的一方。

二戰之後，和平發展是不可阻擋的世界潮流。中日之間結束了幾十年的敵對狀態，才有安穩發展的局面。中日都是大國，一旦發生戰爭，無論誰勝誰負，都不可能徹底戰勝對方。日本固然無法像六十年前一樣侵佔中國，中國也無法摧毀日本。

中日兩國中，儘管中國擁有明顯的軍事優勢，但是對日本卻未必能輕易言勝。因爲日本畢竟不是像菲律賓一樣不堪一擊。在二〇一一年的斯德哥爾摩國際和平研究所國防開支排名中，中國列第二（一千六百六十億美元），而日本列第五（五百九十三億美元）[692]。中國儘管三倍於日本，但並非壓倒性優勢。中國對日本最大的優勢是戰略導彈和核武器，但是中日不可能因爲釣魚臺問題而發生全面戰爭，完全與世界潮流相違背。

因此，一些戰爭狂熱分子鼓吹的東京轟炸和核平日本，這在現實中根本不可能實現，尤其是在日本還和美國有著軍事同盟，美國爲日本提供核保護傘的情況下。即便不考慮美國的因素，對平民轟炸甚至使用核武器也是違反人道主義和《日內瓦公約》的，在當今的國際環境之下，其壓力之大不是幾個戰爭狂熱分子所能預計的。決策者除了必定會被刻入歷史的恥辱柱，還隨時可能以戰爭罪行被起訴。沒有誰敢冒天下之大不韙。

因此釣魚臺萬一發生軍事衝突，只能侷限在常規戰爭，而且多半只會侷限在釣魚臺和附近海域。這樣釣魚臺問題則主要依賴海軍。日本無論在傳統和現實中，都注重發展海軍力量，這就進一步縮小中日之間的差距。

而最重要的是，日本有美國這個可靠的軍事同盟，如果中國進攻釣魚臺或者日本本土，美國作爲軍事同盟將必然參戰。在釣魚臺這樣的區域，打一場局部的戰爭對於美國是可以接受的。美軍在日本擁有眾多的基地和足夠實力的軍事存在，完全有能力對釣魚臺的軍事衝突快速反應。中國空軍和海軍對日本自衛隊可能有一定的勝算，但是對美日同盟則完全處於下風。釣魚臺萬一發生軍事衝突，將會是

[691] http://news.xinhuanet.com/newscenter/2008-05/07/content_8123814.htm

[692] http://www.statista.com/statistics/157935/countries-with-the-highest-military-spending/

美國最熟悉的登島海戰，中國在這方面幾乎毫無勝算。

㈦無論戰爭結果如何，中日都無法承受樹立宿敵的壓力。

由於沒有任何一方能夠在一場戰爭中取得徹底的勝利，因此這樣戰爭的後果，必將是兩國人民的長期互相敵視和國家之間的世仇。世仇式的敵對，對於哪個國家都是不利的。普法戰爭之後，德國對法國壓榨太過分，導致法國在一戰勝利後，對德國毫不留情，而這種做法又導致了德國在二戰中對法國嚴厲報復。到最後，雙方才認識到，只有化解仇恨才符合各自國家的最大利益。於是二戰後，法國和德國之間和解成爲歐洲統一的最主要動力，它們的化敵爲友，成爲一段佳話。

法國和德國之間的歷史仇恨，並不比中日之間的要小。德法可以做到化敵爲友，沒有理由中日不可以。經過幾十年的努力，中日間建立了越來越緊密的關係，沒有理由因爲釣魚臺重新成爲宿敵。

有人認爲，中國現在勢力大了，所以不再害怕日本，也不怕與日本爲敵。但事實證明，每個國家總有三衰六旺，中國現在強盛，並不意味著中國從此不會有勢弱的時候。況且，有一個近在咫尺的強大敵人總不會是一件好事，何況日本還有美國的支持，也有和東南亞國家以及印度等利益相近的天然同盟。正所謂牽一髮而動全身，中國自然不怕日本，但又何必製造一個宿敵呢？

因此，在和平發展已經深入人心，成爲世界發展的潮流的今天，寄希望於戰爭解決釣魚臺的問題，並不是理性的選擇。無論戰爭勝利與否，都會使中日再次成爲仇敵，葬送了老一輩政治家爲兩國人民友好所作出的巨大努力。顯然，透過戰爭而不是和平的方式解決釣魚臺問題，肯定是一個最劣的選項。以和平的方式解決釣魚臺問題，才是最爲世人所期待的方式。

八・九　提交國際法庭是最佳的選擇

和平解決釣魚臺問題的方法無非兩種：談判解決和國際仲裁。這兩者中，我認爲提交國際法庭是更好的選擇。

首先，**釣魚臺是一個有領土爭議的地區，這是一個不容否認的客觀事實**。中日雙方都有看上去有理的證據，而釣魚臺爭議也客觀存在四十多年。釣魚臺之有爭議，與其他東亞地區，比如北方四島（南千島群島）、竹島（獨島）、蘇岩礁、西沙、南沙和黃岩島等島礁存在爭議一樣，都是由於歷史原因所造成的客觀事實。日本政府不應該繼續鴕鳥政策，否認釣魚臺存在爭議。一國單方面聲稱「沒有爭議」，拒絕在一個公正的平臺上解決問題，只會令矛盾繼續激化，無助於問題的解決。

其次，**其實無論從中國還是和日本的立場看，都有把釣魚臺爭議提交國際法庭的法律基礎**。中日雙方都強調自己在歷史和法理上，對釣魚臺有主權依據，這表明雙方都有信心在法理上贏得這場官司。因此，沒有理由會畏懼在法庭上決定釣魚臺的歸屬。

第三，**把釣魚臺問題提交國際法庭，對雙方都有利**。

如果說提議西沙和黃岩島上交國際法庭，對於實際控制這兩個地方的中國不利的話，那麼對目前沒有實控釣魚臺的中國來說，提議把釣魚臺問題上交國際法庭，實在是有百利而無一害。這既顯示了中國願意以和平方式解決釣魚臺問題的決心，也站在了道德的高地，給日本增加了壓力。如果能夠讓日本也同意讓國際法庭仲裁釣魚臺問題，對於中國來說是一個勝利。

反觀日本，提議把實際控制的島嶼上交國際法庭仲裁，也並不完全是失敗。日本方面一再強調，應該依從國際法解決釣魚臺問題，而提議上交國際法庭正是依從國際法的最佳方法。對日本而言，在國際法庭上處理釣魚臺問題，比中日雙方談判要有利。這是因爲中國是大國，日本是小國，雙方談判就有處於下風的疑慮。只有在國際法庭上，才能公平公正地摒棄大國小國之間的差異，決定領土的歸屬。

如果透過談判解決，那麼日本就一定會堅持找一個大國作爲見證方，而這多半就是美國。中國一直不希望美國參與到談判中。中國或許能夠接受美國作爲調停方，但多半不能接受美國爲談判一方。因此，透過法庭解決並不一定比中美日三方談判更難爲中國所接受。

第四，在國際法庭上才能公平公正地決定領土的歸屬。

中國可能會擔心，國際法庭會針對中國而故意作出不利中國的裁決。這種擔心其實在日本方面爲之更甚。事實上，這反映了東方國家在傳統中缺乏對法治的信心。我認爲這種擔心是不必要的。

國際法庭共有法官十五名，作爲聯合國安理會的常任理事國，中國在國際法庭中一直有一名常任的法官。史久鏞在二〇〇三年到二〇〇六年，還出任了國際法院的院長。而日本的小和田恆則是現任的院長。兩國在國際法庭上的地位可謂旗鼓相當。國際法庭的十五名法官有廣泛的代表性，現任的法官除了中日兩國之外，其餘十三位分別來自斯洛伐克、烏干達、印度、美國、義大利、法國、紐西蘭、墨西哥、摩洛哥、俄羅斯、巴西、索馬利和英國。即非洲三名，拉美二名，亞洲三名，東歐二名，西歐及其他國家（北美及大洋洲）五名。可見其代表分佈非常均勻。而決議都必須在出席法官多數同意後，才能做出。沒有一方能夠在代表分佈中有明顯優勢。況且，能夠當上國際法庭法官的，都是有極強專業素質和職業操守的法學家，不應把他們看作政治的工具。

在國際法實踐中，好幾個案例都在判決中支持較爲弱小的一方。比如在查米騷（Chamizal）爭議中，法庭作出了有利於弱國墨西哥而不是強國美國的裁決；在帕爾馬斯島的爭議中，該島判給了弱小的荷蘭，而不是強大的美國；在白礁島爭議中，島嶼判給了弱小的新加坡而不是強大的馬來西亞。當然，也有不少的判決，把爭議地區判給較爲強大的一方。但這正好證明在國際法庭的考慮中，國家的強弱並不是其考慮因素。所以弱國不必擔心國際法庭會因爲自己的弱小，而作出不利自己的決定。

中國一直疑慮國際仲裁會對自己不利。這不過是一種受害者心態。其實早在民國時期，中國就有接受外國仲裁的經歷，而其決議都有利於中國。這裡舉兩個例子。

第一個是英印政府與中國的緬甸分界問題。從清末開始，英國就與中國在中緬之間的漫長邊界展開談判和勘界。在晚清和民國初期，中國都只是單獨和英國進行談判和勘界，導致幾乎所有有爭議的地區都劃歸英國。直到二十世紀三十年代，民國政府覺得這樣不是辦法，於是在國際聯盟的主持下，派出一個中立主席和中英雙方代表一起勘探雲南和緬甸南段的邊界。一九三五年，瑞士人伊斯蘭（F. Iselin）擔任中立委員，擁有最後裁決權。正是因爲這位中立委員的公正仲裁，使大片中英爭議的土地最後劃歸中國（當然也有一些中英爭議的土地被劃歸英方）。伊斯蘭的裁決，儘管不是一面倒地偏向中國，但較之前談判過程中全面失利的局面，已有本質性的改觀了[693]。

第二個例子是日本當年支持溥儀在東北建立滿洲國。中國政府提出國際仲裁。國際聯盟派出調查

[693] 前引註535，七八五—七八八頁。

團。調查團頂住了日本的壓力，作出了：「如果沒有日本軍隊的駐紮和日本官員的活動，滿洲國是不可能成立的，它沒有得到當地普通中國人的支持」，「（滿洲國）不能被認爲是出於眞正的和自發的獨立運動的產物」的正確結論。儘管限於國際聯盟的執行力太弱，這個結論並沒有取得實質性的效力，但在道義、法律和輿論層面，卻大大有利於中國。

可見，中國早就有主動要求和接受國際仲裁的例子。在這些例子中，中國都是弱小的一方，而對手不但遠爲強大，而且都更深地融入了國際社會（尤其是英國）。但是，中國在這兩個例子中，都得到了有利的仲裁。

第五，中日雙方，無論哪方首先提議把釣魚臺爭端上交國際法庭，都會令對方難以拒絕。就中方而言，首先提議能夠顯示中國和平解決釣魚臺問題的誠意，日方既然說要根據國際法解決問題，就沒有理由不同意這麼做。何況，日本在二〇〇七年的時候，就聲明接受國際法庭的強制管轄權（Compulsory Jurisdiction），這表明日本願意接受國際法庭的管轄。同樣，日方主動提議，也會顯示出日本的誠意，因爲日本一直不承認釣魚臺有爭議，現在主動提議了，那正好表明了日本方面的重要讓步，中國如果不同意，就會承受巨大的壓力。

第六，**提交國際法庭並不一定令輸家失去所有。**

當然，提交國際仲裁，就必須預備面對不利的判決。這一點，無論中日雙方，政府和民眾都應該有心理準備。但也必須指出，國際仲裁中，除了會把釣魚臺完全判給某一方外，還有很多可能的結果，使得「失敗」的一方並非毫無所得。在二〇一二年，尼加拉瓜和哥倫比亞關於聖安德列斯群島的判決就是一個先例。這個群島的主權判給了哥倫比亞，但是其附近的海域與海底資源判給了尼加拉瓜。

判決的結果可能會瓜分釣魚臺，比如釣魚臺屬中國，而黃尾嶼和赤尾嶼屬日本。也可能是釣魚臺主權判給了某個國家，但規定其主權歸屬不能在東海劃界問題中起作用，也就是認爲釣魚臺是不足以形成專屬經濟區（EEZ）的島嶼。還有可能是釣魚臺主權判給某個國家，但規定其爲非軍事區，永遠不得用於軍事用途。

這些可能都會在雙方之間作出一種妥協，一來可以平衡雙方的利益，二來對於失敗的一方，也是一個安慰，不致於讓任何一方無法下臺。

第七，不要低估中日人民的善良和理性。

我認爲，部份中日人民，特別是部份中國人民，之所以在釣魚臺問題（以及其他領土爭端上）沒有表現出足夠的理性，很大部分原因是由於對釣魚臺的歷史和法理的不了解，只能偏聽和偏信政府的一面之辭，以及少部分極端民族主義分子和戰爭狂人的鼓動。這絕不是愛好和平的中日人民的本意。

舉個例子，中國釣魚臺方面的專家劉江永，曾經講過自己和一名日本右翼人士的對話，他成功地說服了這位右翼人士【694】。這表明，即便是日本的右翼人士也是講道理的，也不是不可理喻的。如果劉江永可以像對待日本右翼人士一樣，向中國老百姓詳細介紹一下釣魚臺的客觀而全面的歷史，而不僅僅是中國單方面的說辭，沒有理由認爲中國老百姓講道理的能力遜於日本右翼人士。

中日人民都是深受儒家思想薰陶，都是善良、講道理和相信公平正義的人民，只有極少數人會把利益凌駕於道理和公平正義之上。中國人常說，凡事都敵不過一個理字，也說有理走遍天下。最能講理

【694】劉江永《說說釣魚島歷史常識》，人民日報海外版，09/06/2013。

的地方，莫過於法庭。在法庭上，只要道理說透了，法官公正地判了，而民眾明白眞相和道理到底如何了，我相信中日人民都有勇氣和能力，接受法庭判決的結果。

最後，如果釣魚臺糾紛能夠在國際法庭上解決，那麼對東亞地區的其他爭議，可以發揮一個絕好的示範作用。東亞之不穩定，除了朝鮮問題外，其歸根到底的原因，不過是領土紛爭。除了中俄之間有大片領土的歷史瓜葛之外，其他的領土爭議，只不過是海外的小島。

這些領土紛爭之所以不穩定，癥結在於當事國都寧願用武力或者准武力的國家角力的方式解決問題。大國以爲國力和武力可以得到一切，小國認爲引入其他強國抗衡才是唯一出路。無論以強凌弱，還是聯強抗強，都反映出東亞國家腦海裡已經過時的叢林法則。世界其他文明國家，大都把和平和法律作爲解決領土問題最佳的選擇，特別是類似海外小島之類的領土。即便在東亞國家中，連馬來西亞和新加坡，也能透過國際法庭解決領土紛爭。沒有理由認爲東亞的大國不可以透過國際法庭解決問題，亦沒有理由認爲東亞國家還停留在武力決定一切的野蠻年代。

我認爲，東亞要眞正崛起，要眞正復興，就應該全面地運用國際法律來解決各方之間的紛爭。如果釣魚臺能夠順利地透過法律的途徑解決，北方四島、蘇岩礁、竹島和南海諸島的問題，也就能這樣和平地解決。那將是對整個東亞政治作出的最難能可貴的貢獻。

幾十年前的戰爭和幾十年來的和平發展都啓示我們，和平是得來不易的，和平是需要珍惜的，和平是我們所需要的。一個國家的最大利益，無過於自己的國民，能夠在和平的環境下，充分發揮自己的潛能，過上安穩幸福的生活。因此，中日政治家若能夠以和平爲最大的追求，將會是中日兩國的最大福祉。

八・十　小結

在一九七〇年到二〇〇八年之間，發生過四次以民間抗議和民間企圖登島形式出現的保釣運動。第一次保釣運動發生在釣魚臺問題出現之初，規模相當大，臺灣和香港是主力。第二次保釣規模較小，只有臺灣人參與。在九〇年代後，隨著《國際海洋法公約》生效和中日兩國都陸續批准了這個公約，釣魚臺對於東海劃界的利益開始浮現，保釣運動也愈燃愈烈。第三次保釣運動中，香港陳毓祥的不幸去世激發起大規模的抗議，最值得注意的是大陸的媒體也開始加入對保釣運動的廣泛報導。第四次保釣運動則是大陸民間保釣運動興起和直接參與的。從此，大陸民間成爲保釣運動的重要成分，而臺灣在保釣運動中的重要性則在下降。

釣魚臺危機是從二〇〇八年開始醞釀的。在二〇一〇年詹其雄事件之後，中日在釣魚臺引發危機的可能性已經被廣泛擔心。客觀說來，從宏觀方面看有幾方面的因素：首先是中國要建設海洋強國戰略使其在南海和東海方向推進；其次是日本方面要守衛「領土」以及保持自己大國地位；最後，美國「重返亞洲」的政策也爲日本提供了軍事上的後盾。從微觀方面看，也存在一系列誤判，以及兩國國內政局的影響。總之，從石原愼太郎二〇一二年提出購島政策後，中日在有關釣魚臺問題的衝突就越演越烈。衝突的激化，在七月日本政府提出國有化政策以及八月香港保釣人士登島之後，就已經難以挽回。九月的購島事件標誌著中日釣魚臺之爭已經進入一個新的紀元。中國開始在釣魚臺附近海面「常態化」地巡邏，中日之間發生正面軍事或准軍事的衝突的危險與日俱增。中國設立防空識別區後，這種危險更是驟然加大。

釣魚臺危機已經持續經年，它給中日關係帶來極爲負面的影響。中日關係大倒退，令所有多年來爲中日關係永遠和好而努力奔走的人士痛心。中日關係的惡化，嚴重阻礙了東亞一體化的趨勢，還帶來新的戰爭危機。同時，也不能不令熱愛和平的人民，對少數右翼分子藉釣魚臺危機而推進民族主義、軍國主義和地區霸權主義的行爲感到擔憂。

釣魚臺是一個歷史遺留下來的領土爭議，並不能定義爲一個現實中「侵略」的問題。從釣魚臺的歷史與法理的分析中可以看到，無論中國還是日本，對釣魚臺的主權都各有一些理據，沒有一方是完全無理的。因此，雙方大可按照和平的方式，根據國際法的準則，解決兩國之間的爭議，而不是透過武力或者准武力的方式解決。釣魚臺的實際價値並不如宣傳的高，而中日之間也能夠長期擱置釣魚臺爭議友好相處，沒有理由認爲中日之間有需要爲釣魚臺決一死戰。

事實上，透過武力解決領土爭議，既不符合當今的國際法準則，也與中日之間的和約、日本憲法以及中國對世界的莊嚴承諾相違背。現代戰爭並不能使中日任何一方得到完全的勝利。戰爭不能永久解決釣魚臺問題，只會使雙方成爲無法承受的世仇，讓兩國甚至世界都成爲輸家。

最理想的解決方法，就是中日能夠達成共識，透過國際法庭的仲裁，解決釣魚臺的主權爭議。這個方法在過去成功地解決了多個領土爭議，早已被證明是行之有效的方法。如果中日雙方都認爲自己對釣魚臺的主張符合國際法，那麼就應該在國際法庭上，把自己的理據一一陳述，眞正地透過國際法來解決這個問題。這麼做不但能夠解決釣魚臺問題，更加爲東亞地區的其他爭端樹立了一個正面的範例，對東亞政治作出難能可貴的貢獻。

附錄：釣魚臺大事記

（一）一八九五年之前

一四〇三年 《順風相送》首次記載了釣魚臺。

一五三四年 冊封使陳侃《使琉球錄》第一次說古米山是琉球國界。

一五五五年 鄭舜功《日本一鑑》載有「釣魚嶼小東小嶼也。」，指釣魚臺是臺灣小島。

一五四一年 羅洪先《廣輿圖》中，釣魚臺不在中國地圖上。

一五六一年 鄭若曾《籌海圖編》中，釣魚臺出現在中國海防圖上。

一五六一年 冊封使郭汝霖《使琉球錄》中，赤尾嶼是琉球國界。

一五七〇年 鄭若曾《鄭開陽雜著》中釣魚臺在琉球國圖上。

一五七九年 冊封使蕭崇業《琉球過海圖》是第一幅中琉水道地圖。副使謝傑的《琉球錄撮要補遺》載有「去由滄水入黑水，歸由黑水入滄水」。

一六〇六年 冊封使夏子揚《使琉球錄》載有「且水離黑入滄，必是中國之界」。

一六一七年 韓仲雍向倭寇宣示澎湖之外爲「此外溟渤華夷所共」。

一六八三年 冊封使汪輯《使琉球雜錄》首次談到黑水溝乃中外之界。

一七〇八年 琉球程則順《指南廣義》畫出中琉水路圖，古米山爲琉球之國界。

一七一二年 日本《和漢三才圖會》是日本地圖中第一次出現釣魚臺。

一七一九年 冊封使徐葆光《中山傳信錄》記載詳細中琉水路圖，另《琉球三十六島圖》中，不含釣魚臺。

一七二三年 黃淑璥《臺海使槎錄》載有「山後大洋北，有山名釣魚臺，可泊大船十餘，崇爻之薛坡蘭，可進舢板」。但這裡的「釣魚臺」不是現在的釣魚臺，而是在臺東海岸偏南。

一七二五年　琉球蔡鐸《中山世譜》中的琉球三十六島地圖不包括釣魚臺。

一七五一年　西班牙人宋君榮《琉球地圖》畫出釣魚臺。

一七五六年　冊封使周煌《琉球國使略》載有「（琉球）海面西距黑水溝，與閩海界」。

一七六〇年　《清代一統地圖》的中國東南邊界爲臺灣，不包括釣魚臺。

一七六七年　法國人蔣友仁《坤輿全圖》劃出釣魚臺，釣魚嶼被稱爲「好魚須」。

一七八五年　日本林子平《三國通覽圖說》中釣魚臺與中國大陸顏色均爲紅色，但臺灣顏色爲黃色。此書當時是日本禁書。

一八〇〇年　冊封使李鼎元《使琉球記》記錄稱先祭溝，再過赤尾嶼。

一八〇八年　冊封使齊鯤《東瀛百詠》載有「雞籠山過中華界」。

一八一五年　浙江臨海縣送琉球漂風難番久場島等九名。

一八三八年　冊封使林鴻年《續琉球國志略》以久場島稱呼黃尾嶼，久米赤島稱呼赤尾嶼。

一八四五年　英國沙瑪朗號進行史上第一次釣魚臺的測繪，事先向琉球館申請。

一八五九年　琉球人大成永保登上釣魚臺考察。

一八六六年　冊封使趙新《續琉球國志略》以久場島稱呼黃尾嶼，久米赤島稱呼赤尾嶼。

一八六七年　胡林翼主持《皇朝中外一統志圖》，釣魚臺被劃爲中國領土。

一八七一年　日本第一次琉球處分。

一八七三年　日本出版《臺灣水路志》，稱釣魚臺爲臺灣附屬島嶼。

一八七四年　琉球船民一八七一年爲臺灣原住民所殺，日本不承認臺灣東部是中國領土，派兵報復，是爲牡丹社事件。中國官員稱：「生番係我化外之民，問罪與否，聽憑貴國辦理」，又承認日本出兵爲「保民義舉」。此後，中國推行開山撫番，在臺灣東部建制。

一八七九年　第二次琉球處分，日本吞併琉球。中國原和日本達成瓜分琉球協議，但因爲中國不簽字而作廢。中日有關琉球的談判中，沒有涉及釣魚臺。

一八〇〇至一八九五年　外國多份地圖記錄釣魚臺，但其地位不明確。所有中日和其他國家出版的臺灣地圖，均不含釣魚臺。

一八七九年　日本《大日本全圖》和《大日本府縣管轄圖》第一次把釣魚臺畫入日本版圖。

一八八四年　日本人古賀辰四郎在釣魚臺發現豐富的羽毛資源。

一八八四年　朝鮮甲申政變，日本被中國擊敗，退出朝鮮。

一八八五年六月　古賀辰四郎向日本政府申請開發釣魚臺。

一八八五年九月　日本內務卿向沖繩縣縣令下達調查釣魚臺命令，沖繩縣令西村捨三派石澤兵吾進行調查。

一八八五年九月十六日　《申報》刊「臺島警信」，稱有日本人在臺灣東北之小島懸掛國旗。具體地點和事件尚不清楚。中國政府無反應。

一八八五年九月廿一日　沖繩縣令遞交初步釣魚臺歷史報告，提到釣魚臺可能與《中山傳信錄》中記錄的島嶼爲同一島嶼。

一八八五年十月　日本內務卿山縣有朋認爲釣魚臺爲無人島，可以設立國標。而外務卿井上馨，則認爲釣魚臺靠近中國國境，爲免中國猜疑，要求暫緩設立國標。

一八八五年十月廿二日　沖繩縣官員石澤兵吾登上釣魚臺實地考察。

一八八五年十二月　日本內務卿同意推遲設立國標。

一八八七年　日本「金剛號」測量釣魚臺。

一八八九年　游歷使傅雲龍《游歷日本圖經》認爲釣魚臺是日本領土。

一八九〇年　沖繩縣再次調查釣魚臺後，向中央請求在釣魚臺上設立地標，不果。

一八九三年　沖繩縣再次展開對釣魚臺的調查後，再向中央請求在釣魚臺上設立地標。同時日本笹森儀助登島並寫成《南島探險》。在一八八五—一八九五年間，日本人多次登島，中國無登島記錄。

一八九三年　疑似慈禧賜釣魚臺給盛宣懷，現證實是一九七〇年代製造的騙局。

一八九四年

七月　甲午戰爭爆發。

一八九五年一月　日本內閣通過在釣魚臺設立地標的決議，將其編入沖繩縣，正式兼併釣魚臺列嶼。

一八九五年四月　甲午戰爭結束，中日簽訂《馬關條約》，中國割讓臺灣和澎湖列島。

一八九五年六月　正式交割臺灣。

（二）一八九六——一九四五

一八九六年　古賀辰四郎獲得釣魚臺租約，爲期三十年。

一八九七年　日本天皇頒佈《菸草專賣法》，適用地包括「沖繩縣管下」之「魚釣島」。

一九〇二年　沖繩縣土地整理事務局對釣魚臺進行實地測量，把釣魚嶼、南小島、北小島和黃尾嶼登記地籍。

一九〇五年　古賀氏開始在釣魚臺一帶捕魚。

一九〇八年　沖繩縣農業專家登島考察當地磷酸鹽構成。古賀氏開始島上的礦業開發。

一九〇九年　古賀辰四郎因爲成功開發釣魚臺，獲得日本政府嘉獎表揚。

一九〇九年　沖繩縣漁民坂本氏等開始往釣魚臺捕魚。

一九一〇年　《沖繩每日新聞》一連九期介紹古河辰四郎功績。

一九一三年　臺灣漁民開始前往釣魚臺捕魚。

一九一六年左右　臺灣考察使汪洋出使臺灣，其報告《臺灣視察報告書》中所描述的臺灣範圍不包括釣魚臺。

一九一八年　古賀辰四郎去世，兒子古賀善次繼承事業。

一九一九年　福建「金合號」在釣魚臺擱淺，被當地居民救起。

一九二〇年　中國駐長崎領事爲答謝釣魚臺漁民搭救福建漁民，給沖繩縣寫感謝信。

一九二一年　沖繩縣土地整理事務局對赤尾嶼進行實地測量，命名爲大正島，登記地籍。

一九三七年　日本侵華，八年抗戰開始。

一九四〇年　日本民航迫降釣魚臺，八重山警署營救。

一九四一年　太平洋戰爭爆發，美國對日本宣戰。古賀氏撤出釣魚臺。

一九四一年十二月　美英中三國首領在開羅發佈《開羅宣言》稱「日本在中國所竊取之領土，如東部四省臺灣澎湖列島等，歸還中華民國。」會議上，蔣介石拒絕了羅斯福由中國接管琉球的建議。

一九四五年　中國地理學家胡煥庸著《臺灣與琉球》，稱尖閣列島（釣魚臺）屬於琉球群島。

一九四五年　美軍在釣魚臺海域攻擊日本逃難船隻，導致「尖閣列島遇難事件」。

一九四五年

五月 一九四五年　美英中三國發表《波茨坦宣言》，稱「《開羅宣言》之條件必將實施，而日本之主權必將限於本州，北海道，九州，四國及吾人所決定其他小島之內。」

六月 一九四五年　沖繩戰役結束，美軍佔領包括釣魚臺在內的琉球。

八月十四日 一八四五年　日本天皇宣佈投降，接受《波茨坦宣言》。

八月十七日 一九四五年　《一般命令第一號》頒佈，美國正式接收琉球，包括釣魚臺。

十月　中國接收臺灣，沒有包括釣魚臺。

（三）一九四六——一九七八

一九四七年 八月五日　在第一個有明確坐標的對日和約草案中，釣魚臺劃入琉球界限。

一九四七年　中國行政院新聞局印行的《琉球》中，釣魚臺列入琉球群島之中。

一八四八年　中國內政部編印的內政部方域叢書《琉球地理志略》中，「尖閣列島」列入琉球八大群島之一（類似資料很多，無法一一列舉）。

一九四八年　中華民國駐日代表團提交外交部《關於解決琉球問題之意見》中，「尖閣諸島」屬於琉球。

一九五〇年五月　北京政府《對日和約中關於領土部分問題與主張提綱草案》中，尖閣列島（釣魚臺）屬於琉球疆界。

一九五〇年八月四日　美琉政府頒佈《琉球政府組織法》，釣魚臺在美琉政府的管轄範圍內。

一九五〇年　琉球大學教授高良鐵夫，在琉球大學和琉球政府農林省等的資助下，登上釣魚臺進行生態學調查。之後分別在一九五二、一九五三、一九六三和一九六八年繼續登島考察。

一九五一年八月十五日　中國總理周恩來發表外交部聲明《關於美英對日和約草案及舊金山會議的聲明》，認爲「（琉球群島）在過去任何國際協定中，均未曾被規定脫離日本」。

一九五一年九月八日　大多數參戰國和日本簽訂《舊金山和約》，琉球群島由美國管理，日本享有剩餘主權。

一九五一年十二月五日　美國宣佈把奄美群島中的吐噶喇列島返還日本。

一九五一年　美國租借黃尾嶼和赤尾嶼爲海空軍演習訓練基地。

一九五二年三月五日　在中華民國與日本的和談中，關於琉球問題上，中國表示「我方對此問題之立場，一如前所提及者，即該地區爲美國與日本國之間之問題，中國政府不擬表示意見」。

一九五二年四月廿八日　中華民國與日本簽訂《中日和平條約》，承認《舊金山和約》。

一九五三年一月八日　人民日報《琉球群島人民反對美國佔領的鬥爭》一文中稱琉球群島包括尖閣列島。

一九五三年八月八日　美國決定把琉球北部的奄美大島歸還日本。一九五三年十一月二十四日，臺灣首次在外交上，以備忘錄的方式，對美國歸還琉球島嶼的做法表示不滿。

一九五三年十二月十九日　美琉政府頒發第二十七號令《琉球政府之地理境界》，再次規定了琉球的境界，其中包括釣魚臺。

一九五四年　美軍把釣魚臺納入 NG51-15 戰區，歸屬駐日美軍防守。

一九五四年七月　長崎縣水產試驗場和琉球水產研究所研究人員乘坐「鶴丸號」調查船，進行了琉球近海鯖魚漁場聯合調查，範圍包括釣魚臺。

一九五五年三月二日　從大陳島撤退並暫時駐紮在釣魚臺的反共愛國軍，在釣魚臺海域襲擊兩艘琉球漁船，造成多人死亡，是爲「第三清德丸襲擊事件」。琉球政府和立法院隨後要求美軍與臺灣交

一九五七年 涉，美軍交涉後，反共愛國軍撤回臺灣。

六月廿一日 艾森豪威爾與岸信介發表聯合聲明，確認日本對琉球有潛在主權。

一九五八年

七月一日 美軍分別向琉球政府和古賀家族租借赤尾嶼和黃尾嶼。

一九五八年 北京地圖出版社出版的《世界地圖》之《日本地圖》，把釣魚臺劃入日本領土之內（類似資料很多，不一一列舉）。

一九五九年

二月 長崎縣水產試驗場和琉球水產研究所研究人員乘坐「鶴丸號」到包括釣魚臺附近海域的東海南部進行調查。

一九六〇年 琉球「祖國回歸協議會」成立，推動琉球回歸日本。

一九六一年 美國埃默里和日本新野弘發表論文，提出東海海底可能有石油資源。

一九六一年

四月十一日 石垣島派出職員到釣魚臺考察，確定土地等級，以確定租金和稅率。

一九六二年

三月十九日 美國總統甘迺迪發表聲明，「承認沖繩群島爲日本領土的一部分」，「一旦自由世界的安全利益允許，將全面恢復日本的主權」。

一九六四年

四月　琉球漁業組織乘坐「圖南號」，進行了專門針對釣魚臺周邊和久米島西北漁場的漁業和海洋觀察調查。

一九六五年　臺灣國防研究院與中國地理學研究所出版的世界地圖中，釣魚臺屬於日本（類似的資料很多，不在此一一列舉）。

一九六七年十一月十五日　美國總統詹森和日本首相佐藤榮作的聯合聲明中，提到返還琉球的時間表。

一九六八年　琉球進行的第一次由琉球居民直接選舉產生的行政主席選舉，主張琉球回歸的屋良朝苗大比數當選，琉球回歸進入倒計時。

一九六八年　琉球以非法入境罪遣返在南小島作業之臺灣公司職員，職員返臺後，向臺灣官方申請出境許可，再申請琉球入境證，繼續工程。

一九六八年七月　日本組織尖閣列島考察團，進行第一次考察。

一九六八年九月三日　琉球總督致信琉球行政主席，要求在釣魚臺上設立標誌。

一九六八年十月　聯合國遠東經濟委員會在美國推動下，組成美日韓臺四國聯合考察團，對東海海底資源進行考察。

一九六九年

五月九日 在釣魚臺上設立標誌竣工。

一九六九年五月 聯合國考察團發表《黃海及中國東海地質構造及海水性質測勘》報告。

一九六九年六月 日本再次組織尖閣列島考察團進行考察。

一九六九年七月十七日 臺灣聲稱「中國民國政府對於鄰接中華民國海岸，在領海之外的海床及底土均得行使主權上之權利」。

一九六九年十一月十一日 竺可楨看到內參後，寫信給周恩來，認爲應該「聲明釣魚島地區油田開採權應屬於我所有」。

一九六九年十一月廿一日 尼克森和佐藤榮作開始就沖繩返還細節進行談判。

一九七〇年五月 日本再次進行尖閣列島周邊海底地質調查。

一九七〇年八月三十一日 琉球政府發表《關於尖閣列島的領土權》，聲明尖閣列島（即釣魚臺）是琉球領土。
同日，美國國務院新聞發佈會稱日本對釣魚臺有剩餘主權。

一九七〇年
九月二日　臺灣《中國時報》四人搭乘海洋探測船「海憲號」登陸釣魚臺，被琉球方面遣返。

一九七〇年
九月三日　臺灣公佈《海域石油礦探採條例》，提出了釣魚臺周邊三海里之外的海底勘探權。

一九七〇年
九月十五日　臺灣外交部外交次長沈昌煥於九月十五日向美國駐華大使館提交聲明，「就歷史、地理及條約各方面，說明釣魚臺列嶼與我國關係，否認日本對該列嶼的主權主張」。是爲臺灣第一次正式聲明對釣魚臺的主權。

一九七〇年
十二月四日　北京政府在《人民日報》上，刊登新華社三日訊《美日反動派陰謀掠奪中朝海底資源》，是爲北京政府第一次聲明擁有釣魚島的主權。

一九七一年
一月　臺灣北美學生組織發動保釣大遊行。

一九七一年
四月九日　美國國務院聲明：琉球將於一九七二年歸還日本。

一九七一年
六月十一日　臺灣外交部發表《關於釣魚臺列嶼是中華民國領土之聲明》。

一九七一年

六月十七日 美國和日本正式簽訂把琉球群島返還日本的《沖繩返還協定》。

一九七一年 六月十七日 臺灣學生在臺發起保釣大遊行。

一九七一年 七月七日 香港保釣組織在維多利亞公園發起保釣大遊行。

一九七一年 九月 美國參議院舉行釣魚島問題聽證會，指出「委員會重申美日之間的條約（即返還沖繩協議）並不影響各國對尖閣列島或釣魚島的主權主張」。

一九七一年 十二月卅日 北京發表《中華人民共和國外交部聲明》，主張對釣魚島主權。

一九七一年 自本年開始，中國兩岸三地大規模修改政府公文、教科書、地圖與學術資料等等，把釣魚臺納入中國（或臺灣）的境內。

一九七二年 三月 日本發表《尖閣列島領有權的基本見解》。

一九七二年 五月十五日 沖繩返還日本。

一九七二年 日本政府繼續把赤尾嶼租給美軍，並向古賀家族租借黃尾嶼，交美軍使用。

一九七二年 栗原國起向古賀家族買下南小島、北小島。

一九七二年九月　田中角榮訪華，周恩來避談釣魚臺問題。發表《中日聯合聲明》，裡面不涉及釣魚臺。臺日間的《中日和平條約》隨之終止。

一九七八年四月十二日　大陸武裝漁船大規模進入釣魚臺海域。經日方交涉後，中國解釋爲「此事並非故意，係偶然發生之事件」並保證「中國的漁船不再進入這個地區」。

一九七八年八月十二日　中日簽訂《中日和平友好條約》，沒有提及釣魚臺。

一九七八年十月廿五日　鄧小平在東京記者會中表示「我們雙方約定不涉及這一問題」，是爲擱置爭議政策的提出。

一九七八年　古賀善次去世，其妻子花子繼承了釣魚嶼和黃尾嶼。同年，栗原再次向古賀花子買入釣魚嶼。

（四）一九七九年至今

一九八八年　古賀家族向栗原家族贈與黃尾嶼。

一九八八年
六月　日本青年社在釣魚臺豎起燈塔，激發第二次保釣行動。十月，臺灣兩漁船企圖把聖火送往釣魚臺，被日方阻攔。

一九八九年
五月十六日　鄧小平會見戈爾巴喬夫，談到：「但是由於日本戰敗，中國收復了所有被它侵佔的地方，他在中國沒有佔去一寸土地。」，「懸案是個釣魚島……後來我們提出了一種設想，就是可否採用共同開發的辦法，加以解決。」

一九九二年　中國通過《中華人民共和國領海及毗連區法》，規定釣魚臺是中華人民共和國陸地領土。

一九九六年
七月　日本宣佈專屬經濟區，釣魚臺視爲日本領土一部分，引發第三次保釣行動。香港保釣大聯盟乘坐「保釣號」出海，陳毓祥墮海身亡。

一九九六年
九月　中國大陸第一個保釣組織「中國民間保釣聯合會」成立。

一九九六年
九月　日本青年社在北小島建立燈塔。

二〇〇二年
四月　日本政府向栗原家族租借釣魚嶼、南小島和北小島。自此釣魚臺所有島嶼，均以不同形式掌握在日本政府手中。

二〇〇三年六月　大陸保釣組織第一次成功出海（與香港保釣組織一起），但爲日本所攔截。

二〇〇四年三月　大陸保釣人士第一次登上釣魚臺，被日方帶走並遣返。

二〇〇四年三月　日本頒發禁令，禁止所有人未經許可登島。

二〇〇八年　中國把「擱置爭議，共同開發」的政策，修改爲「主權在我，擱置爭議，共同開發」。

二〇〇八年十二月　中國大陸海監船「海監四五」和「海監四六」第一次在釣魚臺海域出現，並進入十二海里之內。

二〇一〇年九月　大陸漁船「閩晉漁五一七九號」在釣魚臺海域作業，和日本海上保安廳「與那國號」相撞，船長詹其雄被捕，日本準備以國內法起訴，是爲「詹其雄事件」。中國高調抗議，並發生反日示威。最後詹其雄被釋放。但後來在被告缺席的情況下，日本以國內法起訴。

二〇一二年四月　日本石原愼太郎提出購買釣魚臺的方案。中國表示反對。

二〇一二年六月十四日　日本政府提出「國有化釣魚臺」的方案以阻止石原慎太郎的行動。中國高調反對。

二〇一二年八月十五日　香港保釣人士成功登上釣魚臺，但當場被嚴陣以待的日本警察逮捕，最後以非法入境罪遣返。中國高調抗議，並有大規模反日示威。

二〇一二年九月五日　日本宣佈與島主栗原達成購島協議。

二〇一二年九月九日　中國主席胡錦濤和日本首相野田佳彥在海參崴會面，胡錦濤再次表明中方反對釣魚臺國有化的立場。

二〇一二年九月十日　日本正式宣告釣魚臺國有化。中日從此在釣魚臺展開長時間的激烈對抗。

博雅文庫 062

釣魚臺是誰的—釣魚臺的歷史與法理

作　　者　黎蝸藤
發 行 人　楊榮川
總 編 輯　王翠華
副 總 編　蘇美嬌
責任編輯　邱紫綾
封面設計　簡愷立
出 版 者　五南圖書出版股份有限公司
地　　址　106 台北市大安區和平東路二段 339 號 4 樓
電　　話　(02)2705-5066
傳　　真　(02)2706-6100
劃撥帳號　01068953
戶　　名　五南圖書出版股份有限公司
網　　址　http://www.wunan.com.tw
電子郵件　wunan@wunan.com.tw
法律顧問　林勝安律師事務所 林勝安律師
出版日期　2014 年 9 月初版一刷
定　　價　新臺幣 580 元

國家圖書館出版品預行編目資料

釣魚臺是誰的：釣魚臺的歷史與法理 / 黎蝸藤著. -- 初版. -- 臺北市：五南, 2014.09
面； 公分
ISBN 978-957-11-7599-7（平裝）

1. 釣魚臺問題

578.193　　103006377